ELEMENTARER DEUTSCHER WORTSCHATZ

Herausgegeben
von
Hi-Tschul Kim

독일어기본어사전

김 희 철

Verlag MUNJELIM

이 사전을 펴내면서

외국어를 학습하는 데 가장 기본적이고도 필수적인 것이 사전일 것이다. 그런데 대다수의 독한사전들은 낱말의 뜻을 나열하는 데만 그쳐 문장을 자유롭게 다루어보고자 하는 학습자의 욕망을 충족시켜주지 못하고 있는 실정이다.

독일어에 숙달하는 데는 단순히 문법이나 단어 암기만으로는 실효를 거둘 수 없다. 낱말은 대개 각기 쓰이는 형태에 따라 별개의 의미를 지니고 있어서 그때그때 적절하게 구사하기란 쉬운 일이 아니다.

이러한 문제의 해결방법으로 필자는 우선 기본단어 5000 여 개를 선정하여 단어 하나하나에 간결하고도 활용성 있는 여러 경우의 적절한 용례를 풍부히 수록하여 정확한 말과 글을 익히도록 한 것이다. 그러므로 학습자는 독일어를 보다 능률적으로 습득하기 위해서는 활용 예문을 착실히 공부하는 것이 무엇보다 중요하다고 생각한다.

형식과 내용면에서 학습자의 절실한 요구를 충족시킬 수 있는 사전다운 사전을 집필하기 위해 그동안 쏟은 정성과 노력은 이루 다 말할 수 없기에 필자는 각별히 보람과 감회가 깊다.

후면에 부록을 겸하여 체계적으로 수록해 놓은 중요 숙어 및 관용구도 독일어 학습자에게 절대적으로 필요한 것이니 하나도 빠짐없이 정독하길 바란다.

학습자 여러분은 부디 이 사전을 벗삼아 꾸준이 노력하여 어떤 낱말이라도 다각적으로 응용할 수 있는 능력을 기르도록 최선을 다하여야 할 것이다.

끝으로 이 사전의 출판을 흔쾌히 승락하여 주신 문예림의 서덕일 사장님과 약 1년 동안이나 이 사전의 조판에 노고가 많았던 동아출판사의 관계 직원들 그리고 바쁜 중에도 자료 수집에 협조해주신 Köln 대학의 정재상 박사에게 심심한 사의를 표하며 이 사전이 나오기까지 5년이란 긴 세월을 묵묵히 원고정리와 교정작업에 동참해 준 가족에게도 이 자리를 빌어 감사를 표한다.

2009년 12월   김 희 철

VORWORT

Um einen guten Erfolg beim Studium einer Fremdsprache zu erzielen, ist die richtige Wahl des Wörterbuches mitentscheidend.

Die bisherigen Deutsch-Koreanischen Wörterbücher sind inhaltlich nach dem gleichen System aufgebaut. Die Benutzer dieser Wörterbücher werden meistens nicht zu dem leichten Verständnis der deutschen Sprache geführt, sondern manchmal zum Mißerfolg in ihrem Sprachstudium, denn die meisten deutschen Wörter beinhalten, je nach ihrer Satzstellung, mehrere Bedeutungen.

Zur Lösung dieses Problems hat der Verfasser dieses Wörterbuches zunächst Grundwörter, um 5000, ausgewählt und versucht, das einzelne Wort mit unterschiedlichen Bedeutungen in einfacher, angewandter Weise in einer Fülle von Beispielen darzulegen. Noch zu erwähnen sind die systematisch aufgebauten Sonderteile als Anhang, z.B. stehende Redewendungen, am Schluß dieses Wörterbuches, die wesentlich zum Verständnis und zum Spracherwerb beitragen.

Wenn dieses neue Wörterbuch den Studierenden zum Erfolg verhilft, ist es für mich eine große Freude und meine Bemühungen hätten sich gelohnt.

An dieser Stelle möchte ich Herrn Seo, Duk-IL, Präsident des MUNJELIM Verlages, für die Bereitschaft zum Druck, sowie den Mitarbeitern des Dong-A Verlages für die einjährige, unermüdliche Mitarbeit und die Mithilfe meines besten Freundes, Dr. Tschae-Sang Tschung an der Universität zu Köln danken.

Außerdem danke ich auch meiner lieben Familie für ihre Unterstützung und das geduldige Korrekturlesen.

im Dezember 2009   Hi-Tschul Kim

● 일 러 두 기

1. 표제어(表題語)는 고딕체를 사용하였고, 용례(用例) 중의 표제어 및 표제어와 관계되는 숙어·관용구는 이탤릭체로 표시하였다.

   예: **antworten** [ántvɔrtən] 自 他 대답하다
   　　Ich frage ihn, und er *antwortet* mir. 나는 그에게 질문하고, 그는 나에게 대답한다.
   　　Sie *antwortete* mir *auf* meine Frage. 그녀는 나의 질문에 대답했다.

   　　allgemein [álgəmáin] 形 일반적인
   　　eine *allgemeine* Regel 일반적인 규칙
   　　Im allgemeinen verstehen wir uns⁴. 일반적으로 우리는 서로 이해하는 편이다.

2. 표제어 바로 다음에 발음 부호를 수록하고 액센트 표시를 하였다. 명사의 복수형으로서 발음에 주의를 요하는 것은 복수형에도 발음 부호를 수록하였다.

   예: *das* **Buch** [bu:x] -[e]s/⸚er [bý:çər] 책
   　　der **Doktor** [dóktɔr] -s/-en [..tó:rən] 박사, 의사

3. 명사 앞에는 정관사 (*der, die, das*)를 붙여 명사의 성(性)을 표시하였고, 명사 뒤에는 단수 2격과 복수 1격형을 표시하였다. 단수형으로만 쓰이는 명사는 단수 2격만을, 복수형으로만 쓰이는 명사는 複으로, 형용사에서 명사화된 명사는 《形 변화》로 표시하였다.

   예: *der* **Vater** [fá:tər] -s/⸚ 아버지
   　　der **Fluß** [flus] ..sses/Flüsse 강
   　　das **Gasthaus** [gásthaus] -es/..häuser 여관, 식당
   　　die **Frau** [frau] -/-en 부인
   　　das **Blut** [blu:t] -[e]s/ 피
   　　die **Eltern** [éltərn] 複 부모
   　　der (die) **Reisende** [ráɪzəndə] 《形 변화》 여행자

4. 강변화 동사 및 불규칙 동사는 발음 부호 다음에 과거형과 과거분사형을 빠짐없이 수록하였고, 현재 인칭 변화가 불규칙적인 동사는 3기본형 다음에 현재 인칭 변화도 수록하였다.

   예: **nehmen** [né:mən] nahm, genommen; du nimmst, er nimmt 他 잡다
   　　haben [há:bən] hatte, gehabt; du hast, er hat 他 가지다

5. 완료 시칭에서 조동사 sein 을 취하는 동사는 《s》 표시를, haben 을 취하는 동사는 《h》 표시를, 경우에 따라서 sein 또는 haben 을 취하는 동사는 《s, h》 표시를 하였다.
   예 : **bleiben** [bláıbən] blieb, geblieben 自 《s》 머무르다
   frieren [frí:rən] fror, gefroren 自 ① 《s》 얼다 ② 《h》 춥다, 시리다
   schwimmen [ʃvímən] schwamm, geschwommen 自 《s, h》 헤엄치다

6. 재귀동사는 再로 표시하고, 재귀대명사 《sich⁴》 또는 《sich³》으로 격을 표시하였다.
   예 : **erkälten** [ɛrkɛ́ltən] 再 《sich⁴》 감기 들다
   vor|stellen [fó:rʃtɛlən] 再 《sich³》 상상하다

7. 비교급·최상급에서 변음(Umlaut)하거나 불규칙적으로 변화하는 형용사 및 부사는 빠짐없이 비교급과 최상급을 수록하였다.
   예 : **alt** [alt] älter, ältest 形 늙은; 낡은
   gut [gu:t] besser, best 形 좋은
   oft [ɔft] öfter, am öftesten 副 자주
   gern [gɛrn] lieber, am liebsten 副 즐겨

8. 분리동사는 분리전철과 기본동사 사이에 분철선을 넣어 분리의 표시를 하였다.
   예 : **ab|reisen** [ápraızən] 自 《s》 여행을 떠나다
   an|kommen [ánkɔmən] kam an, angekommen 自 《s》 도착하다

9. 동의어(同義語)는 ( )로 표시하고, 반의어(反義語)는 (↔)로 표시하여 낱말의 뜻 다음에 수록하였다.
   예 : **freilich** [fráılıç] 副 물론 (natürlich)
   fleißig [fláısıç] 形 부지런한 (↔faul)

10. 숙어와 관용구는 ● 부호로 표시하였다.
    예 : *der* **Arm** [arm] -[e]s/-e 팔
    ● jn. am *Arm* nehmen (fassen): (누구)의 팔을 잡다
    Er *nahm* (*faßte*) mich *am Arm*. 그는 내 팔을 잡았다.
    die **Freude** [frɔ́ydə] -/-n 기쁨
    ● vor *Freude*³: 기쁜 나머지
    Sie ist *vor Freude* außer sich. 그녀는 기뻐서 어쩔줄을 모른다.

11. 약어(略語)

冠	관사	感	감탄사
複	복수명사	数	《부정》 부정수사
代	대명사	js.	「사람」의 2격
自	자동사	jm.	「사람」의 3격
他	타동사	jn.	「사람」의 4격
再	재귀동사	et.^{1}	「사물」의 1격
非	비인칭동사	et.^{2}	「사물」의 2격
助	조동사	et.^{3}	「사물」의 3격
形	형용사	et.^{4}	「사물」의 4격
副	부사	《s》	완료형에서 sein을 취하는 경우
前	전치사		
接	접속사	《h》	완료형에서 haben을 취하는 경우
数	수사		

● 주요 참고 도서

Wohlgemuth - Berglund, G.: Wort für Wort — Ein einsprachiges Wörterbuch 1969

Kosaras Istvan: Grundwortschatz der deutschen Sprache 1980

Friederich, W.: 10000 Wörter — A German Vocabulary for Students 1979

Mattutat, H.: Deutsche Grundsprache — Wort- und Satzlexikon 1969

Agricola, E.: Wörter und Wendungen 1973

Wahrig, G.: Deutsches Wörterbuch 1968

Oehler, H.: Grundwortschatz Deutsch 1976

Mackensen: Neues Deutsches Wörterbuch 1955

Kupper, H.: Wörterbuch der deutschen Umgangssprache 1975

Pattermann, W.: Deutsch-englisches Wörter-und Phrasenbuch 1979

Duden: Bedeutungswörterbuch 1970

Der Große Duden Band 6. Aussprachewörterbuch 1974

Der Sprach-Brockhaus. Siebente, durchgesehene Auflage 1958

相良守峯: Großes Deutsch-Japanisches Wörterbuch 1960

小島尚: Kleines Wörterbuch der deutschen Synonymen 1980

岩崎英二郎 外: Kleines Lexikon der deutschen Redewendungen 1984

菊池榮一 外: Wörterbuch deutscher Redensarten 1978

藤田五郎: Quintessenz deutscher Redensarten 1975

金熙哲: 獨逸語基本熟語辭典 1984, 한신문화사

獨韓辭典 1980, 동아출판사

獨韓辭典 1980, 민중서림

5종의 고등학교 검인정 교과서

A

ab [ap] 圖 ① 떨어져서 (weg) ② 아래로 (↔auf)
　Sein Haus liegt weit *ab* (weg) von der Straße. 그의 집은 거리에서 멀리 떨어져 있다.
　An deinem Mantel ist ein Knopf *ab* (los). 너의 외투에는 단추가 하나 떨어져 있다.
　Hut *ab*! 탈모!
　● auf und *ab* (=hin und her) : 이리저리
　　Sie ging im Zimmer (auf dem Bahnsteig) *auf und ab*. 그녀는 방안에서(플랫홈에서) 왔다갔다 했다.
　● von da (jetzt, heute) *ab* : 그때(지금, 오늘)부터
　　Von da ab habe ich nichts von ihm gehört. 그때부터 나는 그의 소식을 전혀 듣지 못했다.
　　Von heute ab rauche ich nicht mehr. 오늘부터 나는 더 이상 담배를 피우지 않는다.
　● *ab* und zu (=dann und wann) : 때때로, 이따금
　　Er kommt noch *ab und zu* hierher. 그는 아직도 이따금 이곳을 찾아온다.

der **Abend** [áːbənt] -s/-e 저녁 (↔der Morgen)
　Es ist (wird) *Abend*. 저녁이다(날이 저문다).
　Guten *Abend*! 안녕하세요! (저녁 인사)
　am *Abend* (=abends) 저녁에
　gestern (heute, morgen) *abend* 어제(오늘, 내일) 저녁에
　[am] Sonntag *abend* (=Sonntag abends; sonntags abends) 일요일 저녁에
　eines *Abends* 어느 날 저녁에
　jeden *Abend* 매일 저녁
　den ganzen *Abend* 저녁 내내
　gegen *Abend* 저녁때쯤
　● vom Morgen bis zum *Abend* (=von morgens bis abends): 아침부터 저녁까지
　　Er arbeitet *vom Morgen bis zum Abend*. 그는 아침부터 저녁까지 일한다.
　● spät am *Abend* (=am späten *Abend*) : 저녁 늦게
　　Sie kam *spät* (früh) *am Abend* nach Hause. 그녀는 저녁 늦게(일찍) 집으로 왔다.
　● zu *Abend* (Mittag) essen : 저녁(점심) 식사를 하다

Wir *essen* gewöhnlich um 7 Uhr *zu Abend*. 우리는 보통 7시에 저녁 식사를 한다.
Haben Sie schon *zu Abend gegessen*? 당신은 벌써 저녁 식사를 하셨읍니까?

das **Abendessen** [á:bənt-ɛsən] -s/- 저녁 식사
- jn. zum *Abendessen* einladen : (누구)를 저녁 식사에 초대하다
Er hat mich *zum Abendessen eingeladen*. 그는 나를 저녁 식사에 초대했다.
vor (nach) dem *Abendessen* 저녁 식사 전(후)에

das **Abendland** [á:bəntlant] -[e]s/서양 (↔das Morgenland)
die Kultur des *Abendlandes* 서양의 문화

abends [á:bənts] 🔳 저녁에 (↔morgens)
Er ist *abends* meistens zu Hause. 그는 저녁에는 대개 집에 있다.
Er kommt Sonntag (sonntags) *abends*. 그는 일요일 저녁에 온다.
um 8 Uhr *abends* (=*abends* um 8 Uhr) 저녁 8시에
abends gegen 8 Uhr 저녁 8시경에
von morgens bis *abends* (=vom Morgen bis zum Abend) 아침부터 저녁까지

das **Abenteuer** [á:bəntɔyər] -s/- 모험
Wir haben auf unserer Reise ein sehr spannendes *Abenteuer* erlebt. 우리는 여행중에 매우 스릴이 있는 모험을 했다.

aber [á:bər] 🔳 《병렬》 그러나
Er ist arm, *aber* glücklich. 그는 가난하지만 행복하다.
Er ist klein, *aber* seine Tochter ist groß. 그는 작지만 그의 딸은 크다.
Er ist faul, sie *aber* ist (sie ist *aber*) fleißig. 그는 게으르지만 그녀는 부지런하다.
- zwar ..., aber ... : 사실 …이긴 하지만
Er ist *zwar* alt, *aber* noch ganz gesund. 그는 늙었지만 아직도 아주 건강하다.

ab|fahren [ápfa:rən] fuhr ab, abgefahren 🔳《s》(차나 배를 타고·차나 배가) 출발하다 (↔ankommen)
Er *fuhr* mit dem Auto nach Pusan *ab*. 그는 자동차를 타고 부산으로 떠났다.
Der Zug *fährt* von Seoul *ab*. 기차는 서울에서 출발한다.
Wann *fährt* der nächste Zug *ab*? 다음 기차는 언제 출발합니까?

Das Schiff ist schon *abgefahren*. 배는 이미 떠났다.
die **Abfahrt** [ápfaːrt] -/-en 출발 (↔die Ankunft)
bei der *Abfahrt* des Zuges 기차 출발 시에
vor (nach) der *Abfahrt* des Zuges 기차가 출발하기 전(출발한 후)에

ab|hängen [áphɛŋən] hing ab, abgehangen 自 〈von jm.에게〉 달려 있다
Alles *hängt von* dir *ab*. 모든 것은 너에게 달려 있다.
Das *hängt* ganz *von* ihm *ab*. 그것은 전적으로 그에게 달려 있다.

ab|lehnen [áple:nən] 他 거절하다 (abweisen) (↔zusagen)
Er hat meinen Vorschlag *abgelehnt*. 그는 나의 제안을 거부했다.
Sie *lehnte* es *ab*, mich zu begleiten. 그녀는 나와 같이 가는 것을 거부했다.

ab|nehmen [ápne:mən] nahm ab, abgenommen 1. 他 ①(모자 따위를) 벗다 (↔aufsetzen) ②〈jm.에게서 et.⁴을〉 빼앗다 2. 自 감소하다 (↔zunehmen)
Er *nahm* den Hut *ab*. 그는 모자를 벗었다.
Er *nahm* mir alles Geld *ab*. 그는 나에게서 모든 돈을 빼앗았다.
Das Fieber hat *abgenommen*. 열이 내렸다.
Ich habe ein wenig *abgenommen*. 나는 체중이 약간 줄었다.

die **Abreise** [ápraizə] -/-n 출발, 여행을 떠남
Die *Abreise* wurde auf den nächsten Tag verschoben. 출발은 다음 날로 연기되었다.
Vor der *Abreise* habe ich dir etwas zu sagen. 여행 떠나기 전에 나는 너에게 할 말이 있다.

ab|reisen [ápraizən] 自 (s) 출발하다, 여행을 떠나다
Wann *reisen* Sie nach Deutschland *ab*? 당신은 언제 독일로 떠나십니까?
Er ist nach Amerika *abgereist*. 그는 미국으로 여행을 떠났다.
Wir *reisen* morgen früh *ab*. 우리는 내일 아침에 떠난다.

der **Abschied** [ápʃiːt] -[e]s/-e 작별
● von jm. *Abschied* nehmen : (누구)와 작별하다
Er *nahm Abschied von* seiner Familie. 그는 그의 가족과 작별을 고했다.
Sie ging weg, ohne *von* mir *Abschied* zu *nehmen*. 그녀는 나와 작별 인사도 없이 가버렸다.

ab|schneiden [ápʃnaɪdən] schnitt ab, abgeschnitten 他 잘라내다
  Er *schnitt* ein Stück Brot *ab*. 그는 빵 한 조각을 잘라냈다.

ab|schreiben [ápʃraɪbən] schrieb ab, abgeschrieben 他 베끼다
  Die Schüler *schreiben* die Aufgaben von der Tafel *ab*. 학생들은 문제를 칠판에서 베낀다.

ab|senden [ápzɛndən] sandte ab, abgesandt 他 ① 발송하다 ② 파견하다
  Ich habe schon den Brief *abgesandt*. 나는 이미 편지를 발송했다.
  Er wurde als Botschafter *abgesandt*. 그는 대사(大使)로 파견되었다.

der **Absender** [ápzɛndər] -s/- (우편물·화물 따위의) 발송인 (↔der Empfänger)
  Der *Absender* des Briefes ist unbekannt. 그 편지의 발송인은 알려져 있지 않다.

die **Absicht** [ápzɪçt] -/-en 의도(意圖)
  Es war nicht meine *Absicht*, dich zu beleidigen. 너를 모욕하는 것이 나의 의도는 아니었다.
  mit *Absicht* (=absichtlich) 고의적으로
  ohne *Absicht* 무의식적으로
  ● mit (in) der *Absicht*, ... zu 부정법 : …할 생각으로
    Er kam *mit der Absicht*, dir *zu* helfen. 그는 너를 도울 생각으로 왔다.

absichtlich [ápzɪçtlɪç, apzíçtlɪç] 形 고의적인
  Das habe ich nicht *absichtlich* (mit Absicht) getan. 그것을 나는 고의적으로 하지는 않았다.

absolut [apzolúːt] 形 절대적인 (↔relativ)
  Ich bin *absolut* dagegen. 나는 그것에 대하여 절대 반대다.
  der *absolute* Befehl 절대적인 명령
  die *absolute* Ruhe 절대 안정

ab|steigen [ápʃtaɪgən] stieg ab, abgestiegen 自 《s》 (말·차에서) 내리다 (↔aufsteigen)
  Er *steigt* vom Pferd (Wagen) *ab*. 그는 말(차)에서 내린다.

das **Abteil** [áptaɪl] -[e]s/-e (기차 안의 칸막이한) 객실
  In diesem *Abteil* ist noch Platz. 이 객실에는 아직 좌석이 있다.

abwärts [ápvɛrts] 副 아래로 (↔aufwärts)
  Der Fahrstuhl fährt *abwärts* (aufwärts). 엘리베이터가 아래로 내려간다(위로 올라간다).

Das Schiff fährt den Strom *abwärts*. 배가 강을 따라 아래쪽으로 내려간다.

abwesend [ápve:zənt] 形 결석한 (↔anwesend)
Er ist heute *abwesend*. 그는 오늘 결석했다.

ach [ax] 感 (놀람·기쁨·슬픔 따위를 나타내는 소리) 아!
Ach, wie schön! 아, 정말 아름답구나!
Ach, wäre ich reich!
(=*Ach*, wenn ich reich wäre!) 아, 내가 부자라면!

acht [axt] 數 ① 〈기수〉8 ② 〈서수〉제8의
Es schlägt *acht* [Uhr]. 8시를 친다.
Heute ist der 8. (*achte*) April. 오늘은 4월 8일이다.
acht Tage⁴ (=eine Woche) 일주일 동안
alle *acht* Tage⁴ (=jede Woche) 매주
vor *acht* Tagen (=vor einer Woche) 일주일 전에
heute vor *acht* Tagen 지난 주의 오늘
in *acht* Tagen (=in (nach) einer Woche) 일주일 이내에, 일주일 후에
heute in *acht* Tagen(=heute über *acht* Tage) 내주의 오늘

achtzehn [áxtse:n] 數 18
achtzig [áxtsıç] 數 80

achten [áxtən] 1. 自 〈auf et.⁴ 에〉주의를 기울이다 2. 他 존경·존중하다 (↔verachten)
Achten Sie *auf* meine Worte! 내 말에 주의를 기울이시오!
Der Autofahrer muß *auf* das Verkehrszeichen *achten*. 자동차 운전사는 교통 신호에 주의를 기울여야 한다.
Ich *achte* den Lehrer wegen seines großen Wissens. 나는 그 선생님을 풍부한 학식 때문에 존경한다.
Man muß die Gesetze *achten*. 법률은 존중되어야 한다.

die **Achtung** [áxtuŋ] -/-en ① 주의 ② 존경, 존중 (↔die Verachtung)
Achtung! 주의해라!
● *Achtung* vor jm. (für jn.) haben : (누구)를 존경하다
Ich *habe Achtung vor* ihm. 나는 그를 존경하고 있다.
Ich tat es aus *Achtung* vor ihm (für ihn). 나는 그에 대한 존경의 마음에서 그것을 했다.

der **Acker** [ákər] -s/¨ 밭
● auf den *Acker* gehen : 밭으로 가다
Er *geht* früh morgens (morgens früh) *auf den Acker*.
그는 아침 일찍 밭으로 간다.
Der Bauer pflügt den *Acker*. 농부가 밭을 간다.

die **Adresse** [adrésə] -/-n 주소
Er schreibt die *Adresse* auf den Briefumschlag. 그는 주소를 편지 봉투에 쓴다.
Geben Sie mir bitte Ihre *Abresse*! 당신의 주소를 좀 가르쳐 주십시오!

der **Advokat** [atvoká:t] -en/-en 변호사
Sein Vater ist *Advokat*. 그의 아버지는 변호사이다.

der **Affe** [áfə] -n/-n 원숭이
Die *Affen* leben auf Bäumen. 원숭이들은 나무 위에서 산다.

ahnen [á:nən] 他 예감하다
Ich habe nicht *geahnt*, daß es so kommen würde. 나는 그것이 그렇게 되리라고는 예상하지 못했다.
Es *ahnt* mir (Mir *ahnt*) nichts Gutes. 예감이 좋지 않다.

ähnlich [έ:nlıç] 形 ⟨jm. 를⟩ 닮은
Mein Sohn ist mir *ähnlich*. 나의 아들은 나를 닮았다.
Er ist seinem Vater sehr *ähnlich*. 그는 그의 아버지를 매우 닮았다.

die **Ahnung** [á:nuŋ] -/-en 예감
Ich habe keine *Ahnung*, wo er ist. 나는 그가 어디에 있는지 전혀 알지 못한다.
● von et. keine *Ahnung* haben : (무엇)을 꿈에도 생각지 못하다, 전혀 알지 못하다
Davon habe ich *keine Ahnung gehabt*. 그것을 나는 전혀 알지 못했다.

all [al] 數 《부정》⟨정관사형의 어미 변화⟩ 모든
Aller Anfang ist schwer. 《Sprw》 만사의 시초는 어려운 법.
Ich wünsche Ihnen *alles* Gute! 나는 당신에게 만사 형통하시기를 빕니다!
Vor dem Gesetz sind *álle* Menschen gleich. 법(法) 앞에는 만인이 평등하다.
Ich gebe dir *alles*, was ich habe. 나는 내가 가지고 있는 모든 것을 너에게 주겠다.
Wir gehen *alle* auf das Land. 우리는 모두 시골로 간다.
alle Tage⁴ (=jeden Tag) 매일
alle drei Tage⁴ (=jeden dritten Tag) 3일마다
alle fünf Minuten⁴ (=jede fünfte Minute) 5분마다
vor *allem* (=unter anderem) 무엇보다도
vor *allen* (=unter anderen) 누구보다도

allein [aláın] 1. 形 副 혼자 2. 副 단지 (nur) 3. 接 《병렬》 그러나 (aber)

Er ist ganz *allein*. 그는 혼자 있다.
Sie wohnt ganz *allein* in dem großen Haus. 그녀는 그 큰 집에 혼자 살고 있다.
Laß mich *allein*! 나를 혼자 있게 내버려 두어라!
Ich liebe dich *allein*. 나는 너만을 사랑한다.
Allein der Gedanke daran ist schrecklich. 단지 그것을 생각만 하여도 소름이 끼친다.
- mit jm. *allein* sein : (누구)와 단 둘이 있다
Er *ist* jetzt *mit* ihr *allein*. 그는 지금 그녀와 단 둘이 있다.
- nicht *allein* (nur)..., sondern auch... : …뿐만 아니라…도
Er ist *nicht allein* faul, *sondern auch* dumm. 그는 게으를 뿐만 아니라 우둔하기도 하다.
Er bat mich um Hilfe, *allein* es war schon zu spät. 그는 나에게 도움을 청하였지만 때는 이미 너무 늦었다.
allerdings [áləɾdɪŋs] 副 물론 (natürlich, freilich, selbstverständlich)
Kommen Sie auch? — *Allerdings*! 당신도 오십니까? — 물론이지요!
Kannst du schwimmen? — *Allerdings*! 너는 수영할 줄 아니? — 물론이지!
allerlei [aləɾláɪ] 形 〈-erlei 로 끝나는 형용사는 무변화〉 여러 가지의
Im Garten blühen *allerlei* Blumen. 정원에는 여러 가지 꽃들이 피어 있다.
allgemein [álgəmáɪn] 形 일반적인 (↔besonder)
Das ist *allgemein* bekannt. 그것은 널리 알려져 있다.
Es ist *allgemein* üblich, sich zum neuen Jahr Glück zu wünschen. 새해에 행운을 비는 것은 일반적인 습관으로 되어 있다.
allgemeine Bildung 일반 교양
eine *allgemeine* Regel 일반적 규칙
- im *allgemeinen* : 일반적으로
Im allgemeinen verstehen wir uns. 대체로 우리들은 서로 이해하는 편이다.
allmählich [almɛ́:lɪç] 副 점차로 (nach und nach, mit der Zeit)
Es wird *allmählich* kälter (wärmer). 날씨가 점차 추워(더워)진다.
Er gewöhnte sich *allmählich* an das Leben auf dem Land. 그는 점차 시골 생활에 익숙해졌다.

alltäglich [áltɛːklıç] 形 매일의, 일상의
Ein Verkehrsunfall ist heute ein *alltägliches* Ereignis. 교통 사고는 오늘날에는 매일 일어나는 일이다.

allzu [áltsuː] 副 너무나
Die Last ist mir *allzu* schwer. 그 짐은 내게는 너무 무겁다.
Kommen Sie bitte nicht *allzu* spät! 아무쪼록 지각하지 마십시오!

die **Alpen** [álpən] 複 알프스 산맥
die Gipfel der *Alpen* 알프스 산맥의 봉우리

als [als] 接 《종속》 ① 《과거의 일회적 행위》 …했을 때 ②〈비교급과〉 …보다 ③〈so ... als (wie) ...〉 …와 같이 ④《명사 앞에서》 …로서 ⑤〈否定詞와〉 …이외에
Als er das hörte, erschrak er. 그는 그것을 들었을 때 깜짝 놀랐다.
Als er am Bahnhof ankam, war der Zug schon abgefahren 그가 역에 도착했을 때 기차는 이미 떠났었다.
Er ist älter *als* ich. 그는 나보다 더 나이가 많다.
Sie spielt Klavier besser, *als* ich dachte. 그녀는 내가 생각했던 것보다 피아노를 잘 친다.
Du bist *so* schön *als* (wie) eine Blume! 너는 꽃처럼 아름답구나!
Ich rate es dir *als* guter Freund. 나는 친우로서 너에게 그것을 충고한다.
Ich habe 100 Mark *als* Belohnung erhalten. 나는 보수로서 100마르크를 받았다.
Niemand *als* du kann das tun. 너 이외에는 아무도 그것을 할 수 없다.
Das hat niemand anders *als* Karl getan.
카알 이외에는 다른 아무도 그것을 하지 못했다.

● *als* ob (*als* wenn)+주어 … 동사 (접속법 Ⅱ식) : 마치 … 처럼
Er spricht Deutsch, *als ob* er ein Deutscher wäre.
(=Er spricht Deutsch, *als* wäre er ein Deutscher.) 그는 마치 독일인처럼 독일말을 한다.
Er tat, *als ob* er mich nicht gesehen hätte.
(=Er tat, *als* hätte er mich nicht gesehen.) 그는 나를 보지 못한 것처럼 행동했다.

also [álzoː] 接《부사》 그러므로 (folglich)
Ich denke, *also* bin ich. 《Descartes》 나는 생각한다. 그러므로 나는 존재한다.

Also, auf Wiedersehen! 그럼, 또 만나세!

alt [alt] älter, ältest 形 ① 늙은 (↔jung) ② 낡은 (↔neu) ③ 〈연령을 말할 때는 4격 지배〉 (나이가) …살인

Er ist zwei Jahre *älter* als ich. 그는 나보다 두 살 위다.
Er ist der *älteste* von uns. 그는 우리들 중에서 가장 나이가 많다.
Er ist ein *alter* Freund von mir. 그는 나의 옛 친구다.
Wie *alt* bist du? 너는 몇 살이니?
Ich bin 20 Jahre *alt*. 나는 스무 살이다.
Das Baby ist nur einen Monat *alt*. 이 아기는 겨우 생후 1개월이다.
der *alte* Mann (=der *Alte*) 노인
mein *älterer* Bruder 나의 형
mein *alter* Freund 나의 옛 친구

das **Alter** [áltər] -s/- ① 나이 ② 노년 (↔die Jugend)

Er ist (steht) in meinem *Alter*.
(=Er ist so alt wie ich.) 그는 나와 나이가 같다.
Ihr wirkliches *Alter* kennt nur sie selbst. 그녀의 진짜 나이는 그녀 자신만이 알고 있다.
Er spart, um im *Alter* keine Not zu leiden. 그는 노년에 고생하지 않기 위하여 저축한다.
im *Alter* von 20 Jahren 20세에
seit *alters* (=von *alters* her) 옛부터

(*das*) **Amerika** [amé:rika] -s/ 미국

die Vereinigten Staaten von *Amerika* 미합중국
der **Amerikaner** [ameriká:nər] -s/- 미국인
die **Amerikanerin** [ameriká:nərɪn] -/-nen 미국 여자
amerikanisch [ameriká:nɪʃ] 形 미국〔人·語〕의

das **Amt** [amt] -[e]s/¨er ① 관직 ② 관청

Er übt das *Amt* des Lehrers aus. 그는 교사의 직무를 수행하고 있다.
Ich gehe zum *Amt*. 나는 관청에 간다.
das Auswärtige *Amt* 외무부

an [an] 前 《3·4격》 〈정지의 위치 또는 운동의 장소를 나타내는 경우는 3격 지배, 운동의 방향을 나타내는 경우는 4격 지배〉 ① 《장소》 ~가에(3격),~가로(4격) ② 《시간》 ~에(3격)

Er steht *am* Fenster. 그는 창가에 서 있다.
Er tritt *ans* Fenster. 그는 창가로 걸어간다.
Ein Bild hängt *an* der Wand. 그림 하나가 벽에 걸려 있다.
Er hängt ein Bild *an* die Wand. 그는 그림을 벽에 건다.

am Morgen (Tage, Abend) 아침(낮, 저녁)에
am 1. (ersten) Januar 1월 1일에
am Sonntag 일요일에
am Wochenende 주말에

an|bieten [ánbi:tən] bot an, angeboten 他 내놓다, 제공하다
Darf ich Ihnen ein Glas Wein *anbieten*? 포도주 한 잔 드릴까요?
Er *bot* einem Alten seinen Platz *an*. 그는 한 노인에게 자리를 양보했다.

der **Anblick** [ánblɪk] -[e]s/-e ① 바라봄 ② 《복수 없음》 광경
beim (auf den) ersten *Anblik* 첫눈에
Bei diesem *Anblick* mußte sie lachen. 이 광경에 그녀는 웃음을 금할 수가 없었다.

das **Andenken** [ándɛŋkən] -s/- ① 《복수 없음》 추억, 기념 ② 기념품
Er schenkte mir zum *Andenken* seinen Füller. 그는 나에게 기념으로 그의 만년필을 선물했다.
Dieses Bild ist ein *Andenken* an meine Rheinreise. 이 그림은 나의 라인지방 여행의 한 기념품이다.

ander [ándər] 形 《부가어적으로만 쓰임》 ① 다른 ② 다음의
Er ist ein *anderer* geworden. 그는 사람이 달라졌다.
Das ist ganz etwas *anderes*. 그것은 전혀 다른 것이다.
Am *anderen* Tag (Am Tag darauf) habe ich ihn getroffen. 그 다음 날 나는 그를 만났다.

● *anderer* Meinung² sein : 의견이 다르다
Ich *bin* ganz *anderer Meinung* als du. 나는 너와는 완전히 의견이 다르다.

● einer nach dem *anderen* : 한 사람씩 차례차례로
Wir sind *einer nach dem anderen* in den Zug eingestiegen. 우리는 한 사람씩 차례차례로 기차에 올라탔다.

ändern [ɛ́ndərn] 1. 他 바꾸다, 변경하다 2. 再《sich⁴》 변하다
Er *ändert* oft seine Meinung (seine Ansicht). 그는 번번히 의견(견해)을 바꾼다.
Das ist nicht mehr zu *ändern*. 그것은 더 이상 변경될 수 없다.
Er hat *sich* völlig *geändert*. 그는 완전히 변했다.

anders [ándərs] 副 다르게
Er denkt *anders* als ich. 그는 나와는 생각이 다르다.
Er spricht *anders* als er denkt. 그는 생각과는 달리 말한다.
Leider geht es nicht *anders*. 유감스럽게도 다른 방법이 없

다.
jemand *anders* 누군가 다른 사람
niemand *anders* 다른 누구도
● nichts *anders* als … : …이외의 다른 아무것도 아니다
Das ist *nichts anders als* ein Gerücht. 그것은 소문에 불과하다.

die Anekdote [anɛkdóːtə] -/-n 일화(逸話)
Es gibt in Deutschland viele *Anekdoten* über Professoren. 독일에는 교수들에 관한 일화가 많다.

der Anfang [ánfaŋ] -[e]s/..fänge 처음, 시작 (↔das Ende)
Aller *Anfang* ist schwer. 《Sprw.》 만사의 시초는 어려운 법.
Anfang gut, Ende gut. 《Sprw》 시작이 좋아야 끝이 좋다.
am (zu, im) *Anfang* 처음에
von *Anfang* an 처음부터
von *Anfang* bis [zu] Ende 처음부터 끝까지
Anfang (Mitte, Ende) Januar 1월 초순(중순, 하순)에
Anfang nächsten Jahres 내년 초에

an|fangen [ánfaŋən] fing an, angefangen 1. 国 ① 시작되다 (beginnen) ②〈mit et.을〉시작하다 2. 他 시작하다
Das Konzert *fängt* um 6 Uhr abends *an*. 음악회는 저녁 6시에 시작된다.
Die Schule hat wieder *angefangen*. 학교는 다시 시작되었다.
Er *fing mit* der Arbeit *an*.
(=Er *fing* die Arbeit *an*.) 그는 일을 시작했다.
Nach dem Krieg hat er ein neues Leben *angefangen*. 전쟁 후 그는 새로운 생활을 시작했다.
● *anfangen* (beginnen) … zu 부정법 : …하기 시작하다
Es *fängt an zu* regnen. 비가 오기 시작한다.
Seit wann haben Sie *zu* rauchen *angefangen*? 당신은 언제부터 담배 피우기 시작했읍니까?

der Anfänger [ánfɛŋər] -s/- 초보자
Das ist ein Kurs für *Anfänger*. 그것은 초보자를 위한 과정이다.
Deutsch für *Anfänger* 초급 독일어
die deutsche Grammatik für *Anfänger* 초급 독일어 문법

angenehm [ángəneːm] 形 즐거운, 기분좋은 (↔unangenehm)
Die Reise war sehr *angenehm*. 여행은 매우 즐거웠다.
Angenehme Ruhe !
(=Schlafen Sie gut !) 안녕히 주무세요 !
Sie sind uns stets *angenehm*. 언제든지 오십시오.

die **Angst** [aŋst] -/⸚e 불안, 공포
- vor et.³ *Angst* haben : (무엇)을 걱정하다, 무서워하다
  Er *hat Angst vor* der Prüfung. 그는 시험을 걱정하고 있다.
  Das Kind *hat Angst vor* der Katze. 그 아이는 고양이를 무서워한다.

an|kommen [ánkɔmən] kam an, angekommen 自 《s》 도착하다 (↔abfahren)
  Er *kam* spät abends in Seoul (zu Hause) *an*. 그는 저녁 늦게 서울에 (집에) 도착했다.
  Der Zug ist pünktlich *angekommen*. 기차는 정각에 도착했다.
- auf et.⁴ *ankommen* : (무엇)에 달려 있다, (무엇)이 문제다
  Es *kommt* ganz *auf* deinen Versuch *an*. 그것은 전적으로 너의 노력 여하에 달려 있다.
  Es *kommt* nur *auf* Sie *an*. 그것은 오직 당신 마음에 달려 있읍니다.

die **Ankunft** [ánkunft] -/..künfte 도착 (↔die Abfahrt)
  Bei meiner *Ankunft* in Pusan regnete es. 내가 부산에 도착했을 때는 비가 오고 있었다.
  bei (nach, vor) *Ankunft* des Zuges 기차가 도착할 때(한 후에, 하기 전에)

an|nehmen [ánne:mən] nahm an, angenommen 他 ① 받다, 받아들이다 (↔ablehnen) ② 가정·추측하다
  Ich *nahm* das Geld mit Dank *an*. 나는 그 돈을 감사히 받았다.
  Das kann ich nicht *annehmen*. 그것을 나는 받을 (받아들일) 수 없다.
  Ich *nehme an*, daß sie krank ist. 나는 그녀가 아플 거라고 생각한다.
- et.⁴ als (für) et.⁴ *annehmen* : (무엇)을 (무엇)으로 생각·간주하다
  Ich *nehme* es *als* möglich *an*. 나는 그것을 가능한 것으로 생각한다

an|rufen [ánru:fən] rief an, angerufen 他 〈jn. 에게〉 전화를 걸다
  Ich *rufe* Sie morgen *an*. 당신에게 내일 전화 걸겠읍니다.
  Bitte *rufen* Sie mich heute abend zu Hause *an*!
  (Bitte *rufen* Sie heute abend bei mir *an*!) 오늘 저녁 나의 집에 전화 좀 걸어 주십시오!

an|sehen [ánze:ən] sah an, angesehen 他 바라보다, 주시하다

Er *sah* mich erstaunt *an*. 그는 놀라서 나를 바라보았다.
- sich³ et.⁴ *ansehen* : (무엇)을 관찰하다
 Ich *sah mir* die Stadt *an*. 나는 그 도시를 구경했다.
 Haben Sie *sich* den Film *angesehen*? 당신은 그 영화를 관람하셨읍니까?
- et.⁴ als (für) et.⁴ *ansehen* : (무엇)을 (무엇)으로 생각·간주하다
 Er *sah* es *als* seine Pflicht *an*. 그는 그것을 자기의 의무로 생각했다.
 Er hat mich *als* seinen Freund *angesehen*. 그는 나를 자기 친구로 간주했다.

die **Ansicht** [ánzıçt] -/-en ① 견해, 의견 (die Meinung) ② 광경, 풍경
 Was ist Ihre *Ansicht* über das Problem? 이 문제에 대하여 당신의 견해는 어떻습니까?
 Ich bin Ihrer *Ansicht*² (Meinung). 나는 당신과 같은 의견입니다.
- meiner *Ansicht* nach (=nach meiner *Ansicht*) : 나의 견해로는
 Meiner Ansicht nach hat er recht. 내 견해로는 그가 옳다.
 die *Ansicht* des Meeres 바다의 풍경

die **Ansichtskarte** [ánzıçtskartə] -/-n 그림 엽서
 Er hat mir einige sehr schöne *Ansichtskarten* geschickt. 그는 나에게 몇 장의 매우 아름다운 그림 엽서를 보내주었다.

anstatt [anʃtát] 1. 前 《2격》 ~대신에 (statt) 2. 接 〈zu 부정법·daß 와〉 …하는 대신에
 Anstatt meines Vaters kam ich. 나의 아버지 대신에 내가 왔다.
 Er sah nur zu, *anstatt* mir *zu* helfen.
 (=Er sah nur zu, *anstatt daß* er mir half.) 그는 나를 도와주기는 커녕 방관만 했다.

die **Antwort** [ántvɔrt] -/-en 대답 (↔die Frage)
- eine *Antwort* auf die Frage geben : 질문에 대답하다
 Er *gab eine Antwort auf* meine *Frage*. 그는 나의 질문에 대답했다.
 Er hat mir keine *Antwort* gegeben. 그는 나에게 아무 대답도 하지 않았다.

antworten [ántvɔrtən] 自他 대답하다 (erwidern) (↔fragen)
 Ich frage ihn, und er *antwortet* mir. 나는 그에게 질문하고, 그는 나에게 대답한다.

● jm. auf et.⁴ antworten : (누구)의 (무엇)에 대답하다
Sie *antwortete* mir *auf* meine Frage. 그녀는 나의 질문에 대답했다.
Was hat sie *auf* deinen Brief *geantwortet*? 그녀는 너의 편지에 뭐라고 회답했니?

anwesend [ánve:zənt] 形 출석한 (↔abwesend)
Beim Empfang waren alle Mitglieder *anwesend*. 리셉션에는 회원 전원이 참석했다.
die *Anwesenden* 출석자들

an|ziehen [ántsi:ən] zog an, angezogen 1. 他 再 《sich⁴》 (옷 따위를) 입다 (↔auszieben) 2. 他 끌어당기다
Er *zieht* den neuen Mantel *an*. 그는 새 외투를 입는다.
Ziehen Sie *sich an* (aus)! 옷을 입으세요(벗으세요)!
Der Magnet *zieht* Eisen *an*. 자석은 쇠를 끌어당긴다.
Der Beruf *zieht* mich nicht *an*. 그 직업은 내 마음을 끌지 못한다.

anziehend [ántsi:ənt] 形 마음을 끄는, 매력적인
Sie hat viele *anziehende* Eigenschaften. 그녀는 많은 매력적인 특성을 지니고 있다.
eine *anziehende* junge Dame 매력적인 젊은 여성

der **Anzug** [ántsu:k] -[e]s/..züge (남자의 상하복) 의복
Er trägt einen dunklen *Anzug*.
(=Er hat einen dunklen *Anzug* an.) 그는 검정색 양복을 입고 있다.
Ich habe mir einen *Anzug* machen lassen. 나는 양복 한 벌을 맞추었다.

an|zünden [ántsyndən] 他 〈et.⁴에〉 불을 붙이다
Er *zündete* [sich³] eine Zigarette *an*. 그는 담배에 불을 붙였다.

der **Apfel** [ápfəl] -s/= 사과
Die *Äpfel* blühen. 사과꽃이 피어 있다.
Im Garten ist ein *Apfel*baum. 정원에는 한 그루의 사과나무가 있다.
Der *Apfel* fällt nicht weit vom Stamm. 《Sprw》 사과는 나무에서 멀리 떨어지지 않는다(자식은 어버이를 닮는다).

die **Apotheke** [apoté:kə] -/-n 약국
● zur *Apotheke* gehen : 약국에 가다
Er *geht zur Apotheke*, um Medizin zu kaufen. 그는 약을 사기 위해 약국에 간다.

der **Apotheker** [apoté:kər] -s/- 약사(藥師)

Der *Apotheker* stellt Medizin her. 약사가 약을 조제한다.
der **Apparat** [apará:t] -[e]s/-e ① 장치, 기구 ② 전화기 (das Telefon)
  photographischer *Apparat* (=der Fotoapparat) 사진기
  Er ist am *Apparat* (Telefon). 그는 전화를 받고 있다.
  Wer ist bitte am *Apparat*? 실례지만 전화 받으시는 분은 누구세요?
  Bleiben Sie bitte am *Apparat*! 전화 끊지 말고 기다리세요!
der **Appetit** [apetí:t] -[e]s/-e 식욕
  Guten *Appetit*! 많이 드세요!
  Ich habe jetzt keinen *Appetit*. 나는 지금은 먹고 싶은 생각이 없다.
  ● *Appetit* auf et.⁴ haben : (무엇)을 먹고 싶어하다
  Ich *habe Appetit auf* das Fleisch. 나는 고기가 먹고 싶다.
der **April** [aprĺl] -[s]/ 4월
  Heute ist der 1. (erste) *April*. 오늘은 4월 1일이다.
  am 1.(ersten) *April* 4월 1일에
  im [Monat] *April* 4월에
  ● Anfang (Mitte, Ende) *April* : 4월 초순(중순, 하순)에
  Anfang April fährt er nach Deutschland. 4월 초에 그는 독일에 간다.
die **Arbeit** [árbaɪt] -/-en 일, 공부
  Ich habe heute viel *Arbeit*.
  (=Ich habe heute viel zu tun.) 나는 오늘 할 일이 많다.
  ● an (bei) der *Arbeit* sein : 일하는 중이다
  Er *ist* jetzt *an der Arbeit*. 그는 지금 작업중이다.
  ● an die *Arbeit* gehen : 일을 시작하다
  Wollen wir *an die Arbeit gehen*! 일을 시작합시다!
  ● ohne *Arbeit* sein (=keine Arbeit haben) : 일자리가 없다
  Er *ist* nun *ohne Arbeit*.
  (=Er *hat* nun *keine Arbeit*.) 그는 지금 실업자다.
  ● zur *Arbeit* gehen : 일하러 가다
  Er *geht* morgens früh *zur Arbeit*. 그는 아침 일찍 일하러 간다.
  körperliche (geistige) *Arbeit* 육체(정신) 노동
  wissenschaftliche *Arbeit* 학문 연구
arbeiten [árbaɪtən] 自 일하다, 공부하다
  Er *arbeitet* fleißig. 그는 열심히 일한다.
  Wir *arbeiten* 48 Stunden in der Woche. 우리는 일주일에 48시간 일한다.

- an et.³ *arbeiten* : (무엇)에 종사하고 있다
  Ich *arbeite* jetzt *an* einem neuen Buch. 나는 지금 새로운 책을 저술하고 있다.

der **Arbeiter** [árbaitər] -s/- 노동자
  In unserer Fabrik sind etwa 200 *Arbeiter* beschäftigt. 우리 공장에는 약 200명의 노동자들이 고용되어 있다.

ärgern [érgərn] 1. 他 화나게 하다 2. 再 〈sich⁴ über jn. 에 대하여〉 화를 내다
  Seine Worte *ärgerten* mich. 그의 말은 나를 화나게 했다.
  Er hat *sich über* mich *geärgert*. 그는 나에게 화를 냈다.
  Ärgere dich nicht dar*über*! 그것에 대해 화내지 마라!

arm [arm] ärmer, ärmst 形 ① 가난한 (↔reich) ② 〈an et.³이〉 모자라는 (↔reich)
  Er ist sehr *arm*. 그는 매우 가난하다.
  Er ist ein sehr *armer* Mensch. 그는 매우 가난한 사람이다.
  Er ist *arm an* Mut³.
  (=Es fehlt ihm an Mut.) 그는 용기가 없다.
  Sie ist *arm an* Reizen³. 그녀는 매력이 없다.

der **Arm** [arm] -[e]s/-e 팔
  der rechte (linke) *Arm* 오른(왼) 팔
  Sie trägt ein Kind auf dem (im) *Arm*. 그녀는 팔에 아이를 안고 있다.
  - jn. am *Arm* nehmen (fassen) : (누구의) 팔을 잡다
    Sie *nahm* (*faßte*) mich *am Arm*. 그녀는 내 팔을 잡았다.
  - *Arm* in *Arm* : 팔짱을 끼고
    Sie ging mit ihm *Arm in Arm*. 그녀는 그와 팔짱을 끼고 걸었다.

die **Armut** [ármu:t] -/ 가난, 빈곤, 결핍 (↔der Reichtum)
  Armut ist keine Schande. 가난은 수치가 아니다.
  geistige *Armut* 정신적 빈곤
  Armut an Kenntnissen³ 지식의 결핍

die **Art** [a:rt] -/-en ① 종류 ② 방법 (die Weise)
  Das ist eine *Art* Spielzeug. 그것은 일종의 장난감이다.
  Das ist die billigste *Art* zu reisen. 그것은 여행하는데 가장 비용이 적게 드는 방법이다.
  auf diese *Art* (=in dieser *Art*) 이러한 방법으로
  auf welche *Art* (Weise) 어떤 방법으로
  auf verschiedene *Art* (Weise) 여러 가지 방법으로

die **Arznei** [a:rtsnáı] -/-en 약(藥) (die Medizin)
  Diese *Arznei* (Medizin) wirkt gut. 이 약은 잘 듣는다.

- *Arznei* nehmen : 약을 복용하다
  Du mußt regelmäßig *Arznei nehmen*. 너는 규칙적으로 약을 복용해야 한다.
der **Arzt** [a:rtst] -es/⸚e 의사
  Die Kranken bedürfen des *Arztes*. 환자들은 의사를 필요로 한다.
  - zum *Arzt* gehen : 의사에게 가다
    Du mußt sofort *zum Arzt gehen*. 너는 곧 의사에게 가야 한다.
  - den *Arzt* rufen (holen) lassen : 의사를 불러오게 하다
    Er ließ *den Arzt rufen*. 그는 의사를 불러오게 했다.
die **Ärztin** [έ:rtstɪn] -/-nen 여의사
der **Aschenbecher** [áʃənbɛçər] -s/- 재떨이
  Die Zigarettenasche soll im *Aschenbecher* liegen. 담배재는 재떨이에 떨어야 한다.
(*das*) **Asien** [á:ziən] -s/ 아시아
  der **Asiat** [aziá:t] -en/-en 아시아인
  die **Asiatin** [aziá:tin] -/-nen 아시아 여자
  asiatisch [aziá:tiʃ] 形 아시아의
der **Atem** [á:təm] -s/- 숨, 호흡
  - *Atem* holen : 숨을 들이마시다
    Er *holte Atem*. 그는 숨을 들이마셨다.
  außer *Atem* 숨이 찬, 숨을 헐떡거리며
  in einem *Atem* (=in (mit) einem Zuge, auf einen Zug) 단숨에
atmen [á:tmən] 自他 숨쉬다, 호흡하다
  - tief *atmen* : 심호흡을 하다
    Er *atmete tief*. 그는 심호흡을 했다.
  Er *atmete* frische und reine Luft. 그는 신선하고 맑은 공기를 마셨다.
  Atmen Sie aus (ein)! 숨을 내쉬시오(들이마십시오)!
das **Atom** [ató:m] -s/-e 원자
die **Atombombe** [ató:mbɔmbə] -/-n 원자 폭탄
  Die *Atombombe* bedroht die Existenz der ganzen Menschheit. 원자 폭탄은 전 인류의 생존을 위협한다.
auch [aux] 副 ① 역시, …도 ② …조차, …마저 (sogar, selbst)
  Es regnet heute. Morgen wird es *auch* regnen. 오늘은 비가 온다. 내일도 역시 비가 올 것이다.
  Ich bin hungrig, [bist] du [es] *auch*? 나는 배가 고픈데, 너도 배가 고프니?

Auch ein Kind kann es machen. 어린아이라도 그것은 할 수 있다.

Auch seine besten Freunde verließen ihn. 그의 가장 친한 친구들조차 그를 떠났다.

● 의문사+auch+mögen : …라고 하더라도

Wer es *auch* sein *mag*, [der] muß bestraft werden. 그것이 누구이건 벌을 받아야 한다.

Was er *auch* sagen *mag*, ich glaube ihm nicht. 그가 무슨 말을 하더라도 나는 그의 말을 믿지 않는다.

auf [auf] 1. 前《3·4격》〈정지의 위치 또는 운동의 장소를 나타내는 경우는 3격 지배, 운동의 방향을 나타내는 경우는 4격 지배〉 ①《장소》 ~위에(3격), ~위로(4격) ②《시간》 ~예정으로(4격) 2. 副 ① 위로 (↔ab) ② 열려 있는 (↔zu)

Ein Buch liegt *auf* dem Tisch. 책 한 권이 책상 위에 놓여 있다.

Sis legt ein Buch *auf* den Tisch. 그녀는 책을 책상 위에 놓는다.

Er sitzt *auf* dem Stuhl. 그는 의자 위에 앉아 있다.

Er setzt sich *auf* den Stuhl. 그는 의자 위에 앉는다.

Er wohnt *auf* dem Land. 그는 시골에 살고 있다.

Er geht *aufs* Land. 그는 시골로 간다.

Er ist *auf* der Universität. 그는 대학에 재학중이다.

Er geht *auf* die Universität. 그는 대학에 (공부하러) 간다.

● *auf* ein Jahr (zwei Jahre) : 1년(2년) 예정으로

Er ging *auf ein Jahr* nach Deutschland. 그는 1년 예정으로 독일에 갔다.

● *auf* und ab (=hin und her) : 이리저리

Er ging im Zimmer *auf und ab*. 그는 방 안에서 왔다갔다 했다.

Die Tür ist *auf* (zu). 문이 열려(닫혀) 있다.

auf Wiedersehen! 또 만납시다!

auf deutsch 독일어로

auf einmal (=plötzlich) 갑자기

auf ewig (=für immer) 영원히

aufs neue (=von neuem) 새로이

auf diese Weise (=in dieser Weise) 이러한 방법으로

auf seinen Befehl 그의 명령에 따라

auf dem Weg 도중에

von Kindheit *auf* (an) 어린 시절부터

von Jugend *auf* (an) 젊었을 때부터

der Aufenthalt [áuf-ɛnthalt] -[e]s/-e 체류 ; (기차의) 정차
Während meines *Aufenthaltes* in Bonn habe ich ihn besucht. 나는 본에 체류하는 동안 그를 방문했다.
Der Zug hat in Köln 5 Minuten *Aufenthalt*. 기차는 쾰른에서 5분간 정차한다.

auf|fallen [áuffalən] fiel auf, aufgefallen 茵 《s》 〈jm.의〉 눈에 띄다, 주의를 끌다
Das ist mir sofort *aufgefallen*. 그것은 곧 나의 눈에 띄었다.
Das ist mir gar nicht *aufgefallen*. 그것은 전혀 나의 눈에 띄지 않았다.

die Aufgabe [áufga:bə] -/-n 숙제, 과제, 임무
Hast du schon deine *Aufgaben* gemacht? 너는 벌써 숙제를 다 했니?
Es ist die *Aufgabe* der Eltern, ihre Kinder zu erziehen. 자녀를 교육시키는 것은 부모의 임무이다.

auf|geben [áufge:bən] gab auf, aufgegeben 他 ① 포기·단념하다 (verzichten) ② 〈jm.에게 et.⁴ 을〉 지우다, 부과하다 ③ (편지·전보 따위를 우체국에) 내놓다
Er hat alle Hoffnung *aufgegeben*. 그는 모든 희망을 포기(단념)했다.
Er hat seinen Beruf als Musiker *aufgegeben*. 그는 음악가로서의 그의 직업을 포기했다.
Der Lehrer hat uns einen Aufsatz (viele Schulaufgaben) *aufgegeben*. 선생님은 우리들에게 작문 문제(많은 숙제)를 내어 주셨다.
Ich möchte ein Telegramm *aufgeben*. 나는 전보를 치고 싶습니다.

auf|gehen [áufge:ən] ging auf, aufgegangen 茵 《s》 ① 올라가다 (↔untergehen) ② 열리다 (↔zugehen)
Die Sonne *geht* im Osten *auf* und im Westen unter. 해는 동쪽에서 뜨고 서쪽에서 진다.
Als der Vorhang *aufging*, wurde es still im Publikum. 막이 올라갔을 때 관객석은 조용해졌다.
Die Tür *geht auf*. 문이 열린다.
Das Fenster *geht* nicht *auf*. 창문이 열리지 않는다.

auf|heben [áufhe:bən] hob auf, aufgehoben 他 ① 집어 올리다 ② 폐지하다, 취소하다
Er *hob* das Papier vom Boden *auf*. 그는 바닥에서 종이를 집어 올렸다.
Die Verlobung wurde *aufgehoben*. 약혼은 파기되었다.

auf|hören [áufhø:rən] 自 ① ⟨zu 부정법과⟩ **중지하다** ② ⟨mit et.을⟩ **중지하다**
Das Kind *hörte auf zu* weinen.
(=Das Kind *hörte mit* dem Weinen *auf.*) 그 아이는 울음을 그쳤다.
Es *hörte auf zu* regnen. 비가 그쳤다.
Wenn es *zu* regnen *aufhört,* wollen wir ausgehen. 비가 그치면 나갑시다.
Höre doch endlich *mit* dem Weinen *auf!* 이제 그만 울음을 그쳐라!
Hören Sie *mit* der Arbeit *auf!* 일을 그만 두십시오!

auf|machen [áufmaxən] 他 **열다** (↔zumachen)
Er *machte* die Tür *auf* (zu). 그는 문을 열었다(닫았다).
Machen Sie bitte das Fenster *auf!* 창문을 좀 여십시오!

aufmerksam [áufmɛrkza:m] 形 **주의 깊은**
Sie hörte mir *aufmerksam* zu. 그녀는 나의 말에 주의 깊게 귀를 기울였다.
● auf et.⁴ *aufmerksam* sein : (무엇)에 주의를 기울이다
Du mußt *auf* die Worte des Lehrers *aufmerksam* sein. 너는 선생님의 말씀에 주의를 기울여야 한다.
● jn. auf et.⁴ *aufmerksam* machen : (누구)에게 (무엇)에 대하여 주의를 환기시키다
Ich *machte* ihn dar*auf aufmerksam.* 나는 그에게 그것에 대하여 주의를 환기시켰다.

die **Aufmerksamkeit** [áufmɛrksamkaɪt] -/ **주의[력]**
Die *Aufmerksamkeit* der Studenten ist etwas schlecht. 학생들의 주의력이 약간 산만하다.

auf|passen [áufpasən] 自 ⟨auf et.⁴ 에⟩ **주의하다** (achtgeben)
Auf der Straße soll man *auf* den Verkehr gut *aufpassen.* 거리에서는 교통에 각별히 주의해야 한다.
Paß *auf* den Taschendieb *auf!* 소매치기를 주의해라!

auf|regen [áufre:gən] 1. 他 **자극하다, 흥분시키다** (erregen) 2. 再 《sich⁴》 **흥분하다** (sich⁴ erregen)
Der Lärm *regte* mich sehr *auf.* 소음은 나를 매우 자극했다.
Der grausame Anblick *regte* ihn sehr *auf.* 그 잔인한 광경은 그를 매우 흥분시켰다.
Du darfst *dich* nicht so *aufregen.* 너는 그렇게 흥분해서는 안된다.

die **Aufregung** [áufre:guŋ] -/-en **흥분** (die Erregung)
Ich konnte vor *Aufregung* nicht still sitzen. 나는 흥분하여

가만히 앉아 있을 수가 없었다.
der **Aufsatz** [áufzats] -es/..sätze 작문, 논문
  Ich habe im *Aufsatz* immer schlechte Noten bekommen. 나는 작문 성적이 언제나 나빴다.
  Der *Aufsatz* wird in der nächsten Nummer der Zeitschrift veröffentlicht. 그 논문은 잡지의 다음 호에 발표된다.
auf|schließen [áuf ʃliːsən] schloß auf, aufgeschlossen 他 (열쇠로) 열다 (↔zuschließen)
  Er *schließt* die Haustür *auf* (zu). 그는 현관문을 연다(잠근다).
  Er wollte die Tür *aufschließen*, fand aber den Schlüssel nicht. 그는 문을 열려고 했으나 열쇠를 찾지 못했다.
auf|stehen [áuf ʃteːən] stand auf, aufgestanden 自 《s》 일어서다, (잠자리에서) 일어나다
  Stehen Sie *auf*! 일어 서십시오!
  Ich *stehe* gewöhnlich um 6 Uhr morgens *auf*. 나는 보통 아침 6시에 일어난다.
  Ich *stand* heute morgen früh (spät) *auf*. 나는 오늘 아침 일찍(늦게) 일어났다.
auf|steigen [áuf ʃtaɪɡən] stieg auf, aufgestiegen 自 《s》 ① 오르다 (↔absteigen) ② (말·차에) 올라타다
  Aus dem Schornstein *steigt* schwarzer Rauch *auf*. 굴뚝에서 검은 연기가 솟아오른다.
  Die Sonne *steigt* am Himmel *auf*. 해가 하늘에 떠오른다.
  Er *steigt* in (auf) den Wagen *auf*. 그는 차에 올라탄다.
  Er *stieg* auf das Fahrrad *auf* und fuhr davon. 그는 자전거를 타고 가버렸다.
auf|wachen [áufvaxən] 自 《s》 잠을 깨다 (erwachen) (↔einschlafen)
  Heute nacht bin ich mehrere Male *aufgewacht*. 간밤에 나는 여러 번 잠을 깼다.
  Er ist vom Schlaf *aufgewacht*. 그는 잠에서 깼다.
aufwärts [áufvɛrts] 副 위쪽으로 (↔abwärts)
  Der Fahrstuhl fährt *aufwärts* (abwärts). 엘리베이터가 위로 올라간다(아래로 내려간다).
  Das Schiff fährt den Strom *aufwärts* (abwärts) 배가 강을 거슬러 올라간다(강을 따라 아래로 내려간다).
das **Auge** [áugə] -s/-n 눈(目)
  Das *Auge* ist der Spiegel des Herzens. 눈은 마음의 거울이다.

Seine *Augen* leuchten vor Freude[3]. 그의 눈은 기쁨으로 빛나고 있다.

Ihre *Augen* füllten sich mit Tränen. 그녀의 눈은 눈물로 가득찼다.

Er hat gute (schlechte) *Augen*. 그는 시력이 좋다(나쁘다).

Ich habe heute nacht kein *Auge* zugemacht. 나는 간밤에 눈을 붙이지 못했다.

Auge um *Auge*, Zahn um Zahn 《Bibel》 눈에는 눈으로, 이에는 이로.

- große *Augen* machen : (놀라서) 눈을 크게 뜨다
  Wenn er das hört, wird er sicher *große Augen machen*. 그가 그것을 들으면 틀림없이 놀라 눈이 둥그레질 것이다.
- mit bloßem *Auge* : 육안(肉眼)으로
  Ich konnte es *mit bloßem Auge* erkennen. 나는 그것을 육안으로 알아 볼 수 있었다.

der **Augenblick** [áugənblık] -[e]s/-e 순간

[Warten Sie] einen *Augenblick*, bitte! 잠깐만 기다려 주십시오!

Er kann jeden *Augenblick* kommen. 그는 지금이라도 올지 모른다.

in diesem *Augenblick* 이 순간에

der **August** [augúst] -[s]/ 8월

Heute ist der 10. (zehnte) *August*. 오늘은 8월 10일이다.

am 10. (zehnten) *August* 8월 10일에

im [Monat] *August* 8월에

- Anfang (Mitte, Ende) *August* : 8월 초순(중순, 하순)에
  Anfang August beginnen die Ferien. 8월 초에 휴가가 시작된다.

aus [aus] 1. 前 《3격》 ① (~안에서) 부터 ② 《출처》 ~에서 ③ 《재료》 ~으로 만들어진 ④ 《태생》 ~태생(출신)인 2. 副 ① 〈von ~ aus 형으로〉 ~으로부터 ② 끝난

Er kommt *aus* dem Haus. 그는 집에서 나온다.

Er nimmt das Geld *aus* der Tasche. 그는 돈을 호주머니에서 꺼낸다.

Das erfuhr ich *aus* der Zeitung. 그것을 나는 신문에서 알았다.

Der Ring ist *aus* (von) Gold. 그 반지는 금반지다.

Er ist *aus* Berlin (Deutschland). 그는 베를린(독일) 태생이다.

Er ist nicht *aus* dieser Stadt. 그는 이 도시 출신이 아니다.

Vom Fenster *aus* kann man es sehen. 창문에서 그것을 볼 수 있다.

Von hier *aus* hat man eine herrliche Aussicht. 여기서부터 경치가 매우 좋다.

Ist der Unterricht (die Schule) *aus*? 수업이 끝났니?

Der Film (Das Konzert) ist *aus*. 영화(음악회)는 끝났다.

Das Licht (Das Feuer) ist noch nicht *aus*. 불이 아직 꺼지지 않았다.

Es ist *aus* mit ihm. 그는 이제 가망이 없다.

ein Löffel *aus* (von) reinem Silber 순은제 숟가락

ein Dichter *aus* dem 18. Jahrhundert 18세기의 시인

ein Märchen *aus* alten Zeiten 옛날부터 전해오는 이야기

aus Erfahrung 경험으로

aus Liebe 사랑으로

aus welchem Grunde 어떤 이유로

der **Ausdruck** [áusdruk] -[e]s/..drücke ① 표현 ② 표정

Der Inhalt des Aufsatzes ist zwar gut, der *Ausdruck* aber schlecht. 작문의 내용은 좋으나 표현이 좋지 않다.

Als *Ausdruck* meines Dankes gab ich ihm etwas Geld. 나는 감사의 뜻으로 그에게 약간의 돈을 주었다.

● et.⁴ zum *Ausdruck* bringen : (무엇)을 표현하다

Er *brachte* seinen Dank *zum Ausdruck*. 그는 감사의 뜻을 나타냈다.

Auf seinem Gesicht lag ein schmerzlicher *Ausdruck*. 그의 얼굴에는 고통스러운 표정이 보였다.

Ausdruck des Gesichts 얼굴 표정

aus|drücken [áusdrykən] 他 표현하다

Wie soll man diesen Gedanken (dieses Gefühl) *ausdrücken*? 이런 생각(감정)은 어떻게 표현해야 하는가?

der **Ausflug** [áusflu:k] -[e]s/..flüge 소풍

● einen *Ausflug* machen : 소풍가다

Wir *machen* morgen *einen Ausflug* ins Gebirge. 우리는 내일 산으로 소풍간다.

die **Ausfuhr** [áusfu:r] -/-en 수출 (↔die Einfuhr)

Die *Ausfuhr* von Getreide ist in letzter Zeit bedeutend zurückgegangen. 곡류의 수출은 최근에 현저히 감소되었다.

aus|führen [áusfy:rən] 他 ① 실행·수행하다 (vollbringen) ② 수출하다 (exportieren) (↔einführen)

Sie *führte* ihren Plan *aus*. 그녀는 자기의 계획을 실행에 옮겼다.

Er hat den Befehl *ausgeführt*. 그는 그 명령을 수행했다.
Diese Ware wird ins Ausland *ausgeführt* (exportiert). 이 상품은 외국으로 수출된다.

ausführlich [áusfyːrɪç] 形 상세한 (eingehend)
Ich habe ihm den Weg zu uns *ausführlich* beschrieben. 나는 그에게 우리 집으로 오는 길을 상세히 설명해 주었다.

der **Ausgang** [áusgaŋ] -[e]s/..gänge ① 《복수 없음》 외출 ② 출구 (↔der Eingang) ③ 결과
- einen *Ausgang* machen (=ausgehen) : 외출하다
  Er *machte* mit ihr *einen Ausgang*. 그는 그녀와 외출했다.
  der erste *Ausgang* nach der Krankheit 병 후의 첫 외출
  Am *Ausgang* wartet er auf dich. 출구에서 그가 너를 기다리고 있다.
  Er findet den *Ausgang* nicht. 그는 출구를 찾지 못한다.
  Der *Ausgang* des Prozesses ist noch nicht abzusehen. 소송의 결과는 아직 예측하지 못한다.
- einen guten *Ausgang* nehmen : 좋은 결과를 얻다
  Das wird *keinen guten Ausgang nehmen*. 그것은 좋은 결과를 얻지 못할 것이다.

aus|gehen [áusgeːən] ging aus, ausgegangen 自《s》① 외출하다 ② (불·등불 따위가) 꺼지다 ③ (돈·물품 따위가) 떨어지다
Er *ging* mit ihr *aus*. 그는 그녀와 외출했다.
Er ist heute *ausgegangen*. 그는 오늘 외출했다.
Sie *geht* selten *aus*. 그녀는 좀처럼 외출하지 않는다.
Das Feuer (Das Licht) *geht aus*. 불(등불)이 꺼졌다.
Mir ist das Geld *ausgegangen*. 나는 돈이 떨어졌다.

ausgezeichnet [áusgətsaɪçnət] 形 뛰어난, 탁월한(vortrefflich)
Meine Frau kocht *ausgezeichnet*. 나의 아내는 요리 솜씨가 뛰어나다.
Sie spielt *ausgezeichnet* Klavier. 그녀는 피아노를 아주 잘 친다.

das **Ausland** [áuslant] -[e]s/ 외국
Er wohnt seit Jahren im *Ausland*. 그는 외국에 살고 있은 지가 여러 해 된다.
Er hat lange im *Ausland* gewohnt. 그는 오랫동안 외국에서 살았다.
- ins *Ausland* fahren : 외국으로 가다
  Wollen wir nicht einmal *ins Ausland fahren*? 우리 한번 외국에 가보지 않겠읍니까?

der **Ausländer** [áuslɛndər] -s/- 외국인
 Viele *Ausländer* kommen als Touristen nach Korea. 많은 외국인들이 관광객으로 한국에 온다.

ausländisch [áuslɛndiʃ] 形 외국의
 Viele *ausländische* Musiker kommen nach Korea. 많은 외국의 음악가들이 한국에 온다.

die **Ausnahme** [áusna:mə] -/-n 예외
 ● eine *Ausnahme* machen : 예외로 하다
 Ich will bei Ihnen *eine Ausnahme machen*. 나는 당신의 경우는 예외로 하겠다.
 Das ist natürlich eine *Ausnahme*. 그것은 물론 예외다.
 Keine Regel ohne *Ausnahme*. 《Sprw》 예외 없는 규칙 없다.

aus|ruhen [áusru:ən] 自 再 《sich⁴》 휴식하다
 Wir haben [uns] von der Arbeit *ausgeruht*. 우리는 일을 중단하고 휴식을 취했다.

aus|sehen [áusze:ən] sah aus, ausgesehen 自 …으로 보이다
 Er *sieht* noch jung *aus*. 그는 아직 젊어 보인다.
 Er *sieht* älter *aus* als er ist. 그는 실제보다 더 나이가 들어 보인다.
 Das *sieht* nach nichts *aus*. 그것은 아무것도 아닌 것처럼 보인다.
 Es *sieht* nach Regen *aus*. 비가 올 것 같다.

außen [áusən] 副 밖에 (↔innen)
 Außen an der Tür wartet er auf dich. 문 밖에서 그는 너를 기다리고 있다.
 Von *außen* sieht das Haus sauber aus, aber innen ist es ziemlich schmutzig. 밖에서 보면 그 집은 깨끗하게 보이지만, 안은 상당히 불결하다.
 nach *außen* [hin] 밖으로
 von *außen* [her] 밖에서부터

außer [áusər] 前 《3격》 ① ~밖에 ② ~을 제외하고
 Er ist jetzt *außer* dem Hause. 그는 지금 외출 중이다.
 Heute essen wir *außer* dem Hause. 오늘 우리는 외식한다.
 Außer ihm waren alle schon da. 그를 제외하고는 모두가 벌써 왔다.
 Niemand *außer* ihm kann es tun.
 (=Niemand als er kann es tun.) 그를 제외하고는 아무도 그것을 할 수 없다.
 ● *außer* sich sein : 어쩔 줄 모르다
 Sie *ist* vor Freude³ *außer sich*. 그녀는 기뻐서 어쩔 줄을

모른다.
- *außer* Atem : 숨을 헐떡이며
  Sie kam *außer Atem* am Bahnhof an. 그녀는 숨을 헐떡이며 역에 도착했다.

äußer [ɔ́ysər] 形 《부가어적으로만 쓰임》 밖의, 외부의(↔inner)
äußere Verletzung 외상(外傷)
äußeres Ansehen 외모
äußere Umstände 외부 사정
der Minister des *Äußeren* (=der Außenminister) 외무부 장관

außerdem [áusərde:m] 副 그 밖에, 그 외에
Außerdem hatten wir nichts zu essen. 그 밖에 우리는 먹을 것이라고는 아무 것도 없었다.
Man kann dorthin mit dem Zug fahren, *außerdem* gibt es eine günstige Busverbindung. 그곳으로는 기차로 갈 수가 있고, 그 외에도 편리한 버스의 왕래가 있다.

außerhalb [áusərhalp] 前 《2격》 ~바깥쪽에 (↔innerhalb)
Er steht *außerhalb* des Hauses. 그는 집 밖에 서 있다.
Er wohnt *außerhalb* der Stadt. 그는 교외에 살고 있다.

äußern [ɔ́ysərn] 1. 他 (의견·감정 따위를) 나타내다, 표명하다 2. 再 《sich⁴》 나타나다
Er *äußert* nur selten seine Gefühle. 그는 좀처럼 자기의 감정을 나타내지 않는다.
Darin *äußert sich* sein Charakter. 그 점에서 그의 성격이 나타나고 있다.
- sich⁴ über et.⁴ *äußern* : (무엇)에 대하여 의견을 말하다
  Ich kann *mich* darüber (*über* ihn) nicht *äußern*. 나는 그것에 대하여(그에 대하여) 의견을 말할 수 없다.

außerordentlich [áusər-ɔrdəntlıç] 形 비상한, 특별한 (ungewöhnlich)
Er hat ein *außerordentlich* gutes Gedächtnis für Zahlen. 그는 숫자(數字)에 대하여 비상한 기억력을 가지고 있다.

äußerst [ɔ́ysərst] 形 〈äußer의 최상급〉 극도의, 극단의
Das ist *äußerst* wichtig.
(=Das ist von *äußerster* (größter) Wichtigkeit.) 그것은 대단히 중요하다.
Die Stadt liegt im *äußersten* Norden Deutschlands. 그 도시는 독일의 가장 북쪽에 있다.
mit *äußerster* Vorsicht 매우 조심스럽게
aufs *äußerste* 극히, 심히

die Aussicht [áusziçt] -/-en ① 《복수 없음》 경치 ② (장래의) 전망, 가망

Vom Fenster aus hat man eine herrliche *Aussicht* auf das Gebirge. 창문으로 사람들은 그 산의 훌륭한 경치를 볼 수 있다.

Er hat in seinem Beruf gute *Aussichten.* 그의 직업은 전망이 좋다.

Bei dem nächsten Spiel hat er keine *Aussicht* zu gewinnen. 다음 시합에서는 그는 이길 가망이 없다.

- *Aussicht* auf et.⁴ haben : (무엇)의 가망이 있다
  Sie *hat* keine *Aussicht auf* Erfolg. 그녀는 성공할 가망이 없다.

die Aussprache [áusʃpra:xə] -/-n 발음

Die *Aussprache* des Deutschen ist nicht so schwer. 독일어의 발음은 그렇게 어렵지 않다.

Ihre deutsche *Aussprache* ist sehr gut. 당신의 독일어 발음은 매우 좋다.

aus|sprechen [áusʃprɛçən] sprach aus, ausgesprochen 他 ① 발음하다 ② (의견 따위를) 말하다 (äußern)

Wie wird dieses Wort *ausgesprochen?* 이 단어는 어떻게 발음됩니까?

Du *sprichst* dieses Wort schlecht *aus.* 너는 이 단어를 잘못 발음한다.

Er hat seine Meinung (Ansicht) offen *ausgesprochen.* 그는 자기의 의견을 솔직하게 말했다.

Ich *sprach* ihm meinen herzlichen Dank *aus.* 나는 그에게 진심으로 감사의 뜻을 표했다.

aus|steigen [áusʃtaɪɡən] stieg aus, ausgestiegen 自 (차·배 따위에서) 내리다 (↔einsteigen)

Du mußt an der nächsten Haltestelle *aussteigen.* 너는 다음 정류장에서 내려야 한다.

auswendig [áusvɛndɪç] 副 암기하여

- et.⁴ *auswendig* lernen : (무엇)을 암기하다
  Lernen Sie den Satz *auswendig*! 이 문장을 암기하십시오!
  Ich habe es *auswendig* gelernt. 나는 그것을 암기했다.
- et.⁴ *auswendig* können (wissen) : (무엇)을 암기하고 있다
  Ich *kann* (*weiß*) das Gedicht *auswendig.* 나는 그 시(詩)를 외우고 있다.

aus|ziehen [áustsi:ən] zog aus, ausgezogen 他再 《sich⁴》 (옷 따위를) 벗다 (↔anziehen)

Er *zieht* den Mantel *aus* (an). 그는 외투를 벗는다(입는다).
Er *zog sich* (=die Kleider) *aus.* 그는 옷을 벗었다.
Ziehen Sie *sich aus*! 옷을 벗으십시오!

das **Auto** [áuto] -s/-s 자동차
- mit dem *Auto* (im *Auto*) fahren : 자동차를 타고 가다
  Wir *fahren mit dem Auto* in die Stadt. 우리는 자동차를 타고 시내에 간다.
- *Auto* fahren : 자동차를 운전하다
  Ich kann *Auto fahren.* 나는 자동차를 운전할 수 있다.

Das erste *Auto* wurde 1885 von Carl Benz gebaut. 최초의 자동차는 1885년에 카알 벤츠에 의해 만들어졌다.

das **Autobahn** [áutoba:n] -/-en 자동차 전용도로
Auf der *Autobahn* kann man schnell fahren. 자동차 전용 도로에서는 속력을 낼 수 있다.

der **Autobus** [áutobus] ..busses/..busse 버스
Er fährt mit dem *Autobus* in die Schule. 그는 버스를 타고 학교에 간다.

der **Autofahrer** [áutofa:rər] -s/- 자동차 운전사
Er ist ein guter *Autofahrer.* 그는 훌륭한 운전사이다.

der **Autor** [áutɔr] -s/-en [..tó:rən] 작가, 저자 (der Schriftsteller)
Er ist ein berühmter deutscher *Autor.* 그는 유명한 독일 작가이다.
Er ist der *Autor* dieses Buches. 그는 이 책의 저자이다.

der **Autounfall** [áutounfal] -[e]s/..fälle 자동차 사고
Leider sind *Autounfälle* nicht selten. 유감스럽게도 자동차 사고가 잦다.

B

der **Bach** [bax] -[e]s/⸚e 시내, 실개천
Der *Bach* rieselt. 시냇물이 졸졸 흐른다.
An unserem Haus fließt ein *Bach* vorbei. 우리 집 옆을 시냇물이 흘러간다.

die **Backe** [bákə] -/-n 뺨
Sie hat rote *Backen*. 그녀는 뺨이 빨갛다.
- mit vollen *Backen* : 뺨을 불룩히 하고
  Er kaut etwas *mit vollen Backen*. 그는 뺨을 불룩히 하고 뭔가를 씹고 있다.

backen [bákən] backte (buk), gebacken 1. 他 (빵・과자 따위를) 굽다 2. 自 (빵・과자 따위가) 구워지다
Sie *bäckt* Brot (Kuchen). 그녀는 빵(과자)을 굽는다.
Diesen Kuchen hat meine Mutter selbst *gebacken*. 이 과자는 나의 어머니가 직접 구우셨다.
Das Brot hat gut *gebacken*. 빵이 잘 구워졌다.

der **Bäcker** [bɛ́kər] -s/- 빵 굽는 사람
Er will *Bäcker* werden. 그는 빵 제조업자가 되려고 한다.
Jeden Morgen holen wir beim *Bäcker* frische Brötchen. 매일 아침 우리는 빵집에서 갓 구운 빵을 사 가지고 온다.

die **Bäckerei** [bɛkəráɪ] -/-en 빵 가게, 제과점
Wir kaufen das Brot in der *Bäckerei*. 우리는 빵을 제과점에서 산다.

das **Bad** [ba:t] -[e]s/⸚er ① 목욕 ② 목욕탕, 욕실 ③ 온천장
- ein *Bad* nehmen : 목욕하다
  Nehmen Sie *ein Bad*! 목욕하세요!
- ins *Bad* gehen : 욕실로 가다 ; 온천장으로 가다
  Er *ging ins Bad*, um sich⁴ zu rasieren. 그는 면도하기 위해 욕실로 갔다.
  Wir *reisten ins Bad* und nahmen ein *Bad*. 우리는 온천장으로 여행가서 목욕을 했다.
Nach dem *Bad* ruhte er sich⁴ etwas aus. 목욕 후에 그는 약간 휴식을 취했다.
Das Haus (Die Wohnung) hat kein *Bad*. 그 집에는 욕실이 없다.
Haben Sie ein Zimmer mit *Bad*? 욕실이 딸린 방이 있읍니까? (여관・호텔에서)

baden [báːdən] 1. 他 목욕시키다 2. 自 再 《sich⁴》 목욕하다, 멱감다
Sie *badet* das Kind. 그녀는 아이를 목욕시킨다.
Ich *bade* [*mich*] täglich. 나는 매일 목욕한다.
- *baden* gehen : 목욕가다, 멱감으러 가다
 Wir *gehen* heute *baden*. 우리는 오늘 멱감으러 간다.

die **Bahn** [baːn] -/-en ① 길 ② 철도 (die Eisenbahn)
- et.³ *Bahn* brechen : (무엇)에 길을 트다
 Er hat den künftigen Studien *Bahn gebrochen*. 그는 장래의 연구에 길을 텄다.
- mit (auf) der *Bahn* fahren : 철도편(기차·전차)으로 가다
 Wir *fahren mit der Bahn* (der Eisenbahn). 우리는 기차로 간다.
- zur *Bahn* (zum Bahnhof) gehen : 역으로 가다
 Er *ging zur Bahn*. 그는 역에 갔다.

der **Bahnhof** [báːnhoːf] -[e]s/..höfe 역(驛)
- zum *Bahnhof* gehen : 역으로 가다
 Ich *gehe* jetzt *zum Bahnhof*. 나는 지금 역에 간다.
- jn. vom *Bahnhof* abholen : (누구)를 역으로 마중 나가다
 Ich will ihn *vom Bahnhof abholen*. 나는 그를 역으로 마중 나가려고 한다.
 Der Zug ist pünktlich am *Bahnhof* angekommen. 기차는 정각에 역에 도착했다.

bald [balt] eher, am ehesten 副 곧
Bald wird es Frühling. 곧 봄이 된다.
- *bald* darauf (nachher) : 그 후 곧
 Bald darauf kam er zu mir. 그 후 곧 그는 나에게 왔다.
- so *bald* (schnell) wie möglich (=möglichst *bald*) : 가능한 빨리
 Kommen Sie *so bald wie möglich*! 되도록 빨리 오십시오!
- *bald* ..., *bald* ... : 때로는 ..., 때로는 ...
 Er sagt *bald* ja, *bald* nein. 그는 때로는 긍정하다, 때로는 부정한다.
 Bald regnet es, *bald* schneit es. 때로는 비가 오다, 때로는 눈이 온다.

der **Ball** [bal] -[e]s/⸚e 공
Die Kinder spielen mit einem *Ball*. 아이들이 공을 가지고 논다.
Er wirft den *Ball* in die Luft und fängt ihn wieder auf. 그는 공을 공중으로 던지고 그 공을 다시 받는다.

das **Band** [bant] -[e]s/⸚er 리본, 테이프
  Sie trägt ein rotes *Band* im Haar. 그녀는 머리에 붉은 리본을 달고 있다.
  Sie band mir ein schönes *Band* ins Haar. 그녀는 나의 머리에 예쁜 리본을 매어 주었다.
  Sie band um das Geschenk bunte *Bänder*. 그녀는 선물에 여러 색깔의 리본을 매었다.
  Seine Rede wurde auf *Band* aufgenommen. 그의 말은 테이프에 녹음되었다.
der **Band** [bant] -[e]s/⸚e (책의) 권
  Goethes sämtliche Werke in 20 *Bänden* 20권으로 된 괴테 전집
  Er nahm einen dünnen *Band* vom Regal. 그는 서가(書架)에서 얇은 책 한 권을 꺼냈다.
die **Bank** [baŋk] 1. -/⸚e 벤치 2. -/-en 은행
  Er sitzt auf einer *Bank*. 그는 벤치에 앉아 있다.
  Im Park ruht man sich⁴ auf den *Bänken* aus. 공원에서는 사람들이 벤치에서 휴식을 취한다.
  Er hat sein Geld auf (in) der *Bank*. 그는 돈을 은행에 예금하고 있다.
  Er holt sein Geld von der *Bank*. 그는 돈을 은행에서 찾아 온다.
  ● zur *Bank* gehen : 은행에 가다
  Ich *gehe* jetzt *zur Bank*. 나는 지금 은행에 간다.
der **Bär** [bɛːr] -en/-en 곰
  Man fing einen großen *Bären*. 큰 곰이 잡혔다.
  Er ist stark wie ein *Bär*. 그는 곰처럼 힘이 세다.
der **Bart** [baːrt] -[e]s/⸚e 수염
  Er hat einen dichten *Bart*. 그는 수염이 빽빽이 나 있다.
  ● sich³ den *Bart* schneiden (abnehmen) : 수염을 깎다
  Ich *schnitt mir den Bart*. 나는 수염을 깎았다.
der **Bau** [bau] ① -[e]s/-e 건축, 건설, 공사 ② -[e]s/-ten 건축물 ③ -[e]s/ 구조
  ● im *Bau* sein : 건축중이다
  Das Haus *ist* noch *im Bau*. 그 집은 아직 건축중에 있다.
  Hier kann man heute noch *Bauten* aus dem Mittelalter finden. 여기서는 오늘날에도 중세의 건물들을 볼 수 있다.
  der *Bau* des menschlichen Körpers 인체의 구조
bauen [báuən] 他 ① (집 따위를) 짓다 ② (땅을) 갈다(pflügen)
  Er *baut* sich³ ein Haus. 그는 자기의 집을 짓는다.

Die Stadt plant, in 2 Jahren 10,000 Wohnungen zu *bauen*.
시(市)는 2년 동안에 1만 가구의 주택을 지을 계획을 세우고 있다.

Hier wird eine neue Straße *gebaut*. 여기에 새 도로가 건설된다.

Der Bauer *baut* (pflügt) den Acker im Frühling. 농부는 봄에 밭을 간다.

der Bauer [báuər] -s, -n/-n 농부
Die *Bauern* arbeiten auf dem Feld. 농부들이 들에서 일하고 있다.

die Bäuerin [bɔ́yərın] -/-nen 농부의 아내 (die Bauersfrau)

der Baum [baum] -[e]s/=e 나무
Der *Baum* trägt Früchte. 그 나무는 열매를 맺는다.
Der Laub fällt von den *Bäumen*. 나뭇잎이 나무에서 떨어진다.
Er sieht den Wald vor *Bäumen* nicht. 《Sprw》 그는 나무를 보고 숲은 보지 못한다(작은 일에 구애되어 큰 일을 그르친다).

der Beamte [be-ámtə] 《形 변화》 (공공 기관의) 직원, 공무원
Als Lehrer an einem Gymnasium ist er staatlicher *Beamter*. 그는 고등학교 교사로서 국가 공무원이다.

die Beamtin [bə-ámtın] -/-nen 여자 공무원

beben [bé:bən] 自 떨다 (zittern)
Die Erde *bebte*. 지진이 일어났다.
Seine Knie *bebten* (zitterten) vor Kälte[3]. 그의 무릎은 추워서 떨렸다.
Ihre Stimme *bebte* vor Furcht[3] (Angst). 그녀의 음성은 공포로 떨렸다.

der Becher [béçər] -s/- 잔
● den *Becher* füllen (leeren): 잔을 채우다(비우다)
Er *füllte den Becher*. 그는 잔을 채웠다.

bedauern [bədáuərn] 他 유감으로 생각하다
Wir haben alle *bedauert*, daß du nicht dabei warst. 우리 일동은 네가 그 자리에 참석하지 않은 것을 유감으로 생각했다.
Ich *bedaure* sehr, aber ich kann Ihnen nicht helfen. 매우 유감스럽지만 나는 당신을 도울 수 없읍니다.

bedecken [bədékən] 他 덮다 (decken)
Der Himmel ist mit Wolken *bedeckt*. 하늘은 구름으로 덮여 있다.

Er *bedeckte* das Gesicht mit den Händen. 그는 두 손으로 얼굴을 가렸다.

Sie *bedeckte* den Tisch mit einem Tuch. 그녀는 식탁에 보를 씌웠다.

bedeuten [bədóytən] 他 의미하다

Was soll das *bedeuten*? 그것은 대체 무슨 뜻이냐?

Ich weiß nicht, was dieses Wort *bedeutet*. 나는 이 단어가 무슨 뜻인지 모르겠다.

bedeutend [bədóytənt] 形 중요한, 중대한 (wichtig)

Das ist recht *bedeutend*. 그것은 아주 중요하다.

Das ist eine sehr *bedeutende* (wichtige) Sache. 그것은 매우 중요한 일이다.

die **Bedeutung** [bədóytuŋ] -/-en 의미

Das Wort hat mehrere *Bedeutungen*. 이 단어는 여러 개의 뜻이 있다.

Er erklärte mir die *Bedeutung* des Wortes. 그는 나에게 그 단어의 뜻을 설명해 주었다.

- von *Bedeutung* (Wichtigkeit) sein : 중요하다

  Das *ist von* großer *Bedeutung*.
  (=Das *ist* sehr *wichtig*.) 그것은 매우 중요하다.

  Das *ist* nicht *von Bedeutung*. 그것은 중요하지 않다.

bedienen [bədí:nən] 1. 他 ⟨jn.에게⟩ 시중들다, 봉사하다 2. 再 ⟨sich⁴ et.²을⟩ 사용·이용하다

Während des Essens *bediente* der Kellner die Gäste. 식사 중에 급사가 손님들의 시중을 들었다.

Die Verkäuferin *bedient* die Kunden. 여점원이 고객들에게 서어비스한다.

Bedienen Sie *sich* des Fahrstuhls! 엘리베이터를 이용하십시오!

Bedienen Sie *sich* bitte! 마음대로 드십시오!

die **Bedingung** [bədíŋuŋ] -/-en 조건

- eine *Bedingung* stellen : 조건을 제시하다

  Er lieh mir Geld, ohne *Bedingungen* zu *stellen*. 그는 조건을 제시하지 않고 나에게 돈을 빌려 주었다.

- unter der *Bedingung*, daß ... : ···한 조건으로

  Ich lieh Geld von ihm *unter der Bedingung, daß* ich es ihm bis nächsten Sonntag zurückgab. 나는 다음 일요일까지 돌려주는 조건으로 그에게서 돈을 빌렸다.

  zu welchen *Bedingungen* 어떠한 조건으로

  zu sehr guten (günstigen) *Bedingungen* 매우 좋은(유리한)

조건으로
unter jeder *Bedingung* 어떤 조건이더라도
unter keiner *Bedingung* 어떤 조건이더라도 …하지 않다

bedrohen [bədró:ən] 他 위협하다
Hunger und Armut *bedrohen* die Bevölkerung. 기아와 빈곤이 주민을 위협하고 있다.
Er *bedrohte* mich mit dem Revolver. 그는 나를 권총으로 위협했다.

bedürfen [bədýrfən] bedurfte, bedurft; ich bedarf, du bedarfst, er bedarf 自 〈et.^{2}을〉 필요로 하다 (brauchen)
Ich *bedarf* Ihrer Hilfe^2. 나는 당신의 도움이 필요합니다.
Der Kranke *bedarf* des Arztes. 환자는 의사가 필요하다.
Es *bedarf* nur eines Wortes. 단 한마디면 족하다.

beeilen [bə-áılən] 再 《sich^4》 서두르다
Beeile dich! 서둘러라!
Wir müssen *uns beeilen*. 우리는 서둘러야 한다.

beenden [bə-έndən] 他 끝마치다 (beendigen) (↔anfangen, beginnen)
Sie *beendeten* ihr Gespräch plötzlich. 그들은 대화를 갑자기 중단했다.
Die Versammlung war nach zwei Stunden *beendet*. 집회는 2시간 후에 끝났다.

der **Befehl** [bəfé:l] -[e]s/-e 명령
- jm. einen *Befehl* geben : (누구)에게 명령을 내리다
  Er *gab* uns *einen Befehl*. 그는 우리에게 명령을 내렸다.
- auf seinen *Befehl* : 그의 명령에 따라
  Auf seinen Befehl habe ich es getan. 그의 명령에 따라 나는 그것을 했다.

Dem *Befehl* eines Vorgesetzten soll man gehorchen. 상관의 명령에는 복종해야 한다.
Er hat meinen *Befehl* ausgeführt (verweigert). 그는 나의 명령을 수행했다(거부했다).

befehlen [bəfé:lən] befahl, befohlen 他 〈jm.에게 et.^{4}을〉 명령하다
Er *befiehlt* mir, die Tür zu öffnen. 그는 나에게 문을 열라고 명령한다.
Er *befahl* mir, ihm zu folgen. 그는 나에게 자기를 따르라고 명령했다.
Er wurde nach Tokio *befohlen*. 그는 동경으로 가도록 지시를 받았다.

befinden [bəfíndən] befand, befunden 再 《sich⁴》 (…한 장소·상태에) 있다
Die Toilette *befindet sich* rechts von Flur. 화장실은 복도 오른쪽에 있다.
Wir *befanden uns* in einem großen Saal. 우리는 큰 홀에 있었다.
Wie *befinden* Sie *sich*? 안녕하십니까?

begabt [bəgá:pt] 形 재능이 있는
Er lernt schnell und leicht, er ist sehr *begabt*. 그는 빠르고 쉽게 배운다. 그는 매우 재능이 있다.
Beethoven ist ein *begabter* Musiker. 베에토벤은 재능을 타고난 음악가이다.
Er ist für die Musik außerordentlich *begabt*. 그는 음악에 천부적인 재능이 있다.

begegnen [bəgé:gnən] 自 《s》〈jm.를〉만나다 (treffen)
Ich *begegnete* ihm auf der Straße.
(=Ich traf ihn auf der Straße.) 나는 그를 길에서 만났다.
Jeden Morgen *begegnet* mir das Mädchen auf meinem Weg zur Schule. 매일 아침 나는 학교로 가는 도중에 그 소녀와 마주친다.
• sich³ (=einander) *begegnen* : 서로 만나다
Wir *begegneten uns* ganz zufällig in der Stadt. 우리는 아주 우연히 시내에서 서로 만났다.

begehen [bəgé:ən] beging, begangen 他 ① (과오·죄 따위를) 범하다 ② (식·축제 따위를) 거행하다
Er hat einen Fehler *begangen*. 그는 과오를 범했다.
Er hat mehrere Diebstähle *begangen*. 그는 여러 차례 도둑질을 했다.
Er *beging* seinen 60. Geburtstag im Kreise seiner Familie. 그는 그의 60회 생일을 가족끼리 지냈다.
Das Fest wurde feierlich *begangen*. 축제는 엄숙히 거행되었다.

beginnen [bəgínən] begann, begonnen 1. 自 《h, s》① 시작되다 (anfangen) ②〈mit et.을〉시작하다 2. 他 ① 시작하다 (anfangen) ②〈zu 부정법과〉…하기 시작하다
Die Schule *beginnt* jeden Morgen um 9 Uhr. 학교는 매일 아침 9시에 시작된다.
Der Film hat (ist) *begonnen*. 영화가 시작되었다.
Er *beginnt* die Arbeit (*mit* der Arbeit).
(=Er fängt die Arbeit (mit der Arbeit) an.) 그는 일을

시작한다.
Sie *beginnt zu* singen.
(=Sie fängt an zu singen.) 그녀는 노래부르기 시작한다.

begleiten [bəgláɪtən] 他 ① 〈jn.를〉 동반하다 ② 반주하다
Darf ich Sie *begleiten*? 내가 당신과 함께 가도 되겠읍니까?
Er *begleitete* mich bis nach Hause (bis zum Bahnhof). 그는 나를 집까지(역까지) 바래다 주었다.
- jn. auf dem Klavier *begleiten* : (누구)의 피아노 반주를 하다
  Er *begleitete* die Sängerin *auf dem Klavier*. 그는 그 여가수의 피아노 반주를 했다.

die **Begleitung** [bəgláɪtuŋ] -/-en 동반, 동행
- in js. *Begleitung* : (누구)와 동반하여
  Er erschien *in Begleitung* seiner Gemahlin. 그는 부인과 동반하여 나타났다.
  Er war *in Begleitung* von Herrn Müller. 그는 뮐러 씨와 동행했다.
Er hatte *Begleitung*. 그는 동행이 있었다.

begreifen [bəgráɪfən] begriff, begriffen 他 이해하다 (verstehen)
Das habe ich nicht *begriffen*. 그것이 나는 이해가 되지 않았다.
Man kann es leicht *begreifen*.
(=Es ist leicht zu *begreifen*.) 그것은 쉽게 이해할 수 있다.

der **Begriff** [bəgríf] -[e]s/-e ① 이해[력] ② 개념
- sich³ einen *Begriff* von et. machen : (무엇)을 이해하다
  Ich *machte mir* gar *keinen Begriff davon*. 나는 그것을 전혀 이해하지 못했다.
- im *Begriff* sein, ... zu 부정법 : …하려던 참이다
  Als er kam, *war* ich eben (gerade) *im Begriff*, das Haus *zu* verlassen. 그가 왔을 때 나는 막 집을 나서려던 참이었다.

begrüßen [bəgrý:sən] 他 〈jn.에게〉 인사하다 (grüßen)
Sie *begrüßte* ihre Gäste höflich. 그녀는 손님들에게 공손히 인사했다.

behalten [bəháltən] behielt, behalten; du behältst, er behält 他 소지하다, 간직하다
Das Geld darfst du *behalten*. 그 돈은 네가 가지고 있어도 좋다.
Er *behält* den Hut auf dem Kopf. 그는 모자를 머리에 쓴 채

로 있다.
- et.⁴ im Gedächtnis *behalten* : (무엇)을 기억하고 있다
  Ich werde diesen Tag immer *im Gedächtnis behalten*. 나는 이 날을 항상 기억하고 있을 것이다.

behandeln [bəhándəln] 他 ① 다루다, 취급하다 ② 치료하다
Er hat das Problem *behandelt*. 그는 그 문제를 논(論)했다.
Sie *behandelte* mich immer freundlich. 그녀는 나에게 항상 친절하게 대했다.
Er hat mich schlecht (kalt) *behandelt*. 그는 나를 냉대했다.
Zwei Ärzte *behandelten* mich. 두 의사가 나를 치료했다.

behaupten [bəháuptən] 他 주장하다
Er *behauptet*, dich gesehen zu haben.
(=Er will dich gesehen haben.) 그는 너를 보았다고 주장한다.

die **Behauptung** [bəháuptuŋ] -/-en 주장
Seine *Behauptung* ist nicht richtig. 그의 주장은 옳지 않다.

beherrschen [bəhérʃən] 1. 他 지배하다 2. 再 《sich⁴》 자제하다
- eine Sprache *beherrschen* : 어떤 언어에 능통하다
  Er *beherrscht* drei *Sprachen*. 그는 3개 국어에 능통하다.
  Er *beherrscht* Deutsch wie seine Muttersprache. 그는 독일어를 그의 모국어처럼 구사한다.
Der Feind *beherrschte* das Land. 적이 그 나라를 지배했다.
Beherrsche dich bitte! 자제하라!
Er *beherrscht sich*. 그는 자제심을 잃지 않는다.

bei [baɪ] 前 (3격) ① 《장소》 ~옆에, ~근처에 ② 《시간》 ~때에 ③ 〈bei+사람〉: (누구의) 집에, (누구) 한테서
Er wohnt *bei* der Post (*beim* Bahnhof). 그는 우체국(역) 근처에 산다.
Beim Lesen brauche ich eine Brille. 책을 읽을 때 나는 안경이 필요하다.
Beim Essen soll man nicht sprechen. 식사중에 이야기해서는 안 된다.
Ich war gestern *bei* ihm. 나는 어제 그의 집에 있었다.
Bei ihm lerne ich Deutsch. 그에게서 나는 독일어를 배운다.
- *beim* Essen (*bei* Tisch) sein : 식사중이다
  Er *ist beim Essen*. 그는 식사중이다.
- *bei* (an) der Arbeit sein : 일하는 중이다
  Wir *sind bei der Arbeit*. 우리는 일하는 중이다.
- *bei* sich haben : 휴대하다
  Ich *habe* kein Geld *bei mir*. 나의 수중에는 돈이 한푼도

없다.
Haben Sie einen Füllfederhalter *bei sich*? 당신은 만년필을 가지고 있읍니까?
● jn. *bei* der Hand nehmen (fassen): (누구)의 손을 잡다
Er *nahm* (*faßte*) sie *bei der Hand*. 그는 그녀의 손을 잡았다.
bei weitem 훨씬
bei (am) Tage 낮에
bei (in der) Nacht 밤에
bei Tag und Nacht 밤낮[으로]
bei meiner Abfahrt (Ankunft) 내가 출발(도착)할 때 · 했을 때
bei diesem Wetter 이러한 날씨에는
bei schönem (schlechtem) Wetter 날씨가 좋을(나쁠) 경우에는
bei Regen 비가 올 경우에는
bei dieser Gelegenheit 이 기회에

beide [báıdə[國 《앞에 관사가 없을 때는 강변화, 정관사가 있을 때는 약변화》 둘의, 양쪽의
Den Kasten mußt du mit *beiden* Händen tragen. 그 상자는 양 손으로 운반해야 한다.
Welche von den *beiden* Schwestern ist die ältere? 두 자매 중에 누가 더 나이가 많은가?
Die *beiden* sind schon fort. 두 사람은 이미 떠났다.
Einer von *beiden* muß hier bleiben. 두 사람 중 한 사람은 여기에 있어야 한다.
Wir *beide* hat es getan. 우리 두 사람이 그것을 했다.
Alle *beide* waren da. 두 사람 모두 거기에 있었다.
Beides ist möglich. 둘 다 가능하다.
Er will *beides* haben. 그는 둘 다 가지려고 한다.

der **Beifall** [báıfal] -s/ 찬성 (die Zustimmung); 갈채
● *Beifall* finden: 찬성을 얻다; 갈채를 받다
Sein Vorschlag *fand* bei uns keinen *Beifall*. 그의 제안은 우리들한테서 찬동을 얻지 못했다.
Das großartige Spiel des Orchesters *fand* viel *Beifall*. 그 오케스트라의 훌륭한 연주는 많은 갈채를 받았다.

das **Bein** [baın] -[e]s/-e ① 다리 ② 뼈 (der Knochen)
Ich habe mir das *Bein* gebrochen. 나는 다리[의 뼈]가 부러졌다.
Fleisch und *Bein* 살과 뼈

beinah[e] [baɪná:(ə)] 副 ① 거의, 대략 (fast) ② 〈접속법 Ⅱ식의 과거와〉 하마터면 (…할 뻔했다) (fast, um ein Haar)
Es ist *beinahe* 4 Uhr. 거의 4시다.
Es waren *beinahe* 1000 Menschen da. 대략 1000명의 사람들이 거기에 있었다.
Ich hätte *beinahe* den letzten Zug versäumt. 나는 하마터면 마지막 기차를 놓칠 뻔했다.
Ich wäre *beinahe* gefallen. 나는 하마터면 넘어질 뻔했다.

das Beispiel [báɪʃpi:l] -[e]s/-e ① 예(例) ② 모범
Zeigen Sie uns ein *Beispiel*! 우리에게 일례(一例)를 들어 주십시오!
• jm. ein gutes *Beispiel* geben : (누구)에게 모범을 보이다
  Er *gab* uns allen *ein gutes Beispiel*. 그는 우리 모두에게 모범을 보였다.
zum *Beispiel* (略字: z. B.) 예를 들면

beißen [báɪsən] biß, gebissen 自他 물다
Er *biß* in den Apfel. 그는 사과를 깨물었다.
Der Hund hat ihn *gebissen*. 개가 그를 물었다.
Bellende Hunde *beißen* nicht. 《Sprw》 짖는 개는 물지 않는다.
• jn. (jm.) ins Bein *beißen* : (누구)의 다리를 물다
  Der Hund *biß* ihn (ihm) *ins Bein*. 개가 그의 다리를 물었다.

bekannt [bəkánt] 形 알려진, 유명한 (berühmt)
Das ist mir gut *bekannt*. 나는 그것을 잘 알고 있다.
Es ist mir *bekannt*, daß man hier nicht baden darf. 여기에서 목욕하면 안된다는 것을 나는 알고 있다.
Er ist ein *bekannter* (berühmter) Dichter. 그는 유명한 시인이다.
Er ist ein *Bekannter* von mir. 그는 내가 아는 사람이다.
• mit jm. *bekannt* sein : (누구)와 아는 사이다
  Ich bin *mit* ihm seit langem *bekannt*. 나는 그와는 오래 전부터 아는 사이다.
• jn. mit jm. *bekannt* machen : (누구)를 (누구)에게 소개하다
  Er *machte* mich *mit* ihr *bekannt*. 그는 나를 그녀에게 소개했다.
  Darf ich Sie *mit* ihm *bekannt machen*?
  (=Darf ich Sie ihm vorstellen?) 당신을 그에게 소개할까요?

die **Bekanntschaft** [bəkántʃaft] -/-en 알게 됨, 사귐
- js. (mit jm.) *Bekanntschaft* machen : (누구)와 알게 되다
  Es freut mich, Ihre *Bekanntschaft* zu *machen*.
  (=Es freut mich, Sie kennenzulernen.) 당신과 알게 되어 기쁩니다.
  Ich habe gestern *mit* ihm *Bekanntschaft gemacht*. 나는 어제 그와 알게 되었다.

bekommen [bəkɔ́mən] bekam, bekommen 他 받다, 얻다 (erhalten)
  Ich *bekam* (erhielt) einen Brief von ihm. 나는 그에게서 편지를 받았다.
  Ich *bekam* zu meinem Geburtstag (zu Weihnachten) viele Geschenke. 나는 나의 생일에 (크리스마스에) 많은 선물을 받았다.

beleidigen [bəláɪdɪɡən] 他 모욕하다
  Hat er Sie *beleidigt*? 그가 당신을 모욕했읍니까?
  Mit diesen Worten hat er mich tief (sehr) *beleidigt*. 이런 말로 그는 나를 심하게 모욕했다.

die **Beleidigung** [bəláɪdɪɡuŋ] -/-en 모욕
  Das ist eine *Beleidigung*. 그것은 하나의 모욕이다.

beliebt [bəlíːpt] 形 사랑 받는, 인기 있는 (↔unbeliebt)
- bei jm. *beliebt* sein : (누구)한테 사랑을 받고 있다, 인기가 있다
  Sie ist *bei* ihm *beliebt*. 그녀는 그에게서 사랑을 받고 있다.
  Sie ist *bei* den Studenten sehr *beliebt*. 그녀는 남학생들한테 매우 인기가 있다.
  Sie ist eine sehr *beliebte* Schauspielerin. 그녀는 매우 인기 있는 배우다.

belohnen [bəlóːnən] 他 〈jn.에게〉 보답하다
- jn. mit et. *belohnen* : (누구)에게 (무엇)으로 보답하다
  Er *belohnte* mich für meine Mühe *mit* 100 Mark. 그는 나의 수고에 100 마르크를 주어 보답했다.
- jn. für et. *belohnen* : (누구)의 (무엇)에 보답하다
  Er *belohnt* dich *für* deine Güte. 그는 너의 친절에 보답한다.

bemerken [bəmɛ́rkən] 他 인지하다, 깨닫다
  Er *bemerkte* mich schon in der Ferne. 그는 멀리서 벌써 나를 알아 보았다.
  Leider *bemerkte* ich es erst spät. 유감스럽게도 나는 그것을 늦게서야 알았다.

bemühen [bəmýːən] 1. 他 〈jn.에게〉 수고를 끼치다 2. 再 《sich⁴》 수고하다, 노력하다
Ich will dich nicht *bemühen*. 나는 너에게 수고를 끼치지 않겠다.
Ich *bemühe mich* gern für dich. 나는 너를 위하여 기꺼이 수고하겠다.
Er *bemüht sich*, seine Pflicht zu tun. 그는 자기의 의무를 다 하려고 노력하고 있다.
• sich⁴ um et. *bemühen* : (무엇)을 얻으려고 노력하다
Er *bemüht sich um* das Stipendium. 그는 장학금을 타려고 애쓴다.

die **Bemühung** [bəmýːuŋ] -/-en 수고, 노력
Unsere *Bemühungen*, ihm zu helfen, blieben ohne Erfolg. 그를 도우려는 우리의 노력은 아무런 성과도 없었다.

beneiden [bənáɪdən] 他 부러워하다
• jn. um et. *beneiden* : (누구)의 (무엇)을 부러워하다
Alle *beneiden* ihn *um* seinen Erfolg. 모두가 그의 성공을 부러워한다.
Er wird wegen seines Reichtums *beneidet*. 그는 그의 재산 때문에 부러움을 받는다.

benutzen [bənútsən], **benützen** [bənýtsən] 他 이용하다
Benutzen (*Benützen*) Sie bitte meinen Wagen! 나의 차를 이용하십시오!
Er hat die Zeit (die Gelegenheit) gut *benutzt*. 그는 시간(기회)을 잘 이용했다.

beobachten [bə-óːbaxtən] 他 관찰하다
Wir haben die Natur *beobachtet*. 우리는 자연을 관찰했다.

die **Beobachtung** [bə-óːbaxtuŋ] -/-en 관찰
Die Polizei kann nur durch dauernde *Beobachtung* den Spion entdecken. 경찰은 계속적인 관찰을 통해서만 간첩을 찾을 수 있다.
Er befindet sich im Krankenhaus unter ärztlicher *Beobachtung*. 그는 입원하여 의사의 진찰을 받고 있다.

bequem [bəkvéːm] 形 편한, 편리한, 쾌적한 (↔unbequem)
Das Sofa ist sehr *bequem*. 이 소파는 매우 편안하다.
Das Zimmer ist mir *bequem*. 이 방은 내가 거처하기에 알맞다.
wenn es Ihnen *bequem* ist 편리하시다면
wie es dir *bequem* ist 너 좋은 대로
• *bequem* wohnen : 살기 좋은 집에 살다

Wir *wohnen bequem*. 우리는 살기 좋은 집에 살고 있다.
- es sich³ *bequem* machen : 편한 자세를 취하다
  Machen Sie *es sich bequem*! 편히 앉으십시오!

bereit [bəráit] 刑 준비가 되어 있는
- *bereit* sein, ... zu 부정법 : …할 준비가 되어 있다
  Ich *bin bereit*, ihm *zu* helfen. 나는 그를 도울 용의가 있다.
- zu et. *bereit* sein : (무엇)의 준비가 되어 있다
  Dazu bin ich nicht *bereit*. 나는 그렇게 할 준비가 되어 있지 않다.
  Ich bin *zu* allem *bereit*. 나는 무슨 일이든지 하겠다.
- sich⁴ zu et. *bereit* machen : (무엇)의 준비를 하다
  Ich *machte mich zur* Reise *bereit*. 나는 여행 준비를 했다.

bereits [bəráits] 副 이미, 벌써 (schon)
  Ich wußte es *bereits*. 나는 그것을 이미 알고 있었다.
  Er ist *bereits* gestern abgefahren. 그는 어제 이미 떠났다.
  Hast du *bereits* kein Geld mehr? 너는 벌써 돈이 떨어졌니?

der **Berg** [bɛrk] -[e]s/-e 산(山)
  ein hoher (steiler) *Berg* 높은(험준한) 산
  Die Gipfel des *Berges* sind mit ewigem Schnee bedeckt. 산봉우리가 만년설로 덮여 있다.
  Er kletterte auf die Spitze (den Gipfel) des *Berges*. 그는 산꼭대기에 기어 올라갔다.
- auf den *Berg* steigen : 산에 올라가다
  Er *steigt auf den Berg*. 그는 산에 올라간다.
- in die *Berge* (ins Gebirge) gehen : 산으로 가다
  Am Wochenende *gehen* wir oft *in die Berge*. 주말에 우리는 자주 산에 간다.

berichten [bəríçtən] 他 自 보고하다, 보도하다
  Ich *berichtete* ihm alles ganz genau. 나는 그에게 모든 것을 아주 자세히 보고했다.
  Alle Zeitungen *berichten* den Unfall. 모든 신문이 그 사고를 보도하고 있다.
- jm. über et.⁴ *berichten* : (누구)에게 (무엇)에 대해 보고하다
  Darüber *berichtete* ich ihm mündlich (schriftlich). 그것에 대해 나는 그에게 구두로(문서로) 보고했다.

der **Beruf** [bərú:f] -[e]s/-e 직업
  Was sind Sie von *Beruf*?
  (=Welchen *Beruf* haben Sie?) 당신의 직업은 무엇입니까?

Ich bin Arzt von *Beruf*. 나의 직업은 의사다.
Welchen *Beruf* möchten Sie wählen? 당신은 어떤 직업을 택하고 싶습니까?

beruhigen [bərúːɪgən] 1. 他 진정시키다 2. 再 《sich⁴》 진정하다
Er *beruhigt* das weinende Kind. 그는 우는 아이를 달랜다.
Es gelang mir, sie zu *beruhigen*. 나는 그녀를 진정시키는데 성공했다.
Beruhigen Sie *sich*! 진정하십시오! 걱정하지 마십시오!
Das Meer (Der Sturm) *beruhigte sich* allmählich. 바다(폭풍)는 점차 가라 앉았다.

berühmt [bərýːmt] 形 유명한 (bekannt)
Er ist ein *berühmter* Maler. 그는 유명한 화가다.
Er ist durch sein Werk *berühmt* geworden. 그는 그의 작품을 통해 유명해졌다.
Dieses Buch hat den Schriftsteller *berühmt* gemacht. 이 책이 그 작가를 유명하게 만들었다.
Heidelberg ist wegen der ältesten Universität *berühmt*. 하이델베르크는 가장 오래된 대학으로 유명하다.

berühren [bərýːrən] 他 ① ⟨et.⁴에⟩ 손을 대다 ② ⟨jn.의⟩ 마음을 움직이다
Berühren Sie die Gemälde nicht! 그림에 손대지 마시오!
Es *berührte* mich traurig (angenehm). 그것은 나의 마음을 슬프게(즐겁게) 했다.

beschäftigen [bəʃɛ́ftɪgən] 1. 他 ⟨jn.에게⟩ 일을 시키다; 몰두시키다 2. 再 ⟨sich⁴ mit et.에⟩ 종사·몰두하다
Diese Fabrik *beschäftigt* 400 Arbeiter. 이 공장에는 400명의 노동자가 고용되어 있다.
Sie ist bei der Post *beschäftigt*. 그녀는 우체국에 근무하고 있다.
Dieser Roman *beschäftigt* mich. 이 소설은 내 마음을 사로잡는다.
Er *beschäftigt sich mit* Goethe. 그는 괴테 연구에 몰두하고 있다.
Er *beschäftigt sich* hauptsächlich *mit* der modernen Literatur. 그는 주로 현대 문학을 연구하고 있다.

beschäftigt [bəʃɛ́ftɪçt] 形 ⟨mit et.에⟩ 몰두하고 있는; 바쁜
Ich war *mit* der Frage *beschäftigt*. 나는 그 문제에 몰두하고 있었다.
Ich bin sehr (viel) *beschäftigt*. 나는 매우 바쁘다.

besetzen [bəzétsən] 他 점령하다 ; (좌석 따위를) 차지하다
Der Feind *besetzte* die Stadt. 적이 그 도시를 점령했다.
Das Land wurde von fremden Truppen *besetzt*. 그 나라는 외국 군대에 의해 점령되었다.
Ist dieser Platz frei oder *besetzt*? 이 자리는 비어 있읍니까, 주인이 있읍니까?
Alle Hotels (Alle Zimmer im Hotel) waren *besetzt*. 호텔은 모두(호텔 방은 모두) 만원이었다.

besichtigen [bəzíçtigən] 他 시찰하다
Wir haben gestern den Kölner Dom *besichtigt*. 우리는 어제 쾰른 성당을 견학했다.
Haben Sie schon viele Sehenswürdigkeiten *besichtigt*? 당신은 벌써 많은 명소(名所)를 둘러 보셨읍니까?

besitzen [bəzítsən] besaß, besessen 他 소유하다
Er *besitzt* ein großes Haus (viele Bücher). 그는 큰 집(많은 책)을 소유하고 있다.

der **Besitzer** [bəzítsər] -s/- 소유자
Er ist der *Besitzer* dieses Hauses. 그는 이 집 주인이다.

besonder [bəzóndər] 形 특별한, 특수한 (↔allgemein)
Er hat seine *besonderen* (eigenen) Ansichten. 그는 그의 독자적인 의견을 가지고 있다.
An ihm ist nichts *Besonderes*. 그에게는 이렇다 할 특별한 것이 없다.
im *besondern* (=besonders) 특히

besonders [bəzóndərs] 副 특히
Das ist *besonders* wichtig. 그것은 특히 중요하다.
Ich möchte es *besonders* betonen. 나는 그것을 특히 강조하고 싶다.
Ich habe ihn ganz *besonders* gern. 나는 그를 특히 좋아한다.

besorgen [bəzɔ́rgən] 他 ① 걱정·염려·배려하다 ② 〈jm.에게 et.⁴을〉 주선해 주다
Ich *besorge*, daß er krank wird. 나는 그가 병이 날까 봐 걱정이다.
Eine alte Frau *besorgte* ihm den Haushalt. 한 노파가 그의 집안 일을 돌보아 주었다.
Er hat mir ein altes Auto *besorgt*. 그는 나에게 중고차를 주선해 주었다.
● um et. *besorgt* sein : (무엇)을 걱정·염려하고 있다
Sie ist sehr *besorgt um* deine Gesundheit. 그녀는 너의 건강을 매우 염려하고 있다.

besser [bésər] 形 〈gut, wohl의 비교급〉 더 좋은
Er ist ein *besserer* Schüler als du. 그는 너보다 훌륭한 학생이다.
Dies ist *besser* als jenes. 이것이 저것보다 낫다.
Es geht mir *besser*. 나는 건강(병세)이 전보다 낫다.
Seine Leistungen werden immer *besser*. 그의 성적은 점점 향상된다.
Je mehr, desto *besser*. 많으면 많을수록 좋다.

die **Besserung** [bésəruŋ] -/ (병의) 회복
[Ich wünsche Ihnen] gute *Besserung*! 쾌차하시기를!
Er ist auf dem Wege der *Besserung*. 그는 병이 회복되어 가고 있다.

best [bɛst] 形 〈gut, wohl의 최상급〉 가장 좋은
Er ist mein *bester* Freund. 그는 나의 가장 친한 친구다.
Hunger ist der *beste* Koch. 《Sprw》 시장이 반찬이다.
Er ist der *Beste* in der Klasse. 그는 학급에서 수석이다.
- am *besten* : 가장 잘
  Das weiß er selbst *am besten*. 그것은 그 자신이 가장 잘 안다.
  Dieses Bild gefällt mir *am besten*. 이 그림이 나는 제일 마음에 든다.
- aufs *beste* (=zum *besten*) : 아주 잘
  Sie singt *aufs beste*. 그녀는 노래를 아주 잘 부른다.

beständig [bəʃténdıç] 形 영속적인, 지속적인
Er ist mein *beständiger* Freund. 그는 나의 변함없는 친구다.
Sie sah *beständig* nach der Uhr. 그녀는 계속 시계를 바라보았다.

bestehen [bəʃtéːən] bestand, bestanden 1. 自 존재·존속하다 2. 他 합격하다 (↔durchfallen)
Die Firma *besteht* seit fünfzig Jahren. 그 회사는 창립된지 50년이 된다.
Zwischen den zwei Sorten *besteht* kein großer Unterschied. 그 두 종류 사이에는 큰 차이가 없다.
- die Prüfung⁴ (das Examen) *bestehen* : 시험에 합격하다
  Er hat *die Prüfung bestanden*. 그는 시험에 합격했다.
- aus et. *bestehen* : (무엇)으로 구성되다
  Wasser *besteht aus* Wasserstoff und Sauerstoff. 물은 수소와 산소로 구성되어 있다.
  Der Roman *besteht aus* fünf Teilen. 그 장편 소설은 5부로 되어 있다.

besteigen 52

- auf et.³·⁴ *bestehen* : (무엇)을 고집·주장하다
  Er hat *auf* seinem (sein) Recht *bestanden*. 그는 자기의 권리를 주장했다.
  Beide Parteien *bestehen auf* ihrem Recht. 양당(兩黨)은 자기 당의 정당성을 주장하고 있다.
- in et.³ *bestehen* : (무엇)에 [⋯의 본질이] 있다
  Das Leben *besteht in* Arbeit. 인생의 본질은 일하는 데에 있다.

besteigen [bəʃtáigən] bestieg, bestiegen 他 ① (산에) 오르다 ② (차·배·말에) 타다
- den Berg *besteigen* (=auf den Berg steigen) : 산에 오르다
  Er *bestieg* den *Berg*.
  (=Er stieg auf den Berg.) 그는 산에 올라갔다.
  Haben Sie einmal den Soraksan *bestiegen*? 당신은 설악산에 한번 올라가 본 적이 있읍니까?
- den Zug *besteigen* (=in den Zug steigen) : 기차에 타다
  Er *bestieg* den Zug.
  (=Er stieg in den Zug .) 그는 기차에 탔다.

bestellen [bəʃtélən] 他 ① **주문하다** ② **예약하다**
  Ich *bestellte* beim Kellner zwei Flaschen Bier. 나는 웨이터에게 맥주 두 병을 주문했다.
  Ich habe Kaffee *bestellt*. 나는 커피를 주문했다.
  Ich habe meine Fahrkarte (Flugkarte) im Reisebüro *bestellt*. 나는 승차권(항공권)을 여행사에서 예약했다.
  Wir haben ein Zimmer im Hotel *bestellt*. 우리는 호텔 방을 예약했다.

bestimmen [bəʃtímən] 他 **결정하다**
  Wir haben schon den Tag der Abreise *bestimmt*. 우리는 이미 출발 날짜를 정했다.
  Er hat seinen ältesten Sohn zum Nachfolger (Erben) *bestimmt*. 그는 그의 장남을 후계자(상속인)로 정했다.

bestimmt [bəʃtímt] 形 1. 정해진, 확실한 (gewiß, sicher) (↔unbestimmt, unsicher) 2. 副 확실히 (gewiß, sicher)
  Er kam zur *bestimmten* Zeit 그는 정해진 시간에 왔다.
  Er gab keine *bestimmte* Antwort auf meine Frage. 그는 나의 질문에 확답을 주지 않았다.
  Es ist *unbestimmt* (unsicher), ob er kommen kann. 그가 올 수 있을지는 확실하지 않다.
  Ich kann es nicht *bestimmt* sagen. 나는 그것을 확실히는 말할 수 없다.

Er kommt *bestimmt*. 그는 틀림없이 온다.
Ganz *bestimmt*! 틀림없읍니다!
der **Besuch** [bəzúːx] -[e]s/-e ① 방문 ② 방문객(der Besucher)
● [bei] jm. einen *Besuch* machen : (누구)를 방문하다
　Ich *machte* ihm gestern *einen Besuch*.
　(=Ich besuchte ihn gestern.) 나는 어제 그를 방문했다.
● bei jm. zu (auf) *Besuch* sein : (누구)의 집을 방문중이다
　Er *ist bei* ihr *zu Besuch*. 그는 그녀의 집을 방문중이다.
● *Besuch* haben (bekommen) : 손님이 있다
　Er *hat Besuch*. 그에게 손님이 와 있다.
　Ich *bekam* gestern *Besuch*. 나에게 어제 손님이 왔었다.
　Ich erwarte den *Besuch* meines Freundes. 나는 내 친구의 방문을 기다리고 있다.
　Wir erwarten *Besuch*. 우리는 손님을 기다리고 있다.
　Es ist *Besuch* da. 손님이 있다.
besuchen [bəzúːxən] 他 방문하다
　Er *besucht* mich täglich. 그는 매일 나를 방문한다.
　Das Kino war gut (schlecht) *besucht*. 그 영화관은 손님이 많았다(적었다).
● die Schule *besuchen* : 학교에 다니다
　Er *besucht die* höhere *Schule*. 그는 고등학교에 다닌다.
der **Besucher** [bəzúːxər] -s/- 방문객
　Er führte die *Besucher* (die Gäste) ins Wohnzimmer. 그는 손님들을 안방으로 안내했다.
beten [béːtən] 自 기도하다
● zu Gott *beten* : 하느님께 기도드리다
　Sie kniet nieder und *betet zu Gott*. 그녀는 무릎을 꿇고 하느님께 기도드린다.
● um et. *beten* : (무엇)을 주십사고 기도하다
　Wir *beteten* zu Gott *um* Regen (Frieden). 우리는 하느님께 비(평화)를 주십사고 기도드렸다.
betrachten [bətráxtən] 他 관찰하다 (beobachten)
　Er *betrachtete* es aufmerksam. 그는 그것을 주의깊게 관찰했다.
　Sie *betrachtet* sich im Spiegel. 그녀는 거울을 열심히 들여다 본다.
● et.⁴ als et.⁴ *betrachten* : (무엇)을 (무엇)으로 간주하다
　Ich *betrachte* ihn *als* meinen Freund.
　(=Ich halte ihn für meinen Freund.) 나는 그를 나의 친구로 생각한다.

Ich *betrachte* dich nicht mehr *als* meinen Freund. 나는 너를 더 이상 나의 친구로 생각지 않는다.

betreten [bətréːtən] betrat, betreten; du betrittst, er betritt 他 〈et.⁴에〉 들어가다

Er *betrat* das Zimmer.
(=Er trat ins Zimmer.) 그는 방에 들어갔다.
Bitte *betreten* Sie den Rasen nicht! 잔디밭에 들어가지 마시오!

betrügen [bətrýːgən] betrog, betrogen 他 속이다, 사기하다
Er *betrog* seinen Vater. 그는 자기 아버지를 속였다.
● jn. um et. *betrügen* : (누구)에게서 (무엇)을 사취하다
Man hat mich *um* mein Geld *betrogen*. 나는 돈을 사기당했다.

der **Betrüger** [bətrýːgər] -s/- 기만자, 사기군
Der *Betrüger* verkaufte mir falsche Perlen für echte (als echt). 그 사기군은 나에게 가짜 진주를 진짜 진주로 속여 팔았다.

das **Bett** [bɛt] -[e]s/-en 잠자리, 침대
Er schläft im *Bett*. 그는 침대에서 잔다.
Er liegt noch im *Bett*. 그는 아직 자고 있다.
● zu (ins) *Bett* gehen : 취침하다
Ich *gehe* gewöhnlich gegen 10 *zu Bett*. 나는 보통 10시경에 취침한다.
Er *ging* früh (spät) *zu Bett*. 그는 일찍(늦게) 취침했다.

der **Bettler** [bétlər] -s/- 거지
Sie gab einem *Bettler* etwas Geld. 그녀는 거지에게 약간의 돈을 주었다.

beugen [bóygən] 1. 他 구부리다, 굽히다 (biegen) 2. 再 《sich⁴》 몸을 구부리다, 굽다 (sich⁴ biegen)
Vor dem Altar *beugte* er die Knie. 제단 앞에 그는 무릎을 꿇었다.
Sein Rücken wurde vom Alter *gebeugt*. 그의 등은 노령으로 굽었다.
Beuge dich nicht aus dem Fenster! 창 밖으로 몸을 구부리지 마라!

bevor [bəfóːr] 接 《종속》 …하기 전에 (ehe)
Bevor ich dich besuche, rufe ich dich an. 내가 너를 방문하기 전에 너에게 전화를 걸겠다.
Bevor er verreiste, besuchte ich ihn. 그가 여행을 떠나기 전에 나는 그를 방문했다.

bewahren [bəvá:rən] 他 보존하다
Ich *bewahre* seine Worte in meinem Herzen. 나는 그의 말을 내 마음 속에 간직하고 있다.
- jn. vor et.³ *bewahren* : (누구)를 (무엇)으로부터 보호하다
Die Eltern möchten ihre Kinder *vor* Unglück *bewahren*. 부모는 자녀들이 불행(사고)을 당하지 않기를 바란다.
Gott *bewahre* mich da*vor*! 하느님 저에게 그런 일을 당하지 않게 하여 주옵소서!

bewegen [bəvé:gən] 1. 他 ① 〈et.⁴을〉 움직이다 (rühren) ② 〈jn.를〉 감동시키다 2. 再 〈sich⁴〉 움직이다 (sich⁴ rühren)
Der Wind *bewegt* die Blätter [der Bäume]. 바람이 나뭇잎을 흔든다.
Ich weiß nicht, was ihn so heftig *bewegt* hat. 나는 무엇이 그를 그렇게 깊이 감동시켰는지 모르겠다.
Die Erde *bewegt* (dreht) *sich* um die Sonne. 지구는 태양 주위를 돈다.
Irgend etwas im Dunkeln hat *sich bewegt*. 어둠 속에서 뭔가가 움직였다.

die **Bewegung** [bəvé:guŋ] -/-en 움직임, 운동
- sich⁴ in *Bewegung* setzen : 움직이다
Der Zug *setzt sich in Bewegung*. 기차가 움직이기 시작한다.
- et.⁴ in *Bewegung* setzen : (무엇)을 움직이다
Er *setzte* den Motor *in Bewegung*. 그는 모터의 시동을 걸었다.
- eine *Bewegung* machen : (신체의) 운동을 하다
Er *macht eine Bewegung*. 그는 운동을 한다.
eine politische *Bewegung* 정치 운동

beweisen [bəváizən] bewies, bewiesen 他 증명·실증하다
Beweise, daß du recht hast! 네가 옳다는 것을 증명해 보아라!
Das *beweist* gar nichts. 그것은 전혀 아무런 증거도 되지 못한다.
Er *bewies* seinen Mut durch Taten. 그는 용기를 행동으로 보였다.

der **Bewohner** [bəvó:nər] -s/- 주민, 거주자
Die *Bewohner* dieses Gebietes sind meistens Arbeiter. 이 지역의 주민들은 대개가 노동자들이다.
die *Bewohner* des Hauses 그 집의 거주자

bewundern [bəvúndərn] 他 〈et.⁴에〉 경탄·감탄하다

Wir *bewunderten* seinen Mut. 우리는 그의 용기에 경탄했다.
Ich *bewunderte* deinen Fleiß und deine Geduld. 나는 너의 근면과 인내에 감탄했다.

bewußt [bəvúst] 形 알고 있는, 의식하는 (↔bewußtlos)
 ● sich³ et.² *bewußt* sein : (무엇)을 알고 있다
 Ich bin *mir* dessen schon *bewußt*. 나는 그것을 이미 알고 있다.
 Ich bin *mir* keiner Schuld² (keines Fehlers) *bewußt*. 나는 아무런 잘못도 없는 줄 안다.
 Es ist *mir* wohl *bewußt*, daß du recht hast. 네가 옳다는 것을 나는 잘 알고 있다.
 bewußte Lügen 고의적인 거짓말

das **Bewußtsein** [bəvústzaın] -s/의식인(↔die Bewußtlosigkeit)
 ● das *Bewußtsein* verlieren : 의식을 잃다
 Er *verlor das Bewußtsein*. 그는 의식을 잃었다.
 ● wieder zu (zum) *Bewußtsein* kommen : 의식을 회복하다
 Der Kranke *kam wieder zu Bewußtsein*. 그 환자는 다시 의식을 회복했다.
 ● mit vollem *Bewußtsein* (=mit Absicht) : 고의(故意)로
 Ich habe es nicht *mit vollem Bewußtsein* tun. 나는 그것을 고의로 하지는 않았다.

bezahlen [bətsá:lən] 他 (et.⁴의 대금을) 지불하다 (zahlen)
 Er *bezahlte* die Rechnung. 그는 계산서의 대금을 지불했다.
 Ich habe viel Geld dafür *bezahlt*. 나는 그것에 대하여 많은 돈을 지불했다.
 Ich *bezahle* monatlich 500 Mark für die Miete (als Miete). 나는 임대료로 매월 500 마르크를 지불한다.
 ● et.⁴ [in] bar (auf einmal, im voraus) *bezahlen* : (무엇의 대금)을 현금으로(한번에, 미리) 지불하다
 Ich *bezahlte* den Kühlschrank *in bar* (mit barem Geld). 나는 냉장고의 대금을 현금으로 지불했다.

die **Beziehung** [bətsí:uŋ] -/-en 관계, 관련 (das Verhältnis, der Zusammenhang)
 Wir unterhalten wirtschaftliche (diplomatische, politische) *Beziehungen* zu allen Staaten. 우리는 모든 나라와 경제적(외교적, 정치적) 관계를 유지하고 있다.
 ● mit (zu) et. in *Beziehung* stehen : (무엇)과 관계·관련이 있다
 Wir *stehen mit* der Firma *in Beziehung* (Verbindung). 우리는 그 회사와 관계가 있다.

Er *steht mit* uns *in Beziehung*. 그는 우리와 관계(교제)하고 있다.
- in dieser (jeder) *Beziehung* : 이(모든) 점에서
  In dieser Beziehung hat er recht. 이 점에서는 그가 옳다.

die **Bibel** [bí:bəl] -/-n 성서(聖書)
Er liest in der *Bibel*. 그는 성경을 읽고 있다.
Martin Luther übersetzte die *Bibel* ins Deutsche. 마르틴 루터는 성경을 독일어로 번역했다.

die **Bibliothek** [bibliotéːk] -/-en 도서관
Unsere Schule hat eine *Bibliothek*.
(=In unserer Schule gibt es eine *Bibliothek*.) 우리 학교에는 도서관이 있다.
Er bringt die geliehenen Bücher zur *Bibliothek* zurück. 그는 빌린 책을 도서관에 반납한다.
- in die *Bibliothek* gehen : 도서관에 가다
  Er *geht* jetzt *in die Bibliothek*. 그는 지금 도서관에 간다.
- Bücher aus der *Bibliothek* leihen : 도서관에서 책을 빌리다
  Ich *lieh* zwei *Bücher aus der Bibliothek*. 나는 도서관에서 두 권의 책을 빌렸다.

biegen [bíːgən] bog, gebogen 1. 他 구부리다(beugen) 2. 自 《s》 굽다 3. 再 《sich⁴》 몸을 구부리다, 굽다 (sich⁴ beugen)
Er hat den Draht *gebogen*. 그는 철사를 구부렸다.
- um die Ecke *biegen* : 모퉁이를 돌다
  Der Zug ist eben *um die Ecke gebogen*. 기차가 방금 모퉁이를 돌아갔다.
Sie *bog sich* vor Lachen³. 그녀는 우스워서 몸을 구부렸다.
Die Zweige der Bäume *bogen sich* unter der Last des Schnees. 나뭇가지가 눈의 무게로 휘었다.

die **Biene** [bíːnə] -/-n 꿀벌
Die *Bienen* sammeln Honig aus den Blumen. 꿀벌은 꽃에서 꿀을 모은다.
Die *Bienen* schwärmen um die Blumen. 꿀벌들이 떼를 지어 꽃 주위를 날아다닌다.

das **Bier** [biːr] -[e]s/-e 맥주
Er trinkt *Bier* gern. 그는 맥주를 좋아한다.
Er trank zwei Glas *Bier*. 그는 맥주 두 잔을 마셨다.
Er bestellte für seine Freunde und sich vier Glas *Bier*. 그는 친구들과 자신을 위해 맥주 네 잔을 주문했다.
Trinken Sie lieber helles [*Bier*] oder dunkles *Bier*? 당신은 보통맥주를 좋아하십니까, 흑맥주를 좋아하십니까?

Herr Ober, bitte ein [Glas] *Bier*! 웨이터, 맥주 한 잔 주시오!
- zum *Bier* gehen : 맥주를 마시러 가다
Wir *gehen zum Bier*. 우리는 맥주를 마시러 간다.
- beim *Bier* sitzen : (술집에서) 맥주를 마시고 있다
Sie *sitzen* jetzt *beim Bier*. 그들은 지금 맥주를 마시고 있다.

bieten [bíːtən] bot, geboten 他 내어놓다, 제공하다
Er *bot* mir 1000 DM für mein altes Auto. 그는 나에게 나의 중고 자동차 값으로 1000마르크를 내겠다고 했다.
- jm. die Hand *bieten* : (누구)에게 악수를 청하다
Er *bot* mir *die Hand*. 그는 나에게 악수를 청했다.
- jm. einen guten Morgen (Abend) *bieten* : (누구)에게 아침(저녁) 인사를 하다
Sie *bot* (wünschte) uns *einen guten Morgen*. 그녀는 우리에게 아침 인사를 했다.

das **Bild** [bɪlt] -[e]s/-er ① 그림 (das Gemälde) ② 사진 (das Foto) ③ 상(像)
- ein *Bild* malen : 그림을 그리다
Er hat *ein* sehr schönes *Bild gemalt*. 그는 매우 아름다운 그림을 하나 그렸다.
Das *Bild* hängt an der Wand. 그림이 벽에 걸려 있다.
Das Kind hat zum Geburtstag ein *Bilder*buch bekommen. 그 아이는 생일에 그림책을 받았다.
Auf seinem Schreibtisch steht das *Bild* seiner Frau. 그의 책상 위에는 부인의 사진이 놓여 있다.
Er haut ein *Bild* in Stein[4]. 그는 돌에 상(像)을 새긴다.

bilden [bíldən] 他 형성하다
Der Fluß *bildet* die Grenze zwischen den beiden Ländern. 강이 두 나라 사이의 경계를 이루고 있다.
- einen Satz *bilden* : 문장을 짓다
Bilden Sie *einen Satz* aus diesen Wörtern! 이 단어들을 사용하여 하나의 문장을 만드시오!
- einen Kreis *bilden* : 원을 이루다
Sie *bildeten einen Kreis* um den Tisch. 그들은 테이블을 둘러 섰다.

gebildet [gəbíldət] 形 교양 있는
Er ist ein *gebildeter* Mensch (ein *Gebildeter*). 그는 교양 있는 사람이다.
Er ist hoch *gebildet*. 그는 매우 교양이 있다.

die Bildung [bíldʊŋ] -/-en ① 형성 ② 《복수 없음》 교양
die *Bildung* einer Regierung 조각(組閣)
Er ist ein Mann von *Bildung*.
(=Er ist ein gebildeter Mann.) 그는 교양 있는 사람이다.
Das gehört zur allgemeinen *Bildung*. 그것은 일반적인 교양에 속하는 문제다.

billig [bílıç] 形 값싼 (↔teuer)
Dieses Kleid ist sehr *billig*. 이옷은 매우 싸다.
Ich habe es *billig* gekauft. 나는 그것을 싸게 샀다.
Dort kann man gute Waren *billig* kaufen. 그곳에서는 좋은 물건들을 싸게 살 수 있다.

binden [bíndən] band, gebunden 他 매다, 묶다
• sich³ die Krawatte *binden* : 넥타이를 매다
  Er *bindet* sich die Krawatte.
  (=Er *bindet* seine Krawatte.) 그는 넥타이를 맨다.
• et.⁴ an et.⁴ *binden* : (무엇)을 (무엇)에 잡아매다
  Er *band* das Schiff *ans* Ufer. 그는 배를 물가에 매었다.
Sie hat die Blumen zu einem Kranz *gebunden*. 그녀는 꽃을 묶어 화환을 만들었다.

bis [bıs] 1. 前 《4격》 ~까지 2. 接 《종속》 …할 때까지
bis [nach] Berlin 베를린까지
bis (nächsten) Sonntag (다음) 일요일까지
bis 12 Uhr 12시까지
bis jetzt (heute, morgen) 지금(오늘, 내일)까지
bis (vor) Weihnachten 크리스마스(전)까지
bis hierher 이곳까지
bis dahin 그곳까지 ; 그때까지
bis an (vor) die Tür 문(앞)까지
bis an den Kopf (Hals) 머리(목)까지
bis an die Knie 무릎까지
bis auf die Kinder 아이들까지
bis auf den heutigen Tag 오늘날까지
bis auf den Gipfel des Berges 산 꼭대기까지
bis in die (nächste) Nacht (다음 날) 밤까지
bis nach Mond 달까지
bis vor einigen Jahren 2, 3년 전까지
bis zum Bahnhof 역까지
bis zum Mittag (Abend) 정오(저녁)까지
bis zum 1. Oktober 10월 1일까지
bis zum (an den) Tod 죽을 때까지

vom Morgen *bis* zum Abend 아침부터 저녁까지
von Seoul *bis* Pusan 서울에서 부산까지
von Anfang *bis* [zu] Ende 처음부터 끝까지
Warte, *bis* ich zurückkomme! 내가 돌아올 때까지 기다려라!
Iß, *bis* du satt bist! 배부를 때까지 먹어라!

bisher [bɪshéːr] 副 지금까지 (bis jetzt)
Ich bin *bisher* noch nicht dort gewesen. 나는 지금까지도 그곳에 가보지 못했다.
Es ist *bisher* so gewesen. 지금까지는 그러했다.
● wie *bisher* : 여태까지와 같이, 종래와 같이
Wie bisher hängt das Bildnis an der Wand. 종래와 같이 그 초상이 벽에 걸려 있다.

bißchen [bísçən] 形 《무변화》 〈ein bißchen 의 형으로〉 약간의 (ein wenig)
Ich habe leider nur *ein bißchen* Zeit. 나는 유감스럽게도 약간의 시간밖에 없다.
Ich aß nur *ein bißchen* Brot zum Frühstück. 나는 아침 식사로 약간의 빵을 먹었을 뿐이다.
Warte noch *ein bißchen*! 조금만 더 기다려라!

die **Bitte** [bítə] -/-n 청(請), 부탁
Ich habe eine *Bitte* an Sie. 당신에게 부탁이 있읍니다.
Ich habe seine *Bitte* erfüllt. 나는 그의 부탁을 들어주었다.
auf seine *Bitte* 그의 요청에 따라

bitten [bítən] bat, gebeten 他 〈jn.에게 um et.을〉 청하다, 부탁하다
Er *bat* mich *um* Hilfe. 그는 나에게 도움을 청했다.
Darf ich Sie *um* Ihren Namen *bitten*? 당신에게 성함을 여쭤봐도 괜찮겠읍니까?
Ich habe meinen Vater *um* Verzeihung *gebeten*. 나는 나의 아버지에게 용서를 빌었다.
Er *bat* mich, ihm zu helfen. 그는 나에게 자기를 도와주기를 부탁했다.
Bitte, nehmen Sie Platz! 자(어서) 앉으십시오!
Danke schön (sehr)! — *Bitte* schön (sehr)! 대단히 감사합니다! — 천만에요!
Wie, *bitte*? 뭐라고 하셨지요?

bitter [bítər] 形 ① (맛이) 쓴 (↔süß) ② **혹독한**
eine *bittere* Medizin 쓴 약
Diese Medizin ist (schmeckt) *bitter*. 이 약은 쓰다.

Es ist *bitter* kalt. 지독히 춥다.
bittere Kälte 혹한(酷寒)
blasen [blá:zən] blies, geblasen 1. 他 (et.⁴을) 불다 2. 自 (바람이 강하게) 불다
- die Flöte (die Trompete) *blasen* : 피리(트럼펫)를 불다
 Sie *bläst* [die] *Flöte* sehr schön. 그녀는 피리를 매우 잘 분다.
 Er *bläst* im Orchester *Trompete*. 그는 오케스트라에서 트럼펫을 분다.
 Er *bläst* das Lied auf der Flöte. 그는 노래를 피리로 분다.
 Er *blies* mir den Rauch der Zigarette ins Gesicht. 그는 나의 얼굴에 담배 연기를 불었다.
 Der Wind (Es) *bläst*. 바람이 분다.
 Die kalten Winde *bliesen* heftig. 찬 바람이 강하게 불었다.

blaß [blas] blasser, blassest 形 창백한 (bleich)
 Du siehst doch so *blaß* aus! 너는 매우 창백하게 보이는데!
 Er wurde vor Furcht³ (Angst) ganz *blaß*. 그는 무서워서 얼굴이 아주 창백해졌다.
 Du siehst heute noch *blasser* aus als gestern. 너는 오늘은 어제보다 더 한층 창백해 보인다.
 ein *blasses* Gesicht 창백한 얼굴
 eine *blasse* Erinnerung 회미한 기억

das **Blatt** [blat] -[e]s/¨er ① 잎 ② 《복수 없음》(종이의) 장
 Die *Blätter* fallen vom Baum. 잎들이 나무에서 떨어진다.
 Im Frühling bekommen die Bäume grüne *Blätter*. 봄에는 나무에 푸른 잎이 돋아난다.
 Im Herbst fallen die *Blätter* ab. 가을에는 잎이 진다.
 Bitte gib mir ein (zwei) *Blatt* Papier! 나에게 종이 한(두) 장만 다오!
 hundert *Blatt* Papier 백 장의 종이

blau [blau] 形 푸른
 Der Himmel ist *blau*. 하늘은 푸르다.
 Sie trägt ein *blaues* Kleid. 그녀는 푸른 옷을 입고 있다.
 der *blaue* Himmel 푸른 하늘
 das *blaue* Meer 푸른 바다

bleiben [bláɪbən] blieb, geblieben 自 《s》 머무르다, 남다
 Er *bleibt* jetzt in Deutschland. 그는 지금 독일에 머무르고 있다.
 Ich *blieb* (war) den ganzen Tag zu Hause. 나는 하루 종일 집에 있었다.

Nun *blieben* mir nur noch ein paar Mark. 이제 나에게는 2,3마르크 밖에 남지 않았다.

Wir werden stets Freunde *bleiben*. 우리는 언제까지나 친구로 변함이 없을 것이다.

Das Fenster *bleibt* offen. 창문이 열린 채로 있다.

Bitte, *bleiben* Sie hier stehen (sitzen)! 여기에 좀 서(앉아) 계십시오!

Die Uhr *blieb* stehen. 시계가 섰다.

bleich [blaıç] 形 창백한 (blaß)

Sein Gesicht ist *bleich* (blaß) geworden. 그의 얼굴은 창백해졌다.

Er wurde *bleich* vor Furcht[3]. 그는 무서워서 얼굴이 창백해졌다.

der **Bleistift** [bláıʃtıft] -[e]s/-e 연필

● mit einem *Bleistift* schreiben : 연필로 쓰다

Er *schreibt mit einem* spitzen *Bleistift*. 그는 뾰족한 연필로 쓴다.

Er spitzt den *Bleistift* mit einem Bleistiftspitzer an. 그는 연필깎이로 연필을 깎는다.

der **Blick** [blık] -[e]s/-e ① 시선, 바라봄 ② 전망(die Aussicht)

● auf den ersten *Blick* : 첫눈에

Ich liebte sie *auf den ersten Blick*. 나는 그녀를 첫눈에 사랑했다.

Sie warf mir einen scharfen *Blick* zu.
(=Sie warf einen scharfen *Blick* auf mich.) 그녀는 나에게 날카로운 시선을 던졌다.

Er wandte keinen *Blick* (kein Auge) von ihr. 그는 그녀에게서 시선(눈)을 돌리지 않았다.

Von hier aus hat man einen *Blick* über die ganze Stadt. 여기서부터 도시 전체가 내다 보인다.

blicken [blíkən] 自 보다 (sehen) ; 보이다

● auf et.[4] *blicken* : (무엇)을 보다

Er *blickte auf* seine Uhr. 그는 자기의 시계를 보았다.

Er *blickte* zum Himmel empor. 그는 하늘을 쳐다 보았다.

Aus seinen Augen *blickte* das Glück (die Freude). 그의 눈에서는 행복(기쁨)의 빛이 보였다.

Die Sonne *blickt* durch die Wolken. 햇빛이 구름 사이로 새어 나온다.

blind [blınt] 形 눈먼

Er ist *blind*. 그는 장님이다.

Er ist durch einen Unglücksfall *blind* geworden. 그는 사고로 눈이 멀었다.

Er ist *blind* auf einem Auge. 그는 애꾸눈이다.

Liebe macht *blind*. 《Sprw》 사랑은 눈을 멀게 한다(상대방의 단점을 보지 못하게 한다).

der *Blinde* (ein *Blinder*) 맹인

der Blitz [blɪts] -es/-e 번개, 벼락

Er rannte wie der *Blitz* davon.

(=Er ist davon geblitzt.) 그는 번개처럼 달아났다.

Der *Blitz* schlug in den Baum (ins Haus) ein. 벼락이 나무(집)에 떨어졌다.

- wie vom *Blitz* getroffen : 벼락에 맞은 것처럼

  Wie vom Blitz getroffen, sank er zu Boden. 그는 벼락에 맞은 것처럼 땅에 쓰러졌다.

blitzen [blítsən] 自非 ① 번쩍이다, 빛나다 ② 《s》 번개처럼 지나가다

Seine Augen *blitzten* vor Zorn³. 그의 눈은 분노로 빛나고 있었다.

Es *blitzt* und donnert. 번갯불이 번쩍이고 천둥이 친다.

Der Gedanke ist mir durch den Kopf *geblitzt*. 그 생각이 나의 머리 속에 번쩍 떠 올랐다.

blond [blɔnt] 形 금빛깔의, 금발의

Sie hat *blondes* Haar (*blonde* Haare).

(=Ihr Haar ist *blond*.) 그녀의 머리는 금발이다.

ein *blondes* Mädchen 금발의 소녀

bloß [blo:s] 1. 形 ① 벌거벗은 (nackt) ② 단순한 2. 副 단지, 다만 (nur)

- mit *bloßem* Auge : 육안으로

  Das kann man *mit bloßem Auge* sehen. 그것은 육안으로 볼 수 있다.

- mit *bloßen* Füßen (Händen) : 맨발(손)로

  Lauf nicht *mit bloßen Füßen*! 맨발로 뛰지 마라!

Das sind *bloße* Worte. 그것은 빈말이다.

Schon der *bloße* Gedanke erfreut mich. 생각만 하여도 나는 기쁘다.

Ich habe *bloß* (nur) eine Mark. 나는 단지 1마르크 뿐이다.

- nicht *bloß* (nur) ..., sondern [auch] ... : …뿐만 아니라 …도

  Ich habe es *nicht bloß* gehört, *sondern auch* gesehen. 나는 그것을 들었을 뿐만 아니라 보기도 하였다.

blühen [blý:ən] 自 ① (꽃이) 피다, 피어 있다 ② 번성하다
Im Frühling *blühen* die Blumen. 봄에는 꽃이 핀다.
Die Blumen (Die Rosen) *blühen* schon. 꽃이(장미가) 벌써 피어 있다.
Der Garten (Der Baum, Das Feld) *blüht*. 정원(나무, 들)에 꽃이 피어 있다.
Das Geschäft *blüht*. 사업이 번창한다.

die **Blume** [blú:mə] -/-n 꽃
Im Garten blühen schöne *Blumen*. 정원에는 아름다운 꽃이 피어 있다.
Im Wald pflückten die Kinder *Blumen*. 숲 속에서 아이들은 꽃을 꺾었다.
Auf der Wiese wachsen bunte *Blumen*. 초원에는 형형색색의 꽃들이 자라고 있다.
eine künstliche *Blume* 조화(造花)

das **Blut** [blu:t] -[e]s/ 피
Das *Blut* strömt (fließt) aus der Wunde. 피가 상처에서 흘러나온다.
Vor Zorn³ stieg (schoß) ihm das *Blut* ins Gesicht. 화가 나서 그의 얼굴이 달아올랐다.
Blut ist dicker als Wasser. 《Sprw》 피는 물보다 진하다.
ein Tropfen *Blut* 한 방울의 피

die **Blüte** [blý:tə] -/-n ① (나무의) 꽃 ② 만발, 전성
Die *Blüte* duftet wunderbar. 그 꽃은 향기가 매우 좋다.
Er starb in der *Blüte* des Lebens. 그는 인생의 전성기에 죽었다.
in der *Blüte* der Jahre 한창 나이에
● in voller *Blüte* stehen : 만발하다, 한창이다
Der Baum *steht* (blüht) *in voller Blüte*. 그 나무에는 꽃이 만발하다.

der **Boden** [bó:dən] -s/-, ⸚ ① 땅 ② 바닥
● zu *Boden* fallen (sinken) : 땅에 쓰러지다·넘어지다
Er *fiel* (*sank*) *zu Boden*. 그는 땅에 쓰러졌다.
ein fruchtbarer *Boden* 비옥한 땅
Er setzte sich⁴ auf den *Boden*. 그는 땅바닥에 앉았다.
Der Teppich liegt auf dem *Boden*. 양탄자가 마루바닥에 깔려 있다.

der **Bogen** [bó:gən] -s/-, ⸚ ① 활 ② 곡선
Früher jagte man mit Pfeil und *Bogen*. 옛날에는 화살과 활로 사냥을 했다.

- den *Bogen* spannen : 활을 당기다
  Er *spannte den Bogen.* 그는 활을 당겼다.

Der Fluß fließt im großen *Bogen* um das Dorf herum. 그 강(江)은 커다란 원을 그리며 마을을 빙 돌아 흐른다.

ein (zwei) *Bogen* Papier 전지 한(두) 장

Ich brauche einen *Bogen* Packpapier. 나는 포장지 한 장이 필요하다.

die Bombe [bɔ́mbə] -/-n 폭탄

Das Haus wurde durch *Bomben* völlig zerstört. 그 집은 폭탄으로 인하여 완전히 파괴되었다.

das Boot [bo:t] -[e]s/-e 보트
- mit (in) einem *Boot* fahren : 보트를 타고 가다
  Wir *fuhren mit einem Boot* den Fluß hinunter. 우리는 보트를 타고 강을 내려갔다.
  Wir sind *mit dem Boot* über den See *gefahren.* 우리는 보트로 호수를 건넜다.

böse [bǿ:zə] 形 ① 나쁜, 악의 있는 (↔gut) ② 성난 (zornig, ärgerlich)

ein *böser* Mensch 악인

eine *böse* (gute) Tat 악(선)행

in *böser* (guter) Absicht 악(선)의로

das Gute und das *Böse* 선과 악

- [mit] jm. (auf jn.) *böse* sein : (누구)에게 화내다
  Er ist mir *böse.*
  (=Er ist *böse auf* mich.) 그는 나에게 화를 내고 있다.
  Warum sind Sie [*mit*] mir *böse*? 왜 당신은 나에게 화를 내십니까?

der Bote [bó:tə] -n/-n 사자(使者), 심부름군

Der König sandte einen *Boten* zu den feindlichen Truppen. 왕(王)은 적군에 사자를 보냈다.

Die Post wurde mir durch den *Boten* gebracht. 우편물은 사환을 통해 나에게 전달되었다.

brauchen [bráuxən] 他 필요로 하다

Ich *brauche* Geld. 나는 돈이 필요하다.

Dazu *brauche* ich Zeit. 그렇게 하기에는 나는 시간이 필요하다.

- *brauchen ... zu* 부정법 : …할 필요가 있다
  Du *brauchst* nicht *zu* kommen. 너는 올 필요가 없다.
  Du *brauchst* dir meinetwegen keine Sorgen *zu* machen. 너는 나 때문에 걱정할 필요는 없다.

- *brauchen*+nur ... zu 부정법 (=dürfen+nur ... 부정법):
  ...하기만 하면 된다
  Du *brauchst* es *nur zu* sagen.
  (=Du *darfst* es *nur* sagen.) 너는 그 말을 하기만 하면 된다.

braun [braun] 形 갈색의
Er hat *braune* Schuhe an. 그는 갈색 구두를 신고 있다.
Sie hat *braunes* Haar. 그녀의 머리는 갈색이다.

die **Braut** [braut] -/-̈e 약혼녀, 신부 (↔der Bräutigam)
Das Mädchen ist seine *Braut*. 그 처녀는 그의 약혼녀이다.
Zur Hochzeit trug die *Braut* ein weißes Kleid. 결혼식에 신부는 흰 옷을 입었다.

brav [bra:f] 形 용감한 ; 장한 ; (어린이) 얌전한 (artig)
Er ist ein *braver* Mann. 그는 용감한 사람이다.
Der *brave* Mann denkt von sich selbst zuletzt. 《Schiller》 용감한 사람은 자기 자신을 맨 나중에 생각한다.
Sehr *brav*! 장하다!
Das Kind ist sehr *brav*. 그 아이는 매우 얌전하다.

die **BRD** (die Bundesrepublik Deutschland 의 略字) 독일 연방 공화국(서독)

die **DDR** (die Deutsche Demokratische Republik 의 略字) 독일 민주 공화국(동독)

brechen [bréçən] brach, gebrochen 1. 他 부수다, 깨다, 꺾다
2. 自 《s》 부서지다, 깨지다, 부러지다
Er *brach* das Glas. 그는 잔을 깼다.
Sie hat einen Zweig vom Baum *gebrochen*. 그녀는 나무의 가지를 꺾었다.
Ich habe mir den Arm *gebrochen*. 나는 팔이 부러졌다.
Das Eis ist *gebrochen*. 얼음이 깨졌다.

- sein Wort (sein Versprechen) *brechen* : 약속을 어기다
  Er *brach* (hielt) *sein Wort*.
  (=Er hielt nicht, was er versprochen hatte.) 그는 약속을 어겼다(지켰다).
- den Vertrag *brechen* : 계약을 어기다
  Der Kaufmann *brach* den *Vertrag*.
  (=Der Kaufmann hielt den Vertrag nicht.) 그 상인은 계약을 어겼다.
- einen Rekord *brechen* : 기록을 깨뜨리다
  Der Sportler *brach* den Weltrekord. 그 운동 선수는 세계 기록을 깨뜨렸다.

breit [braıt] 形 ① (폭이) 넓은 (↔schmal) ② 〈단위를 나타낼 때는 4격 지배〉 넓이·폭이 …인

Der Weg (Die Straße) ist nicht schmal, sondern *breit*. 길은 좁지 않고 넓다.

Es ist so *breit* wie lange. 그것은 길이와 넓이가 같다.

Der Fluß ist hier eine Meile⁴ *breit*. 강의 넓이가 여기는 1마일이다.

Der Stoff ist 80 cm (Zentimeter⁴) *breit*. 그 천의 폭은 80 cm이다.

brennen [brénən] brannte, gebrannt 1. 自 타다 2. 他 태우다 3. 再 《sich⁴》 데다

Es *brennt*! 불이야!

Das Haus *brennt*. 집이 탄다.

Der Ofen (Die Kohle) *brennt* gut. 난로 불(석탄)이 잘 탄다.

Wir *brannten* Holz (Kohle) im Ofen. 우리는 난로에 나무(석탄)를 태웠다.

Ich habe *mich* am Finger *gebrannt*. 나는 손가락을 데었다.

der **Brief** [bri:f] -[e]s/-e 편지

● jm. einen *Brief* (einen *Brief* an jn.) schreiben : (누구)에게 편지를 쓰다

Ich *schrieb* ihm *einen Brief*.

(=Ich *schrieb einen Brief an* ihn.) 나는 그에게 편지를 썼다.

Gestern erhielt (bekam) ich einen *Brief* von meinen Eltern. 어제 나는 나의 부모님으로부터 편지를 받았다.

Wir wechselten *Briefe* miteinander. 우리는 편지를 서로 주고 받았다.

der **Briefkasten** [brí:fkastən] -s/- 우체통

Er steckte den Brief in den *Briefkasten*. 그는 편지를 우체통에 넣었다.

die **Briefmarke** [brí:fmarkə] -/-n 우표

Auf den Brief muß man eine *Briefmarke* kleben. 편지에는 우표를 붙여야 한다.

Mein Bruder sammelt *Briefmarken*. 내 동생은 우표를 수집한다.

der **Briefträger** [brí:ftrɛ:gər] -s/- 우편배달부 (der Postbote)

Der *Briefträger* kommt jeden Morgen mit der Post. 우편배달부는 매일 아침 우편물을 가지고 온다.

der **Briefumschlag** [brí:fumʃla:k] -[e]s/..schläge 편지봉투

Er steckte den Brief in den *Briefumschlag*. 그는 편지를

편지 봉투에 넣었다.
die **Brille** [brílə] -/-n 안경
- eine *Brille* tragen : 안경을 쓰고 있다
  Er *trägt eine* goldene *Brille*. 그는 금테 안경을 쓰고 있다.
- eine *Brille* aufsetzen (abnehmen) : 안경을 쓰다(벗다)
  Er *setzt* seine *Brille auf*. 그는 안경을 쓴다.

Ich brauche eine *Brille* für die Ferne (Nähe). 나는 원시 (근시)용의 안경이 필요하다.
Ich brauche eine stärkere *Brille*. 나는 좀 더 도수가 강한 안경이 필요하다.

bringen [bríŋən] brachte, gebracht 他 〈jm.에게 et.⁴을〉 가져 오다·가다 ; 〈jn.을〉 데려오다·가다
Sie *brachte* uns eine gute Nachricht. 그녀는 우리에게 좋은 소식을 가져왔다.
Bringen (Holen) Sie mir bitte ein Glas Wasser! 나에게 물 한 잔만 갖다 주십시오!
Er *brachte* den Koffer zum Bahnhof. 그는 트렁크를 역으로 가져갔다.
Der Verletzte wurde ins Krankenhaus *gebracht*. 그 부상자 는 병원으로 옮겨졌다.
Er *brachte* mich zum Bahnhof (nach Hause). 그는 나를 역(집)으로 데려다 주었다.

das **Brot** [bro:t] -[e]s/-e 빵
- das *Brot* backen : 빵을 굽다
  Der Bäcker *bäckt das Brot*. 제빵업자는 빵을 굽는다.
- sein *Brot* verdienen : 생계를 이어 나가다
  Er *verdient sein Brot* als Arbeiter. 그는 노동자로 생계를 이어 나가고 있다.

ein frisches (hartes) *Brot* 갓 구운(딱딱한) 빵
ein Stück (eine Scheibe) *Brot* 빵 한 조각

die **Brücke** [brýkə] -/-n 다리
- über die *Brücke* gehen : 다리를 건너가다
  Er *geht über die Brücke*. 그는 다리를 건너간다.

Über den Fluß (den Strom) führt eine *Brücke*. 그 강에는 다리가 놓여 있다.

der **Bruder** [brú:dər] -s/≔ 형제 (↔die Schwester)
Er hat zwei *Brüder*. 그는 형제가 둘 있다.
Ich habe drei *Brüder*, einen älteren und zwei jüngere. 나는 형제가 셋인데, 형이 하나이고 동생이 둘이다.
Ich habe keinen *Bruder*. 나는 형제가 없다.

Er ist mein *Bruder*, ich bin seine Schwester. 그는 나의 남동생이고, 나는 그의 누나이다.

mein älterer (jüngerer) *Bruder* 나의 형(동생)

der **Brunnen** [brúnən] -s/- 샘, 우물

Der *Brunnen* fließt nicht mehr. 샘물은 더 이상 나오지 않는다.

Am *Brunnen* vor dem Tore steht ein Lindenbaum. 성문 앞 우물 곁에 한 그루의 보리수가 서 있다.

die **Brust** [brust] -/ˉe ① 《복수 없음》 가슴 ② 유방
- jn. an die *Brust* drücken : (누구)를 끌어안다
  Sie *drückte* das Kind *an ihre Brust*. 그녀는 아이를 가슴에 끌어안았다.
- einem Kind die *Brust* geben : 아이에게 젖을 먹이다
  Sie *gibt* ihrem *Kind* (ihrem Baby) *die Brust*. 그녀는 아이(아기)에게 젖을 먹인다.

das **Buch** [bu:x] -[e]s/ˉer [býːçər] 책

Er liest das *Buch* (im *Buch*). 그는 책을 읽는다.

Er hat viele *Bücher* gelesen (geschrieben). 그는 많은 책을 읽었다(썼다).

In diesem *Buch* stehen interessante Geschichten. 이 책에는 재미있는 이야기들이 실려 있다.

der **Bücherschrank** [býːçərʃraŋk] -[e]s/ˉe 책장, 서가 (das Bücherregal)

Im *Bücherschrank* stehen viele Bücher. 책장에 많은 책이 꽂혀 있다.

die **Buchhandlung** [búːxhandluŋ] -/-en 서점

Ich kaufte das Buch in dieser *Buchhandlung*. 나는 그 책을 이 서점에서 샀다.

bunt [bunt] 形 가지각색의, 다채로운

bunte Blumen 가지각색의 꽃

Sie tragt ein *buntes* Kleid. 그녀는 알록달록한 옷을 입고 있다.

die **Burg** [burk] -/-en 성(城)

Am Rhein stehen viele *Burgen* auf den Bergen. 라인 강변 산 위에는 많은 성들이 있다.

Im Mittelalter baute man viele *Burgen*. 중세에는 많은 성을 세웠다.

bürgen [býrgən] 自 〈für et.을〉 보증하다

Das Zeichen dieser Firma *bürgt für* Qualität. 이 회사의 상표는 품질을 보증한다.

der **Bürger** [býrgər] -s/- 시민 ; 공민 (시민권을 가진 사람)
Er ist ein *Bürger* von Seoul (Korea) geworden. 그는 서울 시민이 되었다(한국의 시민권을 얻었다).
Er ist *Bürger* der BRD. 그는 독일 연방 공화국(서독)의 국민이다.

der **Bürgermeister** [býrgərmaɪstər] -s/- 시장(市長)
Er ist zum *Bürgermeister* gewählt worden. 그는 시장으로 선출되었다.
Der *Bürgermeister* hat den Bürgern versprochen, die Verkehrsschwierigkeiten zu beseitigen. 시장은 교통난을 해결하겠다고 시민들에게 약속했다.

das **Büro** [byró:] -s/-s 사무실
Er ist jetzt im *Büro*. 그는 지금 사무실에 있다.
● ins *Büro* gehen (kommen) : 사무실로 가다(오다)
Er *geht* **früh morgens** (morgens früh) *ins Büro*. 그는 아침 일찍 사무실로 간다.
Komm morgen zu mir *ins Büro*! 내일 내 사무실로 오너라!

der **Bursche** [búrʃə] -n/-n 젊은이
Er ist ein frischer *Bursche* von 20 Jahren. 그는 스무 살의 원기 왕성한 젊은이다.

der **Bus** [bus] -ses/-se 버스 (der Autobus)
An der Bushaltestelle warten die Fahrgäste auf den *Bus*. 버스 정류소에서 승객들이 버스를 기다리고 있다.
● mit dem *Bus* fahren : 버스를 타고 가다
Wir *fahren mit dem Bus*. 우리는 버스를 타고 간다.

der **Busch** [buʃ] -es/ˬe 수풀, 숲
Ein Vogel flog aus dem *Busch*. 새 한 마리가 수풀 속에서 날아갔다.

die **Butter** [bútər] -/ 버터
● *Butter* aufs Brot streichen : 빵에 버터를 바르다
Er *streicht Butter aufs Brot*.
(=Er streicht das Brot mit *Butter*.) 그는 빵에 버터를 바른다.

C

das **Café** [kafé:] -s/-s 카페, 커피점 (das Kaffeehaus)
 Gestern abend war ich im *Café*. 어제 저녁에 나는 카페에 있었다.
 Wir trafen uns wie immer in dem kleinen *Café*. 우리는 여느 때와 같이 그 작은 카페에서 만났다.
 Gehen wir mal in jenes *Café*! 저 카페에 한번 가 봅시다!
der **Charakter** [karákt ər] -s/-e [..té:rə] ① 성격 ② 특색
 Sie hat einen guten (schlechten) *Charakter*. 그녀는 좋은 (나쁜) 성격을 가지고 있다.
 Er ist ein Mensch mit gutem *Charakter*. 그는 좋은 성격을 가진 사람이다.
 Er ist ein Mensch mit (von) *Charakter*. 그는 인격자다.
die **Chemie** [çemí:] -/ 화학
 Sie studiert *Chemie* an der Universität Köln. 그녀는 쾰른 대학에서 화학을 연구(전공)하고 있다.
 angewandte *Chemie* 응용 화학
(*das*) **China** [çí:na] -s/ 중국
der **Chinese** [çiné:zə] -n/-n 중국인
die **Chinesin** [çiné:zin] -/-nen 중국 여자
(*das*) **Chinesisch** [çiné:ziʃ] -[s]/ 중국어
 Sprechen Sie *Chinesisch*? 당신은 중국말을 하십니까?
 Er spricht gut[es] *Chinesisch*. 그는 중국말을 잘 한다.
 chinesisch [çiné:ziʃ] 形 중국[人·語]의
der **Chor** [ko:r] -[e]s/⸚e ① 합창 ② 합창단
 ● im *Chor* singen : 합창하다
  Wir *sangen im* gemischten *Chor*. 우리는 혼성 합창을 했다.
 Die Kinder riefen im *Chor* : „Guten Morgen, Herr Lehrer!" 아이들은 소리를 합쳐 "선생님, 안녕하세요!"라고 외쳤다.
 Der *Chor* steht unter der Leitung von Professor Meier. 그 합창단은 마이어 교수의 지휘를 받고 있다.
 Am Heiligen Abend singt der *Chor* „Stille Nacht". 크리스마스 이브에는 합창단이 '고요한 밤'을 부른다.
der **Christ** [krɪst] -en/-en 기독교인
 Er ist ein *Christ*. 그는 기독교인이다.
 Er ist als guter *Christ* gestorben. 그는 훌륭한 기독교인으

로 죽었다.

Sie ist eine *Christin*. 그녀는 기독교인이다.

Sie ist eine gläubige *Christin* gewesen. 그녀는 신앙심 깊은 기독교인이었다.

ein evangelischer (katholischer) *Christ* 신(카톨릭) 교도

das **Christentum** [krístəntu:m] -s/ 기독교 (die christliche Religion)

Das *Christentum* breitete sich über die ganze Welt aus. 기독교는 전 세계에 퍼졌다.

christlich [krístlıç] 形 기독교(人)의

die *christliche* Reigion 기독교

die *christliche* Lehre 기독교의 가르침

Die Eltern haben mich *christlich* erzogen. 부모님은 나를 기독교인으로 가르쳤다.

der **Christus** [krístus] 2격 ..ti, 3격 ..to (..tus), 4격 ..tum (..tus) / 그리스도

Zu Weihnachten feiert man die Geburt *Christi*. 크리스마스에는 사람들이 그리스도의 탄생을 축하한다.

500 n. *Chr.* (nach *Christo*) 서력 500년[에]

500 v. *Chr.* (vor *Christo*) 서력 기원전 500년[에]

D

da [da:] 1. 🟦 ① 거기에 (dort) ② 그때 (dann) 2. 🟥《종속》…때문에 (weil)

Der Mann *da* (dort) ist mein Onkel. 저기 저 남자는 나의 아저씨다.

- *da* sein : 거기에 있다, 와 있다

  Wer *ist da*? 거기 누가 왔니?

  Es *war* niemand *da*. 거기에는 아무도 없었다.

  Es *ist* Besuch *da*. 손님이 있다.

  Er *ist* schon *da*. 그는 벌써 와 있다.

  Da (Dann) klingelte es plötzlich. 그때 갑자기 초인종이 울렸다.

- von *da* ab (an) : 그때부터

  Von da ab habe ich nichts von ihm gehört. 그때부터 나는 그의 소식을 전혀 듣지 못했다.

  Er kam nicht, *da* (weil) er krank war. 그는 아프기 때문에 오지 않았다.

dabei [dabái, dá:baɪ] 🟦 ① 그 옆에 ② 그때, 그와 동시에

Er stand dicht *dabei*. 그는 바로 그 옆에 서 있었다.

Dabei sah er mich an. 그때 그는 나를 바라보았다.

- *dabei* sein : 그 자리에 동석(참석)하고 있다

  Als das Unglück geschah, *war* ich auch *dabei*. 사고가 일어났을 때 나도 그 자리에 있었다.

  Ich *war* nicht *dabei*. 나는 그 자리에 없었다.

das **Dach** [dax] -[e]s/⸚er 지붕

Auf dem *Dach* sitzt ein Vogel. 지붕 위에 새 한 마리가 앉아 있다.

Er klettert auf das *Dach*. 그는 지붕 위로 기어올라간다.

Ich wohne mit ihm unter einem *Dach*. 나는 그와 한 지붕 밑에 살고 있다.

dagegen [dagé:gən, dá:ge:gən] 1. 🟦 그것에 반대하여 (↔dafür) 2. 🟥《부사》그와 반대로

Sind Sie *dagegen* oder dafür? 당신은 그것에 반대입니까, 찬성입니까?

Ich bin *dagegen*. 나는 그것에 반대다.

Ich habe nichts *dagegen*. 나는 그것에 반대하지 않는다.

Er ist reich, *dagegen* bin ich arm. 그는 부자지만, 반대로

나는 가난하다.

Er ist dein Feind, *dagegen* bin ich dein Freund. 그는 너의 적이지만, 반대로 나는 너의 친구다.

daher [dahé:r, dá:he:r] 1. 副 그곳으로부터 (↔dahin) 2. 接 《부사》 그때문에 (darum, deshalb, deswegen)

Ich komme *daher*. 나는 그곳에서 온다.

Er ist krank, *daher* kann er nicht kommen. 그는 아프다. 그래서 그는 올 수 없다.

dahin [dahín, dá:hın] 副 그곳으로 (dorthin) (↔daher)

Ich möchte gern einmal *dahin* gehen. 나는 한번 그곳으로 가보고 싶다.

- bis *dahin* : 그곳까지 ; 그때까지
Es ist noch weit *bis dahin*. 그곳까지는 아직 멀다.
Bis dahin bleibe ich hier. 그때까지 나는 여기에 있겠다.
- *dahin* sein : 지나가버리다
Seine Zeit *ist* längst *dahin*. 그의 시대는 이미 지나갔다.
Mein Glück *ist dahin*. 나의 행복은 사라졌다.

damals [dá:ma:ls] 副 그 당시에

Damals warst du noch ein Kind. 그 당시에 너는 아직 어린애였다.

Damals ging er noch in die Schule. 그 당시에 그는 아직 학교에 다니고 있었다.

Er war *damals* zehn Jahre[4] alt. 그는 그 당시 10세였다.

die **Dame** [dá:mə] -/-n 〔귀〕부인, 숙녀 (↔der Herr)

Er spricht mit einer *Dame*. 그는 어떤 부인과 이야기를 하고 있다.

Kennen Sie die *Dame* in dem weißen Kostüm? 당신은 흰 투피스를 입은 저 부인을 아십니까?

Sie ist schon eine junge *Dame*. 그녀는 이미 한 젊은(어엿한) 숙녀이다.

Meine *Damen* und Herren! 신사 숙녀 여러분!

damit [damít, dá:mít] 1. 副 그것으로, 그것을 가지고 2. 接 《종속》 …하기 위하여

Ich bin *damit* zufrieden. 나는 그것으로 만족한다.

Der Bleistift ist abgebrochen, *damit* kann ich nicht schreiben. 연필이 부러졌다. 이것으로는 글씨를 쓸 수 없다.

Er nahm das Geld und ging *damit* weg. 그는 돈을 받아 그것을 가지고 떠났다.

Geh schnell, *damit* du dich nicht verspätest! 늦지 않도록 빨리 가거라!

der **Dank** [daŋk] -[e]s/ 감사
Besten (Vielen, Herzlichen, Schönen) *Dank*!
(=Danke schön!) 대단히 감사합니다!
Vielen *Dank* für Ihren Brief! 당신의 편지에 대하여 매우 감사드립니다!
- mit *Dank* : 감사히, 고맙게
  Ich habe es *mit Dank* erhalten (angenommen). 나는 그것을 감사히 받았다.
  Ich nehme deine Hilfe *mit Dank* an. 나는 너의 도움을 고맙게 받아들이겠다.
- Gott³ sei *Dank* : 고맙게도, 아유 고마와라!
  Es ist *Gott sei Dank* nichts geschehen. 고맙게도 아무 일도 일어나지 않았다.
  Gott sei Dank! 아유 고마와라!

dankbar [dáŋkbaːr] 形 〈jm.에게 für et.에 대하여〉 감사하고 있는 (↔undankbar)
Ich bin Ihnen *dankbar für* Ihre Hilfe.
(=Ich danke Ihnen für Ihre Hilfe.) 나는 당신에게 당신의 도움에 대하여 감사드립니다.
Da*für* mußt du ihm *dankbar* sein. 그것에 대하여 너는 그에게 감사해야 한다.

danken [dáŋkən] 自 〈jm.에게 für et.에 대하여〉 감사하다
Ich *danke* Ihnen *für* das Geschenk. 나는 당신에게 선물에 대하여 감사드립니다.
Da*für danke* ich Ihnen herzlich. 그것에 대하여 나는 당신에게 진심으로 감사드립니다.
Danke schön!
(=Vielen Dank!) 대단히 감사합니다!
Nein, *danke*! 아니오, 괜찮습니다!

dann [dan] 副 ① 그때 (da) ② 그 다음에 ③ 그러면
Dann (Da) lachte er plötzlich laut. 그때 그는 갑자기 큰 소리로 웃었다.
Erst (Zuerst) mußt du arbeiten, *dann* spielen. 너는 먼저 일을 하고, 그 다음에 놀아야 한다.
Arbeite noch fleißiger, *dann* wirst du guten Erfolg haben. 더욱 열심히 공부해라, 그러면 너는 성공할 것이다.
Wenn du nicht kommen kannst, *dann* ruf[e] mich an! 네가 올 수 없으면 나에게 전화를 걸어다오!
- *dann* und wann (=ab und zu) : 때때로, 이따금
  Er besucht mich *dann und wann*. 그는 때때로 나를 방문

한다.
Er schreibt mir *dann und wann.* 그는 이따금 나에게 편지를 쓴다.

darauf [daráuf, dá:rauf] 副 ① 그 위에(로) ② 그후 (danach)
Im Zimmer steht ein Tisch. *Darauf* liegen verschiedene Zeitschriften. 방 안에 책상이 하나 있다. 그 위에는 여러 가지 잡지가 놓여 있다.
Sie legte eine hübsche Decke *darauf*. 그녀는 그 위에 예쁜 덮개를 깔았다.
Gleich (Bald) *darauf* starb er. 그 후 곧 그는 죽었다.
Das Jahr⁴ *darauf* fuhr er nach Amerika. 그 다음(그 이듬)해에 그는 미국으로 갔다.

darin [darín, dá:rɪn] 副 ① 그 속에 ② 그 점에 있어서
Es ist nichts *darin*. 그 속에는 아무것도 없다.
Ich öffnete das Paket. *Darin* fand ich ein schönes Geschenk. 나는 소포를 풀어보았다. 그 속에는 아름다운 선물이 들어 있었다.
Darin hast du recht. 그 점에 있어서는 네가 옳다.
Darin irrst du dich. 그 점에 있어서는 네가 잘못 생각하고 있다.

darum [darúm, dá:rum] 1. 副 그 주위에 2. 接《부사》 그 때문에 (deshalb, deswegen, daher)
Die Häuser *darum* sind alle schön. 그 주위의 집들은 모두 아름답다.
Er ist krank, *darum* kann er nicht kommen. 그는 아프다. 그래서 그는 올 수 없다.

das [das] 冠代《정관사・지시대명사・관계대명사의 중성형》〈지시대명사일 경우〉이것, 저것, 그것
Das Kind weint. 어린아이가 운다.
Was ist *das*? — *Das* ist ein Füller (eine Feder, ein Buch). 이것은 무엇이냐? — 그것은 만년필(펜, 책)이다.
Hast du *das* schon gehört? 너는 그것을 이미 들었니?
Das Mädchen, *das* da steht, ist meine Schwester. 저기 서 있는 소녀는 내 누이다.

daß [das] 接《종속》① …인(…하는) 것 ②《형용사적 부가어文에서》…라는(…하다는) ③ …하기 위하여 (damit)
Es ist klar, *daß* er recht hat. 그가 옳다는 것은 명백하다.
Es freut mich sehr, *daß* er kommt.
(=Ich freue mich sehr, *daß* er kommt.) 나는 그가 온다는 것이 매우 기쁘다.

Ich weiß, *daß* es wahr ist. 나는 그것이 진실이란 것을 알고 있다.

Ich glaube nicht, *daß* es regnen wird. 나는 비가 오리라고는 생각지 않는다.

Ich habe den Glauben, *daß* es wahr ist. 나는 그것이 진실이라는 신념을 가지고 있다.

Ich habe den Gedanken, *daß* du recht hast. 나는 네가 옳다는 생각을 가지고 있다.

Sei still, *daß* ich einschlafen kann! 내가 잠들 수 있도록 조용히 해다오!

● so …, *daß* … : …하므로 …하다

Es ist *so* dunkel, *daß* man nicht mehr lesen kann. 날이 어두워서 이젠 글을 읽을 수가 없다.

Es war schon spät, *so daß* wir uns⁴ beeilen mußten. 시간이 벌써 늦어서 우리는 서둘러야만 했다.

das Datum [dá:tum] -s/..ten 날짜

Welches *Datum* haben wir heute?
(=Den wievielten haben wir heute?) 오늘은 며칠이니?

Der Brief trägt das *Datum* vom 10. März 1985. 그 편지에는 1985년 3월 10일의 날짜가 적혀 있다.

Der Brief ist ohne *Datum*. 그 편지에는 날짜가 없다.

dauern [dáuərn] 自 계속되다

Der Vortrag *dauerte* zwei Stunden⁴. 강연은 2시간 계속되었다.

Eine Unterrichtsstunde *dauert* 50 Minuten⁴. 한 시간 수업은 50분이다.

Wie lange *dauert* die Fahrt von Seoul bis Pusan? 서울에서 부산까지 차를 타고 가면 얼마나 걸립니까?

Es *dauerte* lange, bis er kam. 그가 오기까지 오래 걸렸다.

Es *dauerte* nicht lange, so kam er. 얼마 안 되어 그가 왔다.

davon [dafón, dá:fɔn] 副 ① 그것에 관하여 (darüber) ② 그것으로부터

Davon weiß ich nichts. 그것에 관해서는 나는 아무것도 모른다.

Laß die Hände (die Finger) *davon*! 그것에서 손을 떼라(손대지 마라)!

dazu [datsú:, dá:tsu:] 副 ① 거기까지 ② 그것을 위하여 ③ 게다가

Ich bin noch nicht *dazu* gekommen. 나는 아직 거기까지는 이르지 못했다.

Dazu habe ich keine Zeit (kein Geld). 나는 그렇게 할 시

간(돈)이 없다.

Er ist arm und noch krank *dazu*. 그는 가난한데다 몸까지 아프다.

die Decke [dέkə] -/-n ① 덮개 ② 천정(天井)

eine wollene *Decke* (=eine Wolldecke) 모포, 담요

Sie legte eine *Decke* auf den Tisch. 그녀는 식탁에 식탁보를 깔았다.

Die Lampe hängt an der *Decke*. 등이 천정에 달려 있다.

Das Zimmer hat eine sehr niedrige *Decke*.
(=Die *Decke* des Zimmers ist sehr niedrig.) 그 방의 천정은 매우 낮다.

decken [dέkən] 他 덮다

Der Schnee *deckte* die Erde. 눈이 대지를 덮었다.

Das Dach ist mit Stroh *gedeckt*. 지붕이 짚으로 덮여 있다.

- den Tisch *decken* : 식탁에 식탁보를 깔다 ; 식사준비를 하다

Sie *deckte* den Tisch.
(=Sie legte eine Decke auf den Tisch.) 그녀는 식탁에 식탁보를 깔았다.

Decken Sie *den Tisch* bitte für 10 Personen! 10인분의 식사 준비를 해 주십시오!

dehnen [dé:nən] 1. 他 늘이다, 넓히다 2. 再 《sich⁴》 늘어나다, 넓어지다

Du darfst das Gummiband nicht zu sehr *dehnen*. 너는 고무줄을 너무 잡아당겨서는 안 된다.

Das Gummiband *dehnt sich*. 고무줄은 늘어난다.

Der Weg *dehnt sich* [in die Länge]. 길이 길게 뻗어 있다.

dein, deine, dein [daın, dáınə, daın] 代 《소유》 〈단수는 부정관사형, 복수는 정관사형의 어미 변화〉 너의

Ist das *dein* Bleistift (*deine* Feder, *dein* Buch)? 이것은 너의 연필(펜, 책)이니?

Wo hast du *deinen* Wagen (*dein* Auto) geparkt? 너는 차(車)를 어디에 주차시켰니?

Das ist nicht mein Buch, sondern *deines* (*dein* Buch). 이것은 나의 책이 아니고 너의 책이다.

- das *Dein[ig]e* (중성) : 너의 의무·재산

Du mußt *das Deine* (*deine* Pflicht) tun. 너는 너의 의무를 다 해야 한다.

- die *Dein[ig]en* (복수) : 너의 가족·부하

Grüße *die Deinen* (*deine* Familie) von mir! 너의 가족에게 내 안부를 전해다오!

die **Demokratie** [demokratí:] -/-n 민주주의
  In einer *Demokratie* hat jeder das Recht, seine Meinung frei zu äußern. 민주주의에서는 누구나 자기의 의견을 자유로이 발표할 권리가 있다.

denken [déŋkən] dachte, gedacht 自他 생각하다
- an jn. *denken* : (누구)를 생각하다
  An wen (Wor*an*) *denken* Sie jetzt? 당신은 지금 누구를 (무엇을) 생각하십니까?
  Sie *denkt* nur *an* sich selbst. 그녀는 자기 자신만을 생각한다.
  Er *denkt* jetzt *an* seine Heimat. 그는 지금 자기 고향을 생각한다.
- über et.⁴ *denken* : (무엇)에 대하여 어떤 의견을 가지다
  Wie *denken* Sie dar*über*? 당신은 그것에 대하여 어떻게 생각하십니까?
  Wie *denkst* du *über* seinen Vorschlag? 너는 그의 제안에 대하여 어떻게 생각하니?

Ich *denke*, also bin ich. 《Descartes》 나는 생각한다. 그러므로 나는 존재한다.

Erst *denken*, dann handeln! 《Sprw》 먼저 생각하고, 다음에 행동하라!

Wer hätte das *gedacht*? 누가 그것을 생각했겠니?

Ich habe nicht *gedacht*, daß du so spät kommen würdest. 나는 네가 그렇게 늦게 오리라고는 생각지 않았다.

das **Denkmal** [déŋkma:l] -[e]s/⁻er 기념비
  Auf dem Marktplatz der Stadt steht das *Denkmal* Schillers. 도시의 광장에 쉴러의 기념비가 서 있다.
  Am Geburtstag des Dichters wird das *Denkmal* mit Blumen geschmückt. 그 시인의 탄생일에는 기념비가 꽃으로 장식된다.

denn [dɛn] 1. 接 《병렬》 왜냐하면 (weil, da) 2. 副 《의문문에서》 도대체, 대관절
  Sie kam nicht, *denn* sie war krank.
  (=Sie kam nicht, weil (da) sie krank war.) 그녀는 오지 않았다. 왜냐하면 아팠기 때문이다.
  Sie kommt sicher, *denn* sie hat es mir versprochen. 그녀는 틀림없이 온다. 왜냐하면 그녀는 그것을 나에게 약속했기 때문이다.
  Wo ist er *denn*? 그는 도대체 어디에 있니?
  Was ist *denn* los? 도대체 무슨 일이니?

dennoch [dénɔx] 副接 《부사》 그럼에도 불구하고 (trotzdem)
Er war faul, *dennoch* bestand er die Prüfung. 그는 게을렀다. 그럼에도 불구하고 그는 시험에 합격했다.
Er hat sie gehaßt, und *dennoch* liebt sie ihn noch. 그는 그녀를 미워했다. 그럼에도 불구하고 그녀는 아직 그를 사랑하고 있다.

der, die, das 1. [der, di, das] 冠 《정관사》 2. [deːr, diː, das] 代 ① 《지시》 이, 저, 그 [人·物] ② 《관계》 …하는 [人·物]
Das ist *die* Brille *des* Vaters (*der* Mutter). 이것은 아버지(어머니)의 안경이다.
Sie fährt mit *dem* Bus aufs Land (in *die* Stadt). 그녀는 버스를 타고 시골(도시)로 간다.
Kennst du *den* Mann dort? — Ja, *den* kenne ich. 너는 저기 저 사람을 아니? — 그래, 저 사람을 나는 알고 있다.
Das ist nicht mein Buch, sondern *das* (dasjenige) meines Freundes. 그것은 나의 책이 아니고 내 친구의 책이다.
Der Mann, *den* du gestern sahst, ist mein Vater. 네가 어제 본 그 사람이 나의 아버지다.
Kennst du *den* Mann, *der* dort steht? 저기 서 있는 저 사람을 너는 아니?

derjenige, diejenige, dasjenige [déːrje:nɪɡə, díːje:nɪɡə, dásje:nɪɡə] 代 《지시》 〈der 는 정관사형 변화, -jenige 는 형용사의 약변화〉 그 [人·物]
Derjenige [Mann], der reich ist, ist nicht immer glücklich. 돈 많은 사람이 반드시 행복한 것은 아니다.
Er ist *derjenige* [Mann], den ich gestern sah. 그는 내가 어제 본 그 사람이다.
mein Hut und *derjenige* (der) meines Vaters 나의 모자와 나의 아버지의 모자
meine Uhr und *diejenige* (die) meiner Mutter 나의 시계와 나의 어머니의 시계
mein Buch und *dasjenige* (das) auf dem Tisch 나의 책과 책상 위의 책

derselbe, dieselbe, dasselbe [deːrzélbə, diːzélbə, dasz̧élbə] 代 《지시》 〈der 는 정관사형 변화, -selbe 는 형용사의 약변화〉 같은 [人·物]
Wir sind an *demselben* Tag geboren. 우리는 같은 날 태어났다.
Wir sind aus *derselben* Stadt. 우리는 같은 도시 출신이다.
Er bleibt immer noch *derselbe*. 그는 여전히 변함이 없다.

Er sagt immer *dasselbe*. 그는 언제나 똑같은 말을 한다.

deshalb [déshálp] 副接 《부사》 그때문에 (daher, darum, deswegen)
Deshalb habe ich das getan. 그때문에 나는 그것을 했다.
Er war krank, *deshalb* konnte er nicht kommen. 그는 아팠다. 그래서 그는 올 수 없었다.

desto [désto] 副 〈je+비교급..., desto+비교급... 의 형으로〉 ...하면 할수록 더욱 더 ...하다
Je mehr man hat, *desto* (umso) mehr will man haben. 사람은 가지면 가질수록 더 많이 가지려고 한다.
Je schneller er kommt, *desto* besser ist es. 그는 오는 것이 빠르면 빠를수록 좋다.
Je mehr, *desto* besser. 많으면 많을수록 좋다.

deswegen [désve:gən] 副接 《부사》 그때문에 (daher, darum, deshalb)
Ich habe es *deswegen* getan, weil es sonst niemand tut. 평소에 아무도 그것을 하는 사람이 없기 때문에 내가 그것을 했다.
Sie ist krank, *deswegen* kommt sie nicht. 그녀는 아프다. 그래서 그녀는 오지 못한다.

deuten [dɔ́ytən] 1. 自 〈auf et.⁴을〉 가리키다 2. 他 해석·설명하다 (erklären)
Sie *deutete auf* ein rotes Kleid im Schaufenster und fragte, was es koste. 그녀는 진열창 안의 빨간색 옷을 가리키며 값이 얼마인지 물었다.
Er *deutete* mit dem Finger *auf* mich. 그는 손가락으로 나를 가리켰다.
Wie *deuten* Sie das? 당신은 그것을 어떻게 해석하십니까?
Ich weiß nicht, wie ich sein Verhalten *deuten* soll. 나는 그의 태도를 어떻게 해석해야 할지 모르겠다.

deutlich [dɔ́ytlıç] 形 분명한, 명백한 (↔undeutlich)
Schreiben Sie bitte *deutlich*! 분명하게 쓰십시오!
Ich erinnere mich daran *deutlich*. 나는 그것을 똑똑히 기억하고 있다.

deutsch [dɔytʃ] 形 독일〔人·語〕의
die *deutsche* Sprache (=das *Deutsche*) 독일어
das *deutsche* Volk (=die *deutsche* Nation) 독일 국민
die Geschichte der *deutschen* Literatur 독일 문학사
● auf *deutsch* (=im *Deutschen*): 독일어로
Sagen Sie das *auf deutsch*! 그것을 독일어로 말하시오!

Wie heißt das *auf deutsch*? 그것은 독일어로 뭐라고 합니까?

der (die) **Deutsche** [dɔ́ytʃə] 《形 변화》 독일인

Sie hat einen *Deutschen* geheiratet. 그녀는 독일인과 결혼했다.

Ich habe die *Deutschen* gern. 나는 독일인들을 좋아한다.

das **Deutsche** [dɔ́ytʃə] 《形 변화》 독일어 (die deutsche Sprache)

Die Aussprache des *Deutschen* ist ganz leicht. 독일어 발음은 아주 쉽다.

- ins *Deutsche* übersetzen : 독일어로 번역하다

    Er *übersetzte* mehrere koreanische Romane *ins Deutsche*. 그는 여러 편의 한국 소설을 독일어로 번역했다.

    Der Text wurde aus dem Koreanischen *ins Deutsche* übersetzt. 그 원문은 한국어에서 독일어로 번역되었다.

(das) **Deutsch** [dɔytʃ] -[s]/ 독일어 (die deutsche Sprache)

Wir lernen *Deutsch*. 우리는 독일어를 배운다.

Sprechen Sie *Deutsch*? 당신은 독일말을 하십니까?

Er spricht gut[es] *Deutsch*. 그는 독일말을 잘 한다.

Mein *Deutsch* ist schlecht. 나는 독일어를 잘 하지 못한다.

Sie spricht kein Wort *Deutsch*. 그녀는 독일말을 한 마디도 못한다.

(das) **Deutschland** [dɔ́ytʃlant] -s/ 독일

Deutschland liegt in der Mitte Europas. 독일은 유럽의 중앙에 있다.

Er studiert in *Deutschland*. 그는 독일에서 공부하고 있다.

Ich fahre nächste Woche⁴ nach *Deutschland*. 나는 내주에 독일로 간다.

Ich bin noch nie in *Deutschland* gewesen. 나는 아직 한번도 독일에 가 본 적이 없다.

das geteilte *Deutschland* 분단된 독일

die Bundesrepublik *Deutschland* (BRD) 독일 연방 공화국 (서독)

die Deutsche Demokratische Republik (DDR) 독일 민주 공화국(동독)

der **Dezember** [detsémbər] -[s]/ **12월**

Heute ist der 31. (einunddreißigste) *Dezember*. 오늘은 12월 31일이다.

Am 25. (fünfundzwanzigsten) *Dezember* feiern wir Weihnachten. 12월 25일에 우리는 성탄절을 축하한다.

am 1. (ersten) *Dezember* 12월 1일에
im [Monat] *Dezember* 12월에
● Anfang (Mitte, Ende) *Dezember* : 12월 초순(중순, 하순)에
Anfang Dezember beginnen die Ferien. 12월 초에 방학이 시작된다.

dicht [dıçt] 1. 形 ① 밀집한, 조밀한 ② 짙은 (dick) 2. 副 밀접(접근)하여
dichter Wald 울창한 숲, 밀림
dichte Bevölkerung 조밀한 인구
dichter (dicker) Nebel 짙은 안개
dicht am See 바로 호숫가에
dicht neben (hinter) mir 바로 내 옆(뒤)에
dicht vor seinem Tod 그가 죽기 직전에
dicht nach seiner Rückkehr 그가 돌아온 직후에

dichten [díçtən] 他自 (문학 작품·시 따위를) 쓰다, 짓다
● ein Gedicht (einen Roman, ein Drama) *dichten* : 시(소설, 희곡)를 쓰다
Er *dichtet* (schreibt) Gedichte. 그는 시(詩)를 쓴다.
Wer hat diesen *Roman gedichtet*? 이 소설은 누가 썼니?
Er hat ein Lied *gedichtet*. 그는 노래 한 곡을 지었다.

der **Dichter** [díçtər] -s/- 시인, 작가
Goethe ist ein berühmter deutscher *Dichter*. 괴테는 유명한 독일의 시인이다.
Franz Kafka ist der *Dichter* des Romans „Das Schloß".
프란츠 카프카는 소설 '城'의 작가이다.
Haben Sie diesen *Dichter* gelesen? 당신은 이 작가의 작품을 읽어 보셨읍니까?

die **Dichtung** [díçtuŋ] -/-en ① 시작(詩作), 창작 ② 문학 (die Literatur)
Dichtung und Wahrheit 《Goethe》 시(詩)와 진실
Goethes „Faust" ist wohl das berühmteste Werk deutscher *Dichtung*. 괴테의 '파우스트'는 아마 독일 문학에서 가장 유명한 작품일 것이다.
die deutsche *Dichtung* (Literatur) 독일 문학
die *Dichtung* des Mittelalters 중세의 문학

dick [dık] 形 ① 두꺼운 ; 굵은 ; 뚱뚱한 (↔dünn) ② 〈단위를 나타낼 때는 4격 지배〉 두께가 …인 ③ 짙은 (dicht)
ein *dickes* Buch 두꺼운 책
Er geht am *dicken* Stock. 그는 굵은 지팡이를 짚고 간다.
Er ist sehr *dick*. 그는 매우 뚱뚱하다.

Die Wand ist einen Fuß (ein Meter[4]) *dick*. 이 벽은 두께가 1피이트(1미터)이다.

Blut ist *dicker* als Wasser. 《Sprw》 피는 물보다 진하다.

der Dieb [di:p] -[e]s/-e 도둑

Ein *Dieb* wollte etwas stehlen. 도둑이 뭔가를 훔치려고 했다.

Die Polizei fing den *Dieb*. 경찰이 도둑을 잡았다.

„Haltet den *Dieb*!" rief eine Frau. "도둑놈 잡아라!" 하고 어떤 부인이 소리쳤다.

dienen [díːnən] 自 〈jm.에게〉 시중들다, 봉사하다

Er hat seinem Herrn treu *gedient*. 그는 자기 주인을 성실히 모셨다.

Womit kann ich Ihnen *dienen*? 무슨 용건이십니까? 무엇이 필요하십니까? (상점에서)

Er *dient* bei (in) der Armee. 그는 군(軍)에 복무하고 있다.

● zu et (als et.) *dienen* : (무엇)에 소용되다, (무엇)으로 쓰이다

Wozu *dient* das? 이것은 무엇에 소용되니?

Das *dient zu* nichts. 이것은 아무것에도 소용되지 않는다.

Das Schloß *dient* heute *als* Museum. 그 성(城)은 오늘날에는 박물관으로 이용되고 있다.

der Diener [díːnər] -s/- 하인

Der *Diener* muß seinem Herrn dienen. 하인은 자기 주인을 잘 모셔야 한다.

der Dienst [diːnst] -es/-e ① 근무 ② 봉사

Der Polizist trägt seine Uniform nur im *Dienst*. 경찰관은 근무중에만 제복을 착용한다.

● *Dienst* haben : 근무중이다

Er *hat* jetzt *Dienst*.

(=Er ist jetzt im *Dienst*.) 그는 지금 근무중이다.

Der *Dienst* am Kunden ist der oberste Grundsatz unserer Firma. 고객에 대한 서어비스가 우리 회사의 최고의 방침이다.

● jm. einen *Dienst* tun (leisten) : (누구)를 위하여 애쓰다

Er *tat* (*leistete*) mir *einen Dienst*. 그는 나를 위해 애썼다.

der Dienstag [díːnstaːk] -[e]s/-e 화요일

Heute ist *Dienstag*. 오늘은 화요일이다.

Gestern war *Dienstag*, der 5. (fünfte) Mai. 어제는 5월 5일, 화요일이었다.

am *Dienstag* 화요일에

[am] nächsten (vorigen) *Dienstag* 다음(지난) 화요일에
Dienstag morgen[s] (abend[s]) 화요일 아침(저녁)에
dieser, diese, dieses [díːzər, díːzə, díːzəs] 代 《지시》 《정관사형의 어미 변화》 ① 《형용사적》 이 ② 《명사적》 이 [人・物]; 후자(後者) (↔jener)
Dieser Hut (*Diese* Uhr, *Dieses* Kleid) gefällt mir. 이 모자 (시계, 옷)는 내 마음에 든다.
Jener Mann ist größer als *dieser*. 저 사람은 이 사람보다 키가 크다.
Dies[es] sind meine Eltern. 이 분들은 나의 부모님이다.
Ich habe mich mit ihm über *dies*[es] und jenes unterhalten. 나는 그와 이것 저것에 관해서 이야기를 나누었다.
Die Mutter rief den Sohn und die Tochter; *diese* kam sogleich, aber jener (kam) nicht. 어머니가 아들과 딸을 불렀다; 후자는 곧 왔으나, 전자는 오지 않았다.
diesmal [díːsmaːl] 副 이번에
Diesmal hast du nicht recht. 이번에는 네가 옳지 않다.
diesseits [díːszaɪts] 前 《2격》 ~이쪽에 (↔jenseits)
Das Dorf liegt *diesseits* des Flusses (des Stromes). 그 마을은 강 이쪽에 있다.
diktieren [dɪktíːrən] diktierte, diktiert 他 〈jm.에게 et.⁴을〉 받아쓰게 하다
Er *diktierte* seiner Sekretärin einen Brief. 그는 여비서에게 편지를 받아쓰게 했다.
das **Ding** [dɪŋ] -[e]s/-e 물건; 일 (die Sache)
Was für ein *Ding* ist das?
(=Was ist das für ein *Ding*?) 그것은 어떤 물건이니?
In diesem Geschäft gibt es viele gute *Dinge*⁴. 이 상점에는 좋은 물건들이 많다.
Er hat andere *Dinge* im Kopf. 그는 다른 일들을 생각하고 있다.
Das ist ein dummes *Ding*. 그것은 어리석은 일이다.
• vor allen *Dingen* (=vor allem): 무엇보다도
Achte *vor allen Dingen* auf deine Gesundheit! 무엇보다도 너의 건강에 주의해라!
der **Diplomat** [dɪploˈmáːt] -en/-en 외교관
Die *Diplomaten* aus allen Ländern erschienen zum Empfang. 모든 나라의 외교관들이 리셉션에 참석했다.
Der Präsident empfing die ausländischen *Diplomaten*. 대통령은 외국의 외교관들을 맞이했다.

direkt [dIrékt] 形 직접의 (unmittelbar) (↔indirekt)
Ich habe es ihm *direkt* gesagt. 나는 그것을 그에게 직접 말했다.
Dieser Weg führt *direkt* ins Dorf. 이 길은 마을로 직접 통한다.
Sie stand *direkt* (dicnt) vor mir. 그녀는 바로 내 앞에 서 있었다.
Das Hotel liegt *direkt* am Bahnhof. 그 호텔은 바로 역(驛) 옆에 있다.
Sie ging vom Büro *direkt* nach Hause. 그녀는 사무실에서 곧바로 집으로 갔다.
Er kam *direkt* zu mir.
(=Er kam *direkt* auf mich zu.) 그는 곧바로 내게 왔다.

der **Direktor** [dIréktɔr] -s/-en [..tó:rən] (조직·기업 따위의) 장(長)
Er ist *Direktor* des staatlichen Museums. 그는 국립 박물관(미술관)의 관장이다.
Der *Direktor* unserer Schule ist sehr streng. 우리 학교의 교장 선생님은 매우 엄격하다.

die **Diskussion** [dıskusíó:n] -/-en 토론
Nach dem Vortrag findet eine *Diskussion* statt. 강연 후에 토론회가 열린다.

diskutieren [dıskutí:rən] diskutierte, diskutiert 自 〈über et.⁴에 대하여〉 토론하다
Sechs Stunden lang *diskutierten* wir über dieses Problem. 6시간 동안 우리는 이 문제에 대하여 토론했다.

DM (Deutsche Mark 의 略字) 마르크 (독일의 화폐 단위)
Eine Mark hat hundert Pfennig. 1 마르크는 100 페니히다.
Das Buch kostet 2 Mark 50 (2,50 *DM*; *DM* 2,50). 그 책값은 2 마르크 50 페니히다.

doch [dɔx] 1. 接 《부사·병렬》 그러나 (aber, allein, jedoch) 2. 副 ①《문두에 두지 않음》 그래도 ②〈부정 의문에 대한 긍정의 대답에〉 그렇지 않아요 ③〈명령문·원망문을 강조〉
Er ist sehr reich, *doch* ist er (er ist) nicht glücklich. 그는 매우 부자지만 행복하지 못하다.
Er ist arm, *doch* glücklich. 그는 가난하지만 행복하다.
Ich habe es ihm verboten, und er hat es *doch* getan. 나는 그에게 그것을 금했지만 그는 그것을 했다.
Wollen Sie schon nach Hause gehen? Es ist *doch* noch nicht spät. 당신은 벌써 집에 가시려고 합니까? 아직 늦

지도 않았는데요.
Kennen Sie mich nicht? — *Doch*, ich kenne Sie gut. 당신은 저를 모르시겠읍니까? — 그렇지 않아요, 나는 당신을 잘 압니다.
Hast du kein Geld? — *Doch*, ich habe viel Geld. 너는 돈이 없니? — 아니오, 나는 돈이 많이 있어요.
Laß mich *doch* in Ruhe! 나를 좀 조용히 있게 해 다오!
Käme er *doch*!
(=Wenn er *doch* käme!) 그가 오면 좋으련만!

der Doktor [dɔ́ktɔr] -s/-en [..tóːrən] (略字: Dr.) ① 독토르 (박사에 상당하는 학위) ② 의사 (der Arzt)
Doktor der Philosophie (略: *Dr*. phil.) 철학박사
Doktor der Medizin (略: *Dr*. med.) 의학박사
Er ist *Dr*. phil. 그는 철학박사이다.
Er wurde *Doktor*. 그는 박사가 되었다.
Herr (Frau, Fräulein) *Doktor*! 박사님!
● den *Doktor* machen : 독토르 학위를 받다
Wann haben Sie Ihren *Doktor gemacht*? 당신은 언제 독토르 학위를 받았읍니까?
Ich habe meinen *Doktor* in Köln *gemacht*. 나는 쾰른에서 독토르 학위를 받았다.
● den *Doktor* holen lassen : 의사를 부르러 사람을 보내다
Er ließ *den Doktor* holen (rufen). 그는 의사를 불러오게 했다.

der Dom [doːm] -[e]s/-e 대성당 (das Münster)
Der Kölner *Dom* ist eine berühmte gotische Kirche. 쾰른 대성당은 유명한 고딕 양식의 교회이다.

der Donner [dɔ́nər] -s/- 천둥
Der *Donner* rollt (grollt).
(=Es donnert.) 천둥이 친다(우르르 울린다).
● wie vom *Donner* gerührt (getroffen) : 벼락맞은 것처럼
Wie vom *Donner* (Blitz) *gerührt*, sank er zu Boden. 벼락 맞은 것처럼 그는 땅에 쓰러졌다.
Zum *Donner*wetter! 제기랄!

donnern [dɔ́nərn] 1. 非 천둥치다 2. 自 우뢰같은 소리를 내다
Es *donnert*. 천둥이 친다.
Eben hat es geblitzt und *gedonnert*. 방금 번갯불이 번쩍이고 천둥이 쳤다.
Der Zug *donnert* über die Brücke.
(=Der Zug fährt donnernd über die Brücke.) 기차가 우뢰

같은 소리를 내면서 다리(철교)를 지나가다.

der Donnerstag [dɔ́nərstaːk] -[e]s/-e **목요일**
Heute ist *Donnerstag*. 오늘은 목요일이다.
Donnerstag morgen (abend) reiste er ab. 목요일 아침(저녁)에 그는 떠났다.
am *Donnerstag* 목요일에
[am] nächsten (vorigen) *Donnerstag* 다음(지난) 목요일에

doppelt [dɔ́pəlt] 形 **두 배의, 이중의**
Jetzt hat er den *doppelten* Lohn. 지금 그는 두 배의 보수를 받고 있다.
Dieses Buch besitzt er *doppelt*. 이 책을 그는 두 권 가지고 있다.
- *doppelt* so+원급+wie … : …의 두 배의
Er ist *doppelt* so alt *wie* ich. 그는 나이가 나의 두 배다.
Dies ist *doppelt* so groß *wie* jenes. 이것은 크기가 저것의 두 배다.

das Dorf [dɔrf] -[e]s/⁼er **마을, 촌(村)**
Er wohnt auf (in) einem kleinen Dorf. 그는 한 작은 마을에 살고 있다.
Er ist auf dem *Dorf* aufgewachsen. 그는 농촌에서 자랐다.
Er kam aus dem *Dorf* in die Stadt. 그는 농촌에서 도시로 왔다.
Das ganze *Dorf* versammelte sich⁴. 온 마을 사람들이 다 모였다.

dort [dɔrt] 副 **거기(저기)에 (da) (↔hier)**
Er wohnt jetzt *dort*. 그는 지금 그곳에 살고 있다.
Ich habe einmal *dort* gewohnt. 나는 일찌기 그곳에 살았다.
Wer ist *dort* (da)? 거기 누가 왔니?
Das Buch liegt *dort* auf dem Tisch. 그 책은 저기 책상 위에 있다.
- von *dort* aus (=von *dort* [her]) : 그곳에서부터
Von dort aus ist es nicht mehr so weit. 거기에서는 그렇게 멀지 않다.
- hier und *dort* (da) : 여기저기에
Hier und dort stehen Menschen. 여기저기에 사람들이 서 있다.

dorther [dɔ́rtheːr, dɔrtheːr] 副 **그곳에서부터 (↔dorthin)**
- (von) *dorther* (=von dort aus) : 그곳에서부터
Ich komme gerade *von dorther*. 나는 그곳에서 바로 오는 길이다.

dorthin [dɔ́rthín, dɔrthín] 副 그곳으로 (↔dorther)
Ich gehe jetzt *dorthin*. 나는 지금 그곳으로 간다.
Ist der Weg *dorthin* weit? 그곳으로 가는 길은 멉니까?
Können Sie mir bitte sagen, wie ich *dorthin* komme? 그곳으로 가려면 어떻게 해야 하는지 저에게 말씀해 주실 수 있겠읍니까?
• bis *dorthin* (hierher) : 그곳(이곳)까지
 Bis dorthin bin ich mit dem Bus gefahren. 그곳까지 나는 버스를 타고 갔다.

das **Drama** [drá:ma] -s/..men 희곡 : 연극
Shakespeare schrieb viele *Dramen*. 세익스피어는 많은 희곡을 썼다.
Ich sah mir das *Drama* an. 나는 그 연극을 관람했다.

der **Drang** [draŋ] -[e]s/ ① 압박, 절박 ② 충동
• im *Drang* der Arbeit (der Geschäfte) : 일에 쫓겨서
 Sie vergaß es *im Drang der Arbeit*. 그녀는 일에 쫓겨서 그것을 잊어버렸다.
• im *Drang* der Umstände : 사정이 절박하여
 Ich verkaufte es *im Drang der Umstände*. 나는 사정이 절박하여 그것을 팔았다.
Ich fühlte einen *Drang* in mir. 나는 마음 속에 어떤 충동을 느꼈다.
Sturm und *Drang* 질풍노도 (18세기 독일 문학사의 한 시대)

draußen [dráusən] 副 밖에(서) (↔drinnen)
Er ist *draußen*. 그는 밖에 있다.
Die Kinder spielen *draußen*. 아이들은 밖에서 놀고 있다.
Draußen ist es sehr kalt. 밖은 매우 춥다.
Sie ist weder drinnen noch *draußen*. 그녀는 안에도 밖에도 없다.
• von *draußen* hereinkommen : 밖에서 안으로 들어오다
 Sie *kam von draußen herein*. 그녀는 밖에서 안으로 들어왔다.

drehen [dré:ən] 1. 他 돌리다 2. 再 《sich⁴》 돌다
Sie *drehte* den Hals (den Kopf) nach rechts. 그녀는 목(머리)을 오른쪽으로 돌렸다.
Bitte *drehen* Sie den Schalter nach links! 스위치를 왼쪽으로 돌리십시오!
Sie *drehte* (wandte) mir den Rücken. 그녀는 나에게 등을 돌렸다.
Das Rad *dreht sich*. 차 바퀴가 돈다.

● sich⁴ um et. *drehen* : (무엇)의 주위를 돌다
　Die Erde *dreht sich um* die Sonne. 지구는 태양 주위를 돈다.

drei [draɪ] 數 3
　Es ist *drei* [Uhr]. 3시다.
　Es schlägt *drei*. 3시를 친다.
　Es ist halb *drei*. 2시 반이다.
　Drei und *drei* ist sechs. 3+3=6
● alle *drei* Tage⁴ (=jeden dritten Tag) : 3일마다
　Sie geht *alle drei Tage* zum Markt. 그녀는 3일마다 시장(市場)에 간다.

dreizehn [dráɪtseːn] 數 13

dreißig [dráɪsɪç] 數 30

dringen [drínən] drang, gedrungen 自 《s》 돌입하다, 뚫고 들어가다
　Wasser *drang* in den Keller (in die Schuhe). 물이 지하실(구두) 안으로 스며들어 왔다.
　Die Sonne *dringt* durch die Wolken. 햇빛이 구름 사이로 새어 나온다.
● auf et.⁴ *dringen* : (무엇)을 고집하다, 재촉하다
　Er *drang* dar*auf*, daß ich mitkam. 그는 내가 동행하기를 고집했다.
　Er *drang auf* meine Abreise. 그는 나의 출발을 재촉했다.

dringend [drínənt] 形 긴급한, 절박한
　Die Sache ist *dringend* (eilig). 그 일은 급하다.
　Ich habe *dringende* Geschäfte (eine *dringende* Angelegenheit). 나는 급한 용무가 있다.
　Sie sandte ihm ein *dringendes* Telegramm. 그녀는 그에게 지급 전보를 보냈다.
● *dringend* bitten : 간청하다
　Ich *bat* ihn *dringend*. 나는 그에게 간청했다.

drinnen [drínən] 副 그 속에, 내부에 (darinnen) (↔draußen)
　Sie ist weder *drinnen* noch draußen. 그녀는 안에도 밖에도 없다.
　Draußen ist es heiß, aber *drinnen* im Haus ist es kühl. 밖은 덥지만 집 안은 서늘하다.

dritt [drɪt] 形 〈drei 의 서수〉 세째의, 제3의
　Heute ist der *dritte* April. 오늘은 4월 3일이다.
　Ich bin am 3. (*dritten*) April geboren. 나는 4월 3일에 태어났다.

Das Kind ist meine *dritte* Tochter. 그 아이는 나의 세째 딸이다.

am *dritten* dieses Monates 이달 3일에

jeden *dritten* Tag (=alle drei Tage⁴) 3일마다

zum *dritten* Mal (=zum drittenmal) 세 번째로

das *Dritte* Reich 제3 제국

ein *Dritter* 제삼자(第三者)

- *dritter* (erster) Klasse² fahren : 3등(1등) 차로 가다

  Wir *fahren dritter Klasse²*. 우리는 3등 차로 간다.

drohen [dró:ən] 自 〈jm.를〉 위협·협박하다

Er *drohte* mir mit der Faust (der Pistole). 그는 나를 주먹(권총)으로 위협했다.

Er *drohte* ihr mit dem Tode. 그는 그녀를 죽인다고 위협했다.

- *drohen* ... zu 부정법 : …할 것 같다, …할 우려가 있다

  Es *droht zu* regnen.

  (=Das Wetter (Der Himmel) *droht* mit Regen.) 금방 비가 올 것 같다.

drucken [drúkən] 他 인쇄하다

Das Buch wurde *gedruckt*. 그 책이 인쇄되었다.

Er lügt wie *gedruckt*. 그는 정말 그럴듯하게 거짓말을 한다.

das *Gedruckte* 인쇄물

drücken [drýkən] 他 自 누르다, 압박하다

- jm. die Hand *drücken* : (누구)의 손을 꽉 쥐다

  Er *drückte* mir *die Hand*. 그는 나의 손을 꽉 쥐었다.

- jn. an die Brust (an sich⁴) *drücken* : (누구)를 꽉 껴안다

  Sie *drückte* das Kind *an die Brust*. 그녀는 아이를 꽉 껴안았다.

- auf den Knopf *drücken* : 초인종의 단추를 누르다

  Er *drückte auf den Knopf*. 그는 초인종의 단추를 눌렀다.

Die Last *drückt* mir auf die Schulter. 짐이 내 어깨를 내리누른다.

du [du:] deiner, dir, dich 代 《인칭》 너는

Du bist mein Freund. 너는 나의 친구다.

Darf ich ‚*du*‘ sagen? 내가 '자네'라고 불러도 괜찮겠는가?

Statt *deiner* gehe ich. 너 대신에 내가 간다.

Wie gefällt es *dir* in Seoul? 서울이 네 마음에 드니?

Er liebt *dich* innig. 그는 너를 진정으로 사랑하고 있다.

der **Duft** [duft] -[e]s/⁼e 향기

süßer *Duft* der Blumen 달콤한 꽃 향기

dulden [dúldən] 他 참다, 견디다 (ertragen)
Ich kann es nicht *dulden*. 나는 그것을 참을 수 없다.
Mein Vater *duldet* nicht, daß ich abends so spät nach Hause komme. 나의 아버지는 내가 저녁 늦게 귀가하는 것을 용납하지 않는다.

dumm [dum] dümmer, dümmst 形 우둔한, 어리석은 (↔klug)
Er ist nicht so *dumm*, wie er aussieht. 그는 보기같이 그렇게 우둔하지는 않다.
Ich bin nicht so *dumm*, um dir zu glauben. 나는 너의 말을 믿을 만큼 그렇게 어리석지는 않다.

die **Dummheit** [dúmhaɪt] -/-en ① 《복수 없음》 우둔 (↔die Klugheit) ② 어리석은 일(짓)
Man sieht ihm die *Dummheit* an den Augen an. 그의 눈을 보면 그가 우둔하다는 것을 알 수 있다.
● *Dummheiten* machen : 어리석은 짓을 하다
  Mache keine *Dummheiten*! 어리석은 짓 좀 하지 마라!

der **Dummkopf** [dúmkɔpf] -[e]s/..köpfe 바보 (der Narr)
Du bist ein rechter (richtiger) *Dummkopf*! 너는 정말 바보로구나!

dunkel [dúŋkəl] ① 어두운 (↔hell) ② 거무스름한, 짙은 색의
in *dunkler* Nacht 어두운 밤에
Es wird *dunkel*. 어두워진다.
Sie trägt ein *dunkles* Kleid. 그녀는 거무스름한 옷을 입고 있다.

dünn [dyn] 形 얇은 ; 가느다란 ; 마른 (↔dick)
dünnes Papier 얇은 종이
ein *dünnes* Heft 얇은 공책
dünne Beine 가느다란 다리
ein *dünner* Ast 가느다란 가지
ein *dünner* Mensch 마른 사람

durch [durç] 1. 前 《4격》 ① ~을 통(과)하여 ② ~으로 인하여
2. 副 《4격 명사 뒤에서》 ~을 통하여
Wir gingen *durch* den Garten ins Haus. 우리는 정원을 통과하여 집 안으로 들어갔다.
Er ist *durch* das Examen gekommen.
(=Er hat das Examen⁴ bestanden.) 그는 시험에 통과했다.
Sie sah *durch* das Fenster auf die Straße. 그녀는 창문을 통하여 거리를 바라보았다.
Ich habe es *durch* den Rundfunk (das Radio) gehört. 나는 그것을 라디오를 통해 들었다.

Die Stadt wurde *durch* ein Erdbeben zerstört. 그 도시는 지진으로 인하여 파괴되었다.

Die ganze Nacht *durch* arbeitete er. 밤새도록 그는 일했다.

Den Winter *durch* war er krank. 겨울 내내 그는 아팠다.

durch die Post (=mit der Post) 우편으로

durch das ganze Leben [hindurch] 일생을 통하여

durch das ganze Jahr [hindurch] 1년 내내

- *durch* und *duch* : 철두철미, 완전히

  Wir glaubten ihm *durch und durch*. 우리는 그를 완전히 믿었다.

  Er ist *durch und durch* verdorben. 그는 완전히 망했다.

durchaus [durç-áus] 劚 전적으로 (ganz und gar)

Deine Ansicht ist *durchaus* richtig. 너의 견해는 전적으로 옳다.

Was du sagst, ist *durchaus* falsch. 네가 말하는 것은 전적으로 틀렸다.

Ich bin damit *durchaus* einverstanden. 나는 그것에 전적으로 동의한다.

durch|fallen [dúrçfalən] fiel durch, durchgefallen 圁 《s》 (시험에) 낙제하다 (↔bestehen)

- bei der Prüfung (beim Examen) *durchfallen* : 시험에 낙제하다

  Sie ist *bei der Prüfung durchgefallen*.

  (=Sie hat die Prüfung nicht bestanden.) 그녀는 시험에 낙제했다.

  Voraussichtlich werden 30 Prozent der Studenten *bei der Prüfung durchfallen*. 아마 학생들의 30%는 시험에 낙제할 것이다.

dürfen [dýrfən] durfte, gedurft ; ich darf, du darfst, er darf 勵 《화법》① (허가) …해도 좋다 ② (금지) 〈否定詞와〉 …해서는 안 되다

Du *darfst* gehen. 너는 가도 좋다.

Darf man hier rauchen? 여기에서 담배를 피워도 됩니까?

Hier *darf* man nicht rauchen. 여기에서는 담배를 피워서는 안 된다.

Das *darfst* du nicht tun. 그것을 너는 해서는 안 된다.

- *dürfen*+nur … 부정법 (=brauchen+nur … zu 부정법) : …하기만 하면 된다

  Du *darfst* es *nur* sagen.

  (=Du *brauchst* es *nur zu* sagen.) 너는 그 말을 하기만

하면 된다.

der **Durst** [durst] -es/ ① 갈증 ② 갈망
- *Durst* haben : 목이 마르다
  Ich *habe* großen *Durst*.
  (=Ich bin sehr durstig.) 나는 매우 목이 마르다.
- *Durst* löschen (stillen) : 갈증을 풀다
  Ich *löschte* meinen *Durst* mit Bier. 나는 맥주로 갈증을 풀었다.

  Ich habe *Durst* auf ein Glas Bier.
  (=Ich möchte ein Glas Bier trinken.) 나는 맥주를 한 잔 마시고 싶다.
  der *Durst* nach Ruhm (Ehre) 명예욕

durstig [dúrstıç] 形 목마른
  Ich bin *durstig*.
  (=Ich habe Durst.) 나는 목이 마르다.

düster [dý:stər] 形 ① 어두운 (dunkel) ② 우울한 (↔heiter)
  Draußen ist es *düster*. 밖은 어둡다.
  Es fängt an, *düster* zu werden. 어둑어둑해지기 시작한다.
  Ich bin jetzt in *düsterer* Stimmung. 나는 지금 우울한 기분이다.
- sich³ *düstere* Gedanken machen : 우울한 생각을 하다
  Warum *machst* du *dir* so *düstere Gedanken*? 너는 왜 그렇게 우울한 생각을 하니?

der **D-Zug** (Durchgangszug 의 略字) [dé:tsu:k] -[e]s/⁼e 급행 열차 (der Schnellzug)
  Sie nahm den *D-Zug* um 18.30 Uhr. 그녀는 18시 30분 발 급행 열차를 탔다.
  Der *D-Zug* hält nicht an allen Stationen. 급행 열차는 모든 역에 정차하지는 않는다.

E

eben [é:bən] 1. 形 평평한 (flach) 2. 副 바로 (gerade); 방금
 Der Boden ist *eben* (flach). 지면은 평평하다.
 Der Weg zur Kirche ist *eben*. 교회로 가는 길은 평탄하다.
 ● zu *ebener* Erde (=im Erdgeschoß) : 1 층에
  Unser Klassenzimmer liegt *zu ebener Erde*. 우리 교실은 1 층에 있다.
 Eben (Gerade) dieses Buch wollte ich mir kaufen. 바로 이 책을 나는 사려고 했다.
 Sie ist *eben* angekommen (fortgegangen). 그녀는 방금 도착했다(떠났다).
 Ich wollte *eben* ausgehen, als er kam. 그가 왔을 때 나는 막 외출하려던 참이었다.
 ● *eben* erst (=*eben* jetzt) : 지금 막, 방금
  Ich bin *eben erst* von der Schule gekommen. 나는 지금 막 학교에서 왔다.

die **Ebene** [é:bənə] -/-n 평지, 평야
 In der *Ebene* kann man es nicht sehen. 평지에서는 그것이 보이지 않는다.
 Die Pferde laufen in die weite *Ebene*. 말들이 넓은 들판으로 달린다.

ebenfalls [é:bənfals] 副 〔…도〕 마찬가지로, 〔…도〕 역시
 Er ist Arzt, sein Sohn *ebenfalls*. 그는 의사이고, 그의 아들도 역시 의사이다.
 Er studiert Medizin, seine Schwester *ebenfalls*. 그는 의학을 전공하고 있고, 그의 누이도 마찬가지이다.
 Das Kleid gefällt mir *ebenfalls*. 그 옷은 내 마음에도 역시 든다.
 Ich bekam *ebenfalls* eine Einladung zum Essen. 나도 역시 식사에 초대를 받았다.

ebenso [é:bənzo:] 副 〈ebenso ... wie (als) ...〉: …와 똑같이
 Er ist *ebenso* alt *wie* ich. 그는 나와 나이가 같다.
 Sie ist *ebenso* reich *wie* (*als*) schön. 그녀는 미인이기도 하고 부자이기도 하다.

echt [εçt] 形 진정한, 순수한 (↔falsch)
 Sie hat *echte* Perlen. 그녀는 진짜 진주를 가지고 있다.
 Dieser Ring ist aus *echtem* Gold. 이 반지는 순금 반지다.

die **Ecke** [έkə] -/-n 모퉁이, 구석
   Ich stand an der *Ecke* (der Straßenecke). 나는 길 모퉁이에 서 있었다.
   Er hat sich⁴ an der *Ecke* des Tisches gestoßen. 그는 책상 모서리에 부딪쳤다.
   In der *Ecke* steht ein Sessel. 구석에 안락 의자가 있다.
   Sie stellte den Stuhl in die *Ecke*. 그녀는 의자를 구석으로 놓았다.
   ● um die *Ecke* biegen (gehen) : 모퉁이를 돌다
   Er *bog* links (rechts) *um die Ecke*. 그는 모퉁이를 왼쪽(오른쪽)으로 돌았다.
edel [έːdəl] 形 고귀한, 고상한
   Der Mensch ist das *edelste* unter allen Geschöpfen. 인간은 모든 창조물 중에서 가장 고귀하다.
   Das ist eine *edle* Tat. 그것은 훌륭한 행위다.
   edle Steine (=der Edelstein) 보석
ehe [éːə] 接 《종속》 …하기 전에 (bevor)
   Ich gehe nicht aus, *ehe* du zu mir kommst. 네가 나에게 오기 전에는 나는 외출하지 않는다.
   Ehe ich abreise, will ich dich besuchen. 내가 떠나기 전에 너를 방문하겠다.
die **Ehe** [éːə] -/-n 결혼〔생활〕
   Das ist ihre zweite *Ehe*. 그것은 그녀의 두번째 결혼이다.
   Sie ist ein Kind aus erster *Ehe*. 그녀는 첫번째 결혼에서 낳은 아이다.
   ● eine *Ehe* führen : 결혼 생활을 하다
   Sie *führt eine* glückliche *Ehe*. 그녀는 행복한 결혼 생활을 하고 있다.
eher [éːər] 副 〈ehe, bald 의 비교급〉 ① 더 일찌기 (früher) (↔später) ② 오히려 (lieber, vielmehr)
   Er kam *eher* (früher) als du. 그는 너보다 더 일찍 왔다.
   Er ist *eher* da als du. 그는 너보다 먼저 와 있다.
   Ich will *eher* (lieber) sterben als ihn heiraten. 나는 그와 결혼하기 보다는 차라리 죽어버리겠다.
   Ich bin *eher* hungrig als durstig. 나는 목이 마르다기 보다는 오히려 배가 고프다.
die **Ehre** [éːrə] -/-n 명예 : 존경
   ● jm. *Ehre* machen (bringen) : (누구)에게 명예로운 일이다
   Das *macht* mir *Ehre*. 그것은 나에게는 명예로운 일이다.
   ● auf (meine) *Ehre* : (나의) 명예를 걸고

Ich verspreche es *auf meine Ehre* (bei meiner *Ehre*). 나는 나의 명예를 걸고 그것을 약속한다.
- jn. in *Ehren* halten : (누구)를 존경하다
 Ich *halte* ihn *in Ehren*.
 (=Ich ehre ihn.) 나는 그를 존경한다.

ehren [é:rən] 他 **존경하다**
 Du sollst deine Eltern *ehren*. 너는 너의 부모님을 존경해야 한다.
 Sehr *geehrter* Herr Müller! 존경하는 뮐러씨! (편지의 서두에서)

ehrlich [é:rlıç] 形 **정직한, 성실한**
 Er ist ein *ehrlicher* Mann. 그는 정직한 사람이다.
 Er ist nicht *ehrlich*. 그는 정직하지 못하다.
 Sage es mir bitte *ehrlich*! 그것을 나에게 정직하게 말해라!
 Du bist nicht *ehrlich* gegen dich. 너는 자신에 대해 성실치 못하다.

das **Ei** [aı] -[e]s /-er **알**(卵)
- *Eier* legen : 알을 낳다
 Die Hühner *legen Eier*. 암탉은 알을 낳는다.
 Sie ißt gern ein weiches (hartes) *Ei*. 그녀는 반숙(완숙) 달걀을 좋아한다.
 Zum Frühstück ißt er gewöhnlich ein gebratenes *Ei*. 아침식사에 그는 보통 프라이된 달걀을 먹는다.
 ein rohes (gekochtes) *Ei* 날(삶은) 달걀

der **Eifer** [áıfər] -s/ **열심**
- mit *Eifer* (=eifrig) : 열심히
 Er lernt *mit Eifer*. 그는 열심히 배운다.
 Er arbeitet *mit* großem *Eifer*.
 (=Er arbeitet sehr eifrig.) 그는 매우 열심히 일한다.

eifrig [áıfrıç] 形 **열심인** (fleißig)
 Er ist sehr *eifrig* bei der Arbeit. 그는 일에 매우 열심이다.
 Er ist ein *eifriger* (fleißiger) Schüler. 그는 부지런한 학생이다.
 Er lernt *eifrig*. 그는 열심히 배운다.
 Er hat sich⁴ *eifrig* bemüht. 그는 열심히 노력했다.

eigen [áıgən] 形 ① **자신의** ② **특유의**
 auf *eigene* Faust (Hand) 자력으로
 auf *eigene* Kosten 자비로
 Ich habe es mit *eigenen* Augen gesehen. 나는 그것을 내 눈으로 보았다.

Er hat sein *eigenes* Zimmer (Haus). 그는 자기 방(집)이 있다.
- auf *eigenen* Füßen stehen : 자립(독립)해 있다
  Er *steht auf eigenen Füßen.* 그는 독립해 있다.
Sie hat einen *eigenen* Reiz. 그녀에게는 독특한 매력이 있다.
Das ist ihm *eigen.* 그것은 그의 특징이다.

eigentlich [áıgəntlıç] 1. 形 본래의 2. 副 ① 원래 ② 실제로 ③ 《의문문에서》 도대체 (denn)
Was ist die *eigentliche* Bedeutung (der *eigentliche* Sinn) dieses Wortes ? 이 단어의 본래의 뜻은 무엇입니까 ?
Was ist sein *eigentlicher* Beruf ? 그의 원래의 직업은 무엇입니까 ?
Sie ist *eigentlich* ziemlich schüchtern. 그녀는 원래 상당히 수줍어한다.
Eigentlich (In Wirklichkeit) habe ich gelogen. 사실은 내가 거짓말을 했다.
Wie heißt du *eigentlich* (denn) ? 너는 도대체 이름이 뭐니 ?

das **Eigentum** [áıgəntu:m] -[e]s/⸚er 소유물, 재산
Das Haus ist sein *Eigentum.* 그 집은 그의 소유다.
Dieses Grundstück ist staatliches (privates) *Eigentum.* 이 토지는 국유지(사유지)이다.
Er hat weder *Eigentum* noch Talent. 그는 재산도 재능도 없다.

die **Eile** [áılə] -/ 급함 (die Hast)
- *Eile* haben (=in *Eile* sein) : 급하다
  Ich *habe* [große] *Eile.*
  (=Ich *bin* [sehr] *in Eile.*) 나는 [매우] 급하다.
  Das *hat* keine *Eile.* 그것은 급하지 않다.
- in *Eile* (=eilig) : 급히
  Er aß *in* aller (größter) *Eile.* 그는 아주 급히 먹었다.

eilen [áılən] 自 ① (s) 급히 가다 ② (h) 급하다, 서두르다
Sie ist nach Hause (zum Arzt) *geeilt.* 그녀는 집으로(의사에게) 급히 갔다.
Es *eilt* sehr.
(=Es hat große Eile.) 그것은 매우 급하다.
Es *eilt* nicht.
(=Es hat keine Eile.) 그것은 급하지 않다.
- mit et. *eilen* : (무엇)을 서두르다
  Er hat da*mit* nicht *geeilt.*
  (=Er hat sich⁴ damit nicht beeilt.) 그는 그것을 서두르

지 않았다.
Eile mit Weile ! 《Sprw》 급할수록 침착하라 !

eilig [áılıç] 形 급한
Ich habe ihm eine *eilige* Nachricht gesandt. 나는 그에게 급한 소식을 보냈다.
Die Sache ist *eilig*. 그 일은 급하다.
Wohin gehen Sie so *eilig*? 당신은 어디를 그렇게 급히 가십니까?
Er lief *eilig* aus dem Haus. 그는 집에서 급히 달려왔다.
Nicht so *eilig*! 그렇게 서두르지 마라 !
● es⁴ *eilig* haben (=*eilig* sein) : 급하다, 급히 서둘러야 하다
Ich *habe* es *eilig*.
(=Ich *bin eilig*.) 나는 급하다.

ein, eine, ein [aın, áınə, aın] 1. 冠 《부정》 한, 어떤 2. 數 〈부정관사형의 변화〉 하나의 3. 代 《부정》〈정관사형의 변화〉 한, 어떤 〔人・物〕
Dort steht *ein* Mann (*eine* Frau, *ein* Kind). 저기에 한 남자(여자, 아이)가 서 있다.
Er kommt um *ein* Uhr (eins). 그는 1시에 온다.
Das kostet *eine* Mark. 그것의 값은 1마르크이다.
Er ist *einer* meiner Freunde (*einer* von meinen Freunden). 그는 나의 친구들 중의 한 사람이다.
Vor der Tür steht *einer* und wartet auf dich. 문 앞에 어떤 사람이 서서 너를 기다리고 있다.
einer nach dem anderen 한 사람씩, 차례차례로

einander [aınándər] 副 서로
Wir lieben *einander* (=uns⁴). 우리는 서로 사랑한다.
Wir müssen *einander* (=uns³) helfen. 우리는 서로 도와야 한다.
Wir haben *einander* (=uns⁴) lange nicht gesehen. 우리는 서로 오랫동안 만나지 못했다.

der **Eindruck** [áındruk] -[e]s/¨e 인상
● auf jn. einen *Eindruck* machen : (누구)에게 어떤 인상을 주다
Er *machte auf* mich *einen* guten (schlechten) *Eindruck*. 그는 나에게 좋은(나쁜) 인상을 주었다.
Der Roman *machte auf* mich *keinen Eindruck*. 그 소설은 나에게 아무런 감명도 주지 못했다.
Der erste *Eindruck* ist der sicherste. 《Sprw》 첫 인상이 가장 확실하다.

einerlei [áınərláı] 形 《무변화》 ① 한(같은) 종류의 ② 아무래도 좋은 (gleichgültig)
Die Kleider sind aus *einerlei* Stoff. 이 옷들은 같은 종류의 옷감으로 만들어져 있다.
Das ist mir *einerlei* (gleichgültig). 그것은 내게는 아무래도 좋다.

einfach [áınfax] 1. 形 ① 단순한, 간단한, 간소한 ② 단일의 2. 副 전혀 (ganz)
Er ist ein *einfacher* Mensch. 그는 단순한(소박한) 사람이다.
Die Sache ist nicht so *einfach*. 그 일은 그렇게 간단하지 않다.
Er kam in *einfacher* Kleidung. 그는 간소한 복장으로 왔다.
Einfach bitte! (Hin und zurück bitte!) 편도표 주세요! (왕복표 주세요!)
Das ist *einfach* (ganz) unmöglich. 그것은 전혀 불가능하다.

ein|fallen [áınfalən] fiel ein, eingefallen 自 《s》 ① 〈jm.의〉 머리에 떠오르다 ② 침입하다 ③ 무너지다
Dann ist mir der Gedanke *eingefallen*. 그때 그 생각이 내 머리에 떠올랐다.
Sein Name *fällt* mir nicht *ein*. 그의 이름이 생각나지 않는다.
Es *fiel* mir plötzlich *ein*. 그것이 갑자기 생각났다.
Feindliche Truppen *fielen* in das Land *ein*. 적의 군대가 그 나라에 침공했다.
Das Haus (Der Zaun) ist *eingefallen*. 집(담)이 무너졌다.

der **Einfluß** [áınflus] ..flusses/..flüsse 영향[력]
● [einen] *Einfluß* auf jn. ausüben : (누구)에게 어떤 영향을 끼치다
Sie *übte* großen *Einfluß auf* ihn *aus*. 그녀는 그에게 큰 영향을 끼쳤다.
● *Einfluß* auf jn. haben : (누구)에게 영향력을 가지다
Sie *hat* sehr viel *Einfluß auf* ihn. 그녀는 그에게 상당한 영향력을 가지고 있다.

der **Eingang** [áıngaŋ] -[e]s/⸚e 입구 (↔der Ausgang)
Ich warte am *Eingang* des Theaters auf dich. 나는 극장 입구에서 너를 기다리겠다.
Das Haus hat zwei *Eingänge*. 그 집에는 입구가 둘 있다.

einige [áınıgə] 代 《부정》 2·3의, 몇몇의 (mehrere, ein paar)
Ich habe von ihm *einige* Briefe hekommen. 나는 그에게서 두세 통의 편지를 받았다.

Ich bin schon *einige* Male⁴ in Deutschland gewesen. 나는 이미 몇 번 독일에 갔었다.

Nach *einiger* Zeit ist sie wieder da. 잠시 후 그녀는 다시 왔다.

Einige meiner Freunde² studieren in Köln. 내 친구들 중의 몇 사람은 쾰른에서 공부하고 있다.

ein|kaufen [áınkaufən] 他 사들이다, 구입하다

Ich habe es billig (teuer) *eingekauft*. 나는 그것을 싸게(비싸게) 샀다.

- *einkaufen* gehen : 물건을 사러가다
  Sie ist *einkaufen gegangen*. 그녀는 물건을 사러갔다.

ein|laden [áınla:dən] lud ein, eingeladen 他 초대하다

- jn. zum *Essen* (zum *Geburtstag*) *einladen* : (누구)를 식사(생일)에 초대하다
  Er *lud* mich *zum* Abend*essen ein*. 그는 나를 저녁 식사에 초대했다.
  Sie hat einige Freundinnen *zu* ihrem *Geburtstag eingeladen*. 그녀는 몇몇 친구들을 자기의 생일에 초대했다.

die **Einladung** [áınla:duŋ] -/-en 초대

Ich danke Ihnen herzlich für Ihre freundliche *Einladung*. (=Herzlichen Dank für Ihre freundliche *Einladung*!) 당신의 친절한 초대에 대하여 진심으로 감사드립니다.

Ich bekam heute eine *Einladung* zum Mittagessen. 나는 오늘 오찬에 초대를 받았다.

einmal 副 1. [áınma:l] 한 번 2. [aınmá:l] 일찌기, 옛날에, 언젠가 (einst)

Ich nehme *einmal* in der Woche (jede Woche⁴ *einmal*) ein Bad. 나는 일주일에 한 번(매주 한 번) 목욕한다.

Einmal eins ist eins. 1×1=1

Einmal lebte ich dort. 일찌기 나는 그곳에서 살았다.

Es war *einmal* ein weiser König. 옛날에 한 현명한 왕(王)이 있었다.

So etwas habe ich *einmal* gehört. 그런 얘기를 나는 언젠가 들은 적이 있다.

Wenn ich *einmal* wiederkomme, dann besuche ich dich bestimmt. 내가 언젠가 다시 오면 너를 꼭 방문하겠다.

- noch *einmal* : 한 번 더
  Lies es *noch einmal*! 그것을 한 번 더 읽어라!
  Ich versuche es *noch einmal*. 나는 그것을 한 번 더 시도해 보겠다.

- auf *einmal* : 동시에 (zugleich); 갑자기 (plötzlich)
  Ich kann nicht alles *auf einmal* (zu gleicher Zeit) tun. 나는 모든 것을 동시에 할 수는 없다.
  Auf einmal fing es an zu regnen. 갑자기 비가 오기 시작했다.
- nicht *einmal* : 결코(전혀) …않다
  Ich habe *nicht einmal* daran gedacht. 나는 그것을 생각조차 하지 않았다.
  Er kann *nicht einmal* lesen. 그는 읽기조차 못한다.

eins [aɪns] 數 1
Eins und *eins* ist zwei. 1+1=2
Es ist *eins* (ein Uhr). 1시(時)다
Es schlägt *eins* (zwei). 1시(2시)를 친다.
Es ist halb *eins*. 12시 반이다.
von *eins* bis hundert 1부터 100까지
*ein*undzwanzig 21
hundert[und]*eins* 101

einsam [áɪnza:m] 形 고독한, 외로운
Er ist sehr *einsam*. 그는 매우 고독하다.
Sie lebt ganz *einsam*. 그녀는 아주 외롭게 살고 있다.
Sie fühlte sich⁴ nach dem Tod ihres Mannes *einsam*. 그녀는 남편이 죽고난 후 외로움을 느꼈다.

die **Einsamkeit** [áɪnza:mkaɪt] -/ 고독
- in der *Einsamkeit* (=einsam) : 고독하게, 외롭게
  Er lebt *in* großer *Einsamkeit*.
  (=Er lebt sehr einsam.) 그는 매우 외롭게 살고 있다.

ein|schlafen [áɪnʃla:fən] schlief ein, eingeschlafen 自 《s》 잠이 들다 (↔aufwachen)
Ich bin über dem Lesen (dem Buch) *eingeschlafen*. 나는 책을 읽다가 잠이 들었다.
Ich konnte gestern lange nicht *einschlafen*. 나는 어제 오랫동안 잠을 이룰 수가 없었다.

einst [aɪnst] 副 일찌기, 옛날에, 언젠가 (einmal)
Einst lebte ich in dieser Stadt. 일찌기 나는 이 도시에서 살았다.
Sie war *einst* so schön. 그녀는 옛날에 아주 미인이었다.
Einst wird hier ein neues Haus entstehen. 언젠가는 여기에 새 집이 들어설 것이다.

ein|steigen [áɪnʃtaɪɡən] stieg ein, eingestiegen 自 《s》 승차·승선하다 (↔aussteigen)

- in den Zug (in den Bus, in das Boot) *einsteigen* : 기차 (버스, 보트)에 올라타다

  Wir sind alle *in den Zug eingestiegen*. 우리는 모두 기차에 올라탔다.

Einsteigen bitte! 자, 타십시오!

ein|treten [áıntre:tən] trat ein, eingetreten 自 《s》 들어가다
- in et.⁴ *eintreten* : (무엇) 안으로 들어가다

  Er *trat ins* Zimmer *ein*. 그는 방으로 들어갔다.

  Bitte, *treten* Sie [*ins Zimmer*] *ein*! 어서 [방으로] 들어오십시오!

der **Eintritt** [áıntrıt] -[e]s /-e 들어감, 입장

Bei seinem *Eintritt* schlug er die Tür laut zu. 그는 들어갈 때 큰 소리가 나게 문을 닫았다.

An der Tür steht „*Eintritt* verboten!" 문에 '출입 금지'라고 씌여져 있다.

das **Eintrittsexamen** [áıntrıtsɛksá:mən] -s/..mina 입학 시험

Sie hat das *Eintrittsexamen*⁴ bestanden. 그녀는 입학 시험에 합격했다.

Er ist bei dem *Eintrittsexamen* durchgefallen. 그는 입학 시험에 낙제했다.

die **Eintrittskarte** [áıntrıtskártə] -/-n 입장권

Ich habe zwei *Eintrittskarten* gelöst (gekauft). 나는 두 장의 입장권을 끊었다(샀다).

der **Einwohner** [áınvo:nər] -s/- 주민, 거주자

Wie viele (Wieviel) *Einwohner* hat diese Stadt? 이 도시는 인구가 얼마나 됩니까?

Seoul hat ungefähr 10 Millionen *Einwohner*. 서울의 인구는 약 1000만이다.

einzeln [áıntsəln] 形 ① 개개의 ② 2·3의 (einige, mehrere)

Der Lehrer fragte jeden *einzelnen* Schüler. 선생님은 학생 한 사람 한 사람 모두에게 질문했다.

Auf der Straße waren nur *einzelne* Menschen zu sehen. 거리에는 몇몇 사람밖에 볼 수 없었다.
- im *einzelnen* : 개별적으로

  Wir besuchten ihn *im einzelnen*. 우리는 그를 개별적으로 방문했다.

das **Einzelzimmer** [áıntsəltsımər] -s/- 독방

Haben Sie ein *Einzelzimmer* mit Bad? 욕실이 딸린 독방 있읍니까? (여관·호텔에서)

einzig [áɪntsɪç] 形 유일한
  Er ist mein *einziger* Freund. 그는 나의 유일한 친구다.
  Ich war nur ein *einziges* Mal⁴ in Deutschland. 나는 단 한 번 독일에 갔었다.
  ● *einzig* und allein : 오직, 다만
    Das hängt *einzig und allein* von dir ab. 그것은 오직 너에게 달려 있다.

das **Eis** [aɪs] -es/ 얼음
  Es hat [*Eis*] gefroren. 얼음이 얼었다.
  Die Kinder laufen auf dem *Eis* Schlittschuh. 아이들이 얼음 위에서 스케이트를 탄다.
  Das Wasser friert zu *Eis*. 물이 얼어서 얼음이 된다.

das **Eisen** [áɪzən] -s/- 쇠
  Man muß das *Eisen* schmieden, solange es heiß ist.《Sprw》쇠는 뜨거울 때 불려야 한다 (기회를 놓치지 마라).

die **Eisenbahn** [áɪzənba:n] -/-en 철도
  ● mit der *Eisenbahn* (dem Zug) fahren : 기차를 타고 가다
    Er ist *mit der Eisenbahn gefahren*. 그는 기차로 갔다.
  ● bei der *Eisenbahn* arbeiten (sein) : 철도에서 일하고 있다
    Er *arbeitet bei der Eisenbahn*. 그는 철도에서 일하고 있다.

eisern [áɪzərn] 形 쇠의, 쇠로 만든
  Das ist ein *eisernes* Tor.
  (=Das ist ein Tor aus Eisen.) 그 문은 철문이다.

elegant [elegánt] 形 우아한
  Sie kleidet sich⁴ immer sehr *elegant*. 그녀는 언제나 매우 세련되게 옷을 입는다.

elektrisch [eléktrɪʃ] 形 전기의
  Mache bitte das *elektrische* Licht an(aus)! 전깃불 좀 켜라(꺼라)!

die **Elektrische** [eléktrɪʃə] 《形 변화》전차 (die Straßenbahn)
  Er fuhr mit der *Elektrischen* (der *elektrischen* Bahn). 그는 전차를 타고 갔다.

elend [é:lənt] 形 비참한, 가련한
  Er führt ein *elendes* Leben. 그는 비참한 생활을 하고 있다.
  Er ist in einer *elenden* Lage. 그는 비참한 상황에 처해 있다.
  Ich fühle mich *elend*. 나는 내 자신이 가련한 느낌이 든다.

elf [ɛlf] 數 11
  elfjährig [ɛ́lfjɛːrɪç] 形 11세의, 11년간의
  elfmalig [ɛ́lfma:lɪç] 形 11회의

die Eltern [éltərn] 複 부모
Mein Vater und meine Mutter sind meine *Eltern*. 나의 아버지와 나의 어머니는 나의 부모이다.
Seine *Eltern* leben noch.
(=Seine *Eltern* sind noch am Leben.) 그의 부모님은 아직 살아 계시다.

empfangen [ɛmpfáŋən] empfing, empfangen 他 (편지·선물 따위를) 받다 (erhalten); (손님을) 맞아들이다
Ich habe Ihren Brief *empfangen* (erhalten). 나는 당신의 편지를 받았읍니다.
Sie *empfing* die Gäste sehr freundlich. 그녀는 손님들을 매우 친절하게 맞았다.

empfehlen [ɛmpfé:lən] empfahl, empfohlen 他 〈jm. 에게 et.⁴ 을〉 추천하다
Ich *empfehle* ihn Ihnen. 나는 당신에게 그를 추천합니다.
Er *empfahl* mir dieses Buch. 그는 나에게 이 책을 권했다.
Empfehlen Sie mich Ihren Eltern!
(=Grüßen Sie Ihre Eltern von mir!) 당신 부모님께 나의 안부를 전해 주십시오!

empfinden [ɛmpfíndən] empfand, empfunden 他 느끼다 (fühlen)
Ich *empfand* (fühlte) einen heftigen Schmerz am Fuße. 나는 발에 심한 통증을 느꼈다.
Trotz der Hitze hat er kaum Durst *empfunden*. 더위에도 불구하고 그는 거의 갈증을 느끼지 않았다.

empor [ɛmpó:r] 副 위로, 높이
Er sah zum Himmel *empor*. 그는 하늘을 쳐다보았다.
Er blickte zum Gipfel des Berges *empor*. 그는 산꼭대기를 쳐다보았다.

das **Ende** [éndə] -s/-n 끝 (↔der Anfang, der Beginn)
Anfang gut, *Ende* gut. 《Sprw》 시작이 좋으면 끝이 좋다.
Ende gut, alles gut. 《Sprw》 끝이 좋으면 모든 것이 좋다.
● am *Ende* (=endlich): 끝에; 마침내
Wir wohnen *am Ende* der Straße. 우리는 도로의 끝에 살고 있다.
Am Ende hat er den Sieg erkämpft. 마침내 그는 승리를 쟁취했다.
● [am] *Ende* der Woche (des Monates, des Jahres): 주(월, 년)말에
Er kommt *Ende dieser Woche*. 그는 이번 주말에 온다.

- *Ende* (Anfang, Mitte) Januar : 1월 하순(초순, 중순)에
  Ende Januar kommt er zurück. 1월 말에 그는 돌아온다.
- zu *Ende* sein : 끝나다
  Der Unterricht *ist* noch nicht *zu Ende*.
  (=Der Unterricht ist noch nicht aus.) 수업은 아직 끝나지 않았다.
  Er *ist zu Ende*.
  (=Er ist gestorben.) 그는 죽었다.
- von Anfang bis [zu] *Ende* : 처음부터 끝까지
  Das Buch fesselte mich *von Anfang bis zu Ende*. 그 책은 처음부터 끝까지 내 마음을 사로잡았다.

enden [έndən] 1. 自 끝나다 (↔anfangen, beginnen) 2. 他 끝내다 (beenden)
Der Unterricht *endet* um 12 Uhr. 수업은 12시에 끝난다.
Der Film *endet* glücklich. 그 영화는 해피엔딩으로 끝난다.
Ich weiß nicht, wie es *enden* soll. 나는 그것이 어떻게 끝날지 모르겠다.
Ich habe meine Arbeit *geendet* (beendet). 나는 나의 일을 끝냈다.

endlich [έntlıç] 副 마침내, 드디어 (schließlich)
Endlich kam (nahte sich⁴) der Augenblick des Abschieds. 마침내 작별의 순간이 왔다(다가왔다).
Nach einem langen Winter wurde es *endlich* Frühling. 긴 겨울이 지난 후 마침내 봄이 되었다.

eng [εŋ] 形 좁은 (↔weit)
Der Weg ist sehr *eng* (schmal). 길이 매우 좁다.
Der Rock (Die Hose) ist mir zu *eng*. 이 상의(바지)는 나에게는 너무 조인다.

der **Engel** [έŋəl] -s/- 천사
Sie sieht aus wie ein unschuldiger *Engel*. 그녀는 순결한 천사같이 보인다.

(das) **England** [έŋlant] -s/ 영국
  der **Engländer** [έŋlεndər] -s/- 영국인
  die **Engländerin** [έŋlεndərın] -/-nen 영국 여자
  englisch [έŋlıʃ] 形 영국[人・語]의
Sprechen Sie auf *englisch*! 영어로 말씀하십시오!
(das) **Englisch** [έŋlıʃ] -[s]/ 영어 (die englische Sprache)
Er spricht gut[es] *Englisch*. 그는 영어를 잘 한다.
Können Sie *Englisch sprechen*? 당신은 영어를 할 줄 아십니까?

der Enkel [έŋkəl] -s/- 손자
　Sein *Enkel* ist schon ein Student. 그의 손자는 벌써 대학생이다.
　Sie ist seine *Enkelin*. 그녀는 그의 손녀다.
entdecken [ɛntdékən] 他 발견하다
　Im Jahr 1492 hat Kolumbus Amerika *entdeckt*. 1492년에 콜럼버스는 아메리카를 발견했다.
　In diesem Gebiet wurden viele Naturschätze *entdeckt*. 이 지역에서 많은 천연 자원이 발견되었다.
entfernt [ɛntfέrnt] 形 ① (멀리) 떨어진 (↔nahe) ② (관계가) 먼
　Die Schule ist weit *entfernt* von hier. 학교는 여기에서 멀리 떨어져 있다.
　Nicht weit von meinem Haus *entfernt* liegt ein Park. 나의 집에서 멀지 않은 곳에 공원이 있다.
　Sie ist eine *entfernte* Verwandte von mir. 그녀는 나의 먼 친척이다.
　Wir sind nur *entfernte* Verwandte. 우리는 먼 친척일 뿐이다.
die Entfernung [ɛntfέrnuŋ] -/-en 거리(距離)
　Die *Entfernung* von hier bis dorthin beträgt 12 Kilometer. 여기에서 그곳까지의 거리는 12킬로미터에 달한다.
　In einer *Entfernung* von 5 Metern fuhr er vorbei. 5미터의 거리에서 그는 차를 타고 지나갔다.
entgegen [ɛntgé:gən] 前 《3격》〈보통 후치〉 ① ~을 향하여 (gegen) ② ~에 반(反)하여 (gegen, wider)
　dem Feinde *entgegen* 적을 향하여
　dem Winde *entgegen* 바람을 마주 안고
　meinem Befehl *entgegen* 나의 명령을 거역하고
　meinem Wunsch (meiner Erwartung) *entgegen* 나의 소원(기대)과는 반대로
　entgegen der ärztlichen Anordnung 의사의 지시를 어기고
enthalten [ɛnthálten] enthielt, enthalten; du enthältst, er enthält 他 함유·포함하다
　Der Koffer *enthält* Kleider. 트렁크에는 옷이 들어 있다.
　Die Flasche *enthält* Wein. 병에는 포도주가 들어 있다.
　Im Obst sind wertvolle Vitamine *enthalten*. 과일에는 귀중한 비타민이 들어 있다.
entlang [ɛntláŋ] 前 《4격·3격》〈보통 후치〉 ~을 따라서
　den (dem) Fluß *entlang* (=am Fluß *entlang*) 강을 따라서

das Ufer *entlang* (=am Ufer *entlang*) 해안을 따라서

entscheiden [ɛntʃáɪdən] entschied, entschieden 1. 他 결정하다 2. 再 ⟨sich⁴ über et.⁴에 대하여⟩ 마음을 정하다, 결심하다 (sich⁴ entschließen)

Die Erziehung *entscheidet* die Zukunft des Landes. 교육은 그 나라의 장래를 결정한다.

Noch ist nichts *entschieden*. 아직 아무것도 결정되지 않았다.

Dar*über* habe ich *mich* noch nicht *entschieden*. 그것에 대하여 나는 아직 마음을 정하지 못했다.

im *entscheidenden* Augenblick 결정적인 순간에

entschließen [ɛntʃlíːsən] entschloß, entschlossen 再 ⟪sich⁴⟫ 결심하다

- sich⁴ zu et. *entschließen* : (무엇)을 결심하다

  Ich *entschloß* mich *zum* Bau eines Hauses. 나는 집을 짓기로 결심했다.

  Ich kann *mich* nicht dazu *entschließen*. 나는 그 결심이 서지 않는다.

- sich⁴ *entschließen*, ... zu 부정법 : …하려고 결심하다

  Ich habe *mich entschlossen*, meinen Wagen *zu* verkaufen. 나는 내 차를 팔기로 결심했다.

der **Entschluß** [ɛntʃlús] ..schlusses/..schlüsse 결심

- einen *Entschluß* fassen : 결심하다

  Er *faßte den Entschluß* abzureisen.

  (=Er hat sich⁴ entschlossen, abzureisen.) 그는 여행을 떠나기로 결심했다.

  Er *faßte den Entschluß*, sein Haus zu verkaufen. 그는 자기 집을 팔기로 결심했다.

entschuldigen [ɛntʃúldɪɡən] 1. 他 용서하다 (verzeihen) 2. 再 ⟪sich⁴⟫ 사과하다

Entschuldigen Sie!

(=Verzeihen Sie!) 용서하십시오! 실례합니다!

Entschuldigen Sie bitte, daß ich so spät komme!

(=*Entschuldigen* Sie bitte meine Verspätung!) 지각한 것을 용서하십시오!

- sich⁴ bei jm. [für et.] *entschuldigen* : (누구)에게 [무엇에 대하여] 사과하다

  Ich *entschuldigte mich bei* ihm. 나는 그에게 사과했다.

  Sie *entschuldigte sich bei* mir *für* ihr Betragen. 그녀는 나에게 자기의 행동에 대해 사과했다.

entstehen [ɛntʃtéːən] entstand, entstanden 自 《s》 발생하다
Es *entstand* eine schwierige Lage. 곤란한 사태가 발생했다.
Es *entstanden* breite Straßen. 넓은 도로가 생겼다.
- aus et. *entstehen* : (무엇)에서 생기다
  Das ist *aus* meinem eigenen Erlebnis *entstanden*. 그것은 내 자신의 체험에서 나온 것이다.

enttäuschen [ɛnttɔ́yʃən] 他 실망시키다
Der Film hat mich sehr *enttäuscht*. 그 영화는 나를 매우 실망시켰다.

entweder [ɛntvéːdər] 接 《병렬·부사》 〈entweder... oder... 형으로〉 …이거나 아니면 … (양자 택일)
Ich reise *entweder* heute *oder* morgen ab. 나는 오늘 아니면 내일 떠난다.
Ich komme *entweder* heute abend *oder* morgen früh zurück. 나는 오늘 저녁이나 내일 아침에 돌아온다.
Ich fahre *entweder* mit dem Zug *oder* mit dem Bus. 나는 기차나 버스로 간다.
Entweder du kommst (kommst du), *oder* du mußt bald schreiben. 너는 오든지 아니면 곧 편지를 써야 한다.

entwickeln [ɛntvíkəln] 1. 他 발전시키다 2. 再 《sich⁴》 발전하다
Du mußt dein eigenes Talent weiter *entwickeln*. 너는 네 자신의 재능을 더욱 발전시켜야 한다.
Alles *entwickelte sich* besser, als ich erwartete. 모든 것은 내가 기대했던 것보다 더 잘 되어갔다.
Sie *entwickelte sich* zu einer hübschen Dame. 그녀는 아름다운 숙녀로 성장했다.

die **Entwicklung** [ɛntvíkluŋ] -/-en 발전 ; 성장
die wirtschaftliche *Entwicklung* 경제적 발전
die körperliche *Entwicklung* 육체적 성장

er [eːr, er] seiner, ihm, ihn 代 《인칭》 그는
Er ist mein Freund. 그는 나의 친구다.
Statt *seiner* kommt seine Schwester. 그 대신에 그의 누이가 온다.
Ich gab es *ihm*. 나는 그에게 그것을 주었다.
Besuchst du *ihn* heute? 너는 오늘 그를 방문하니?

der **Erbe** [érbə] -n/-n 상속인
Der älteste Sohn ist mein *Erbe*. 장남이 나의 상속인이다.
Sie ist seine *Erbin*. 그녀는 그의 상속녀이다.

erblicken [ɛrblíkən] 他 보다 (sehen)

In der Ferne *erblickten* wir ein Schiff (eine Insel). 멀리서 우리는 배(섬)를 보았다.

die **Erde** [éːrdə] -/-n ① 《복수 없음》 지구 ② 땅
Die *Erde* dreht (bewegt) sich⁴ um die Sonne. 지구는 태양 주위를 돈다.
Er fiel auf die *Erde*. 그는 땅에 쓰러졌다.
zwischen Himmel und *Erde* 하늘과 땅 사이에
auf *Erden* (=auf der *Erde*) 지상에서, 이 세상에서

das **Erdgeschoß** [éːrtgəʃɔs] ..schosses/..schosse **1층**
Wir wohnen im *Erdgeschoß* (im ersten Stock). 우리는 1층(2층)에 살고 있다.

ereignen [ɛr-áıgnən] 再 《sich⁴》 (사건 따위가) 일어나다, 생기다 (geschehen, passieren)
Es *ereignete* sich ein schweres (großes) Unglück. 큰 사고가 일어났다.
Auf der Autobahn *ereignete* sich ein schwerer Unfall. 고속도로에서 큰 사고가 발생했다.

das **Ereignis** [ɛr-áıgnıs] -ses/-se 일어난 일, 사건
Das war ein frohes (trauriges) *Ereignis*. 그것은 즐거운 (슬픈) 일이었다.
Das ist ein historisches (bedeutendes) *Ereignis*. 그것은 역사적인(중요한) 사건이다.

erfahren [ɛrfáːrən] erfuhr, erfahren 他 경험하다 ; 듣고 알다
Er hat viel Unglück *erfahren*. 그는 많은 불행을 경험했다.
Er hat in seinem Leben viel *erfahren*. 그는 그의 생애에 많은 경험을 쌓았다.
Von wem hast du das *erfahren* (gehört)? 너는 누구에게서 그것을 들었니?
Ich habe gestern *erfahren*, daß sie krank ist. 나는 그녀가 아프다는 것을 어제 알았다.

erfahren [ɛrfáːrən] 形 경험이 있는, 노련한
Ich bin in solchen Dingen wenig (sehr) *erfahren*. 나는 그런 일에는 별로 경험이 없다(매우 경험이 많다).
Er ist ein *erfahrener* Arzt. 그는 노련한 의사이다.

die **Erfahrung** [ɛrfáːruŋ] -/-en 경험 (das Erlebnis)
Er hat auf diesem Gebiet viel *Erfahrung*. 그는 이 분야에 많은 경험을 가지고 있다.
Er hat gute *Erfahrungen* gemacht. 그는 좋은 경험을 했다.
● aus *Erfahrung* : 경험에서
Ich weiß es *aus Erfahrung*. 나는 그것을 경험으로 안다.

erfinden [ɛrfíndən] erfand, erfunden 他 발명하다 ; 생각해내다
　Er hat eine neue Maschine *erfunden*. 그는 새 기계를 발명했다.
　Er *erfand* eine neue Methode. 그는 새로운 방법을 생각해 내었다.

der **Erfolg** [ɛrfɔ́lk] -[e]s/-e 성과, 성공 (↔der Mißerfolg)
　● *Erfolg* haben : 성과를 거두다, 성공하다
　　Unsere Bemühungen *hatten* großen *Erfolg*. 우리의 노력은 큰 성과를 거두었다.
　Wir führten den Plan mit *Erfolg* aus. 우리는 그 계획을 성공적으로 수행했다.
　Alle Bemühungen waren ohne *Erfolg*. 모든 노력이 수포로 돌아갔다.
　Guten *Erfolg*! 성공을 빕니다!

erfreuen [ɛrfrɔ́yən] 1. 他 기쁘게 하다　2. 再 〈sich⁴ an et.³ 을〉기뻐하다
　Er hat mich mit seinem Geschenk *erfreut*. 그는 선물로 나를 기쁘게 했다.
　Er hat *sich an* der Nachricht *erfreut*. 그는 그 소식을 듣고 기뻐했다.
　Sie *erfreut sich am* Anblick der Blumen. 그녀는 꽃을 보고 즐거워한다.

　erfreut [ɛrfrɔ́yt] 形 〈über et.⁴ 을〉기뻐하고 있는
　　Sie ist *über* das Geschenk sehr *erfreut*. 그녀는 그 선물을 매우 기뻐하고 있다.

erfüllen [ɛrfýlən] 他 ① 가득 채우다　② (소원·요구 따위를) 이루어 주다 ; 성취하다
　Die Blumen *erfüllten* das Zimmer mit ihrem Duft. 꽃향기가 방을 가득 채웠다.
　Das Zimmer ist ganz mit Rauch *erfüllt*.
　 (=Rauch *erfüllte* das ganze Zimmer.) 방은 완전히 연기로 가득 차 있다.
　Er *erfüllte* mir den Wunsch. 그는 내 소원을 들어주었다.
　Wir haben unseren Plan *erfüllt*. 우리는 우리의 계획을 달성했다.

das **Ergebnis** [ɛrgé:pnɪs] -ses/-se 결과
　Das *Ergebnis* der Arbeit war sehr gut. 그 일의 결과는 매우 좋았다.
　Wir kamen zu keinem *Ergebnis*. 우리는 아무런 결론에도 도달하지 못했다.

ergreifen [εrgráifən] ergriff, ergriffen 他 ① **붙잡다** ② 감동시키다
● jn. beim Arm (bei der Hand) *ergreifen* : (누구)의 팔(손)을 붙잡다
Er *ergriff* mich *beim Arm*. 그는 내 팔을 붙잡았다.
Der Dieb wurde *ergriffen*. 도둑이 붙잡혔다.
Seine Worte *ergriffen* mich. 그의 말은 나를 감동시켰다.
Ich war von seiner Rede tief *ergriffen*. 나는 그의 연설에 깊이 감동했다.

erhalten [εrháltən] erhielt, erhalten; du erhältst, er erhält 他 ① 받다 (bekommen) ② 보존하다 (bewahren)
Ich *erhielt* (bekam) zu meinem Geburtstag viele Geschenke. 나는 내 생일에 많은 선물을 받았다.
Ich habe gestern seinen Brief *erhalten*. 나는 어제 그의 편지를 받았다.
Gott *erhalte* den König! 하느님, 국왕을 보호하소서!
Die alte Burg ist noch gut *erhalten*. 그 옛 성(城)은 아직도 잘 보존되어 있다.

erheben [εrhé:bən] erhob, erhoben 1. 他 높이다, 올리다 2. 再 《sich⁴》 일어서다 (aufstehen); 일어나다 (geschehen)
Er *erhob* seine rechte Hand. 그는 오른손을 들었다.
Er *erhob* seine Stimme. 그는 음성을 높였다.
Sie *erhob sich* vom Stuhl (von ihrem Platz). 그녀는 의자(자리)에서 일어섰다.
Unter ihnen *erhob sich* ein Streit. 그들 사이에 싸움이 일어났다.
Es *erhebt sich* ein Sturm. 폭풍이 인다.

erholen [εrhó:lən] 再 《sich⁴》 ① 회복하다 ② 휴양하다
● sich⁴ von einer Krankheit *erholen* : 병이 완쾌되다
Haben Sie *sich von* Ihrer *Krankheit erholt*? 당신은 병이 완쾌되셨읍니까?
An der Küste habe ich *mich* eine Woche⁴ gut *erholt*. 해안에서 나는 일주일 동안 휴양을 잘 했다.

erinnern [εr-ínərn] 1. 他 〈jn. 에게 an et.⁴ 을〉 생각나게하다 2. 再 〈sich⁴ an et.⁴ 을〉 기억하다
Die Heimat *erinnert* mich *an* meine Kindheit.
(=Die Heimat bringt mir meine Kindheit in Erinnerung.)
고향은 나에게 유년 시절을 생각나게 한다.
Erinnern Sie *sich* noch *an* meinen Namen? 당신은 아직도 나의 이름을 기억하십니까?

Erinnerung

Ich *erinnere mich an* ihn. 나는 그를 기억하고 있다.
Leider kann ich *mich* nicht daran *erinnern*. 유감스럽게도 나는 그것을 기억할 수 없다.

die **Erinnerung** [ɛr-ínərυŋ] -/-en ① 기억 ② 기념
Ich habe keine *Erinnerung* an die Zeit. 나는 그 때의 기억이 없다.
- jm. et.⁴ in *Erinnerung* bringen : (누구)에게 (무엇)을 생각나게 하다
 Das Bild *bringt* mir meine Schulzeit *in Erinnerung*. 그 그림은 나에게 학창 시절을 생각나게 한다.
- zur *Erinnerung* an et.⁴ : (무엇)에 대한 기념으로
 Nimm das *zur Erinnerung an* mich! 나에 대한 기념으로 이것을 받아라!
 Er gab mir das Bild *zur Erinnerung*. 그는 기념으로 그 사진(그림)을 나에게 주었다.

erkälten [ɛrkéltən] 再 《sich⁴》 감기 들다
Ich habe *mich* leicht (stark) *erkältet*.
(=Ich bin leicht (stark) *erkältet*.) 나는 가벼운(심한) 감기에 걸렸다.
Ich habe *mich* beim Baden *erkältet*. 나는 목욕하다가 감기 들었다.

die **Erkältung** [ɛrkéltυŋ] -/-en 감기
Ich hatte eine leichte (starke) *Erkältung*. 나는 가벼운(심한) 감기를 앓았다.
- sich³ eine *Erkältung* holen (zuziehen) : 감기 들다
 Ich habe *mir eine Erkältung geholt* (*zugezogen*).
 (=Ich habe mich erkältet.) 나는 감기 들었다.

erkennen [ɛrkénən] erkannte, erkannt 他 알다, 인식하다
Erkenne dich selbst! 《Sokrates》 너 자신을 알라!
Ich habe ihn sofort *erkannt*. 나는 그를 곧 알아보았다.
Er hat seinen Fehler (Irrtum) *erkannt*. 그는 자기의 잘못을 깨달았다.
- jn. an der Stimme (am Gang) *erkennen* : (누구)인지를 목소리(걸음걸이)로 알다
 Ich *erkannte* ihn *an der Stimme*. 나는 목소리로 그인지를 알았다.

die **Erkenntnis** [ɛrkéntnɪs] -/-se 인식
- zur *Erkenntnis* gelangen (kommen) : 인식하다, 깨닫다
 Allmählich *gelangte* (*kam*) er *zur Erkenntnis* des Wesens der Kunst. 점차로 그는 예술의 본질을 인식하게 되었다.

erklären [ɛrkléːrən] 他 〈jm. 에게 et.⁴ 을〉 설명하다
Er *erklärte* es mir ausführlich (genau). 그는 나에게 그것을 상세하게(정확하게) 설명했다.
Können Sie mir bitte dieses Bild *erklären*? 당신은 나에게 이 그림을 설명해 주실 수 있읍니까?

die **Erklärung** [ɛrkléːruŋ] -/-en ① 설명, 해명 ② 성명(聲明)
- von jm. eine *Erklärung* fordern : (누구)에게 설명·해명을 요구하다
  Ich *forderte von* ihm *eine Erklärung* dafür. 나는 그에게 그것에 대하여 설명(해명)을 요구했다.
Die Regierung gab eine wichtige *Erklärung* ab. 정부는 중대한 성명을 발표했다.
eine offizielle *Erklärung* der Regierung 정부의 공식 성명

erlauben [ɛrláubən] 他 〈jm. 에게 et.⁴ 을〉 허가·허락하다 (↔ verbieten)
Der Vater *erlaubte* mir im Sommer die Reise nach Pusan. (=Der Vater *erlaubte* mir, im Sommer nach Pusan zu reisen.) 아버지는 나에게 여름에 부산으로 여행가는 것을 허락하셨다.
Die Mutter *erlaubte* dir, ins Kino zu gehen. 어머니는 네가 영화관에 가는 것을 허락하셨다.
Erlauben Sie bitte, daß ich hier rauche? 여기에서 담배를 피워도 괜찮겠읍니까?

die **Erlaubnis** [ɛrláupnɪs] -/-se 허가 (↔das Verbot)
- jn. um [die] *Erlaubnis* bitten : (누구)에게 허가를 구하다
  Ich muß erst meine Eltern *um die Erlaubnis bitten*, ins Kino gehen zu dürfen. 나는 먼저 나의 부모님께 영화관에 가도 좋다는 허가를 구해야 한다.

erleben [ɛrléːbən] 他 체험하다 (erfahren)
Ich habe auf der Reise vieles *erlebt*. 나는 여행중에 많은 것을 체험했다.
So etwas Schönes habe ich noch nie *erlebt*. 그렇게 아름다운 어떤 것을 나는 아직 체험해 본 적이 없다.

das **Erlebnis** [ɛrléːpnɪs] -ses/-se 체험 (die Erfahrung)
Er erzählte uns seine *Erlebnisse* im Krieg. 그는 우리에게 전쟁 체험담을 들려주었다.
Es wurde mir zu einem tiefen *Erlebnis*. 그것은 나에게는 깊은 체험이 되었다(나는 그것에 깊은 감명을 받았다).

erlöschen [ɛrlœ́ʃən] erlosch, erloschen 自 《s》 (불·빛이) 꺼지다

Das Feuer (Das Licht) ist *erloschen*. 불(등불)이 꺼졌다.
Er bemerkte, daß seine Liebe zu ihr schon *erloschen* war. 그는 그녀에 대한 그의 애정이 이미 식어버린 것을 알았다.

ernst [ɛrnst] 形 진지한 ; 심각한
 ● ein *ernstes* Gesicht machen : 진지한 얼굴을 하다
   Sie *machte ein* sehr *ernstes* Gesicht. 그녀는 매우 진지한 얼굴을 했다.
 Er wurde plötzlich *ernst*. 그는 갑자기 진지해졌다.
 Die Lage ist sehr *ernst*. 사태는 매우 심각하다.
 Der Zustand des Kranken ist *ernst*. 그 환자의 병세는 심상치 않다(위험하다).

die **Ernte** [ɛ́rntə] -/-n 수확
 Man erwartet eine gute (reiche) *Ernte*. 풍작이 기대된다.
 Letztes Jahr[4] hatten wir eine gute (schlechte) *Ernte*. 지난 해에는 풍(흉)작이었다.
 Ohne Saat keine *Ernte*. 《Sprw》 씨 뿌리지 않고서는 거두지 못한다.
 Wie die Saat, so die *Ernte*. 《Sprw》 콩 심은 데 콩 나고 팥 심은 데 팥 난다.

erregen [ɛrré:gən] 1. 他 ① 자극하다, 흥분시키다 (aufregen) ② 일으키다 (hervorrufen) 2. 再 《sich[4]》 흥분하다 (sich[4] aufregen)
 Dieser grausame Anblick *erregte* uns sehr. 이 잔학한 광경은 우리를 매우 흥분시켰다.
 Sein Verhalten *erregte* Verdacht (Mitleid, Neugier). 그의 태도는 의심(동정심, 호기심)을 불러 일으켰다.
 Dieses Buch hat viel Aufsehen *erregt*. 이 책은 대단한 주목을 끌었다.
 Du darfst *dich* nicht so *erregen*. 너는 그렇게 흥분해서는 안 된다.
 Er *erregte sich* darüber. 그는 그것에 대하여 흥분했다.
 Er *erregt sich* leicht. 그는 흥분을 잘 한다.

 erregt [ɛrré:kt] 形 흥분한
 Er war furchtbar (sehr) *erregt*. 그는 몹시 흥분했다.

die **Erregung** [ɛrré:guŋ] -/-en 흥분 (die Aufregung)
 ● vor *Erregung*[3] : 흥분하여
   Seine Stimme zitterte *vor Erregung*. 그의 음성은 흥분하여 떨렸다.

erreichen [ɛrráiçən] 他 ① 〈et.[4]에〉 닿다, 도달하다 (gelangen) ② 〈et.[4]을〉 달성하다

- et.⁴ mit der Hand *erreichen* : (무엇)에 손이 닿다
  Ich kann den Zweig *mit der Hand* nicht *erreichen*. 나는 그 가지에 손이 닿지 않는다.

Wir haben endlich das Ziel unserer Reise *erreicht*. 우리는 마침내 우리의 여행 목적지에 도달했다.

Wir müssen uns⁴ beeilen, um den Zug noch zu *erreichen*. 우리는 기차에 늦지 않기 위해 서둘러야 한다.

Er hat alles *erreicht*, was er wollte. 그는 자기가 원하던 모든 것을 달성했다.

- den Zweck (das Ziel) *erreichen* : 목적·목표를 달성하다
  Er hat seinen *Zweck erreicht*. 그는 자기의 목적(목표)을 달성했다.

erscheinen [ɛrʃáınən] erschien, erschienen 自 《s》 ① 나타나다 ② 〈jm. 에게는〉 …으로 보이다. 생각되다

Es ist niemand *erscheinen*. 아무도 나타나지 않았다.

Er kann jeden Augenblick *erscheinen*. 그는 지금이라도 나타날지 모른다.

- vor Gericht³ *erscheinen* : 법정에 출두하다
  Er *erschien* als Zeuge *vor Gericht*. 그는 증인으로 법정에 출두했다.

Das *erscheint* mir unmöglich (richtig). 그것은 나에게는 불가능한(옳은) 것같이 생각된다.

die **Erscheinung** [ɛrʃáınʊŋ] -/-en ① 출현 ② 현상

- in *Erscheinung* treten : 나타나다
  Der Feind *trat* plötzlich *in Erscheinung*. 적이 갑자기 나타났다.

Es ist eine seltsame (sonderbare) *Erscheinung*. 그것은 기묘한 현상이다.

erschrecken [ɛrʃrékən] 1. 自 《s》 〈강변화 : erschrak, erschrocken〉 놀라다 (erstaunen) 2. 他 〈약변화〉 놀라게 하다

- über et.⁴ *erschrecken* : (무엇)에 놀라다
  Ich bin *über* seine Worte *erschrocken*. 나는 그의 말에 놀랐다.

Ich bin dar*über erschrocken*. 나는 그것에(그것을 보고·듣고) 놀랐다.

Ich bin bei der Nachricht furchtbar *erschrocken*. 나는 그 소식을 듣고 깜짝 놀랐다.

Als er das gehört hatte, *erschrak* er. 그는 그것을 들었을 때 놀랐다.

Die Nachricht *erschreckte* uns alle. 그 소식은 우리 모두를

놀라게 했다.
Erschrecke mich nicht so! 나를 그렇게 놀라게 하지 마라!

erst [e:rst] 1. 形 첫째의 (↔letzt) 2. 副 ① 먼저 (zuerst) ② 비로소, 겨우

Heute ist der *erste* Juli. 오늘은 7월 1일이다.

Seine *erste* Liebe dauerte nicht lange. 그의 첫사랑은 오래 계속되지 않았다.

Erst (Zuerst) kam er, dann [kam] sie. 먼저 그가 오고, 다음에 그녀가 왔다.

Erst wollen wir arbeiten, dann spielen. 우선 일하고, 그러고 나서 놀자.

Er kam *erst* am späten Abend. 그는 저녁 늦게야 비로소 왔다.

Ich habe ihn *erst* gestern gesehen. 나는 그를 어제서야 비로소 보았다.

Es ist *erst* 8 Uhr. 이제 겨우 8시다.

Er ist *erst* 20 Jahre⁴ alt. 그는 이제 겨우 스무 살이다.

● als *erster* : 맨 먼저 (최초의 사람으로)
  Ich habe es *als erster* entdeckt. 내가 그것을 맨 먼저 발견했다.
  Ich kam *als erster*.
  (=Ich war zuerst da.) 내가 맨 먼저 왔다.

● zum *ersten* Mal (=zum erstenmal) : 처음으로
  Ich sah es *zum ersten Mal*. 나는 그것을 처음 보았다.

● eben *erst* (=eben jetzt) : 지금 막, 방금
  Ich habe es *eben erst* gehört. 나는 그것을 방금 들었다.

erstaunen [ɛrʃtáunən] 自 《s》〈über et.⁴ 에〉놀라다, 경탄하다

Wir sind alle *über* seinen Mut *erstaunt*. 우리는 모두 그의 용기에 놀랐다.

Ich bin wirklich *über* ihn *erstaunt*. 나는 정말 그에게 경탄했다.

erstens [é:rstəns] 副 첫째로

Erstens habe ich kein Geld, zweitens keine Zeit. 첫째로 나는 돈이 없고, 둘째로 시간이 없다.

ertragen [ɛrtrá:gən] ertrug, ertragen 他 견디어 내다, 참다

Er *ertrug* alle Schmerzen geduldig. 그는 모든 고통을 참을성있게 견디어 내었다.

Ich kann seine Ungerechtigkeit nicht mehr *ertragen*. 나는 그의 부정을 더 이상 참을 수 없다.

Das ist nicht zu *ertragen*. 그것은 참을 수 없다.

ertrinken [ɛrtríŋkən] ertrank, ertrunken 自 《s》 익사하다
　Ein Kind ist beim Baden *ertrunken*. 한 아이가 수영하다가 익사했다.
　Hier sind schon viele Leute *ertrunken*. 여기에서 이미 많은 사람들이 익사했다.

erwachen [ɛrváxən] 自 《s》 잠을 깨다 (aufwachen)
　Ich bin heute sehr früh *erwacht*. 나는 오늘 매우 일찍 잠을 깼다.
　Sie *erwachte* erst gegen Mittag. 그녀는 정오경에야 비로소 잠을 깼다.
　Die Liebe *erwachte* in ihm. 애정이 그의 마음 속에 싹텄다.

erwarten [ɛrvártən] 他 기다리다 (warten); 기대하다
　Er *erwartet* seinen Freund am Bahnhof.
　(=Er wartet auf seinen Freund am Bahnhof.) 그는 역에서 그의 친구를 기다리고 있다.
　Ich *erwarte*, daß sie bald kommt. 나는 그녀가 곧 오기를 기다리고 있다.
　Das habe ich allerdings nicht *erwartet*. 그것을 나는 물론 기대하지 않았다.
　Von ihm ist nichts Besseres zu *erwarten*. 그에게서 이 이상의 것은 기대할 수 없다.

die **Erwartung** [ɛrvártuŋ] -/-en 기대
　Die *Erwartung* der Kinder war sehr groß. 아이들의 기대는 매우 컸다.
　Meine *Erwartungen* sind enttäuscht worden. 나의 기대는 어그러졌다.
　Er hat das wider meine *Erwartung* (mein Erwarten) getan. 그는 나의 기대와는 반대로 그것을 했다.

erwerben [ɛrvɛ́rbən] erwarb, erworben 他 (노력하여) 얻다, 취득하다, 벌다
　Sie hat unser Vertrauen *erworben*. 그녀는 우리의 신임을 얻었다.
　Er *erwarb* ein Grundstück außerhalb der Stadt. 그는 교외의 토지를 매입했다.
　Er hat sich³ einen großen Ruhm *erworben*. 그는 큰 명성을 얻었다.
　Er hat sich³ eine große Summe Geld *erworben*. 그는 막대한 금액의 돈을 벌었다.

erwidern [ɛrvíːdərn] 1. 自 〈jm. 에게 auf et.⁴에 대하여〉 대답하다 (antworten) 2. 他 〈et.⁴에〉 보답하다

Er *erwiderte* (antwortete) mir *auf* die Frage. 그는 나의 질문에 대답했다.

Dar*auf erwiderte* er mir nicht. 그것에 대하여 그는 나에게 대답하지 않았다.

Er hat *auf* meine Frage nichts *erwidert*. 그는 나의 질문에 아무 대답도 하지 않았다.

Er hat meine Grüße⁴ *erwidert*. 그는 나의 인사에 답례했다.

Leider kann ich deine Liebe⁴ nicht *erwidern*. 유감스럽게도 나는 너의 사랑에 응할 수가 없다.

erzählen [ɛrtsέ:lən] 他 이야기하다

Er *erzählte* den Kindern ein Märchen (eine Geschichte). 그는 아이들에게 동화(이야기)를 들려 주었다.

Er *erzählte* mir ausführlich, was geschehen war. 그는 무슨 일이 일어났는지를 나에게 상세히 이야기했다.

die **Erzählung** [ɛrtsέ:luŋ] -/-en 이야기, 소설

Sie hörte aufmerksam meiner *Erzählung* zu. 그녀는 주의 깊게 나의 이야기에 귀를 기울였다.

Er liest jetzt in einer *Erzählung* von Hermann Hesse. 그는 지금 헤르만 헷세의 소설을 읽고 있다.

erzeugen [ɛrtsɔ́ygən] 他 생산하다 (herstellen, produzieren)

In dieser Fabrik (diesem Betrieb) wird Stahl *erzeugt*. 이 공장에서는 강철이 생산된다.

Diese Fabrik *erzeugt* verschiedene chemische Produkte. 이 공장은 여러 가지의 화학 제품을 생산하고 있다.

erziehen [ɛrtsí:ən] erzog, erzogen 他 교육하다

Der Lehrer hat seine Schüler streng *erzogen*. 그 선생님은 학생들을 엄격하게 교육시켰다.

Ich wurde in dieser Schule *erzogen*. 나는 이 학교에서 교육을 받았다.

Sie ist gut (schlecht) *erzogen* worden. 그녀는 교육을 잘 (잘못) 받았다.

die **Erziehung** [ɛrtsí:uŋ] -/-en 교육

● eine *Erziehung* bekommen (genießen): 교육을 받다

Er hat *eine gute Erziehung bekommen* (*genossen*). (=Er ist gut erzogen worden.) 그는 좋은 교육을 받았다.

es [ɛs] seiner, ihm, es 代 ①〈중성의 인칭대명사〉그것은(을) ②〈앞에 나온 낱말·문장의 내용을 받음〉 ③〈비인칭 주어〉 ④〈문법상의 주어〉 ⑤〈부정법 또는 daß 문장을 받음〉

Wo ist das Buch? *Es* liegt auf dem Tisch. 그 책은 어디에 있니? 그것은 책상 위에 있다.

Gib mir das Buch zurück, wenn du *es* gelesen hast! 그 책을 다 읽었으면 나에게 돌려다오!

Du bist faul, aber ich bin *es* nicht. 너는 게으르지만, 나는 그렇지 않다.

Er ist krank, ich weiß *es*. 그는 아프다. 나는 그것을 알고 있다.

Es regnet. 비가 온다.

Es wird kalt. 추워진다.

Es war einmal ein weiser König. 옛날에 한 현명한 왕(王)이 있었다.

Es hat mich jemand angerufen. 누군가가 나에게 전화를 걸었다.

Es ist nicht leicht, eine fremde Sprache zu lernen. 외국어를 배우는 것은 쉽지 않다.

Es freut mich, Sie kennenzulernen.
(=*Es* freut mich, daß ich Sie kennenlerne.) 당신을 알게 되어 기쁩니다.

der **Esel** [é:zəl] -s/- ① 당나귀 ② 바보 (der Narr)

Ein Wanderer reitet auf dem *Esel* nach Hause. 한 나그네가 나귀를 타고 집으로 간다.

Du bist ein richtiger *Esel*. 너는 정말 바보다.

essen [ésən] aß, gegessen 1. 他 먹다 2. 自 식사하다

Er *ißt* gern Obst (Kuchen). 그는 과일(과자)을 좋아한다.

Er *ißt* kein Fleisch. 그는 고기를 먹지 않는다.

Hast du schon *gegessen*? 너는 벌써 식사를 했니?

Man *ißt*, um zu leben und lebt nicht, um zu *essen*.《Sprw》사람은 살기 위해 먹는 것이지 먹기 위해 사는 것은 아니다.

● zu Mittag (Abend) *essen* : 점심(저녁) 식사를 하다
Wir *essen* gewöhnlich um 7 Uhr *zu Abend*. 우리는 보통 7시에 저녁 식사를 한다.

das **Essen** [ésən] -s/- 식사

Das *Essen* steht auf dem Tisch. 식사는 식탁 위에 차려져 있다.

Er bestellte bei der Kellnerin das *Essen*. 그는 여급에게 식사를 주문했다.

Das *Essen* war heute sehr gut. 오늘 식사는 매우 좋았다.

Um wieviel Uhr gibt es *Essen*[4]? 식사는 몇 시에 합니까?

vor (nach) dem *Essen* 식전(후)에

● beim *Essen* (bei Tisch) sein : 식사중이다
Er *ist* jetzt *beim Essen*. 그는 지금 식사중이다.

etwa [étva] 副 ① 약(約) (ungefähr) ② 혹시
 Es sind *etwa* 4 Kilometer bis dahin. 그곳까지는 약 4 km 이다.
 Er kommt in *etwa* 14 Tagen. 그는 2주일쯤 있으면 온다.
 Hast du *etwa* dein Geld verloren? 너는 혹시 돈을 잃어버린 것은 아니니?
 Hast du *etwa* vergessen, daß heute dein Geburtstag ist? 너는 혹시 오늘이 너의 생일이라는 것을 잊어버리지는 않았니?

etwas [étvas] 1. 代 《부정》 ① 〈명사적〉 어떤 것 (↔nichts) ② 〈부가어적〉 약간의 2. 副 약간 (ein wenig, ein bißchen)
 So *etwas* habe ich noch nicht gesehen. 그러한 것을 나는 아직 보지 못했다.
 Er wird bestimmt *etwas* mitbringen. 그는 틀림없이 뭔가를 가지고 올 것이다.
 Gibt es *etwas* Neues⁴ in der Zeitung? 신문에 어떤 새로운 것이 있니?
 Er erzählte mir *etwas* Wichtiges. 그는 나에게 어떤 중요한 것을 이야기 해 주었다.
 Ich habe *etwas* Geld. 나는 약간의 돈을 가지고 있다.
 Ich aß *etwas* Brot. 나는 약간의 빵을 먹었다.
 Gib mir *etwas* kaltes Wasser! 나에게 약간 찬 물을 다오!
 Er spricht *etwas* Deutsch. 그는 독일말을 조금 한다.

euer, eu[e]re, euer [ɔ́yər, ɔ́y(ə)rə, ɔ́yər] 代 《소유》 〈단수는 부정관사형, 복수는 정관사형의 어미 변화〉 너희들의
 Ist *euer* Lehrer jung? 너희들의 선생님은 젊으시니?
 Ich kenne schon lange *euren* Vater (*eure* Eltern). 나는 이미 오래 전부터 너희들의 아버지(부모)를 알고 있다.

(*das*) Europa [ɔyróːpa] -s/ 유럽
 Deutschland liegt in der Mitte *Europas*. 독일은 유럽의 한 가운데 있다.

 der **Europäer** [ɔyropέːər] -s/- 유럽인
 europäisch [ɔyropέːiʃ] 形 유럽(人)의

ewig [éːvɪç] 形 영원한
 Ich glaube an das *ewige* Leben. 나는 영생을 믿는다.
 Wer an mich glaubt, wird *ewig* leben! 《Bibel》 나를 믿는 자(者)는 영생할 것이다.
 ● auf *ewig* (=auf (für) immer) : 영원히
  Sie hat ihre Heimat *auf ewig* verlassen. 그녀는 고향을 영원히 떠났다.

ewiger Friede 영원한 평화
der *ewige* Schnee 만년설(萬年雪)
das **Examen** [ɛksáːmən] -s/.. mina 시험 (die Prüfung)
- das *Examen* machen (geben) : 시험을 치다
  Wir *machen* nächste Woche⁴ *das Examen* in Mathematik³.
  우리는 다음 주에 수학 시험을 친다.
- das *Examen* bestehen : 시험에 합격하다
  Er hat *das* Eintritts*examen* für die Universität *bestanden*.
  그는 대학 입학 시험에 합격했다.
- beim *Examen* durchfallen : 시험에 낙제하다
  Ich bin *beim* Eintritts*examen* für die Universität *durch gefallen*. 나는 대학 입학 시험에 낙방했다.
- ins *Examen* gehen : 시험을 치러 가다
  Er *geht ins Examen*. 그는 시험을 치러 간다.

F

die **Fabrik** [fabríːk] -/-en 공장 (das Werk)
  Er arbeitet in einer *Fabrik*. 그는 어느 공장에서 일한다.
  In dieser *Fabrik* werden Autos hergestellt. 이 공장에서는 자동차가 생산된다.
  ● in die (zur) *Fabrik* gehen : 공장에 가다
    Die Arbeiter *gehen* zur Arbeit *in die Fabrik*. 노동자들이 일하러 공장에 간다.
der **Fachmann** [fáxman] -[e]s/‥leute 전문가 (↔der Laie)
  Er ist ein tüchtiger (fähiger) *Fachmann*. 그는 유능한 전문가이다.
  Er ist *Fachmann* für deutsche Dichtung des Mittelalters. 그는 중세 독일 문학의 전문가이다.
der **Faden** [fáːdən] -s/̈ 실
  Ich brauche Nadel und *Faden*. 나는 바늘과 실이 필요하다.
  Der *Faden* ist gerissen. 실이 끊어졌다.
  Er verlor mitten in seiner Rede plötzlich den *Faden*. 그는 이야기 도중에 갑자기 이야기의 실마리가 생각나지 않았다.
fähig [fɛ́ːiç] 形 능력이 있는 (↔unfähig)
  Er ist ein sehr *fähiger* (tüchtiger) Mann. 그는 매우 유능한 사람이다.
  Er ist ein *fähiger* Kopf. 그는 유능한 인물이다.
  Er ist als *fähiger* Politiker bekannt. 그는 유능한 정치가로 알려져 있다.
  ● et.² (zu et.) *fähig* sein : (무엇)의 능력이 있다
    Er ist keiner Lüge² *fähig*. 그는 거짓말을 할 줄 모른다.
    Er ist *zu* allem *fähig*. 그는 뭐든지 할 수 있다.
die **Fähigkeit** [fɛ́ːiçkaɪt] -/-en 능력, 재능
  Er hat die *Fähigkeiten*, ein guter Musiker zu werden. 그는 훌륭한 음악가가 될 소질을 지니고 있다.
die **Fahne** [fáːnə] -/-n 기(旗) (die Flagge)
  Die *Fahne* weht im Wind. 기가 바람에 나부낀다.
  Die *Fahne* wurde aufgezogen. 기가 게양되었다.
  Abends wird die *Fahne* eingeholt. 저녁에는 기를 내린다.
  Auf dem Dach dort weht die schwarz-rot-goldene *Fahne*. 저기 지붕 위에 흑-적-황색기(독일 국기)가 나부낀다.

fahren [fá:rən] fuhr, gefahren 1. 自 《s》 (차·배로) 가다 ; (차·배가) 가다 2. 他 (차·배를) 운전하다 ; (차·배로) 운반하다
- mit dem Auto (dem Schiff) *fahren* : 자동차(배)를 타고 가다

  Er *fährt mit dem* (im) *Auto*. 그는 자동차를 타고 간다.

  Er ist *mit einem* deutschen *Frachter* nach Japan *gefahren*. 그는 독일 화물선을 타고 일본으로 갔다.
- erster (zweiter) Klasse² *fahren* : 1(2)등 차로 가다

  Wir *fahren erster Klasse*. 우리는 1등 차로 간다.

Dieser Zug *fährt* von Seoul nach Pusan. 이 기차는 서울에서 부산으로 간다.

Der Bus *fährt* zweimal täglich (am Tage). 버스는 하루에 두 번 다닌다.

Er *fährt* Auto vorsichtig. 그는 자동차를 조심스럽게 운전한다.

Ich kann nicht Auto *fahren*. 나는 자동차를 운전할 줄 모른다.

Fahren Sie mich zum Bahnhof! 나를 역으로 태워다 주십시오!

Er hat mich mit seinem Auto nach Hause *gefahren*. 그는 나를 자기 차로 집까지 태워주었다.

der **Fahrer** [fá:rər] -s/- 운전사

Er ist ein geschickter *Fahrer*. 그는 노련한 운전사이다.

Der *Fahrer* des Autos ist ein junger Mann. 그 자동차의 운전사는 젊은 남자이다.

Es ist gefährlich, den *Fahrer* durch die Gespräche abzulenken. 대화로 운전사의 주의를 다른 데로 돌리는 것은 위험하다.

der **Fahrgast** [fá:rgast] -[e]s/..gäste 승객

Im Bus saßen nur wenige *Fahrgäste*. 버스에는 소수의 승객들만이 앉아 있었다.

die **Fahrkarte** [fá:rkartə] -/-n 차표 (der Fahrschein)
- eine *Fahrkarte* lösen (kaufen) : 차표를 끊다(사다)

  Ich *löste* am Schalter *eine Fahrkarte* nach Köln. 나는 매표구에서 쾰른행 차표를 끊었다.

Der Schaffner kontrolliert die *Fahrkarten* der Reisenden. 차장이 여행자들의 차표를 검사한다.

Einfach, zweiter Klasse² bitte! 편도표, 2등으로 주세요!

Hamburg hin und zurück bitte! 함부르크 왕복표 주세요!

das **Fahrrad** [fáːrraːt] -[e]s/..räder 자전거
- mit (auf) dem *Fahrrad* fahren : 자전거를 타고 가다
  Er *fährt mit dem Fahrrad* in die Schule. 그는 자전거를 타고 학교에 간다.
  Ich kaufte mir ein *Fahrrad*. 나는 자전거를 샀다.
  Wir machten einen Ausflug mit *Fahrrädern* (Rädern). 우리는 자전거를 타고 소풍을 갔다.

der **Fahrstuhl** [fáːrʃtuːl] -[e]s/..stühle 승강기, 엘리베이터
  Ein Hochhaus hat einen *Fahrstuhl*. 고층건물에는 승강기가 있다.
  In diesem Gebäude gibt es keinen *Fahrstuhl*. 이 건물에는 승강기가 없다.

die **Fahrt** [faːrt] -/-en 차 타고 감, 여행 (die Reise)
  Wie lange dauert die *Fahrt*? 차 타고 가면 얼마나 걸립니까?
  Nach drei Stunden *Fahrt* waren wir in Köln. 3시간 차를 탄 후 우리는 쾰른에 도착했다.
  Während der *Fahrt* darf man nicht mit dem Fahrer sprechen. 주행중에는 운전사와 이야기를 해서는 안 된다.
  Die lange *Fahrt* von Seoul nach Pusan war sehr anstrengend. 서울에서 부산까지의 긴 여행은 매우 힘들었다.
- in voller *Fahrt* : 전속력으로
  Das Auto fuhr *in voller Fahrt*. 그 자동차는 전속력으로 달렸다.

der **Fall** [fal] -[e]s/ˆe ① 낙하, 넘어짐 ② 경우
  Er ist ein hoffnungsloser *Fall*. 그는 절망적인 상태다.
  Er hat sich⁴ beim *Fall* verletzt. 그는 넘어질 때 다쳤다.
- zu *Falle* kommen : 떨어지다, 넘어지다
  Er *kam* auf der Treppe *zu Falle*.
  (=Er fiel auf der Treppe.) 그는 계단에서 넘어졌다.
- auf jeden *Fall* (=auf alle *Fälle*) : 어떠한 경우에도
  Auf jeden Fall wird er kommen. 어떠한 경우에도 그는 올 것이다.
- auf keinen *Fall* : 결코(절대로) … 않다
  Ich werde *auf keinen Fall* zum Arzt gehen. 나는 절대로 의사에게 가지 않을 것이다.
- im *Fall*, daß … : …하는 경우에는
  Im Fall, daß er nicht kommen kann, mußt du kommen. 그가 올 수 없는 경우에는 네가 와야 한다.
  Das ist auch der *Fall* bei mir. 나의 경우도 그렇다.
  Das ist bei mir nicht der *Fall*. 나의 경우는 그렇지 않다.

fallen [fálən] fiel, gefallen 自 《s》 떨어지다, 넘어지다
Im Herbst *fallen* die Blätter von den Bäumen. 가을에는 잎이 나무에서 떨어진다.
Die Temperatur ist unter Null⁴ *gefallen* (gesunken). 기온이 영하로 떨어졌다.
Die Preise für Milch sind *gefallen* (gestiegen). 우유 값이 내렸다(올랐다).
Kein Meister *fällt* vom Himmel. 《Sprw》 타고난 대가(大家)는 없다.
Er *fiel* auf der Treppe. 그는 계단에서 넘어졌다.
Sein Sohn ist im Krieg *gefallen*. 그의 아들은 전사했다.
● auf et.⁴ *fallen* : (무엇)에 해당하다
Weihnachten *fallen* (*fällt*) dieses Jahr *auf* den Sonntag. 크리스마스가 올해는 일요일이 된다.
● jm. um den Hals *fallen* : (누구)의 목을 끌어안다
Sie *fiel* ihm *um den Hals* und küßte ihn. 그녀는 그의 목을 끌어안고 키스했다.
● jm. ins Wort *fallen* : (누구의) 말을 가로막다
Er *fiel* mir *ins Wort*. 그는 내 말을 가로막았다.

falsch [falʃ] 形 ① 틀린 (↔richtig) ② 거짓의 (↔echt, wahr)
Leider haben Sie die *falsche* Telefonnummer gewählt. 유감스럽게도 당신은 틀린 전화 번호를 돌리셨습니다.
Meine Uhr geht *falsch* (richtig). 내 시계는 틀린다(맞다).
Du hast mich *falsch* verstanden.
(=Du hast mich mißverstanden.) 너는 나를 오해했다.
Er nannte eine *falsche* Adresse. 그는 거짓 주소를 말했다.

die **Familie** [famíːliə] -/-n 가족, 가정
Er hat keine *Familie*. 그는 가족이 없다.
Ich muß meine *Familie* ernähren. 나는 내 가족을 부양해야 한다.
In unserem Haus wohnen drei *Familien*. 우리 집에는 세 가족이 살고 있다.
Der Vater, die Mutter und die Kinder bilden eine *Familie*. 아버지, 어머니 그리고 아이들이 가정을 이룬다.

fangen [fáŋən] fing, gefangen 他 잡다
Er *fängt* Fische mit dem Netz. 그는 그물로 고기를 잡는다.
Die Katze hat im Keller eine Maus *gefangen*. 고양이가 지하실에서 쥐 한 마리를 잡았다.
Er wirft den Ball in die Luft und *fängt* ihn wieder. 그는 공중으로 공을 던졌다가 다시 받는다.

die Farbe [fárbə] -/-n ① 색(色) ② 안색
Was für eine *Farbe* hat das Kleid? 그 옷은 어떤 색이니?
Die Blume hat bunte *Farben*. 그 꽃은 다채로운 색을 가지고 있다.
Der Regenbogen strahlt in siebenerlei *Farben*. 무지개는 일곱 가지 색으로 빛난다.
Sie hat eine gesunde *Farbe*.
(=Sie hat viel *Farbe*.) 그녀는 안색(혈색)이 좋다.

fassen [fásən] 他 ① 잡다 (greifen) ② 이해하다 (verstehen)
● jn. bei (an) der Hand *fassen* : (누구)의 손을 잡다
Er *faßte* mich *bei der Hand*. 그는 내 손을 잡았다.
Die Mutter *faßte* das Kind *an der Hand* und überquerte die Straße. 어머니는 아이의 손을 잡고 길을 건넜다.
Die Polizei hat den Dieb *gefaßt*. 경찰은 그 도둑을 잡았다.
Das kann ich nicht *fassen* (verstehen). 그것을 나는 이해할 수 없다.
Der Sinn dieser Worte ist schwer zu *fassen*.
(=Ich kann den Sinn dieser Worte nur schwer *fassen*.) 이 말의 의미는 이해하기가 어렵다.
● einen Entschluß *fassen* (=sich⁴ entschließen) : 결심하다
Ich *faßte* den Entschluß, ein Auto zu kaufen.
(=Ich habe *mich entschlossen*, ein Auto zu kaufen.) 나는 자동차를 사기로 결심했다.

fast [fast] 副 ① 거의, 대략 (beinahe) ② 〈접속법 Ⅱ식의 과거와〉 하마터면 (…할 뻔했다) (beinahe, um ein Haar)
Er ist mit seiner Arbeit *fast* fertig. 그는 그의 일을 거의 끝냈다.
Ich habe mein Ziel *fast* erreicht. 나는 내 목표를 거의 달성했다.
Es waren *fast* 100 Menschen da. 대략 100명의 사람들이 거기에 있었다.
Er wäre *fast* ertrunken. 그는 하마터면 익사할 뻔했다.
Ich hätte *fast* den Zug verpaßt (versäumt). 나는 하마터면 기차를 놓칠 뻔했다.

faul [faul] 形 ① 게으른 (↔fleißig) ② 썩은
Du bist *faul*, aber ich bin fleißig. 너는 게으르지만 나는 부지런하다.
Es riecht nach *faulen* Fischen. 썩은 생선 냄새가 난다.

die Faust [faust] -/¨e 주먹
Er drohte mir mit der *Faust*. 그는 주먹으로 나를 위협했다.

Er schlug mit der *Faust* auf den Tisch (gegen die Tür). 그는 주먹으로 책상(문)을 쳤다.
● auf eigene *Faust* (=aus eigener Kraft) : 자기의 힘으로, 독단으로
Er tat es *auf eigene Faust*. 그는 그것을 자기 힘으로 했다.
Du darfst nicht *auf eigene Faust* handeln. 너는 독단으로 행동해서는 안 된다.

der **Februar** [fé:brua:r] -[s]/-e **2월**
Heute ist der 28. (achtundzwanzigste) *Februar*. 오늘은 2월 28일이다.
Anfang (Mitte, Ende) *Februar* kommt er zurück. 2월 초순 (중순, 하순)에 그는 돌아온다.
am 10. (zehnten) *Februar* 1988 1988년 2월 10일에
im [Monat] *Februar* 2월에

die **Feder** [fé:dər] -/-n ① 펜 ② 깃[털]
● mit der *Feder* schreiben : 펜으로 쓰다
Er *schreibt mit der Feder*. 그는 펜으로 쓴다.
● zur *Feder* greifen : 펜을 쥐다
Er *griff zur Feder*, um seinem Vater zu schreiben. 그는 그의 아버지에게 편지를 쓰기 위해 펜을 들었다.
● in den *Federn* liegen : 잠자리에 있다
Er *liegt* noch *in den Federn*.
(=Er ist noch im Bett.) 그는 아직 잠자리에 있다.
Ein Vogel hat *Federn*. 새는 깃을 가지고 있다.
Es ist leicht wie eine *Feder*. 그것은 깃털처럼 가볍다.

fehlen [fé:lən] 自 ① 〈jm.에게는〉 없다, 부족하다 ② (건강상) 나쁘다 ③ 실패하다 ④ 결석하다
Es *fehlt* ihm an Bildung³ (Mut). 그는 교양(용기)이 없다.
Es *fehlt* (mangelt) mir an Geld³. 나는 돈이 부족하다.
Was *fehlt* Ihnen? — Mir *fehlt* nichts.
(=Wo *fehlt* es Ihnen?) 어디가 편찮으십니까? — 나는 아무렇지도 않다.
Er schoß, aber er *fehlte*. 그는 쏘았으나 맞히지 못했다.
Er *fehlt* schon seit drei Tagen. 그는 벌써 3일째 결석하고 있다.
● in der Schule *fehlen* : 학교에 결석하다
Er *fehlte* eine Woche⁴ *in der Schule*. 그는 1주일 동안 학교에 결석했다.
Ich *fehlte* drei Jahre⁴ nie *in der Schule*. 나는 3년 동안 한번도 학교에 결석하지 않았다.

der **Fehler** [féːlər] -s/- ① 오류 (der Irrtum) ② 결점 (der Mangel)
- einen *Fehler* machen (begehen) : 오류·과실을 범하다
  Er *machte* (*beging*) immer denselben *Fehler*. 그는 항상 같은 오류를 범했다.
- die *Fehler* verbessern (korrigieren) : 틀린 것을 수정하다
  Der Lehrer *verbessert die Fehler* im Aufsatz. 선생님이 작문의 틀린 것을 수정하신다.

Jeder hat seine *Fehler*. 누구에게나 결점은 있다.
Natürlich habe ich auch meine *Fehler*. 물론 나도 결점은 있다.

die **Feier** [fáiər] -/-n 축제 (das Fest)
Wir nahmen an der *Feier* teil. 우리는 축제에 참가했다.
In der Aula fand eine *Feier* statt. 대강당에서 축제가 열렸다.
Ich lud meine Freunde zu einer Geburtstags*feier* ein. 나는 내 친구들을 생일 잔치에 초대했다.

feiern [fáiərn] 他 축하하다
Wir *feiern* seine Hochzeit (seinen Geburtstag). 우리는 그의 결혼식(생일)을 축하한다.
Wie *feiert* man Weihnachten in Deutschland? 독일에서는 크리스마스를 어떻게 지냅니까?
- ein Fest *feiern* : 축제를 지내다
  Man *feiert ein Fest*. 축제가 열린다.

der **Feiertag** [fáiərtaːk] -[e]s/-e ① 축제일 ② 휴일
Der 15. (fünfzehnte) August ist ein staatlicher *Feiertag*. 8월 15일은 국경일이다.
Der Sonntag ist ein *Feiertag* (Ruhetag). 일요일은 휴일이다.

feig[e] [faik (fáigə)] 形 비겁한 (↔mutig, tapfer)
Er ist ein *feiger* Kerl. 그는 비겁한 녀석이다.
Er hat *feige* gehandelt. 그는 비겁하게 행동했다.

fein [fain] 形 ① 고상한 (vornehm) ② 미세한 (↔grob) ③ 예민한 ④ 아주 좋은
Er hat einen *feinen* Geschmack. 그는 고상한 취미를 가지고 있다.
Ihre Haare sind sehr *fein*. 그녀의 머리카락은 매우 가늘다.
Der Strand war mit weißem, *feinem* Sand bedeckt. 해안은 희고 가는 모래로 덮여 있었다.
Sie hat ein *feines* Gefühl für Mode. 그녀는 유행에 대하여 예민한 감각을 가지고 있다.

Sie hat ein *feines* Ohr. 그녀는 귀가 예민하다(밝다).
Das war ein *feines* Essen. 그것은 아주 훌륭한 식사였다.
Das ist nicht *fein*. 그것은 좋지 않다.

der **Feind** [faint] -[e]s/-e 적 (der Gegner) (↔der Freund)
Er ist unser *Feind*. 그는 우리의 적이다.
Wegen seines hochmütigen Wesens hat er viele *Feinde*. 그는 교만한 태도 때문에 적이 많다.

das **Feld** [fɛlt] -[e]s/-er ① 들 ② 밭 (der Acker) ③ 전쟁터 (das Schlachtfeld)
Wir wanderten durch *Feld* und Wald. 우리는 들과 숲을 지나갔다.
Die Bauern arbeiten den ganzen Tag auf dem *Feld*. 농부들은 하루 종일 들(밭)에서 일한다.
- aufs *Feld* gehen : 들·밭에 나가다
  Die Bauern *gehen* früh morgens *aufs Feld*. 농부들은 아침 일찍 들(밭)에 나간다.
- das *Feld* bestellen (pflügen) : 밭을 갈다
  Der Bauer *bestellt das Feld*.
  (=Der Bauer pflügt den Acker.) 농부가 밭을 간다.
- ins *Feld* (zu *Felde*) ziehen : 전쟁터로 나가다
  Die Soldaten *zogen ins Feld*. 군인들은 전쟁터로 나갔다.

das **Fell** [fɛl] -[e]s/-e (동물의) 가죽, 모피(毛皮)
Man verarbeitet *Felle* zu Pelzen. 동물의 가죽을 가공하여 모피를 만든다.
Er handelt mit *Fellen*. 그는 모피 장사를 한다.
Er hat ein dickes *Fell*. 그는 감각이 둔한 사람이다.

der **Fels** [fɛls] -en/-en, *der* **Felsen** [fɛ́lzən] -s/- 바위, 암석
Er klettert auf den *Felsen*. 그는 바위에 기어올라간다.
Die Willenskraft durchbohrt selbst *Felsen*. 의지력은 바위까지도 뚫는다.

das **Fenster** [fɛ́nstər] -s/- 창문
Das *Fenster* ist offen (auf). 창문이 열려 있다.
Das *Fenster* ist geschlossen (zu). 창문이 닫혀 있다.
Er sitzt am *Fenster*. 그는 창가에 앉아 있다.
Er stellte Blumen ans *Fenster*. 그는 꽃을 창가에 놓았다.
Er schläft bei offenem *Fenster*. 그는 창문을 열어둔 채 잔다.
- das *Fenster* aufmachen (zumachen) : 창문을 열다(닫다)
  Er *macht das Fenster auf* (*zu*).
  (=Er öffnet (schließt) das *Fenster*.) 그는 창문을 연다(닫는다).

Soll ich *das Fenster aufmachen* (*zumachen*)? 창문을 열까요(닫을까요)?
* zum *Fenster* hinaussehen : 창밖을 내다보다
  Er *sah zum Fenster hinaus.*
  (=Er sah aus dem *Fenster.*) 그는 창밖을 내다보았다.

die **Ferien** [féːriən] 複 방학, 휴가 (der Urlaub)
Die Sommer*ferien* (Die großen *Ferien*) beginnen am 10. Juli. 여름 방학은 7월 10일에 시작된다.
Hurra! Bald sind die großen *Ferien* da. 만세! 곧 여름 방학이다.
Er verbringt seine *Ferien* auf dem Land (an der See, in den Bergen). 그는 휴가를 시골(해변, 산)에서 보낸다.
Wohin fahren Sie in den *Ferien* (während der *Ferien*)? 당신은 휴가중에 어디로 가십니까?
Er arbeitete in den *Ferien*, um das Geld für sein Studium zu verdienen. 그는 방학중에 학비를 벌기 위해 일했다.
* *Ferien* (Urlaub) haben : 휴가중이다
  Er *hat Ferien.*
  (=Er ist im (auf) Urlaub.) 그는 휴가중이다.
* *Ferien* nehmen (bekommen, erhalten) : 휴가를 얻다
  Er *nimmt* nächste Woche[4] *Ferien*. 그는 다음 주에 휴가를 얻는다.
  Ich *bekam* zwei Wochen[4] *Ferien*. 나는 2주간의 휴가를 얻었다.
* in die *Ferien* gehen : 휴가에 들어가다
  Morgen *gehe* ich *in die Ferien.* 내일 나는 휴가에 들어간다.
  Er *fährt* mit der Familie *in die Ferien.* 그는 가족과 휴가 여행을 간다.

fern[e] [férn(ə)] 形 먼 (↔nah[e])
Ich möchte in *ferne* Länder reisen. 나는 먼 나라로 여행하고 싶다.
Er lebt *fern* von der Heimat. 그는 고향에서 멀리 떨어져 살고 있다.
* von *fern* (=aus der Ferne ; von weitem) : 멀리서부터
  Ich sah dich schon *von fern.* 나는 너를 멀리서 이미 보았다.
* von nah und *fern* : 원근(遠近)에서 부터
  Von nah und fern kamen viele Leute herbei. 멀고 가까운 곳에서 많은 사람들이 이곳으로 왔다.

die **Ferne** [fέrnə] -/-n 먼 곳 (↔die Nähe)
- aus der *Ferne* : 먼 곳에서부터
  Er kam *aus der Ferne*. 그는 먼 곳에서 왔다.
- in der *Ferne* : 먼 곳에
  Ich sah ihn *in der Ferne*. 나는 그를 멀리서 보았다.
- in die *Ferne* : 먼 곳으로
  Er ging *in die Ferne*. 그는 먼 곳으로 갔다.

ferner [fέrnər] 副 (fern 의 비교급의 뜻 외에) ① 그밖에 (außerdem) ② 장래, 금후
Haben Sie *ferner* etwas zu sagen? 그밖에 또 말씀하실 것이 있읍니까?
Ich werde auch *ferner* in Seoul³ wohnen. 나는 앞으로도 서울에 살 것이다.

der **Fernsehapparat** [fέrnze:-apara:t] -es/-e 텔레비젼수상기
Ich habe mir einen neuen *Fernsehapparat* gekauft. 나는 새 텔레비젼을 샀다.
Er hat seinen Eltern zu Weihnachten einen *Fernsehapparat* gekauft. 그는 그의 부모님께 크리스마스에 텔레비젼을 사드렸다.

das **Fernsehen** [fέrnze:ən] -s/ 텔레비젼
Ich sah den Film im *Fernsehen*. 나는 그 영화를 텔레비젼에서 보았다.
Das Fußballspiel wurde durch Rundfunk und *Fernsehen* direkt übertragen. 그 축구 시합은 라디오와 텔레비젼을 통하여 직접 중계되었다.
Was gibt es heute im *Fernsehen*? 오늘 텔레비젼에서는 무엇이 방영되니?

der **Fernsprecher** [fέrnʃprɛçər] -s/- 전화기 (das Telefon)
Wo ist hier ein öffentlicher *Fernsprecher*? 여기 어디에 공중 전화가 있읍니까?
Gibt es hier in der Nähe einen öffentlichen *Fernsprecher*? 이 근처에 공중 전화가 있읍니까?
Ich rufe dich jetzt vom öffentlichen *Fernsprecher* aus an. 나는 지금 공중 전화에서 너에게 전화를 건다.

fertig [fέrtıç] 形 ① 준비가 된 ② 끝난
Das Essen ist *fertig*. 식사 준비가 되었다.
Ist das Essen noch nicht *fertig*? 식사는 아직 준비가 되지 않았니?
- zu et. *fertig* sein : (무엇)의 준비가 되어 있다
  Ich bin *zur* Reise *fertig*. 나는 여행 준비가 되어 있다.

Das Schiff ist *zur* Abfahrt *fertig*. 배는 출범 준비가 되어 있다.

Die Arbeit ist *fertig*. 일은 끝났다.

Ich habe den Brief *fertig* gemacht. 나는 편지를 다 썼다.

- mit et. *fertig* sein : (무엇)을 마치다

  Ich bin *mit* der Arbeit *fertig*. 나는 일을 마쳤다.

  Du kannst nach Hause gehen, wenn du *mit* deiner Arbeit *fertig* bist. 너는 일이 끝나면 집에 가도 좋다.

fest [fɛst] 形 ① 단단한, 굳은 (↔weich) ② **고정된**

Dieses Brot ist sehr *fest*. 이 빵은 매우 딱딱하다.

Das Eis ist noch nicht *fest*. 얼음은 아직 꽁꽁 얼지 않았다.

Daran hat er *fest* geglaubt. 그것을 그는 굳게 믿었다.

Ich bin *fest* davon überzeugt. 나는 그것을 확신하고 있다.

Mache bitte die Tür *fest* zu! 문을 꼭 닫아라!

Er schläft *fest* (tief). 그는 곤하게 자고 있다.

Sie bekommt jeden Monat *festes* Gehalt. 그녀는 매월 고정 봉급을 받는다.

Die Waren werden zu *festen* Preisen verkauft. 이 상품들은 정가로 판매된다.

das **Fest** [fɛst] -[e]s/-e **축제[일]** (die Feier)

- ein *Fest* feiern : 축제를 열다

  Man *feiert* heute *ein Fest*. 오늘 축제가 열린다.

  Zum Geburtstag unseres Großvaters *feiern* wir *ein Fest*. 우리 할아버지의 생신에 우리는 잔치를 연다.

Weihnachten und Ostern sind die höchsten christlichen *Feste*. 크리스마스와 부활절은 기독교 최고의 축제일이다.

fett [fɛt] 形 ① 살찐, 뚱뚱한 (↔mager) ② **지방이 많은**

- dick und *fett* : 뚱뚱한

  Er ist *dick* [*und fett*]. 그는 뚱뚱하다.

Ich werde immer *fetter* (*fetter* und *fetter*). 나는 점점 살이 찐다.

Geben Sie mir ein Pfund nicht so *fettes* Schweinefleisch! 그렇게 기름기가 많지 않은 돼지고기 1파운드를 주세요!

Ich habe zu *fett* gegessen. 나는 너무 기름지게 먹었다.

feucht [fɔyçt] 形 **축축한**, 젖은 (naß) (↔trocken)

Das Tuch ist *feucht*. 수건이 축축하다.

Meine Kleider wurden im Regen ganz *feucht*. 내 옷은 비에 완전히 젖었다.

Vom letzten Regen ist das Gras noch *feucht*. 지난 비로 풀은 아직 젖어 있다.

Sie bügelt die Hose mit einem *feuchten* Tuch. 그녀는 젖은 수건을 대고 바지를 다린다.

das **Feuer** [fɔ́yər] -s/- 불: 화재
- *das Feuer* [an]machen : 불을 피우다
  Er *machte das Feuer* im Ofen *an*. 그는 난로에 불을 피웠다.
- das *Feuer* ausmachen (löschen) : 불을 끄다
  Wir *machten das Feuer aus*.
  (=Wir *löschten das Feuer*.) 우리는 불을 껐다.

Darf ich Sie um *Feuer* bitten?
(=Können Sie mir *Feuer* geben?) [담배]불 좀 빌릴까요?
Feuer !
(=Es brennt!) 불이야!
Der Markt wurde schon zweimal durch *Feuer* zerstört. 그 시장은 벌써 두 번이나 화재로 파괴되었다.

das **Fieber** [fí:bər] -s/- 열(熱) (die Temperatur)
- *Fieber* haben : 열이 있다
  Er *hat Fieber*. 그는 열이 있다.
  Er *hat* jetzt 40 Grad *Fieber*. 그는 지금 40도의 열이 있다.
  Er *hat* hohes (leichtes) *Fieber*. 그는 고열(미열)이 있다.
  Das *Fieber* steigt (sinkt). 열이 오른다(내린다).

der **Film** [fɪlm] -[e]s/-e ① 필름 ② 영화
Er legte einen neuen *Film* in die Kamera. 그는 새 필름을 카메라에 넣었다.
Er hat den *Film* herausgenommen. 그는 필름을 꺼냈다.
Ich habe den *Film* schon (noch nicht) gesehen. 나는 그 영화를 이미 보았다(아직 보지 못했다).
Der *Film* läuft schon in der dritten Woche. 그 영화는 이미 3주째 상영되고 있다.
Morgen läuft der *Film* nicht mehr. 내일이면 그 영화는 상영되지 않는다.
Der *Film* wurde in Afrika gedreht (aufgenommen). 그 영화는 아프리카에서 촬영되었다.

finden [fíndən] fand, gefunden 他 ① 찾아내다, 발견하다 ② (…하다고) 생각하다
Ich habe das Buch *gefunden*. 나는 그 책을 찾았다.
Er hat den verlorenen Schlüssel noch nicht *gefunden*. 그는 잃어버린 열쇠를 아직 찾지 못했다.
Ich *finde* keine Worte.
(=Ich weiß nicht, was ich sagen soll.) 나는 할 말을 모르

겠다.

Suchet, so werdet ihr *finden*. 《Bibel》 찾으라, 그러면 찾을 것이다.

Ich *finde* Ihre Meinung richtig (falsch). 나는 당신의 의견이 옳다고(그르다고) 생각합니다.

Ich *finde*, daß er recht (unrecht) hat. 나는 그가 옳다고 (옳지 않다고) 생각한다.

Wie *findest* du das? 너는 그것을 어떻게 생각하니?

der **Finger** [fíŋər] -s/- 손가락

Er zeigte mit dem *Finger* auf sie. 그는 손가락으로 그녀를 가리켰다.

Am Zeige*finger* der linken Hand trägt sie einen goldenen Ring. 왼손 검지에 그녀는 금반지를 끼고 있다.

Sie hat den ganzen Tag keinen *Finger* gerührt.
(=Sie hat den ganzen Tag nichts getan.) 그녀는 하루 종일 손가락 하나 움직이지 않았다.

● sich⁴ in den *Finger* schneiden : 손가락을 베이다
Ich habe *mich* beim Brotschneiden *in den Finger* geschnitten. 나는 빵을 썰다가 손가락을 베었다.

finster [fínstər] 形 ① 깜깜한 (ganz dunkel) (↔hell) ② 침울한 (↔heiter)

Es wird *finster*. 깜깜해 진다.

Es ist eine *finstere* Nacht. 깜깜한 밤이다.

Er machte ein *finsteres* Gesicht. 그는 침울한 얼굴을 했다.

Er hat sicher *finstere* Gedanken. 그는 분명히 음흉한 생각을 하고 있다.

die **Finsternis** [fínstərnıs] -/-se 어두움, 암흑

Ich konnte den Weg in der *Finsternis* nicht finden. 나는 어둠 속에서 길을 찾을 수가 없었다.

die **Firma** [fírma] -/..men 회사

Die *Firma* wurde etwa vor 20 Jahren gegründet. 그 회사는 약 20년 전에 창설되었다.

Die *Firma* zahlt sehr hohe Gehälter. 그 회사는 매우 높은 봉급을 지불한다.

der **Fisch** [fıʃ] -es/-e 물고기

Er ißt *Fisch* gern. 그는 생선을 좋아한다.

Er ißt *Fisch* nicht gern.
(=Er mag *Fisch* nicht.) 그는 생선을 좋아하지 않는다.

Er ißt lieber *Fisch* als Fleisch. 그는 고기(肉類)보다 생선을 더 좋아한다.

Möchtest du lieber *Fisch* oder Fleisch? 너는 생선을 좋아하니, 고기를 좋아하니?

Er fängt *Fische* mit dem (im) Netz. 그는 그물로 고기를 잡는다.

der **Fischer** [fíʃər] -s/- 어부

Der *Fischer* fischt mit der Angel oder dem Netz. 어부는 낚시나 그물로 고기를 잡는다.

Die *Fischer* fahren ans Meer, um Fische zu fangen. 어부들은 고기를 잡기 위해 바다로 나간다.

flach [flax] 形 ① 평평한 (eben) ② 얕은 (↔tief)

Der Boden ist *flach*. 지면은 평평하다.

Er schlug mit der *flachen* Hand auf den Tisch. 그는 손바닥으로 책상을 쳤다.

Das Wasser ist die ersten 50 Meter⁴ *flach*, aber dann wird es plötzlich tief. 물은 처음 50m는 얕지만, 그 다음에는 갑자기 깊어진다.

Sie trägt Schuhe mit *flachen* (hohen) Absätzen. 그녀는 굽이 낮은(높은) 구두를 신고 있다.

die **Flamme** [flámə] -/-n 불꽃, 화염

Die *Flamme* lodert zum Himmel. 불꽃이 하늘로 활활 타오른다.

Laß die Suppe auf kleiner *Flamme* weiter kochen! 수프를 약한 불에 계속 끓게 놔 두어라!

● in *Flammen*³ stehen : 불 타오르고 있다

Das ganze Haus *stand in Flammen*. 집 전체가 불꽃에 싸여 있었다.

die **Flasche** [fláʃə] -/-n 병

Er trank eine *Flasche* Wein. 그는 포도주 한 병을 마셨다.

Er trank die *Flasche* leer. 그는 병을 마셔서 비웠다.

Ich trank heute mindestens fünf *Flaschen* Bier. 나는 오늘 적어도 맥주 5병은 마셨다.

das **Fleisch** [flaıʃ] -es/ 고기(肉類)

Er ißt *Fleisch* nicht gern.

(=Er mag *Fleisch* nicht.) 그는 고기를 좋아하지 않는다.

Er aß kein *Fleisch*. 그는 고기를 먹지 않았다.

Zu Mittag aßen wir *Fleisch* mit Kartoffeln. 점심에 우리는 감자를 곁들여 고기를 먹었다.

der **Fleiß** [flaıs] -es/ 근면 (↔die Faulheit)

Sie ist wegen großen *Fleißes* bei uns beliebt. 그녀는 매우 근면하기 때문에 우리들한테서 사랑을 받고 있다.

Ohne *Fleiß* kein Preis. 《Sprw》 노력 없이 댓가 없다.
- mit *Fleiß* (=fleißig) : 열심히
  Er tut etwas *mit Fleiß*. 그는 뭔가를 열심히 하고 있다.

fleißig [fláısıç] 形 부지런한 (↔faul)
Er ist sehr *fleißig*. 그는 매우 부지런하다.
Er arbeitet *fleißig*. 그는 열심히 일한다.

fliegen [flíːgən] flog, geflogen 自 《s, h》 날다, 비행기로 가다
Der Vogel *fliegt* durch die Luft. 새가 공중으로 날아간다.
Im Herbst *fliegen* die Schwalben nach südlichen Ländern. 가을에 제비들은 남쪽 나라로 날아간다.
Das Flugzeug *fliegt* hoch. 비행기가 높이 날아간다.
Er ist [mit dem Flugzeug] nach Deutschland *geflogen*. 그는 비행기를 타고 독일로 갔다.
Sie *fliegt* heute nach Hamburg und morgen zurück nach Frankfurt. 그녀는 오늘 비행기로 함부르크에 갔다가 내일 프랑크푸르트로 돌아온다.

fliehen [flíːən] floh, geflohen 自 《s》 달아나다, 도망하다 (flüchten)
- vor jm. *fliehen* : (누구)로부터 달아나다
  Sie *floh* vor ihnen. 그녀는 그들로부터 도망쳤다.
  Sie *flohen* vor den feindlichen Truppen. 그들은 적의 군대로부터 도주했다.

fließen [flíːsən] floß, geflossen 自 《s》 흐르다
Der Fluß *fließt* ins Meer. 강은 바다로 흘러 들어간다.
Die Elbe *fließt* in die Nordsee. 엘베강은 북해로 흘러 들어간다.
Der Rhein *fließt* durch Deutschland. 라인강은 독일을 통과하여 흐른다.
Das Wasser *fließt* aus dem Hahn. 물이 수도꼭지에서 흐른다.

fließend [flíːsənt] 形 ① 흐르는 ② 유창한
Er mietete ein Zimmer mit *fließendem* Wasser. 그는 수도장치가 되어 있는 방을 세 얻었다.
Er spricht *fließend* Deutsch. 그는 유창하게 독일말을 한다.

die Flöte [fløːtə] -/-n 피리, 플룻
- auf der *Flöte* blasen (spielen) : 피리를 불다
  Er *bläst (spielt) auf der Flöte*.
  (=Er bläst (spielt) *Flöte*.) 그는 피리를 분다.
  Sie *bläst* das Lied *auf der Flöte*. 그녀는 노래를 플룻으로 분다.

der **Flug** [flu:k[-[e]s/⸚e 비행
 Der *Flug* nach Berlin war sehr angenehm. 베를린으로 가는 비행은 매우 쾌적했다.
 Der *Flug* von Deutschland nach Amerika dauert nur 5 bis 6 Stunden[4]. 독일에서 미국까지 비행하는데는 5시간 내지 6시간밖에 걸리지 않는다.
 Die Zeit des Urlaubs verging wie im *Flug*. 휴가 기간은 나는듯이 지나갔다.

der **Flügel** [flýːgəl] -s/- ① 날개 ② 그랜드피아노
 Die Vögel haben *Flügel*. 새들은 날개를 가지고 있다.
 Beide *Flügel* des Flugzeuges sind zerbrochen. 비행기의 양쪽 날개가 부서졌다.
 ● mit den *Flügeln* schlagen : 날개를 치다
 Der Vogel *schlägt mit den Flügeln*. 새가 날개를 친다.
 ● auf dem *Flügel* spielen : 피아노를 연주하다
 Sie *spielt auf dem Flügel*.
 (=Sie spielt Klavier.) 그녀는 피아노를 연주한다.

der **Flughafen** [flúːkhaːfən] -s/‥häfen 공항
 Im *Flughafen* wartet er auf seinen Vater. 공항에서 그는 그의 아버지를 기다리고 있다.

der **Flugplatz** [flúːkplats] -es/‥plätze 비행장
 Das Flugzeug startete von dem *Flugplatz*. 비행기가 이륙했다.
 ● jn. vom *Flugplatz* abholen : (누구)를 비행장으로 마중나가다
 Meine Familie *holte* mich *vom Flugplatz ab*. 나의 가족이 비행장으로 나를 마중나왔다.

das **Flugzeug** [flúːktsɔyk] -[e]s/-e 비행기
 ● mit dem (im) *Flugzeug* fliegen : 비행기를 타고 가다
 Er ist *mit dem Flugzeug* nach Frankreich *geflogen*. 그는 비행기를 타고 프랑스로 갔다.
 Wir reisen mit dem *Flugzeug*. 우리는 비행기로 여행한다.
 Das *Flugzeug* landete um 20,30 Uhr auf dem Flugplatz Kimpo. 비행기는 20시 30분에 김포 공항에 착륙했다.

der **Fluß** [flus] ‥sses/Flüsse 강
 Der Rhein ist ein deutscher *Fluß*. 라인 강은 독일의 강이다.
 Das Dorf liegt am *Fluß*. 그 마을은 강가에 있다.
 Wir gingen den *Fluß* entlang. 우리는 강을 따라 걸었다.
 Das Boot fährt den *Fluß* abwärts (aufwärts). 보트는 강을 따라 내려간다(거슬러 올라간다).

flüstern [flýstərn] 圓 他 속삭이다
Sie *flüsterte* mit ihm. 그녀는 그와 속삭였다.
- jm. et.⁴ ins Ohr *flüstern* : (누구)의 귀에 (무엇)을 속삭이다
  Sie *flüsterte* ihm etwas (einige Worte) *ins Ohr*. 그녀는 그의 귀에 뭔가(몇 마디)를 속삭였다.

folgen [fɔ́lgən] 圓 ① 《s》〈jm.를〉따라가다 ② 《h》〈jm.(et.³)를〉따르다 ③〈auf et.⁴의〉다음에 오다
Er ist mir bis ins Haus *gefolgt*. 그는 집 안까지 나를 따라 왔다.
Ich bin einer Sekretärin in das Zimmer des Direktors *gefolgt*. 나는 여비서를 따라 사장실로 들어갔다.
Er hat seinem Vater *gefolgt* (gehorcht). 그는 그의 아버지의 말씀에 따랐다(순종했다).
Er hat meinem Rat nicht *gefolgt*. 그는 나의 충고를 듣지 않았다.
Auf den kalten Winter *folgt* ein warmer Frühling. 추운 겨울 뒤에는 따뜻한 봄이 온다.
Auf Regen *folgt* Sonnenschein. 《Sprw》 비 온 뒤에는 햇볕이 든다(고생 끝에 낙이 온다).

folgend [fɔ́lgənt] 形 다음의
Am *folgenden* (nächsten) Tag besuchte er mich. 다음 날 그가 나를 방문했다.

fordern [fɔ́rdərn] 他 요구하다 (verlangen)
Er *forderte*, daß ich ihm half. 그는 내가 자기를 도와 주도록 요구했다.
- et.⁴ von jm. *fordern* : (누구)에게 (무엇)을 요구하다
  Er *forderte* Geld *von* mir. 그는 나에게 돈을 요구했다.
- jn. vor Gericht⁴ *fordern* : (누구)를 법정에 소환하다
  Er wurde *vor Gericht gefordert*. 그는 법정에 소환되었다.

die **Form** [fɔrm] -/-en ① 형태 ② 형식
Die Erde hat die *Form* einer Kugel. 지구는 공의 형태를 하고 있다.
Das hat weder *Form* noch Inhalt. 그것은 형식도 내용도 없다.
in aller *Form* 정식으로, 형식을 갖추어서

forschen [fɔ́rʃən] 圓 〈nach et.을〉연구·탐구하다
Wir *forschen nach* der Wahrheit. 우리는 진리를 탐구한다.
Die Ärzte *forschten nach* der Ursache der Krankheit. 의사들은 그 병의 원인을 규명했다.

Er *forscht* auf dem Gebiet der Medizin. 그는 의학 분야에서 연구하고 있다.
- nach jm. *forschen* : (누구)의 거처를 찾다
  Ich habe lange *nach* ihm *geforscht*. 나는 오랫동안 그의 거처를 찾았다.

die **Forschung** [fɔ́rʃuŋ] -/-en 연구
Das Institut wurde zum Zwecke der wissenschaftlichen *Forschung* errichtet. 이 연구소는 학술 연구의 목적으로 설립되었다.

fort [fɔrt] 副 ① 떠난 (weg) ② 앞으로 (vorwärts); 계속하여 (weiter)
Er ist schon *fort*. 그는 이미 가버렸다.
Leider muß ich jetzt *fort*. 유감스럽게도 나는 지금 떠나야 한다.
Das Pferd wollte nicht mehr *fort*. 그 말은 더 이상 앞으로 나가려 하지 않았다.
Er arbeitete *fort*. 그는 계속 일했다.
- in einem *fort* : 계속하여, 끊임없이
  Er redete *in einem fort* mit sich selbst. 그는 계속 혼자 중얼거렸다.

der **Fortschritt** [fɔ́rt-ʃrɪt] -[e]s/-e 진보
Das ist ein großer *Fortschritt* gegenüber früher. 그것은 전에 비하면 큰 진전이다.
- in et.³ *Fortschritte* machen : (무엇)에 진전을 보이다
  Er hat *im* Deutschen große (keine) *Fortschritte gemacht*. 그는 독일어에 매우 능숙해졌다(조금도 진전을 보이지 않았다).

die **Frage** [frá:gə] -/-n ① 질문 (↔die Antwort), 의문 ② 문제 (das Problem)
- jm. eine *Frage* stellen : (누구)에게 질문을 하다
  Er *stellte* mir *eine Frage*. 그는 나에게 질문을 했다.
- an jn. eine *Frage* haben : (누구)에게 질문이 있다
  Ich *habe eine Frage an* Sie. 당신에게 질문이 있읍니다.
- eine *Frage*⁴ beantworten (=auf eine *Frage* antworten) : 질문에 대답하다
  Sie *beantwortete* meine *Frage*.
  (=Sie *antwortete auf* meine *Frage*.) 그녀는 나의 질문에 대답했다.
  Die *Frage* ist schwer zu *beantworten*. 그 질문은 대답하기가 어렵다.

- auβer *Frage* sein (stehen) : 문제가 되지 않다; 의심할 여지가 없다

  Das *ist (steht) auβer Frage*. 그것은 문제가 되지 않는다 (그것은 의심할 여지가 없다).
- in *Frage* kommen : 문제가 되다

  Das *kommt* nicht *in Frage*.

  (=Das steht auβer *Frage*.) 그것은 문제가 되지 않는다.

Das ist eine andere *Frage*. 그것은 별(別) 문제다.

Das ist nur eine *Frage* der Zeit. 그것은 시간 문제일 뿐이다.

fragen [frá:gən] 他 〈jn.에게 nach et.을〉 묻다 (↔antworten)

Er *fragte* mich *nach* meinem Namen. 그는 나에게 내 이름을 물었다.

Er *fragte* mich *nach* dem Weg zum Bahnhof. 그는 나에게 역으로 가는 길을 물었다.

Er *fragte*, ob er ins Kino gehen dürfte. 그는 영화를 보러 가도 괜찮은지를 물었다.

(das) **Frankreich** [fráŋkraɪç] -s/ 프랑스

der **Franzose** [frantsó:zə] -n/-n 프랑스인

die **Französin** [frantsǿ:zɪn] -/-nen 프랑스 여자

französisch [frantsǿ:zɪʃ] 形 프랑스[人・語]의

(das) **Französisch** [frantsǿ:zɪʃ] -[s]/ 프랑스어

Er spricht gut[es] *Französisch*. 그는 프랑스말을 잘 한다.

Sprechen Sie *Französisch*? 당신은 프랑스말을 하십니까?

Die Aussprache seines *Französisch*[s] ist schlecht.

(=Seine französische Aussprache ist schlecht.) 그의 프랑스어 발음은 좋지 않다.

die **Frau** [frau] -/-en ① 여성; 부인(婦人) ② 아내 ③ (기혼 여성에 대한 호칭)…부인(夫人)

Die meisten Männer sehen sich⁴ nach schönen *Frauen* um, die vorbeigehen. 대부분의 남성들은 지나가는 아름다운 여성들을 뒤돌아본다.

Darf ich Ihnen helfen, gnädige *Frau*? 부인, 제가 당신을 도와 드릴까요?

eine alte (ältere, junge, jüngere) *Frau* 늙은(중년의, 젊은, 비교적 젊은) 부인

meine *Frau* 나의 아내

Frau Müller 뮐러 부인

das **Fräulein** [frɔ́ylaɪn] -s/- ① 처녀 ② (미혼 여성에 대한 호칭)…양(孃)

Ein *Fräulein* wartet lange auf Sie. 어떤 아가씨가 오랫동안 당신을 기다리고 있읍니다.

Wie geht es Ihnen, gnädiges *Fräulein*? 아가씨, 안녕하세요?

Fräulein Kim hat letzte Woche⁴ geheiratet. 김 양(孃)은 지난 주에 결혼했다.

Ihr[e] *Fräulein* Tochter 당신의 따님

frei [fraɪ] 形 ① 자유로운 ② 비어 있는 (↔besetzt) ③ 일이 없는 ④ 무료의

Es ist sein *freier* Wille. 그것은 그의 자유 의사다.

Sie ist noch *frei*. 그녀는 아직 미혼이다.

Ist dieser Platz *frei*? 이 좌석은 비어 있읍니까?

Haben Sie ein Zimmer *frei*? 빈 방 있읍니까?

Wir haben heute *frei*. 우리는 오늘 쉰다.

Morgen ist *frei*. 내일은 쉰다.

Der Eintritt ist *frei*. 입장은 무료다.

Bei einer Flugreise hat man 20 kg (Kilogramm) Gepäck *frei*. 비행기 여행에서는 20 kg의 하물(荷物)이 무료다.

die **Freiheit** [fráɪhaɪt] -/-en 자유

Wir kämpfen für die *Freiheit*. 우리는 자유를 위해 싸운다.

Ich habe die *Freiheit*, so zu handeln. 나는 그렇게 행동할 자유가 있다.

freilich [fráɪlɪç] 副 물론 (natürlich, selbstverständlich)

Kommen Sie morgen? — Ja, *freilich*! 내일 오시겠읍니까? — 예, 물론이죠!

Er ist *freilich* nicht reich, aber nicht so arm. 그는 물론 부자는 아니지만 그렇게 가난하지도 않다.

der **Freitag** [fráɪta:k] -[e]s/-e 금요일

Heute ist *Freitag*. 오늘은 금요일이다.

am *Freitag* 금요일에

am vorigen (nächsten) *Freitag* 지난(다음) 금요일에

Freitag morgen (abend) 금요일 아침(저녁)에

fremd [frɛmt] 形 ① 남의; 외국의 ② 낯선 (↔bekannt)

Das Haus ist *fremdes* Eigentum. 그 집은 다른 사람의 소유이다.

Er reiste in *fremde* Länder (ins Ausland). 그는 외국으로 여행갔다.

Er spricht mehrere *fremde* Sprachen. 그는 몇 개의 외국어를 말한다.

Ein *fremder* Herr fragte mich nach dem Weg. 어떤 낯선

신사가 나에게 길을 물었다.
Ich bin hier (in dieser Stadt) *fremd*. 나는 이곳(이 도시)
이 낯설다.
Diese Gegend ist mir ganz *fremd*. 이 지방은 나에게는 아주
생소하다.

die Fremdsprache [frέmt-ʃpra:xə] -/-n 외국어 (die fremde Sprache)
Englisch und Deutsch sind die in Korea³ beliebtesten *Fremdsprachen*. 영어와 독어는 한국에서 가장 인기 있는 외국어이다.

fressen [frésən] fraß, gefressen 他 (동물이) 먹다
Das Pferd *frißt* Gras. 말이 풀을 뜯는다.
Hast du dem Hund etwas zu *fressen* gegeben? 너는 개에게 먹을 것을 주었니?

die **Freude** [frɔ́ydə] -/-n 기쁨 (↔das Leid)
Es ist mir eine *Freude*. 나는 그것이 기쁘다.
Ich kann keine *Freude* darüber empfinden. 나는 그것에 대하여 아무런 기쁨도 느낄 수 없다.
- jm. eine *Freude* machen : (누구)를 기쁘게 하다
  Du hast mir mit diesem Geschenk *eine* große *Freude gemacht*. 너는 이 선물로 나를 매우 기쁘게 했다.
- vor *Freude*³ : 기뻐서
  Als er kam, fiel sie ihm *vor Freude* um den Hals. 그가 왔을 때 그녀는 기뻐서 그의 목을 끌어안았다.
  Sie ist *vor Freude* außer sich. 그녀는 기뻐서 어쩔 줄을 모른다.
- in *Freud* und Leid : 기쁠 때나 슬플 때나
  Sie hielten *in Freud und Leid* zusammen.
  (=Sie teilten *Freud* und Leid miteinander.) 그들은 동고동락했다.
- mit *Freuden* : 기꺼이
  Ich habe es *mit Freuden* erhalten. 나는 그것을 기꺼이 받았다.

freuen [frɔ́yən] 1. 他 기쁘게 하다 (erfreuen) 2. 再 《sich⁴》 기뻐하다
Dein Brief hat mich sehr *gefreut*. 너의 편지는 나를 매우 기쁘게 했다.
Es *freut* mich, Sie wiederzusehen.
(=Ich *freue mich*, Sie wiederzusehen.) 당신을 다시 만나 기쁩니다.

Es *freut* mich, daß du uns bald besuchst. 네가 우리를 곧 방문한다니 나는 기쁘다.

Bei seiner Ankunft *freute* sie *sich* wie ein Kind. 그가 도착했을 때 그녀는 어린애처럼 기뻐했다.

● sich⁴ über et.⁴ *freuen* : 〈현재・과거의〉(무엇)을 기뻐하다
Er *freut sich* sehr *über* Ihr Geschenk. 그는 당신의 선물을 매우 기뻐하고 있다.

● sich⁴ auf et.⁴ *freuen* : 〈미래의〉(무엇)을 고대하다
Sie *freut sich* jetzt schon *auf* die Sommerferien. 그녀는 지금 벌써 여름 방학을 고대하고 있다.

der **Freund** [frɔynt] -[e]s/-e ① 친구 ② (et.² 의) 애호가

Er ist mein *Freund*. 그는 나의 친구다.

Er ist einer von meinen *Freunden*. 그는 내 친구들 중의 한 사람이다.

Er hat viele *Freunde*. 그는 친구가 많다.

Er hat keinen wahren *Freund*, dem er wirklich vertrauen kann. 그에게는 정말 믿을 수 있는 진정한 친구가 없다.

Jedermanns *Freund* ist niemandes *Freund*. 《Sprw》 누구나 다 아는 친구는 진정한 친구가 아니다.

Er ist ein *Freund* der Musik. 그는 음악 애호가이다.

Er ist kein *Freund* des Weins. 그는 술을 좋아하지 않는다.

die **Freundin** [frɔyndɪn] -/-nen 여자 친구

Sie ist meine *Freundin*. 그녀는 나의 친구다.

Er fand eine neue *Freundin*. 그에게 새 여자 친구가 생겼다.

freundlich [frɔyntlɪç] 形 ① 친절한 (↔unfreundlich) ② 쾌적한

● zu jm. *freundlich* sein : (누구)에게 친절하다
Er war *zu* uns sehr *freundlich*. 그는 우리에게 매우 친절했다.

Die Verkäuferin ist *zu* jedermann *freundlich*. 그 여점원은 누구에게나 친절하다.

Es ist sehr *freundlich* (nett) von Ihnen! 친절을 베풀어 주셔서 감사합니다!

Wir haben heute *freundliches* (schönes) Wetter.
(=Es ist heute schönes Wetter.) 오늘은 날씨가 좋다.

Sein Haus sieht nicht so *freundlich* aus. 그의 집은 그렇게 살기 좋은 것 같이는 보이지 않는다.

die **Freundlichkeit** [frɔyntlɪçkaɪt] -/-en 친절

Er ist wegen seiner *Freundlichkeit* bei seinen Kollegen sehr beliebt. 그는 친절해서 그의 동료들간에 매우 인기가

있다.
die Freundschaft [frɔ́ynt-ʃaft] -/-en 우정, 친교
- mit jm. *Freundschaft* schließen : (누구)와 우정을 맺다
  Ich *schloß Freundschaft mit* ihm. 나는 그와 우정을 맺었다.

  Ihre *Freundschaft* dauerte ein ganzes Leben⁴. 그들의 우정은 일생 동안 계속되었다.

der Friede[n] [frí:də(n)] ..dens/..den 평화 (↔der Krieg)
der häusliche *Friede* 가정의 평화
Wir wünschen [den] *Frieden*. 우리는 평화를 원하고 있다.
Im *Frieden* denkt man selten an den Krieg. 평화로울 때는 좀처럼 전쟁을 생각하지 않는다.
- in *Frieden*³ (=friedlich) : 평화롭게
  Wir wollen *in Frieden* leben. 우리는 평화롭게 살기를 원한다.
  Sie leben alle *in Frieden* miteinander. 그들은 모두 서로 평화롭게(사이좋게) 살고 있다.
- jn. in *Frieden*³ lassen : (누구)를 성가시게 하지 않다
  Laß mich *in Frieden*! 나를 가만히 내버려 둬라!

frieren [frí:rən] fror, gefroren 1. 自 ① 《h》 춥다, 시리다 ② 《h》 〈비인칭〉 es friert : 얼음이 얼다 ③ 《s》 (물·강이) 얼다 2. 他 〈비인칭〉 es friert jn. : (누구는) 춥다
Ich *friere*.
(=Es *friert* mich.) 나는 춥다.
Ich *friere* an den Händen.
(=Es *friert* mich an den Händen.) 나는 손이 시리다.
Es *friert*. 얼음이 언다.
Heute nacht hat es *gefroren*. 간밤에 얼음이 얼었다.
Das Wasser ist über Nacht *gefroren*. 물이 밤새 얼었다.
Der Fluß ist fest *gefroren*. 강이 꽁꽁 얼었다.
Es *friert* mich.
(=Mich *friert*.) 나는 춥다.
Es *friert* mich an den Füßen.
(=Mich *friert* an den Füßen.) 나는 발이 시리다.
Es *fror* ihn am ganzen Körper.
(=Ihn *fror* am ganzen Körper.) 그는 추워서 온 몸이 얼어붙었다.

frisch [frɪʃ] 形 신선한, 상쾌한
frische Luft 신선한 공기
ein *frischer* Morgen 상쾌한 아침

Mache die Fenster auf und atme *frische* Luft ein! 창문을 열고 신선한 공기를 들이마셔라!

Frisch gewagt ist halb gewonnen. 《Sprw》 시작이 반이다.

froh [fro:] 形 기쁜, 즐거운 (fröhlich) (↔traurig)

Das war eine *frohe* (traurige) Nachricht. 그것은 기쁜(슬픈) 소식이었다.

Ich bin *froh*, daß du gekommen bist. 나는 네가 온 것이 기쁘다.

Frohe (Fröhliche) Weihnachten! 즐거운 크리스마스!

● über et.⁴ *froh* sein : (무엇)을 기뻐하다

Sie ist *froh über* die Nachricht.
(=Sie freut sich⁴ über die Nachricht.) 그녀는 그 소식을 기뻐하고 있다.

fröhlich [fró:lıç] 形 즐거운 (froh)

Fröhliche (Frohe) Weihnachten! 즐거운 크리스마스!

Ich wünsche Ihnen ein *fröhliches* Weihnachtsfest und ein glückliches neues Jahr! 나는 당신에게 즐거운 성탄절과 행복한 새해를 기원합니다!

Wir verbrachten *fröhliches* (schönes) Wochenende. 우리는 즐거운 주말을 보냈다.

fromm [frɔm] frommer, frommst; frömmer, frömmst 形 신앙심이 깊은, 경건한

Er ist ein *frommer* Christ. 그는 믿음이 깊은 기독교인이다.

Meine Mutter war eine sehr *fromme* (gläubige) Christin. 나의 어머니는 매우 신앙심이 깊은 기독교인이었다.

Sie führt ein *frommes* Leben. 그녀는 경건한 생활을 하고 있다.

die **Frucht** [fruxt] -/¨e ① 열매 ② 성과

● *Früchte* tragen : 열매를 맺다

Der Baum *trägt* keine *Früchte*. 그 나무는 열매가 열리지 않는다.

Alle Pflanzen, die blühen, *tragen Früchte*. 꽃 피는 식물은 모두 열매를 맺는다.

Wir pflückten die reifen *Früchte* von den Bäumen. 우리는 익은 과일을 나무에서 땄다.

Meine Bemühungen brachten unerwartete *Früchte*. 나의 노력은 뜻밖의 성과를 가져왔다.

fruchtbar [frúxtbaːr] 形 열매를 맺는, 비옥한

fruchtbares Jahr 풍년

fruchtbarer Boden 비옥한 토지

Dieses Land (Diese Erde) ist sehr *fruchtbar*. 이 땅은 매우 비옥하다.

früh [fry:] 形 (시간이) 이른 (↔spät)

Es ist noch zu *früh*, um schlafen zu gehen. 취침하기에는 아직 너무 이르다.

Im Winter wird es *früh* dunkel. 겨울에는 일찍 어두워진다.

- *früh* am Morgen (=*früh* morgens) : 아침 일찍
  Sie kam *früh am Morgen* (am *frühen* Morgen).
  (=Sie kam *früh morgens* (morgens *früh*).) 그녀는 아침 일찍 왔다.

- gestern (heute, morgen) *früh* : 어제(오늘, 내일) 아침에
  Er ist *gestern früh* angekommen. 그는 어제 아침에 도착했다.

- von *früh* bis spät : 아침 일찍부터 저녁 늦게까지
  Er arbeitet *von früh bis spät*. 그는 아침 일찍부터 저녁 늦게까지 일한다.

früher [frýːər] 形 〈früh의 비교급〉 ① 더 이른(↔später) ② 이전의

Er ist *früher* gekommen als du. 그는 너보다 일찍 왔다.

Er kam an diesem Tag *früher* als gewöhnlich nach Haus. 그는 이 날은 평소보다 일찍 집에 왔다.

Er kam einen Tag *früher* vom Urlaub zurück. 그는 하루 일찍 휴가에서 돌아왔다.

Je *früher*, desto besser. 이르면 이를수록 좋다.

Er lebte *früher* in Pusan. 그는 이전에 부산에서 살았다.

Früher kam er oft. 이전에는 그는 자주 왔다.

- *früher* oder später : 조만간
  Früher oder später müssen wir es tun. 조만간 우리는 그것을 해야만 한다.

der **Frühling** [frýːlɪŋ] -s/-e 봄 (das Frühjahr)

Es wird *Frühling*. 봄이 된다.

Im *Frühling* werden die Bäume wieder grün. 봄에는 나무들이 다시 파랗게 된다.

Der Winter ist vorüber, der *Frühling* ist da. 겨울은 지나가고 봄이 왔다.

das **Frühstück** [frýːʃtyk] -[e]s/-e **아침 식사**

Zum *Frühstück* trinke ich Milch. 아침 식사에 나는 우유를 마신다.

Ich habe zum *Frühstück* nur Kaffee getrunken. 나는 아침 식사에 커피만을 마셨다.

Das *Frühstück* habe ich um 6 eingenommen. 아침 식사를 나는 6시에 했다.

frühstücken [frýːʃtykən] 自 아침 식사를 하다
Hast du schon *gefrühstückt*?
(=Hast du schon das Frühstück gegessen?) 너는 벌써 아침 식사를 했니?
Ich habe um 7 *gefrühstückt*. 나는 7시에 아침 식사를 했다.
Bei schönem Wetter *frühstücken* wir oft im Garten. 날씨가 좋을 때는 우리는 종종 정원에서 아침 식사를 한다.

der **Fuchs** [fuks] -es/⸚e 여우
Der *Fuchs* ist ein schlaues Tier. 여우는 교활한 동물이다.

fühlen [fýːlən] 1. 他 ① 느끼다 (empfinden) ② 만져보다 2. 再 《sich⁴》 (자신이 …하다고) 느끼다
Sie *fühlte* einen heftigen (starken) Schmerz. 그녀는 심한 고통을 느꼈다.
Ich *fühlte* mein Herz vor Aufregung³ schlagen. 나는 나의 심장이 흥분하여 뛰는 것을 느꼈다.
Er *fühlte*, daß er bald sterben würde. 그는 자기가 곧 죽을 것이라는 생각이 들었다.
Fühle nur, wie kalt ich bin! 나는 얼마나 찬지 자, 만져 보아라!
Der Arzt *fühlte* mir den Puls. 의사는 나의 맥을 짚었다.
Ich *fühle mich* müde. 나는 몸이 피곤함을 느낀다.
Ich *fühle mich* glücklich. 나는 내 자신이 행복하다는 기분이 든다.

führen [fýːrən] 1. 他 ① 인도하다 (leiten) ② 행하다 2. 自 (길이) 통해 있다
- jn. an der Hand *führen*: (누구)의 손을 잡고 인도하다
  Sie *führte* das Kind *an der Hand* (am Arm) über die Straße. 그녀는 아이의 손(팔)을 잡고 길을 건넜다.
- jn. zu Tisch *führen*: (누구)를 식탁으로 안내하다
  Er *führte* uns *zu Tisch*. 그는 우리를 식탁으로 안내했다.
- ein glückliches Leben *führen*: 행복한 생활을 하다
  Sie *führt ein glückliches Leben*. 그녀는 행복한 생활을 하고 있다.
Sie *führen* eine glückliche Ehe. 그들은 행복한 결혼 생활을 보내고 있다.
Wohin *führt* dieser Weg? 이 길은 어디로 통해 있읍니까?
Dieser Weg *führt* direkt auf die Hauptstraße (ins Dorf). 이 길은 바로 큰 길(마을)로 통해 있다.

Alle Wege *führen* nach Rom. 《Sprw》 모든 길은 로마로 통한다.

der Führer [fýːrər] -s/- 안내자, 지도자 (der Leiter)

Er ist der *Führer* unserer Gruppe. 그는 우리 그룹의 지도자이다.

füllen [fýlən] 1. 他 가득 채우다 (↔leeren) 2. 再 《sich⁴》 가득차다

- et.⁴ mit et. *füllen* : (무엇)에 (무엇)을 채우다

  Er *füllt* das Glas *mit* Wein.

  (=Er *füllt* Wein ins Glas.) 그는 잔에 포도주를 채운다.

  Sie *füllte* die Flasche *mit* Wasser.

  (=Sie *füllte* Wasser in die Flasche.) 그녀는 병에 물을 채웠다.

- sich⁴ mit et. *füllen* : (무엇)으로 가득차다

  Der Saal *füllte sich mit* Zuhörern (Zuschauern). 홀은 청중(관객)으로 가득찼다.

  Ihre Augen *füllten sich mit* Tränen. 그녀의 눈은 눈물로 가득했다.

der Füller [fýlər] -s/- 만년필 (der Füll[feder]halter)

- mit dem *Füller* schreiben : 만년필로 쓰다

  Er *schreibt* am liebsten *mit dem Füller*. 그는 만년필로 쓰기를 가장 좋아한다.

Im *Füller* ist Tinte. 만년필에는 잉크가 들어 있다.

In diesem *Füller* ist keine Tinte mehr. 이 만년필에는 잉크가 없다.

fünf [fynf] 數 5

fünfzehn [fýnftseːn] 數 **15**

fünfzig [fýnftsıç] 數 **50**

für [fyːr] 前 《4격》 ① ~을 위하여 ② ~에 대하여 ③ ~를 대신하여 ④ ~에게는 ⑤ ~의 값으로 ⑥ ~에 비하여

Er arbeitet *für* seine Familie. 그는 가족을 위해 일한다.

Wir kämpfen *für* unser Vaterland. 우리는 우리의 조국을 위해 싸운다.

Da*für* mußt du ihm dankbar sein. 그것에 대하여 너는 그에게 감사해야 한다.

Er hat keinen Sinn *für* das Schöne. 그는 미적(美的) 감각이 없다.

Ich will *für* ihn bezahlen. 내가 그를 대신하여 지불하겠다.

Meine Frau tut *für* mich die Arbeit. 내 아내가 나를 대신하여 그 일을 하고 있다.

Die Frage ist zu schwer *für* mich. 그 문제는 내게는 너무 어렵다.

Das ist zu teuer *für* mich. 그것은 나에게는 너무 비싸다.

Ich kaufte es *für* viel Geld (100 Mark). 나는 그것을 많은 돈(100 마르크)을 주고 샀다.

Ich bekam *für* meinen alten Wagen nur noch 200 Mark. 나는 중고 차의 값으로 겨우 200 마르크밖에 받지 못했다.

Er ist jung *für* sein Alter. 그는 나이에 비해 젊다.

Er ist noch rüstig *für* sein Alter. 그는 나이에 비해 아직도 정정하다.

- was *für* [ein] ... : 어떤〔종류의〕

  Was für ein Buch ist das?

  (=*Was* ist das *für ein* Buch?) 그것은 무슨 책이니?

  Was für Bücher lesen Sie heutzutage?

  (=*Was* lesen Sie *für* Bücher heutzutage?) 당신은 요즈음 어떤 책들을 읽고 있읍니까?

die Furcht [furçt] -/¨e 공포

- vor et.³ *Furcht* haben : (무엇)을 무서워하다

  Das Kind *hat Furcht vor* seinem Schatten. 그 아이는 자기의 그림자를 무서워한다.

  Das Kind *hat* keine *Furcht vor* dem Hund. 그 아이는 개를 무서워하지 않는다.

- aus *Furcht* vor et.³ : (무엇)을 무서워하여

  Sie hat *aus Furcht vor* Strafe gelogen. 그녀는 벌(罰)이 무서워서 거짓말을 했다.

  Aus Furcht vor dem Hund trat ich ins Haus nicht ein. 개가 무서워서 나는 집 안으로 들어가지 못했다.

furchtbar [fúrçtba:r] 形 무서운 (schrecklich)

Der Krebs ist eine *furchtbare* Krankheit. 암은 무서운 병이다.

Es ist *furchtbar* (sehr) kalt. 몹시 춥다.

fürchten [fýrçtən] 1. 他 무서워하다 2. 再 〈sich⁴ vor et.³을〉 무서워하다 3. 自 〈für et.을〉 염려하다

Ich *fürchte* den Tod nicht.

(=Ich *fürchte* mich *vor* dem Tod nicht.) 나는 죽음을 두려워하지 않는다.

Er *fürchtet* mich.

(=Er *fürchtet sich vor* mir.) 그는 나를 무서워한다.

Sie *fürchtet für* seine Gesundheit. 그녀는 그의 건강을 염려한다.

Ich *fürchte für* sein Leben. 나는 그의 목숨이 염려된다.

der Fuß [fu:s] -es/⸚e ① 발 ② 《복수 없음》 피이트

Mir schmerzt der *Fuß*. 나는 발이 아프다.

Er trug Schuhe an den *Füßen*. 그는 발에 구두를 신었다.

- zu *Fuß* gehen : 걸어서 가다
  Wollen wir *zu Fuß gehen* oder ein Taxi nehmen? 걸어서 갈까요, 택시를 탈까요?

- jm. auf den *Fuß* treten : (누구)의 발을 밟다
  Er *trat* mir *auf den Fuß*. 그는 내 발을 밟았다.

- sich³ den *Fuß* brechen : 발목이 부러지다
  Ich habe *mir den* linken (rechten) *Fuß gebrochen*. 나는 왼쪽(오른쪽) 발목이 부러졌다.

- leichten *Fußes* : 가벼운 걸음으로
  Er geht (steigt) *leichten Fußes* die Treppe hinab. 그는 가벼운 걸음으로 계단을 내려간다.

- mit bloßen *Füßen* : 맨발로
  Lauf nicht *mit bloßen Füßen*! 맨발로 뛰지마라!

- von Kopf bis zu *Fuß* (=vom Kopf bis zu den *Füßen*) : 머리에서 발까지
  Er sah mich *von Kopf bis zu Fuß* prüfend an. 그는 나를 머리에서 발까지 훑어 보았다.

Der Tisch ist vier *Fuß*⁴ lang. 책상 길이는 4피이트이다.

der Fußball [fú:sbal] -[e]s/⸚bälle **축구**

- *Fußball* spielen : 축구를 하다
  Auf der Wiese *spielen* einige Jungen *Fußball*. 풀밭에서 몇몇 소년들이 축구를 한다.

Fußball ist ein beliebtes Ballspiel. 축구는 인기있는 구기(球技)이다.

der Fußboden [fú:sbo:dən] -s/⸚böden **마루**

Sie scheuert (wischt) den *Fußboden*. 그녀는 마루를 닦는다.

Auf dem *Fußboden* liegt ein Teppich. 마루에 양탄자가 깔려 있다.

der Fußgänger [fú:sgɛŋər] -s/- **보행자**

Die *Fußgänger* sollen auf dem Bürgersteig gehen. 보행자는 보도(步道)로 다녀야 한다.

Die *Fußgänger* müssen aufmerksam die Straßen überqueren. 보행자는 주의하여 길을 건너야 한다.

G

die **Gabe** [gá:bə] -/-n ① 선물 (das Geschenk) ② 재능 (die Begabung, das Talent)

Der Weihnachtsmann kam mit vielen *Gaben.* 산타클로스는 많은 선물을 가지고 왔다.

Schon als Schüler zeigte er besondere *Gabe* für die Mathematik. 학생때 이미 그는 수학에 특별한 재능을 보였다.

die **Gabel** [gá:bəl] -/-n 포크

Er schob mit der *Gabel* ein Stück Fleisch in den Mund. 그는 포크로 고기 한 조각을 입 속에 밀어 넣었다.

Er ißt mit Messer und *Gabel.* 그는 나이프와 포크로 먹는다.

der **Gang** [gaŋ] -[e]s/ⁿe ① 《복수 없음》 보행 ② 《복수 없음》 진행 ③ 복도, 낭하 (die Flur, der Korridor)

Am *Gang* erkannte ich ihn gleich. 걸음걸이에서 나는 그를 곧 알아보았다.

● im *Gang* sein : 움직이고 있다, 진행중이다

Die Maschine *ist im Gang.* 기계는 돌아가고 있다.
Die Verhandlungen *sind im Gang.* 토의가 진행중이다.

● et.⁴ in *Gang* bringen (setzen) : (무엇)을 움직이게 하다
Er *brachte (setzte)* die Maschine *in Gang.*
(=Er ließ die Maschine laufen.) 그는 기계를 가동시켰다.

Er trat auf den *Gang* hinaus. 그는 복도로 걸어나갔다.
Ich traf ihn auf dem *Gang.* 나는 복도에서 그를 만났다.

ganz [gants] 1. 形 ① 온전한 ② 전체의 2. 副 ① 완전히 (durchaus, völlig, vollkommen) ② 아주 (gar)

Das Spielzeug ist noch *ganz.* 그 장난감은 아직 온전하다.

Das weiß die *ganze* Welt¹. 그것은 온 세상[사람]이 다 알고 있다.

Das ist mein *ganzes* Geld.
(=Das ist alles Geld, das ich habe.) 이것이 나의 모든 돈이다.

Ich bin den *ganzen* Tag zu Hause geblieben. 나는 온종일 집에 있었다.

● von *ganzem* Herzen (=herzlich) : 진심으로
Ich danke dir *von ganzem Herzen.* 나는 너에게 진심으로 감사한다.

- im [großen und] *ganzen* : 대체로
  Einige Male hat es geregnet, aber *im großen und ganzen* war das Wetter gut. 몇 번 비가 오긴 했지만 대체로 날씨는 좋았다.

Das Haus ist noch nicht *ganz* fertig. 그 집은 아직 완전히 완성되지 않았다.

Ich hatte *ganz* vergessen, daß heute Sonntag ist. 나는 오늘이 일요일이라는 것을 완전히 잊고 있었다.

Das ist ein *ganz* neues Haus. 그 집은 아주 새 집이다.

Es ist heute *ganz* warm. 오늘은 아주 덥다.

- *ganz* und gar : 철두철미, 전혀
  Das gefällt mir *ganz und gar* nicht. 그것은 전혀 나의 마음에 들지 않는다.

gar [ga:r] 副 ① 〈否定詞와〉 전혀 … 않다 ② 아주 (ganz)

Ich kenne ihn *gar* nicht. 나는 그를 전혀 모른다.

Ich weiß *gar* nichts davon. 나는 그것에 관해서 전혀 아무것도 모른다.

Er hat *gar* nichts gesagt. 그는 전혀 아무 말도 하지 않았다.

Er hat *gar* nicht gewußt, daß ich schon verheiratet bin. 그는 내가 이미 결혼했다는 것을 전혀 알지 못했다.

Er sagte [ganz und] *gar* nicht. 그는 전혀 말하지 않았다.

Das ist nicht *gar* so leicht. 그것은 그다지 쉽지는 않다.

Ich habe es nicht *gar* so nötig. 내게는 그것이 그다지 필요치 않다.

die **Garage** [gará:ʒə] -/-n 차고

Das Auto steht in der *Garage*. 자동차는 차고에 있다.

Sie stellte den Wagen in die *Garage*. 그녀는 차를 차고에 넣었다.

der **Garten** [gártən] -s/¨ 정원

Die Kinder spielen im *Garten*. 아이들이 정원에서 놀고 있다.

Im *Garten* blühen allerlei Blumen. 정원에는 여러 가지 꽃들이 피어 있다.

die **Gasse** [gásə] -/-n 골목

Die Kinder spielen auf der *Gasse*. 아이들이 골목에서 놀고 있다.

Sie wohnt in einer schmalen (engen) *Gasse*. 그녀는 좁은 골목에서 산다.

der **Gast** [gast] -[e]s/¨e 손님

Er ist unser *Gast*. 그는 우리의 손님이다.

Er hat für heute abend *Gäste* eingeladen. 그는 오늘 저녁

손님들을 초대했다.
Er unterhielt sich[4] lange mit den *Gästen*. 그는 오랫동안 손님들과 이야기를 나누었다.
Sie empfing die *Gäste* sehr freundlich. 그녀는 손님들을 매우 상냥하게 맞이했다.
Das Restaurant war voller *Gäste*[2].
(=Das Restaurant war voll von *Gästen*.) 식당은 손님들로 꽉 차 있었다.
● *Gäste* haben : 손님이 있다
Wir *haben* heute *Gäste*. 오늘은 손님이 있다.

das **Gasthaus** [gásthaus] -es/..häuser ① 여관 ② 음식점
Es gelang uns, in einem kleinen *Gasthaus* ein Zimmer zu bekommen. 우리는 조그마한 여관에서 방 하나를 얻는데 성공했다.
Wir übernachteten zwei Nächte[4] in einem *Gasthaus*. 우리는 이틀 밤을 여관에서 지냈다.
Ißt man in diesem *Gasthaus* gut? 이 음식점은 음식 맛이 좋습니까?

der **Gatte** [gátə] -n/-n (상대방의 남편에 대한 경어) 남편, 주인 양반
Grüßen Sie bitte Ihren *Gatten* von mir! 주인 양반에게 제 안부를 전해 주십시오!

die **Gattin** [gátın] -/-nen (상대방의 아내에 대한 경어) 아내, 부인(夫人)
Darf ich Sie und Ihre *Gattin* zum Essen einladen? 당신과 부인을 식사에 초대해도 괜찮겠읍니까?

gebären [gəbέ:rən] gebar, geboren ; du gebierst, sie gebiert
他 낳다
Gestern hat sie einen gesunden Jungen *geboren*. 어제 그녀는 건강한 사내아이를 낳았다.
Wann sind Sie *geboren*? 당신은 언제 태어났읍니까?
Ich bin am 10. (zehnten) Dezember 1965 in Seoul *geboren*. 나는 1965년 12월 10일에 서울에서 태어났다.

das **Gebäude** [gəbɔ́ydə] -s/- 건물
Jenes große *Gebäude* ist unsere Schule. 저 큰 건물은 우리 학교이다.
Das Rathaus ist ein öffentliches *Gebäude*. 시청은 공공 건물이다.
Wieviel Stockwerke hat dieses *Gebäude*? 이 건물은 몇 층 건물입니까?

Das *Gebäude* hat 9 Stockwerke. 그 건물은 10층 건물이다.
geben [gé:bən] gab, gegeben ; du gibst, er gibt 他 〈jm.에게 et.⁴을〉 주다

Er *gab* mir ein Buch. 그는 나에게 책 한 권을 주었다.
Ich *gab* ihm etwas Geld. 나는 그에게 약간의 돈을 주었다.
Gib mir etwas zu essen! 나에게 뭔가 먹을 것을 다오!

● es *gibt* et.⁴ : (et.⁴이) 존재하다 ; 일어나다
Gibt es einen Gott? 신(神)은 존재하는가?
In diesem See *gibt es* viele Fische⁴. 이 호수에는 고기가 많다.
Was *gibt's* Neues? 무슨 새로운 것이라도 있니?
Was *gibt's*?
(＝Was ist los (passiert)?) 무슨 일이 일어났니?

das **Gebiet** [gəbí:t] -[e]s/-e ① 지역, 영역 ② 분야
Das *Gebiet* am Rhein ist sehr schön. 라인강 유역은 매우 아름답다.
Sein *Gebiet* ist innere Medizin. 그의 전문은 내과이다.
Es liegt nicht auf meinem *Gebiet*. 그것은 나의 영역(전문) 밖이다.
Er ist ein anerkannter Fachmann auf diesem *Gebiet*. 그는 이 분야에서 널리 알려진 전문가이다.
Er ist auf allen *Gebieten* tüchtig. 그는 모든 분야에서 유능하다.

gebildet [gəbíldət] 形 교양 있는
Sie ist hoch *gebildet*. 그녀는 매우 교양이 있다.
Er ist ein sehr *gebildeter* Mensch. 그는 매우 교양 있는 사람이다.

das **Gebirge** [gəbírgə] -s/- 산맥, 산악지대
Der Himalaya ist das höchste *Gebirge* der Welt. 히말라야 산맥은 세계에서 가장 높은 산맥이다.
Er verbrachte seine Ferien im *Gebirge*. 그는 휴가를 산에서 보냈다.
Wir gehen am Wochenende ins *Gebirge*. 우리는 주말에 산으로 간다.

der **Gebrauch** [gəbráux] -[e]s/⁼e ① 《복수 없음》 **사용** ② 《보통 복수로》 풍습, 습관

● von et. *Gebrauch* machen : (무엇)을 사용하다
Machen Sie bitte *Gebrauch von* meinem Füller! 내 만년필을 쓰십시오!
Die Medizin muß vor *Gebrauch* geschüttelt werden. 이 약

은 사용하기 전에 흔들어야 한다.

Im Dorf gibt es noch viele alte *Gebräuche*⁴. 그 마을에는 아직도 옛 풍습이 많이 남아 있다.

Auf der Reise habe ich Sitten und *Gebräuche* des Landes kennengelernt. 여행중에 나는 그 나라의 풍속과 습관을 알게 되었다.

gebrauchen [gəbráuxən] 他 사용하다

Das Wort wird nicht mehr *gebraucht*. 그 단어는 이제는 쓰이지 않는다.

Du darfst dieses Zimmer *gebrauchen*. 너는 이 방을 사용해도 좋다.

Ich kann es nicht *gebrauchen*. 내게는 그것이 쓸모가 없다.

● zu et. *gebrauchen* : (무엇)에 쓰다

Wozu soll ich das *gebrauchen*? 나는 이것을 무엇에 써야 하나?

Er ist *zu* nichts zu *gebrauchen*. 그는 아무짝에도 쓸모가 없다.

die **Geburt** [gəbú:rt] -/-en 출생, 탄생

Seine Mutter starb bei seiner *Geburt*. 그의 어머니는 그가 태어날 때 돌아가셨다.

Sie freute sich⁴ über die *Geburt* ihres ersten Sohnes. 그녀는 자기의 첫 아들의 탄생을 기뻐했다.

● von *Geburt* [an] : 날 때부터

Er ist *von Geburt an* blind. 그는 날 때부터 눈이 멀었다.

Er ist *von Geburt* Deutscher. 그는 태생이 독일인이다.

der **Geburtstag** [gəbú:rtsta:k] -[e]s/-e 생일

Heute ist mein *Geburtstag*.

(=Ich habe heute *Geburtstag*.) 오늘은 나의 생일이다.

Morgen ist mein 20. (zwanzigster) *Geburtstag*. 내일은 나의 20번째 생일이다.

Ich habe am 15. (fünfzehnten) September *Geburtstag*. 나의 생일은 9월 15일이다.

Zu meinem *Geburtstag* lade ich meine Freunde ein. 나의 생일에 나는 내 친구들을 초대한다.

Herzliche Glückwünsche zum *Geburtstag*!

(=Ich gratuliere Ihnen herzlich zum *Geburtstag*!) 생일을 진심으로 축하합니다!

Alles Gute zum *Geburtstag*!

(=Ich wünsche Ihnen zum *Geburtstag* alles Gute!) 생일에 모든 일이 잘 되기를 빕니다!

Gedächtnis

das **Gedächtnis** [gədéçtnɪs] -ses/-se 기억[력]
- ein gutes (schlechtes) *Gedächtnis* haben : 기억력이 좋다 (나쁘다)
  Er *hat ein gutes Gedächtnis*. 그는 기억력이 좋다.
- et.⁴ im *Gedächtnis* behalten : (무엇)을 기억하고 있다
  Ich *behalte* es noch frisch *im Gedächtnis*. 나는 그것을 아직도 생생하게 기억하고 있다.
  Ich werde diesen Tag auf ewig *im Gedächtnis behalten*. 나는 이 날을 영원히 기억하고 있을 것이다.

der **Gedanke** [gədáŋkə] -ns/-n 생각
  Das ist ein guter *Gedanke*. 그것은 좋은 생각이다.
  Plötzlich fiel mir ein *Gedanke* ein.
  (=Plötzlich fuhr mir ein *Gedanke* durch den Kopf.) 갑자기 어떤 생각이 내 머리에 떠올랐다.
- auf einen *Gedanken* kommen : 어떤 생각을 하게 되다
  Wie bist du *auf* solch dumme *Gedanken gekommen*? 너는 어떻게 그런 어리석은 생각을 하게 되었니?
  Wie bist du *auf den Gedanken gekommen*, das Haus zu verkaufen? 너는 어떻게 집을 팔 생각을 하게 되었니?
- in *Gedanken* versunken sein : 생각에 잠겨 있다
  Sie *ist* jetzt *in Gedanken versunken*. 그녀는 지금 생각에 잠겨 있다.

gedenken [gədéŋkən] gedachte, gedacht 自 ① 〈js.를〉 기억하고 있다 (↔vergessen) ② 〈zu부정법과〉 …할 생각·작정이다
  Ich *gedenke* seiner² noch. 나는 아직도 그를 기억하고 있다.
  Ich *gedenke* gern meiner Kindheit². 나는 나의 어린 시절을 즐겨 회상한다.
  Ich *gedenke* morgen abzureisen. 나는 내일 출발할 생각이다.
  Was *gedenken* Sie *zu* tun? 당신은 무엇을 할 생각입니까?

das **Gedicht** [gədíçt] -[e]s/-e 시(詩)
- ein *Gedicht* schreiben : 시를 쓰다
  Er *schreibt Gedichte*. 그는 시를 쓴다.
  Ich lese *Gedichte* von Heine am liebsten. 나는 하이네의 시를 가장 애독한다.
  Ich habe ein *Gedicht* von Goethe auswendig gelernt. 나는 괴테의 시를 하나 외웠다.

die **Geduld** [gədult] -/ 인내 (↔die Ungeduld)
- viel (keine) *Geduld* haben : 참을성이 많다(없다)
  Er *hat viel* (*keine*) *Geduld*. 그는 참을성이 많다(없다).
  Hab *Geduld*! 참아라!

Sie verlor die *Geduld* und ging nach Hause. 그녀는 참지 못하고 집으로 갔다.
Nun reißt mir die *Geduld*. 이제 나는 더 이상 참을 수 없다.
mit *Geduld* (=geduldig) 참을성있게, 끈기있게

geduldig [gədúldıç] 形 참을성이 많은 (↔ungeduldig)
Das ist ein *geduldiges* Kind. 그 아이는 참을성이 많은 아이다.
Der Kranke ertrug *geduldig* die Schmerzen. 그 환자는 참을성있게 고통을 견디었다.
Sie wartete *geduldig* auf ihn. 그녀는 끈기있게 그를 기다렸다.

die Gefahr [gəfá:r] -/-en 위험
● in *Gefahr*³ sein : 위험하다
Er *ist* jetzt *in Gefahr*. 그는 지금 위험하다.
Sein Leben *ist in Gefahr*. 그의 생명이 위독하다.
● außer *Gefahr* sein : 안전하다
Er war sehr krank, aber jetzt *ist* er *außer Gefahr*. 그는 매우 아팠지만 지금은 위기를 넘겼다.
Es droht eine *Gefahr*. 위험이 닥쳐온다.
Es hat keine *Gefahr*. 위험한 것은 없다.
Er ist in *Gefahr*⁴ geraten. 그는 위험에 빠졌다.
Die *Gefahr* ist vorüber. 위험은 지나갔다.

gefährlich [gəfέ:rlıç] 形 위험한
Das ist eine sehr *gefährliche* Krankheit. 그것은 매우 위험한 병이다.
Er hält eine *gefährliche* Waffe in der Hand. 그는 손에 위험한 무기를 들고 있다.
Er hat bei dem Unfall *gefährliche* Verletzungen erlitten. (=Er wurde bei dem Unfall schwer verletzt.) 그는 사고때 중상을 입었다.
Die Sache ist uns³ zu *gefährlich*. 그 일은 우리에게는 너무 위험하다.
Es ist *gefährlich*, mit einem Messer zu spielen. 칼을 가지고 노는 것은 위험하다.

gefallen [gəfálən] gefiel, gefallen 自 〈jm.의〉 마음에 들다
Wie *gefällt* dir dieses Kleid? 이 옷이 너의 마음에 드니?
Es *gefällt* mir sehr gut. 그것은 아주 내 마음에 든다.
Es *gefällt* mir nicht. 그것은 내 마음에 들지 않는다.
Sie hat mir sehr gut *gefallen*. 나는 그녀가 매우 마음에 들었다.

Wie *gefällt* es Ihnen in Seoul³? 서울이 당신 마음에 드십니까?

Es *gefällt* mir gut in Seoul³. 나는 서울이 마음에 든다.

das **Gefängnis** [gəféŋnɪs] -ses/-se 감옥, 형무소

Er sitzt im *Gefängnis*. 그는 감옥에 갇혀 있다.

Der Verbrecher kam ins *Gefängnis*. 그 범인은 형무소에 들어왔다.

- zu 10 Jahren *Gefängnis* verurteilt werden : 징역 10년의 판결을 받다

  Der Dieb *wurde zu zehn Jahren Gefängnis verurteilt*. 그 도둑(절도범)은 징역 10년의 판결을 받았다.

das **Gefühl** [gəfýːl] -[e]s/-e ① 감정 ② 《복수 없음》 감각

Er verletzte meine *Gefühle*. 그는 나의 감정을 상하게 했다.

Ich habe das *Gefühl*, ihn irgendwo schon einmal gesehen zu haben. 나는 그를 어디선가 이미 한번 본 느낌이 든다.

Ich hatte gar kein *Gefühl* in dem verletzten Finger. 나는 부상당한 손가락에 전혀 감각을 느끼지 못했다.

gegen [géːgən] 前 《4격》 ① ~에 대하여 ② ~에 반하여(wider) ③ ~을 향하여 (entgegen) ④ ~에 비하여 ⑤ 《시간》 ~경에

Der Vater ist sehr streng *gegen* uns. 아버지는 우리들에게 매우 엄격하시다.

Das Mittel ist gut *gegen* Husten. 그 약은 기침에 좋다.

Das ist eine Medizin *gegen* Kopfschmerzen. 이것은 두통약이다.

Es geschah *gegen* (wider) meinen Willen. 그것은 내 의사와는 반대로 행하여졌다.

Das ist *gegen* alle Erwartung. 그것은 전혀 예상 밖이다.

Ich habe nichts da*gegen*.

(=Ich bin nicht da*gegen*.) 나는 그것에 반대하지 않는다.

Er schwimmt *gegen* den Strom. 그는 강을 거슬러 헤엄친다.

Er wirft den Ball *gegen* die Wand. 그는 벽을 향해 공을 던진다.

Die Vögel fliegen *gegen* (nach) Süden. 새들이 남쪽으로 날아간다.

Das Fenster liegt (geht) *gegen* Norden. 창은 북쪽으로 나 있다.

Reichtum ist nichts *gegen* Gesundheit. 재물은 건강에 비하면 아무것도 아니다.

Gegen früher ist sie noch schöner geworden. 이전에 비해 그녀는 더욱 예뻐졌다.

Ich komme *gegen* 6 Uhr (*gegen* Abend) zurück. 나는 6시 경에(저녁때쯤)돌아온다.

Sie kam *gegen* Mittag nach Hause. 그녀는 점심때쯤 집에 왔다.

die **Gegend** [gé:gənt] -/-en 지방

Er wohnt in einer sehr schönen *Gegend*. 그는 매우 아름다운 지방에 살고 있다.

Die *Gegend* ist wegen ihrer landschaftlichen Schönheit besonders berühmt. 그 지방은 경치가 아름답기 때문에 특히 유명하다.

gegeneinander [ge:gən-aınándər] 副 서로 마주, 상대하여

Sie kämpfen *gegeneinander*. 그들은 서로 싸운다.

Sie haben etwas *gegeneinander*. 그들 사이에는 뭔가 서로 반감이 있다.

● *gegeneinander* stehen: 대립하다
  Sie *stehen gegeneinander*. 그들은 서로 대립하고 있다.

der **Gegensatz** [gé:gənzats] -es/⸚e 대립

Zwischen ihnen besteht ein *Gegensatz*. 그들 사이에는 대립이 생기고 있다.

● im *Gegensatz* zu et. : (무엇)과는 반대로
  Seine Worte stehen *im Gegensatz zu* seinen Handlungen. 그의 말은 그의 행동과 상반된다.

gegenseitig [gé:gənzaıtıç] 形 서로의, 상호간의

Das ist ein *gegenseitiges* Versprechen. 그것은 서로의 약속이다.

Sie halfen sich[3] *gegenseitig*. 그들은 서로 도왔다.

der **Gegenstand** [gé:gənʃtant] -[e]s/⸚e ① 《복수 없음》 대상 (對象) ② 물체

Wir behandelten den *Gegenstand* der Diskussion. 우리는 토론의 대상을 논했다.

Sie stolperte über einen harten *Gegenstand*. 그녀는 단단한 물체에 걸려 비틀거렸다.

Auf dem Tisch liegen verschiedene *Gegenstände*. 책상 위에 여러 가지 물건이 놓여 있다.

das **Gegenteil** [gé:gəntaıl] -[e]s/-e 반대

Das *Gegenteil* von fleißig ist faul. fleißig 의 반대는 faul 이다.

Ich bin ganz das *Gegenteil* von ihm. 나는 그와는 정반대다.

● das *Gegenteil* behaupten : 반대 의견을 주장하다
  Er *behauptete das Gegenteil*. 그는 반대 의견을 주장했다.

- im *Gegenteil* : 반대로
  Der Film war nicht langweilig, er war *im Gegenteil* sehr spannend. 그 영화는 지루하지 않고, 반대로 매우 재미 있었다.
  Ist es teuer? — Nein, *im Gegenteil*. 그것은 비싸니? — 아니, 그 반대야.

gegenüber [ge:gən-ý:bər] 前 《3격》〈보통 후치〉 ~맞은 편에
Ich wohne der Schule *gegenüber* (*gegenüber* der Schule). 나는 학교 맞은 편에 살고 있다.
Das Postamt liegt (steht) dem Bahnhof *gegenüber*. 우체국 은 역 맞은 편에 있다.

die **Gegenwart** [gé:gənvart] -/ 현재, 현대
Vergangenheit, *Gegenwart* und Zukunft 과거, 현재, 미래
deutsche Literatur der *Gegenwart* 현대 독문학
- in meiner *Gegenwart* : 나의 면전에서
  Er tat es *in meiner Gegenwart*. 그는 나의 면전에서 그것 을 했다.
  Sie stritten sich[4] *in meiner Gegenwart*. 그들은 내가 보는 앞에서 서로 다투었다.

gegenwärtig [gé:gənvɛrtıç] 形 현재의 (augenblicklich)
Die *gegenwärtige* Lage ist sehr hoffnungsvoll (schlimm). 현재의 상황은 매우 희망적이다(좋지 못하다).
Er ist *gegenwärtig* im Ausland. 그는 현재 외국에 있다.

das **Gehalt** [gəhált] -[e]s/⸚er 봉급
Er hat ein *Gehalt* von 1000 Mark.
(=Er hat 1000 Mark *Gehalt*.) 그는 1000마르크의 봉급을 받고 있다.
Er bekommt ein *Gehalt* von 1000 Mark monatlich. 그는 매달 1000마르크의 봉급을 받는다.
Die *Gehälter* werden erhöht. 봉급이 인상되다.
Sein *Gehalt* ist hoch (niedrig). 그의 봉급은 많다(적다).
Ich habe mein Monats*gehalt* noch nicht bekommen. 나는 월급을 아직 받지 못했다.

der **Gehalt** [gəhált] -[e]s/-e 내용, 성분
Der Roman hat keinen *Gehalt*. 그 소설은 내용이 없다.
Fisch hat einen hohen *Gehalt* an Eiweiß[3]. 생선에는 단백질 의 함유량이 많다.
der *Gehalt* an Alkohol in Bier[3] 맥주의 알코올 함유량

geheim [gəháım] 形 비밀의 (heimlich)
Die Sache ist *geheim*. 그 일은 비밀이다.

- et.⁴ *geheim* halten : (무엇)을 비밀로 하다
  Er *hält* die Sache *geheim*. 그는 그 일을 비밀로 하고 있다.
- im *geheimen* : 비밀리에
  Er hat sich⁴ mit ihr *im geheimen* verlobt. 그는 그녀와 비밀리에 약혼했다.

das **Geheimnis** [gəháımnıs] -ses/-se 비밀
Das ist ein öffentliches (offenes) *Geheimnis*. 그것은 공공연한 비밀이다.
Er hat unser *Geheimnis* verraten. 그는 우리의 비밀을 누설했다.
- ein *Geheimnis* vor jm. haben : (누구)에 대하여 비밀을 지니다
  Ich *habe* kein *Geheimnis vor* dir. 나는 너에게 아무 비밀도 없다.
  Wir *haben* keine *Geheimnisse vor*einander. 우리는 서로 간에 비밀이라고는 없다.

gehen [gé:ən] ging, gegangen 自 《s》 ① 가다, 걷다 ② (기계 따위가) 움직이다 ; (일이) 되어가다 ③ 〈비인칭〉《es geht jm. 의 형으로》
Ich *gehe* jetzt nach Hause. 나는 지금 집으로 간다.
Ich muß bald *gehen*.
(=Ich muß bald weg.) 나는 곧 가야 한다.
Wir wollen *gehen*!
(=Wollen wir *gehen*!) 갑시다!
Ich *gehe*, ich fahre nicht. 나는 걸어가고 차를 타고 가지 않는다.
Fahren Sie? — Nein, ich *gehe* zu Fuß. 당신은 차를 타고 가십니까? — 아니오, 나는 걸어서 갑니다.
Meine Uhr *geht* richtig (falsch). 내 시계는 맞다(틀린다).
Es *geht* alles nach Wunsch.
(=Alles *geht* nach Wunsch.) 모든 것이 희망대로 되어간다.
Das Geschäft *geht* gut. 장사는 잘 된다.
Wie *geht* es Ihnen? — Danke, es *geht* mir gut. 어떻게 지내십니까? — 예, 잘 지내고 있습니다.

gehorchen [gəhórçən] 自 〈jm.에게〉복종하다
Er *gehorchte* mir. 그는 나에게 복종했다.
Du mußt deinen Eltern *gehorchen*. 너는 부모님의 말씀에 복종해야 한다.

gehören [gəhǿ:rən] 自 ① 〈jm.에게〉속하다 ② 〈zu et.(Pl.)의〉 일부·일원이다

Der Hut *gehört* mir.
(=Der Hut ist mein.) 그 모자는 내 것이다.
Wem *gehört* dieses Buch? — Es *gehört* mir. 이 책은 누구 것이냐? — 그 책은 내 것이다.
Die Schweiz *gehört zu* den schönsten Ländern der Welt. 스위스는 세계에서 가장 아름다운 나라들 중의 하나이다.
Er *gehört zu* meinen Freunden.
(=Er ist einer von meinen Freunden.) 그는 내 친구들 중의 한 사람이다.
Er *gehört zu* unserer Familie. 그는 우리 가족의 일원이다.

die Geige [gáigə] -/-n 바이얼린 (die Violine)
● *Geige* spielen : 바이얼린을 켜다
Er *spielt* ganz gut *Geige*. 그는 바이얼린을 아주 잘 켠다.

der Geist [gaɪst] -es/-er ① 정신 (↔der Körper) ② (…한) 정신의 소유자 ③ 유령 (das Gespenst)
Ein gesunder *Geist* in einem gesunden Körper. 《Sprw》 건강한 신체에 건전한 정신.
Goethe war ein großer *Geist*. 괴테는 위대한 정신의 소유자였다.
In diesem alten Schloß soll um Mitternacht ein *Geist* umgehen. 이 고성(古城)에는 한밤중에 유령이 돌아다닌다고 한다.

geistig [gáistiç] 形 정신적인 (↔körperlich)
die *geistige* Arbeit 정신 노동
geistige Anstrengungen 정신적인 긴장
Er ist körperlich gesund, *geistig* aber krank. 그는 육체적으로는 건강하지만, 정신적으로는 병들어 있다.
Er ist *geistig* nicht normal. 그는 정신적으로 정상이 아니다.

geistlich [gáistliç] 形 종교상의 (↔weltlich)
geistliche Bücher 종교 서적
geistliche Lieder 찬송가
Mozart hat neben weltlicher auch *geistliche* Musik komponiert. 모짤트는 세속 음악과 함께 종교 음악도 작곡했다.
der (die) **Geistliche** [gáistliçə] 《形 변화》 성직자(聖職者)

geizig [gáitsiç] 形 인색한 (↔freigebig)
Er ist zu *geizig*. 그는 너무 인색하다.
Sei nicht so *geizig* ! 그렇게 욕심부리지 마라 !

gelangen [gəláŋən] 自 《s》 〈an et.⁴ (zu et.)에〉 도달하다
Wir *gelangten* endlich *ans* Ziel.
(=Wir erreichten endlich das Ziel⁴.) 우리는 마침내 목적

지(목표)에 도달했다.

Der Brief *gelangte* noch nicht *an* mich.

(=Der Brief *gelangte* noch nicht in meine Hände.) 편지는 아직 내 손에 들어오지 않았다.

Durch diese Straße *gelangt* man *zum* Marktplatz. 이 길로 가면 시장 광장에 도달한다.

gelb [gɛlp] 形 노란색의

Im Herbst werden die Blätter *gelb*. 가을에는 나뭇잎들이 노랗게 물든다.

das **Geld** [gɛlt] -[e]s/ 돈

Ich habe etwas (viel) *Geld*. 나는 약간의(많은) 돈을 가지고 있다.

Ich habe wenig *Geld*. 나는 가진 돈이 별로 없다.

Ich habe kein *Geld* bei mir. 내 수중에는 돈이 없다.

Ich habe nur kleines *Geld* bei mir. 내 수중에는 잔돈밖에 없다.

Ich habe von ihm *Geld* geliehen. 나는 그에게서 돈을 빌렸다.

Er hat viel *Geld* verdient. 그는 많은 돈을 벌었다.

Eine Reise von Korea nach Deutschland kostet viel *Geld*. 한국에서 독일까지 여행하는데는 많은 돈이 든다.

die **Gelegenheit** [gəléːgənhaɪt] -/-en 기회

Leider hatte ich bisher keine *Gelegenheit*, mit Ihnen zu sprechen. 유감스럽게도 나는 지금까지 당신과 이야기할 기회가 없었읍니다.

Er hat die *Gelegenheit* verpaßt, Geld zu verdienen. 그는 돈을 벌 기회를 놓쳤다.

● bei dieser *Gelegenheit* : 이 기회에

Bei dieser Gelegenheit möchte ich ihn einmal treffen. 이 기회에 나는 그를 한번 만나고 싶다.

gelehrt [gəléːrt] 形 학식이 있는

Er ist ein sehr *gelehrter* Mann. 그는 매우 학식이 있는 사람이다.

der (*die*) **Gelehrte** [gəléːrtə] 《形 변화》 학자(學者)

Professor K. ist ein weltbekannter *Gelehrter*. K교수는 세계적으로 유명한 학자이다.

gelingen [gəlíŋən] gelang, gelungen 自 《(s)》〈jm.는 et.¹에〉 성공하다 (↔mißlingen)

Die Arbeit ist ihm gut *gelungen*. 그는 그 일에 성공했다.

Es *gelang* mir nicht, ihn zu überzeugen. 나는 그를 설득

하는데 실패했다.

gelten [gέltən] galt, gegolten; du giltst, er gilt 自 ① 가치가 있다 ② 통용되다 ③ 〈für et. (als et.¹)으로〉 간주되다
Wieviel *gilt* das?
(=Wieviel (Was) kostet das?) 이것은 값이 얼마입니까?
Mir *gilt* die Ehre mehr als das Leben. 나에게는 생명보다 명예가 더 소중하다.
Die Fahrkarte *gilt* zwei Tage⁴. 이 차표는 2일간 통용된다.
Der Paß *gilt* nicht mehr. 그 여권은 이제 효력이 없다.
Du *giltst für* einen Lügner (*als* ein Lügner.) 너는 거짓말장이로 여겨지고 있다.
Er *galt für* einen Dummkopf (*als* dumm). 그는 바보로 취급되었다.

der **Gemahl** [gəmá:l] -[e]s/-e 〈상대방의 남편에 대한 최상의 경어〉남편, 주인 양반

die **Gemahlin** [gəmá:lın] -/-nen 〈상대방의 아내에 대한 최상의 경어〉아내, 부인
Grüßen Sie bitte Ihren [Herrn] *Gemahl* (Ihre [Frau] *Gemahlin*) von mir! 주인 양반(부인)에게 제 안부를 전해 주십시오!

das **Gemälde** [gəmέ:ldə] -s/- 그림 (das Bild)
Wir betrachteten die *Gemälde* in der Galerie. 우리는 미술관에서 그림을 관람했다.
Das *Gemälde* ist in Öl (mit Ölfarben) gemalt. 그 그림은 유화 물감으로 그려져 있다.

gemäß [gəmέ:s] 前 《3격》〈보통 후치〉 ~에 따라서
Er handelte meinem Befehl *gemäß* (auf meinen Befehl). 그는 나의 명령에 따라 행동했다.
Er lebt seinem Stande *gemäß*. 그는 자기 신분에 맞게 산다.

gemein [gəmáın] 形 ① 공통의 (gemeinsam) ② 보통의 (gewöhnlich) ③ 비열한 (↔edel)
Er ist unser *gemeiner* Feind. 그는 우리의 공동의 적이다.
Er ist ein *gemeiner* Soldat. 그는 졸병이다.
Er ist ein ganz *gemeiner* Mensch. 그는 아주 비열한(야비한) 인간이다.
Das ist eine *gemeine* Tat. 그것은 비열한 행위다.

gemeinsam [gəmáınza:m] 形 공동의, 공통의
Die Wohnungen haben einen *gemeinsamen* Aufgang. 그 주택에는 공동의 계단이 있다.
Sie haben *gemeinsame* Interessen. 그들에게는 공통의 이해

관계가 있다.

[Am] Sonntag nachmittag machte unsere Familie einen *gemeinsamen* Spaziergang. 일요일 오후 우리 가족은 함께 산책을 했다.

Wir gingen *gemeinsam* (zusammen) ins Kino. 우리는 함께 영화관에 갔다.

das Gemüse [gəmýːzə] -s/- 야채

frisches (rohes) *Gemüse* 신선한(생) 야채

Er ißt gern *Gemüse*. 그는 야채를 좋아한다.

Heute mittag gibt es *Gemüse*⁴ mit Fleisch. 오늘 점심에는 고기를 곁들인 야채가 나온다.

das Gemüt [gəmýːt] -[e]s/-er ① 정(情), 심정 ② 기질

Sie hat (kein) *Gemüt*. 그녀는 인정이 많다(없다).

Sie hat ein gutes *Gemüt*. 그녀는 마음씨가 곱다.

gemütlich [gəmýːtlɪç] 形 기분 좋은, 아늑한 (↔ungemütlich)

ein *gemütlicher* Tag 유쾌한 하루

Bei euch ist es immer *gemütlich*. 너희들과 함께 있으면 언제나 기분이 좋다.

Wir haben in einem *gemütlichen* Restaurant zu Abend gegessen. 우리는 아늑한 레스토랑에서 저녁 식사를 했다.

Es ist hier recht *gemütlich*. 여기는 정말 아늑하다.

genau [gənáu] 形 ① 정확한 (exakt) ② 정밀한

Können Sie mir die *genaue* Zeit sagen? 나에게 정확한 시간을 말해 줄 수 있읍니까?

Meine Uhr geht *genau*. 내 시계는 정확하다.

Ich weiß es *genau*. 나는 그것을 정확히 알고 있다.

Der Unterricht beginnt *genau* (pünktlich) um 9 Uhr. 수업은 정각 9시에 시작된다.

Es ist jetzt *genau* 10 Uhr. 지금은 정각 10시다.

Bitte erzähle mir *genau*, was er gesagt hat! 그가 말한 것을 나에게 자세히 얘기해 다오!

genaue Untersuchung 정밀 검사

genesen [gənéːzən] genas, genesen 自 ⟨⟨s⟩⟩ ⟨von der Krankheit 병에서⟩ 회복되다

Er ist *von* seiner *Krankheit genesen*. 그는 병이 나았다.

genießen [gəníːsən] genoß, genossen 他 ① 즐기다 ② (평판·신용·교육 따위를) 받다 ③ 먹다, 마시다

Er *genießt* sein Leben. 그는 인생을 즐긴다.

Wir *genossen* die schöne Aussicht. 우리는 아름다운 경치를 즐겼다.

Wir haben den Urlaub an der See *genossen*. 우리는 해변에서 휴가를 즐겼다.

Er *genießt* unser volles Vertrauen. 그는 우리의 전폭적인 신임을 얻고 있다.

Er hat eine gute Erziehung (Ausbildung) *genossen*. 그는 좋은 교육을 받았다.

Ich habe heute noch nichts *genossen* (gegessen). 나는 오늘 아직 아무것도 먹지 못했다.

Ich möchte frische Luft *genießen* (atmen). 나는 신선한 공기를 마시고 싶다.

genug [gənúːk] 形 《무변화》 **충분한**

Er hat *genug* Geld, um das zu kaufen. 그는 그것을 사기에 충분한 돈을 가지고 있다.

Er ist alt *genug*, um das zu verstehen. 그는 그것을 이해할 만한 나이는 충분히 되었다.

Hast du *genug* gegessen? 너는 충분히 먹었니?

Wir haben nicht *genug* zu essen. 우리는 먹을 것이 충분치 못하다.

genügen [gənýːgən] 自 **충분하다** (ausreichen)

Das Brot *genügt* für uns zwei. 빵은 우리 두 사람이 먹기에 충분하다.

Das Essen *genügt* für drei Personen. 식사는 3인분이 충분히 된다.

● jm. *genügen* : (누구)를 만족시키다
Seine Antwort *genügte* ihr nicht. 그의 대답은 그녀를 만족시키지 못했다.

Das *genügt* mir. 나는 그것으로 만족한다(충분하다).

das **Gepäck** [gəpék] -[e]s/-e **수하물**

Der Gepäckträger trug unser *Gepäck* zum Bahnhof. 수하물 운반인이 우리의 수하물을 역으로 운반했다.

Er hat sein *Gepäck* aufgegeben. 그는 수하물을 탁송했다.

der **Gepäckträger** [gəpéktrɛːgər] -s/- **수하물 운반인**

Am Bahnhof warten die *Gepäckträger* auf die ankommenden Reisenden. 역에는 수하물 운반인들이 도착하는 여객들을 기다리고 있다.

gerade [gəráːdə] 1. 形 **끝은** (↔krumm) 2. 副 **바로 ; 막, 때마침** (eben)

Die Linie ist *gerade*. 이 선(線)은 곧다.

Um *gerade* Linien (Striche) zu ziehen, braucht man ein Lineal. 직선을 긋기 위해서는 자가 필요하다.

in *gerader* Linie 일직선으로

Er wohnt *gerade* der Schule³ gegenüber. 그는 바로 학교 맞은 편에 살고 있다.

Es ist *gerade* (genau) 10 Uhr. 정각 10시다.

Er wollte *gerade* (eben) weggehen, als ich eintrat. 내가 들어갔을 때 그는 막 떠나려고 했다.

Du kommst mir *gerade* recht. 너 마침 잘 왔다.

gerade um 8 Uhr 정각 8시에

gerade deshalb 바로 그때문에

geraten [gərá:tən] geriet, geraten; du gerätst, er gerät 自 《(s)》 〈in et.⁴에〉 빠져 들어가다

Er ist *in* Gefahr⁴ (Not) *geraten*. 그는 위험(곤경)에 빠졌다.

Er *geriet in* Wut. 그는 화가 났다.

Er *geriet in* Verlegenheit. 그는 당황했다.

das **Geräusch** [gəróyʃ] -[e]s/-e 소음, 잡음 (der Lärm)

Die Maschine macht viel *Geräusch*. 그 기계는 많은 소음을 낸다.

Er erwacht beim leisesten *Geräusch*. 그는 아주 작은 소리에도 잠을 깬다.

Ich hörte vor der Tür das *Geräusch* von Schritten. 나는 문 앞에서 발자욱 소리를 들었다.

Aus dem Radio kamen nur *Geräusche*. 라디오에서 잡음만 나왔다.

das **Gericht** [gəríçt] -[e]s/-e ① 재판; 법정 ② 요리

● jn. vor *Gericht*⁴ fordern : (누구)를 법정에 소환하다

Er wurde *vor Gericht gefordert*. 그는 법정에 소환되었다.

Die Sache kam vor *Gericht*⁴. 그 사건은 재판에 회부되었다 (법정으로 이송되었다).

Auf der Speisekarte stehen allerlei *Gerichte*. 차림표에는 여러 가지 요리가 적혀 있다.

Die meisten deutschen *Gerichte* bestehen aus Kartoffeln, Fleisch und Gemüse. 대부분의 독일 요리는 감자와 고기와 야채로 되어 있다.

gering [gəríŋ] 形 적은, 경미한

Sie hat nur ein *geringes* Einkommen. 그녀는 적은 수입이 있을 뿐이다.

Der Schaden ist *geringer*, als ich dachte. 손해는 내가 생각했던 것보다 적다.

Der Unterschied im Preis (in der Qualität) ist sehr *gering*. 가격(품질)의 차이는 별로 없다.

Man muß diese Medizin nur in *geringen* Mengen verwenden. 이 약은 소량만 사용해야 한다.
- nicht im *geringsten* (mindesten) : 조금도 … 않다
  Daran zweifle ich *nicht im geringsten.* 그것을 나는 조금도 의심하지 않는다.
  Darum kümmere ich mich *nicht im geringsten.* 그것을 나는 조금도 걱정하지 않는다.

gern[e] [gέrn(ə)] lieber, am liebsten 副 즐겨, 기꺼이
  Ich trinke Kaffee *gern.* 나는 커피를 즐겨 마신다.
  Ich habe es *gern* getan. 나는 그것을 기꺼이 했다.
  Ich möchte *gern* wissen, wie es dir gefallen hat. 나는 그것이 네 마음에 들었는지 알고 싶다.
  Ich trinke *lieber* Milch als Kaffee. 나는 커피보다는 오히려 우유를 마시겠다.
  Ich möchte *lieber* sterben. 나는 차라리 죽고 싶다.
  Heute bleibe ich *am liebsten* zu Hause. 오늘 나는 집에 있는 것이 제일 좋겠다.
- jn. *gern* haben (=jn. *gern* mögen) : (누구)를 좋아하다
  Ich *habe* ihn sehr *gern.*
  (=Ich *mag* ihn sehr *gern.*) 나는 그를 매우 좋아한다.

das **Gerücht** [gərýçt] -[e]s/-e 소문
  Das ist nur ein *Gerücht.*
  (=Das ist ein bloßes *Gerücht.*) 그것은 단지 소문일 뿐이다.
  Ich habe ein schlimmes *Gerücht* über ihn gehört. 나는 그에 대하여 나쁜 소문을 들었다.
  Du sollst keine *Gerüchte* verbreiten. 너는 소문을 퍼뜨려서는 안 된다.
- es geht das *Gerücht,* daß … : …한 소문이 떠돌고 있다
  Es geht das Gerücht, daß er Geld gestohlen hat. 그가 돈을 훔쳤다는 소문이 떠돌고 있다.

der **Gesang** [gəzáŋ] -[e]s/¨e 노래 ; 성악
  Wir hörten ihren schönen *Gesang.* 우리는 그녀의 아름다운 노래를 들었다.
  Am Morgen erwachte er von dem *Gesang* der Vögel. 아침에 그는 새들의 노래소리에 잠을 깼다.
  Er nimmt Unterricht in *Gesang*[3]. 그는 노래를 배우고 있다.
  Sie studiert *Gesang.* 그녀는 성악을 공부하고 있다.

das **Geschäft** [gəʃέft] -[e]s/-e ① 상점 (der Laden) ② 장사 (der Handel) ③ 일, 용무
  Das *Geschäft* ist geschlossen. 상점은 닫혀 있다.

Das *Geschäft* wird um 10 Uhr geöffnet. 그 상점은 10시에 문이 열린다.

In welchem *Geschäft* hast du es gekauft? 너는 어느 상점에서 그것을 샀니?

Die *Geschäfte* gehen gut. 장사가 잘 된다.

Wie gehen Ihre *Geschäfte*? 장사는 어떻습니까?

Ich habe viele *Geschäfte* zu erledigen. 나는 처리해야 할 일들이 많다.

- ins *Geschäft* gehen : 출근하다
  Er *ging ins Geschäft.* 그는 출근했다.
- ein gutes *Geschäft* machen : 돈을 벌다
  Ich habe heute *ein gutes Geschäft gemacht.*
  (=Ich habe heute Geld verdient.) 나는 오늘 돈을 벌었다.
- viel *Geschäft* haben : 바쁘다
  Ich *habe viel Geschäft.*
  (=Ich bin beschäftigt.) 나는 바쁘다.

der **Geschäftsmann** [gəʃέftsman] -[e]s/..leute 실업가, 상인 (der Kaufmann)

Er ist ein tüchtiger *Geschäftsmann.* 그는 유능한 실업가다.

geschehen [gəʃé:ən] geschah, geschehen 自 《s》 일어나다, 생기다 (passieren, sich⁴ ereignen)

Was ist denn *geschehen*?
(=Was ist denn los?) 도대체 무슨 일이 일어났니?

Es ist ein Unglück (ein Unfall) *geschehen.* 사고가 생겼다.

Das ist noch nie *geschehen.* 그런 일은 아직 한번도 일어난 적이 없다.

So etwas *geschieht* nie wieder. 그러한 것은 다시는 일어나지 않는다.

das **Geschenk** [gəʃέŋk] -[e]s/-e 선물

Ich bekam (erhielt) ein *Geschenk* von meinem Freund. 나는 내 친구로부터 선물을 받았다.

Ich bekam zu meinem Geburtstag viele *Geschenke.* 나는 내 생일에 많은 선물을 받았다.

Ich habe von meinen Eltern die Kamera als *Geschenk* zum Geburtstag erhalten. 나는 나의 부모님으로부터 생일 선물로 사진기를 받았다.

Ich kaufte einige *Geschenke* für die Kinder. 나는 아이들을 위해 몇 가지 선물을 샀다.

Von wem hast du dieses *Geschenk*? 이 선물은 누구에게서 받은 것이니?

die **Geschichte** [gəʃíçtə] -/-n ① 이야기 (die Erzählung) ② 역사 (die Historie)

Er erzählte uns eine interessante *Geschichte*. 그는 우리들에게 재미있는 이야기를 들려주었다.

Sie erzählte uns die *Geschichte* von Robinson Crusoe. 그녀는 우리들에게 로빈슨 크루소의 이야기를 들려주었다.

Das sind ja schöne (angenehme) *Geschichten*! 그것 참 좋은(기분 좋은) 이야기구나!

Er studiert *Geschichte* an der Universität. 그는 대학에서 역사를 공부하고 있다.

Der Professor hält eine Vorlesung über die *Geschichte* der deutschen Literatur. 그 교수는 독일문학사에 관한 강의를 하고 있다.

deutsche *Geschichte* (=die *Geschichte* Deutschlands) 독일사(獨逸史)

geschickt [gəʃíkt] 形 숙련된, 재치 있는

Er ist ein *geschickter* Arzt. 그는 노련한 의사다.

Das hat er *geschickt* gemacht. 그것을 그는 능숙하게 했다.

das **Geschlecht** [gəʃléçt] -[e]s/-er ① 성(性) ② 종족

männliches und weibliches *Geschlecht* 남성과 여성

das menschliche *Geschlecht* (=das Menschengeschlecht) 인류(人類)

das **Geschmack** [gəʃmák] -[e]s/ӥe ① 취미 ② 맛

Er hat einen guten *Geschmack*. 그는 좋은 취미를 가지고 있다.

Das Kleid ist nicht nach meinem *Geschmack*. 그 옷은 나의 취향에 맞지 않는다.

Diese Frucht hat einen süßen (sauren) *Geschmack*. (=Diese Frucht schmeckt süß.) 이 과일은 단(신)맛이 난다.

geschwind [gəʃvínt] 形 빠른 (schnell)

Komm *geschwind* (schnell) her! 빨리 이리 오너라!

Er ist *geschwind* verschwunden. 그는 재빨리 사라졌다.

Das geht nicht so *geschwind*. 그것은 그렇게 빨리 되지 않는다.

die **Geschwindigkeit** [gəʃvíndıçkaıt] -/-en 속도, 속력

Ich erhöhte (steigerte) die *Geschwindigkeit* des Autos. 나는 자동차의 속력을 높였다.

Er fuhr mit einer *Geschwindigkeit* von 100 Kilometern in der Stunde. 그는 시속 100km의 속력으로 차를 몰았다.

• mit voller *Geschwindigkeit* : 전속력으로

Auf der Autobahn fuhr mein Auto *mit voller Geschwindigkeit.* 고속도로에서 나의 차는 전속력으로 달렸다.

die **Geschwister** [gəʃvístər] 複 형제 자매
Sie sind meine *Geschwister.* 그들은 나의 형제 자매다.

die **Gesellschaft** [gəzélʃaft] -/-en ① 사회 ② 협회, 단체 ③ 《복수 없음》 교제 ④ 회합
die menschliche *Gesellschaft* 인간 사회
die moderne *Gesellschaft* 현대 사회
die wissenschaftliche *Gesellschaft* 학회
die Koreanisch-Deutsche *Gesellschaft* 한독 협회
Sie mußte seine *Gesellschaft* aufgeben. 그녀는 그와의 교제를 단념해야만 했다.
● in js. *Gesellschaft* (=in *Gesellschaft* mit jm.): (누구)와 함께(공동으로)
Er ging *in Gesellschaft* seines Freundes ins Kino.
(=Er ging *in Gesellschaft mit* seinem Freund ins Kino.) 그는 그의 친구와 함께 영화관에 갔다.
● in *Gesellschaft*⁴ gehen: 회합에 가다
Ich *gehe* heute *in Gesellschaft.* 나는 오늘 모임에 간다.

das **Gesetz** [gəzéts] -es/-e 법률, 법칙
Er handelte gegen das *Gesetz.* 그는 법률에 어긋나게 행동했다.
Der Richter urteilt nach dem *Gesetz.* 재판관은 법률에 따라 판결한다.
Das *Gesetz* tritt am 1. Mai in Kraft. 그 법률은 5월 1일에 효력을 발생한다.
Jeder Mensch ist vor dem *Gesetz* gleich. 사람은 누구나 법 앞에 평등하다.
ein physikalisches *Gesetz* 물리 법칙

das **Gesicht** [gəzíçt] -[e]s/-er 얼굴
Sie hat ein schönes *Gesicht.* 그녀는 얼굴이 예쁘다.
Er machte ein böses *Gesicht.* 그는 화난 얼굴을 했다.
● jm. ins *Gesicht* sehen: (누구)를 똑바로 쳐다보다
Er *sah* mir *ins Gesicht.* 그는 나를 똑바로 쳐다보았다.

das **Gespräch** [gəʃprɛ́ːç] -[e]s/-e 대화
● mit jm. ein *Gespräch* führen: (누구)와 대화를 나누다
Ich *führte mit* ihm *ein Gespräch* unter vier Augen. 나는 그와 단 둘이서 대화를 나누었다.
Er begann mit uns ein *Gespräch.* 그는 우리와 대화를 시작했다.

Wir setzten unser *Gespräch* fort. 우리는 대화를 계속했다.

Sie brachen ihr *Gespräch* ab. 그들은 대화를 중단했다.

Dieser Roman war damals sehr im *Gespräch*. 이 소설은 그 당시 매우 화제가 되었었다.

die Gestalt [gəʃtált] -/-en 모습, 형태 (die Figur)

Er hat eine kleine *Gestalt*.

(=Er ist von kleiner *Gestalt*.) 그는 체격이 작다.

Die Erde hat die *Gestalt* einer Kugel. 지구는 공의 모양을 하고 있다.

gestehen [gəʃté:ən] gestand, gestanden 他 고백하다

Er hat mir seine Schuld *gestanden*. 그는 나에게 자기 죄를 고백했다.

Er hat ihr seine Liebe *gestanden*. 그는 그녀에게 사랑을 고백했다.

- offen *gestanden* (gesagt): 솔직히 말하면, 사실을 말하면

  Offen gestanden, ich bin enttäuscht. 솔직히 말해서 나는 실망했다.

  Offen gestanden, ich mag ihn nicht gern. 사실을 말하면 나는 그를 좋아하지 않는다.

gestern [géstərn] 副 어제

Gestern war Mittwoch. 어제는 수요일이었다.

Ich war *gestern* zu Hause. 나는 어제 집에 있었다.

Was haben Sie *gestern* gemacht? 당신은 어제 무엇을 했읍니까?

Gestern morgen (früh) habe ich bis zehn Uhr geschlafen. 어제 아침에 나는 10시까지 잤다.

Gestern abend waren wir im Theater. 어제 저녁에 우리는 극장에 갔었다.

gesund [gəzúnt] gesünder, gesündest; gesunder, gesundest 形 건강한, 건전한 (↔krank)

Unsere Kinder sind alle *gesund* und munter. 우리 아이들은 모두 건강하다.

Ich bin *gesund* an Körper und Geist[3]. 나는 몸과 마음이 다 건강하다.

Er hat *gesunde* Ansichten. 그는 사고방식이 건전하다.

Ein *gesunder* Geist in einem *gesunden* Körper. 《Sprw》 건강한 신체에 건전한 정신.

die Gesundheit [gəzúnthaɪt] -/ 건강 (↔die Krankheit)

Die *Gesundheit* geht über alles.

(=Nichts geht über die *Gesundheit*.) 건강이 제일이다.

Wie steht es mit Ihrer *Gesundheit*? 당신의 건강은 어떻습니까?

Ich wünsche Ihnen eine gute *Gesundheit*. 나는 당신이 건강하기를 빕니다.

Auf Ihre *Gesundheit*!
(=Auf Ihr Wohl!) 당신의 건강을 위해 건배!

- bei guter *Gesundheit* sein : 건강이 좋다
  Ich *bin bei guter Gesundheit*. 나는 건강이 좋다.

das **Getränk** [gətréŋk] -[e]s/-e 음료

Es gibt warme und kalte *Getränke*⁴. 더운 음료와 찬 음료가 있다.

Bier ist ein in Deutschland sehr beliebtes *Getränk*. 맥주는 독일에서 매우 애호되는 음료이다.

das **Getreide** [gətráɪdə] -s/- 곡식

Auf den Feldern wächst das *Getreide*. 들에는 곡식이 자라고 있다.

Im August ernten die Bauern das *Getreide*. 8월에 농부들은 곡식을 거두어 들인다.

Dieses Jahr⁴ steht das *Getreide* gut. 금년 농사는 풍작이다.

die **Gewalt** [gəvált] -/-en ①《복수 없음》폭력 ② 권력

- *Gewalt* gegen jn. gebrauchen(anwenden) : (누구)에게 폭력을 쓰다
  Er *gebrauchte Gewalt gegen* mich.
  (=Er *wendete (wandte) Gewalt gegen* mich *an*.) 그는 나에게 폭력을 썼다.

- mit *Gewalt* : 폭력으로, 강제로
  Sie wurde *mit Gewalt* zu einem Geständnis gezwungen.
  그녀는 자백하도록 폭력으로 강요를 당했다.

Gewalt geht vor Recht.《Sprw》주먹이 법보다 가깝다.

Es steht in meiner *Gewalt*.
(=Ich habe es in meiner *Gewalt*.) 나는 그것을 내 마음대로 할 수 있다.

Das steht nicht in meiner *Gewalt*. 그것은 내 권한 밖의 일이다.

gewaltig [gəváltɪç] 形 강력한, 거대한

gewaltiger Eindruck 강한 인상
ein *gewaltiger* Fels 거대한 바위
ein *gewaltiger* Sturm 격렬한 폭풍
eine *gewaltige* Kälte 굉장한 추위
gewaltige Fortschritte 놀랄만한 진보

das **Gewicht** [gəvíçt] -[e]s/-e 무게, 중량
Das hat ein *Gewicht* von 50 Gramm. 그것은 50g의 무게가 나간다.
Du hast für deine Größe ein zu hohes *Gewicht*. 너는 키에 비하여 체중이 너무 나간다.
● et.⁴ nach *Gewicht* verkaufen : (무엇)을 달아서 팔다
Das Fleisch wird *nach Gewicht verkauft*. 고기는 달아서 판다.

gewinnen [gəvínən] gewann, gewonnen 他自 ① 획득하다 ② 이기다 (↔verlieren)
Er hat den ersten Preis *gewonnen*. 그는 일등상을 받았다.
Wer nicht wagt, [der] *gewinnt* nicht. 《Sprw》 감행하지 않는 자는 얻지 못한다.
Wir haben *gewonnen*. 우리는 이겼다.
Unser Verein hat das Spiel⁴ (im Spiel) *gewonnen*. 우리 팀이 경기에서 이겼다.
Wer hat die Wette⁴ *gewonnen* (verloren)? 누가 내기에서 겼니(졌니)?

gewiß [gəvís] gewisser, gewissest 形 ① 확실한, 틀림없는 (bestimmt, sicher) ② 어떤
Das ist *gewiß*. 그것은 확실하다.
Leider kann ich Ihnen noch keine *gewisse* Zusage geben. 유감스럽게도 나는 당신에게 아직은 확실한 약속을 할 수 없읍니다.
Das ist *gewiß* wahr. 그것은 확실히 사실이다.
Er kommt heute *gewiß*. 그는 오늘 틀림없이 온다.
● et.² *gewiß* sein : (무엇)을 확신하고 있다
Ich bin des Sieges *gewiß*. 나는 승리를 확신하고 있다.
In *gewisser* Beziehung hast du recht. 어떤 점에서는 네가 옳다.
Ein *gewisser* Herr Müller kam gestern zu dir. 뮐러라는 어떤 신사가 어제 너를 찾아왔다.
bis zu einem *gewissen* Grade 어느 정도까지

das **Gewissen** [gəvísən] -s/- 양심
Ich habe ein gutes *Gewissen*. 나는 양심에 거리낌이 없다.
Er hat ein schlechtes (böses) *Gewissen*. 그는 양심에 가책을 받고 있다.
Ich habe das mit gutem *Gewissen* getan. 나는 양심에 거리낌이 없이 그것을 했다.
Er hat kein *Gewissen*. 그는 양심이 없다.

Er ist ein Mensch ohne *Gewissen*. 그는 양심이 없는 인간이다.

das **Gewitter** [gəvítər] -s/- 뇌우
Es droht ein *Gewitter*. 뇌우가 있을 것 같다.
Bei einem *Gewitter* blitzt und donnert es. 뇌우가 있을 때는 번갯불이 번쩍이고 천둥이 친다.

gewöhnen [gəvǿ:nən] 1. 他 〈jn.를 an et.⁴에〉 익숙하게 하다 2. 再 〈sich⁴ an et.⁴에〉 익숙해지다
Man muß die Kinder *an* Ordnung *gewöhnen*. 아이들에게는 질서의 습관을 붙게 해야 한다.
Er hat *sich an* die Arbeit *gewöhnt*. 그는 그 일에 익숙해졌다.
Ich *gewöhnte mich*, früh aufzustehen.
(=Ich bin gewohnt, früh aufzustehen.) 나는 일찍 일어나는 버릇이 생겼다.

die **Gewohnheit** [gəvó:nhaıt] -/-en 습관
Das ist eine gute (schlechte) *Gewohnheit*. 그것은 좋은(나쁜) 습관이다.
Das ist mir zur *Gewohnheit* geworden. 그것은 나의 습관이 되었다.
Das macht die *Gewohnheit*. 그것은 습관이 된다.
Gewohnheit ist eine zweite Natur. 《Sprw》 습관은 제2의 천성이다.
● aus *Gewohnheit* : 습관적으로
Er hat es *aus Gewohnheit* getan. 그는 그것을 습관적으로 했다.

gewöhnlich [gəvǿ:nlıç] 形 보통의 (↔ungewöhnlich)
Er ist ein ganz *gewöhnlicher* Mensch. 그는 아주 평범한 인간이다.
Am Sonntag bin ich *gewöhnlich* zu Hause. 일요일에는 나는 보통 집에 있다.
● wie *gewöhnlich* : 여느 때와 같이, 평소와 같이
Komm *wie gewöhnlich*! 여느 때처럼 오너라!
Alles war *wie gewöhnlich*. 모든 것은 여전하였다.

gewohnt [gəvó:nt] 形 버릇이 된 (↔ungewohnt)
Ich bin *gewohnt*, morgens früh aufzustehen.
(=Ich gewöhnte mich, morgens früh aufzustehen.) 나는 아침 일찍 일어나는 버릇이 생겼다.
Jung *gewohnt*, alt getan. 《Sprw》 세 살 버릇이 여든까지 간다.

zur *gewohnten* Stunde 여느 때와 같은 시간에
auf *gewohnte* Weise (=in *gewohnter* Weise) 여느 때와 같은 방법으로

gießen [gíːsən] goß, gegossen 他 붓다
Sie *gießt* Kaffee in meine Tasse. 그녀는 나의 잔에 커피를 붓는다.
Sie *gießt* täglich die Blumen. 그녀는 매일 꽃에 물을 준다.
Vergiß nicht, die Blumen zu *gießen*! 꽃에 물주는 것을 잊지 마라!
Draußen *gießt* es in Strömen. 밖에는 비가 억수로 퍼붓는다.

der **Gipfel** [gípfəl] -s/- ① 정상(頂上) ② 절정(絕頂)
Auf dem *Gipfel* des Berges lag schon der erste Schnee. 산꼭대기에는 벌써 첫눈이 내렸다.
Er war (stand) damals auf dem *Gipfel* seines Ruhms. 그는 그 당시 명성(인기)이 절정에 있었다.

glänzen [gléntsən] 自 빛나다, 번쩍거리다 (leuchten)
Ihre Augen *glänzten* vor Freude[3]. 그녀의 눈은 기쁨으로 빛났다.
Die Sterne *glänzen* am Himmel. 별들이 하늘에서 반짝인다.
An ihrem Finger *glänzte* ein goldener Ring. 그녀의 손가락에는 금반지가 번쩍였다.
Es ist nicht alles Gold, was *glänzt*. 《Sprw》 번쩍이는 것이 모두 금은 아니다.

das **Glas** [glaːs] -es/⁻er ① 유리 ② 유리잔
Das Fenster ist aus *Glas*. 창은 유리로 되어 있다.
Auf dem Tisch stehen zwei leere *Gläser*. 탁자 위에는 두 개의 빈 잔이 놓여 있다.
Ich habe ein (zwei) *Glas* Bier getrunken. 나는 맥주를 한(두)잔 마셨다.
ein *Glas* Wasser (kalten Wassers) 물(찬 물) 한 잔

glatt [glat] glatter, glattest; glätter, glättest 形 매끄러운; 미끄러운 (↔rauh)
ein *glattes* Gesicht 매끈한(말쑥한) 얼굴
glatte Straße 울퉁불퉁하지 않은 평탄한 도로(道路)
Die Straße ist *glatt*, weil es heute nacht gefroren hat. 간밤에 얼음이 얼었기 때문에 길이 미끄럽다.
Wenn alles *glatt* geht, kann ich es in zwei Stunden vollbringen. 모든 일이 순조로우면 나는 그것을 두 시간 내에 완성할 수 있다.

der **Glaube[n]** [gláubə(n)] ..bens/..ben ① 믿음, 신념 ② 신앙
der *Glaube* an Gott⁴ 신〔의 존재〕을 믿음
Sein *Glaube* an ihre Liebe war unveränderlich. 그녀의 사랑에 대한 그의 신념은 변하지 않았다.
Er ist seinem *Glauben* treu geblieben. 그는 신념에 충실했다(신념을 바꾸지 않았다).
Er hält an dem christlichen *Glauben* fest. 그는 기독교의 신앙을 굳게 믿고 있다.

glauben [gláubən] 他自 ① 믿다 ② (…라고) 생각하다
- et.⁴ *glauben* : (무엇)을 믿다
Ich *glaube* die Geschichte nicht. 나는 그 이야기를 믿지 않는다.
Das kann ich gar nicht *glauben*. 그것을 나는 전혀 믿을 수 없다.
Das (Daran) habe ich fest *geglaubt*. 그것을 나는 굳게 믿었다.
- jm. *glauben* : (누구)의 말을 믿다
Ich *glaube* ihm nicht. 나는 그의 말을 믿지 않는다.
Wer einmal lügt, dem *glaubt* man nicht. 《Sprw》 사람들은 한번 거짓말하는 사람을 믿지 않는다.
- an Gott⁴ *glauben* : 신〔의 존재〕을 믿다
Ich *glaube an Gott*. 나는 신(神)을 믿는다.
Ich *glaube*, daß ich recht habe. 나는 내가 옳다고 생각한다.
Ich habe *geglaubt*, er ist krank. 나는 그가 아프다고 생각했다.

gleich [glaiç] 1. 形 같은 (↔verschieden) 2. 副 ① 똑같이 ② 곧 (sofort, sogleich)
Er trägt das *gleiche* (dasselbe) Kleid wie ich. 그는 나와 똑같은 옷을 입고 있다.
Mutter und Tochter trugen die *gleichen* Kleider. 모녀(母女)가 똑같은 옷을 입고 있었다.
Wir kamen zu *gleicher* (zur *gleichen*) Zeit an. 우리는 동시에 도착했다.
Mein Bruder und ich sind *gleich* groß. 나의 동생(형)과 나는 키가 같다.
Wir sind *gleich* alt. 우리는 나이가 같다.
Ich komme *gleich* wieder. 나는 곧 다시 온다.
Gleich nach dem Essen ging er aus. 식 후 곧 그는 외출했다.

gleichgültig [gláiçgyltiç] 形 무관심한, 아무래도 좋은 (egal, einerlei)

Er bleibt gegen alles *gleichgültig*. 그는 만사에 무관심하다.

Das ist mir *gleichgültig*. 그것은 나에게는 아무래도 좋다.

Wie du das machst, ist mir *gleichgültig*. 네가 그것을 어떻게 하든 나에게는 아무래도 좋다(상관이 없다).

gleichzeitig [gláıçtsaıtıç] 形 동시의

Wir kamen *gleichzeitig* zu Hause (am Bahnhof) an. 우리는 동시에 집(역)에 도착했다.

Er ist Arzt von Beruf, *gleichzeitig* aber auch ein berühmter Maler. 그는 직업이 의사인 동시에 유명한 화가이기도 하다.

gleiten [gláıtən] glitt, geglitten 自 《s, h》 미끄러지다

Er *glitt* auf dem Eis. 그는 얼음 위에서 미끄러졌다.

Der Schlitten *glitt* über den Schnee. 썰매가 눈 위로 미끄러졌다.

Das Boot *glitt* leicht auf dem Wasser dahin. 보트는 가볍게 물 위를 미끄러지듯 나아갔다.

das **Glied** [gli:t] -[e]s/-er ① 《복수로》 사지(四肢) ② (전체를 구성하는) 일원(一員)

Der Körper besteht aus Kopf, Rumpf und *Gliedern*. 신체는 머리와 몸통과 사지로 되어 있다.

Ich habe Schmerzen in allen *Gliedern*.
(=Mir tun alle *Glieder* weh.) 나는 온 사지가 아프다.

Er zitterte vor Kälte[3] an allen *Gliedern* (am ganzen Leib). 그는 추워서 온 몸을 떨었다.

Er konnte kein *Glied* rühren (regen). 그는 몸을 전혀 움직일 수가 없었다.

Als [ein] *Glied* der Familie konnte ich nicht anders handeln. 가족의 일원으로서 나는 달리 행동할 수 없었다.

die **Glocke** [glɔ́kə] -/-n 종(鐘)

Die *Glocke* läutet (schlägt). 종이 울린다.

[Am] Sonntag morgen läuten die *Glocken* zur Messe. 일요일 아침에는 미사를 알리는 종이 울린다.

das **Glück** [glyk] -[e]s/ **행복, 행운** (↔das Unglück)

Viel *Glück* und alles Gute zum neuen Jahr! 새해 복 많이 받으시고 모든 일이 잘 되시기를!

Er hat in allem *Glück*. 그는 만사에 운(運)이 있다.

Er hat noch *Glück* im Unglück gehabt. 그는 불행 중 다행이었다.

Jeder ist seines *Glückes* Schmied. 《Sprw》 누구나 자기 행복의 개척자이다.

- zum *Glück* (=glücklicherweise) : 다행히
  Zum Glück war die Tür offen. 다행히 문이 열려 있었다.
  Zum Glück war er zu Hause. 다행히 그는 집에 있었다.

glücklich [glýklıç] 形 행복한, 행운의 (↔unglücklich)
  Ein *glückliches* Neues Jahr! 행복한 새해가 되시기를!
  Glückliche (Gute) Reise! 즐거운 여행이 되시기를!
  Er hat eine sehr *glückliche* Kindheit verbracht. 그는 매우 행복한 유년 시절을 보냈다.
  Er hat seine Frau sehr *glücklich* gemacht. 그는 아내를 매우 행복하게 해 주었다.
  Er hält sich⁴ für *glücklich*. 그는 자신을 행복하다고 생각하고 있다.
  Wir sind gestern abend *glücklich* angekommen. 우리는 어제 저녁에 무사히 도착했다.

glücklicherweise [glýklıçərvaızə] 副 다행히 (zum Glück)
  Glücklicherweise war der Arzt zu Hause. 다행히도 의사는 집에 있었다.
  Glücklicherweise wurde bei dem Unfall niemand verletzt. 다행히도 사고때 아무도 다치지 않았다.

der **Glückwunsch** [glýkvunʃ] -es/⸚e 축하
  Herzlichen *Glückwunsch* zum Geburtstag (zur Hochzeit)! 생일(결혼)을 진심으로 축하합니다!
  Ich sandte ihm die herzlichsten *Glückwünsche* zum Geburtstag. 나는 그의 생일에 진심으로 축하를 보냈다.

glühen [glý:ən] 自 작열(灼熱)하다
  Die Sonne *glüht*. 태양이 작열한다.
  Die Kohle *glüht* noch. 석탄은 아직도 타고 있다.
  Sein Gesicht *glühte* vor Aufregung³ (Erregung). 그의 얼굴은 흥분으로 상기되었다.
  glühende Liebe 불타는(열렬한) 사랑

die **Gnade** [gná:də] -/-n 은혜, 자비
  Das ist eine *Gnade* Gottes. 그것은 하느님의 은혜다.
  Die *Gnade* Gottes sei mit uns allen! 신의 은총(가호)이 우리 모두와 함께 하시기를!

gnädig [gnέ:dıç] 形 자비로운
  Gott ist *gnädig*. 신은 자비롭다.
  Darf ich Ihnen helfen, *gnädige* Frau (*gnädiges* Fräulein)? 부인(아가씨), 제가 도와 드릴까요?

das **Gold** [gɔlt] -[e]s/ 금
  Das ist reines (echtes) *Gold*. 그것은 순금이다.

Der Ring ist aus (von) *Gold*. 그 반지는 금으로 되어 있다.
Der Ring, den sie trägt, ist aus reinem *Gold*. 그녀가 끼고 있는 반지는 순금반지다.
Reden ist Silber, Schweigen ist *Gold*. 《Sprw》 웅변은 은이요, 침묵은 금이다.
Es ist nicht alles *Gold*, was glänzt. 《Sprw》 번쩍이는 것이 모두 금은 아니다.

golden [gɔ́ldən] 形 금으로 된, 금색의
Sie trägt einen *goldenen* Ring am Finger. 그녀는 손가락에 금반지를 끼고 있다.
Sie hat *goldenes* (blondes) Haar. 그녀의 머리는 금발이다.

der **Gott** [gɔt] -es/¨er 《보통 무관사》 신(神)
- an *Gott*⁴ glauben : 신[의 존재]을 믿다
  Ich *glaube* an Gott. 나는 신(神)을 믿는다.
- zu *Gott* beten : 하느님께 기도드리다
  Er *betet* zu Gott (*zum* lieben *Gott*). 그는 하느님께 기도드린다.
- *Gott* sei Dank : 아유 고마와라, 고맙게도
  Gott sei Dank! 아유 고마와라!
  Es ist *Gott sei Dank* nichts geschehen! 고맙게도 아무 일도 일어나지 않았다!

Das weiß nur *Gott*¹. 그것은 신(神)만이 알고 있다.
Grüß *Gott*, Herr Huber!
(=Guten Tag, Herr Huber!) 안녕하십니까, 후버 씨!

göttlich [gǿtlıç] 形 신(神)의, 신(神)같은
göttliche Gnade (=die Gnade Gottes) 신의 은총
Er führt ein *göttliches* Leben. 그는 신의 뜻에 맞는(경건한) 생활을 하고 있다.

das **Grab** [gra:p] -[e]s/¨er 무덤
Sie besucht jeden Sonntag sein *Grab*. 그녀는 일요일마다 그의 묘를 찾는다.
bis ins *Grab* (=bis zum Tode) 죽음에 이르기까지
- jn. zu *Grabe* tragen (=jn. ins *Grab* legen) : (누구)를 매장하다
  Wir *trugen* den Toten *zu Grabe*.
  (=Wir *legten* den Toten *ins Grab*.) 우리는 죽은 사람을 매장했다.

graben [grá:bən] grub, gegraben 自他 파다
Sie *graben* nach Gold (Kohle). 그들은 금(석탄)을 캔다.
Er *gräbt* ein Loch in die Erde. 그는 땅에 구멍을 판다.

Sie haben im Garten einen Brunnen *gegraben*. 그들은 정원에 우물을 팠다.

Wer andern eine Grube *gräbt*, fällt selbst hinein. 《Sprw》 남 잡으려 파놓은 함정에 저부터 빠지다.

der **Grad** [graːt] -[e]s/-e ① 《복수 없음》 도(度) ② 정도 ③ 학위

Wir hatten gestern 20 *Grad* (20°) Kälte.
(=Es war gestern 20 *Grad* unter Null.) 어제는 영하 20도였다.

Wir haben heute 5 *Grad* Wärme.
(=Es ist heute 5 *Grad* über Null.) 오늘은 영상 5도이다.

Es ist heute um einige *Grade* kälter als gestern. 오늘은 어제보다 2,3도 가량 더 춥다.

Er hat jetzt 39 *Grad* Fieber. 그는 지금 체온이 39도이다.

in gewissem *Grade* 어느 정도

bis zu einem gewissen *Grade* 어느 정도까지

in hohem *Grade* 고도로

im höchsten *Grade* 극도로

Sie hat einen akademischen *Grad* erworben. 그녀는 학위를 취득했다.

Ich habe mein Studium mit dem *Grad* eines Doktors abgeschlossen. 나는 박사학위를 취득함으로써 연구를 끝냈다.

die **Grammatik** [gramátık] -/-en 문법

die *Grammatik* der deutschen Sprache 독일어 문법

Wir lernen die Regeln der deutschen *Grammatik*. 우리는 독일어 문법의 규칙을 배운다.

das **Gras** [graːs] -es/⸚er 풀

Das Pferd frißt auf der Wiese das *Gras*. 말이 초원에서 풀을 뜯는다.

Er legte sich⁴ ins *Gras*. 그는 풀밭에 누웠다.

gratulieren [gratulíːrən] gratulierte, gratuliert 自 〈jm.의 zu et.을〉 축하하다

Ich *gratuliere* Ihnen herzlich *zur* Verlobung (Hochzeit). 나는 당신의 약혼(결혼)을 진심으로 축하합니다.

Wir *gratulierten* ihm *zum* Geburtstag. 우리는 그의 생일을 축하했다.

grau [grau] 形 회색의

Er trägt einen *grauen* Anzug.
(=Er hat einen *grauen* Anzug an.) 그는 회색 양복을 입고 있다.

Er hat *graues* Haar (*graue* Haare).
(=Sein Haar ist *grau.*) 그의 머리는 백발이다.

grausam [gráuza:m] 形 ① 잔학한 ② 무서운
eine *grausame* Strafe 잔학한 형벌
Er war *grausam.* 그는 잔인하였다.
Es ist draußen *grausam* kalt.
(=Es herrscht draußen eine *grausame* Kälte.) 밖은 지독히 춥다.

greifen [gráifən] griff, gegriffen 1. 他 잡다, 붙잡다 (ergreifen) 2. 自 〈nach et.을 잡으려고〉 손을 내밀다
Die Polizei *griff* endlich den Verbrecher (den Täter). 경찰은 마침내 범인을 잡았다.
Er *griff nach* dem Buch. 그는 책을 집으려고 손을 뻗쳤다.
Ein Ertrinkender *greift nach* einem Strohhalme. 《Sprw》 물에 빠진 사람은 지푸라기라도 붙잡으려고 한다.
- jn. bei der Hand *greifen* (fassen): (누구)의 손을 잡다
  Er *griff* mich *bei der Hand.* 그는 내 손을 잡았다.
- in et.⁴ *greifen*: (무엇) 속에 손을 넣다
  Er *griff* mir *in* die Tasche. 그는 나의 호주머니에 손을 넣었다.

die **Grenze** [gréntsə] -/-n 경계, 한계
Das Dorf liegt nahe [an] der *Grenze*³. 그 마을은 국경 가까이에 있다.
Wir kamen zur *Grenze.* 우리는 국경에 왔다.
An der *Grenze* wurden unsere Pässe kontrolliert. 국경에서 우리의 여권은 검사를 받았다.
Meine Geduld hat *Grenzen.* 나의 인내에도 한계가 있다.
Seine Wut kannte keine *Grenzen.* 그의 분노는 그칠 줄을 몰랐다.

(*das*) **Griechenland** [grí:çənlant] -[e]s/ 희랍
der **Grieche** [grí:çə] -n/-n 희랍인
die **Griechin** [grí:çin] -/-nen 희랍 여자
griechisch [grí:çiʃ] 形 희랍〔人·語〕의
(*das*) **Griechisch** [grí:çiʃ] -[s]/ 희랍어

groß [gro:s] größer, größt 形 ① 큰 (↔klein) ② 위대한
Seoul ist eine *große* Stadt. 서울은 대도시이다.
Das machte mir eine *große* Freude. 그것은 나에게 큰 기쁨을 주었다.
Ich habe *großen* Hunger.
(=Ich bin sehr hungrig.) 나는 매우 배가 고프다.

Ich habe *große* Eile. 나는 매우 급하다.
Die Schuhe sind mir (für mich) zu *groß*. 이 구두는 내게는 너무 크다.
Das Kind ist für sein Alter recht *groß*. 그 아이는 나이에 비해 아주 크다.
Das ist ja ganz *groß*. 그것은 정말 굉장히 크다.
Er ist so *groß* wie ich. 그는 나와 키가 같다.
Er ist *größer* als ich. 그는 나보다 키가 크다.
Wie *groß* bist du? 너는 키가 얼마니?
Ich bin 1,70 m⁴ (170 cm) *groß*. 나는 키가 1 m 70 cm이다.
Er ist ein *großer* Dichter. 그는 위대한 시인이다.
Goethe gilt als der *größte* Dichter Deutschlands. 괴테는 독일의 가장 위대한 시인으로 간주되고 있다.
● im *großen* und ganzen : 대체로
Einige Male⁴ hat es geregnet, aber *im großen und ganzen* war das Wetter gut. 몇 번 비가 오긴 했지만 대체로 날씨는 좋았다.

die **Großeltern** [gróːs-ɛltərn] 複 조부모
Die Kinder fuhren zu den *Großeltern* auf das Land. 아이들은 시골로 조부모님께 갔다.

die **Großmutter** [gróːsmutər] -/‥mütter 할머니
Unsere *Großmutter* ist noch am Leben.
(=Unsere *Großmutter* lebt noch.) 우리 할머니는 아직 살아 계신다.

der **Großvater** [gróːsfaːtər] -s/‥väter 할아버지
Wir lieben unseren *Großvater* sehr. 우리는 우리 할아버지를 매우 사랑한다.

grün [gryːn] 形 초록색의
eine *grüne* Wiese 푸른 초원
grünes Obst 익지 않은 과일
Im Frühling werden die Bäume wieder *grün*. 봄에 나무들은 다시 푸르러진다.
Die Äpfel sind noch *grün*. 사과는 아직 익지 않았다.

der **Grund** [grunt] -[e]s/¨e ① 《복수 없음》 토지, 땅 ② 《복수 없음》 (바다·그릇 따위의) 바닥 ③ 기초 ④ 이유
Er wohnt auf eigenem *Grund*. 그는 자기 땅에서 살고 있다.
Hier ist der *Grund* sehr feucht. 여기는 땅이 매우 축축하다.
Der See war so klar, daß man bis auf den *Grund* sehen konnte. 호수는 맑아서 밑바닥까지 볼 수 있었다.
Das Schiff geriet auf [den] *Grund*. 배가 좌초(坐礁)했다.

- von *Grund* auf : 기초부터
  Du mußt alles *von Grund auf* wieder anfangen. 너는 모든 것을 기초부터 다시 시작해야 한다.
- von *Grund* aus (=aus dem *Grunde*) : 근본적으로
  Jeden Samstag macht sie die Wohnung *von Grund aus* sauber. 토요일마다 그녀는 집을 철저하게 소제한다.

Aus welchem *Grunde* bist du mir böse? 너는 무슨 이유로 나에게 화를 내니?
Du hast keinen *Grund* zu klagen. 너는 불평할 까닭이 없다.
aus diesem *Grunde* 이러한 이유로
aus gesundheitlichen *Gründen* 건강상의 이유로

gründlich [grýntlıç] 形 **근본적인, 철저한**
eine *gründliche* Untersuchung 근본적인(철저한) 검사
Er ist bei allen Arbeiten sehr *gründlich*. 그는 모든 일에 매우 철저하다.
Überlege es dir *gründlich*! 그것을 잘 생각해 봐라!

die **Gruppe** [grúpə] -/-n 무리, 집단
Vor dem Theater stand eine *Gruppe* von Menschen. 극장 앞에는 한 무리의 사람들이 서 있었다.
- in *Gruppen*³ : 떼를 지어, 집단으로
  Die Menschen stehen *in Gruppen* zusammen. 사람들이 떼를 지어 모여 있다.

der **Gruß** [gru:s] -es/ˆe 인사
Sie ging an mir vorbei, ohne meinen *Gruß* zu erwidern. 그녀는 나의 인사에 답례도 없이 내 옆을 지나갔다.
Viele (Herzliche) *Grüße* an Ihre Frau! 부인께 안부를 전해 주십시오!
Mit vielen (herzlichen, freundlichen, besten) *Grüßen*! 진심으로 인사를 드리면서! (편지의 끝말)

grüßen [grý:sən] 他 〈jn.에게〉 인사하다 (begrüßen)
Sie *grüßt* mich immer sehr höflich. 그녀는 나에게 언제나 매우 공손히 인사한다.
Grüßen Sie ihn von mir! 그에게 내 안부를 전해 주십시오!
Wenn du ihn triffst, dann *grüße* ihn bitte von mir! 네가 그를 만나면 그에게 내 안부를 전해다오!
Wer ist der Mann, der dich eben *gegrüßt* hat? 방금 너에게 인사를 한 그 남자는 누구니?

günstig [gýnstıç] 形 ① 호의적인 (↔ungünstig) ② 유리한
- jm. *günstig* sein : (누구)에게 호의를 가지다
  Er ist dir *günstig*. 그는 너에게 호의를 가지고 있다.

Ich habe eine *günstige* Gelegenheit gut benutzt. 나는 좋은 기회를 잘 이용했다.

Für einen Ausflug ist das Wetter heute *günstig*. 오늘 날씨는 소풍가기에 적합하다.

günstige Bedingungen 유리한 조건

gut [gu:t] besser, best 形 좋은 (↔schlecht, böse)

Das ist ein *gutes* Buch. 그 책은 좋은 책이다.

Er ist wirklich ein *guter* Mensch. 그는 정말 좋은 사람이다.

Er hat *gute* Augen (*gute* Ohren). 그는 시력이 좋다(귀가 밝다).

Wir haben heute *gutes* Wetter.
(=Es ist heute schönes Wetter.) 오늘은 날씨가 좋다.

Ich wartete eine *gute* Stunde⁴ (mehr als eine Stunde) auf dich. 나는 한 시간도 넘게 너를 기다렸다.

Wie geht es Ihnen? — Danke, es geht mir *gut*. 어떻게 지내십니까? — 예, 잘 지냅니다.

Guten Morgen! (*Guten* Tag! *Guten* Abend!) 안녕하세요!

Gute Nacht! 안녕히 주무세요! 안녕! (밤에 헤어질 때)

Gute (Glückliche) Reise! 잘 다녀오세요! (여행을 떠날 때)

Guten Appetit! 많이 드세요!

Guten Erfolg! 성공을 빕니다!

das **Gymnasium** [gymná:zium] -s/..sien [..ziən] 김나지움 (독일의 9년제 인문 고등학교)

Er hat das Abitur am *Gymnasium* in München gemacht. 그는 뮌헨에 있는 인문 고교에서 고교 졸업 자격을 얻었다.

H

das **Haar** [ha:r] -[e]s/-e 머리털
  Sie hat blondes *Haar* (blonde *Haare*).
  (=Ihr *Haar* ist blond.) 그녀의 머리는 금발이다.
  ● sich³ die *Haare* schneiden lassen : 이발을 하다
    Ich habe *mir die Haare schneiden lassen.* 나는 이발을 했다.
    Er geht zum Friseur, um *sich³ die Haare schneiden zu lassen.* 그는 이발을 하기 위해 이발소에 간다.
  ● um ein *Haar* (fast, beinahe)+접속법 Ⅱ식의 과거 : 하마터면 (…할 뻔했다)
    Um ein Haar hätte ich den Zug versäumt. 하마터면 나는 기차를 놓칠 뻔했다.
    Um ein Haar wäre er gefallen. 하마터면 그는 넘어질 뻔했다.

haben [háːbən] hatte, gehabt; du hast, er hat 他 ① 가지다 ② 〈zu 부정법과〉 …해야만 하다 (=müssen) ③ 〈완료시칭의 조동사로서〉
  Was *hast* du in der Hand? 너는 손에 무엇을 가지고 있니?
  Ich *habe* drei Kinder, zwei Töchter (Mädchen) und einen Sohn (Jungen). 나는 아이가 셋인데, 딸이 둘이고 아들이 하나다.
  Je mehr man *hat*, desto mehr will man *haben*. 《Sprw》 사람은 많이 가지면 가질수록 더욱 많이 가지려고 한다.
  ● zu tun *haben* : 할 일이 있다
    Ich *habe* heute viel *zu tun*. 나는 오늘 할 일이 많다.
  ● bei sich *haben* : 휴대하다
    Er *hat* viel Geld *bei sich*. 그는 많은 돈을 지니고 있다.
    Ich *habe* kein Geld *bei mir*. 내 수중에는 돈이 없다.
  Ich *habe* einen Brief *zu* schreiben.
  (=Ich muß einen Brief schreiben.) 나는 편지를 써야 한다.
  Hast du das Buch gelesen? 너는 그 책을 읽었니?
  Haben Sie schon gefrühstückt? 당신은 벌써 아침 식사를 하셨읍니까?

der **Hafen** [háːfən] -s/≕ 항구
  Das Schiff lief im *Hafen* ein. 그 배는 입항했다.
  Das Schiff lief aus dem *Hafen* aus. 그 배는 출항했다.

Die Schiffe liegen im *Hafen*. 배들이 항구에 정박해 있다.
der **Hahn** [ha:n] -[e]s/⸚ 수탉 (↔die Henne)
  Der *Hahn* kräht „kikeriki". 수탉은 '꼬끼오' 하고 운다.
der **Haken** [háːkən] -s/- (옷·모자 따위를 거는)걸이못
  Er hängt seinen Mantel an den *Haken*. 그는 그의 외투를 걸이못에 건다.
  Er nimmt seinen Hut vom *Haken*. 그는 그의 모자를 걸이못에서 집는다.
halb [halp] 形 절반의
  Ich kaufte es zum *halben* Preis. 나는 그것을 절반 값으로 샀다.
  In einer *halben* Stunde kommt er zurück. 반 시간 내에 그는 돌아온다.
  Sie aß den Apfel nur *halb*. 그녀는 사과를 절반밖에 먹지 않았다.
  Er hat den Vortrag nur *halb* verstanden. 그는 강연을 절반밖에 이해하지 못했다.
  Die Flasche ist *halb* leer. 병은 반이 비어 있다.
  Es ist *halb* zwölf. 11시 반이다.
  Ich hole dich um *halb* eins zu Hause ab. 나는 너를 12시 반에 집으로 데리러 간다.
  Frisch gewagt ist *halb* gewonnen. 《Sprw》 시작이 반이다.
  halb Korea (Deutschland) 한국(독일)의 절반
  ●auf *halbem* Wege : 중도에서, 도중에서
    Weil es plötzlich zu regnen begann, mußten wir *auf halbem Wege* umkehren. 갑자기 비가 오기 시작했기 때문에 우리는 중도에서 돌아와야만 했다.
die **Hälfte** [hélftə] -/-n 반(半), 절반
  Er gab mir die *Hälfte* davon. 그는 나에게 그것의 절반을 주었다.
  Er hat die *Hälfte* seines Lebens auf Reisen verbracht. 그는 생애의 반(半)을 여행으로 보냈다.
  ●et.⁴ zur *Hälfte* teilen : (무엇)을 절반으로 나누다
    Wir haben das Geld je *zur Hälfte geteilt*. 우리는 그 돈을 절반씩 나누었다.
die **Halle** [hálə] -/-n 홀 (der Saal)
  Die *Halle* war mit den Zuhörern (Zuschauern) überfüllt. 홀은 청중(관객)으로 초만원이었다.
  In der *Halle* haben sich⁴ schon alle versammelt. 홀에는 벌써 모두가 모였다.

der **Hals** [hals] -es/⸚e 목
Der *Hals* tut mir weh.
(=Ich habe Halsschmerzen.) 나는 목이 아프다.
- jm. um den *Hals* fallen : (누구)의 목을 부둥켜안다
 Sie *fiel* ihm vor Freude³ *um den Hals*. 그녀는 기쁜 나머지 그의 목을 부둥켜안았다.

halten [háltən] hielt, gehalten; du hältst, er hält 1. 他 ① 잡고(쥐고) 있다 ② 지키다 ③ 유지하다 ④ 행하다 ⑤ 〈et.⁴ 을 für et. 으로〉 간주(생각)하다 2. 自 ① 정지하다 ② 오래 가다
Er *hält* den Hut in der Hand. 그는 손에 모자를 쥐고 있다.
- jn. an (bei) der Hand *halten* : (누구)의 손을 잡고 있다
 Er *hält* mich *an der Hand*. 그는 내 손을 잡고 있다.
- sein Wort (sein Versprechen) *halten* : 약속을 지키다
 Er hat *sein Wort gehalten* (gebrochen). 그는 약속을 지켰다(어겼다).

Was man versprochen hat, [das] muß man *halten*. 약속한 것은 지켜야 한다.
Halte die Hand in die Höhe! 손을 높이 들어라!
Halte die Hand vor dem Mund, wenn du hustest! 기침할 때는 손을 입에 갖다대어라!
- eine Rede (einen Vortrag) *halten* : 연설(강연)을 하다
 Er *hielt eine* lange *Rede*. 그는 긴 연설을 했다.
- Hochzeit *halten* : 결혼식을 거행하다
 Vor kurzem *hielten* sie *Hochzeit*. 얼마 전에 그들은 결혼식을 올렸다.

Hältst du mich *für* einen Narren? 너는 나를 바보로 생각하니?
Ich *halte* es *für* richtig. 나는 그것을 옳다고 생각한다.
Der Schnellzug *hält* hier nicht (fünf Minuten⁴). 급행열차는 이곳에 정차하지 않는다(5분간 정차한다).
Der Wagen *hielt* vor dem Hause. 차는 집 앞에 멈췄다.
Die Schuhe *halten* gut. 이 구두는 질겨서 오래 간다.

die **Haltestelle** [háltəʃtɛlə] -/-n 정류장
An der nächsten *Haltestelle* steige ich aus. 다음 정류장에서 나는 내린다.
Lassen Sie mich bitte an der nächsten *Haltestelle* aussteigen! 저를 다음 정류장에서 내려 주십시오!

die **Hand** [hant] -/⸚e 손
Die *Hand* hat fünf Finger. 한 손은 손가락이 다섯이다.
Was hast du in der *Hand*? 너는 손에 무엇을 가지고 있니?

Hand in *Hand* 손에 손을 맞잡고
mit beiden *Händen* 두 손으로
* sich³ die *Hände* (das Gesicht) waschen : 손(얼굴)을 씻다
Ich *wusch mir die Hände*. 나는 손을 씻었다.
* jm. die *Hand* drücken (geben, schütteln) : (누구)와 악수하다
Ich *drückte (gab)* ihm *die Hand*. 나는 그와 악수했다.
* jn. an (bei) der *Hand* fassen : (누구)의 손을 잡다
Er *faßte* mich *an der Hand* (am Arm). 그는 나의 손(팔)을 잡았다.
Sie *faßte* das Kind *bei der Hand* und überquerte die Straße. 그녀는 아이의 손을 잡고 길을 건넜다.
* jn. an der *Hand* führen : (누구)의 손을 잡고 인도하다
Er *führte* mich *an der Hand* über die Straße. 그는 나의 손을 잡고 길을 건넜다.

der Handel [hándəl] -s/= ① 상업 ② 거래
* *Handel* mit et. treiben : (무엇)의 장사를 하다
Er *treibt Handel mit* Zucker (Radioapparaten). 그는 설탕 장사(라디오상)를 한다.
* einen *Handel* abschließen : 거래 계약을 맺다
Sie haben *einen Handel abgeschlossen*. 그들은 거래 계약을 맺었다.
Ich habe *den Handel* unter günstigen Bedingungen *abgeschlossen*. 나는 유리한 조건으로 거래 계약을 맺었다.

handeln [hándəln] 1. 自 ① 행동하다 ② ⟨von et. 을⟩ 논하다 ③ ⟨mit et.의⟩ 장사를 하다 2. 再非 ⟨es handelt sich um et.⟩ (무엇이) 문제이다
Er *handelt* immer nach den Prinzipien. 그는 항상 원칙대로 행동한다.
Er *handelte* gegen mein Gebot (meinen Befehl). 그는 나의 명령과는 반대로 행동했다.
Das Buch *handelt von* der Politik. 이 책은 정치를 논하고 있다.
Er *handelt* in diesem Buche *von* der deutschen Außenpolitik. 그는 이 책에서 독일의 대외정책을 논하고 있다.
Wo*von handelt* der Aufsatz? 그 논문은 제목이 무엇이냐?
Sie *handelt mit* Fisch (Obst). 그녀는 생선(과일) 장사를 한다.
Es handelt sich um Geld. 돈이 문제다.
Wo*rum handelt es sich*? 무엇이 문제냐?

der Handschuh [hánt-ʃuː] -[e]s/-e 장갑
  Ich kaufte mir ein Paar neue *Handschuhe*. 나는 한 켤레의 새 장갑을 샀다.
  Er zieht [sich³] *Handschuhe* an (aus). 그는 장갑을 낀다(벗는다).
  Er trägt wollene *Handschuhe*. 그는 털장갑을 끼고 있다.
  Diese *Handschuhe* sind aus Leder. 이 장갑은 가죽 제품이다.

hängen [héŋən] 1. 自 《h, s》 (강변화 : hing, gehangen) ⟨an et.³에⟩ 걸려 있다 2. 他 (약변화) ⟨et.⁴을 an et.⁴에⟩ 걸다
  Das Bild *hängt an* der Wand. 그림이 벽에 걸려 있다.
  Die Lampe *hing an* der Decke. 등(燈)이 천정에 달려 있다.
  Er *hängt* das Bild *an* die Wand. 그는 그림을 벽에 건다.
  Er *hängte* den Rock *an* den Nagel. 그는 상의(上衣)를 못에 걸었다.

hart [hart] 形 ① 단단한 (↔weich) ② 엄한 (streng) (↔mild)
  Das Brot ist sehr *hart*. 빵이 매우 딱딱하다.
  Das Brot ist *hart* geworden. 빵이 굳었다.
  Er ist sehr *hart* (streng) gegen seine Kinder. 그는 자녀들에게 매우 엄격하다.
  harter Winter 엄동
  harte Strafe 엄벌
  harte Arbeit 힘든(고된) 일

der Haß [has] ‥sses / 증오 (↔die Liebe)
  Ihr *Haß* gegen ihn ist bitter. 그에 대한 그녀의 증오는 대단하다.
  ● gegen (auf) jn. einen *Haß* haben (hegen) : (누구)에게 증오심을 품다
    Er *hat einen Haß gegen* dich. 그는 너에게 증오심을 품고 있다.
    Sie *hegt einen* ewigen *Haß auf* ihn. 그녀는 그에게 천추의 원한을 품고 있다.

hassen [hásən] 他 미워하다 (↔lieben)
  Er *haßt* dich. 그는 너를 미워한다.
  Sie *haßt* ihn tödlich. 그녀는 그를 죽도록 미워한다.

häßlich [héslıç] 形 미운, 추한 (↔schön)
  Er sieht manchmal *häßlich* aus. 그는 때때로 밉게 보인다.
  Ihr Gesicht ist nicht so *häßlich*. 그녀의 얼굴은 그렇게 못생기지 않았다.

hastig [hástıç] 形 급한, 성급한
  hastige Schritte 급한 발걸음

Er reiste *hastig* ab. 그는 급히 떠났다.
Du sprichst zu *hastig*. 너는 너무 성급히 말한다.

hauen [háuən] hieb (haute), gehauen 他 ① 때리다 (schlagen) ② (나무·돌 따위를) 베다, 자르다
- jn. ins Gesicht *hauen* : (누구)의 얼굴을 때리다
  Er hat mich *ins Gesicht gehauen* (geschlagen). 그는 내 얼굴을 때렸다.
  Er *hieb* (schlug) seinen Bruder mit dem Stock. 그는 자기 동생을 막대기로 때렸다.
  Er *haute* den Nagel in die Wand. 그는 벽에 못을 박았다.
  Er *haut* Bäume im Wald. 그는 숲 속에서 나무를 벤다.
  Er *hieb* (hackte) Holz. 그는 장작을 쪼겠다.

der **Haufe[n]** [háufə(n)] ..fens/..fen ① 더미 ② 무리
Ich habe einen *Haufen* Arbeit vor mir. 내 앞에는 산더미 같은 일이 쌓여 있다.
Mitten auf der Straße liegt ein großer *Haufen* Schnee. 길 한복판에 큰 눈더미가 쌓여 있다.
ein *Haufen* Geld (=viel Geld) 많은 돈, 큰 돈
ein *Haufen* Schulden 많은 빚
in *Haufen* 떼를 지어, 무리를 이루어

häufig [hóyfıç] 形 빈번한, 잦은 (↔selten)
häufiger Besuch 잦은 방문
Ich besuche ihn *häufig* (oft). 나는 그를 자주 방문한다.
Das kommt *häufig* vor. 그런 일은 자주 일어난다.

das **Haupt** [haupt] -[e]s/⸚er ① 머리 (der Kopf) ② 우두머리
Mit gesenktem *Haupt* (Kopf) ging er an mir vorbei. 그는 고개를 숙이고 내 옆을 지나갔다.
Er ist das *Haupt* einer großen Familie. 그는 대가족의 가장(家長)이다.
das *Haupt* der Familie 가장(家長)

hauptsächlich [háuptzɛçlıç] 1. 形 주요(主要)한 2. 副 주로
hauptsächlicher Grund 주요한 이유
die *hauptsächliche* Arbeit 주요한 일
Auf der Reise hielt ich mich *hauptsächlich* in Paris auf. 여행중에 나는 주로 파리에 체류했다.
Die Arbeit wurde *hauptsächlich* von mir gemacht. 그 일은 주로 나에 의해 이루어졌다.

die **Hauptstadt** [háupt-ʃtat] -/..städte 수도(首都)
Seoul ist die *Hauptstadt* Koreas (von Korea). 서울은 한국의 수도이다.

das **Haus** [haus] -es/-̈er 집
- nach *Haus*[*e*] gehen : 집으로 가다
  Er *ging nach Hause.* 그는 집으로 갔다.
- zu *Haus*[*e*] sein (bleiben) : 집에 있다
  Er *ist* (*bleibt*) jetzt *zu Hause.* 그는 지금 집에 있다.
- aus dem *Haus*[*e*] gehen : 집에서 나가다
  Ich *gehe* heute nicht *aus dem Haus.* 나는 오늘 외출하지 않는다.

Er hat ein eigenes *Haus.* 그는 자기 집을 가지고 있다.
Wir wohnen in einem großen *Haus.* 우리는 큰 집에서 살고 있다.
außer dem *Hause* 집 밖에[서]
von [zu] *Hause* 집에서부터
von *Haus* zu *Haus* 집집마다
von *Haus* aus (=von Natur) 원래, 천성적으로

die **Hausfrau** [háusfrau] -/-en 주부(主婦)
Eine *Hausfrau* arbeitet für ihre Familie. 주부는 자기 가족을 위해 일한다.

die **Haut** [haut] -/-̈e 피부
Er hat eine dunkle (helle) *Haut.* 그는 피부가 검다(희다).
Mir brennt die *Haut.* 나는 피부가 타는 것 같다.

heben [hé:bən] hob, gehoben 1. 他 올리다 (↔senken) 2. 再 《sich⁴》 오르다
Ich kann den Stein nicht *heben.* 나는 그 돌을 들어올릴 수 없다.
Er *hob* die Hand über den Kopf. 그는 손을 머리 위로 올렸다.
Wer eine Frage hat (dafür ist), *hebe* bitte die Hand! 질문이 있는(그것에 찬성하는) 사람은 손을 들어라!
Der Redner *hob* die Stimme. 연사(演士)는 음성을 높였다.
Durch die lustige Musik *hob sich* die Stimmung. 즐거운 음악으로 분위기가 고조되었다.

das **Heer** [he:r] -[e]s/-e ① 군대 (die Armee) ② 큰 무리
- im *Heere* dienen : 군에 복무중이다
  Er *dient im Heere.*
  (=Er *dient* in (bei) der Armee.) 그는 군에 복무중이다.

Das feindliche *Heer* griff uns an. 적군이 우리를 공격했다.
Am Himmel leuchtete ein *Heer* von Sternen. 하늘에는 수많은 별들이 반짝였다.
ein *Heer* von Ameisen (Bienen) 개미(벌) 떼

das **Heft** [hɛft] -[e]s/-e 공책, 노트
- ins *Heft* schreiben : 노트에 쓰다
 Er *schrieb* seinen Aufsatz *ins Heft*. 그는 작문을 노트에 썼다.
 Wessen *Heft* ist das? 이것은 누구의 노트니?

heftig [héftıç] 形 격렬한
 Er gebrauchte *heftige* Worte. 그는 과격한 말을 썼다.
 Er fühlte einen *heftigen* (starken) Schmerz am Fuße. 그는 발에 심한 통증을 느꼈다.
 Er wurde von seinem Vater *heftig* gescholten. 그는 그의 아버지로부터 호되게 꾸중을 들었다.
 Der Wind bläst *heftig*. 바람이 몹시 분다.

heilen [háilən] 1. 自 《s》 (병·상처가) 낫다 2. 他 (환자·병·상처를) 고치다, 치료하다
 Die Wunde *heilt* nur sehr schwer. 상처가 잘 낫지 않는다.
 Die Wunde *heilte* von selbst. 상처가 저절로 나았다.
 Die Wunde ist gut *geheilt*. 상처가 완쾌되었다.
 Der Arzt *heilt* den Kranken. 의사가 환자를 치료한다.
 Die Zeit *heilt* alle Wunden. 《Sprw》
 (=Mit der Zeit *heilen* alle Wunden.) 시간이 지남에 따라 모든 상처는 낫는다(시간이 모든 것을 해결한다).
- jn. von der Krankheit *heilen* : (누구)의 병을 고치다
 Der Arzt *heilte* den Kranken *von der Krankheit*. 의사는 그 환자의 병을 고쳤다.

heilig [háilıç] 形 신성한
 der *Heilige* Abend 크리스마스 이브
 die *Heilige* Schrift 성서(聖書)
 die *Heilige* Jungfrau 성모 마리아

das **Heim** [haım] -[e]s/-e 자택 ; 고향 (die Heimat)
 Er ging in sein *Heim* zurück. 그는 자기의 집(고향)으로 돌아갔다.
 Wir möchten Sie in unser *Heim* einladen. 우리는 당신을 우리 집에 초대하고 싶습니다.

die **Heimat** [háıma:t] -/-en 고향 (↔die Fremde)
- in die *Heimat* zurückkehren : 고향으로 돌아가다
 Er *kehrte in die Heimat zurück*. 그는 고향으로 돌아갔다.
 Er hat eine Woche⁴ Urlaub in der *Heimat* verbracht. 그는 1주일간의 휴가를 고향에서 보냈다.
 Ich habe hier eine zweite *Heimat* gefunden. 나는 이곳에서 제2의 고향을 찾았다.

heimlich [háımlıç] 形 비밀의, 은밀한 (↔öffentlich)
 Er hat einen *heimlichen* Kummer. 그에게는 남 모르는 근심이 있다.
 Er tat es *heimlich*. 그는 남 몰래 그것을 했다.
 Sie trafen sich⁴ *heimlich*. 그들은 몰래 서로 만났다.
 Sie haben sich⁴ *heimlich* verlobt. 그들은 비밀리에 약혼했다.

das **Heimweh** [háımve:] -[e]s/ 향수(鄕愁)
 ● das *Heimweh* haben: 향수에 잠겨있다, 향수병에 걸려있다
 In Deutschland *hatte* er anfangs starkes *Heimweh*. 독일에서 그는 처음에 매우 고향이 그리웠다.
 Er leidet an *Heimweh* nach den heimatlichen Bergen und Bächen. 그는 고향 산천에 대한 향수로 괴로와하고 있다.

heiraten [háıra:tən] 他 自 〈jn.와〉 결혼하다
 Sie hat einen Ausländer *geheiratet*.
 (=Sie hat sich⁴ mit einem Ausländer verheiratet.) 그녀는 어느 외국인과 결혼했다.
 Er will sie *heiraten*. 그는 그녀와 결혼하려고 한다.
 Wir haben 1980 *geheiratet*. 우리는 1980년에 결혼했다.
 Wir haben einander versprochen, zu *heiraten*. 우리는 결혼하기로 서로 약속했다.
 Sie *heirateten* aus Liebe. 그들은 연애 결혼을 했다.

heiß [haıs] 形 뜨거운, 더운 (↔kalt)
 Die Suppe ist zu *heiß*. 수프가 너무 뜨겁다.
 Das Wasser ist so *heiß*, daß man es nicht trinken kann· 물이 너무 뜨거워서 마실 수가 없다.
 Es ist heute sehr *heiß*. 오늘은 매우 덥다.
 Mir ist *heiß* (warm). 나는 덥다.
 Er liebt sie *heiß* und innig. 그는 그녀를 열렬히 사랑하고 있다.

heißen [háısən] hieß, geheißen 1. 自 ① …라고 불리우다 ② 의미하다 (bedeuten) 2. 他 〈jn.를 et.⁴라고〉 부르다 (nennen)
 Wie *heißt* du? — Ich *heiße* Karl.
 (=Wie ist dein Name? — Mein Name ist Karl.) 너의 이름은 뭐니? — 나의 이름은 카알이다.
 Wie *heißt* das auf deutsch? 그것은 독일어로 무엇이라고 합니까?
 Ich weiß nicht, was das *heißen* soll. 나는 그것이 도대체 무슨 뜻인지 모르겠다.
 Alle *heißen* ihn einen Betrüger. 모두가 그를 사기군이라고 부른다.

- das *heißt* (略字 : d.h.) : 즉, 다시 말하면
  Ich komme morgen, *das heißt*, wenn ich Zeit habe. 나는 내일 온다. 다시 말해서, 시간이 있으면 오겠다.
- jn. willkommen *heißen* : (누구)를 환영하다
  Wir *heißen* Sie herzlich *willkommen*. 우리는 당신을 진심으로 환영합니다.

heiter [háɪtər] 形 ① 맑은 (klar) ② 명랑한, 쾌활한 (↔finster)
ein *heiterer* Tag (Himmel) 맑게 갠 날(하늘)
Heute ist es *heiter*. 오늘 날씨는 쾌청하다.
Er ist stets *heiter*.
(=Er ist immer [in] *heiterer* Stimmung.) 그는 항상 명랑하다.

heizen [háɪtsən] 他 自 데우다, 뜨겁게 하다
Sie *heizte* das Zimmer. 그녀는 방에 불을 피웠다.
Das Zimmer ist gut *geheizt*.
(=Das Zimmer *heizt* sich⁴ gut.) 이 방은 난방이 잘 된다.
Dieser Ofen *heizt* gut. 이 난로는 잘 탄다.
Bei uns zu Hause *heizen* wir mit Kohle (Öl). 우리 집에는 석탄(기름)을 땐다.

der **Held** [hɛlt] -en/-en ① 영웅 ② 주인공
Der tapfere Soldat wurde als ein *Held* verehrt. 그 용감한 군인은 영웅으로 존경을 받았다.
Er war der *Held* des Tages. 그는 당대의 영웅이었다.
Der *Held* dieser Novelle ist ein nettes Kind. 이 소설의 주인공은 귀여운 어린이다.
Die Erzählung hat keinen *Helden*. 이 이야기에는 주인공이 없다.

helfen [hɛ́lfən] half, geholfen 自 〈jm.를〉 돕다
- jm. bei der Arbeit *helfen* : (누구)의 일을 거들다
  Er *hilft* mir *bei der Arbeit*.
  (=Er *hilft* mir arbeiten.) 그는 나의 일을 거들어 준다.
- jm. aus der Not *helfen* : (누구)를 곤경에서 구해내다
  Er *half* ihr *aus der Not*. 그는 그녀를 곤경에서 구해 주었다.

Ich kann mir nicht *helfen*. 나는 어쩔 수 없다.
Das *hilft* nichts. 그것은 아무데도 쓸모가 없다.
Hilf dir selbst, so *hilft* dir Gott. 《Sprw》 하늘은 스스로 돕는 자를 돕는다.
Sie *half* mir den Koffer tragen. 그녀는 내가 트렁크를 운반하는 것을 도와 주었다.

Er hat mir das Buch suchen *helfen*. 그는 내가 책을 찾는 것을 도와 주었다.

hell [hɛl] 形 ① 밝은 (↔dunkel) ② 맑은 (klar) ③ (색이) 엷은

der *helle* Mond 밝은 달

Am Tage ist es *hell*, in der Nacht ist es dunkel. 낮에는 밝고, 밤에는 어둡다.

Es wird *hell*.
(=Es wird Tag.) 날이 샌다.

Es ist draußen schon *hell* geworden. 밖은 벌써 날이 샜다.

Sie hat eine *helle* (klare) Stimme. 그녀는 맑은 목소리를 가지고 있다.

Ich habe mir einen *hellen* Anzug machen lassen. 나는 밝은 색의 양복을 맞추었다.

das **Hemd** [hɛmt] -[e]s/-en 내의(內衣), 샤쓰

Er zog das weiße *Hemd* an (aus). 그는 흰 내의를 입었다 (벗었다).

Er hat nur *Hemd* und Hose an. 그는 내의와 바지만 입고 있다.

Er hat kein *Hemd* am Leibe. 그는 몸에 내의 하나 걸치지 않았다.

Die Krawatte paßt nicht zu dem blauen *Hemd*. 그 넥타이는 푸른 샤쓰에는 어울리지 않는다.

her [heːr] 副 《말하는 사람에게로 접근할 때》 이쪽으로 (↔hin)

Komm *her* (hierher)! 이리 오너라!

Wo kommst du *her*?
(=Woher kommst du?) 너는 어디에서 오니?

Wie lange ist es *her*? 그것은 얼마 전의 일이니?

Das ist schon lange (sieben Jahre[4]) *her*. 그것은 이미 오래 (7년) 전의 일이다.

Es ist schon einen Monat *her*, seit wir uns[4] gesehen haben. 우리가 서로 만난지 벌써 한 달이 지났다.

● hin und *her* (=auf und ab) : 이리저리
  Sie ging im Zimmer *hin und her*. 그녀는 방 안에서 왔다 갔다 했다.

● von ... *her* : …으로부터
  von da (dort) *her* 그곳으로부터
  von außen (innen) *her* 밖(안)으로부터
  von weit *her* 멀리서부터
  von früher *her* 이전부터

von alters *her* (=seit alters) 옛부터
vom Himmel *her* 하늘로부터

herab [hɛráp] 副 (이쪽의) 아래로
Komm bitte *herab*! 내려오너라!
Ich kam die Treppe⁴ *herab* (herunter). 나는 계단을 내려왔다.
Er sah mich von oben *herab* an. 그는 나를 위에서 아래로 내려다보았다.

herauf [hɛráuf] 副 (이쪽의) 위로
Komm bitte *herauf*! 올라오너라!
Jemand kommt die Treppe⁴ *herauf*. 누군가가 계단을 올라오고 있다.

heraus [hɛráus] 副 (이쪽의) 밖으로
Komm bitte *heraus*! 나오너라!
Er kam aus dem Hause *heraus*. 그는 집에서 나왔다.

der **Herbst** [hɛrpst] -es/-e 가을
Es wird *Herbst*. 가을이 된다.
Im *Herbst* werden die Tage kürzer und kälter. 가을에는 낮이 짧아지고 추워진다.
in diesem *Herbst* 금년 가을에
im vergangenen *Herbst* 지난 가을에

herein [hɛráın] 副 (이쪽의) 안으로
Komm *herein*! 들어오너라!
Kommen Sie doch einen Augenblick *herein*! 잠깐만 들어오십시오!
Er kam ins Zimmer *herein*. 그는 방으로 들어왔다.

der **Herr** [hɛr] -n/-en ① 주인 ② 신사 ③ …씨, …님
Er hat seinem *Herrn* 10 Jahre⁴ lang treu gedient. 그는 그의 주인에게 10년 동안 충실히 봉사했다.
Der *Herr* des Hauses ist jetzt nicht zu Hause. 집 주인은 지금 집에 없다.
Wer ist jener *Herr*? 저분은 누구입니까?
Meine Damen und *Herren*! 신사 숙녀 여러분!
Guten Tag, *Herr* Schmidt! 안녕하세요, 슈미트 씨!
Herr Professor (Doktor)! 교수(박사)님!

herrlich [hérlıç] 形 훌륭한
Es ist heute *herrliches* Wetter.
(=Wir haben heute *herrliches* Wetter.) 오늘은 참 좋은 날씨다.
Das ist ja *herrlich*! 그것은 정말 훌륭하다!

Von hier aus hat man eine *herrliche* Aussicht. 여기서부터 사람들은 훌륭한 경치를 볼 수 있다.

herrschen [hérʃən] 自 〈über et.⁴을〉 지배하다
Er wollte *über* die ganze Welt *herrschen*. 그는 전 세계를 지배하려고 했다.
Es *herrscht* Schweigen (tiefe Stille). 침묵(깊은 정적)이 감돌고 있다.
Hier *herrscht* Ordnung. 여기는 질서가 유지되고 있다.

her|stellen [héːrʃtɛlən] 他 제조·생산하다 (erzeugen, produzieren)
Die Waren sind in Korea *hergestellt*. 이 상품들은 한국에서 제조되고 있다(한국 제품이다).
Welche Waren werden in diesem Betrieb *hergestellt*? 이 공장에서는 어떤 제품이 생산됩니까?
In dieser Fabrik werden Kühlschränke *hergestellt*. 이 공장에서는 냉장고가 생산된다.

herum [hɛrúm] 副 〈um et. herum의 형으로〉 (무엇의) 주위에, (무엇을) 돌아서
Wir saßen *um* den Tisch *herum*. 우리는 탁자 주위에 둘러 앉아 있었다.
Um die Stadt *herum* gibt es keine Berge⁴. 그 도시 주위에는 산이 없다.
Er kam *um* die Ecke *herum*. 그는 모퉁이를 돌아서 왔다.
Er wohnt gleich *um* die Ecke *herum*. 모퉁이를 돌면 바로 그의 집이 있다.
um Seoul *herum* 서울 주변에
um Weihnachten *herum* 크리스마스 무렵에
um 10 Uhr *herum* (=gegen 10 Uhr) 10시 경에

hervor [hɛrfóːr] 副 (안에서) 밖으로, 표면으로
Sie kam aus dem Zimmer *hervor* (heraus). 그녀는 방에서 나왔다.
Er trat hinter der Tür (unter dem Tisch) *hervor*. 그는 문 뒤에서(책상 밑에서) 걸어나왔다.

das **Herz** [hɛrts] -ens², -en³, -⁴/-en ① 심장 ② 마음
Das *Herz* schlägt (klopft). 심장이 뛴다.
Sie hat ein schwaches *Herz*. 그녀는 심장이 약하다.
Deutschland liegt im *Herzen* Europas. 독일은 유럽의 중심부에 위치하고 있다.
Das Auge ist ein Spiegel des *Herzens*. 눈은 마음의 거울이다.

Sie hat ein gutes (warmes) *Herz*. 그녀는 착한(따뜻한) 마음씨를 가지고 있다.

Es ist mir schwer ums *Herz*. 나는 마음이 무겁다.

Mir ist weh ums *Herz*.

(=Mir tut das *Herz* weh.) 나는 마음이 아프다.

- von [ganzem] *Herzen* (=herzlich): 진심으로
 Ich danke dir *von ganzem Herzen*. 나는 너에게 진심으로 감사한다.

- leichten (schweren) *Herzens*: 가벼운(무거운) 마음으로
 Schweren Herzens nahmen wir voneinander Abschied. 무거운 마음으로 우리는 서로 작별을 고했다.

herzlich [hértslıç] 形 진심으로의 (innig)

Herzliche Grüße an Ihre Frau! 부인께 진심으로 드리는 인사를 전해 주십시오!

Herzlichen Glückwunsch zum Geburtstag! 생일을 진심으로 축하합니다!

Ich danke Ihnen *herzlich*!

(=*Herzlichen* Dank!) 진심으로 감사드립니다!

heute [hɔ́ytə] 副 오늘

Heute ist Sonntag. 오늘은 일요일이다.

Heute ist der 1.(erste) April. 오늘은 4월 1일이다.

Heute morgen (früh) sind wir angekommen. 오늘 아침에 우리는 도착했다.

Heute nacht hat es geschneit. 간밤에 눈이 왔다.

Was du *heute* tun kannst, verschiebe nicht auf morgen! 오늘 할 수 있는 일을 내일로 미루지 마라!

heute morgen (abend) 오늘 아침(저녁)에

heute nacht 오늘 밤에; 어제 밤에

von *heute* an (ab) 오늘부터

die Jugend von *heute* 오늘날의 젊은이

Korea von *heute* 오늘날의 한국

heute vor acht Tagen (vor einer Woche) 지난 주의 오늘

heute in acht Tagen (über acht Tage) 다음 주의 오늘

hier [hiːr] 副 여기에 (↔da, dort)

Ich bin *hier*. 나는 여기에 있다.

Früher stand *hier* das Postamt. 전에는 여기에 우체국이 있었다.

Er ist *hier* oben (unten). 그는 이 위(아래)에 있다.

Hier drinnen ist es kälter als draußen. 이 안은 바깥보다 더 춥다.

hierher [híːrhéːr, hiːrhéːr] 副 이곳으로 (↔dahin, dorthin)
Komm *hierher* (her)! 이리 오너라!
Bis *hierher* bin ich mit dem Bus gekommen. 이곳까지 나는 버스를 타고 왔다.

die **Hilfe** [hílfə] -/-n 도움
- jn. um *Hilfe* bitten : (누구)에게 도움을 청하다
  Er *bat* mich *um Hilfe*. 그는 나에게 도움을 청했다.
- um *Hilfe* schreien (rufen) : 구조해 달라고 소리치다
  Er *schrie* (*rief*) *um Hilfe*. 그는 구조해 달라고 소리쳤다.

Er hofft auf deine *Hilfe*. 그는 너의 도움을 바라고 있다.
Bei der (Für die) Arbeit brauche ich keine *Hilfe*. 그 일에는 나는 아무 도움도 필요없다.

der **Himmel** [hímǝl] -s/- ① 하늘 (↔die Erde) ② 천국 (↔die Hölle)
Der *Himmel* ist mit Wolken bedeckt. 하늘은 구름으로 덮여 있다.
Die Sonne steht hoch am *Himmel*. 해가 하늘 높이 떠 있다.
Am *Himmel* ist keine Wolke zu sehen. 하늘에는 구름 한 점 볼 수 없다.
Er ist nun im *Himmel*. 그는 지금 천국에 있다.
- unter freiem *Himmel* : 야외에서
  Wir übernachteten *unter freiem Himmel*. 우리는 야외에서 밤을 지냈다.

hin [hɪn] 副 《말하는 사람에게서 멀어질 때》 저쪽으로 (↔her)
Wo gehst du *hin*?
(=Wohin gehst du?) 너는 어디 가니?
Alles ist *hin*. 모든 것은 사라졌다.
- *hin* und her (=auf und ab) : 이리저리
  Er lief *hin und her*. 그는 이리저리 뛰어다녔다.
- *hin* und wieder (=dann und wann) : 때때로, 이따금
  Hin und wieder treffe ich ihn in der Universität. 이따금 나는 그를 대학에서 만난다.
- *hin* und zurück : 왕복
  eine Fahrkarte [für] *hin und zurück* 왕복 차표
  Einmal Bonn *hin und zurück*! 본 왕복 차표 1매 주세요!
- vor sich *hin* : 혼자서
  Sie weint still *vor sich hin*. 그녀는 혼자서 조용히 울고 있다.

hinab [hɪnáp] 副 (저쪽의) 아래로 (hinunter) (↔hinauf)
Sie geht den Berg (die Treppe) *hinab*. 그녀는 산(계단)을

내려간다.

hinauf [hináuf] 튄 (저쪽의) 위로 (↔hinab, hinunter)
Er geht (steigt) die Treppe⁴ *hinauf*. 그는 계단을 올라간다.

hinaus [hɪnáus] 튄 (저쪽의) 밖으로
Hinaus mit dir! 나가라!
Gehen Sie *hinaus*! 밖으로 나가시오!
über die Grenze (das Alter) *hinaus* 국경(나이)을 초월하여
● zum Fenster *hinaus* : 창문에서 밖으로
Er sieht *zum Fenster hinaus*.
(=Er sieht aus dem Fenster.) 그는 창 밖을 내다 본다.

hindern [híndərn] 他 방해하다 (↔fördern)
● jn. an (bei) et.³ *hindern* : (누구)의 (무엇)을 방해하다
Der Lärm auf der Straße *hinderte* mich *am* Schlafen.
거리의 소음이 나의 수면을 방해했다.
Du *hinderst* mich *bei* der Arbeit! 너는 나의 일을 방해하고 있어!

hindurch [hɪndúrç] 튄 ① 《공간적》〈보통 전치사 durch 와〉
···을 관통·통과하여 ② 《시간적》···을 통하여
Durch den Berg *hindurch* führt ein Tunnel. 산을 뚫고 터널이 통해 있다.
Durch dieses Tor *hindurch* führt der Weg zum Marktplatz.
이 문을 지나면 길은 광장으로 통한다.
den ganzen Tag *hindurch* 온종일
die ganze Nacht *hindurch* 밤새도록
die ganze Woche *hindurch* 일주일 내내
den ganzen Sommer *hindurch* 여름 내내
das ganze Jahr *hindurch* 1년 내내
das ganze Leben *hindurch* 일생을 통하여

hinein [hɪnáin] 튄 〈보통 전치사 in 과〉(저쪽의) 안으로
Er ging *ins* Haus *hinein*. 그는 집 안으로 들어갔다.
Er schoß den Ball *ins* Tor *hinein*. 그는 공을 고을 안으로 차넣었다.
bis tief *in* die Nacht *hinein* 밤 늦게까지
bis tief *in* die Erde *hinein* 땅 속 깊이까지

hinten [híntən] 튄 뒤에 (↔vorn)
Er steht *hinten*. 그는 뒤에 서 있다.
Das Buch lag *hinten* im Bücherschrank. 그 책은 책장 뒤에 놓여 있었다.
nach *hinten* 뒤쪽으로
von *hinten* 뒤에서부터

von *hinten* und von vorn 앞뒤에서, 사방에서

hinter [híntər] 前 《(3·4격)》〈정지의 위치 또는 운동의 장소를 나타내는 경우는 3격 지배, 운동의 방향을 나타내는 경우는 4격 지배〉 ~뒤에(3격), ~뒤로(4격)
Er stand *hinter* mir. 그는 내 뒤에 서 있었다.
Hinter dem Haus liegt der Garten. 집 뒤에 정원이 있다.
Sieh *hinter* dich! 네 뒤를 보아라!
Das Bild ist *hinter* den Schrank gefallen. 그림이 장농 뒤로 떨어졌다.
 • *hinter* js. Rücken³ : (누구)에게 숨기고
  Sie hat es *hinter* meinem *Rücken* getan. 그녀는 나에게 숨기고 그것을 했다.

hintergehen [hɪntərgéːən] hinterging, hintergangen 他 속이다 (betrügen)
Er hat mich *hintergangen* (betrogen). 그는 나를 속였다.

hinunter [hɪnúntər] 副 (저쪽의) 아래로 (hinab) (↔hinauf)
Er lief rasch die Treppe (den Hügel) *hinunter*. 그는 빨리 계단(언덕)을 뛰어내려갔다.

hinzu [hɪntsúː] 副 ① 그쪽으로 ② 그것에 덧붙여서 (dazu)
Viele Menschen kamen *hinzu*.
(=Es kamen viele Menschen *hinzu*.) 많은 사람들이 그쪽으로 왔다.
Er schrieb eine Zeile *hinzu* (dazu). 그는 거기에다 한 줄을 더 썼다.

der **Hirt** [hɪrt] -en/-en 목자(牧者)
Der *Hirt* hütet das Vieh. 목자가 가축을 지킨다.

historisch [hɪstóːrɪʃ] 形 역사적인
ein *historischer* Roman 역사 소설
ein *historischer* Augenblick 역사적인 순간
die *historische* Bedeutung 역사적인 의의(意義)
ein *historisches* Gebäude 역사적인 건물
ein *historisches* Drama 사극(史劇)

die **Hitze** [hítsə] -/ 더위 (↔die Kälte)
Es ist große *Hitze*. 대단한 더위다.
In diesem Sommer ist die *Hitze* sehr groß. 금년 여름에는 더위가 대단하다.
Draußen ist (herrscht) eine glühende *Hitze*. 밖은 불볕 더위다.

hoch [hoːx] höher, höchst 形 〈부가어적으로는 : hoh-〉 높은 (↔niedrig)

Der Berg ist sehr *hoch*. 그 산은 매우 높다.
Das ist mir zu *hoch*. 그것은 내게는 정도가 너무 높다.
Der Preis ist mir zu *hoch*. 그 값은 내게는 너무 비싸다.
Der Turm ist ungefähr 100 Meter[4] *hoch*. 그 탑은 높이가 약 100 m 이다.
Die Sonne steht schon *hoch* am Himmel. 태양은 벌써 하늘 높이 떠 있다.
Er klettert auf einen *hohen* Baum. 그는 높은 나무 위로 기어올라간다.
Sie trägt *hohe* Schuhe. 그녀는 굽이 높은 구두를 신고 있다.
Er starb im *hohen* Alter von 88 Jahren. 그는 88세의 고령으로 죽었다.
Er besucht die *höhere* Schule. 그는 고등학교에 다닌다.

die **Hochschule** [hóːxʃuːlə] -/-n 〔단과〕대학
Sie besucht die technische *Hochschule*. 그녀는 공과 대학에 다닌다.
Er hat an einer technischen *Hochschule* Physik studiert. 그는 어느 공과 대학에서 물리학을 공부했다.

höchstens [hǿːçstəns] 副 기껏해야
Ich trinke *höchstens* ein Glas Bier. 나는 기껏해야 맥주 한 잔 마신다.
Das Leben dauert *höchstens* 80 Jahre[4]. 인생은 기껏해야 80년 간다.

die **Hochzeit** [hɔ́xtsaɪt] -/-en 결혼식
* *Hochzeit* halten (feiern) : 결혼식을 올리다
   Sie *halten* heute *Hochzeit*. 그들은 오늘 결혼식을 올린다.
   Sie *feiern* bald ihre silberne (goldene) *Hochzeit*. 그들은 곧 은(금)혼식을 올린다.
Ich war auf seiner *Hochzeit*. 나는 그의 결혼식에 참석했다.

der **Hof** [hoːf] -[e]s/⁼e ① 뜰 ② 농장 ③ 궁정
* auf dem (im) *Hof* spielen : 뜰에서 놀다
   Die Kinder *spielen auf dem Hof*. 아이들이 뜰에서 놀고 있다.
   Spielt im Hof! 뜰에서 놀아라!
Er hat einen großen *Hof*. 그는 큰 농장을 가지고 있다.
Auf dem *Hof* waren schon alle an (bei) der Arbeit. 농장에서는 벌써 모두가 일을 하고 있었다.
Er lebte lange am (bei) *Hofe* eines Königs. 그는 오랫동안 어느 왕의 궁정에서 살았다.
England hat noch einen *Hof*. 영국에는 아직 왕실이 있다.

hoffen [hɔ́fən] 他自 희망하다, 기대하다
Ich *hoffe*, daß alles gut geht. 나는 모든 일이 잘 되기를 바란다.
Ich *hoffe* es. 나는 그것을 바라고 있다.
- auf et.⁴ *hoffen* : (무엇)을 기대하다, 희망하다
Ich *hoffe auf* gute Noten. 나는 좋은 점수를 기대하고 있다.
Sie *hofft auf* seine Rückkehr. 그녀는 그의 귀환을 바라고 있다.
- et.⁴ von jm. *hoffen* : (누구)에게서 (무엇)을 기대하다
Man kann *von* ihm nichts *hoffen*. 그에게서는 아무것도 기대할 수 없다.

hoffentlich [hɔ́fəntlıç] 副 바라건대
Hoffentlich sehen wir uns⁴ bald wieder. 우리가 서로 곧 다시 만나게 되기를 바란다.

die **Hoffnung** [hɔ́fnuŋ] -/-en 희망, 기대(↔die Verzweiflung)
Man soll die *Hoffnung* nicht aufgeben. 사람은 희망을 버려서는 안 된다.
Ich habe die *Hoffnung* noch nicht aufgegeben. 나는 희망을 아직 버리지 않았다.
Meine *Hoffnungen* sind erfüllt worden. 나의 희망은 이루어졌다.
Alle *Hoffnung* wurde enttäuscht.
(=Alle *Hoffnung* war vergebens.) 모든 희망은 깨어졌다.
- die *Hoffnung* auf jn. setzen : (누구)에게 희망·기대를 걸다
Sie *setzt* ihre *Hoffnung auf* dich. 그녀는 너에게 기대를 걸고 있다.

höflich [hǿ:flıç] 形 공손한, 정중한 (↔grob)
- gegen jn. *höflich* sein : (누구)에 대하여 공손하다
Sie ist *höflich gegen* jeden. 그녀는 누구에게나 공손하다.
Sie spricht immer *höflich*. 그녀는 항상 공손하게 말한다.
Er grüßte mich *höflich*. 그는 나에게 정중하게 인사했다.

die **Höhe** [hǿ:ə] -/-n ① 높이 (↔die Tiefe) ② 높은 곳
Die *Höhe* des Berges ist (beträgt) ungefähr 1000 Meter.
(=Der Berg ist ungefähr 1000 Meter⁴ hoch.) 그 산의 높이는 약 1000m이다.
Das Flugzeug fliegt in der *Höhe* von 2000 m (Metern). 비행기는 2000m의 고도(高度)에서 비행하고 있다.
Sein Haus steht auf einer *Höhe*. 그의 집은 언덕 위에 있다.

hohl

- in die *Höhe* : 위로, 높이
  Er hob das Glas *in die Höhe*. 그는 잔을 높이 들었다.
  Die Preise stiegen *in die Höhe*. 물가(物價)가 높이 뛰어 올랐다.

hohl [ho:l] 形 ① 속이 빈 ② 움푹 들어간 ③ 공허한
  Dieser Baum ist *hohl*. 이 나무는 속이 비어 있다.
  Die Vögel bauen in einem *hohlen* Baum ein Nest. 새들이 속이 빈 나무에 둥지를 짓는다.
  Er hat *hohle* Augen. 그는 눈이 움푹 들어갔다.
  Ich trank Wasser aus der *hohlen* Hand. 나는 오목하게 한 손으로 물을 마셨다.
  Das sind nur *hohle* (bloße) Worte. 그것은 빈말일 뿐이다.
  Er ist ein *hohler* Kopf. 그는 머리가 비어 있다.

holen [hó:lən] 他 (가서) 가져오다, 데려오다
  Er *holte* eine Flasche Wein aus der Küche. 그는 부엌에서 포도주 한 병을 가져왔다.
  Er *holte* mir die Zeitung. 그는 나에게 신문을 갖다주었다.
  Sie *holte* ihr Kind aus der Schule. 그녀는 아이를 학교에서 데려왔다.

- jn. *holen* lassen : (누구)를 데리러 보내다
  Er *ließ* den Arzt *holen*. 그는 의사를 데리러 보냈다.

- Atem *holen* : 숨을 돌리다
  Er bleibt auf der Treppe stehen, um *Atem* zu *holen*. 그는 숨을 돌리기 위해 계단 위에 멈춰 섰다.

(das) **Holland** [hɔ́lant] -s/ 네덜란드 (die Niederlande)

der **Holländer** [hɔ́lɛndər] -s/- 네덜란드인 (der Niederländer)

die **Holländerin** [hɔ́lɛndərin] -/-nen 네덜란드 여자 (die Niederländerin)

holländisch [hɔ́lɛndiʃ] 形 네덜란드(人・語)의 (niederländisch)

(das) **Holländisch** [hɔ́lɛndiʃ] -[s]/ 네덜란드어 ((das) Niederländisch)

die **Hölle** [hǽlə] -/-n 지옥 (↔der Himmel)
  Himmel und *Hölle* 천국과 지옥
  Fahr zur *Hölle*! 지옥으로 가라!

das **Holz** [hɔlts] -es/¨er 목재(木材); 장작
  Das Haus ist aus *Holz*. 그 집은 목재로 되어 있다.
  Bei uns zu Hause heizen wir mit *Holz*. 우리 집에는 장작을 땐다.

- *Holz* hacken (hauen): 장작을 쪼개다
  Er *hackt Holz*. 그는 장작을 쪼갠다.

der Honig [hó:nıç] -s/ 벌꿀
  Der *Honig* ist (schmeckt) süß. 꿀은 달다.
  Die Bienen sammeln den *Honig* aus den Blumen. 벌은 꽃에서 꿀을 모은다.
  süß wie *Honig* 꿀같이 단

horchen [hɔ́rçən] 自 귀를 기울이고 듣다 (zuhören); 엿듣다 (lauschen)
- auf jn. *horchen*: (누구의 말)에 귀를 기울이다
  Er *horchte auf* mich (*auf* meine Worte).
  (=Er hörte mir zu.) 그는 내 말에 귀를 기울였다.
- an der Tür *horchen* (lauschen): 문에서 엿듣다
  Sie *horcht an der Tür*. 그녀는 문에서 엿듣는다.

hören [hǿ:rən] 他 自 듣다; 들리다
  Ich *höre* Musik gern. 나는 음악을 즐겨 듣는다.
  Ich *hörte* Im Rundfunk (Rado) die Nachrichten. 나는 라디오에서 뉴스를 들었다.
  Ich *hörte* ihn singen. 나는 그가 노래하는 것을 들었다.
  Ich *hörte* den Sänger. 나는 그 가수의 노래를 들었다.
  Von wem hast du das *gehört*? 너는 누구에게서 그것을 들었니?
  Das habe ich von ihm *gehört*. 그것을 나는 그에게서 들었다.
  Ich habe *gehört*, daß sie krank ist. 나는 그녀가 아프다는 것을 들었다.
  Er *hörte* nicht, was ich sagte. 그는 내가 말하는 것을 듣지 않았다.
  Hören Sie mal! 좀 들어 보십시오!
  Wir *hören* mit den Ohren. 우리는 귀로 듣는다.
  Meine Großmutter *hört* schwer. 나의 할머니는 귀가 어둡다.
  Ich *höre* auf dem rechten Ohr schwer. 나는 오른쪽 귀가 잘 들리지 않는다.
- auf jn. *hören*: (누구의 말)에 따르다
  Du sollst *auf* mich *hören*. 너는 내 말을 들어야 한다.
  Höre nicht *auf* ihn! 그의 말을 듣지 마라!

der Hörer [hǿ:rər] -s/- ① (라디오의) 청취자, 청중 ② 수화기
  Liebe *Hörer* und *Hörerinnen*! 친애하는 청취자 여러분!
  Die *Hörer* klatschten ihm stürmisch Beifall. 청중은 그에게 우뢰와 같은 박수갈채를 보냈다.

Er nahm den *Hörer* ab. 그는 수화기를 들었다.
Er legte den *Hörer* auf. 그는 수화기를 내려놓았다.

der Horizont [horitsɔ́nt] -[e]s/-e ① 지평선, 수평선 ② 시야 (視野)

Das Schiff verschwand am *Horizont*. 배는 수평선에서 사라졌다.

Er hat einen weiten (engen) *Horizont*. 그는 시야가 넓다 (좁다).

der Hörsaal [hǿ:rza:l] -s/..säle (대학의) 강의실

Die Studenten versammeln sich⁴ im *Hörsaal*. 학생들이 강의실에 모여든다.

die Hose [hó:zə] -/-n 《대개 복수로》 바지

Er zieht die *Hose*[*n*] an (aus). 그는 바지를 입는다(벗는다).
Er trägt kurze (lange) *Hosen*.
(=Er trägt eine kurze *Hose*.) 그는 짧은(긴) 바지를 입고 있다.
Ich habe mir eine neue *Hose* gekauft. 나는 새 바지를 하나 샀다.
Die *Hose* ist mir zu eng (weit). 그 바지는 나에게는 너무 좁다(넓다).

das Hotel [hotɛ́l] -s/-s 호텔

In welchem *Hotel* wohnen Sie? 당신은 어느 호텔에 묵고 계십니까?
Seit zwei Tagen wohne ich in diesem *Hotel*. 이틀 전부터 나는 이 호텔에 묵고 있다.
Auf der Reise übernachteten wir in einem *Hotel*. 여행중 우리는 어느 호텔에 묵었다.

hübsch [hypʃ] 形 귀여운, 예쁜, 사랑스러운

Das Mädchen ist sehr *hübsch*. 그 소녀는 매우 귀엽다.
Sie ist nicht schön, aber *hübsch*. 그녀는 미인은 아니지만 사랑스럽다.

der Hügel [hý:gəl] -s/- 언덕

Auf dem *Hügel* steht (liegt) die Kirche. 언덕 위에 교회가 있다.
Er sitzt auf dem grünen *Hügel*. 그는 푸른 언덕 위에 앉아 있다.

das Huhn [hu:n] -[e]s/⸚er 닭; 암닭 (die Henne)

Er ißt gern *Huhn*. 그는 닭고기를 좋아한다.
Die *Hühner* legen Eier. 암탉은 알을 낳는다.
Das *Huhn* hat ein Ei gelegt. 암탉이 알을 하나 낳았다.

hüllen [hýlən] 他 싸다, 덮다 (↔enthüllen)
- et.⁴ in et.⁴ *hüllen* : (무엇)을 (무엇)에 싸다
  Ich *hüllte* das Geschenk *in* Papier. 나는 선물을 종이에 쌌다.
  Nach dem Bad hat sie ihr Kind *in* warme Tücher *gehüllt*. 목욕 후 그녀는 아이를 따뜻한 수건으로 쌌다.
  Das ganze Haus war *in* Flammen *gehüllt*.
  (=Das ganze Haus stand in Flammen.) 집 전체가 불꽃에 싸여 있었다.

der **Hund** [hunt] -[e]s/-e 개
  Der *Hund* bellt. 개가 짖는다.
  Der *Hund* hat mich gebissen. 개가 나를 물었다.
  Vorsicht, bissiger *Hund*! 맹견 주의!
  Wir haben zu Hause einen *Hund*. 우리 집에는 개 한 마리가 있다.
  Hunde, die viel bellen, beißen nicht. 《Sprw》 많이 짖는 개는 물지 않는다.

hundert [húndərt] 數 **100**
  Ich bekam *hundert* Mark von meinem Vater. 나는 나의 아버지로부터 100마르크를 얻었다.
  Es kamen mehr als *hundert* Menschen. 100명 이상의 사람들이 왔다.
  Es waren ein paar *hundert* Menschen gekommen. 2,3백명의 사람들이 왔다.

der **Hunger** [húŋər] -s/ 공복
- *Hunger* haben : 배가 고프다
  Ich *habe* großen (starken) *Hunger*.
  (=Es hungert mich sehr.) 나는 몹시 배가 고프다.
  Ich *habe* keinen *Hunger*. 나는 배가 고프지 않다.
  Hunger ist der beste Koch. 《Sprw》 시장이 반찬이다.

hungrig [húŋrıç] 形 배고픈 (↔satt)
  Ich bin *hungrig*.
  (=Ich habe Hunger.) 나는 배가 고프다.
  Er fühlte sich⁴ *hungrig*. 그는 시장기를 느꼈다.

husten [húːstən] 自 기침하다
  Er hat sich⁴ erkältet und *hustet* stark.
  (=Er ist erkältet und *hustet* stark.) 그는 감기에 걸려서 기침을 심하게 한다.
  Wenn man *hustet*, soll man sich³ die Hand vor den Mund halten. 기침할 때는 손을 입에 갖다대어야 한다.

der **Hut** [hu:t] -[e]s/⸚e 모자
- den *Hut* aufsetzen (abnehmen) : 모자를 쓰다(벗다)
  Er *setzt* den Hut *auf*. 그는 모자를 쓴다.
  Er *nimmt* den Hut *ab*. 그는 모자를 벗는다.
- einen *Hut* tragen (aufhaben) : 모자를 쓰고 있다
  Sie *trägt einen* hübschen *Hut*.
  (=Sie *hat einen* hübschen *Hut auf*.) 그녀는 예쁜 모자를 쓰고 있다.

hüten [hý:tən] 1. 他 지키다, 감시하다 2. 再 ⟨sich⁴ vor et.³ 을⟩ 조심하다, 경계하다
  Er *hütet* auf den Wiesen das Vieh. 그는 초원에서 가축을 지킨다.
  Ich muß die Kinder *hüten*. 나는 아이들을 돌봐야 한다.
- das Bett *hüten* : 병상에 누워 있다
  Du mußt eine Woche⁴ *das Bett hüten*. 너는 일주일 동안 병상에 누워 있어야 한다.
- das Zimmer *hüten* : 방 안에 틀어박혀 있다
  Sie *hütet das Zimmer* (das Haus). 그녀는 방(집) 안에 틀어박혀 있다.
  Hüte dich vor ihm! 그를 조심해라!

die **Hütte** [hýtə] -/-n 오두막
  Wir übernachteten in einer *Hütte* im Gebirge. 우리는 산중에 있는 한 오두막에서 밤을 지냈다.
  Der Hund liegt vor seiner *Hütte*. 개가 자기 집 앞에 누워 있다.

I

ich [ıç] meiner, mir, mich 代 《인칭》 나는
  Ich bin [ein] Student. 나는 대학생이다.
  Statt *meiner* kommt meine Frau. 나 대신에 나의 아내가 간다.
  Er hat *mir* viel von dir erzählt. 그는 나에게 너에 관해서 많은 얘기를 했다.
  Heute abend besucht er *mich*. 오늘 저녁에 그는 나를 방문한다.

ideal [ideá:l] 形 이상적인
  Sie sind ein *ideales* Ehepaar. 그들은 이상적인 부부이다.
  Das Wetter war *ideal* für unseren Ausflug. 날씨는 우리가 소풍 가기에 이상적이었다.

das **Ideal** [ideá:l] -s/-e 이상(理想)
  Ich habe keine *Ideale* mehr. 나에게는 이제 아무 이상(理想)도 없다.
  Er strebt seinem *Ideal* nach. 그는 자기의 이상을 추구한다.
  Er hat seine *Ideale* nicht aufgegeben. 그는 자기의 이상을 포기하지 않았다.

die **Idee** [idé:] -/-n 생각 (der Gedanke); 이념, 관념
  Das ist eine gute *Idee* (ein guter Gedanke). 그것은 좋은 생각이다.
  Plötzlich kam ich auf die *Idee*, ins Kino zu gehen. 갑자기 나는 영화관에 가고 싶은 생각이 들었다.
  Er kämpft für seine politischen *Ideen*. 그는 자기의 정치적 이념을 위해 싸운다.
  die fixe *Idee* 고정 관념

ihr [i:r] 代 ① 《인칭》 〈2인칭 복수: ihr, euer, euch, euch〉 너희들은; 〈3인칭 여성 단수 3격: sie, ihrer, ihr, sie〉 그녀에게 ② 《소유》 〈3인칭 여성 단수〉 그녀의; 〈3인칭 복수〉 그들의
  Seid *ihr* schon aufgestanden? 너희들은 벌써 일어났니?
  Er hat *ihr* ein Buch geschenkt. 그는 그녀에게 책 한 권을 선물했다.
  Sie hat gestern *ihre* Uhr verloren. 그녀는 어제 그녀의 시계를 잃어버렸다.
  Die Eltern lieben *ihre* Kinder. 부모는 자기의 자녀를 사랑한다.

immer [ímər] 卽 항상, 언제나 (stets)
Er ist *immer* fröhlich. 그는 항상 쾌활하다.
Sie ist nicht *immer* (*immer* nicht) zu Hause. 그녀는 항상 집에 있지는 않다(항상 집에 없다).
Ich freue mich *immer*, wenn ich dich sehe. 나는 너를 보면 언제나 기쁘다.

- *immer*+비교급 (=비교급 und 비교급) : 점점 …한
Es wird *immer* kälter (*kälter* und *kälter*). 날씨가 점점 추워진다.
- *immer* noch (=noch *immer*) : 여전히
Er ist *immer noch* nicht da. 그는 여전히 오지 않았다.
- auf (für) *immer* (=auf ewig) : 영원히
Sie schloß ihre Augen *auf immer*. 그녀는 영원히 눈을 감았다.
- *immer* wieder : 몇 번이고 되풀이하여
Ich habe *immer wieder* bei dir angerufen. 나는 몇 번이고 되풀이하여 너의 집에 전화를 걸었다.
Er kam *immer wieder*. 그는 몇 번이나 왔다.

in [ɪn] 卽 《3·4격》〈정지의 위치 또는 운동의 장소를 나타내는 경우는 3격 지배, 운동의 방향을 나타내는 경우는 4격 지배〉 ① 《장소》 ~안에(3격), ~안으로(4격) ② 《시간》 ~[안]에(3격)
Er ist jetzt *im* Zimmer. 그는 지금 방 안에 있다.
Er wohnt *in* der Stadt. 그는 도시에 살고 있다.
Die Kinder laufen *im* Zimmer hin und her (auf und ab). 아이들은 방 안에서 이리저리 뛰어다닌다.
Wir gingen *im* Regen spazieren. 우리는 비 속에서 산보했다.
Er geht jetzt *ins* Zimmer. 그는 지금 방 안으로 들어간다.
Er fährt heute *in* die Stadt. 그는 오늘 도시로 간다.
in der Nacht 밤에
im [Monat] Mai 5월에
im Frühling (Herbst) 봄(가을)에
im Jahre 1988 1988년에
im 20. (zwanzigsten) Jahrhundert 20세기에
im nächsten (vorigen) Jahr 다음(지난) 해에
in diesem Sommer (Winter) 이번 여름(겨울)에
in diesem Monat 이달[안]에
in einer Woche 일주일[안]에

indem [ɪndéːm] 圈 《종속》 ① …하면서 ② …하는 사이에 ③ …함으로써

Indem er im Zimmer umherging, diktierte er den Brief. 그는 방 안을 왔다갔다 하면서 편지를 받아쓰게 했다.

Indem er dies sagte, trat seine Mutter ein. 그가 이 말을 하는 사이에 그의 어머니가 들어오셨다.

Du kannst ihm eine Freude bereiten, *indem* du ihn einmal besuchst. 너는 그를 한번 방문함으로써 그를 기쁘게 할 수 있다.

indessen [ɪndésən] 1. 副 그동안에 (inzwischen) 2. 接 《병렬·부사》 그렇지만 (jedoch)

Indessen war er fort. 그동안에 그는 가버렸다.

Ich will schnell meinen Hut holen, bleibe *indessen* hier! 내가 빨리 모자를 가지고 올테니 그동안 여기에 있거라!

Der Verlust ist groß, *indessen* ich bin (bin ich) nicht unersetzlich. 손실은 크지만 나는 회복 못할 정도는 아니다.

Ich riet ihm, sparsamer zu sein, *indessen* er tat es nicht. 나는 그에게 좀 더 절약하라고 충고했지만 그는 그렇게 하지 않았다.

(das) **Indien** [índiən] -s/ 인도
 der **Ind[i]er** [índ(i)ər] -s/- 인도인
 die **Ind[i]erin** [índ(i)ərɪn] -/-nen 인도 여자
  indisch [índɪʃ] 形 인도[人]의
der **Inhalt** [ínhalt] -[e]s/-e 내용

Er erzählte mir den *Inhalt* des Buches. 그는 나에게 그 책의 내용을 이야기해 주었다.

Das Buch hat einen interessanten *Inhalt*. 그 책에는 재미있는 내용이 들어 있다.

Inhalt und Form 내용과 형식

innen [ínən] 副 안에 (↔außen)

Das Haus sieht außen klein aus, aber *innen* ist es sehr geräumig. 그 집은 밖은 작아 보이지만 안은 매우 넓다.

Das Fenster geht nach *innen* auf. 그 창은 안쪽으로 열린다.

Man muß die Tür von *innen* aufmachen. 그 문은 안쪽에서 열어야 한다.

Ich kenne ihn [von] *innen* und außen. 나는 그를 안팎으로 알고 있다.

inner [ínər] 形 안쪽의, 내부의 (↔äußer)

Du mußt auf deine *innere* Stimme hören. 너는 너의 마음 (양심)의 소리에 귀를 기울여야 한다.

Wo liegt der *innerste* Kern der Sache? 그 문제의 핵심은 어디에 있는가?

Er ist Minister des *Inner*[e]*n*. 그는 내무부 장관이다.
innere (äußere) Medizin 내(외)과
das Ministerium des *Innern* 내무부
innerhalb [ínərhalp] 前 《2격》 ① 《장소》 ~안쪽에 (↔außerhalb) ② 《시간》 ~이내에 (binnen)
Innerhalb des Gartens gibt es viele Bäume⁴. 정원 안에는 나무들이 많다.
Innerhalb eines Monats komme ich wieder zurück. 1개월 이내에 나는 다시 돌아온다.
innig [íniç] 形 진심으로의 (herzlich); 친밀한 (vertraut)
Das ist mein *inniger* Wunsch. 그것은 나의 진정한 소원이다.
Ich sende dir meine *innigsten* Glückwünsche. 나는 너에게 진심으로 축하를 보낸다.
Ich liebe dich *innig*. 나는 너를 진정으로 사랑한다.
innige Liebe 진정한 사랑
innige Freundschaft 친교
das **Insekt** [ınzέkt] -[e]s/-en 곤충
Die Spinne ist kein *Insekt*. 개미는 곤충이 아니다.
Mücken und Fliegen sind *Insekten*. 모기와 파리는 곤충이다.
die **Insel** [ínzəl] -/-n 섬
Auf jener *Insel* wohnt niemand. 저 섬에는 아무도 살지 않는다.
Am Horizont tauchte eine *Insel* auf. 수평선상에 섬의 모습이 떠올랐다.
das **Instrument** [ınstrumέnt] -[e]s/-e ① 기구 ② 악기
Der Arzt braucht für seine Arbeit medizinische *Instrumente*. 의사는 자기의 일을 위해 의료 기구를 필요로 한다.
Er spielt mehrere *Instrumente*. 그는 여러 악기를 연주한다.
interessant [ınterεsánt] 形 흥미(재미)있는 (↔uninteressant)
Sie liest ein *interessantes* Buch. 그녀는 흥미있는 책을 읽고 있다.
Dieser Roman ist sehr *interessant*. 이 소설은 매우 재미있다.
das **Interesse** [interésə] -s/-n ① 《복수 없음》 흥미, 관심 ② 이해(利害)
● *Interesse* an et.³ (für et.) haben : (무엇)에 흥미·관심을 가지다
Ich *habe* Interesse *an* der (*für* die) Musik. 나는 음악에 흥미를 가지고 있다.
Ich *habe* gar kein *Interesse* daran (da*für*). 나는 그것에는 전혀 흥미(관심)가 없다.

Ich habe den Artikel mit großem *Interesse* gelesen. 나는 그 기사(記事)를 매우 흥미있게 읽었다.

Er handelt nur aus *Interesse*. 그는 이해관계(타산적)로만 행동한다.

Das liegt in meinem eigenen *Interesse*. 그것은 나 자신의 이해(利害)에 관계된다.

interessieren [ɪnterɛsíːrən] interessierte, interessiert 1. 再 〈sich⁴ für et.에〉 흥미·관심을 가지다 2. 他 〈jn.로 하여금 für et.에〉 흥미·관심을 갖게 하다

Er *interessiert sich für* Sport. 그는 스포츠에 흥미를 가지고 있다.

Ich *interessiere mich* nicht *für* die Politik. 나는 정치에는 흥미(관심)가 없다.

Er *interessierte* mich da*für*. 그는 나로 하여금 그것에 관심(흥미)을 갖게 했다.

Das wird mich nicht *interessieren*. 그것은 나의 흥미를 끌지 못할 것이다.

irdisch [írdɪʃ] 形 지상의, 현세의 (↔himmlisch)

irdische Güter 이 세상의 재물

irdische Freuden 속세의 쾌락

irgend [írgənt] 副 ① 《부정관사·부정대명사·부사와 함께 쓰여 불확실한 뜻을 강조》 〔그〕어떤, 〔그〕어느 ② 도대체(denn)

*Irgend*ein Kind hat es gefunden. 어떤 아이가 그것을 발견했다.

Irgend jemand hat es mir gesagt. 그 누군가가 그것을 나에게 말했다.

Er wird *irgend*wo in der Stadt sein. 그는 시내 어디엔가 있을 것이다.

Ist es *irgend* (denn) möglich? 그것이 도대체 가능한 일인가?

irren [írən] 1. 自 《h, s》 헤매다 2. 再 《sich⁴》 잘못 생각하다

Er ist durch die Stadt *geirrt*. 그는 도시를 두루 헤매었다.

Es *irrt* der Mensch, solang' er strebt. 《Goethe》 인간은 노력하는 한 헤매기 마련이다.

Irren ist menschlich. 과실은 누구에게나 있다.

Ich habe *mich geirrt*. 나는 잘못 생각했다.

Ich kann *mich* auch *irren*. 나도 확실히는 모른다.

Darin *irrst* du *dich*. 그 점은 네가 잘못 생각하고 있다.

Er hat *sich* im Datum (in der Person) *geirrt*. 그는 날짜를 잘못 알았다(사람을 잘못 알아보았다).

Wir haben *uns* im Weg (in der Straße) *geirrt*. 우리는 길을 잘못 들었다.

der Irrtum [írtu:m] -[e]s/⁼er 잘못, 오류

Das war ein großer (schwerer) *Irrtum*. 그것은 큰(중대한) 잘못이었다.

Ich beging den *Irrtum*, mein Versprechen zu brechen. 나는 약속을 어기는 잘못을 저질렀다.

Er hat seinen *Irrtum* zugegeben (bereut). 그는 자기의 잘못을 인정했다(후회했다).

● im *Irrtum* sein (=sich⁴ im *Irrtum* befinden) : 잘못[생각]하고 있다

Du *bist im Irrtum*.

(=Du *befindest dich im Irrtum*.) 너는 잘못 생각하고 있다.

(*das*) **Italien** [itá:liən] -s/ 이태리

 der Italiener [italié:nər] -s/- 이태리인

 die Italienerin [italié:nərın] -/-nen 이태리 여자

 italienisch [italié:nıʃ] 形 이태리[人・語]의

 (*das*) **Italienisch** [italié:nıʃ] -[s]/ 이태리어

J

ja [ja:] 剾 ① 예 (↔nein) ② 더구나 (sogar)
  Hast du Hunger? — *Ja*, ich habe großen Hunger. 너는 배 고프니? — 그래, 나는 몹시 배가 고프다.
  Gehen Sie mit? — *Ja*, freilich (natürlich). 함께 가시겠읍니까? — 그럼, 물론이지.
  Es ist schwer, *ja* (sogar) unmöglich. 그것은 어려워, 아니 불가능해.
  Er hat es mir versichert, *ja* zugeschworen. 그는 나에게 그 것을 확언했고, 뿐만 아니라 맹세까지 했다.

die **Jacke** [jákə] -/-n (짤막한) 웃옷, 자켓
  Er zieht die *Jacke* an (aus). 그는 자켓을 입는다(벗는다).
  Er hängte die *Jacke* auf den Bügel. 그는 자켓을 옷걸이에 걸었다.
  Diese *Jacke* ist zu eng (weit). 이 자켓은 너무 조인다(헐렁하다).
  Er trägt *Jacke* und Hose. 그는 자켓과 바지를 입고 있다.

die **Jagd** [ja:kt] -/-en 사냥
  ● auf die *Jagd* gehen : 사냥하러 가다
  Er *ging* mit einem Hund *auf die Jagd*. 그는 개 한 마리를 데리고 사냥하러 갔다.
  Wir machten *Jagd* auf Hasen und Rehe. 우리는 토끼와 노루 사냥을 했다.

jagen [já:gən] 1. 他 ① 사냥하다 ② 몰다, 쫓다 2. 自 《h, s》 ① 돌진·질주하다 ② 〈nach et.을〉 추구하다
  Er *jagte* [auf] Hasen und Rehe. 그는 토끼와 노루 사냥을 했다.
  Er wurde aus dem Hause *gejagt*. 그는 집에서 쫓겨났다.
  Er ist mit dem Auto durch die Stadt *gejagt*. 그는 자동차를 타고 시내를 질주했다.
  Der Mensch *jagt nach* dem Glück. 인간은 행복을 추구한다.

der **Jäger** [jé:gər] -s/- 사냥군
  Der *Jäger* jagt Füchse. 사냥군이 여우 사냥을 한다.

das **Jahr** [ja:r] -[e]s/-e 년(年)
  Ein *Jahr* hat zwölf Monate. 1년은 12달이다.
  Das *Jahr* beginnt am 1. Januar und endet am 31. Dezember. 1년은 1월 1일에 시작하여 12월 31일에 끝난다.

Jahreszeit 218

Ich bin zwanzig *Jahre⁴* alt. 나는 스무 살이다.
Ein glückliches Neues *Jahr*! 행복한 새해가 되시기를!
Viel Glück zum neuen *Jahr*! 새해 복 많이 받으세요!
im *Jahre* 1988 1988년에
in diesem *Jahr* (=dieses *Jahr⁴*) 금년에
im vorigen *Jahr* (=voriges *Jahr⁴*) 지난 해에
im nächsten *Jahr* (=nächstes *Jahr⁴*) 내년에
vor (nach) zwei *Jahren* 2년 전(후)에
jedes dritte *Jahr⁴* (=alle drei *Jahre⁴*) 3년마다
vier *Jahre⁴* lang 4년 동안
jedes *Jahr⁴* (=*Jahr* für *Jahr*) 매년

die **Jahreszeit** [já:rəstsaɪt] -/-en 계절
Die vier *Jahreszeiten* sind Frühling, Sommer, Herbst und Winter. 4계절은 봄, 여름, 가을 그리고 겨울이다.
Jede *Jahreszeit* hat ihren besonderen Reiz. 계절마다 제각기 독특한 매력을 지니고 있다.
Zum Wandern ist der Herbst die beste *Jahreszeit*. 여행하기에는 가을이 가장 좋은 계절이다.
in dieser *Jahreszeit* 이 계절에는

das **Jahrhundert** [ja:rhúndərt] -[e]s/-e 세기(世紀)
Wir leben im 20. (zwanzigsten) *Jahrhundert*. 우리는 20세기에 살고 있다.
Die Kapelle wurde im 12. (zwölften) *Jahrhundert* gebaut. 그 예배당은 12세기에 건립되었다.

jährlich [jέ:rlıç] 形 매년의
Sein *jährliches* Einkommen beträgt ungefähr 20000 Mark. 그의 연간 수입은 약 2만 마르크에 달한다.
Einmal *jährlich* (im Jahr) gehe ich in meine Heimat. 매년 한 번 나는 고향에 간다.

der **Januar** [jánua:r] -[s]/ 1월
Heute ist der 1. (erste) *Januar*. 오늘은 1월 1일이다.
Am 1. (ersten) *Januar* feiert man Neujahr (das neue Jahr). 1월 1일에는 새해를 축하한다.
im [Monat] *Januar* 1월에
Anfang (Mitte, Ende) *Januar* 1월 초순(중순, 하순)에

(*das*) **Japan** [já:pan] -s/ 일본
 der **Japaner** [japá:nər] -s/- 일본인
 die **Japanerin** [japá:nərɪn] -/-nen 일본 여자
 japanisch [japá:ɪnʃ] 形 일본(人・語)의
 (*das*) **Japanisch** [japá:nɪʃ] -[s]/ 일본어

Er kann *Japanisch* sprechen. 그는 일본말을 할 줄 안다.
Er spricht gut[es] *Japanisch*. 그는 일본말을 잘 한다.

jawohl [javóːl] 🖺 《ja의 강조》 예, 그렇습니다
Bringen Sie mir bitte ein Glas Wasser! —*Jawohl*! 나에게 물 한 잔만 갖다 주세요!— 그러지요!

je [jeː] 1. 🖺 ① 언젠가, 일찌기 (einmal, einst) ② 〈수사와〉 …마다, …씩 2. 㨂 ① 〈je nachdem ...〉: …여하에 따라서 ② 〈je+비교급 ..., desto (umso, je)+비교급 ...〉: …하면 할수록 더욱 더 …하다

Habe ich das *je* gesagt? 내가 언제 그런 말을 했니?
Er war *je* ein tapferer Soldat. 그는 일찌기 용감한 군인이었다.
Wir bestellten für *je* zwei Personen eine Flasche Wein. 우리는 두 사람마다 한 병의 포도주를 주문했다.
Er gab uns *je* eine Mark. 그는 우리에게 1마르크씩 주었다.
Je nachdem ich Zeit habe, lese ich mehr oder weniger. 시간 여하에 따라서 나의 독서는 증감된다.
Je mehr man hat, *desto* mehr will man haben. 사람은 가지면 가질수록 더욱 많이 가지려고 한다.
Je schneller du kommst, *umso* besser ist es. 네가 빨리 오면 올수록 더욱 좋다.
Je eher, *je* besser. 이르면 이를수록 좋다.

jedenfalls [jéːdənfals] 🖺 어떠한 경우에라도, 어쨌던 (auf jeden Fall)
Ich muß es ihm *jedenfalls* sofort mitteilen. 나는 어떠한 경우에라도 그것을 그에게 곧 알려야 한다.
Wir sehen uns[4] *jedenfalls* bald wieder. 우리는 어쨌던 곧 다시 만나자.

jeder, jede, jedes [jéːdər, jéːdə, jéːdəs] 代 《부정》 〈정관사형의 어미 변화를 하며 단수로만 쓰임〉 ①《형용사적》 각각의, 모든 ②《명사적》 각자, 누구나 (ein jeder, jedermann)
Jeder [Mensch] ist seines Glückes Schmied. 《Sprw》 인간은 누구나 자기 행복의 개척자이다.
Jedes [Ding] hat seine Zeit. 《Sprw》 모든 것은 때가 있다.
Er fährt *jeden* Tag mit dem Bus in die Schule. 그는 매일 버스를 타고 학교에 간다.
Er kann *jeden* Augenblick kommen. 그는 지금이라도 올지 모른다.
Jeder von uns arbeitet sehr fleißig. 우리들 각자는 매우 열심히 일한다.

Jedes seiner Kinder² ist sehr klug. 그의 자녀들 모두가 매우 영리하다.

jedermann [jéːdərman] 代 《부정》 누구나 ([ein] jeder)
Jedermanns Freund ist niemandes Freund. 《Sprw》 누구나 다 사귀는 친구는 진정한 친구가 될 수 없다.
Das weiß doch *jedermann*. 그것은 누구나 다 알고 있다.

jedesmal [jéːdəsmaːl] 副 매번
Er kommt *jedesmal* zu spät. 그는 매번 지각한다.
Jedesmal, wenn ich ihn besuchte, war er nicht zu Hause. 내가 그를 방문할 때마다 그는 집에 없었다.

jedoch [jedɔ́x] 副 接 《부사·병렬》 그러나, 그렇지만
Ich möchte gehen, *jedoch* habe ich (ich habe) keine Zeit. 나는 가고싶지만 시간이 없다.
Ich will es tun, *jedoch* nicht gleich. 나는 그것을 하겠지만 금방은 하지 않는다.

jemand [jéːmant] 代 《부정》 -[e]s², -[em]³, -[en]⁴ 누군가, 어떤 사람
Jemand hat es mir erzählt. 누군가가 그것을 나에게 이야기했다.
Es kommt *jemand*. 누가 온다.
Hat sonst noch *jemand* Fragen? 그밖에 또 누가 질문 있읍니까?
War heute schon *jemand* da? 오늘 누가 왔었니?
Sie spricht mit *jemand*[*em*]. 그녀는 누군가와 이야기하고 있다.
Er sucht *jemand*[*en*], der ihm helfen kann. 그는 자기를 도와줄 수 있는 사람을 찾고 있다.

jener, jene, jenes [jéːnər, jéːnə, jéːnəs] 代 《지시》 〈정관사형의 어미 변화〉 ① 《형용사적》 저 ② 《명사적》 저〔人·物〕; 전자(前者) (↔dieser)
Jener Hut ist teurer als dieser. 저 모자는 이 모자보다 더 비싸다.
Dieses Kind ist größer als *jenes*. 이 아이는 저 아이보다 키가 크다.
Diese Uhr ist dein, *jene* ist mein. 이 시계는 너의 것이고, 저 시계는 나의 것이다.
Ich wohne nicht in diesem Haus, sondern in *jenem*. 나는 이 집에 살지 않고 저 집에 살고 있다.
Ich habe mich mit ihm über dies[*es*] und *jenes* unterhalten. 나는 그와 이것 저것에 관해서 이야기를 나누었다.

Der Mensch besteht aus Leib und Seele; *jener* ist sterblich, aber diese [ist] unsterblich. 인간은 육체와 영혼으로 되어 있다. 전자는 죽지만 후자는 죽지 않는다.

Die Mutter rief den Sohn und die Tochter; diese kam sogleich, aber *jener* kam nicht. 어머니는 아들과 딸을 불렀다. 후자는 곧 왔으나 전자는 오지 않았다.

jenseits [jé:nzaɪts] 前 《2격》 ~저쪽에 (↔diesseits)
Jenseits des Flusses liegt das Dorf. 강 건너 편에 그 마을이 있다.
jenseits des Rheins 라인 강 저편에

jetzt [jɛtst] 副 지금 (nun)
Jetzt ist es zu spät. 지금은 너무 늦다.
Ich habe *jetzt* keine Zeit. 나는 지금 시간이 없다.
- bis *jetzt* : 지금까지
  Ich habe *bis jetzt* keine Nachricht von ihm erhalten. 나는 지금까지 그에게서 아무 소식도 받지 못했다.
- eben *jetzt* (=eben erst) : 지금 막, 방금
  Ich bin *eben jetzt* angekommen. 나는 지금 막 도착했다.
- von *jetzt* (nun) an : 지금부터
  Von jetzt an rauche ich nicht mehr. 지금부터 나는 더 이상 담배를 피우지 않는다.

die **Jugend** [júːgənt] -/ ① 청춘[시대] (↔das Alter) ② 청소년
Jugend kehrt nicht wieder. 청춘은 다시 돌아오지 않는다.
Lerne in der *Jugend*! 젊을 때 배워라!
Er verbrachte seine *Jugend* im Ausland. 그는 청년기를 외국에서 보냈다.
- von *Jugend* auf (an) : 젊을 때부터
  Er trank *von Jugend auf* viel Wein. 그는 젊을 때부터 술을 많이 마셨다.
- die *Jugend* von heute : 오늘날의 젊은이들
  Ich kann *die Jugend von heute* nicht mehr verstehen. 나는 오늘날의 젊은이들을 더 이상 이해할 수가 없다.

der **Juli** [júːliː] -[s]/ 7월
Heute ist der 10.(zehnte) *Juli*. 오늘은 7월 10일이다.
Der *Juli* ist ein Ferienmonat. 7월은 휴가의 달이다.
am 20.(zwanzigsten) *Juli* 7월 20일에
im [Monat] *Juli* 7월에
Anfang (Mitte, Ende) *Juli* 7월 초순(중순, 하순)에

jung [juŋ] jünger, jüngst 形 젊은 (↔alt)
Er ist noch *jung*. 그는 아직 젊다.

Er hat *jung* geheiratet. 그는 어려서 결혼했다.
Ich fühle mich noch *jung*. 나는 아직 젊은 기분이다.
Er ist 4 Jahre *jünger* als ich. 그는 나보다 4살 아래다.
Er sicht *jünger* aus als er ist. 그는 실제보다 젊어 보인다.
● von *jung* (Jugend) auf : 젊을 때(어릴 때)부터
 Ich lebte *von jung auf* in Seoul. 나는 어릴 때부터 서울에서 살았다.

der **Junge** [júŋə] -n/-n 사내아이, 소년 (↔das Mädchen)
Sie hat einen gesunden *Jungen* geboren. 그녀는 건강한 사내아이를 낳았다.
Ich habe drei Kinder, zwei *Jungen* und ein Mädchen. 나는 아이가 셋인데, 사내아이가 둘이고 여자아이가 하나다.
Er ist ein netter *Junge*. 그는 착한 소년이다.

der **Juni** [júːni] -[s]/ **6월**
Heute ist der 30. (dreißigste) *Juni*. 오늘은 6월 30일이다.
am 30. (dreißigsten) *Juni* 6월 30일에
im [Monat] *Juni* 6월에
Anfang (Mitte, Ende) *Juni* 6월 초순(중순, 하순)에

K

der **Kaffee** [káfe:, kafé:] -s/-s 커피
　Die Mutter kocht *Kaffee*. 어머니가 커피를 끓인다.
　Der *Kaffee* ist mir zu stark (dünn). 이 커피는 나에게는 너무 진하다(연하다).
　Ich möchte eine Tasse *Kaffee* trinken. 나는 커피를 한 잔 마시고 싶다.
　Darf ich Ihnen eine Tasse *Kaffee* anbieten? 커피를 한 잔 드릴까요?
　Er bestellte zwei Tassen *Kaffee*. 그는 두 잔의 커피를 주문했다.
　Er hat uns zum *Kaffee* (zu einer Tasse *Kaffee*) eingeladen. 그는 우리를 커피(한 잔의 커피)에 초대했다.

der **Käfig** [kέ:fıç] -s/-e 새장, (동물의) 우리
　ein Vogel im *Käfig* 새장 속의 새
　Die wilden Tiere sind in *Käfigen*. 야생 동물들이 우리 안에 있다.

kahl [ka:l] 形 벌거숭이의
　Er hat einen *kahlen* Kopf.
　(=Er ist *kahl*.) 그는 대머리다.
　Die Bäume sind noch *kahl*. 나무들은 아직도 잎이 떨어진 그대로이다.
　kahle Bäume 잎이 떨어진 나무들
　kahle Berge 헐벗은 산들

der **Kaiser** [káızər] -s/- 황제
　Der letzte deutsche *Kaiser* war Wilhelm Ⅱ (der Zweite). 최후의 독일 황제는 빌헬름 2세였다.
　der römische *Kaiser* 로마 황제

kalt [kalt] kälter, kältest 形 **추운, 찬** (↔warm, heiß)
　Heute ist es sehr *kalt*. 오늘은 매우 춥다.
　Es wird *kalt*. 추워진다.
　Mir ist *kalt*.
　(=Es friert mich.) 나는 춥다.
　Mir ist an den Füßen (Händen) *kalt*.
　(=Es friert mich an den Füßen.) 나는 발(손)이 시리다.
　Draußen bläst ein *kalter* Wind. 밖에는 찬 바람이 분다.
　Er nahm ein *kaltes* Bad. 그는 냉수욕을 했다.

Sie ist *kalt* gegen ihn. 그녀는 그에게 냉담하다.

die Kälte [kéltə] -/ 추위, 차가움 (↔die Wärme, die Hitze)
- vor *Kälte*³ zittern : 추워서 떨다

Sie *zitterte* vor *Kälte* am ganzen Leib. 그녀는 추워서 온 몸을 떨었다.

Die *Kälte* begann etwas nachzulassen. 추위는 약간 풀리기 시작했다.

Wir haben jetzt 20 Grad *Kälte*.
(=Es ist jetzt 20 Grad unter Null.) 지금은 영하 20도이다.

der Kamerad [kamərá:t] -en/-en 동료

Er ist ein guter *Kamerad*. 그는 좋은 친구다.

Wir sind alte *Kameraden*. 우리는 오랜 동료이다.

Wir sind Schul*kameraden* (Klassen*kameraden*). 우리는 동창생(동급생)이다.

der Kamm [kam] -[e]s/ⁿe 빗
- sich³ mit dem *Kamm* durch das Haar fahren : 빗으로 머리를 빗다

Sie *fuhr* sich mit dem *Kamm* durch das Haar. 그녀는 빗으로 머리를 빗었다.

Sie fuhr ihm mit dem *Kamm* durchs Haar. 그녀는 빗으로 그의 머리를 빗겨 주었다.

Sie nahm *Kamm* und Spiegel aus ihrer Handtasche. 그녀는 빗과 거울을 그녀의 핸드백에서 꺼내었다.

kämmen [kέmən] 1. 他 〈jn.의〉 머리를 빗다 2. 再 ((sich⁴)) (자기의) 머리를 빗다

Die Mutter *kämmte* ihr Töchterchen. 어머니는 어린 딸의 머리를 빗겨주었다.

Ich *kämmte* mich.
(=Ich *kämmte* mir das Haar.) 나는 머리를 빗었다.

der Kampf [kampf] -[e]s/ⁿe 싸움, 투쟁

Er bestand den (im) *Kampf*. 그는 싸움(시합)에 이겼다.

Es war ein *Kampf* auf Leben und Tod. 그것은 생사를 건 싸움이었다.

Seine Krankheit war ein *Kampf* mit dem Tode. 그의 병은 죽음과의 싸움이었다.

Der *Kampf* ums Dasein ist schwer. 생존 경쟁은 심각하다.

der *Kampf* um die Freiheit 자유를 얻기 위한 투쟁

der *Kampf* um die Macht 권력 투쟁

kämpfen [kέmpfən] 自 싸우다
- mit jm. (gegen jn.) *kämpfen* : (누구)와 싸우다

Wir *kämpften mit* dem (*gegen* den) Feind. 우리는 적과 싸웠다.

Er *kämpfte* lange *mit* dem Tode. 그는 오랫동안 죽음과 싸웠다.

- für et. *kämpfen* : (무엇)을 위하여 싸우다
  Wir *kämpfen für* das Vaterland. 우리는 조국을 위해 싸운다.
  Die Frauen *kämpfen für* ihre Gleichberechtigung. 여성들은 남녀 동등권을 위해 싸운다.

- um et. *kämpfen* : (무엇)을 얻으려고 싸우다
  Wir *kämpfen um* die Freiheit. 우리는 자유를 얻으려고 싸운다.
  Die Sportler *kämpfen um* die Meisterschaft. 운동 선수들은 선수권을 쟁취하려고 싸운다.

- auf Leben und Tod *kämpfen* : 생사를 걸고 싸우다
  Wir *kämpften auf Leben und Tod*. 우리는 생사를 걸고 싸웠다.

der **Kandidat** [kandidá:t] -en/-en 지원자, 수험생
Von zwanzig *Kandidaten* haben nur zwei das Examen[4] bestanden. 20명의 수험생 중에서 단 2명만이 시험에 합격했다.

die **Kapelle** [kapélə] -/-n ① 예배당 ② 관현악단
Die *Kapelle* wurde im 15. (fünfzehnten) Jahrhundert gebaut. 그 예배당은 15세기에 건립되었다.
Die *Kapelle* spielt einen Walzer. 악단이 월츠를 연주한다.

kaputt [kapút] 形 부서진, 망가진

- *kaputt* gehen : 부서지다, 망가지다
  Das Radio ist *kaputt gegangen* (*kaputtgegangen*). 라디오가 고장났다.

- et.[4] *kaputt* machen (schlagen) : (무엇)을 부수다
  Er hat den Spiegel *kaputt gemacht* (*geschlagen*). 그는 거울을 부쉈다.

Ich bin ganz *kaputt* (müde). 나는 아주 피곤하다.

die **Karte** [kártə] -/-n 카드; 트럼프 (die Spielkarte); 엽서 (die Postkarte); 지도 (die Landkarte); 승차권 (die Fahrkarte); 입장권 (die Eintrittskarte); 명함 (die Besuchskarte); 차림표 (die Speisekarte)
Er hat mir zu Weihnachten eine *Karte* geschrieben. 그는 크리스마스에 나에게 카드를 써서 보냈다.
Wir spielten den ganzen Abend *Karten*. 우리는 저녁내내

트럼프 놀이를 했다.
Sie schickte mir eine *Karte* aus Rom. 그녀는 나에게 로마에서 엽서를 보냈다.
Er hängte die *Karte* von Korea an die Wand. 그는 한국의 지도를 벽에 걸었다.
Ich löste am Schalter eine *Karte* nach München. 나는 매표구에서 뮌헨행 차표를 끊었다.
Ich habe zwei *Karten* für das Theater gekauft. 나는 극장표 두 장을 샀다.
Auf der *Karte* steht mein Name und meine Adresse. 명함에는 나의 이름과 주소가 적혀 있다.
Herr Ober, bitte bringen Sie mir die *Karte*! 웨이터, 메뉴 좀 가져오시오!

die **Kartoffel** [kartɔ́fəl] -/-n 감자
Die Deutschen essen täglich *Kartoffeln*. 독일인들은 매일 감자를 먹는다.
Ißt du lieber gekochte oder gebratene *Kartoffeln*? 너는 삶은 감자를 좋아하니, 구운 감자를 좋아하니?
Zum Mittagessen gibt es Fleisch, Gemüse und *Kartoffeln*. 점심에는 고기와 야채와 감자가 나온다.

der **Käse** [kɛ́ːzə] -s/- 치즈
Sie ißt gern *Käse*. 그녀는 치즈를 좋아한다.
Der *Käse* wird aus Milch gemacht (hergestellt). 치즈는 우유에서 만들어진다.

die **Kasse** [kásə] -/-n ① 금고 ② 계산대
In der *Kasse* ist kein Geld mehr. 금고에는 이제 돈이 없다.
Bezahlen Sie die eingekauften Waren bitte an der *Kasse*! 사신 물건의 대금은 계산대에서 지불하십시오!

der **Kasten** [kástən] -s/⁻ 상자
Er nahm es aus dem *Kasten*. 그는 그것을 상자에서 꺼냈다.
Stecke bitte den Brief in den *Kasten* (Briefkasten)! 이 편지를 우체통에 넣어다오!

die **Katze** [kátsə] -/-n 고양이
Die *Katze* hat im Keller eine Maus gefangen. 고양이가 지하실에서 쥐 한 마리를 잡았다.

kaufen [káufən] 他 사다 (↔verkaufen)
Gestern *kaufte* ich mir ein neues Kleid. 어제 나는 새 옷을 샀다.
Ich *kaufte* mir das Auto billig (teuer). 나는 그 자동차를 싸게(비싸게) 샀다.

Ich *kaufte* es für viel Geld (500 Mark). 나는 그것을 많은 돈(500 마르크)을 주고 샀다.

das **Kaufhaus** [káufhaus] -es/..häuser 백화점 (das Warenhaus)

In welchem *Kaufhaus* hast du die Waren gekauft? 너는 어느 백화점에서 그 물건들을 샀니?

der **Kaufmann** [káufman] -[e]s/..leute 상인(商人)

Er ist *Kaufmann* und hat ein eigenes Geschäft. 그는 상인이며 자기 상점을 가지고 있다.

kaum [kaum] 副 ① 거의 …않다 ② 간신히, 겨우 ③ 〈als, so, da 와〉…하자마자

Ich kann es *kaum* glauben. 나는 그것을 거의 믿을 수 없다.

Er kann *kaum* gehen. 그는 거의 걷지 못 한다.

Ich habe *kaum* das Leben gerettet. 나는 간신히 생명을 건졌다.

Er ist *kaum* 20 Jahre⁴ alt. 그는 스무 살이 될까말까 하다.

● *kaum* …, als (so, da) … : …하자마자

Kaum hatte ich Platz genommen, *als* es klingelte. (=*Kaum* …, *so* (*da*) klingelte es.) 내가 앉자마자 초인종이 울렸다.

kehren [kéːrən] 1. 他 ① 향하게 하다, 돌리다 (wenden) ② (비로) 쓸다 2. 再 《sich⁴》 향하다 3. 自 (s) 돌아가다

Sie *kehrte* mir den Rücken. 그녀는 나에게 등을 돌렸다.

Sie *kehrte* das Zimmer mit dem Besen. 그녀는 방을 비로 쓸었다.

Sie *kehrte sich* an mich. 그녀는 내 쪽으로 향했다.

Er *kehrte* nach Hause (in die Heimat). 그는 집(고향)으로 돌아갔다.

kein, keine, kein [kaın, káınə, kaın] 冠 《부정》〈부가어적 용법 : 단수는 부정관사형, 복수는 정관사형의 어미 변화. 명사적 용법 : 단수, 복수 모두 정관사형의 어미 변화〉하나도(조금도) …않다 ; 한 사람도(하나도) …않다

Er hat *keinen* Sohn (*keine* Tochter, *keine* Eltern). 그에게는 아들(딸, 부모)이 없다.

Ich habe *kein* Geld. 나는 돈이 한푼도 없다.

Er hat *keinen* guten Freund. 그에게는 좋은 친구가 없다.

Keiner wird das tun. 아무도 그것을 하지 않을 것이다.

Keiner seiner Freunde² wollte ihm helfen. 그의 친구들 중 어느 누구도 그를 도우려 하지 않았다.

Keines dieser Kleider² (von diesen Kleidern) gefällt mir.

이 옷들 중 어느 것도 내 마음에 들지 않는다.
keineswegs [káınəsvé:ks] 副 결코 …[하지]않다 (nie, nimmer)
 Sie ist mit dieser Arbeit *keineswegs* zufrieden. 그녀는 이 일에 결코 만족하지 않는다.
 Bist du mir böse? — *Keineswegs*! 너는 내게 화났니? — 절대 그렇지 않다!
der **Keller** [kɛ́lər] -s/- 지하실
 Er stieg in den *Keller* hinab. 그는 지하실로 내려갔다.
 Eine steile Treppe führt in den *Keller* hinab. 가파른 계단이 지하실로 통해져 있다.
der **Kellner** [kɛ́lnər] -s/- (식당·술집 따위의) 사환, 웨이터
 Der *Kellner* brachte mir die Speisekarte. 웨이터가 나에게 메뉴를 가져왔다.
 Ich bestellte beim *Kellner* (bei der *Kellnerin*) das Essen. 나는 사환(여급)에게 식사를 주문했다.
kennen [kɛ́nən] kannte, gekannt 他 알다, 알고 있다
 Kennst du ihn? 너는 그를 알고 있니?
 Ich *kenne* ihn schon lange (von früher). 나는 그를 이미 오래 전부터 (전부터) 알고 있다.
 Ich *kenne* ihn nur nach dem Namen (dem Namen nach). 나는 그를 단지 이름만 알고 있다.
kennen|lernen [kɛ́nənlɛ́rnən] 他 〈jn.와〉 알게 되다
 Ich habe ihn zufällig *kennengelernt*. 나는 그와 우연히 알게 되었다.
 Ich freue mich, Sie *kennenzulernen*. 나는 당신과 알게 되어 기쁩니다.
 Wir haben uns⁴ in Deutschland *kennengelernt*. 우리는 독일에서 서로 알게 되었다.
die **Kenntnis** [kɛ́ntnıs] -/-se 지식
 Er hat (besitzt) gute fachliche *Kenntnisse* in diesem Fach. 그는 이 분야에 훌륭한 전문 지식을 가지고 있다.
 Wir haben in der Schule viele *Kenntnisse* erworben. 우리는 학교에서 많은 지식을 얻었다.
der **Kern** [kɛrn] -[e]s/-e (열매의) 씨, 핵[심]
 Sie verschluckte die *Kerne* der Trauben. 그녀는 포도씨를 삼켜버렸다.
 Das ist der *Kern* der Sache (der Frage). 그것이 그 문제의 핵심이다.
die **Kerze** [kɛ́rtsə] -/-n 양초
 Er zündete die *Kerze* an. 그는 양초에 불을 붙였다.

Er löschte die *Kerze* aus. 그는 촛불을 껐다.
Auf dem Tisch brannte eine *Kerze*. 책상 위에는 양초가 타고 있었다.

die **Kette** [kέtə] -/-n 사슬
Der Hund muß an die *Kette* gelegt werden. 개는 사슬에 묶어놓아야 한다.
Sie trägt eine goldene *Kette* um den Hals. 그녀는 목에 금목걸이를 하고 있다.

das **Kind** [kınt] -[e]s/-er 아이 (↔der Erwachsene)
Ich bin kein *Kind* mehr. 나는 이제 어린아이가 아니다.
Die *Kinder* spielen im Garten (auf dem Hof). 아이들이 정원(뜰)에서 놀고 있다.
Er hat vier *Kinder*, drei Töchter und einen Sohn. 그는 아이들이 넷인데, 딸이 셋이고 아들이 하나다.
Seine *Kinder* sind schon alle verheiratet. 그의 자녀들은 이미 모두 결혼했다.
Der Eintritt kostet für Erwachsene 1 (eine) Mark, für *Kinder* 50 Pfennig. 입장료는 어른은 1마르크이고, 어린이는 50페니히이다.

der **Kindergarten** [kíndərgɑrtən] -s/⸗ 유치원
Unsere Kinder gehen beide in den *Kindergarten*. 우리 아이들 둘은 유치원에 다닌다.

die **Kindheit** [kínthaıt] -/ 유년 시절
Er erzählte uns[3] von seiner *Kindheit*. 그는 우리에게 자기의 유년 시절에 관해 이야기해 주었다.
● von *Kindheit* auf (an) (=von klein auf (an)) : 어릴 때부터
Wir kennen uns[4] *von Kindheit auf*. 우리는 어릴 때부터 서로 알고 있다.
Ich kenne ihn *von Kindheit an* (seit meiner *Kindheit*). 나는 그를 어릴 때부터 알고 있다.

kindlich [kíntlıç] 形 어린애다운
Sie freute sich[4] *kindlich* an meinem Geschenk. 그녀는 나의 선물을 보고 어린애같이 기뻐했다.
eine *kindlich* reine Seele 어린애같이 순수한 마음

das **Kinn** [kın] -[e]s/-e 턱
Er hat ein spitzes (bärtiges) *Kinn*. 그는 뾰족한(수염있는) 턱을 가지고 있다.
Sie stützte das *Kinn* auf die Hand. 그녀는 턱을 손으로 괴었다.

das **Kino** [kíːno] -s/-s 영화관
- ins *Kino* gehen : 영화관에 가다
  Gehst du oft *ins Kino*? 너는 자주 영화관에 가니?
  Er war gestern abend im *Kino*. 그는 어제 저녁에 영화관에 갔었다.
  In welchem *Kino* läuft der Film? 그 영화는 어느 영화관에서 상영되고 있니?

die **Kirche** [kírçə] -/-n 교회
- in die (zur) *Kirche* gehen : 교회에 가다
  Jeden Sonntag *geht* die ganze Familie *in die Kirche*. 일요일마다 온 가족이 교회에 간다.
  Die *Kirche* ist aus. 예배는 끝났다.

das **Kissen** [kísən] -s/- 방석, 쿠션
Auf dem Sofa liegen bunte *Kissen*. 소파 위에는 가지각색의 방석이 놓여 있다.

die **Klage** [kláːgə] -/-n ① 비탄, 한탄 ② 불평
Als er von dem Unglück hörte, brach er in *Klagen* aus. 그는 그 사고에 관해 들었을 때 비탄의 소리를 터뜨렸다.
Über ihn hört man viele *Klagen*. 그에 대해 불평이 많다.

klagen [kláːgən] 1. 自 슬퍼하다, 탄식하다 2. 他 〈jm.에게 et.⁴을〉 하소연하다, 호소하다
- über et.⁴ *klagen* : (무엇)을 한탄하다
  Sie *klagt über* ihr Schicksal. 그녀는 자기의 운명을 한탄하고 있다.
  Er *klagte* mir sein Leid. 그는 나에게 자기의 괴로움을 하소연했다.

klar [klaːr] 形 ① 맑은 (↔trüb) ② 명확한 (deutlich)
Der Himmel (Die Luft) ist *klar*. 하늘(공기)은 맑다.
Sie hat eine *klare* Stimme. 그녀는 맑은 음성을 갖고 있다.
Sie gab keine *klare* Antwort. 그녀는 명확한 대답을 하지 않았다.
Es wurde mir *klar*, daß ich einen Fehler gemacht hatte. 내가 오류를 범했다는 것이 명백해졌다.

die **Klasse** [klásə] -/-n ① 학급 ② 등급
Die *Klasse* hörte aufmerksam zu. 그 반 학생들은 주의깊게 귀를 기울였다.
Der Lehrer kam in die *Klasse* (das Klassenzimmer). 선생님이 교실에 들어오셨다.
Er ist ein Schüler der 3.(dritten) *Klasse*. 그는 3학년 학생이다.

Er ist in der dritten *Klasse*. 그는 3학년이다.

In der ersten *Klasse* ist noch Platz. 1등 차에는 아직 좌석이 있다.

Was kostet eine Fahrkarte zweiter *Klasse* von Seoul nach Pusan? 서울 부산간의 2등 차표는 얼마입니까?
- erster (zweiter) *Klasse*² fahren : 1(2)등 차로 가다
  Er *fährt erster Klasse*. 그는 1등 차로 간다.

klassisch [klásıʃ] 形 고전적인

Ich liebe die *klassische* Musik. 나는 고전 음악을 좋아한다.

Hören Sie gern *klassische* Musik? 당신은 고전 음악 듣기를 좋아하십니까?

das **Klavier** [klaví:r] -s/-e 피아노
- *Klavier* spielen : 피아노를 치다
  Er *spielt Klavier* sehr gut. 그는 피아노를 매우 잘 친다.
  Er lernt *Klavier* spielen. 그는 피아노 치는 법을 배운다.

Sie übt auf dem *Klavier*. 그녀는 피아노 연습을 한다.

kleben [klé:bən] 1. 他 붙이다 2. 自 〈an et.³에〉 달라붙다

Er *klebte* die Briefmarken auf den Umschlag. 그는 우표를 봉투에 붙였다.

Sie *klebte* das Plakat an die Wand. 그녀는 포스터를 벽에 붙였다.

Die nassen Kleider *klebten an* seinem Körper. 젖은 옷이 그의 몸에 착 달라붙었다.

das **Kleid** [klaıt] -[e]s/-er 옷

Er zieht die *Kleider* an (aus). 그는 옷을 입는다(벗는다).

Sie trägt ein weißes (schwarzes) *Kleid*. 그녀는 흰(검은) 옷을 입고 있다.

Das *Kleid* paßt (steht) dir gut. 그 옷은 너에게 잘 어울린다.

Ich habe mir ein neues *Kleid* machen lassen. 나는 새 옷을 맞추었다.

Kleider machen Leute. 《Sprw》 옷이 날개다.

die **Kleidung** [kláıduŋ] -/- 의복, 복장

Im Sommer trägt man leichte *Kleidung*. 여름에는 사람들은 가벼운 의복을 입는다.

Er kam in einfacher *Kleidung*. 그는 간소한 복장으로 왔다.

klein [klaın] 形 작은 (↔groß)

Die Schuhe sind mir zu *klein*. 이 구두는 내게는 너무 작다.

Sie trägt einen Ring am *kleinen* Finger. 그녀는 새끼 손가락에 반지를 끼고 있다.

Er ist [um] 5 cm (Zentimeter) *kleiner* als ich. 그는 나보다 5 cm [정도] 키가 작다.
- von *klein* auf (an) (=von Kindheit auf (an)) : 어릴 때부터
Ich kenne ihn *von klein auf*. 나는 그를 어릴 때부터 알고 있다.

klettern [klétərn] 自 《s, h》 기어 오르다
Er *kletterte* auf den Baum (den Berg). 그는 나무(산) 위로 기어 올라갔다.
Er ist über den Zaun *geklettert*. 그는 울타리를 기어 넘어 갔다.

das **Klima** [klíːma] -s/-s, -te [klimáːtə] **기후**
Wie ist das *Klima* Deutschlands? 독일의 기후는 어떻습니까?
Hier ist das *Klima* mild. 이곳은 기후가 온화하다.
Dieses Obst wächst nur in Ländern mit mildem *Klima*. 이 과일은 온화한 기후의 나라에서만 자란다.

klingeln [klíŋəln] 自 초인종이 울리다 ; 초인종을 울리다
Es *klingelt*. 초인종 소리가 난다.
Das Telefon *klingelt*. 전화벨이 울린다.
Bitte öffne die Tür, es hat *geklingelt*! 문 좀 열어라, 초인종 소리가 났다.
Hat es an der Tür *geklingelt*? 문에서 초인종 소리가 났니?
Es *klingelt* zum Unterricht (zur Pause). 수업(휴식) 종이 울린다.
Ich *klingelte* dreimal. 나는 세 번 초인종을 울렸다.

klingen [klíŋən] klang, geklungen 自 ① (소리가) **울리다** ② (…으로) **들리다**
Vom Turm der Kirche *klingen* die Glocken. 교회의 탑에서 종소리가 울린다.
Seine Worte *klangen* wie ein Scherz. 그의 말은 농담처럼 들렸다.

klopfen [klɔ́pfən] 自他 두드리다
- an die Tür *klopfen* : 문을 두드리다
Jemand *klopft an die Tür*.
(=Es *klopft* jemand.) 누가 문을 두드린다.
Es *klopft* an der (die) Tür. 문을 두드리는 소리가 난다.
Er *klopfte* (schlug) mir auf die Schulter. 그는 나의 어깨를 두드렸다.
Mein Herz *klopft* heftig. 나의 가슴이 몹시 두근거린다.

das **Kloster** [klóːstər] -s/= 수도원
 Dies ist ein katholisches *Kloster*. 이것은 카톨릭 수도원이다.
 Er ging ins *Kloster*. 그는 수도원에 들어갔다.
klug [kluːk] klüger, klügst 形 영리한 (↔dumm)
 Das Kind ist sehr *klug*. 그 아이는 매우 영리하다.
 Er ist ein *kluger* Mensch. 그는 영리한 사람이다.
 Das ist eine *kluge* Antwort. 그것은 현명한 대답이다.
 Durch Schaden wird man *klug*. 《Sprw》 고초를 겪어야 똑똑해진다.
der **Knabe** [knáːbə] -n/-n 《주로 詩語》 소년 (der Junge)
 Sah ein *Knab'* ein Röslein stehn. 《Goethe》 한 소년이 아름다운 장미가 피어 있는 것을 보았네.
der **Knecht** [knɛçt] -[e]s/-e 하인, 종 (↔der Herr)
 Er ist zu einem *Knecht* geworden. 그는 종이 되었다.
das **Knie** [kniː] -s/- [kníː(ə)] 무릎
 ● auf die (aufs) *Knie* fallen : 무릎을 꿇다
  Sie *fiel* vor dem Altar *auf die Knie*.
  (=Sie kniete vor dem Altar [nieder].) 그녀는 제단 앞에 무릎을 꿇었다.
 ● auf den *Knien* liegen : 무릎을 꿇고 있다
  Er *lag auf den Knien* und betete zu Gott. 그는 무릎을 꿇고 하느님께 기도드렸다.
 Sie hielt den kleinen Sohn auf ihren *Knien*. 그녀는 어린 아들을 자기의 무릎 위에 올려놓았다.
 Seine *Knie* zitterten (bebten) vor Angst³.
 (=Ihm zitterten die *Knie* vor Angst.) 그의 무릎은 공포로 떨렸다.
 Das Wasser reichte bis zu den *Knien*. 물이 무릎까지 닿았다.
der **Knochen** [knɔ́xən] -s/- 뼈
 Er ist nur Haut und *Knochen*. 그는 가죽과 뼈만 남았다 (피골이 상접하다).
 Sie hat sich³ mehrere *Knochen* gebrochen. 그녀는 몇 개의 뼈가 부러졌다.
der **Knopf** [knɔpf] -[e]s/⸚e (의복의)단추 ; (초인종의)누름단추
 An deinem Mantel fehlt ein *Knopf*.
 (=An deinem Mantel ist ein *Knopf* los.) 너의 외투에는 단추 하나가 없다.
 Ein *Knopf* ist mir gesprungen. 단추 하나가 떨어져 나갔다.

● auf den *Knopf* drücken : 초인종의 단추를 누르다
Drücken Sie *auf den Knopf*!
(=*Auf den Knopf drücken*!) 초인종의 단추를 누르시오!

die **Knospe** [knɔ́spə] -/-n 싹 ; 꽃봉오리
● *Knospen* treiben : 싹이 트다
Die Bäume *treiben Knospen*. 나무에 싹이 튼다.
Dieser Baum trägt schon viele *Knospen*. 이 나무에는 벌써 많은 꽃봉오리가 맺혀 있다.

der **Koch** [kɔx] -[e]s/ⸯe 요리사
Er arbeitet als *Koch* in einem Hotel. 그는 어느 호텔에서 요리사로 일하고 있다.
Hunger ist der beste *Koch*. 《Sprw》 시장이 반찬이다.

die **Köchin** [kǿçɪn] -/-nen 여자 요리사

kochen [kɔ́xən] 1. 他 끓이다, 요리하다 2. 自 끓다
Sie *kocht* Kaffee. 그녀는 커피를 끓인다.
Sie *kocht* gut. 그녀는 요리 솜씨가 좋다.
Sie hat bei ihrer Mutter *kochen* gelernt. 그녀는 그녀의 어머니한테서 요리하는 법을 배웠다.
Das Wasser *kocht* bei 100 Grad Celsius. 물은 섭씨 100도에서 끓는다.
Ruf mich, wenn das Wasser *kocht*! 물이 끓으면 나를 불러라!

der **Koffer** [kɔ́fər] -s/- 여행 가방, 트렁크
● den *Koffer* packen : 트렁크에 짐을 챙겨 넣다
Er *packte den Koffer*. 그는 트렁크에 짐을 챙겨 넣었다.
Schon eine Woche vor der Abreise fing sie an, *die Koffer zu packen*. 여행 떠나기 일주일 전에 이미 그녀는 여행 가방을 꾸리기 시작했다.
Der *Koffer* ist zu schwer. 그 트렁크는 너무 무겁다.
Ich muß diesen *Koffer* bis zum Bahnhof tragen. 나는 이 트렁크를 역까지 운반해야 한다.

die **Kohle** [kó:lə] -/-n 석탄
Dieses Zimmer wird mit *Kohle* geheizt. 이 방은 탄(炭)을 땐다.
Im Ruhrgebiet gibt es viele *Kohlen*gruben[4]. 루르 지방에는 탄광이 많다.

kommen [kɔ́mən] kam, gekommen 自 《s》 오다, 가다
Komm doch zu mir, wenn du Zeit hast! 시간 있으면 나에게 오너라!
Er *kommt* mit dem Flugzeug. 그는 비행기로 온다.

Er *kam* zur rechten Zeit. 그는 알맞게 왔다.
Er *kam* gelaufen. 그는 뛰어 왔다.
Ich *komme* gleich. 나는 곧 간다.
Ich *komme* morgen nach Pusan. 나는 내일 부산에 간다.
Darf ich heute abend zu Ihnen *kommen*? 내가 오늘 저녁 당신에게 가도 괜찮겠읍니까?
Komm mit! 같이 가자!

der **König** [kǿːnıç] -[e]s/-e 왕(王)
Der Löwe ist der *König* der Tiere. 사자는 동물의 왕이다.

die **Königin** [kǿːnıgın] -/-nen 여왕
Die Rose ist die *Königin* der Blumen. 장미는 꽃의 여왕이다.

können [kǿnən] konnte, gekonnt; ich kann, du kannst, er kann 助 《화법》① (능력) …할 수 있다 ② (가능) …일지도 모른다 ③ (허가) …해도 **좋다**
Er *kann* Deutsch sprechen. 그는 독일말을 할 줄 안다.
Können Sie schwimmen? 당신은 수영할 줄 아십니까?
Das *kann* wahr sein. 그것은 진실일지도 모른다.
Es *kann* heute regnen. 오늘은 비가 올지도 모른다.
Du *kannst* kommen. 너는 와도 좋다.
Du *kannst* ins Konzert mitgehen. 너는 음악회에 함께 가도 좋다.

das **Konzert** [kɔntsɛ́rt] -[e]s/-e ① 음악회 ② 협주곡
● ins *Konzert* gehen : 음악회에 가다
Wir *gehen* heute abend *ins Konzert*. 우리는 오늘 저녁 음악회에 간다.
Das erste Werk dieses Komponisten war ein *Konzert* für Klavier. 이 작곡가의 첫 작품은 피아노 협주곡이었다.

der **Kopf** [kɔpf] -[e]s/ⁿe 머리
Er hat einen guten *Kopf*. 그는 머리가 좋다.
Er ist ein kluger *Kopf*. 그는 머리가 영리한 사람이다.
Er schüttelte den *Kopf*. 그는 머리를 가로 저었다(부정했다).
Er nickte mit dem *Kopf*. 그는 머리를 끄덕였다(긍정했다).
Mir tut der *Kopf* weh. 나는 머리가 아프다.
Der Gedanke fuhr mir plötzlich durch den *Kopf*. 그 생각이 갑자기 내 머리에 떠 올랐다.
Der Stein wäre mir beinahe auf den *Kopf* gefallen. 그 돌은 하마터면 내 머리 위에 떨어질 뻔했다.

der **Kopfschmerz** [kɔ́pfʃmɛrts] -es/-en 《보통 복수로》 두통
(das Kopfweh)

Ich habe *Kopfschmerzen*.
(=Mir tut der Kopf weh.) 나는 머리가 아프다.

der Korb [kɔrp] -[e]s/⸗e 바구니
Sie legt Eier in den *Korb*. 그녀는 달걀을 바구니에 담는다.
Wenn sie zum Markt geht, nimmt sie immer einen *Korb* mit. 그녀는 시장에 갈 때는 항상 바구니를 가지고 간다.

(das) Korea [koré:a] -s/ 한국
 der Koreaner [koreá:nər] -s/- 한국인
 die Koreanerin [koreá:nərin] -/-nen 한국 여자
 koreanisch [koreá:nıʃ] 形 한국[人·語]의
 ● auf *koreanisch* sprechen : 한국어로 말하다
  Sprechen Sie *auf koreanisch*! 한국어로 말하시오!
 ● ins *Koreanische* übersetzen : 한국어로 번역하다
  Übersetzen Sie diese Sätze aus dem Deutschen *ins Koreanische*! 이 문장을 독일어에서 한국어로 번역하시오!

(das) Koreanisch [koreá:nıʃ] -[s]/ 한국어 (die koreanische Sprache)
Er kann *Koreanisch* sprechen. 그는 한국말을 할 줄 안다.
Er spricht gut[es] *Koreanisch*. 그는 한국말을 잘 한다.

das Korn [kɔrn] -[e]s/⸗er 씨앗 (der Same[n]); 곡식 (das Getreide)
Die Bauern säen das *Korn* auf den Feldern (in dem Acker).
농부들이 밭에서 씨를 뿌린다.
Man erntet das reife *Korn* im Sommer. 익은 곡식은 여름에 수확한다.
Das *Korn* reift (wird reif). 곡식이 익는다.

der Körper [kǿrpər] -s/- ① 신체 (↔der Geist) ② 물체
Sie hat einen schlanken (schwachen) *Körper*. 그녀는 날씬한(연약한) 몸매를 가지고 있다.
Sie zitterte vor Angst³ am ganzen *Körper* (an allen Gliedern). 그녀는 무서워서 온 몸을 떨었다.
Ein gesunder Geist in einem gesunden *Körper*. 《Sprw》 건강한 신체에 건전한 정신.
der menschliche *Körper* 인체
ein fester (flüssiger) *Körper* 고(액)체

körperlich [kǿrpərlıç] 形 신체의 (↔geistig)
Er ist *körperlich* gesund, geistig aber nicht normal. 그는 육체적으로는 건강하지만 정신적으로는 정상이 아니다.
Er fühlt sich⁴ *körperlich* und geistig gesund. 그는 자신이 육체적으로나 정신적으로 건강하다고 느끼고 있다.

körperliche (geistige) Arbeit 육체(정신) 노동

kosten [kɔ́stən] 自他 값이 나가다 ; (비용 · 시간 · 노력 따위를) 필요로 하다

Was (Wieviel) *kostet* das Buch? 이 책 값은 얼마입니까?
Das Buch *kostet* 5 Mark. 그 책 값은 5마르크이다.
Das hat mich (mir) viel Geld *gekostet*. 나는 그것에 많은 돈이 들었다.
Diese Arbeit *kostet* viel Zeit. 이 일은 많은 시간을 필요로 한다.

die **Kraft** [kraft] -/¨e 힘

Ich habe nicht genug *Kraft*, es zu tragen. 내게는 그것을 운반할 만한 힘이 없다.
Das geht über meine *Kräfte* (meine *Kraft*).
(=Das steht nicht in meinen *Kräften*.) 그것은 나의 힘에 겹다.
aus eigener *Kraft* (=auf eigene Faust) 자기 힘으로
mit aller (voller) *Kraft* (=mit allen *Kräften*) 온 힘을 다 하여
die elektrische *Kraft* 전력(電力)

● in *Kraft* treten : (법률 따위가) 효력을 발생하다
Das Gesetz *tritt* am 1. Oktober *in Kraft*. 그 법률은 10월 1일에 발효(發效)한다.

kräftig [kréftıç] 形 힘센

Er ist sehr *kräftig*. 그는 매우 힘이 세다.
Er schlug mir *kräftig* auf die Schulter. 그는 나의 어깨를 세게 때렸다.

krank [kraŋk] 形 병든 (↔gesund)

Er ist schwer *krank*. 그는 중병이다.
Er liegt *krank* im Bett. 그는 병상(病床)에 누워 있다.
Sie ist *krank* geworden.
(=Sie hat sich³ eine Krankheit zugezogen.) 그녀는 병에 걸렸다.
Er ist *krank* am Herzen. 그는 심장이 나쁘다.
Ich fühle mich *krank*. 나는 몸이 불편하다.

der (*die*) **Kranke** [kráŋkə] 《形 변화》 병자, 환자

Der *Kranke* wurde ins Krankenhaus gebracht. 그 환자는 병원으로 옮겨졌다.

das **Krankenhaus** [kráŋkənhaus] -es/..häuser 병원

Er kam ins *Krankenhaus*, weil er operiert werden mußte. 그는 수술을 받아야만 했기 때문에 병원으로 왔다.

- aus dem *Krankenhaus* entlassen werden : 퇴원하다
  Der Kranke *wurde* vor einer Woche *aus dem Krankenhaus entlassen*. 그 환자는 일주일 전에 퇴원했다.

die **Krankheit** [kráŋkhaɪt] -/-en 병(病)
- an einer *Krankheit* leiden : 어떤 병을 앓고 있다
  Er *leidet an einer* schweren *Krankheit* (an der Lunge).
  그는 중병(폐)을 앓고 있다.
- an einer *Krankheit* sterben : 어떤 병으로 죽다
  Sie ist *an einer Krankheit* (an Krebs) *gestorben*. 그녀는 병(암)으로 죽었다.
- von einer *Krankheit* genesen : 병이 낫다
  Er ist *von der Krankheit* (von der Grippe) *genesen*.
  (=Er hat sich⁴ von der *Krankheit* erholt.) 그는 병(유행성 감기)이 나았다.

Während seiner *Krankheit* haben ihn seine Freunde oft besucht. 그의 병중에 그의 친구들이 그를 자주 방문했다.
eine ansteckende *Krankheit* 전염병

die **Krawatte** [kravátə] -/-n 넥타이 (der Schlips)
- sich³ die *Krawatte* binden : 넥타이를 매다
  Ich *band mir die Krawatte*. 나는 넥타이를 맸다.
- eine *Krawatte* tragen : 넥타이를 매고 있다
  Er *trägt* zu seinem weißen Hemd *eine* rote *Krawatte*.
  그는 흰 샤쓰에 빨간 넥타이를 매고 있다.

die **Kreide** [kráɪdə] -/-n 분필
Der Lehrer schreibt die Aufgaben mit *Kreide* an die Tafel.
선생님은 문제를 분필로 칠판에 쓰신다.

der **Kreis** [kraɪs] -es/-e ① 원(圓) ② 권(圈), 범위
- einen *Kreis* bilden : 원을 이루다
  Die Kinder nahmen sich⁴ bei den Händen und *bildeten einen Kreis*. 아이들은 서로 손을 잡고 원을 만들었다.

Wir saßen im *Kreise*. 우리는 둥글게 둘러 앉았다.
Er feierte seinen Geburtstag im *Kreise* der Familie. 그는 그의 생일을 가족끼리 지냈다.
Der *Kreis* der Frau ist das Haus. 부인의 활동 무대는 가정이다.

das **Kreuz** [krɔʏts] -es/-e 십자(가)
das Rote *Kreuz* 적십자
der Verein vom Roten *Kreuz* 적십자사
Das *Kreuz* ist das Zeichen der christlichen Kirche. 십자가는 기독교회의 상징이다.

Jesus Christus wurde zum Tod am *Kreuz* verurteilt. 예수 그리스도는 십자가상의 사형 선고를 받았다.

kriechen [krí:çən] kroch, gekrochen 🔲 《s, h》 기다
Die Schlange *kriecht* über den Boden. 뱀이 땅 위를 기어간다.
Der Vogel ist aus dem Ei *gekrochen*. 새가 알을 깨고 기어 나왔다.

der **Krieg** [kri:k] -[e]s/-e 전쟁 (↔der Friede[n])
Der *Krieg* brach aus. 전쟁이 발발했다.
- gegen ein Land (mit einem Land) *Krieg* führen : 어떤 나라와 전쟁을 하다
  Damals *führte* Korea *Krieg gegen* Japan. 그 당시 한국은 일본과 전쟁을 했다.
- im *Krieg* fallen : 전사(戰死)하다
  Sein Sohn ist *im Krieg gefallen*. 그의 아들은 전사했다.

die **Kritik** [krití:k] -/-en 비평, 비판
Der Film bekam in allen Zeitungen eine gute *Kritik*. 그 영화는 모든 신문에서 호평을 받았다.
Er übte scharfe *Kritik* an dieser Maßnahme. 그는 이 조치에 날카로운 비판을 가했다.

die **Krone** [kró:nə] -/-n 〔왕〕관
Der König trägt eine *Krone* auf dem Kopf. 왕(王)은 머리에 왕관을 쓰고 있다.

die **Küche** [ký çə] -/-n ① 부엌 ② 요리
Sie arbeitet in der *Küche*. 그녀는 부엌에서 일하고 있다.
Die Wohnung hat drei Zimmer, *Küche* und Bad. 그 집은 방 셋과 부엌과 욕실이 있다.
koreanische (deutsche) *Küche* 한국(독일) 요리

der **Kuchen** [kú:xən] -s/- 과자, 케이크
- *Kuchen* backen : 과자·케이크를 굽다
  Sie hat *Kuchen gebacken*. 그녀는 과자를 구웠다.
Er hat uns zu Kaffee und *Kuchen* eingeladen. 그는 우리를 다과에 초대했다.
der *Kuchen* zum Geburtstag 생일 케이크

die **Kugel** [kú:gəl] -/-n ① 공, 구(球) ② 탄환
Die Erde hat die Gestalt einer *Kugel*. 지구는 공의 모양을 하고 있다.
Die Kinder spielen mit bunten *Kugeln* aus Glas. 아이들이 형형색색의 유리 구슬을 가지고 놀고 있다.
Die Kinder rollen gläserne *Kugeln* in ein Loch im Boden. 아이들은 유리 구슬을 지면에 있는 구멍 속으로 굴린다.

Er hat sich³ eine *Kugel* durch den Kopf geschossen. 그는 자기 머리에 1발의 총탄을 쏘았다.
Er wurde von einer *Kugel* getroffen.
(=Eine *Kugel* traf ihn.) 그는 총탄에 맞았다.

der **Kugelschreiber** [kúːgəlʃraɪbər] -s/- 볼펜
Er schreibt mit dem *Kugelschreiber*. 그는 볼펜으로 쓴다.
Haben Sie einen *Kugelschreiber*? 당신은 볼펜을 가지고 있읍니까?

die **Kuh** [kuː] -/¨e 암소 (↔der Ochs)
Die *Kuh* gibt keine Milch mehr. 그 암소는 이제 젖이 나오지 않는다.

kühl [kyːl] 形 ① 서늘한 ② 냉담한, 냉정한
Draußen ist es sehr *kühl*. 밖은 매우 선선하다.
Die Luft ist *kühl*. 공기가 차다.
Sie war *kühl* gegen ihn. 그녀는 그에게 냉담하였다.
Sie lehnte seine Bitte ganz *kühl* ab. 그녀는 그의 부탁을 아주 냉정하게 거절했다.

der **Kühlschrank** [kýːlʃraŋk] -[e]s/¨e 냉장고
Diese Lebensmittel muß man im *Kühlschrank* lagern. 이 식료품은 냉장고에 저장해야 한다.
Sie stellte Lebensmittel in den *Kühlschrank*. 그녀는 식료품을 냉장고 속에 두었다.

kühn [kyːn] 形 대담한, 용감한 (mutig, tapfer)
Das war eine *kühne* Tat. 그것은 대담한 행위였다.
Er sprang *kühn* ins tiefe Wasser. 그는 대담하게 깊은 물 속으로 뛰어들었다.

die **Kultur** [kultúːr] -/-en 문화
Kultur und Zivilisation 문화와 문명
die koreanische (deutsche) *Kultur* 한국(독일) 문화
Jedes Volk hat seine eigene *Kultur*. 어느 민족이나 독자적인 문화를 가지고 있다.

die **Kunst** [kunst] -/¨e ① 예술, 미술 ② 기술
Das Leben ist kurz, die *Kunst* lang. 《Hippokrates》 인생은 짧고 예술은 길다.
Er vertiefte sich⁴ in die *Kunst* des Mittelalters. 그는 중세의 미술에 몰두했다.
Der Hund zeigt seine *Künste*. 개가 재주를 보여준다.

der **Künstler** [kýnstlər] -s/- 예술가
Er war ein großer *Künstler*. 그는 위대한 예술가였다.

kurz [kurts] kürzer, kürzest 形 짧은 (↔lang)

das *kurze* Leben 짧은 인생
Ihr Haar ist *kurz* geschnitten.
(=Sie trägt das Haar *kurz*.) 그녀는 머리를 짧게 잘랐다.
Die Tage werden *kürzer*. 낮이 짧아진다.
Der 21. Dezember ist der *kürzeste* Tag des Jahres. 12월 21일은 1년 중 낮이 가장 짧다.
- seit *kurzem* : 근래, 요즈음
  Wir kennen uns⁴ erst *seit kurzem*. 우리는 근래에야 서로 알게 된 사이다.
- vor *kurzem* : 조금 전에
  Er war *vor kurzem* bei uns. 그는 조금 전에 우리 집에 있었다.

die **Kusine** [kuzíːnə] -/-n 사촌 누이 (die Cousine)
Sie ist meine *Kusine*. 그녀는 나의 사촌 누이다.

der **Kuß** [kus] -sses/Küsse 키스
- jm. einen *Kuß* auf den Mund (auf die Backe) geben: (누구)의 입(뺨)에 키스하다
  Er *gab* ihr *einen Kuß auf den Mund*.
  (=Er küßte sie auf den Mund.) 그는 그녀의 입에 키스했다.
  Sie *gab* dem kleinen Sohn *einen Kuß auf die Backe* (die Stirn). 그녀는 어린 아들의 뺨(이마)에 키스했다.

küssen [kýsən] 他 입맞추다
- js. Mund⁴ (jn. auf den Mund) *küssen* : (누구)의 입에 키스하다
  Er *küßte* meinen (mich *auf den*) *Mund*.
  (=Er *küßte* mir den Mund.) 그는 나의 입에 키스했다.
Er *küßte* ihr die Hand. 그는 그녀의 손에 키스했다.

die **Küste** [kýstə] -/-n 해안
An jener *Küste* liegt ein schönes Dorf. 저 해안에는 아름다운 마을이 있다.
Im Sommer fährt unsere Familie an die *Küste*. 여름에 우리 가족은 해안으로 간다.

L

lächeln [lέçəln] 自 미소짓다
Sie *lächelt* freundlich. 그녀는 상냥하게 미소짓는다.
Sie *lächelte* unter Tränen. 그녀는 눈물을 글썽이면서 미소지었다.
Ihm *lächelt* kein Glück. 행운은 그에게 미소짓지 않는다.
Während er sprach, *lächelte* sie höhnisch (spöttisch). 그가 이야기하는 동안 그녀는 조소(嘲笑)를 지었다.

lachen [láxən] 自 웃다 (↔weinen)
Er *lachte* laut. 그는 큰 소리로 웃었다.
Er *lachte* im Gesicht, aber weinte im Herzen. 그는 얼굴로 (겉으로는) 웃었지만 마음으로(속으로)는 울었다.
Ich habe Tränen *gelacht*. 나는 눈물이 나올 정도로 웃었다.
Wer zuletzt *lacht*, *lacht* am besten. 《Sprw》최후에 웃는 자가 가장 잘 웃는다.
● über jn. *lachen* : (누구)를 비웃다
　Er *lachte* über mich (meine Rede). 그는 나를(나의 말을) 비웃었다.

laden [láːdən] lud, geladen; du lädst, er lädt 他 ① 싣다 ② 초대하다 (einladen)
Er *lädt* Möbel auf den Wagen. 그는 가구를 차에 싣는다.
Der Lastwagen hat Korn *geladen*. 그 트럭은 곡식을 실었다.
● jn. zu Tisch *laden* : (누구)를 식사에 초대하다
　Sie *lud* Gäste *zu Tisch*.
　(=Sie lud Gäste zum Essen ein.) 그녀는 손님들을 식사에 초대했다.

der **Laden** [láːdən] -s/⸚, - ① 가게, **상점** ② (창의) 덧문
Im *Laden* stehen viele Kunden. 가게에 많은 손님들이 있다.
Der *Laden* wird um 9 Uhr geöffnet. 그 가게는 9시에 연다.
Das Haus hat grüne *Läden*. 그 집은 덧문이 녹색이다.
Mache abends die *Läden* am Fenster zu! 저녁에는 창의 덧문을 닫아라!

die **Lage** [láːgə] -/-n ① 위치 ② **상태, 처지, 입장**
Das Haus hat eine schöne (ruhige) *Lage*. 그 집은 경치 좋은(조용한) 위치에 있다.
Sie befindet sich⁴ in einer schlimmen *Lage*. 그녀는 곤란한 상태에 있다.

Ich bin nicht in der *Lage*, dir zu helfen. 나는 너를 도울 처지(형편)가 못 된다.

Stelle dir meine *Lage* vor! 내 입장을 생각해 보아라!

die **Lampe** [lámpə] -/-n 등(燈), 램프

eine elektrische *Lampe* 전등

An der Decke hängt eine *Lampe*. 천정에 등이 달려 있다.

Im Zimmer brennt die *Lampe*. 방에는 등불이 타고 있다.

● eine *Lampe* anzünden (auslöschen) : 램프를 켜다(끄다)

Er *zündete die Lampe⁴ an*. 그는 램프에 불을 붙였다.

Sie *löschte die Lampe aus*. 그녀는 램프 불을 껐다.

das **Land** [lant] -[e]s/ ① 육지 (↔das Meer, die See) ② 토지 ③ 시골 (↔die Stadt) ④ 《복수: Länder》 나라 (der Staat); (독일의) 주(州)

● an[s] *Land* gehen (steigen) : 상륙하다

Nach einer langen Fahrt *gingen* (*stiegen*) wir endlich *ans Land*. 오랜 항해 끝에 우리는 마침내 상륙했다.

● *zu Wasser und zu Land* : 해로와 육로로

Die beiden Heere kämpften *zu Wasser und zu Land*. 양군(兩軍)은 바다와 육지에서 싸웠다.

Er besitzt viel *Land*. 그는 많은 토지를 소유하고 있다.

Das *Land* gehört dem Staat. 그 토지는 국유지다.

Er wohnt auf dem *Lande*. 그는 시골에 살고 있다.

Er geht aufs *Land*. 그는 시골로 간다.

Wir wohnen seit 10 Jahren in diesem *Land*. 우리는 10년 전부터 이 나라에 살고 있다.

Er bleibt im *Lande*. 그는 국내에 있다.

Er reiste in fremde *Länder*. 그는 외국으로 여행갔다.

Die Bundesrepublik Deutschland besteht aus 8 *Ländern*. 독일 연방 공화국은 8개의 주(州)로 되어 있다.

die **Landkarte** [lántkartə] -/-n 지도

An der Wand hängt die *Landkarte* von Korea. 벽에 한국의 지도가 걸려 있다.

Er hängt die *Landkarte* der BRD an die Wand. 그는 독일 연방 공화국의 지도를 벽에 건다.

Er suchte die Stadt auf der *Landkarte*. 그는 지도에서 그 도시를 찾았다.

der **Landmann** [lántman] -[e]s/..leute 시골 사람 (↔der Städter, der Stadtbewohner)

Ein *Landmann* fragte mich nach dem Weg zum Bahnhof. 어떤 시골 사람이 나에게 역으로 가는 길을 물었다.

die **Landschaft** [lánt-ʃaft] -/-en 풍경, 경치
　Die *Landschaft* hier ist sehr schön. 이곳 경치는 매우 아름답다.
　Die *Landschaft* Koreas ist im späten Herbst am schönsten. 한국의 경치는 늦가을이 가장 아름답다.

lang [laŋ] länger, längst 形 ① 긴 (↔kurz) ② (단위를 나타낼 때는 4격 지배) 길이가 …인; ⟨4격 명사와⟩(…기간) 동안
　Er schrieb ihr einen *langen* Brief. 그는 그녀에게 긴 편지를 썼다.
　Sie hat *langes* Haar (*lange* Haare). 그녀의 머리는 길다.
　Er ist *lang* (groß). 그는 키가 크다.
　Er ist vor *langer* Zeit gestorben. 그는 오래 전에 죽었다.
　Der Rhein ist 1320km⁴ (Kilometer) *lang*. 라인 강은 길이가 1320 km이다.
　Sie war vier Jahre⁴ *lang* in Deutschland. 그녀는 4년 동안 독일에 있었다.
　● seit *langem* (=seit *langer* Zeit): 오래 전부터
　Ich habe *seit langem* nichts von ihm gehört. 나는 오래 전부터 그에 관해서 아무 소식도 듣지 못했다.
　Wir kennen uns⁴ schon *seit langem*. 우리는 이미 오래 전부터 서로 알고 있다.

lange [láŋə] 副 오랫동안
　Ich habe ihn *lange* nicht gesehen. 나는 그를 오랫동안 만나지 못했다.
　Wie *lange* haben Sie auf mich gewartet? 당신은 얼마동안 나를 기다렸읍니까?
　Wie *lange* sind Sie schon in Korea? 당신은 한국에 온지 벌써 얼마나 됩니까?
　Es ist schon *lange* her. 그것은 이미 오래 전의 일이다.
　Es ist schon *lange* her, daß (seitdem) wir uns⁴ sahen. 우리가 서로 만난지는 벌써 오래 되었다.
　Es dauerte nicht *lange*, so kam er. 얼마 안 되어 그가 왔다.

langsam [láŋza:m] 形 (동작·속도가) 느린 (↔schnell)
　Sprechen Sie bitte *langsam*! 천천히 말씀하십시오!
　Langsamer fahren! 좀 더 천천히 달리시오!

längst [lɛŋst] 1. 形 ⟨lang의 최상급⟩ 가장긴 2. 副 오래전부터
　Die Volga ist der *längste* Fluß in Europa. 볼가 강은 유럽에서 가장 긴 강이다.
　Er ist der *längste* (größte) Junge in der Klasse. 그는 반에서 가장 키가 큰 소년이다.

Ich weiß es schon *längst*.
(=Ich weiß es schon seit langer Zeit.) 나는 그것을 이미 오래 전부터 알고 있다.
Ich wollte Sie schon *längst* einmal besuchen. 나는 당신을 벌써부터 한번 방문하려고 했다.

langweilig [láŋvaılıç] 形 지루한
Das war ein *langweiliger* Film. 그것은 지루한 영화였다.
Er erzählte *langweilig*. 그는 지루하게 이야기했다.

der **Lärm** [lɛrm] -[e]s/ 소음
Der *Lärm* auf der Straße macht mich ganz nervös. 거리의 소음이 나를 아주 신경질나게 한다.
Macht nicht solchen *Lärm*! 그렇게 떠들지들 마라!

lassen [lásən] ließ, gelassen 1. 助 〈준화법조동사로서〉…하게하다 2. 他 〈독립동사로서〉그대로 두다; 그만 두다
Er *läßt* seine Sekretärin einen Brief schreiben. 그는 그의 여비서에게 1통의 편지를 쓰게 한다.
Er *ließ* mich kommen. 그는 나를 오게 했다(불렀다).
Ich *ließ* mir beim Schneider einen Anzug machen. 나는 양복점에서 양복을 맞추었다.
Er hat sich³ die Haare schneiden *lassen*. 그는 이발을 했다.
Laß[t] uns gehen! 가자!
Laß mich in Ruhe! 나를 가만히 내버려 둬라!
Er *ließ* die Tür offen. 그는 문을 열어둔 채 그대로 두었다.
Laß das! 그것을 그만 둬라!
Ich kann es nicht *lassen*. 나는 그것을 그만 둘 수 없다.
● *lassen*+sich … 타동사의 부정법: …될 수 있다
Das Wasser *läßt sich* nicht trinken. 그 물은 마실 수 없다.
Mit Geld *läßt sich* alles machen. 돈으로 안 되는 것이 없다.

die **Last** [last] -/-en ① 무게; [무거운] 짐 ② 부담
Die Äste des alten Baumes brachen unter der *Last* des Schnees. 고목(古木)의 가지가 눈의 무게로 부러졌다.
Ich muß diese *Last* bis zum Bahnhof tragen. 나는 이 짐을 역까지 운반해야 한다.
Mir ist eine *Last* vom Herzen gefallen. 내 마음의 무거운 짐이 벗겨졌다.
● jm. zur *Last* fallen : (누구)의 짐·부담이 되다
Er *fiel* ihr *zur Last*. 그는 그녀의 짐이 되었다.
Ich möchte dir nicht *zur Last fallen*. 나는 너에게 부담을

주고싶지 않다.

die Laterne [latέrnə] -/-n 가로등
Wenn es dunkel wird, werden die *Laternen* angezündet.
어두어지면 가로등이 켜진다.
Die *Laternen* auf der Straße wurden eingeschaltet (ausgeschaltet). 거리의 가로등이 켜졌다(꺼졌다).

das Laub [laup] -[e]s/ 《집합적으로》 잎 (das Blatt)
Das *Laub* fällt von den Bäumen.
(=Die Blätter fallen von den Bäumen.) 잎이 나무에서 떨어진다.
Im Herbst fällt das *Laub* ab.
(=Im Herbst fallen die Blätter ab.) 가을에는 잎이 진다.

laufen [láufən] lief, gelaufen; du läufst, er läuft 自 《s》
① 달리다, 뛰어가다 ② 걸어가다 (gehen)
Er *läuft* schneller als ich. 그는 나보다 더 빨리 달린다.
Die Tränen *liefen* ihr über die Wangen. 눈물이 그녀의 뺨에 흘러내렸다.
Ich bin vom Hause bis zum Bahnhof *gelaufen*. 나는 집에서 역까지 뛰어갔다.
Wollen wir nach Hause *laufen* oder mit dem Bus fahren? 우리는 집으로 걸어갈까, 버스를 타고갈까?

die Laune [láunə] -/-n 기분 (die Stimmung)
● guter (schlechter) *Laune*² sein : 기분이 좋다(나쁘다)
Heute *ist* er *guter Laune*².
(=Heute ist er bei (in) guter *Laune*.) 오늘 그는 기분이 좋다.

lauschen [láuʃən] 自 〈et.³에〉 귀를 기울이다 (horchen)
Wir *lauschten* ihm (seinen Worten).
(=Wir horchten auf seine Worte.) 우리는 그의 말에 귀를 기울였다.
Er *lauschte* dem Tropfen des Regens. 그는 빗방울 소리에 귀를 기울였다.
● an der Tür *lauschen* (horchen) : 문에서 엿듣다
Jemand *lauscht an der Tür* heimlich. 누가 문에서 몰래 엿듣는다.
Sie hat *an der Tür gelauscht*. 그녀는 문에서 엿들었다.

laut [laut] 形 (음·소리가) 큰, 큰 소리의 (↔leise)
Jemand rief mit *lauter* Stimme deinen Namen. 누가 큰 소리로 너의 이름을 불렀다.
Sprich nicht so *laut*! 그렇게 큰 소리로 말하지 마라!

Es ist *laut* auf der Straße. 거리가 시끄럽다.
der Laut [laut] -[e]s/-e 소리, 음향 (der Ton)
  Man hörte keinen *Laut*.
  (=Kein *Laut* war zu hören.) 아무 소리도 들리지 않았다.
läuten [lɔ́ytən] 1. 自 (종·벨이) 울리다 2. 他 (종을) 울리다
  Es (Die Glocke) *läutet*. 종이 울린다.
  Das Telefon *läutet* (klingelt). 전화벨이 울린다.
  Es hat an der Tür *geläutet* (geklingelt). 문에서 초인종이 울렸다.
  Er hat die Glocke *geläutet*. 그는 종을 울렸다.
leben [léːbən] 自 살아 있다 ; 생활하다 ; 살다 (wohnen)
  Er *lebt* noch.
  (=Er ist noch am Leben.) 그는 아직 살아 있다.
  Er hat sehr lange *gelebt*. 그는 매우 오래 살았다.
  Er *lebt* sehr sparsam.
  (=Er führt ein sehr sparsames Leben.) 그는 매우 검소한 생활을 하고 있다.
  Er *lebt* von seiner Rente. 그는 연금(年金)으로 생활하고 있다.
  Seit 1980 *lebe* (wohne) ich in Seoul. 1980년 이래로 나는 서울에 살고 있다.
  Ich habe zehn Jahre⁴ in Pusan *gelebt* (gewohnt). 나는 10년간 부산에서 살았다.
  Leben Sie wohl!
  (=Auf Wiedersehen!) 안녕히 계십시오(가십시오)!
das Leben [léːbən] -s/- 생명 ; 생활 ; 생애
  ● am *Leben* sein : 살아 있다
  Er *ist* noch *am Leben*.
  (=Er lebt noch.) 그는 아직 살아 있다.
  ● ums *Leben* kommen : 생명을 잃다
  Er *kam* bei einem (durch einen) Verkehrsunfall *ums Leben*. 그는 교통 사고로 생명을 잃었다.
  Es besteht keine Gefahr für sein *Leben*. 그의 생명에는 아무런 위험이 없다.
  Er führt ein glückliches (elendes) *Leben*. 그는 행복한(비참한) 생활을 하고 있다.
  Mein *Leben* lang werde ich das nie vergessen. 나의 일생 동안 나는 그것을 결코 잊지 않을 것이다.
lebendig [lebɛ́ndıç] 形 ① 살아 있는 (↔tot) ② 생기 있는 (lebhaft)

Er ist noch *lebendig*.
(=Er lebt noch.) 그는 아직 살아 있다.
Sie fühlte sich⁴ mehr tot als *lebendig*. 그녀는 자신이 살아 있다기보다 죽은 것처럼 느껴졌다.
Die Straßen sind sehr *lebendig*. 거리는 매우 활기차 있다.
Das Kind hat eine *lebendige* Phantasie. 그 아이는 왕성한 상상력을 가지고 있다.

lebhaft [lé:phaft] 形 생기 있는 (lebendig), **활발한** (munter)
Das ist mir noch in *lebhafter* Erinnerung. 그것은 아직도 나의 기억에 생생하게 남아 있다.
Das Kind ist sehr *lebhaft*(munter). 그 아이는 매우 활발하다.

das **Leder** [lé:dər] -s/- 가죽
Die Handschuhe sind aus *Leder*. 이 장갑은 가죽으로 되어 있다.
Sie hat eine Handtasche aus *Leder*.
(=Sie hat eine lederne Handtasche.) 그녀는 가죽 핸드백을 가지고 있다.

leer [le:r] 形 ① 빈 (↔voll) ② 공허한
Bitte geben Sie die *leeren* Flaschen zurück! 빈 병은 돌려주십시오!
Sie kam mit *leeren* Händen nach Hause. 그녀는 빈 손으로 집에 왔다.
Das Haus steht schon lange *leer*. 그 집은 벌써 오래 전부터 비어 있다.
Er trank sein Glas *leer*. 그는 그의 잔을 다 비웠다.
Er sprach nur *leere* Worte. 그는 실없는 말만 했다.
Das sind *leere* Behauptungen. 그것은 근거없는 주장이다.

leeren [lé:rən] 他 비우다 (↔füllen)
Ich *leerte* mein Glas in einem Zug. 나는 나의 잔을 단숨에 비웠다.
Der Briefkasten wird zweimal täglich *geleert*. 우체통은 하루에 두 번 비워진다.

legen [lé:gən] 1. 他 놓다 2. 再 《sich⁴》 눕다
Sie *legte* das Buch auf den Tisch. 그녀는 책을 책상 위에 놓았다.
Er *legte sich* aufs (ins) Bett. 그는 자리에 누웠다.

lehnen [lé:nən] 1. 自 〈an et.³에〉 기대어 있다 2. 他 〈et.⁴을 an et.⁴에〉 기대어 놓다 3. 再 〈sich⁴ an et.⁴에〉 기대다
Der Stock *lehnte an* der Wand. 지팡이가 벽에 기대어져 있었다.

Er *lehnte* den Stock *an* die Wand. 그는 지팡이를 벽에 기대어 놓았다.

Sie hat *sich an* die Wand *gelehnt*. 그녀는 벽에 기대었다.

lehren [léːrən] 他 가르치다 (↔lernen)
- jn. et.⁴ *lehren* : (누구)에게 무엇을 가르치다
  Er *lehrt* uns⁴ Deutsch. 그는 우리에게 독일어를 가르친다.
- jn. *lehren* ... zu 없는 부정법 : (누구)에게 ...하는 것을 가르치다
  Er *lehrte* uns⁴ lesen und schreiben. 그는 우리에게 읽는 법과 쓰는 법을 가르쳤다.

Er *lehrt* deutsche Literatur an der Universität Seoul. 그는 서울대학교에서 독문학을 가르친다.

Er *lehrt* Deutsch und wir lernen Deutsch. 그는 독일어를 가르치고 우리는 독일어를 배운다.

der **Lehrer** [léːrər] -s/- (학교의) 선생, 교사(教師)

Der *Lehrer* kam in das Klassenzimmer. 선생님이 교실에 들어오셨다.

Er ist *Lehrer* für Deutsch (Englisch). 그는 독일어(영어) 선생이다.

die **Lehrerin** [léːrərɪn] -/-nen 여선생

Unsere *Lehrerin* ist noch ledig. 우리 여선생님은 아직 미혼이다.

Sie ist *Lehrerin* an einer höheren Schule. 그녀는 어느 고등학교의 여선생이다.

der **Leib** [laɪp] -[e]s/-er 육체 (↔die Seele)

Sie hat einen schwachen *Leib*. 그녀는 몸이 약하다.

Sie zitterte vor Angst³ am ganzen *Leibe*. 그녀는 무서워서 온 몸을 떨었다.
- mit *Leib* und Seele : 몸과 마음을 다하여
  Sie ist *mit Leib und Seele* bei der Sache. 그녀는 그 일에 몸과 마음(온 정성)을 다하고 있다.

leicht [laɪçt] 形 ① 가벼운 (↔schwer) ② 쉬운 (↔schwer, schwierig)

Die Tasche war ganz *leicht*. 그 가방은 아주 가벼웠다.

Sie hat die Aufgabe *leicht* gelöst. 그녀는 그 문제를 쉽게 풀었다.

leid [laɪt] 形 〈jm. leid tun의 형으로〉 (누구의) 동정을 사다

Es *tut* (ist) mir *leid*. 그것은 유감스러운 일이다.

Es *tut* mir *leid*, daß ich dir nicht helfen kann. 내가 너를 도울 수 없는 것이 유감이다.

Du *tust* mir *leid*.
(=Es *tut* mir *leid* um dich.) 나는 네가 불쌍하다.
das **Leid** [laɪt] -[e]s/ ① 괴로움, 슬픔 (der Kummer) (↔ die Freude) ② 해(害)
　Sie klagte uns³ ihr *Leid*. 그녀는 우리에게 자기의 괴로움을 하소연했다.
　Sie hat in ihrem Leben viel *Leid* gehabt. 그녀는 인생에서 많은 슬픔을 겪었다.
　Wir teilten Freude und *Leid* miteinander.
　(=Wir hielten in Freud und *Leid* zusammen.) 우리는 고락을 함께 했다(동고동락 했다).
　● jm. ein *Leid* [an]tun : (누구)에게 해(害)를 입히다
　　Er *tat* mir viel *Leid an*. 그는 나에게 많은 해를 입혔다.
leiden [láɪdən] litt, gelitten 1. 他 (고통·곤란 따위를) 참다, 견디다 2. 自 괴로와하다, 고생하다
　Wir müssen Hunger *leiden*. 우리는 배고픔을 참아야 한다.
　Er *litt* Not. 그는 곤란을 견디었다.
　● unter et.³ *leiden* : (무엇)으로 괴로와하다, 고생하다
　　Sie *leidet unter* der Einsamkeit. 그녀는 고독으로 괴로와하고 있다.
　　Ich habe *unter* [der] Kälte (Hitze) *gelitten*. 나는 추위 (더위)로 고생했다.
　● an einer Krankheit *leiden* : 어떤 병을 앓고 있다
　　Er *leidet an einer* schweren *Krankheit*. 그는 중병을 앓고 있다.
　　Er *leidet an* dem Krebs. 그는 암에 걸려 있다.
das **Leiden** [láɪdən] -s/- ① 《보통 복수로》 괴로움 ② 병고
　die *Leiden* des jungen Werther[s] 《Goethe》 젊은 베르테르의 슬픔
　Er starb nach langem *Leiden*. 그는 오래 앓다가 죽었다.
die **Leidenschaft** [láɪdənʃaft] -/-en 정열
　Er hat eine *Leidenschaft* für die Musik. 그는 음악에 정열을 쏟고 있다.
leider [láɪdər] 副 유감스럽게도
　Leider kam er nicht. 유감스럽게도 그는 오지 않았다.
　Er war *leider* fort. 그는 유감스럽게도 가버렸다.
leihen [láɪən] lieh, geliehen 他 ① ⟨jm. 에게 et.⁴ 을⟩ 빌려 주다 ② ⟨et.⁴ 을 von jm. 에게서⟩ 빌리다
　Kannst du mir das Buch *leihen*? 너는 나에게 그 책을 빌려 줄 수 있니?

Er *lieh* mir hundert Mark. 그는 나에게 100 마르크를 빌려 주었다.
Ich habe oft Bücher *von* ihm *geliehen*. 나는 자주 그에게서 책을 빌렸다.
Ich habe *von* ihm Geld *geliehen*. 나는 그에게서 돈을 빌렸다.

leise [láızə] 彫 (음·소리가) 낮은, 낮은 소리의 (↔laut)
Er sprach mit *leiser* (lauter) Stimme.
(=Er sprach *leise*.) 그는 작은(큰) 소리로 말했다.
Schließ die Tür *leise*! 문을 조용히 닫아라!
Bitte stellen Sie das Radio *leiser*! 라디오 소리를 좀 더 줄여 주십시오!

leisten [láıstən] 他 ① (일을) 하다, 행하다 ② 〈jm.에게 et.⁴을〉 제공하다
Er *leistet* gute Arbeit. 그는 좋은 일을 한다.
Er *leistete* Tüchtiges. 그는 훌륭한 일을 했다.
Er hat in seinem Leben viel *geleistet*. 그는 그의 인생에서 (일생 동안) 많은 일을 했다.
Er *leistete* mehr, als ich erwartet habe. 그는 내가 기대한 것보다 더 많은 일을 했다.
● jm. einen Dienst *leisten* (tun) : (누구)를 위하여 애쓰다
Er hat mir *einen großen Dienst geleistet* (*getan*). 그는 나를 위해 매우 애썼다.

leiten [láıtən] 他 ① 이끌다, 지도하다 (führen) ② 관리하다
Er *leitete* uns in die Stadt. 그는 우리를 시내로 안내했다.
Wer *leitet* die Versammlung? 그 집회의 사회는 누가 합니까?
Er *leitet* die Fabrik. 그는 공장을 경영하고 있다.

lenken [léŋkən] 他 (어느 방향으로) 향하게 하다 ; 조종하다
Sie *lenkte* das Gespräch auf das Bild. 그녀는 화제를 그림으로 돌렸다.
Er *lenkte* das Auto vorsichtig. 그는 자동차를 조심스럽게 운전했다.

lernen [lέrnən] 他 배우다 (↔lehren)
Wir *lernen* Deutsch. 우리는 독일어를 배운다.
Was hast du in der Schule *gelernt*? 너는 학교에서 무엇을 배웠니?
Ich habe viel von ihr *gelernt*. 나는 그녀에게서 많은 것을 배웠다.
● *lernen* ... zu 없는 부정법 : …하는 것을 배우다
Ich *lerne* schwimmen. 나는 수영하는 법을 배운다.

Ich habe Auto fahren *lernen* (*gelernt*). 나는 자동차 운전을 배웠다.
- auswendig *lernen* : 암기하다
  Ich habe das Gedicht *auswendig gelernt*. 나는 그 시(詩)를 외었다.

lesen [léːzən] las, gelesen 他 自 읽다
Er *liest* ein Buch.
(=Er *liest* in einem Buch.) 그는 책을 읽고 있다.
Er *las* laut (leise). 그는 큰 소리로(작은 소리로) 읽었다.
Hast du diesen Roman *gelesen*? 너는 이 소설을 읽었니?
Ich habe den Artikel in der Zeitung *gelesen*. 나는 그 기사(記事)를 신문에서 읽었다.

letzt [lɛtst] 形 최후의 (↔erst); 바로 앞의 (vorig)
Heute ist die *letzte* Gelegenheit. 오늘이 마지막 기회다.
Er wohnt im *letzten* Haus in dieser Straße. 그는 이 거리에서 맨 끝 집에 살고 있다.
Am *letzten* Sonntag war ich im Kino. 지난 일요일에 나는 영화관에 갔었다.
In der *letzten* (vorigen) Woche war ich verreist. 지난 주에 나는 여행갔었다.
In *letzter* Zeit habe ich ihn wenig gesehen. 최근에 나는 그를 거의 보지 못했다.

leuchten [lɔ́yçtən] 自 빛나다, 반짝이다
Die Sterne *leuchten* am Himmel. 별이 하늘에서 반짝인다.
In der Ferne *leuchtete* ein Licht. 멀리서 불빛이 반짝였다.
Seine Augen *leuchteten* vor Freude³. 그의 눈은 기쁨으로 빛났다.

leugnen [lɔ́ygnən] 他 부정·부인하다
Er *leugnet* das Dasein Gottes. 그는 신(神)의 존재를 부정한다.
Das kann man nicht *leugnen*. 그것은 부정할 수 없다.
Niemand *leugnet*, daß er recht hat. 그가 옳다는 것은 아무도 부정하지 못한다.
Er *leugnete* seine Schuld. 그는 자기의 죄를 부인했다.

die **Leute** [lɔ́ytə] 複 사람들
Es sind viele *Leute* im Saal. 홀에는 많은 사람들이 있다.
Unsere Nachbarn sind arme (reiche) *Leute*. 우리의 이웃들은 가난한(부유한) 사람들이다.
Die *Leute* sagen, daß er bald sterben wird.
(=Man sagt, daß er bald sterben wird.) 그는 곧 죽을 것

이라고 사람들은 말한다.
Kleider machen *Leute*. 《Sprw》 옷이 날개다.
das **Licht** [lıçt] -[e]s/-er 빛; 등불
Kein *Licht* dringt in das Zimmer. 그 방에는 빛이라곤 전혀 들지 않는다.
Das *Licht* des Mondes fiel durch das Fenster ins Zimmer. 달빛이 창을 통하여 방 안에 비쳤다.
Aus dem Fenster kam helles *Licht*. 창에서부터 밝은 불빛이 새어나왔다.
- das *Licht* anzünden (auslöschen) : 등불을 켜다(끄다)
  Er *zündete das Licht an.*
  (=Er machte das *Licht* [an].) 그는 등불을 켰다.
  Er *löschte das Licht aus.*
  (=Er machte das *Licht* aus.) 그는 등불을 껐다.
- das *Licht* einschalten (ausschalten) : 전등을 켜다(끄다)
  Er *schaltete das Licht ein (aus).* 그는 전등을 켰다(껐다).
  elektrisches *Licht* 전등

lieb [li:p] 形 사랑하는, 좋아하는
Er ist mein *lieber* Freund. 그는 나의 사랑하는 친구다.
Das ist mein *liebstes* Kleid. 이것이 내가 가장 좋아하는 옷이다.
Es ist mir *lieb*, daß du kommst.
(=Es freut mich, daß du kommst.) 네가 와서 나는 기쁘다.
- jn. *lieb* haben : (누구)를 사랑하다, 좋아하다
  Sie *hat* ihn *lieb.*
  (=Sie liebt ihn.) 그녀는 그를 사랑하고 있다.
  Ich *habe* ihn sehr *lieb.*
  (=Ich mag ihn sehr gern.) 나는 그를 매우 좋아한다.

die **Liebe** [líːbə] -/-n 사랑 (↔der Haß)
Er gestand ihr seine *Liebe*. 그는 그녀에게 사랑을 고백했다.
Sie war meine erste *Liebe*. 그녀는 나의 첫사랑이었다.
- aus *Liebe* heiraten : 연애 결혼을 하다
  Er hat sie⁴ *aus Liebe geheiratet*. 그는 그녀와 연애 결혼을 했다.
  Sie haben *aus Liebe geheiratet*. 그들은 연애 결혼을 했다.

lieben [líːbən] 他 사랑하다, 좋아하다 (↔hassen)
Er *liebt* sie innig.
(=Er hat sie innig lieb.) 그는 그녀를 진정으로 사랑하고 있다.

Sie *lieben* sich⁴ (=einander). 그들은 서로 사랑하고 있다.
Er *liebt* es, früh morgens spazierenzugehen. 그는 아침 일찍 산보하기를 좋아한다.

lieber [líːbər] 1. 形 〈lieb의 비교급〉 더 사랑스러운, 더 좋은 2. 副 〈gern의 비교급〉 ① 더 좋아하여 ② 오히려, 차라리 (eher, vielmehr)
Das ist mir *lieber*. 그것이 나에게는 더 좋다.
Er ist mir *lieber* als sie.
(=Ich habe ihn *lieber* als sie.) 나는 그녀보다 그가 더 좋다.
Ich trinke *lieber* Milch als Kaffee. 나는 커피보다 우유를 더 즐겨 마신다.
Heute möchte ich *lieber* zu Hause essen. 오늘 나는 집에서 식사하는 것이 더 좋겠다.
Ich möchte *lieber* sterben. 나는 차라리 죽고 싶다.
Ich hätte *lieber* nicht kommen sollen. 나는 차라리 오지 않았던 편이 좋을 뻔했다.

das **Lied** [liːt] -[e]s/-er 노래, 가곡
● ein *Lied* singen : 노래를 부르다
Er *sang* ein *Lied*. 그는 노래 한 곡을 불렀다.
Ich hörte ihn *ein Lied* von Schubert (Schuberts *Lied*) *singen*. 나는 그가 슈베르트의 가곡을 부르는 것을 들었다.
Schubert ist der Komponist vieler *Lieder*. 슈베르트는 많은 가곡의 작곡자이다.

liegen [líːgən] lag, gelegen 自 누워 있다 ; 놓여 있다
Er *liegt* im Bett (auf dem Sofa). 그는 침대(소파)에 누워 있다.
Das Buch *liegt* auf dem Tisch. 그 책은 책상 위에 놓여 있다.
Heidelberg *liegt* am Neckar. 하이델베르크는 넥카 강변에 있다.
Auf jenem Berg *liegt* immer der Schnee. 저 산 위에는 항상 눈이 있다.

das **Lineal** [lineáːl] -s/-e (선을 긋는) 자
Er zog eine gerade Linie mit dem *Lineal*. 그는 자로 직선을 그었다.
Er unterstrich die wichtigen Sätze mit dem *Lineal*. 그는 중요한 문장에 자로 밑줄을 그었다.

die **Linie** [líːniə] -/-n 선(線)
● eine *Linie* ziehen : 선을 긋다
Er *zog eine* gerade *Linie*. 그는 직선을 그었다.

- in erster *Linie* : 우선, 첫째로
  Du mußt *in erster Linie* an dein Studium denken. 너는 우선 너의 공부를 생각해야 한다.
- in einer *Linie* : 한 줄로
  Die Häuser stehen *in einer Linie*. 집들이 일렬(一列)로 나란히 서 있다.

link [lıŋk] 形 왼쪽의 (↔recht)
Er schreibt mit der *linken* Hand. 그는 왼손으로 쓴다.
Ich ging an seiner *linken* Seite. 나는 그의 왼쪽에서 걸었다.

links [lıŋks] 副 왼쪽에 (↔rechts)
- *links* von et. : (무엇)의 왼쪽에
  Links von der Tür steht der Bücherschrank. 문 왼쪽에 책장이 있다.
  Sie sitzt *links von* ihm. 그녀는 그의 왼쪽에 앉아 있다.

die **Lippe** [lípə] -/-n 입술
- sich³,⁴ auf die *Lippen* beißen : 입술을 깨물다
  Ich habe *mir (mich) auf die Lippen gebissen*. 나는 입술을 깨물었다.
  Auf seinen *Lippen* schwebte (lag) ein Lächeln. 그의 입술에 미소가 떠올랐다.
  Das Wort schwebte mir auf den *Lippen*.
  (=Ich hatte das Wort auf den *Lippen*.) 그 말이 나의 입 밖에까지 나오려고 했다.

die **Literatur** [lıteratú:r] -/-en ① 《복수없음》 문학 ② 문헌
Sie studiert die deutsche *Literatur* an der Universität Köln. 그녀는 쾰른 대학에서 독문학을 공부하고 있다.
Über dieses Problem gibt es keine *Literatur*⁴. 이 문제에 관해서는 문헌이 없다.

das **Lob** [lo:p] -[e]s/ 칭찬 (↔der Tadel)
Er verdient ein *Lob*. 그는 칭찬 받을 만하다.
Er freute sich⁴ über das *Lob* seines Lehrers. 그는 선생님의 칭찬을 기뻐했다.
- jm. ein *Lob* geben (erteilen) : (누구)를 칭찬하다
  Meine Eltern haben mir *ein Lob gegeben (erteilt)*. 나의 부모님은 나를 칭찬하셨다.

loben [ló:bən] 他 칭찬하다 (↔tadeln)
- jn. für (um) et. *loben* : (누구)를 (무슨 일)로 칭찬하다
  Der Lehrer *lobte* mich *für* meinen Fleiß.
  (=Der Lehrer *lobte* mich wegen meines Fleißes.) 선생님은 나를 근면하다고 칭찬하셨다.

das **Loch** [lɔx] -[e]s/⸚er 구멍
In ihrem Strumpf ist ein *Loch*.
(=Sie hat ein *Loch* im Strumpf.) 그녀의 양말에는 구멍이 나 있다.
- ein *Loch* bohren : 구멍을 뚫다
  Sie *bohrte ein Loch* in (durch) das Brett. 그녀는 판자에 구멍을 뚫었다.
- ein *Loch* graben : 구멍을 파다
  Die Kinder *graben ein Loch* in die Erde. 아이들이 땅에 구멍을 판다.

der **Löffel** [lœfəl] -s/- 숟가락, 스푼
Er griff zum *Löffel*. 그는 숟가락을 손에 들었다.
Er führt den *Löffel* zum Mund. 그는 숟가락을 입으로 가져 간다.
Wir essen die Suppe mit dem *Löffel*. 우리는 수프를 스푼으로 먹는다.

der **Lohn** [lo:n] -[e]s/⸚e ① 임금(賃金), 급료 (das Gehalt) ②《복수 없음》보답 (die Belohnung)
Er erhält einen hohen (niedrigen) *Lohn*. 그는 높은(낮은) 임금을 받는다.
Unsere *Löhne* sind gestiegen. 우리의 급료가 올랐다.
Er hat den gerechten *Lohn* für seine Tat bekommen. 그는 그의 행위에 상응한 댓가를 받았다.

lohnen [ló:nən] 1. 他 〈jm. 의 et.⁴ 에〉보답하다 2. 再 《sich⁴》(…할) 가치가 있다
Sie *lohnte* ihm seine Freundlichkeit mit einem Lächeln. 그녀는 그의 친절에 미소로 답했다.
Gott wird es dir *lohnen*. 하느님이 너에게 그 보답을 해 주실 것이다.
Es *lohnt sich* der Mühe².
(=Es ist der Mühe² wert.) 그것은 수고할만한 가치가 있다.
Es *lohnt sich* nicht, Geld dafür auszugeben. 그것을 위해서 돈을 쓰는 것은 무의미 하다.

los [lo:s] 形《술어적으로만 쓰임》① 풀어진, 떨어진 ②〈et.⁴ los sein의 형으로〉(무엇을) 벗어나 있다 ③〈et.¹ los sein의 형으로〉(무슨 일이) 일어나다
Der Hund ist von der Kette *los*. 개가 사슬에서 풀려 있다.
An deinem Mantel ist ein Knopf *los*.
(=An deinem Mantel fehlt ein Knopf.) 너의 외투에는 단추 하나가 떨어져 있다.

Ich bin eine große Sorge⁴ *los*. 나는 큰 근심을 벗어났다.

Ich bin endlich meine Schulden⁴ *los*. 나는 마침내 나의 빚을 갚았다.

Was ist *los*? 무슨 일이 일어났니?

Was ist denn *los* mit ihm? 그에게 도대체 무슨 일이 일어났니?

löschen [lǽʃən] 他 (불·등불 따위를) 끄다

Er *löschte* das Feuer (das Licht). 그는 불(등불)을 껐다.

Die Feuerwehr kam, um das Feuer zu *löschen*. 소방대가 불을 끄기 위해 왔다.

- den Durst *löschen*: 갈증을 풀다

  Kaltes Bier *löscht den Durst* am besten. 갈증을 푸는데는 찬 맥주가 최고다.

lösen [lǿ:zən] 1. 他 ① (끈 따위를) 풀다 ② (문제 따위를) 풀다 ③ (표 따위를) 사다 2. 再 《sich⁴》 ① 풀리다 ② 녹다

Er *löste* das Band (den Gürtel). 그는 끈(허리 띠)을 풀었다.

Sie hat die Aufgabe (die Frage) *gelöst*. 그녀는 그 문제를 풀었다.

Diese Frage ist schwer zu *lösen*. 이 문제는 풀기 어렵다.

Ich *löste* am Schalter eine Fahrkarte. 나는 매표구에서 차표 한 장을 끊었다.

Hast du schon eine Fahrkarte *gelöst*? 너는 벌써 차표를 끊었니?

Die Aufgabe *löste sich* ganz einfach. 그 문제는 아주 간단히 풀렸다.

Die Schwierigkeiten haben *sich* von selbst *gelöst*. 어려움은 저절로 해결되었다.

Der Zucker *löst sich* besser in warmem Wasser. 설탕은 따뜻한 물에 더 잘 녹는다.

Das Pulver *löst sich* schlecht im Wasser. 이 가루는 물에 잘 녹지 않는다.

der **Löwe** [lǿ:və] -n/-n 사자

Der *Löwe* ist der König der Tiere. 사자는 동물의 왕이다.

die **Luft** [luft] -/ˬe ① 《복수 없음》 공기 ② 미풍

Der Mensch braucht *Luft*, um zu leben. 인간은 살기 위해서는 공기가 필요하다.

Wir atmeten frische *Luft* ein. 우리는 신선한 공기를 들이마셨다.

Er holte tief *Luft*.

(=Er atmete tief.) 그는 심 호흡을 했다.

Luftpost

Es weht kein *Lüft*chen. 바람 한 점 불지 않는다.
Hier geht eine frische *Luft*. 여기는 시원한 바람이 분다.
- in die *Luft* fliegen : 공중으로 날아가다 ; 폭발하다
Die Vögel *fliegen in die Luft*. 새들이 공중으로 날아간다.
Die Brücke *flog in die Luft*. 다리가 폭발했다.

die **Luftpost** [lúftpɔst] -/ 항공 우편
Ich schicke dieses Paket mit (per) *Luftpost*. 나는 이 소포를 항공 우편으로 보낸다.

die **Lüge** [lýːgə] -/-n 거짓말
Das ist eine *Lüge*! 그것은 거짓말이다!
Das sind alles lauter *Lügen*. 그것은 모두 새빨간 거짓말이다.
Lügen haben kurze Beine. 《Sprw》 거짓말은 오래 못간다.

lügen [lýːgən] log, gelogen 自 거짓말하다
Er hat *gelogen*. 그는 거짓말을 했다.
Er *lügt* wie gedruckt. 그는 그럴듯하게 거짓말을 한다.

der **Lügner** [lýːgnər] -s/- 거짓말장이
Er ist ein gemeiner *Lügner*. 그는 비열한 거짓말장이다.

die **Lunge** [lúŋə] -/-n 폐(肺)
Wir atmen aus den *Lungen*. 우리는 폐로 숨쉰다.
Ich habe eine schwache (starke) *Lunge*. 나는 폐가 약하다 (튼튼하다).
- aus voller *Lunge* schreien : 있는 힘을 다해 외치다
Er *schrie aus voller Lunge*. 그는 있는 힘을 다해 외쳤다.

die **Lust** [lust] -/ 즐거움 (das Vergnügen)
Er hat die *Lust* am Leben verloren. 그는 삶에 대한 즐거움을 잃어버렸다.
Es ist eine *Lust* zu leben. 산다는 것은 즐거운 일이다.
Ich habe keine *Lust* dazu. 나는 그렇게 할 생각이 없다.
- *Lust* haben, … zu 부정법 : …하고 싶어하다, …할 생각이 있다
Ich habe keine *Lust*, das *zu* tun. 나는 그것을 하고 싶지 않다(하고 싶은 생각이 없다).
Hast du *Lust*, mit mir ins Kino *zu* gehen? 너는 나와 함께 영화관에 갈 생각이 있니?

lustig [lústɪç] 形 즐거운 (fröhlich); 쾌활한 (heiter); 재미있는 (interessant)
Es war ein *lustiger* Abend. 즐거운 저녁이었다.
Er ist ein *lustiger* Mensch. 그는 쾌활한 사람이다.
Der Film war sehr *lustig*. 그 영화는 매우 재미 있었다.

M

machen [máxən] 他 ① 만들다 ② 하다, 행하다 (tun)
Übung *macht* den Meister. 《Sprw》 연습이 대가를 만든다.
Kleider *machen* Leute. 《Sprw》 옷이 날개다.
Ich ließ mir beim Schneider einen neuen Anzug *machen*.
나는 양복점에서 새 양복을 맞추었다.
Er *machte* sie glücklich. 그는 그녀를 행복하게 했다.
Was *machst* du? 너 뭐하니? 너 어떻게 지내니?
Ich *machte* früh am Morgen einen Spaziergang. 나는 아침 일찍 산보를 했다.
Er hat viele Fehler *gemacht*. 그는 많은 오류를 범했다.
Das *macht* nichts. 그것은 아무것도 아니다(걱정할 것 없다).
- *machen* ... zu 없는 부정법: …하게 하다 (lassen)
  Seine Worte *machten* uns alle lachen. 그의 말은 우리 모두를 웃겼다.

die Macht [maxt] -/⸚e 힘 (die Kraft), 권력 (die Gewalt)
Das ist die *Macht* der Liebe. 그것은 사랑의 힘이다.
Er ergriff die *Macht*. 그는 권력을 장악했다.
- nicht in js. *Macht*³ stehen (liegen): (누구)의 힘에 겹다
  Das *steht nicht in* meiner *Macht*.
  (=Das geht über meine Kräfte.) 그것은 내 힘에 겹다.
  Es *steht nicht in* meiner *Macht*, dir zu helfen. 나에게는 너를 도울 힘이 없다.
- aus eigener *Macht* (Kraft): 혼자 힘으로
  Sie hat es *aus eigener Macht* getan. 그녀는 그것을 혼자 힘으로 했다.
- mit aller *Macht* (Kraft): 온 힘을 다하여
  Ich habe es *mit aller Macht* getan. 나는 전력을 다하여 그것을 했다.
- an die *Macht* kommen (gelangen): 권력의 자리에 오르다
  Er *kam* (*gelangte*) mit 30 Jahren *an die Macht*. 그는 30세에 권력의 자리에 올랐다.

mächtig [méçtiç] 形 힘 있는, 강력한
Japan ist ein *mächtiger* Staat geworden. 일본은 강대국이 되었다.
Ich habe einen *mächtigen* (großen) Hunger. 나는 몹시 배가 고프다.

Die Feder ist *mächtiger* als Schwert. 《Lytton》 펜(붓)은 칼보다 강하다.
- et.² *mächtig* sein : (무엇)을 마음대로 하다
  Er war seiner Sinne² (seiner selbst²) nicht mehr *mächtig*. 그는 자기의 감정(자기 자신)을 더 이상 억누를 수 없었다.

das Mädchen [mɛ́:tçən] -s/- 소녀 (↔der Junge)
  Sie ist ein schönes *Mädchen*. 그녀는 아름다운 소녀이다.
  Nach fünf Jahren bekamen sie endlich ein nettes *Mädchen*. 5년 후에 그들에게는 마침내 귀여운 여아(女兒)가 태어났다.

der Magen [má:gən] -s/- 위(胃)
  Ich habe einen schlechten *Magen*. 나는 위가 나쁘다.
  Ich habe einen vollen (leeren) *Magen*. 나는 배가 부르다(고프다).
  Ich habe noch nichts im *Magen*. 나는 아직 아무것도 먹지 않았다.
  Der *Magen* tut mir weh. 나는 배가 아프다.
- sich³ den *Magen* verderben : 배탈나다
  Ich habe *mir den Magen verdorben*. 나는 배탈이 났다.

mager [má:gər] 形 마른 (↔fett)
  Er ist zu *mager*. 그는 너무 말랐다.
  Du bist *mager* geworden! 너는 살이 빠졌구나!
  Du siehst *magerer* aus als früher. 너는 전보다 더 수척해 보인다.

die **Mahlzeit** [má:ltsaɪt] -/-en (정각의) 식사
  Die drei *Mahlzeiten* sind das Frühstück, das Mittagessen und das Abendessen. 세 끼의 식사는 아침 식사, 점심 그리고 저녁 식사이다.
  Wir essen drei *Mahlzeiten* am Tag. 우리는 하루에 세 끼를 먹는다.
  Sie bereitet eine *Mahlzeit* vor. 그녀는 식사 준비를 한다.
  Mahlzeit! (주인) 많이 드십시오! (손님) 잘 먹겠읍니다!
- *Mahlzeit* halten : 식사를 하다
  Ich *hielt* meine *Mahlzeit*. 나는 식사를 했다.

mahnen [má:nən] 他 ① 〈jn. 에게 an et.⁴ 을〉 생각나게 하다 ② 〈jn. 에게〉 주의를 주다, 경고하다 ③ 〈jn. 에게〉 독촉하다
  Dieses Bild *mahnt* mich *an* meine Heimat. 이 그림은 나에게 고향을 생각나게 한다.
  Ich habe sie zur Mäßigkeit *gemahnt*. 나는 그녀에게 절제하도록 주의를 주었다.

Er *mahnte* mich, ihm das geliehene Geld zurückzuzahlen. 그는 나에게 빌려준 돈을 자기에게 돌려 달라고 독촉했다.

der Mai [mai] -[s]/ 5월

Heute ist Dienstag, der 5.(fünfte) *Mai*. 오늘은 5월 5일, 화요일이다.

am 5.(fünften) *Mai* 5월 5일에

im [Monat] *Mai* 5월에

Anfang (Mitte, Ende) *Mai* 5월 초순(중순, 하순)에

das Mal [ma:l] -[e]s/-e 번(番), 회(回)

● zum ersten (letzten) *Mal* : 처음(마지막)으로

Sind Sie *zum ersten Mal* (zum erstenmal) in Korea? — Nein, das ist das zweite *Mal*. 당신은 한국에 처음입니까? — 아닙니다, 이번이 두 번째입니다.

Ich sah sie gestern *zum letzten Mal* (zum letztenmal). 나는 그녀를 어제 마지막으로 만났다.

Es ist das erste *Mal*, daß ich diese Stadt besuche. 내가 이 도시를 방문하기는 처음이다.

Es war das letzte *Mal*, daß ich ihn sah. 그것이 내가 그를 만난 마지막이었다.

Voriges *Mal*⁴ hatte ich leider keine Zeit, dich zu besuchen. 지난 번에는 유감스럽게도 너를 방문할 시간이 없었다.

Wenn ich das nächste *Mal*⁴ nach Seoul komme, werde ich dich besuchen. 내가 다음 번에 서울에 오면 너를 방문할 것이다.

Wieviele *Male*⁴ warst du schon in Kyongju? 너는 벌써 몇 번이나 경주에 갔었니?

Ich habe ihn schon mehrere *Male*⁴ besucht. 나는 그를 벌써 여러번 방문했다.

mal [ma:l] 團 (einmal 의 단축형) 한번 ; 언젠가

Sind Sie schon *mal* in Deutschland gewesen? 당신은 독일에 가 본 적이 있읍니까?

Wenn ich *mal* wiederkomme, werde ich dich besuchen. 내가 언젠가 다시 오면 너를 방문할 것이다.

malen [má:lən] 他 ① (그림을) 그리다 ② 〈et.⁴ 에〉 (페인트 따위를) 칠하다

Dieses Bild *malte* ich. 이 그림은 내가 그렸다.

Er *malt* gern Landschaften. 그는 풍경화를 즐겨 그린다.

Er hat sich⁴ *malen* lassen. 그는 자기 초상을 그리게 했다.

Er *malt* die Wände (das Zimmer). 그는 벽(방)에 페인트 칠을 한다.

Er hat das Haus neu *malen* lassen. 그는 집에 새로 페인트 칠을 시켰다.

der **Maler** [má:lər] -s/- 화가
Er ist ein berühmter *Maler*. 그는 유명한 화가다.
Er ist einer der größten *Maler* des 20. Jahrhunderts. 그는 20세기의 가장 위대한 화가들 중의 한 사람이다.

man [man] 代 《부정》 사람[들]은 ; 누군가가 (jemand)
Man kann nicht alles wissen. 사람은 모든 것을 알 수는 없다.
Was *man* verspricht, [das] muß *man* halten.
(=*Man* muß sein Wort halten.) 약속하는 것은 지켜야 한다.
Man sagt, daß er schwer krank sei. 그는 중병이라는 소문이다.
Man (Jemand) klopft. 누가 문을 두드린다.
Man öffnete mir die Tür. 누군가가 나에게 문을 열어 주었다.

mancher, manche, manches [mánçər, mánçə, mánçəs] 冠 《부정》 〈정관사형의 어미 변화〉 많은
Ich habe sie *manches* Mal⁴ getroffen. 나는 그녀를 여러번 만났다.
Manche [Leute] wissen das.
(=*Mancher* (Manch einer) weiß das.) 많은 사람들이 그것을 알고 있다.
Ich habe so *manches* gelernt. 나는 꽤 많은 것을 배웠다.
Ich kenne *manche* von ihnen. 나는 그들 중 많은 사람들을 알고 있다.

manchmal [mánçma:l] 副 (oft 보다 적은 회수) 가끔, 때때로
Ich treffe ihn *manchmal* in der Schule. 나는 그를 학교에서 가끔 만난다.
Wir treffen uns⁴ *manchmal*. 우리는 가끔 서로 만난다.

der **Mangel** [máŋəl] -s/ﾞ ① 《복수 없음》 〈an et.³의〉 부족 ② 《보통 복수로》 결점 (der Fehler)
• aus *Mangel* an et.³ : (무엇)이 부족하여
Er hat es *aus Mangel* an Geld getan. 그는 돈이 없어서 그것을 했다.
Er wurde *aus Mangel* an Beweisen freigesprochen. 그는 증거 불충분으로 무죄 판결을 받았다.
Es ist kein Mensch ohne *Mängel*. 결점 없는 인간은 없다.
Die Ware hat einige *Mängel*. 그 상품은 약간의 흠이 있다.

der **Mann** [man] -[e]s/ﾞer (성인) 남자 ; 남편 (↔die Frau)
Wer ist jener *Mann*? 저 남자는 누구니?
Ich kenne den *Mann* dort. 나는 저기 저 남자를 알고 있다.

Er ist ein großer *Mann*. 그는 훌륭한 사람이다.
Er ist zum *Manne* geworden. 그는 어른이 되었다.
Er ist mein *Mann*. 그는 나의 남편이다.
Grüßen Sie Ihren *Mann* von mir! 댁의 남편에게 제 안부를 전해 주십시오!
Mann und Frau ist wie ein Leib. 부부는 한 몸과 같다.

der **Mantel** [mántəl] -s/= 외투
Es ist kalt draußen, zieh deinen *Mantel* an! 밖은 춥다. 외투를 입어라!
Ziehen Sie bitte den *Mantel* aus! 외투를 벗으십시오!
Der *Mantel* steht dir gut. 그 외투는 너에게 잘 어울린다.
Er half mir aus dem (in den) *Mantel*. 그는 내가 외투를 벗는(입는) 것을 도와 주었다.

die **Mappe** [mápə] -/-n 서류 가방, 책 가방
Er legte das Manuskript in seine *Mappe*. 그는 원고(原稿)를 그의 가방 속에 넣었다.
Er packte seine Schulbücher in die *Mappe*. 그는 교과서를 책 가방 속에 챙겨 넣었다.

das **Märchen** [mɛ́:rçən] -s/- 동화
Die Großmutter erzählte mir ein schönes *Märchen*. 할머니는 나에게 재미있는 동화를 들려 주셨다.
Die *Märchen* der Brüder Grimm sind weltbekannt. 그림 형제의 동화는 온 세상에 알려져 있다.

die **Mark** [mark] -/ 《독일의 화폐 단위》 〈Deutsche Mark (略字: DM)〉 마르크
Eine *Mark* hat hundert Pfennig. 1 마르크는 100 페니히이다.
Das Buch kostet 2 *Mark* 50 (2,50 DM; DM 2,50). 그 책값은 2 마르크 50 페니히이다.
Sie hat es für hundert *Mark* gekauft. 그녀는 그것을 100 마르크를 주고 샀다.

der **Markt** [markt] -[e]s/⸚e 시장(市場)
- auf den (zum) *Markt* gehen : 시장에 가다

Sie *geht* täglich *auf den Markt*. 그녀는 매일 시장에 간다.
Ich habe es auf dem *Markt* gekauft. 나는 그것을 시장에서 샀다.
Warst du schon auf dem *Markt*? 너는 벌써 시장에 갔었니?
Er wohnt am *Markt*. 그는 시장 근처에 살고 있다.

die **Marmelade** [marməlá:də] -/-n (과일) 잼
Er hat *Marmelade* aufs Brot geschmiert (gestrichen). 그는 빵에 잼을 발랐다.

marschieren [marʃíːrən] marschierte, marschiert 〔自〕《s》 행진하다

Die Soldaten *marschieren* durch die Stadt. 군인들이 시내를 행군하여 지나간다.

Unsere Truppen sind gegen den Feind *marschiert*. 우리 군대는 적을 향해 진군하였다.

der **März** [mɛrts] -[es]/ 3월

Heute ist der 1.(erste) *März*. 오늘은 3월 1일이다.

Gestern war Mittwoch, der 3.(dritte) *März*. 어제는 3월 3일, 수요일이었다.

am 3.(dritten) *März* 3월 3일에

im [Monat] *März* 3월에

Anfang (Mitte, Ende) *März* 3월 초순(중순, 하순)에

die **Maschine** [maʃíːnə] -/-n ① 기계 ② 비행기(das Flugzeug)

Die *Maschine* läuft (steht). 기계가 돌아가고 있다(멈춰 있다).

Er schreibt den Brief mit der *Maschine* (Schreibmaschine). 그는 편지를 타이프라이터로 친다.

Ich benutze die *Maschine* (das Flugzeug) um 1 Uhr 30. 나는 1시 30분 비행기를 이용한다.

Die *Maschine* nach Paris hat 30 Minuten Verspätung. 파리행 비행기는 30분 연착한다.

der **Maß** [maːs] -es/-e ① 척도, 치수 ② 절도(節度), 한도

Der Mensch ist der *Maß* aller Dinge. 《Protagoras》 인간은 만물의 척도이다.

● *Maß* nehmen : 치수를 재다
 Der Schneider *nahm Maß* für meinen neuen Anzug. 재단사가 내 새 양복의 치수를 재었다.

● nach *Maß* : 치수에 알맞게
 Dieser Anzug war *nach Maß* gemacht worden. 이 양복은 마춤 옷이다.

● *Maß* halten : 절도(節度)를 지키다
 Er versteht, *Maß* zu *halten*. 그는 절도를 지킬 줄 안다.

● mit *Maß*[en] : 적당하게, 알맞게
 Er ißt und trinkt *mit Maßen*. 그는 절제있게 먹고 마신다.

● über alle *Maßen* : 도(度)를 넘어서, 지나치게
 Er freute sich[4] *über alle Maßen*. 그는 유달리 기뻐했다.

die **Masse** [másə] -/-n ① 군중, 집단 ② 다수, 다량(die Menge)

Die *Massen* strömten zum Studion. 군중이 경기장으로 물밀듯이 밀려들었다.

Jedes Jahr⁴ erscheint eine *Masse* neuer Bücher. 매년 수많은 신간 서적이 출판된다.
- in großer *Masse* (=in *Massen*) : 큰 무리를 이루어, 다량으로
 Die Menschen versammelten sich⁴ *in großer Masse* auf dem Platz. 사람들이 큰 무리를 이루어 광장에 모였다.
 Alle Waren sind *in Massen* verkauft. 모든 상품이 다량으로 팔렸다.

mäßig [mέːsıç] 形 절도(節度) 있는, 적당한
 Er ist *mäßig* im Trinken. 그는 술을 알맞게 마신다.
 Er lebt *mäßig*. 그는 절도 있는 생활을 한다.
 Die Preise sind *mäßig*. 값은 적당하다.
 Ich werde es zu *mäßigem* Preise verkaufen. 나는 그것을 적당한 값으로 팔겠다.

das **Material** [materiáːl] -s/-ien [..liən] 재료, 자료
 Beim Bau des Hauses wurde gutes *Material* verwendet. 그 집을 지을 때는 좋은 자제(資材)가 사용되었다.
 Er sammelt in der Bibliothek *Material* für seine Dissertation. 그는 도서관에서 그의 논문 자료를 수집하고 있다.

die **Mathematik** [matematíːk, matemáːtık] -/ 수학
 In der nächsten Stunde haben wir *Mathematik*. 다음 시간은 수학 시간이다.
 Sie studiert *Mathematik* an der Technischen Hochschule. 그녀는 공과 대학에서 수학을 공부하고 있다.

matt [mat] 形 ① 지친, 힘 없는 ② 흐릿한
 Er ist ganz *matt* vor Hunger³. 그는 배가 고파서 기진맥진해 있다.
 Er sprach mit *matter* Stimme. 그는 힘 없는 소리로 말했다.
 Ein *mattes* Licht beleuchtete den Raum. 희미한 불빛이 그 방을 비추고 있었다.
 Das Glas ist ganz *matt*. 유리가 아주 흐리다.
- *matt* und müde : 기진맥진한
 Wir kehrten ganz *matt und müde* nach Hause zurück. 우리는 완전히 기진맥진하여 집으로 돌아왔다.

die **Mauer** [máuər] -/-n (옥외의) 벽, 담
 Eine *Mauer* bildet die Grenze zwischen Ost- und Westberlin. 벽이 동서 베를린 사이의 경계를 이루고 있다.
 Das Haus ist von hohen *Mauern* umgeben. 그 집은 높은 담으로 둘러싸여 있다.
 Zwischen ihnen stand eine *Mauer* des Mißtrauens. 그들 사

이에는 불신(不信)의 벽이 있었다.

die Maus [maus] -/-̈e 쥐

Die Katze hat eine *Maus* gefangen. 고양이가 쥐 한 마리를 잡았다.

- mit Mann und *Maus* : 사람 짐승 할 것 없이 모두

  Das Schiff ging *mit Mann und Maus* unter. 배는 사람 짐승과 더불어 침몰했다.

die Medizin [meditsíːn] -/-en ① 《복수 없음》 **의학** (die Heilkunde) ② 약 (die Arznei)

Er studiert *Medizin*. 그는 의학을 공부하고 있다.

Er wurde Doktor der *Medizin* (Dr. med.). 그는 의학박사가 되었다.

Die *Medizin* ist (schmeckt) bitter. 약이 쓰다.

Diese *Medizin* (Arznei) wirkt gut. 이 약은 잘 듣는다.

- eine *Medizin* [ein]nehmen : 약을 복용하다

  Du sollst *die Medizin* dreimal täglich *einnehmen*. 너는 이 약을 하루 세 번 복용해야 한다.

das Meer [meːr] -[e]s/-e 바다 (die See)

- ans *Meer* (an die See) fahren : 바다로 가다

  In den Sommerferien *fahren* wir *ans Meer*. 여름 휴가에 우리는 바다로 간다.

Er wohnt dicht am *Meer*. 그는 바로 바닷가에 살고 있다.

mehr [meːr] 1. 形 〈viel 의 비교급〉《무변화》더 많은 (↔ weniger) 2. 副 ① 더욱, 한층 더 ② 오히려 ③ 〈否定詞와〉 더 이상(이제는) …않다

Ich habe *mehr* Geld als du. 나는 너보다 더 많은 돈을 가지고 있다.

Ich liebe sie *mehr* als zuvor. 나는 그녀를 전보다 더 사랑한다.

Sie ist *mehr* faul als dumm. 그녀는 우둔하다기보다 오히려 게으르다.

Ich will kein Wort *mehr* hören! 나는 더 이상 아무 말도 듣고싶지 않다!

Du bist kein Kind *mehr*. 너는 이제 어린애가 아니다.

- *mehr* oder weniger : 많든 적든, 다소간에

  Mehr oder weniger hat er recht. 다소간에 그는 옳다.

mehrere [méːrərə] 代 《부정》 몇몇의, 2·3의 (einige, ein paar)

Er war *mehrere* Jahre⁴ im Ausland. 그는 몇 해 동안 외국에 있었다.

Er rief dich *mehrere* Male⁴. 그는 너를 여러번 불렀다.

mein, meine, mein [maın, máınə, maın] 代 《소유》〈단수는 부정관사형, 복수는 정관사형의 어미 변화〉 나의

Mein Vater und *meine* Mutter sind *meine* Eltern. 나의 아버지와 나의 어머니는 나의 부모이다.

Meine Damen und Herren! 신사 숙녀 여러분!

meinen [máınən] 自 他 ① 생각하다(denken) ② (의견을) 말하다

Ich *meine*, daß er recht hat.

(=Ich denke (glaube), er hat recht.) 나는 그의 말이 옳다고 생각한다.

Was *meinen* Sie dazu?

(=Wie denken Sie darüber?) 당신은 그것에 대하여 어떻게 생각하십니까?

Was *meinen* Sie damit? 그것은 무슨 뜻입니까?

Wen *meinen* Sie damit? 그것은 누구를 두고 하는 말입니까?

● es gut mit jm. meinen : (누구)에게 호의를 가지다

Er *meint es gut mit* dir. 그는 너에게 호의를 가지고 있다.

die **Meinung** [máınuŋ] -/-en 의견

Was ist Ihre *Meinung*? 당신의 의견은 어떻습니까?

Meiner *Meinung*[3] nach hast du alles falsch gemacht. 나의 생각으로는 네가 모든 것을 잘못했다.

Ich bin Ihrer *Meinung*[2].

(=Ich habe dieselbe *Meinung* wie Sie.) 나는 당신과 같은 의견입니다.

Ich bin anderer (verschiedener) *Meinung*[2] als du. 나는 너와는 다른 의견이다.

Darin sind wir anderer (derselben) *Meinung*[2]. 그 점에 있어서는 우리는 의견이 다르다(같다).

Er ist der *Meinung*[2], daß du unrecht hast. 그는 네가 옳지 않다는 의견이다.

meist [maıst] 1. 形 〈viel 의 최상급〉 가장 많은, 대부분의 2. 副 대개 (meistens)

Die *meisten* Schüler arbeiten fleißig. 대다수의 학생들은 열심히 공부한다.

Die *meiste* Zeit des Jahres verbringen wir auf dem Land. 1년의 대부분의 시간을 우리는 시골에서 보낸다.

Am Sonntag bin ich *meist* (meistens) zu Hause. 일요일에는 나는 대개 집에 있다.

Die Zuschauer waren *meist* junge Leute. 관중들은 대부분 젊은 사람들이었다.

● am *meisten* : 가장 많이

Er aß *am meisten* von uns. 그는 우리 중에서 가장 많이 먹었다.

Das freute mich *am meisten*. 그것이 나를 가장 기쁘게 했다.

meistens [máɪstəns] 🔳 대개

Er kommt *meistens* gegen Abend nach Hause. 그는 대개 저녁 무렵에 귀가(歸家)한다.

Nach dem Abendessen mache ich *meistens* einen Spaziergang. 저녁 식사 후 나는 대개 산보한다.

der **Meister** [máɪstər] -s/- ① 대가(大家) ② 장(長)

Er ist ein *Meister* auf dem Klavier. 그는 피아노의 대가다.

Übung macht den *Meister*. 《Sprw》 수련이 대가를 만든다.

Es fällt kein *Meister* vom Himmel. 《Sprw》 타고난 대가는 없다.

Er ist zum Bürger*meister* gewählt worden. 그는 시장(市長)에 선출되었다.

melden [méldən] 1. 🔳 알리다, 통지하다 (mitteilen) 2. 🔳 《sich⁴》 신청·신고하다 ; 출두하다

Er *meldete* mir seine Ankunft. 그는 나에게 자기의 도착을 알렸다.

Die Zeitungen *melden* den Unfall. 신문들이 그 사고를 보도하고 있다.

● et.⁴ bei der Polizei *melden* : (무엇)을 경찰에 알리다
 Er *meldete* den Unfall (den Täter) *bei der Polizei*. 그는 사고(범인)를 경찰에 신고했다.

● sich⁴ bei jm. *melden* : (누구)에게 면회를 청하다
 Ich *meldete* mich bei ihm. 나는 그에게 면회를 청했다.
 Wann darf ich *mich bei* Ihnen *melden*? 언제 찾아뵈면 되겠읍니까?

● sich⁴ bei der (auf die) Polizei *melden* : 경찰에 출두하다
 Sie müssen *sich bei der Polizei melden*. 당신은 경찰에 출두해야 합니다.

die **Menge** [méŋə] -/-n ① 다수, 다량 ② 군중 (die Menschenmenge)

Sie besitzt eine *Menge* Bücher.
(=Sie besitzt eine *Menge* von Büchern.) 그녀는 많은 책을 가지고 있다.

Er hat eine *Menge* Geld. 그는 많은 돈을 가지고 있다.

Er stand in der *Menge* (der Menschenmenge). 그는 군중 속에 서 있었다.

Sie drängte sich⁴ durch die *Menge* vorwärts. 그녀는 군중을 헤치고 앞으로 나아갔다.

der Mensch [mɛnʃ] -en/-en 사람, 인간
Er ist wirklich ein guter *Mensch*. 그는 정말 좋은 사람이다.
Im Saal war eine Menge *Menschen*. 홀에는 많은 사람들이 있었다.
Ich bin auch nur ein *Mensch*. 나도 역시 인간일 뿐이다.
Auf der Erde leben rund vier Milliarden *Menschen*. 지구 상에는 대략 40억의 인간이 살고 있다.

die Menschheit [mɛ́nʃhaɪt] -/ 인류
die Geschichte der *Menschheit* 인류의 역사
Wir arbeiten für das Wohl der *Menschheit*. 우리는 인류의 복지(행복)를 위하여 일한다.

menschlich [mɛ́nʃlɪç] 形 인간의, 인간적인
der *menschliche* Körper 인체
das *menschliche* Leben 인간 생활
Wir behandelten die Feinde *menschlich*. 우리는 적을 인간적(인도적)으로 대했다.
Wir sind uns³ *menschlich* näher gekommen. 우리는 서로 인간적으로 한층 가까워졌다.
Irren ist *menschlich*. 《Sprw》 인간이란 과오를 범하기 마련이다.

merken [mɛ́rkən] 他 ① 알아채다 ② 〈sich³ et.⁴ 을〉 명심하다
Sie *merkte* es sofort an seiner Miene. 그녀는 그것을 그의 표정(表情)에서 금방 알아챘다.
Keiner hat es *gemerkt*. 아무도 그것을 알아채지 못했다.
Merke dir, was ich sage! 내가 말하는 것을 명심해라!
Ich habe es *mir gemerkt*. 나는 그것을 기억해 두었다.

messen [mɛ́sən] maß, gemessen 他 재다
Der Arzt *mißt* das Fieber. 의사가 열(熱)을 잰다.
Er *maß* die Entfernung mit den Augen. 그는 눈으로 거리를 재었다.
● jn. prüfend von Kopf bis Fuß *messen* : (누구)를 머리 끝에서 발 끝까지 훑어보다
Er *maß* mich *prüfend von Kopf bis Fuß* (von oben bis unten). 그는 나를 머리 끝에서 발 끝까지 훑어보았다.

das Messer [mɛ́sər] -s/- (작은) 칼, 나이프
Ich schnitt es mit dem *Messer*. 나는 그것을 칼로 잘랐다.
Er ißt mit *Messer* und Gabel. 그는 나이프와 포크로 먹는다.

das Metall [metál] -s/-e 금속

Stahl ist ein sehr hartes *Metall*. 강철은 매우 단단한 금속이다.

Gold, Silber und Platin sind edle *Metalle* (Edelmetalle). 금, 은, 백금은 귀금속이다.

das (der) **Meter** [mé:tər] -s/- (略字 : m) 미터

Ein Kilometer hat tausend *Meter*. (=Tausend *Meter* sind ein Kilometer.) 1킬로미터는 1000미터이다.

Der Turm ist 50 *Meter* hoch. 그 탑의 높이는 50 m 이다.

Das Zimmer ist 6 *m* lang und 4 *m* breit. 그 방은 길이가 6 m 이고 넓이가 4 m 이다.

Er läuft 100 *Meter* in 11 Sekunden. 그는 100 m 를 11 초에 달린다.

In einer Entfernung von 10 *Metern* ging er vorbei. 10 m 의 거리에서 그는 지나갔다.

die **Methode** [metó:də] -/-n 방법

Das ist eine wissenschaftliche *Methode*. 그것은 과학적인 방법이다.

Er unterrichtet Deutsch nach neuen *Methoden*. 그는 독일어를 새로운 방법으로 가르친다.

die **Miene** [mí:nə] -/-n 얼굴 표정, 안색

Er machte eine böse (ernste) *Miene*. (=Er machte ein böses Gesicht.) 그는 화난(진지한) 얼굴을 했다.

Ich merkte es an seiner *Miene*. 나는 그것을 그의 표정에서 알아챘다.

Sie veränderte keine *Miene*. 그녀는 조금도 안색이 변하지 않았다.

mieten [mí:tən] 他 세 얻다 (↔vermieten)

Ich habe das Zimmer für (auf) ein Jahr *gemietet*. 나는 그 방을 1년간 세 얻었다.

Ich habe in der Nähe der Universität ein Zimmer *gemietet*. 나는 대학 근처에 방을 세 얻었다.

die **Milch** [mɪlç] -/ 젖, 우유

Jeden Morgen trinke ich eine Flasche *Milch*. 매일 아침 나는 우유 한 병을 마신다.

Zum Frühstück trinke ich Kaffee mit *Milch*. 아침 식사에 나는 우유를 탄 커피를 마신다.

mild [mɪlt] 形 온화한, 부드러운

Wir haben heute *mildes* Wetter. 오늘은 온화한 날씨다.

Mit *mildem* Blick sah sie mich an. 정다운 눈으로 그녀는 나를 바라보았다.

das **Militär** [milité:r] -s/ 군대
Er ging zum *Militär*. 그는 군대에 갔다.
Er ist beim *Militär*.
(=Er dient bei (in) der Armee.) 그는 군 복무중이다.
Nach der Schule war ich zwei Jahre[4] beim *Militär*. 학교 졸업 후 나는 2년간 군에 복무했다.

die **Million** [mılió:n] -/-en **100만**
In dieser Stadt wohnen eine *Million* (zwei *Millionen*) Menschen. 이 도시에는 100만(200만)의 사람들이 살고 있다.
Seoul hat ungefähr 10 *Millionen* Einwohner. 서울의 인구는 약 1000만이다.

mindestens [míndəstəns] 副 적어도, 최소한 (wenigstens)
Er ist *mindestens* 50 Jahre[4] alt. 그는 적어도 50살은 된다.
Das Kleid kostet *mindestens* 100 Mark. 그 옷은 적어도 100 마르크는 나간다.
- nicht im *mindesten* : 조금도 …않다
  Ich denke *nicht im mindesten* daran. 나는 조금도 그것을 생각하지 않는다.

der **Minister** [miníst*ə*r] -s/- 장관
Er ist der *Minister* des Inneren (des Außeren). 그는 내무부(외무부) 장관이다.
Er wurde zum *Minister* ernannt. 그는 장관에 임명되었다.
Der *Minister* wurde entlassen. 그 장관은 면직되었다.

die **Minute** [minú:tə] -/-n 분(分)
Eine Stunde hat 60 *Minuten*. 1시간은 60분이다.
Es ist jetzt 5 *Minuten* nach 10. 지금은 10시 5분이다.
Es ist zehn *Minuten* vor zwölf. 12시 10분 전이다.
- auf die *Minute* : 1분도 틀리지 않고
  Meine Uhr geht *auf die Minute* genau. 내 시계는 1분도 틀리지 않고 정확하게 간다.
- alle fünf *Minuten*[4] (=jede fünfte *Minute*) : 5분마다
  Der Bus kommt *alle fünf Minuten*. 버스는 5분마다 온다.

mischen [míʃən] 1. 他 섞다 2. 再 《sich[4]》 섞이다
Er *mischt* Wasser in den Wein.
(=Er *mischt* Wein mit Wasser.) 그는 포도주(술)에 물을 탄다.
Öl und Wasser *mischen sich* nicht. 기름과 물은 섞이지 않는다.

- sich⁴ unter die Leute *mischen* : 사람들 틈에 섞이다
  Sei *mischte sich unter die Leute* (die Zuschauer). 그녀는 사람들(구경군들) 틈에 섞였다.
- sich⁴ in et.⁴ *mischen* : (무엇)에 개입하다, 간섭하다
  Mische dich nicht *in* fremde Angelegenheiten! 남의 일에 간섭하지 마라!

mit [mɪt] 1. 前《3격》① ~와 함께 ② ~을 가지고, ~로 2. 副 함께 (miteinander)
Ich fahre *mit* ihm nach Pusan. 나는 그와 함께 부산에 간다.
Er kam *mit* seinem Sohn zu mir. 그는 그의 아들을 데리고 나에게 왔다.
Er schreibt nicht gern *mit* dem Füller. 그는 만년필로 쓰기를 좋아하지 않는다.
Sie sucht ein Zimmer *mit* Bad. 그녀는 욕실이 딸린 방을 구하고 있다.
Ich bin *mit* dem Zug gekommen. 나는 기차를 타고 왔다.
Ich fahre *mit* dem Auto nach Seoul. 나는 자동차로 서울에 간다.
Ich will *mit*. 나도 같이 가겠다.

miteinander [mɪt-aɪnándər] 副 서로, 함께
Wo seid ihr *miteinander* bekannt geworden? 너희들은 어디서 서로 알게 되었니?
Wir gehen *miteinander*. 우리는 함께 간다.

das **Mitleid** [mítlaɪt] -[e]s/ 동정
- *Mitleid* mit jm. haben : (누구)를 동정하다
  Er *hatte* großes *Mitleid mit* ihr. 그는 그녀를 매우 동정했다.
- aus *Mitleid* für jn. : (누구)에 대한 동정에서
  Ich tat es *aus Mitleid für* ihn. 나는 그를 동정해서 그것을 했다.

der **Mittag** [míta:k] -[e]s/-e 정오, 낮
Es ist schon *Mittag*. 벌써 정오다.
Am (Bis, Gegen) *Mittag* kommt er nach Hause. 정오에 (까지, 경에) 그는 집에 온다.
Heute *mittag* war ich in der Stadt. 오늘 낮에 나는 시내에 있었다.
[am] Samstag *mittag* (=Samstag mittags) 토요일 정오에
- zu *Mittag* (Abend) essen : 점심(저녁)을 먹다
  Er *aß* bei uns *zu Mittag*. 그는 우리 집에서 점심을 먹었다.

Ich habe noch nicht *zu Mittag gegessen*. 나는 아직 점심을 먹지 않았다.

das **Mittagessen** [míta:k-ɛsən] -s/- 점심

Das *Mittagessen* steht auf dem Tisch. 점심은 식탁 위에 준비되어 있다.

● jn. zum *Mittagessen* einladen : (누구)를 점심에 초대하다
  Darf ich Sie morgen *zum Mittagessen einladen*? 당신을 내일 점심에 초대해도 괜찮겠읍니까?

mittags [míta:ks] 〚副〛 정오에, 낮에

Mittags (Am Mittag) bin ich immer im Büro. 정오에는 나는 항상 사무실에 있다.

Das Flugzeug kommt um 12 Uhr *mittags* an. 비행기는 낮 12시에 도착한다.

von *mittags* bis abends 정오부터 저녁까지
Dienstag (Donnerstag) *mittags* 화요일(목요일) 정오에

die **Mitte** [mítə] -/-n 중앙

Sie wohnt in der *Mitte* der Stadt. 그녀는 도시의 중심부에 살고 있다.

Er fährt *Mitte* August nach Deutschland. 그는 8월 중순에 독일로 간다.

mit|teilen [míttaɪlən] 〚他〛〈jm. 에게 et.⁴ 을〉알리다, 전하다

Teilen Sie mir Ihre Adresse *mit*! 나에게 당신의 주소를 알려 주십시오!

Er hat mir *mitgeteilt*, daß er das Examen⁴ bestanden habe. 그는 자기가 시험에 합격했다고 나에게 전했다.

das **Mittel** [mítəl] -s/- ① 수단 ② 약(藥) (die Arznei, die Medizin) ③ 《복수로》 자금(資金)

Er hat mich als *Mittel* zu seinem Zweck gebraucht. 그는 나를 자기의 목적을 위한 수단으로 이용했다.

Um seine Zwecke zu erreichen, waren ihm alle *Mittel* recht. 그는 목적을 달성하기 위하여 온갖 수단을 가리지 않았다.

Der Arzt verschrieb mir ein *Mittel* gegen Erkältung. 의사는 나에게 감기약을 처방해 주었다.

Dazu fehlen mir die *Mittel*. 나는 그렇게 할 자금이 없다.

mitten [mítən] 〚副〛 한가운데에

Das Rathaus liegt *mitten* in der Stadt.
(=Das Rathaus liegt in der Mitte der Stadt.) 시청은 도시 한복판에 자리잡고 있다.

Er stand *mitten* unter ihnen. 그는 그들의 한가운데에 서 있었다.

mitten (tief) in der Nacht 한밤중에
mitten im Sommer (=im Hochsommer) 한여름에
die Mitternacht [mítərnaxt] -/-̈e 힌밤중, 자정(子正)
Es (Die Uhr) schlägt *Mitternacht*. 시계가 자정을 알린다.
Nach *Mitternacht* kam er nach Hause. 자정이 지나서 그는 집으로 왔다.
- um *Mitternacht* : 한밤중에, 자정에
  Erst *um Mitternacht* kamen wir in New York an. 자정에야 비로소 우리는 뉴욕에 도착했다.
der Mittwoch [mítvɔx] -[e]s/-e 수요일
Heute ist *Mittwoch*. 오늘은 수요일이다.
Gestern war *Mittwoch*, der 5. (fünfte) März. 어제는 3월 5일, 수요일이었다.
am *Mittwoch* 수요일에
am nächsten (vorigen, vergangenen) *Mittwoch* 다음(지난) 수요일에
Mittwoch morgen[s] (abend[s]) 수요일 아침(저녁)에
jeden *Mittwoch* 매주 수요일
das Möbel [mǿːbəl] -s/- 《보통 복수로》 가구
Sie hat neue (gebrauchte) *Möbel* gekauft. 그녀는 새(중고) 가구를 샀다.
die Mode [móːdə] -/-n 유행
- sich⁴ nach der *Mode* kleiden : 유행에 따라 옷을 입다
  Er *kleidet sich* stets *nach der* neuesten *Mode*. 그는 항상 최신 유행의 옷을 입는다.
- aus der *Mode* kommen : 유행이 지나다
  Kurze Röcke sind *aus der Mode gekommen*. 미니 스커트는 유행이 지났다.
- [in] *Mode* sein : 유행하고 있다
  Lange Haare *sind* augenblicklich große *Mode*.
  (=Lange Haare *sind* augenblicklich sehr *in Mode*.) 장발이 현재 대 유행이다.
modern [modérn] 形 현대의, 현대적인
ein *moderner* Mensch 현대인
die *moderne* Literatur 현대 문학
das *moderne* Leben 현대 생활
Er hört gern *moderne* (klassische) Musik. 그는 현대(고전) 음악을 즐겨 듣는다.
Sie trägt den *modernsten* Hut. 그녀는 최신 유행의 모자를 쓰고 있다.

mögen [mǿ:gən] mochte, gemocht; ich mag, du magst, er mag 助《화법》① (추측) …일지도 모른다 ② (원망: 보통 접속법 II식으로) …하고 싶다 ③ (양보·인용)〈mögen+의문사+wollen = 의문사+auch+mögen〉…해도 좋다 ④ (본사로서) 좋아하다

Er *mag* krank sein. 그는 병들어 있을지도 모른다.
Das *mag* wohl sein. 아마 그럴지도 모른다.
Heute *möchte* (*mag*) ich Wein trinken. 오늘 나는 술을 마시고 싶다.
Möchten Sie noch etwas Kaffee haben? 커피를 좀 더 드시겠읍니까?
Er *mag* sagen, *was* er *will*. 그가 무슨 말을 해도 좋다.
Was er *auch* sagen *mag*, ich glaube ihm nicht. 그가 무슨 말을 하든 나는 그를 믿지 않는다.
Mögen Sie Musik? 당신은 음악을 좋아하십니까?
Ich *mag* kein Fleisch. 나는 고기를 좋아하지 않는다.
Die beiden *mögen* sich[4]. 두 사람은 서로 좋아한다.
- jn. gern *mögen* (=jn. lieb haben): (누구)를 좋아하다
  Ich *mag* ihn sehr *gern*.
  (=Ich *habe* ihn sehr *lieb*.) 나는 그를 매우 좋아한다.

möglich [mǿ:klıç] 形 가능한 (↔unmöglich)
Das ist *möglich*. 그것은 가능하다.
Es ist mir nicht *möglich*. 그것은 나에게는 불가능하다.
Wenn *möglich*, will ich dich vom Bahnhof abholen. 가능하다면 나는 역에 너를 마중 나가겠다.
- so schnell (bald) wie *möglich*: 가능한 빨리
  Kommen Sie bitte *so schnell wie möglich*!
  (=Kommen Sie bitte *möglichst* schnell!) 가능한 빨리 오십시오!

die **Möglichkeit** [mǿ:klıçkaıt] -/-en 가능성
Das ist die einzige *Möglichkeit*. 그것은 유일하게 가능한 일이다.
Es ist keine *Möglichkeit*.
(=Es ist unmöglich.) 그것은 불가능하다.
Es gibt verschiedene *Möglichkeiten*, den Plan durchzuführen. 그 계획을 수행하는데는 여러 가지 가능성이 있다.
Es besteht keine *Möglichkeit*, sie zu retten. 그녀를 구할 가능성은 없다.
Ich sehe (finde) keine *Möglichkeit*, euch[3] zu helfen. 나는 너희들을 도와줄 가망이 전혀 없다.

der **Moment** [momént] -[e]s/-e 순간 (der Augenblick)
  Bitte, warten Sie einen *Moment*!
  (=Einen *Moment* bitte!) 잠간만 기다려 주십시오!
  Du kommst mir im richtigen *Moment*.
  (=Du kommst mir gerade recht.) 너 마침 잘 왔다.
der **Monat** [mó:nat] -[e]s/-e (달력의) 달
  Ein *Monat* hat dreißig oder einunddreißig Tage. 한 달은 30일 혹은 31일이다.
  Ein Jahr hat zwölf *Monate*. 1년은 12달이다.
  in diesem *Monat* (=dieses *Monats*) 이 달에
  im vorigen *Monat* (=vorigen *Monats*) 지난 달에
  im nächsten *Monat* (=nächsten *Monats*) 다음 달에
  im [*Monat*] Dezember 12월에
  vor (nach) zwei *Monaten* 2개월 전(후)에
  am 10. dieses *Monats* 이 달 10일에
  Anfang (Mitte, Ende) dieses *Monats* 이달 초순(중순, 하순)에
  alle sechs *Monate*⁴ (=jeden sechsten *Monat*) 6개월 마다
  viele *Monate*⁴ lang 여러 달 동안
der **Mond** [mo:nt] -[e]s/-e (천체의) 달
  Der *Mond* geht auf (unter). 달이 뜬다(진다).
  Der *Mond* steht am Himmel. 달이 하늘에 떠 있다.
der **Montag** [mó:nta:k] -[e]s/-e 월요일
  Heute ist *Montag*. 오늘은 월요일이다.
  Das Konzert findet am *Montag* statt. 음악회는 월요일에 열린다.
  am vorigen (nächsten) *Montag* 지난(다음) 월요일에
  Montag morgen[s] (abend[s]) 월요일 아침(저녁)에
  jeden *Montag* 매주 월요일
der **Mord** [mɔrt] -[e]s/-e 살인
  ● einen *Mord* begehen : 살인을 범하다
  In diesem Zimmer hat jemand *einen Mord begangen*. 이 방에서 누군가가 살인을 범했다.
  Sie wurde wegen des *Mordes* verurteilt. 그녀는 살인죄로 유죄 판결을 받았다.
der **Morgen** [mɔ́rgən] -s/- 아침 (↔der Abend)
  Es wird *Morgen*.
  (=Der *Morgen* bricht an.) 날이 샌다.
  Guten *Morgen*! 안녕하십니까! (아침 인사)
  am *Morgen* (=des *Morgens*) 아침에
  am *Morgen* des 20. Dezember 12월 20일 아침에

am nächsten (folgenden) *Morgen* 다음 날 아침에
früh am *Morgen* (=früh morgens) 아침 일찍
bis in den *Morgen* hinein 아침이 될 때까지
vom *Morgen* bis zum Abend (=von morgens bis abends) 아침부터 저녁까지
eines *Morgens* 어느 날 아침에
jeden *Morgen* 매일 아침
heute *morgen* (=diesen *Morgen*) 오늘 아침에
[am] Sonntag *morgen* (=Sonntag morgens) 일요일 아침에

morgen [mɔ́rgən] 副 내일
Morgen ist Samstag. 내일은 토요일이다.
Bitte rufe mich *morgen* an! 내일 나에게 전화를 걸어다오!
morgen früh (mittag, abend) 내일 아침(낮, 저녁)에

morgens [mɔ́rgəns] 副 아침에
Ich treffe ihn *morgens* oft im Park. 나는 그를 아침에 공원에서 자주 만난다.
Ich stehe um 6 Uhr *morgens* auf. 나는 아침 6시에 일어난다.
Die Schule beginnt *morgens* um 9 Uhr. 학교는 아침 9시에 시작된다.
Wann fährt *morgens* der erste Zug? 아침 첫 기차는 언제 갑니까?
früh *morgens* (=*morgens* früh) 아침 일찍
von *morgens* bis abends (=vom Morgen bis zum Abend) 아침부터 저녁까지

müde [mýːdə] 形 ① 피곤한, 지친 ② 〈et.²⁻⁴에〉 지친, **싫증나는**
Ich bin sehr *müde*. 나는 매우 피곤하다.
Du siehst *müde* aus. 너는 피곤해 보인다.
Ich habe mich *müde* gearbeitet. 나는 일을 해서 고단하다.
Müde von der Arbeit kehrte er nach Hause zurück. 그는 일에 지쳐서 집으로 돌아왔다.
Ich bin des Lebens *müde*. 나는 삶에 지쳤다(싫증이 난다).
Ich bin es⁴ *müde*. 나는 그것에 지쳤다.

die **Müdigkeit** [mýːdɪçkaɪt] -/ 피로
 • vor *Müdigkeit*³: 피로하여, 지쳐서
Ich konnte *vor Müdigkeit* kaum die Augen aufhalten. 나는 피로하여 거의 눈을 뜨고 있을 수 없었다.
Er schlief *vor Müdigkeit* ein. 그는 지쳐서 잠이 들었다.

die **Mühe** [mýːə] -/-n 수고, 노력
Es ist der *Mühe*² nicht wert. 그것은 수고할 가치가 없다.

Mühle

Alle *Mühen* waren umsonst. 모든 노력은 헛되었다.
Machen Sie sich³ keine *Mühe*! 제발 내버려 두십시오!
mit großer (vieler) *Mühe* 많은 애를 써서
ohne *Mühe* 힘들이지 않고
- jm. *Mühe* machen : (누구)에게 수고를 끼치다
  Ich habe Ihnen viel *Mühe* gemacht. 나는 당신에게 많은 수고를 끼쳤읍니다.
- sich³ mit et. *Mühe* geben (machen) : (무엇) 때문에 애를 쓰다
  Er *gab sich mit* der Sache viel (große) *Mühe*. 그는 그 일 때문에 많은 애를 썼다.
- mit *Mühe* und Not: 간신히, 겨우
  Er hat sein Ziel *mit Mühe und Not* erreicht. 그는 그의 목표를 간신히 달성했다.

die **Mühle** [mýːlə] -/-n 물방아〔간〕, 제분소
Die *Mühle* geht. 물방아가 돌아간다.
Die Bauern bringen das Getreide zur *Mühle*. 농부들이 곡식을 제분소로 운반한다.
Das Getreide wird in der *Mühle* zu Mehl gemahlen. 곡식은 제분소에서 가루로 빻아진다.

mühsam [mýːzaːm] 形 힘드는, 어려운
Die Arbeit war sehr *mühsam*. 그 일은 매우 힘들었다.
Ich gelangte *mühsam* ans (zum) Ziel. 나는 가까스로 목적지에 도달했다.

der **Mund** [munt] -[e]s/-e, ⸗e, ⸗er 입
Wir essen und trinken mit dem *Mund*. 우리는 입으로 먹고 마신다.
Er führt den Löffel zum *Mund*. 그는 숟가락을 입으로 가져간다.
Ich habe es direkt aus seinem eigenen *Munde* gehört. 나는 그것을 직접 그 자신의 입에서 들었다.
Er küßte sie auf den *Mund*.
(= Er küßte ihren *Mund*.) 그는 그녀의 입에 키스했다.
Um seinen *Mund* schwebte (lag) ein Lächeln. 그의 입가에 미소가 떠올랐다.
- den *Mund* halten : 입을 다물다
  Du sollst *den Mund halten*! 너는 입을 다물어야 한다!
- von *Mund* zu *Mund* gehen : 입에서 입으로 전해지다
  Die Nachricht *ging* schnell *von Mund zu Mund*. 그 소식은 재빨리 입에서 입으로 전해졌다.

- mit offenem *Munde* : (놀라거나 기가 막혀) 입을 딱 벌리고
  Sie stand *mit offenem Munde* da. 그녀는 입을 딱 벌리고 거기 서 있었다.

munter [múntər] 形 활발한, 쾌활한 (↔matt)
  Die Kinder springen *munter* umher. 아이들이 활발하게 뛰어 다닌다.
  Er sang ein *munteres* Lied. 그는 경쾌한 노래를 불렀다.

das **Museum** [muzé:um] -s/..seen [..zé:ən] 박물관
  Wir waren gestern im *Museum*.
  (=Wir haben gestern das *Museum* besucht.) 우리는 어제 박물관에 갔었다.
  Wir gehen morgen ins *Museum*. 우리는 내일 박물관에 간다.

die **Musik** [muzí:k] -/ 음악
  Ich mag gern *Musik* hören. 나는 음악 듣기를 좋아한다.
  Ich liebe die klassische *Musik*. 나는 고전 음악을 좋아한다.
  Ich bin ein Freund der *Musik*. 나는 음악 애호가이다.
  Ich habe keinen Sinn für *Musik*. 나는 음악에 대해서는 문외한(門外漢)이다.
  - *Musik* machen (treiben) : 음악을 연주하다
    Die Kapelle *macht Musik*. 악대가 음악을 연주한다.

der **Musiker** [mú:zikər] -s/- 음악가
  Beethoven ist der größte *Musiker* in der Welt. 베에토벤은 세계에서 가장 위대한 음악가이다.
  Das Orchester besteht aus lauter hervorragenden *Musikern*. 그 오케스트라는 우수한 음악가들만으로 구성되어 있다.

müssen [mýsən] mußte, gemußt; ich muß, du mußt, er muß 助 〈화법〉 ① (필연·강제)…하지 않으면 안되다 ② (불가항력)…하지 않을 수 없다 ③ (확신)…임에 틀림없다 ④ 〈否定詞와〉…할 필요가 없다
  Ich *muß* bald nach Hause gehen. 나는 곧 집으로 가야만 한다.
  Jedes Kind *muß* mit sieben Jahren zur Schule gehen. 모든 어린이는 7세가 되면 학교에 가야 한다.
  Als ich es sah, *mußte* ich lachen. 나는 그것을 보았을 때 웃지 않을 수 없었다.
  Alle Menschen *müssen* sterben. 인간은 누구나 죽지 않을 수 없다.
  Er *muß* wohl krank sein. 그는 아마도 병들어 있음에 틀림없다.
  Was er sagt, *muß* wahr sein. 그가 말하는 것은 사실임에

틀림없다.
Wenn du nicht willst, *mußt* du es nicht tun.
(=Wenn du nicht willst, brauchst du es nicht zu tun.) 네가 원하지 않으면 그것을 할 필요가 없다.
Du *mußt* dich nicht fürchten. 너는 두려워할 필요가 없다.

müßig [mýːsɪç] 形 한가한, 일이 없는
Er führt ein *müßiges* Leben. 그는 안일한(일이 없는) 생활을 하고 있다.

der **Mut** [muːt] -[e]s/ ① 용기 ② 기분
Du darfst (sollst) den *Mut* nicht verlieren. 너는 용기를 잃어서는 안 된다.
- *Mut* fassen : 용기·기운을 내다
  Fasse Mut!
  (=Sei mutig!) 용기를 내라!
  Ich *faßte Mut*, ihn danach zu fragen. 나는 용기를 내어 그에게 그것을 물어보았다.
- *Mut* haben : 용기가 있다
  Ich *habe Mut*, das zu wagen. 나는 그것을 감행할 용기가 있다.
- jm. *Mut* machen : (누구)에게 용기를 내게 하다
  Seine Worte *machten* mir wieder *Mut*. 그의 말은 나에게 다시 용기를 주었다.
- guten (gutes) *Mutes* sein : 기분이 좋다
  Heute *bin* ich *guten Mutes*.
  (=Heute bin ich guter Laune[2].) 오늘 나는 기분이 좋다.

mutig [múːtɪç] 形 용기 있는 (tapfer) (↔feig)
Er ist ein *mutiger* Mensch. 그는 용기 있는 사람이다.
Er hat *mutig* gehandelt. 그는 용감하게 행동했다.

die **Mutter** [mútər] -/⸗ 어머니
Meine *Mutter* ist eine gläubige Christin. 나의 어머니는 신앙심이 두터운 기독교인이다.
Die Tochter ist (sieht) ihrer *Mutter*[3] sehr ähnlich. 그 딸은 자기 어머니를 많이 닮았다.

die **Muttersprache** [mútərʃpraːxə] -/-n 모국어
Unsere *Muttersprache* ist Koreanisch, aber wir lernen Deutsch als Fremdsprache. 우리의 모국어는 한국어이지만 우리는 독일어를 외국어로서 배우고 있다.
Er spricht jetzt Französisch, aber seine *Muttersprache* ist Englisch. 그는 지금 프랑스어를 말하지만 그의 모국어는 영어다.

N

nach [na:x] 前 《3격》 ① 《장소》 ~을 향하여 ② 《시간》 ~후에 ③ 〈보통 명사 뒤에서〉 ~에 의하면

Ich gehe jetzt *nach* Hause. 나는 지금 집으로 간다.

Wir fahren morgen *nach* München. 우리는 내일 뮌헨으로 간다.

Unser Haus liegt (geht) *nach* Süden. 우리 집은 남향이다.

Gehen wir *nach* dem Essen spazieren! 식사 후 산보 합시다!

Wir trafen uns⁴ *nach* langer Zeit wieder. 우리는 오랜 후에 다시 만났다.

Meiner Meinung³ *nach* (*Nach* meiner Meinung) hast du recht. 내 생각으로는 네가 옳다.

Seinem Brief *nach* (*Nach* seinem Brief) kommt er morgen hier an. 그의 편지에 의하면 그는 내일 이곳에 도착한다.

- jn. nur dem Namen *nach* kennen : (누구)를 이름만 알고 있다

  Ich *kenne* ihn *nur dem Namen nach.*

  (=Er ist mir nur dem Namen *nach* bekannt.) 나는 그를 이름만 알고 있다.

- *nach* und *nach* (=allmählich) : 점차로, 차츰

  Der Zustand des Patienten besserte sich⁴ *nach und nach.* 그 환자의 용태는 점차 회복되어 갔다.

- *nach* wie vor : 전과 다름없이, 여느 때와 같이

  Er besucht uns *nach wie vor.* 그는 전과 다름없이 우리를 방문한다.

- einer *nach* dem ander[e]n : 한 사람씩 차례차례로

  Einer nach dem anderen verließ den Saal. 한 사람씩 차례차례로 홀을 떠났다.

nach|ahmen [ná:x-a:mən] 他 모방하다, 흉내내다 (nachmachen)

Sie *ahmte* ihn *nach.* 그녀는 그의 흉내를 내었다.

Er *ahmt* den Gang (die Stimme) des Lehrers *nach.* 그는 선생님의 걸음걸이(목소리)를 흉내낸다.

der **Nachbar** [náxba:r] -s, -n/-n 이웃 사람

Er spricht mit dem *Nachbar*[*n*]. 그는 이웃 사람과 이야기를 한다.

Meine *Nachbarn* sind alle gute Leute. 나의 이웃 사람들은 모두 좋은 사람들이다.

nachdem [naːxdéːm] 接 《종속》 ① …한 후에 (↔bevor) ② 〈je nachdem …의 형으로〉 …에 따라서

Nachdem er gegessen hatte, schlief er ein. 그는 식사를 한 후에 잠이 들었다.

Nachdem er angekommen war, begann es zu regnen. 그가 도착한 후에 비가 오기 시작했다.

Je nachdem ich Zeit habe, lese ich mehr oder weniger. 시간 여하에 따라서 나의 독서는 증감된다.

Es ist gut oder schlecht, *je nachdem* wie man es ansieht. 그것은 어떻게 보느냐에 따라서 좋기도 하고 나쁘기도 하다.

nach|denken [náːxdɛŋkən] dachte nach, nachgedacht 自 〈über et.⁴을〉 숙고(熟考)하다

Dar*über dachte* er lange *nach*. 그것을 그는 오랫동안 심사 숙고하였다.

Ich habe lange *über* das Problem *nachgedacht*, ohne eine Lösung zu finden. 나는 오랫동안 그 문제를 숙고하였지만 해결책을 찾지 못했다.

nachher [naːxhéːr, náːxheːr] 副 그 후에, 나중에 (↔vorher)

Zuerst mache ich die Hausaufgaben, *nachher* sehe ich fern. 먼저 나는 숙제를 하고 그 후에 텔레비전을 본다.

Hast du ihn auch *nachher* gesehen? 너는 그를 그 후에도 보았니?

Ich will es dir *nachher* erzählen. 나는 그것을 너에게 나중에 이야기 하겠다.

Darüber wollen wir *nachher* sprechen! 그것에 대해서는 나중에 이야기 합시다!

bald *nachher* 그 후 곧

der **Nachmittag** [náːxmɪtaːk] -[e]s/-e 오후 (↔der Vormittag)

Er verbrachte den *Nachmittag* in der Bibliothek. 그는 오후를 도서관에서 보냈다.

Er kam spät am *Nachmittag* (am späten *Nachmittag*). 그는 오후 늦게 왔다.

Heute *nachmittag* bin ich zu Hause. 오늘 오후에 나는 집에 있다.

Sie ist gestern *nachmittag* abgereist. 그녀는 어제 오후에 여행을 떠났다.

Sie kommt Samstag *nachmittag*[s]. 그녀는 토요일 오후에 온다.

nachmittags [náːxmɪtaːks] 圖 오후에 (↔vormittags)
  Ich bin *nachmittags* meistens im Büro. 나는 오후에는 대개 사무실에 있다.
  Er kommt um 2 Uhr *nachmittags*. 그는 오후 2시에 온다.
  Mittwoch *nachmittag*[s] (=mittwochs *nachmittags*) 수요일 오후에

die **Nachricht** [náːxrɪçt] -/-en ① 통지, 소식 ② 《보통 복수로》 (신문·라디오 따위의) 뉴스
  Sie erhielt heute eine frohe *Nachricht*. 그녀는 오늘 기쁜 소식을 받았다.
  Ich habe eine gute *Nachricht* für Sie. 당신에게 좋은 소식이 있읍니다.
  Ich habe keine *Nachricht* von ihm erhalten. 나는 그에게서 아무 소식도 받지 못했다.
  Ich warte schon lange auf die *Nachricht*. 나는 이미 오래 전부터 소식을 기다리고 있다.
  Keine *Nachricht*, gute *Nachricht*. 《Sprw》 무소식이 희소식이다.
  Wir hörten im Radio (Rundfunk) die *Nachrichten*. 우리는 라디오에서 뉴스를 들었다.
  Wir hörten in den *Nachrichten* von dem gestrigen Unfall. 우리는 뉴스로 어제의 사고에 관하여 들었다.

nach|sehen [náːxzeːən] sah nach, nachgesehen 1. 圓 ① 〈jm.를〉 전송하다 ② 확인해 보다 2. 他 검사·조사하다
  Ich *sah* ihr *nach*, bis sie verschwand. 나는 그녀의 모습이 사라질 때까지 그녀를 전송했다.
  Ich will *nachsehen*, wann der nächste Zug abfährt. 다음 기차는 언제 출발하는지 내가 알아보겠다.
  Sieh nach, wer da ist! 거기에 누가 있나 가 보아라!
  Der Lehrer *sah* unsere Schulaufgaben *nach*. 선생님은 우리의 숙제를 검사하셨다.

nächst [nɛːçst] 形 〈nah[e]의 최상급〉 ① 가장 가까운 ② 바로 다음의
  Ist das der *nächste* Weg zum Bahnhof? 그것이 역으로 가는 가장 가까운 길입니까?
  Er ist unser *nächster* Verwandter. 그는 우리의 가장 가까운 친척이다.
  Der Brief kam am *nächsten* Morgen. 편지는 다음 날 아침에 왔다.
  Am *nächsten* Samstag machen wir einen Ausflug. 다음 토

요일에 우리는 소풍을 간다.

Nächstes (Das *nächste*) Mal⁴ will ich dich besuchen. 다음 번에 나는 너를 방문하겠다.

[am] *nächsten* Mittwoch 다음 수요일에
am *nächsten* (folgenden) Tag 그 다음 날
in der *nächsten* Woche (=*nächste* Woche⁴) 다음 주에
im *nächsten* Monat (=*nächsten* Monat⁴) 다음 달에
im *nächsten* Jahr (=*nächstes* Jahr⁴) 내년에

die **Nacht** [naxt] -/¨e [nɛçtə] 밤 (↔der Tag)

Es wird *Nacht*. 밤이 된다(날이 저문다).

Er kam spät in der *Nacht* (spät nachts) nach Hause. 그는 밤 늦게 집으로 왔다.

Er arbeitete bis tief in die *Nacht* hinein. 그는 밤 늦게까지 일했다.

Ich habe die ganze *Nacht*⁴ nicht geschlafen. 나는 밤새도록 잠을 자지 못했다.

Heute *nacht* hat es geschneit. 간밤에 눈이 왔다.

Gute *Nacht*! 안녕히 주무세요! 안녕히!(밤에 헤어질 때)

Die *Nächte* werden kürzer (länger). 밤이 짧아(길어)진다.

Die *Nächte* (Die Tage) sind kürzer geworden. 밤(낮)이 짧아졌다.

in der *Nacht* (=bei *Nacht*) 밤에
spät in der *Nacht* (=in später *Nacht*; spät nachts) 밤 늦게
tief (mitten) in der *Nacht* 한밤중에, 심야에
bis tief in die *Nacht* [hinein] (=bis in die tiefe *Nacht*) 깊은 밤중까지, 밤 늦게까지
über *Nacht* (=die *Nacht* über) 밤 사이에, 하룻밤 사이에
die ganze *Nacht*⁴ [hindurch] 밤새도록
jede *Nacht*⁴ 매일 밤
eines *Nachts* 어느 날 밤에
heute *nacht* (=diese *Nacht*⁴) 오늘 밤에 ; 어제 밤에

der **Nachteil** [náːxtaɪl] -[e]s/-e ① 불리, 손해 (↔der Vorteil) ② 단점

●im *Nachteil* (Vorteil) sein : 불리한(유리한) 입장에 있다
Du *bist* ihr gegenüber *im Nachteil*. 너는 그녀에 비하여 불리(不利)하다.

Das kann ein *Nachteil* für dich sein. 그것은 너에게 손해일 수도 있다.

Das ist dein *Nachteil*. 그것이 너의 단점이다.

nachts [naxts] 副 밤에

Er kam um 12 Uhr *nachts* (*nachts* gegen 12 Uhr) nach Hause. 그는 밤 12시에 (밤 12시경에) 집으로 왔다.

Es tut mir sehr leid, daß ich Sie so spät *nachts* anrufe. 이렇게 밤 늦게 전화를 걸어서 대단히 죄송합니다.

bis *nachts* um eins (ein Uhr) 밤 1시까지

nackt [nakt] 形 벌거벗은

Er zog sich⁴ *nackt* aus. 그는 벌거벗었다.

Er arbeitete mit *nacktem* Oberkörper. 그는 상반신을 벗은 채 일했다.

Frieren Sie nicht mit Ihren *nackten* Armen? 당신은 팔을 들어내 놓고도 춥지 않습니까?

mit *nackten* (bloßen) Füßen 맨 발로
mit *nackten* (bloßen) Augen 육안(肉眼)으로

die **Nadel** [ná:dəl] -/-n 바늘

Sie fädelte den Faden in die *Nadel*. 그녀는 실을 바늘에 꿰었다.

Er hat sich⁴ mit der *Nadel* in den Finger gestochen. 그는 바늘로 손가락을 찔렀다.

der **Nagel** [ná:gəl] -s/¨ ① 손(발)톱 ② 못

• sich³ die *Nägel* schneiden : 손톱을 깎다
 Ich *schnitt* mir die *Nägel*. 나는 손톱을 깎았다.

Sie lackierte sich³ ihre *Nägel* rot. 그녀는 자기 손톱을 빨갛게 칠했다.

Er schlägt (haut) einen *Nagel* in die Wand. 그는 벽에 못을 박는다.

Darf man in diese Wand einen *Nagel* schlagen? 이 벽에 못을 박아도 괜찮습니까?

Er zog den *Nagel* heraus. 그는 못을 뽑아 내었다.

nah[e] [ná:(ə)] näher, nächst [nɛ:çst] 形 가까운 (↔fern)

Dorthin ist es *nahe*. 그곳까지는 가깝다.

Er wohnt *nahe* am (beim) Bahnhof. 그는 역(驛) 가까이에 살고 있다.

Er kam dem Hause *nahe*. 그는 집 가까이 왔다.

Kommen Sie *näher*! 좀 더 가까이 오십시오!

Ich bin mit ihm *nahe* (fern) verwandt. 나는 그와 가까운 (먼) 친척이다.

Er ist ein *naher* Verwandter von uns. 그는 우리의 가까운 친척이다.

• von *nah* und fern : 원근(遠近)에서
 Von nah und fern sammelten sie sich⁴ auf dem Platz.

원근에서 그들은 광장에 모였다.

die Nähe [nέ:ə] -/ 가까움, 가까운 곳 (↔die Ferne)
- in der *Nähe* (Ferne) : 가까운 곳(먼 곳)에
  Er wohnt ganz *in* unserer *Nähe*. 그는 바로 우리 이웃에 살고 있다.
- aus der *Nähe* (Ferne) : 가까운 곳(먼 곳)에서
  Ich sah den Präsidenten *aus der Nähe*. 나는 대통령을 가까이에서 보았다.

nähen [nέ:ən] 他自 꿰매다, 바느질하다
- Knöpfe an ein Kleid *nähen* : 옷에 단추를 달다
  Sie *näht Knöpfe ans* Hemd. 그녀는 샤쓰에 단추를 단다.
  Haben Sie diese Bluse selbst *genäht*? 당신은 이 블라우스를 직접 바느질 했읍니까?
  Sie kann sehr gut *nähen*. 그녀는 바느질 솜씨가 매우 좋다.

nähern [nέ:ərn] 再 〈sich⁴ et.³에〉 가까이 가다(오다)
Er *näherte sich* ihr. 그는 그녀에게 가까이 갔다.
Wir *näherten uns* dem Ziel. 우리는 목적지에 가까이 왔다.

die Nahrung [ná:ruŋ] -/-en 양분(養分), 음식물
- *Nahrung* zu sich nehmen : 영양분을 섭취하다
  Ich *nehme* genug *Nahrung zu mir*. 나는 충분한 영양분을 섭취한다.
  pflanzliche (tierische) *Nahrung* 식물성(동물성) 음식
  feste (flüssige) *Nahrung* 단단한(무른) 음식

der Name [ná:mə] -ns/-n 이름
Wie ist Ihr *Name*? — Mein *Name* ist Schmidt.
(=Wie heißen Sie? — Ich heiße Schmidt.) 당신의 이름은 무엇입니까? — 나의 이름은 슈미트입니다.
- jn. nur dem *Namen* nach kennen : (누구)를 이름만 알고 있다
  Ich *kenne* ihn *nur dem Namen nach*.
  (=Er ist mir nur dem *Namen* nach bekannt.) 나는 그를 이름만 알고 있다.
- sich³ einen *Namen* machen : 명성을 떨치다
  Er hat *sich* als Maler *einen* großen *Namen gemacht*. 그는 화가로서 크게 명성을 떨쳤다.

nämlich [nέ:mliç] 1. 形 동일한 (gleich) 2. 副 ① 즉, 자세히 말하면 (das heißt) ② 그 까닭은 (denn)
Er trägt das *nämliche* (gleiche) Kleid wie ich. 그는 나와 같은 옷을 입고 있다.
Er sagt immer das *nämliche*. 그는 항상 같은 말을 한다.

Er hat drei Kinder, *nämlich* zwei Söhne und eine Tochter. 그는 자녀가 셋이다. 즉, 아들이 둘이고 딸이 하나다.
Er ließ sich⁴ nicht sehen, er war *nämlich* krank. 그는 모습을 나타내지 않았다. 그는 병이었기 때문이다.

der **Narr** [nar] -en/-en 바보 (der Dummkopf, der Tor)
Ich bin ein *Narr*, daß ich ihm vertraue! 그를 믿다니 내가 바보다.
Du *Narr* (Tor)! 이 바보야!
- jn. zum *Narren* halten (haben) : (누구)를 바보 취급하다
Er *hielt* (*hatte*) mich *zum Narren*. 그는 나를 바보 취급 했다.

die **Nase** [náːzə] -/-n 코
Wir atmen durch die *Nase*. 우리는 코를 통해 숨쉰다.
Wir riechen mit der *Nase*. 우리는 코로 냄새 맡는다.
Er hat eine gute (feine) *Nase*. 그는 냄새를 잘 맡는다.
Die *Nase* läuft. 코가 나온다.
Mir blutet die *Nase*. 나는 코피가 난다.
- sich³ die *Nase* putzen : 코를 풀다
Er *putzte sich die Nase*. 그는 코를 풀었다.
Hans, *putz dir die Nase*! 한스, 코를 풀어라!

naß [nas] nässer, nässest; nasser, nassest 形 젖은 (↔trocken)
Das Tuch ist *naß*. 수건이 축축하다.
mit *nassen* Augen 눈에 눈물을 머금고
- *naß* werden : 젖다
Seine Kleider *wurden* im Regen ganz (durch und durch) *naß*. 그의 옷은 비에 완전히 (흠뻑) 젖었다.

die **Nation** [natsióːn] -/-en 국민 (das Volk); 국가 (der Staat)
die koreanische (deutsche) *Nation* 한국(독일) 국민
die europäischen *Nationen* 유럽 국가들
die Vereinten *Nationen* 국제 연합

national [natsionáːl] 形 국민의, 국가의
die *nationale* Kultur 국민(민족) 문화
das *nationale* Bewußtsein 국가 의식
das *National*gefühl 국민 감정
die *National*bibliothek 국립 도서관

die **Natur** [natúːr] -/-en ① 《복수 없음》 자연 ② 천성, 성질
Wir beobachten die *Natur*. 우리는 자연을 관찰한다.
Zurück zur *Natur*! 《Rousseau》 자연으로 돌아가라!
Ich war draußen in der freien *Natur* (im Freien). 나는 야외(野外)에 있었다.

Gewohnheit ist eine zweite *Natur*. 《Sprw》 습관은 제2의 천성이다.

Er hat eine glückliche *Natur*. 그는 낙천적인 성격이다.

● von *Natur* (=von Haus aus) : 원래, 천성적으로
Er ist *von Natur* ängstlich. 그는 원래 겁이 많다.

natürlich [natýːrlıç] 1. 形 ① 자연의 (↔künstlich) ② 당연한 2. 副 물론 (freilich, selbstverständlich)

Das ist eine *natürliche* Erscheinung. 그것은 자연현상이다.

Das ist sein ganz *natürliches* Verlangen. 그것은 그의 지극히 당연한 요구이다.

Gehst du auch? — Ja, *natürlich*! 너도 가니? — 그럼, 물론이지!

Du hast *natürlich* wieder keine Zeit. 너는 물론 또 시간이 없겠지.

der **Nebel** [néːbəl] -s/- 안개

Über der Stadt hängt (liegt) dichter *Nebel*. 도시에는 짙은 안개가 끼어 있다.

Bei *Nebel* müssen die Autofahrer besonders vorsichtig fahren. 안개가 끼었을 때는 자동차 운전자는 특히 주의하여 운전해야 한다.

neben [néːbən] 前 《3·4격》〈정지의 위치 또는 운동의 장소를 나타내는 경우는 3격 지배, 운동의 방향을 나타내는 경우는 4격 지배〉 ~곁에(3격), ~곁으로(4격)

Er saß (stand) *neben* mir. 그는 내 곁에 앉아(서) 있었다.

Wir wohnen *neben* der Schule. 우리 집은 학교 곁에 있다.

Er ging *neben* ihr. 그는 그녀와 나란히 걸어갔다.

Er setzte (stellte) sich⁴ *neben* mich. 그는 내 옆에 앉았다 (섰다).

Darf ich mich *neben* Sie setzen? 당신 옆에 앉아도 괜찮겠읍니까?

nebeneinander [neːbən-aınándər] 副 서로 나란히

Wir gingen *nebeneinander*. 우리는 나란히 걸어갔다.

Die Kinder standen *nebeneinander*. 아이들은 나란히 서 있었다.

der **Neffe** [nέfə] -n/-n 조카 (↔die Nichte)

Er ist mein *Neffe*. 그는 나의 조카다.

Sie verlobte sich⁴ neulich mit meinem *Neffen*. 그녀는 최근에 나의 조카와 약혼했다.

Der Sohn des Bruders oder der Schwester heißt *Neffe*. 형제나 자매의 아들은 조카라고 한다.

nehmen [néːmən] nahm, genommen; du nimmst, er nimmt
他 ① 잡다(fassen) ② 받다(bekommen) ③ (음식물을) 먹다
④ 〈jm.에게서 et.⁴ 을〉 빼앗다 ⑤ (…으로) 여기다, 생각하다
- jn. bei (an) der Hand *nehmen*: (누구)의 손을 잡다
  Er *nahm* (faßte) mich *bei der Hand*. 그는 내 손을 잡았다.
Er *nahm* den Hut in die Hand. 그는 모자를 손에 쥐었다.
Sie *nahm* (bekam) zwei Wochen⁴ Urlaub. 그녀는 2주간의 휴가를 받았다.
Ich *nahm* das Geld von ihm. 나는 그 돈을 그에게서 받았다.
Er *nahm* sein Frühstück im Hotel. 그는 호텔에서 아침 식사를 했다.
Er *nahm* die Medizin.
(=Er *nahm* Arznei [ein].) 그는 약을 복용했다.
Er hat es mir *genommen*. 그는 그것을 나에게서 빼앗았다.
Sie *nahm* mir das Buch aus der Hand. 그녀는 내 손에서 책을 빼앗았다.
Du *nimmst* das zu leicht. 너는 그것을 너무 가볍게(경솔하게) 생각한다.

der **Neid** [naɪt] -[e]s/ 질투, 부러워함
- aus *Neid* gegen jn. : (누구)에게 질투가 나서
  Sie tat es *aus Neid gegen* mich. 그녀는 나에게 질투가 나서 그렇게 했다.
Sie wurde blaß vor *Neid*³. 그녀는 질투로 얼굴이 창백해졌다.
Sie ist von *Neid* erfüllt. 그녀는 질투심에 가득 차 있다.
Sein neuer Wagen erregte den *Neid* seiner Freunde. 그의 새 차(車)는 그의 친구들의 부러움을 샀다.

neigen [náɪgən] 1. 他 기울이다 2. 再 《sich⁴》 ① 기울다 ② 허리를 굽히다
Er *neigte* grüßend den Kopf. 그는 머리를 숙여 인사했다.
Das Haus ist zur Seite *geneigt*. 집이 옆(한 쪽)으로 기울어져 있다.
Der Baum *neigte sich*. 나무가 기울었다.
Die Sonne (Der Tag) *neigt sich*. 해가 진다.
Die Zweige *neigten* (beugten) *sich* zur Erde. 나뭇가지들이 땅으로 휘어졌다.
Sein Leben *neigt sich* zum Ende. 그의 생애는 종말에 가까와지고 있다.
- sich⁴ vor jm. *neigen* : (누구)에게 절하다
  Sie *neigte sich vor* ihm. 그녀는 그에게 절을 했다.

- zu et. *neigen* : (무엇)의 경향이 있다

  Er *neigt zur* Verschwendung. 그는 낭비성이 있다.

  Du *neigst* dazu, leicht allen³ zu vertrauen. 너는 쉽게 아무나 믿는 경향이 있다.

nein [naɪn] 副 아니오 (↔ja)

  Hast du es gesehen? — *Nein*. 너는 그것을 보았니? — 아니 (보지 않았다).

  Hast du es nicht gesehen? — *Nein*. 너는 그것을 보지 않았니? — 그래 (보지 않았다).

  Hast du Hunger? — *Nein*, ich habe gar keinen Hunger. 너는 배가 고프니? — 아니, 나는 전혀 배고프지 않다.

  Hast du keinen Hunger? — *Nein*, ich habe gar keinen Hunger. 너는 배가 고프지 않니? — 그래, 나는 전혀 배고프지 않다.

  Er antwortete mit *nein* (ja). 그는 아니라고(그렇다고) 대답했다.

nennen [nέnən] nannte, genannt 他 ① 〈jn.를 et.⁴라고〉 부르다 ② 〈jn.의〉 이름을 말하다

  Sokrates *nennt* man mit Recht den Weisen. 소크라테스를 현인(賢人)이라고 부르는 것은 지당하다.

  Man *nannte* ihn einen Schwindler. 사람들은 그를 사기군이라고 불렀다.

  Er hat den Täter nicht *genannt*. 그는 범인의 이름을 말하지 않았다.

  Ich kann dir den Namen nicht *nennen*. 나는 너에게 그 이름을 말할 수 없다.

der **Nerv** [nɛrf] -s/-en [nέrfən, nέrvən] 신경

  Er hat *Nerven*. 그는 신경 과민이다.

  Sie hat empfindliche *Nerven*. 그녀는 신경이 예민하다.

- jm. auf die *Nerven* fallen (gehen) : (누구)를 신경질나게 하다

  Der Lärm auf der Straße *fällt* mir *auf die Nerven*.

  (=Der Lärm auf der Straße macht mich nervös.) 거리의 소음이 나를 신경질나게 한다.

nervös [nɛrvǿːs] 形 신경질적인 ; 신경성의

  Er ist ein *nervöser* Mensch. 그는 신경질적인 사람이다.

  Der Lärm macht mich ganz *nervös*. 소음은 나를 아주 신경질나게 한다.

  Deine Krankheit ist rein *nervös*. 너의 병은 순전히 신경성이다.

das **Nest** [nɛst] -es/-er (새의) 둥지
  Auf dem *Nest* sitzt ein Vogel. 둥지 위에 새 한 마리가 앉아 있다.
  Die Vögel bauen ihr *Nest* in den Zweigen. 새들이 나뭇가지에 둥지를 짓는다.
nett [nɛt] 形 귀여운, 사랑스러운 ; 친절한 (freundlich)
  Sie ist ein *nettes* Mädchen. 그녀는 귀여운 아가씨다.
  Er ist ein *netter* Mensch. 그는 재미있는 사람이다.
  Er war sehr *nett* (freundlich) zu uns. 그는 우리에게 매우 친절했다.
  Das ist sehr *nett* (freundlich) von Ihnen! 친절을 베풀어 주셔서 감사합니다!
das **Netz** [nɛts] -es/-e 그물
  Sie fangen Fische mit dem (im) *Netz*. 그들은 그물로 고기를 잡는다.
  Der Fisch ging ins *Netz*. 고기가 그물 속으로 들어갔다.
neu [nɔy] 形 새로운 (↔alt)
  Das Kleid ist ganz *neu*. 그 옷은 아주 새것이다.
  Viel Glück zum *neuen* Jahr! 새해 복 많이 받으세요!
  Er ist noch *neu* in der Sache. 그는 아직 그 일에 미숙하다.
  Das ist mir *neu*. 그것은 나에게는 초문이다.
  Was gibt es *Neues*? 무슨 새로운 일이 있니?
  Gibt es etwas *Neues* in der Zeitung? 신문에 어떤 새로운 것이 있니?
  ● von *neuem* (=aufs *neue*) : 새로
    Er begann die Arbeit (mit der Arbeit) *von neuem*. 그는 일을 새로 시작했다.
die **Neugier** [nɔ́ygiːr] -/ 호기심
  ● aus *Neugier* : 호기심에서
    Er tat es *aus* reiner *Neugier*. 그는 그것을 순전히 호기심에서 했다.
  Wir betrachteten das Kind mit *Neugier*. 우리는 그 아이를 호기심있게 관찰했다.
neugierig [nɔ́ygiːrɪç] 形 호기심이 있는
  Er ist ein *neugieriges* Kind. 그는 호기심이 많은 아이다.
  ● jn. *neugierig* machen : (누구)의 호기심을 돋구다
    Das *machte* mich *neugierig*. 그것은 나의 호기심을 돋구었다.
  ● auf et.⁴ *neugierig* sein : (무엇)을 알고·듣고·보고 싶어하다

Ich bin *auf* den Erfolg *neugierig*. 나는 그 결과를 알고 싶다.

das **Neujahr** [nɔ́yjaːr, nɔyjáːr] -[e]s/-e 새해
  Prosit *Neujahr*!
  (=Viel Glück zum neuen Jahr!) 새해 복 많이 받으세요!
  Wie feiert man *Neujahr* in Deutschland? 독일에서는 새해를 어떻게 지냅니까?

neulich [nɔ́ylıç] 副 최근에, 요즈음 (kürzlich)
  Er hat *neulich* ein Haus gekauft. 그는 최근에 집을 샀다.
  Sie sagte mir erst *neulich*, daß sie verheiratet sei. 그녀는 결혼했다는 것을 요즈음에야 나에게 말했다.

neun [nɔyn] 数 9
  Neun und eins ist zehn. 9+1=10
  Neun weniger zwei ist sieben. 9−2=7
  Neun [geteilt] durch drei ist drei. 9÷3=3
  *Neun*mal vier ist sechsunddreißig. 9×4=36

  neunzehn [nɔ́yntseːn] 数 19
  neunzig [nɔ́yntsıç] 数 90

nicht [nıçt] 副 …않다, …아니다
  Ich liebe ihn *nicht*. 나는 그를 사랑하지 않는다.
  Ich bin *nicht* krank. 나는 아프지 않다.
  Ich habe das Buch noch *nicht* gelesen. 나는 그 책을 아직 읽지 않았다.
  Ich bin heute abend *nicht* zu Hause. 나는 오늘 저녁에는 집에 없다.
  Es ist *nicht* alles Gold, was glänzt. 《Sprw》 번쩍이는 것이 모두 금은 아니다.
  ● *nicht* …, sondern … : …이 아니고 …이다
    Er kommt *nicht* heute, *sondern* morgen. 그는 오늘 오지 않고 내일 온다.
  ● *nicht* nur …, sondern [auch] … : …뿐만 아니라 …도
    Diese Ware ist *nicht nur* gut, *sondern auch* billig. 이 상품은 질이 좋을 뿐만 아니라 값도 싸다.

die **Nichte** [nıçtə] -/-n 질녀 (↔der Neffe)
  Sie ist meine *Nichte*. 그녀는 나의 질녀다.
  Ich habe einen Neffen und zwei *Nichten*. 나는 조카 하나와 질녀가 둘 있다.
  Die Tochter des Bruders oder der Schwester heißt *Nichte*. 형제나 자매의 딸은 질녀라고 한다.

nichts [nıçts] 代 《부정》 아무것도 …않다, 무(無)

Ich weiß *nichts* davon. 나는 그것에 관해 아무것도 모른다.
Ich habe lange *nichts* von ihr gehört. 나는 오랫동안 그녀에게서 아무 소식도 듣지 못했다.
In der Zeitung steht *nichts* Besonderes. 신문에는 특별한 것이 아무것도 실려 있지 않다.
Aus *nichts* wird *nichts*. 《Sprw》 무(無)에서는 아무것도 생기지 않는다.

nicken [níkən] 圓 (긍정·신호·인사의 표시로) 끄덕이다
- mit dem Kopf *nicken* : 머리를 끄덕이다
  Er *nickte* mit dem Kopf. 그는 머리를 끄덕였다.
  Sie begrüßte mich, indem sie kurz *mit dem Kopf nickte*. 그녀는 가볍게 머리를 숙이면서 나에게 인사했다.

nie [ni:] 團 결코(한번도) …않다 (keineswegs, niemals)
Ich werde es *nie* vergessen. 나는 그것을 결코 잊지 않을 것이다.
Ich tue es *nie* wieder. 나는 그것을 다시는 하지 않는다.
Ich war noch *nie* in Chejudo. 나는 아직 한번도 제주도에 가 본 적이 없다.
Ich habe noch *nie* einen so schönen Garten gesehen. 나는 이렇게 아름다운 정원을 아직 한번도 본 적이 없다.

nieder [ní:dər] 1. 形 낮은 (niedrig) (↔hoch) 2. 團 아래로 (↔empor)
Er ist ein *niederer* Beamter. 그는 하급 공무원이다.
Die Sonne ist schon *nieder*.
(=Die Sonne ist schon untergegangen.) 해는 벌써 졌다.
- auf und *nieder* (=auf und ab) : 아래 위로, 이리저리
  Er ging im Zimmer *auf und nieder* (hin und her). 그는 방 안에서 왔다갔다 했다.

niedrig [ní:drɪç] 形 낮은 (↔hoch)
Sie trägt Schuhe mit *niedrigen* (hohen) Absätzen. 그녀는 굽이 낮은(높은) 구두를 신고 있다.
Er bekommt einen *niedrigeren* (höheren) Lohn als ich. 그는 나보다 낮은(높은) 임금(賃金)을 받고 있다.
Das Flugzeug flog *niedrig*. 비행기는 낮게 날았다.
Hänge das Bild *niedriger*! 그림을 좀 더 낮게 걸어라!

niemals [ní:ma:ls] 團 결코(한번도) …않다 (nie, keineswegs)
Ich will dich *niemals* wiedersehen. 나는 너를 다시는 만나지 않겠다.
Ich habe ihn noch *niemals* gesehen. 나는 그를 아직 한번도 본 적이 없다.

Besser spät als *niemals*. 《Sprw》 늦어도 안하는 것보다는 낫다.

niemand [níːmant] 代 《부정》 -[e]s², -[em]³, -[en]⁴ 아무도 …않다

Es ist *niemand* im Hause. 집 안에는 아무도 없다.

Es hatte geklopft, aber es war *niemand* draußen. 노크 소리가 났지만 밖에는 아무도 없었다.

Niemand anders als du kann es tun. 너 이외의 다른 아무도 그것을 할 수 없다.

Du darfst es *niemand*[*em*] sagen. 너는 그것을 아무에게도 말해서는 안 된다.

nimmer [nímər] 副 결코 …않다 (nie und nimmer)

Er kam *nimmer* wieder. 그는 다시는 오지 않았다.

Dich zu verletzen war *nie und nimmer* meine Absicht. 너의 감정을 상하게 한 것은 결코 나의 본의가 아니었다.

nirgends [nírgənts] 副 아무데도 …않다

Er ist *nirgends* zu finden.
(=Man kann ihn *nirgends* finden.) 그는 아무데도 보이지 않는다.

Ich habe ihn *nirgends* gesehen. 나는 그를 아무데서도 보지 못했다.

noch [nɔx] 副 ① 아직 ② 또, 또한 ③ 〈비교급과〉 더욱

Wir haben *noch* Zeit.
(=Es ist *noch* Zeit.) 우리는 아직 시간이 있다.

Ich habe ihn *noch* nicht gesehen. 나는 그를 아직 보지 못했다.

Herr Ober, *noch* ein Glas Bier! 웨이터, 맥주 한 잔 더!

Sage es mir *noch* einmal! 그것을 내게 한 번 더 말해 다오!

Sie ist zwar schön, aber ihre Schwester ist *noch* schöner. 그녀도 아름답기는 하지만 그녀의 누이는 더 아름답다.

Die Stadt ist *noch* größer, als ich dachte. 그 도시는 내가 생각한 것보다 더 크다.

● *noch* immer (=immer *noch*) : 여전히
Er ist *noch immer* krank. 그는 여전히 아프다.

● weder … *noch* … : …도 …도 아니다
Ich habe *weder* Zeit *noch* Geld. 나는 시간도 돈도 없다.

der **Norden** [nɔ́rdən] -s/ 북(北) (↔der Süden)

Mein Zimmer liegt (geht) nach *Norden*. 내 방은 북향이다.

Der Wind kommt von *Norden*. 바람이 북쪽에서 불어온다.

Er blickt gegen (nach) *Norden*. 그는 북쪽을 바라본다.

Er lebt im *Norden* Deutschlands. 그는 독일의 북부에 살고 있다.

nördlich [nœrtlıç] 形 **북쪽의** (↔südlich)

Kiel liegt im *nördlichen* Teil von Deutschland. (=Kiel liegt im Norden Deutschlands.) 키일은 독일의 북부에 있다.

Sie wohnt *nördlich* von Seoul. 그녀는 서울의 북쪽에 살고 있다.

die **Not** [no:t] -/¨e ① 곤란, 곤경 ② 필요, 절박

- in *Not*³ sein : 곤경에 처해 있다
  Immer, wenn ich *in Not war*, half er mir. 내가 곤경에 처해 있을 때는 언제나 그가 나를 도와 주었다.

- in *Not*⁴ geraten : 곤경에 빠지다
  Er war *in Not geraten*. 그는 곤경에 빠졌다.

- jn. aus der *Not* retten : (누구)를 곤경에서 구해내다
  Er *rettete* sie *aus der Not*. 그는 그녀를 곤경에서 구해 내었다.

- mit Mühe und *Not* : 간신히
  Er hat *mit Mühe und Not* das Examen⁴ bestanden. 그는 간신히 시험에 합격했다.

- ohne *Not* : 필요도 없이
  Ohne Not tue ich das nicht. 필요 없이 나는 그것을 하지 않는다.

- aus *Not* : 부득이
  Ich habe es *aus Not* getan. 나는 부득이해서 그것을 했다.

die **Note** [nó:tə] -/-n ① 《복수로》 악보 ② 점수 (die Zensur)

- nach *Noten* spielen (singen) : 악보를 보고 연주하다(노래하다)
  Ich kann nur *nach Noten spielen*. 나는 악보를 봐야만 연주할 수 있다.

- eine gute (schlechte) *Note* bekommen : 좋은(나쁜) 점수를 받다
  In der Schule hat er immer *gute Noten bekommen*. 학교에서 그는 항상 좋은 점수를 받았다.

nötig [nó:tıç] 形 **필요한** (erforderlich) (↔unnötig)

Er hat die *nötigen* Schulbücher gekauft. 그는 필요한 교과서를 샀다.

Er ist hier *nötig*. 그는 여기에서 필요한 사람이다.

Deine Hilfe ist gar nicht *nötig*. 너의 도움은 전혀 필요치 않다.

Wenn *nötig*, helfe ich dir. 필요하다면 나는 너를 돕겠다.
- et.⁴ *nötig* haben : (무엇)을 필요로 하다
  Ich *habe* Geld *nötig*. 나는 돈이 필요하다
  Wenn Sie etwas *nötig haben*, sagen Sie es mir! 무엇이든 필요한 것이 있으면 저에게 말씀해 주십시오!

notwendig [nóːtvɛndɪç, noːtvɛ́ndɪç] 形 필연적인, 꼭 필요한
Ich brauche es *notwendig*. 나는 그것이 꼭 필요하다.
Ich halte es für *notwendig*. 나는 그것이 꼭 필요하다고 생각한다.
Alle *notwendigen* Maßnahmen wurden getroffen. 모든 필요한 조처는 취해졌다.

die **Novelle** [novélə] -/-n 단편 소설
Er liest eine (in einer) *Novelle*. 그는 단편 소설을 읽고 있다.
Ich lese jetzt die *Novelle* von Hermann Hesse. 나는 지금 헤르만 헷세의 단편 소설을 읽고 있다.

der **November** [novémbər] -[s]/ **11월**
Heute ist der 30. (dreißigste) *November*. 오늘은 11월 30일이다.
am 20. (zwanzigsten) *November* 11월 20일에
im [Monat] *November* 11월에
Anfang (Mitte, Ende) *November* 11월 초순(중순, 하순)에

die **Null** [nul] -/-en 영 (0)
Es sind jetzt zehn Grad unter (über) *Null*. 지금은 영하(상) 10도이다.

die **Nummer** [númər] -/-n (略字: Nr.) 번호
Welche *Nummer* hat Ihr Auto (Ihr Haus)? 당신의 자동차 번호(집 번지)는 몇 번입니까?
Mein Haus hat die *Nummer* 25. 나의 집은 25번지이다.
Welche *Nummer* haben Sie gewählt? 몇 번을 돌렸읍니까? (전화에서)
Er wohnt im Zimmer *Nr*. 10. 그는 10호 실에 묶고 있다.

nun [nuːn] 副 지금, 이제 (jetzt); (명령문에서) 자
Nun muß ich gehen. 이제 나는 가야 한다.
Bist du *nun* zufrieden? 이제 너는 만족하니?
Nun ist die beste Zeit zum Studieren. 지금이 공부하기 가장 좋은 때다.
Komm *nun* bald! 자, 빨리 오너라!
- von *nun* (jetzt) an : 지금부터
  Von nun an soll alles anders werden. 지금부터는 모든 것이 달라져야 한다.

Ich werde *von nun an* täglich Sport treiben. 나는 이제부터 매일 운동을 할 것이다.
nur [nu:r] 副 다만, …뿐
Er hat *nur* einen Sohn. 그에게는 아들 하나 뿐이다.
Ich habe ihn *nur* einmal gesehen. 나는 그를 단 한 번 만났다.
Das ist *nur* ein Gerücht. 그것은 단지 소문에 불과하다.
Wenn ich *nur* (doch) Geld hätte! 나에게 돈만 있다면!
Wenn er *nur* käme! 그가 오면 좋으련만!
- nicht *nur* …, sondern [auch] … : …뿐만 아니라 …도
Er ist *nicht nur* dumm, *sondern auch* faul. 그는 우둔할 뿐만 아니라 게으르기도 하다.
die **Nuß** [nus] -/Nüsse 호두
- eine *Nuß* aufknacken : 호두를 까다
Er *knackt Nüsse auf.* 그는 호두를 깐다.
der **Nutzen** [nútsən] -s/- 유용(有用), 이익 (↔der Schaden)
- von *Nutzen* sein : 유용·유익하다
Das *ist* für dich bestimmt *von* großem *Nutzen.* 그것은 너에게 틀림없이 매우 유용할 것이다.
- jm. zum *Nutzen* sein : (누구)에게 이익이 되다
Das *ist* dir *zum Nutzen.* 그것은 너에게 이익이 되는 일이다.
nützen [nýtsən], **nutzen** [nútsən] 1. 自 〈jm.에게; zu et.에〉 소용되다, 유익하다 2. 他 이용하다
Das *nützt* mir [*zu*] nichts. 그것은 나에게는 아무런 소용이 없다.
Wozu (Was) *nützt* das? 그것은 무엇에 소용되니?
Es *nützt* alles nichts. 그것은 아무것에도 소용없다.
Seine Hilfe hat mir viel *genützt.* 그의 도움은 나에게 매우 유익했다.
Er *nützte* die Gelegenheit. 그는 그 기회를 이용했다.
nützlich [nýtslıç] 形 유용한, 유익한 (↔nutzlos, schädlich)
Er ist mir *nützlich.* 그는 나에게 유용한 사람이다.
Das Obst ist der Gesundheit[3] *nützlich.* 과일은 건강에 좋다.
nutzlos [nútslo:s] 形 소용없는, 무익한 (↔nützlich)
Er ist ein *nutzloser* Mensch. 그는 쓸모 없는 인간이다.
Du darfst dein Leben *nutzlos* nicht verbringen. 너는 너의 인생을 헛되이 보내서는 안 된다.

O

ob [ɔp] 圈 《종속》 ① …인지 아닌지 ② ⟨ob ... oder nicht⟩ …하든지 안 하든지

Ich weiß nicht, *ob* er morgen kommt. 나는 그가 내일 올지 안 올지 모르겠다.

Wissen Sie, *ob* dieser Bus zum Bahnhof fährt? 당신은 이 버스가 역으로 가는지 아십니까?

Es ist mir gleichgültig, *ob* du morgen kommst *oder nicht*. 네가 내일 오든 안 오든 나에게는 아무 상관이 없다.

Ob er morgen kommt *oder nicht*, es ist mir einerlei. 그가 내일 오든 안 오든 나에게는 아무 상관이 없다.

● als *ob* (als wenn)+주어 … 동사(접속법 Ⅱ식) : 마치 …처럼

Er spricht Deutsch, *als ob* er ein Deutscher wäre.
(=Er spricht Deutsch, als wäre er ein Deutscher.) 그는 마치 독일인인 것처럼 독일말을 한다.

Er tat, *als ob* er mich nicht gesehen hätte.
(=Er tat, als hätte er mich nicht gesehen.) 그는 마치 나를 보지 않은 것처럼 행동했다.

oben [óːbən] 團 위에 (↔unten)

Er sitzt *oben* auf dem Hügel. 그는 언덕 위에 앉아 있다.

Das Buch steht *oben* links auf dem Regal. 그 책은 책장의 윗 부분 왼쪽에 꽂혀 있다.

Wir wohnen *oben* (im oberen Stockwerk). 우리는 위층에 살고 있다.

● von *oben* bis unten : 위에서 아래까지, 머리 끝에서 발 끝까지

Er hat mich *von oben bis unten* (von Kopf bis Fuß) gemustert. 그는 나를 머리 끝에서 발 끝까지 훑어 보았다.

● wie *oben* erwähnt (gesagt) : 위에서 언급한 바와 같이

Wie bereits *oben erwähnt*, ist das wahr.
(=Wie ich bereits *oben* erwähnte, ist das wahr.) 이미 위에서 언급한 바와 같이 그것은 사실이다.

ober [óːbər] 圈 위의 (↔unter)

Im *oberen* Stockwerk (In der *oberen* Etage) wohnen unsere Eltern. 위층에는 우리 부모님이 살고 계신다.

In den *oberen* Klassen lernen die Schüler Latein. 상급반에서는 학생들은 라틴어를 배운다.

Die Stadt liegt an der *oberen* Elbe.
(=Die Stadt liegt oberhalb der Elbe.) 그 도시는 엘베강 상류에 있다.

der **Ober** [ó:bər] -s/- (식당·술집 따위의) **급사[장]**
Herr *Ober*, bitte bringen Sie mir die Speisekarte! 웨이터, 나에게 메뉴를 좀 갖다 주시오!
Herr *Ober*, ein [Glas] Bier bitte! 웨이터, 맥주 한 잔 주시오!

oberhalb [ó:bərhalp] 前 《2격》 **~위쪽에** (↔unterhalb)
Das Dorf liegt *oberhalb* (unterhalb) des Flusses. 그 마을은 강의 상류(하류)에 있다.
Ich habe heftige Schmerzen *oberhalb* der Brust. 나는 가슴 위쪽이 몹시 아프다.

obgleich [ɔpgláıç] 接 《종속》 **…에도 불구하고** (obwohl)
Obgleich es regnete, machten wir einen Ausflug. 비가 오는데도 불구하고 우리는 소풍을 갔다.
Er ging in die Schule, *obgleich* er krank war. 그는 아픈데도 불구하고 학교에 갔다.

das **Obst** [o:pst] -es/ **과일** (die Frucht)
Das *Obst* reift (wird reif). 과일이 익는다.
Er ißt *Obst* gern. 그는 과일을 좋아한다.

obwohl [ɔpvó:l] 接 《종속》 **…에도 불구하고** (obgleich)
Obwohl er reich ist, ist er doch unglücklich. 그는 부자인데도 불구하고 불행하다.
Er hat die Prüfung⁴ bestanden, *obwohl* er kein fleißiger Schüler war. 그는 근면한 학생이 아니었는데도 시험에 합격했다.

der **Ochs[e]** [ɔ́ks(ə)] -[e]n/-[e]n **황소** (↔die Kuh)
Die *Ochsen* fressen Gras auf der Wiese. 소들이 초원에서 풀을 뜯는다.

oder [ó:dər] 接 《병렬》 **또는, …아니면**; (명령문·요구문 뒤에서) **그렇지 않으면** (sonst)
Antworten Sie mit Ja *oder* Nein! Ja 나 Nein 으로 대답하시오!
Sie kommt heute *oder* morgen.
(=Sie kommt entweder heute *oder* morgen.) 그녀는 오늘 아니면 내일 온다.
Sei still, *oder* du bekommst Strafe!
(=Sei still, sonst bekommst du Strafe!) 조용히 해라, 그렇지 않으면 너는 벌을 받는다!

● entweder ... oder ... : …이거나 아니면 … (양자 택일)
Er kommt *entweder* morgen *oder* übermorgen. 그는 내일 아니면 모레 온다.

der **Ofen** [óːfən] -s/= 난로
● den *Ofen* heizen : 난로를 피우다
Im Winter *heizen* wir *den Ofen*. 겨울에 우리는 난로를 피운다.
Der *Ofen* brennt gut (schlecht).
(=Der *Ofen* heizt gut.) 이 난로는 불이 잘 탄다(잘 타지 않는다).
Der *Ofen* wird mit Öl (Kohle) geheizt. 이 난로는 기름(석탄)을 뗀다.
Der *Ofen* machte das Zimmer warm. 난로는 방을 따뜻하게 했다.
Wir saßen am *Ofen*. 우리는 난롯가에 앉아 있었다.

offen [ɔ́fən] 形 ① 열려 있는 (↔geschlossen) ② 솔직한
Die Tür ist (steht) *offen*.
(=Die Tür ist auf.) 문이 열려 있다.
Der Laden ist bis zehn Uhr *offen* (geöffnet). 가게는 10시까지 열려 있다.
● bei *offenem* Fenster schlafen : 창문을 열어 놓은 채 자다
Er *schläft bei offenem Fenster*. 그는 창문을 열어 놓은 채 잔다.
● mit *offenem* Munde : (놀라서·기가 막혀서) 입을 딱 벌리고
Sie stand *mit offenem Munde* da. 그녀는 입을 딱 벌리고 거기 서 있었다.
● *offen* gesagt (gestanden) : 솔직히 말하면
Offen gesagt, ich bin enttäuscht. 솔직히 말하면, 나는 실망했다.

öffentlich [œ́fəntlıç] 形 ① 공공연한, 공개된(↔geheim, heimlich) ② 공공(公共)의 (↔privat)
Das ist ein *öffentliches* (offenes) Geheimnis. 그것은 공공연한 비밀이다.
Die Sitzung ist *öffentlich*. 그 회의는 공개되었다.
Ich bin *öffentlich* beleidigt worden. 나는 공개적으로 (여러 사람 앞에서) 모욕을 당했다.
Das Rathaus ist ein *öffentliches* Gebäude. 시청은 공공 건물이다.
Die Polizei sorgt für die *öffentliche* Ordnung. 경찰은 공공

의 질서를 돌본다.
Wo ist hier ein *öffentlicher* Fernsprecher? 여기 어디에 공중 전화가 있읍니까?

öffnen [œ́fnən] 他 열다 (↔schließen)
Er *öffnete* mir die Tür. 그는 나에게 문을 열어 주었다.
Bitte *öffnen* (schließen) Sie die Tür! 문 좀 열어 주십시오 (닫아 주십시오)!
Der Laden wird um 9 Uhr *geöffnet*. 가게는 9시에 열린다.
Die Bank ist von 9 bis 16 Uhr *geöffnet* (offen). 은행은 9시부터 16시까지 열려 있다.

oft [ɔft] öfter, am öftesten 副 (manchmal 보다 많은 회수) 자주 (↔selten)
Er kommt *oft* zu mir. 그는 자주 나에게 온다.
Er war *oft* bei uns zu Besuch. 그는 자주 우리 집을 방문했다.
Wir besuchten ihn so *oft* wie möglich. 우리는 가능한 자주 그를 방문했다.
Wie *oft* in der Woche gehen Sie auf den Markt? 당신은 일주일에 몇 번이나 시장에 가십니까?

ohne [óːnə] 1. 前 《4격》 ~없이 2. 接 〈zu 부정법·daß 와〉 …하지 않고
Ohne dich kann ich nicht leben. 너 없이 나는 살 수 없다.
Ich bin zur Zeit *ohne* Geld.
(=Ich habe zur Zeit kein Geld.) 나는 현재 돈이 없다.
Der Zug fuhr, *ohne* auch nur einmal *zu* halten. 기차는 단 한 번도 정지하지 않고 달렸다.
Sie ging vorbei, *ohne daß* sie mich grüßte.
(=Sie ging vorbei, *ohne* mich *zu* grüßen.) 그녀는 나에게 인사도 하지 않고 지나갔다.

das **Ohr** [oːr] -[e]s/-en 귀
Wir hören mit den *Ohren*. 우리는 귀로 듣는다.
Er hat gute (feine) *Ohren*.
(=Er hört gut.) 그는 귀가 밝다.
Sie hört auf dem rechten *Ohr* schwer. 그녀는 오른쪽 귀가 어둡다
Er ist auf dem linken *Ohr* taub. 그는 왼쪽 귀가 멀었다.
Mir (Mich) schmerzen die *Ohren*. 나는 귀가 아프다.
Ich traute meinen *Ohren* nicht. 나는 내 귀를 의심했다.
Die Wände haben *Ohren*. 《Sprw》 벽에도 귀가 있다(낮 말은 새가 듣고 밤 말은 쥐가 듣는다).

- jm. ins *Ohr* flüstern : (누구)의 귀에다 속삭이다
 Sie *flüsterte* ihm etwas *ins Ohr*. 그녀는 그의 귀에다 뭔가를 속삭였다.

der **Oktober** [ɔktóːbər] -[s]/ **10월**
 Heute ist der 10. (zehnte) *Oktober*. 오늘은 10월 10일이다.
 Im [Monat] *Oktober* war er verreist. 10월에 그는 여행을 떠났다.
 Ich bin am 18. (achtzehnten) *Oktober* 1968 geboren. 나는 1968년 10월 18일에 태어났다.
 Er kommt Anfang (Mitte, Ende) *Oktober* zurück. 그는 10월 초순(중순, 하순)에 돌아온다.

das **Öl** [øːl] -[e]s/-e 기름
 Öl ist leichter als Wasser. 기름은 물보다 가볍다.
 Bei uns zu Hause heizen wir mit *Öl*. 우리 집에는 기름을 땐다.
- den Fisch in *Öl*³ braten : 생선을 기름에 튀기다
 Sie *brät Fische in Öl*. 그녀는 생선을 기름에 튀긴다.
- in *Öl* malen : 유화(油畵)를 그리다
 Dieses Bild ist *in Öl gemalt*. 이 그림은 유화 물감으로 그려져 있다.

der **Onkel** [ɔ́ŋkəl] -s/- 아저씨 (숙부·백부) (↔die Tante)
 Er ist unser *Onkel*. 그는 우리 아저씨다.
 Ich wohne jetzt bei meinem *Onkel*. 나는 지금 나의 아저씨 집에 살고 있다.
 Heute kommen *Onkel* Fritz und Tante Luise zu uns. 오늘 프릿츠 아저씨와 루이제 아주머니가 우리에게 오신다.

die **Oper** [óːpər] -/-n 오페라 ; 오페라 극장 (das Opernhaus)
 Ich höre diese *Oper* heute zum ersten Mal. 나는 이 오페라를 오늘 처음 듣는다.
 Die *Oper* ist noch nie in Korea aufgeführt worden. 그 오페라는 아직 한번도 한국에서 공연된 적이 없다.
 Wir trafen uns⁴ vor der *Oper* (dem Opernhaus). 우리는 오페라 극장 앞에서 만났다.
- in die *Oper* gehen : 가극장에 가다(오페라를 보러 가다)
 Ich *gehe* selten *in die Oper*. 나는 좀처럼 오페라를 보러 가지 않는다.

das **Opfer** [ɔ́pfər] -s/- 희생 ; (불상사의) 희생자
- für jn. ein *Opfer* bringen : (누구)를 위해서 희생하다
 Ich habe *für* ihn viele *Opfer gebracht*. 나는 그를 위해서 많은 희생을 했다.

- et.³ zum *Opfer* fallen : (무엇)의 희생이 되다
  Der Katastrophe³ *fielen* viele Menschen *zum Opfer*. 많은 사람들이 그 대참사(大慘事)의 희생이 되었다.

Um unser Ziel zu erreichen, dürfen wir kein *Opfer* scheuen. 우리의 목표를 달성하기 위해서는 어떠한 희생도 두려워해서는 안 된다.

Sie wurde das *Opfer* eines Verkehrsunfalls. 그녀는 교통사고의 희생자가 되었다.

ordentlich [ɔ́rdəntlıç] 形 ① 정식의, 정규의 ② 단정한, 정돈된
ein *ordentliches* Mitglied 정회원(正會員)

Er ist *ordentlicher* Professor an der Universität Seoul. 그는 서울대학교의 정교수(正教授)이다.

Die Sache geht ihren *ordentlichen* Gang. 일은 정상적으로 진행되고 있다.

Er ist ein *ordentlicher* Mensch. 그는 품행이 단정한 사람이다.

Sie war *ordentlich* in ihrer Kleidung. 그녀는 복장이 단정하였다.

In ihrem Zimmer ist es sehr *ordentlich*.
(=Ihr Zimmer ist sehr *ordentlich* gehalten.) 그녀의 방은 잘 정돈되어 있다.

Lege deine Kleider *ordentlich* auf den Stuhl! 너의 옷을 정돈하여 의자 위에 얹어 놓아라!

ordnen [ɔ́rdnən] 他 정리·정돈하다
Diese Bücher sind nach dem Alphabet *geordnet*. 이 책들은 알파벳 순으로 정리되어 있다.

Du mußt deine Gedanken erst *ordnen*. 너는 너의 생각을 먼저 정리해야 한다.

Er *ordnete* die Bücher auf dem Tisch. 그는 책상 위의 책을 정돈했다.

die **Ordnung** [ɔ́rdnuŋ] -/-en ① 《복수없음》 질서, 정리 ② 순서
- auf *Ordnung* halten : 질서를 지키다
  Wir sollen *auf* die öffentliche *Ordnung halten*. 우리는 공공(公共)의 질서를 지켜야 한다.
- gegen die *Ordnung* handeln : 질서를 문란하게 하다
  Du sollst nicht *gegen die Ordnung* der Gesellschaft *handeln*. 너는 사회의 질서를 문란하게 해서는 안 된다.
- in *Ordnung*³ sein : 정돈되어 있다
  Alles *ist in Ordnung*.
  (=Es *ist* alles *in Ordnung*.) 모든 것이 정돈되어 있다.

● et.⁴ in *Ordnung* bringen : (무엇)을 정리·정돈하다
Er *brachte* seinen Haushalt *in Ordnung*. 그는 가사(家事)를 정리했다.
Hier herrscht *Ordnung*. 여기는 질서가 잘 잡혀 있다
der *Ordnung* nach 질서 정연하게
nach alphabetischer *Ordnung* (=nach der Alphabet) 알파벳 순으로

der Ort [ɔrt] -[e]s/-e, ⸚er ① 장소 ② 촌락
Zeit und *Ort* der Versammlung sind noch nicht bestimmt. 모임의 시간과 장소는 아직 정해지지 않았다.
An diesem *Ort* habe ich ihn getroffen. 이 장소에서 나는 그를 만났다.
Lege es wieder an seinen *Ort*! 그것을 다시 제자리에 갖다 놓아라!
Die Einwohner dieses *Ortes* sind alle arm. 이곳 주민들은 모두 가난하다.
Wir aßen in einem kleinen *Ort* zu Mittag. 우리는 한 작은 촌락에서 점심을 먹었다.

der Osten [ɔ́stən] -s/ 동(東) (↔der Westen)
Die Sonne geht (steigt) im *Osten* auf. 해는 동쪽에서 뜬다.
Die Fenster liegen (gehen) nach *Osten*. 창(窓)은 동향이다.

die (das) Ostern [ɔ́ːstərn] -/ 《보통 무관사》 부활절
● zu *Ostern* : 부활절에
Ich werde *zu Ostern* Urlaub bekommen. 나는 부활절에 휴가를 받을 작정이다.
Fröhliche *Ostern*! 즐거운 부활절이 되시기를!
diese[s] (nächste[s], vorige[s]) *Ostern* 금년(내년, 작년) 부활절

(das) Österreich [ǿːstəraɪç] -s/ 오스트리아
der Österreicher [ǿːstəraɪçər] -s/- 오스트리아인
die Österreicherin [ǿːstəraɪçərin] -/-nen 오스트리아 여자
österreichisch [ǿːstəraɪçɪʃ] 形 오스트리아[人]의

östlich [ǿstlɪç] 形 동쪽의 (↔westlich)
Köln liegt *östlich* von Paris. 쾰른은 파리의 동쪽에 있다.
● in *östlicher* (westlicher) Richtung : 동(서)쪽으로
Er ging *in östlicher Richtung*. 그는 동쪽으로 갔다.

der Ozean [óːtseaːn, otseáːn] -s/-e 대양(大洋)
der Atlantische *Ozean* 대서양
der Stille *Ozean* 태평양

P

paar [pa:r] 形 《부정》《무변화》〈ein paar 의 형으로〉 2·3의, 몇몇의 (einige, mehrere)
  Er war vor *ein paar* Tagen hier. 그는 2·3일 전에 여기에 있었다.
  Ich sah sie nur *ein paar* Male. 나는 그녀를 두세 번 밖에 만나지 않았다.
  Er hat mit mir nur *ein paar* Worte gewechselt. 그는 나와 몇 마디 말을 주고 받았을 뿐이다.
  Warten Sie bitte *ein paar* Minuten! 몇 분만 기다려 주십시오!

das **Paar** [pa:r] -[e]s/-e (2개로서 이루어지는) 쌍
  Er kaufte sich³ ein (zwei) *Paar* Schuhe. 그는 구두 한(두) 켤레를 샀다.
  Herr Kim und Fräulein Pak werden bald ein *Paar*. 김씨와 박 양은 곧 부부가 된다.

packen [pákən] 他 ① 싸다, 짐을 꾸리다 ② 움켜 쥐다, **붙잡다**
  ● et.⁴ in Papier⁴ [ein]*packen* : (무엇)을 종이에 싸다
    Packen Sie es *in* dieses *Papier* [ein]! 그것을 이 종이에 싸십시오!
  ● den Koffer *packen* : 트렁크의 짐을 꾸리다
    Vor der Reise *packte* ich meinen *Koffer*. 여행 전에 나는 트렁크의 짐을 꾸렸다.
  ● Kleider in den Koffer *packen* : 옷을 트렁크에 챙겨 넣다
    Er *packte* seine *Kleider in den Koffer*. 그는 자기의 옷을 트렁크에 챙겨 넣었다.
  ● jn. am Arm *packen* : (누구)의 팔을 움켜잡다
    Er *packte* mich *am Arm*. 그는 나의 팔을 움켜잡았다.
  Die Polizei *packte* den Täter mit beiden Händen. 경찰은 범인을 두 손으로 붙잡았다.
  Als ich das hörte, *packte* mich die Angst (die Furcht). 내가 그것을 들었을 때 불안(두려움)이 나를 사로잡았다.

das **Paket** [paké:t] -[e]s/-e 소포
  Ich bekam (erhielt) zum Geburtstag ein *Paket* mit Geschenken. 나는 생일에 선물이 든 소포를 받았다.
  Er schickte (sendete) mir ein großes *Paket*. 그는 나에게 큰 소포를 보냈다.

Sie brachte das *Paket* zur Post. 그녀는 소포를 우체국으로 가져 갔다.

Hier ist ein *Paket* für dich. 여기에 네게 온 소포가 있다.
* ein *Paket* aufgeben: 소포를 부치다
  Ich *gab ein Paket* auf (bei) der Post *auf*. 나는 우체국에서 소포를 부쳤다.

das **Papier** [papíːr] -s/-e ① 《복수 없음》 종이 ② 《보통 복수로》 서류; **신분증명서**

ein (zwei) Blatt *Papier* 한(두) 장의 종이

ein (zwei) Bogen *Papier* 한(두) 장의 전지

Gib mir Tinte, Feder und *Papier*! 나에게 잉크와 펜과 종이를 다오!

Ich muß meine *Papiere* ordnen. 나는 서류를 정리해야 한다.

Ich habe es unter meinen *Papieren* gefunden. 나는 그것을 나의 서류 속에서 발견했다.

Er hat seine *Papiere* verloren. 그는 그의 신분증명서(여권)를 잃어버렸다.

Haben Sie Ihre *Papiere* bei sich? 당신은 신분증(여권)을 소지하고 있읍니까?

der **Park** [park] -[e]s/-s, -e **공원**

In der Nähe unseres Hauses ist ein *Park*. 우리 집 근처에 공원이 있다.

Mitten im *Park* gibt es einen Teich. 공원 한가운데에 연못이 있다.

Ich ging mit ihm im *Park* spazieren. 나는 그와 공원을 산책했다.

parken [párkən] 1. 他 (자동차) 세워 두다 2. 自 (자동차가) **주차하다**

Er *parkte* seinen Wagen vor dem Hause. 그는 차(車)를 집 앞에 세워 두었다.

Parken verboten! 주차 금지!

Hier ist das *Parken* verboten. 여기는 주차가 금지되어 있다.

der **Parkplatz** [párkplats] -es/..plätze **주차장**

Er stellte den Wagen auf einen *Parkplatz*. 그는 차(車)를 주차장에 세웠다.

Wo ist hier in der Nähe ein *Parkplatz*? 여기 근처 어디에 주차장이 있읍니까?

der **Paß** [pas] Passes/Pässe **여권**

Man braucht einen *Paß*, um ins Ausland zu reisen. 외국으로 여행하기 위해서는 여권이 필요하다.

Mein *Paß* läuft am 31. März ab. 나의 여권은 3월 31일에 기한이 끝난다.

Der *Paß* ist ungültig. 그 여권은 무효다.

Ihren *Paß*, bitte! 여권을 좀 보여 주십시오!

passen [pásən] 自 〈jm.에게〉 맞다. 적합하다

Das Kleid *paßt* dir gut. 그 옷은 너에게 잘 맞는다.

Diese Schuhe *passen* mir nicht (schlecht). 이 구두는 내 발에 맞지 않는다.

Das *paßt* mir nicht. 그것은 내 성미에 맞지 않는다.

Der Schlüssel *paßt* nicht zum Schloß. 이 열쇠는 자물쇠에 맞지 않는다.

Er *paßt* nicht zum Lehrer. 그는 교사(敎師)에 적합지 않다.

Die beiden *passen* gut zueinander. 두 사람은 서로 뜻이 잘 맞는다.

Die beiden Farben *passen* gut zueinander. 이 두 색(色)은 서로 잘 어울린다.

passieren [pasí:rən] passierte, passiert 1. 他 통과하다 2. 自 《s》 (사건 따위가) 일어나다 (geschehen, sich⁴ ereignen)

Der Zug *passiert* in wenigen Minuten die Grenze. 기차는 몇 분 안에 국경을 통과한다.

Er hat auf der Reise viele Städte *passiert*. 그는 여행중에 여러 도시들을 통과했다.

Was ist denn *passiert* (geschehen)? (=Was ist denn los?) 도대체 무슨 일이 일어났니?

Es ist ein Unglück (ein Unfall) *passiert*. 사고가 일어났다.

Das ist mir noch nie *passiert*. 그런 일은 나에게는 아직 한 번도 일어난 적이 없다.

der **Patient** [patsiént] -en/-en 환자 (der Kranke)

Der Arzt heilt den *Patienten*. 의사가 환자를 치료한다.

Der Arzt fragte den *Patienten*, wie es ihm gehe. 의사는 환자에게 경과가 어떤지를 물었다.

Die *Patienten* sitzen ungeduldig im Wartesaal. 환자들이 초조하게 대합실에 앉아 있다.

Dieses Hospital hat viele *Patienten*. 이 병원은 환자가 많다.

die **Pause** [páuzə] -/-n (중간에서 쉬는) 휴식

Wir arbeiteten ohne *Pause*. 우리는 휴식도 없이 일했다.

Nach einer *Pause* von 10 Minuten beginnt der nächste Unterricht. 10분간의 휴식 후에 다음 수업이 시작된다.

Um 10 Uhr ist die große (kurze) *Pause*. 10시에 긴(짧은) 휴식 시간이 있다.

- eine *Pause* machen : 휴식하다
  Wir *machen eine Pause* von zehn Minuten. 우리는 10분간의 휴식을 한다.

die Pein [paın] -/ 고통, 고뇌 (der Schmerz, die Qual)
  körperliche (seelische) *Pein* 육체적(정신적) 고통
  Es ist eine wahre *Pein*, ihm das zu sagen. 그에게 그 말을 하는 것은 정말 고통스럽다.

peinlich [páınlıç] 形 ① 고통스러운, 괴로운 ② 세밀한
  Er ist in *peinlicher* Lage. 그는 괴로운 처지에 있다.
  Das ist mir höchst *peinlich*. 그것은 도저히 견딜 수 없다.
  Er ist in allem sehr *peinlich*. 그는 매사에 매우 세밀하다.
  Er ist ein *peinlicher* Mensch. 그는 꼼꼼한 사람이다.
  peinliche Untersuchung 정밀 검사

der Pelz [pɛlts] -es/-e 모피(毛皮)
- einen *Pelz* (Pelzmantel) tragen : 모피 외투를 입고 있다
  Sie *trägt einen* kostbaren (teueren) *Pelz*. 그녀는 값비싼 모피 외투를 입고 있다.

die Perle [pérlə] -/-n 진주
  Sie trägt eine Kette aus *Perlen*. 그녀는 진주 목걸이를 하고 있다.
  Sie hat Zähne wie *Perlen*. 그녀는 진주같은 이(齒)를 가지고 있다.

die Person [pɛrzóːn] -/-en (성별에 관계없이) 사람, 인물
  Fräulein Schmidt ist eine reizende *Person*. 슈미트 양(孃)은 매력적인 사람이다.
  Er ist eine wichtige *Person* in diesem Land. 그는 이 나라에서 중요한 인물이다.
  Die Familie besteht aus sieben *Personen*. 그 일가(一家)는 7인 가족이다.
  Der Eintritt kostet zwei Mark pro *Person*. 입장료는 1인당 2마르크이다.
  ich für meine *Person* 나 개인으로서는
  in [eigener] *Person* (=selbst) 스스로, 몸소

persönlich [pɛrzǿːnlıç] 1. 形 개인의, 개인적인 2. 副 개인적으로, 직접으로
  Das Haus ist mein *persönliches* Eigentum. 그 집은 나 개인의 소유다.
  Ich kenne ihn *persönlich*. 나는 그를 개인적으로(직접) 알고 있다.
  Er kam *persönlich* (in Person). 그는 직접 왔다.

meiner *persönlichen* Meinung nach 나 개인 생각으로는

der **Pfarrer** [pfárər] -s/- 목사(牧師)

Der *Pfarrer* hält die Predigt in der Kirche. 목사는 교회에서 설교를 한다.

Der *Pfarrer* beendete seine Predigt. 목사는 설교를 마쳤다.

die **Pfeife** [pfáifə] -/-n ① (담배의) 파이프 ② 피리(die Flöte)

Er raucht *Pfeife*. 그는 파이프 담배를 피운다.

Er stopft Tabak in seine *Pfeife*. 그는 담배를 파이프에 채운다.

Er bläst *Pfeife*.
(=Er bläst auf der Flöte.) 그는 피리를 분다.

Die *Pfeife* ertönt. 피리 소리가 난다.

pfeifen [pfáifən] pfiff, gepfiffen 1. 㥲 피리·휘파람을 불다 2. 㫺 피리·휘파람으로 불다

Aus der Tasche nahm er die Pfeife heraus und *pfiff*. 그는 주머니에서 피리를 꺼내어 불었다.

Er *pfeift* laut (leise). 그는 크게(작게) 휘파람을 분다.

Der Zug *pfiff*. 기차가 기적을 울렸다.

● ein Lied *pfeifen* : 휘파람(피리)으로 노래를 부르다

Er *pfeift ein Lied*. 그는 휘파람으로 노래를 부른다.

der **Pfeil** [pfail] -[e]s/-e 화살

Er schoß den *Pfeil*. 그는 화살을 쏘았다.

Die Zeit fliegt wie ein *Pfeil*. 《Sprw》 시간은 화살처럼 날아간다.

der **Pfennig** [pfénıç] -[e]s/-e (단위를 표시할 때는/-) 《독일의 소화폐 단위 : 1페니히는 100분의 1마르크》 페니히

Eine Mark hat 100 *Pfennig*. 1마르크는 100페니히다.

Das kostet dreißig *Pfennig*. 그것의 값은 30페니히다.

Ich habe es für fünfzig *Pfennig* gekauft. 나는 그것을 50페니히를 주고 샀다.

Sie hat keinen *Pfennig* Geld. 그녀는 한 푼의 돈도 가지고 있지 않다.

Das ist keinen *Pfennig* wert. 그것은 한 푼의 값어치도 없다.

Hast du ein paar einzelne *Pfennige*? 너는 페니히 화폐를 몇 장 가지고 있니?

eine Briefmarke zu 10 *Pfennig* 10페니히 짜리 우표

das **Pferd** [pfe:rt] -[e]s/-e 말(馬)

● aufs *Pferd* steigen : 말에 올라타다

Er *steigt aufs Pferd*.
(=Er setzt sich⁴ aufs *Pferd*.) 그는 말에 올라탄다.

● auf einem *Pferd* reiten : 말을 타고 가다
 Er *reitet auf einem Pferd* durch den Wald. 그는 말을 타고 숲을 지나간다.

die **Pflanze** [pflántsə] -/-n 식물 (↔das Tier)
 Das ist eine seltene *Pflanze*. 그것은 진귀한 식물이다.
 Die *Pflanze* trägt Früchte. 그 식물은 열매를 맺는다.
 Die *Pflanzen* verwelkten. 식물이 시들었다.
 Worin besteht der Unterschied zwischen Tier und *Pflanze*? 동물과 식물의 차이는 어디에 있는가?

pflanzen [pflántsən] 他 심다
 Er *pflanzt* Blumen im Garten. 그는 정원에 꽃을 심는다.
 Die Bäume im Garten haben wir selbst *gepflanzt*. 정원에 있는 나무들은 우리가 직접 심었다.

pflegen [pflé:gən] 1. 他 돌보다, 간호하다 ; 손질하다 2. 自 〈zu 부정법과〉 …하는 버릇이 있다
 Die Krankenschwester *pflegt* die Kranken. 간호원이 환자들을 간호한다.
 Sie *pflegt* ihr Haar (ihre Nägel). 그녀는 머리(손톱)를 손질한다.
 Der Garten ist gut *gepflegt*. 정원은 잘 손질되어 있다.
 Er *pflegt* früh aufzustehen. 그는 일찍 일어나는 습관이 있다.
 Er *pflegt* jeden Morgen einen Spaziergang *zu* machen. 그는 매일 아침 산보하는 버릇이 있다.

die **Pflicht** [pflıçt] -/-en 의무
 Jedermann hat seine *Pflicht*. 누구나 자기의 의무가 있다.
 Es ist deine *Pflicht*. 그것은 너의 의무다.
 Du sollst deine *Pflicht* tun. 너는 너의 의무를 다해야 한다.
 Er hat seine *Pflicht* getan (erfüllt). 그는 자기의 의무를 다했다.
 Ich halte es für unsere *Pflicht*, ihm zu helfen. 나는 그를 도와 주는 것이 우리의 의무라고 생각한다.
 Sie tat es nur aus *Pflicht*. 그녀는 오직 의무감에서 그것을 했다.

pflücken [pflýkən] 他 (과일 · 꽃 따위를) 따다, 꺾다
 Er *pflückt* reifes Obst im Obstgarten. 그는 과수원에서 익은 과일을 딴다.
 Wer hat die Blumen *gepflückt*? 누가 이 꽃을 꺾었니?

der **Pförtner** [pfœrtnər] -s/- 문지기, 수위 (der Portier)
 Der *Pförtner* öffnet den Gästen die Tür. 수위가 손님들에게 문을 열어 준다.

Der *Pförtner* des Hotels trägt für den Gast den Koffer. 호텔의 수위가 손님을 위해 트렁크를 운반한다.

das **Pfund** [pfunt] -[e]s/-e (수량을 표시할 때는/-) 《중량의 단위 : 1 파운드는 500 g》 파운드

Bitte, geben Sie mir ein (zwei) *Pfund* Zucker! 설탕 1(2) 파운드를 주십시오!

Ich wiege 140 *Pfund*. 나의 체중은 140 파운드이다.

die **Phantasie** [fantazí:] -/-n 상상[력], 공상[력]

Er hat viel *Phantasie*. 그는 상상력이 풍부하다.

Er ließ seiner *Phantasie* freien Lauf. 그는 상상의 날개를 폈다.

der **Philosoph** [filozó:f] -en/-en 철학자

Immanuel Kant war ein großer *Philosoph*. 임마누엘 칸트는 위대한 철학자였다.

die **Philosophie** [filozofí:] -/-n [..í:ən] 철학

Er studiert *Philosophie*. 그는 철학을 공부한다.

die *Philosophie* Kants 칸트 철학

die **Physik** [fyzí:k] -/ 물리학

Er ist Professor der *Physik*.

(=Er ist Professor für *Physik*.) 그는 물리학 교수이다.

Ich mag die *Physik* am liebsten. 나는 물리학을 가장 좋아한다.

der **Physiker** [fý:zıkər] -s/- 물리학자

Newton war ein großer *Physiker*. 뉴튼은 위대한 물리학자였다.

der **Plan** [pla:n] -[e]s/⸚e ① 계획 (das Vorhaben) ② 설계도 ③ 시가 지도(市街地圖) (der Stadtplan)

● *Pläne* schmieden: 계획을 세우다

Er *schmiedete* große *Pläne*. 그는 큰 계획을 세웠다.

Er führte den *Plan* aus. 그는 그 계획을 실행에 옮겼다.

Er gab den *Plan* auf. 그는 그 계획을 포기했다.

Der *Plan* ist nicht gelungen.

(=Der *Plan* ist mißlungen.) 그 계획은 성공하지 못했다 (실패했다).

Was für *Pläne* hast du?

(=Was hast du für *Pläne*?) 너는 어떤 계획을 갖고 있니?

Der Architekt zeichnete den *Plan* für das neue Rathaus. 그 건축가는 새 시청 청사의 설계도를 그렸다.

Er zeigte mir einen *Plan* (Stadtplan) von Seoul. 그는 나에게 서울의 시가 지도를 보여주었다.

der Platz [plats] -es/⸚e ① 장소 ② 좌석 ③ 광장
An diesem *Platz* wurde der Mann umgebracht. 이 장소에서 그 남자는 살해되었다.
Stelle das Buch wieder an seinen *Platz*! 그 책을 다시 제자리에 갖다 놓아라!
Hier ist kein *Platz*. 여기에는 빈 자리가 없다.
Ich habe wenig *Platz* in meinem Zimmer. 나의 방에는 빈 자리가 없다.
Dieser *Platz* ist frei (besetzt). 이 좌석은 비어 있다(임자가 있다).
Er bot einem Alten seinen *Platz* an. 그는 노인에게 좌석을 양보했다.
• *Platz* nehmen (=sich⁴ setzen): 앉다
Bitte *nehmen* Sie *Platz*!
(=Bitte *setzen* Sie *sich*!) 앉으십시오!
Auf dem *Platz* vor dem Rathaus standen viele Menschen. 시청 앞 광장에 많은 사람들이 서 있었다.

plaudern [pláudərn] 自 잡담하다
Wir *plauderten* lange miteinander. 우리는 오랫동안 함께 잡담을 했다.
Er *plauderte* mit ihr über den Ausflug. 그는 그녀와 소풍에 관해서 이야기를 나누었다.

plötzlich [plǽtslıç] 形 갑작스러운, 뜻밖의
Sein *plötzlicher* Besuch brachte (setzte) mich in Verlegenheit. 그의 갑작스러운 방문은 나를 당황케 했다.
Das war ein *plötzliches* Ereignis. 그것은 뜻밖의 일이었다.
Er ist *plötzlich* gestorben. 그는 갑자기 세상을 떠났다.
Plötzlich fiel es mir ein. 갑자기 그것이 나의 머리에 떠올랐다.

die Politik [polití:k] -/-en 정치; 정책
Ich interessiere mich nicht für [die] *Politik*. 나는 정치에는 흥미(관심)가 없다.
die innere *Politik* (=die Innenpolitik) 대내(국내) 정책
die auswärtige *Politik* (=die Außenpolitik) 대외(외교) 정책

der Politiker [polí:tıkər] -s/- 정치가
Er ist ein bekannter *Politiker*. 그는 유명한 정치가다.

politisch [polí:tıʃ] 形 정치의, 정치적인
Die *politische* Lage erfahren wir aus der Zeitung. 정치 정세를 우리는 신문을 보고 안다.
Er ist *politisch* tätig. 그는 정치 활동을 하고 있다.

die **Polizei** [politsái] -/ 경찰 ; 경찰서 (das Polizeiamt)
Die *Polizei* sorgt für Ordnung. 경찰은 치안을 돌본다.
Der Täter wurde sofort von der *Polizei* verhaftet. 범인은 즉시 경찰에 체포되었다.
Sie lief zur *Polizei* (zum Polizeiamt). 그녀는 경찰서로 달려갔다.
- sich⁴ bei der *Polizei* melden : 경찰서에 출두하다
  Sie müssen *sich bei der Polizei melden*. 당신은 경찰서에 출두해야 합니다.

der **Polizist** [politsíst] -en/-en 경찰관 (der Schutzmann)
Der *Polizist* regelt den Verkehr. 경찰관이 교통정리를 하고 있다.

die **Post** [pɔst] -/-en ① 우편 ② 우편물 ③ 우체국(das Postamt)
- et.⁴ mit der *Post* schicken : (무엇)을 우편으로 보내다
  Ich *schicke* es nachher *mit der* (durch die) *Post*. 나는 그것을 나중에 우송(郵送)하겠다.
Der Briefträger kam mit der *Post*.
(=Der Briefträger brachte die *Post*.) 우체부가 우편물을 가지고 왔다.
Heute kommt die *Post* nicht. 오늘은 우편물이 오지 않는다.
Ist *Post* für mich da (gekommen)? 나에게 온 우편물이 있읍니까?
Die *Post* wird um 9 Uhr geöffnet. 우체국은 9시에 문이 열린다.
Die *Post* ist heute geschlossen. 오늘은 우체국이 닫혀 있다.
Sie ist bei der *Post* [angestellt]. 그녀는 우체국에 근무하고 있다.
- zur (auf die) *Post* gehen : 우체국에 가다
  Er *ging zur Post* (zum Postamt). 그는 우체국에 갔다.
- et.⁴ von der *Post* holen : (무엇)을 우체국에서 가져오다
  Ich *holte* das Paket *von der Post*. 나는 소포를 우체국에서 찾아왔다.

das **Postamt** [pɔ́st-amt] -[e]s/..ämter 우체국 (die Post)
- zum *Postamt* (zur Post) gehen : 우체국에 가다
  Sie *ging zum Postamt*, um ein Paket abzuholen. 그녀는 소포를 찾기 위해 우체국에 갔다.

der **Postbote** [pɔ́stboːtə] -n/-n 우편 배달부 (der Briefträger)
Der *Postbote* kommt jeden Morgen mit der Post.
(=Der *Postbote* bringt jeden Morgen die Post.) 우체부는 매일 아침 우편물을 가지고 온다.

die **Postkarte** [pɔ́stkartə] -/-n 우편 엽서
Ich teilte es ihm auf einer *Postkarte* mit. 나는 그것을 그에게 엽서로 알렸다.

prächtig [préçtıç] 形 화려한, 훌륭한 (herrlich)
Sie trägt ein *prächtiges* Kleid. 그녀는 화려한 옷을 입고 있다.
Es ist ein *prächtiges* Wetter.
(=Das Wetter ist *prächtig*.) 화창한 날씨다.
Er ist ein *prächtiger* Mensch. 그는 훌륭한 인물이다.

praktisch [práktıʃ] 形 ① 실제의 (↔theoretisch) ② 실용적인 (↔unpraktisch)
Im *praktischen* Leben ist manches anders als in der Theorie. 실제의 생활에서는 많은 것이 이론과는 다르다.
Dieses Kleid ist sehr *praktisch*. 이 옷은 매우 실용적이다.
Die Küche ist sehr *praktisch* eingerichtet. 그 부엌은 매우 편리하게 설비되어 있다.
Ich will ihm etwas *Praktisches* schenken. 나는 그에게 뭔가 실용적인 것을 선물하겠다.

der **Präsident** [prɛzidént] -en/-en 대통령 ; 의장, 회장, 총재
Er wurde zum *Präsidenten* gewählt. 그는 대통령(의장)에 선출되었다.
Er ist der *Präsident* einer Gesellschaft. 그는 한 회사의 회장이다.
Der Rote Kreuz-Verein hat ihn zum *Präsidenten* gewählt. 적십자사는 그를 총재로 선출했다.

predigen [pré:dıgən] 自他 설교하다
Man *predigt* heute in der Kirche. 오늘은 교회에서 설교가 있다.
Jeden Sonntag *predigt* der Pfarrer in der Kirche.
(=Jeden Sonntag hält der Pfarrer eine Predigt in der Kirche.) 매주 일요일 목사님은 교회에서 설교를 한다.

der **Preis** [praıs] -es/-e ① 값, 가격 ② 상(賞)
Die *Preise* fallen (steigen). 물가(物價)가 내린다(오른다).
Die *Preise* sind sehr niedrig (hoch). 물가가 싸다(비싸다).
Die *Preise* für Obst sind gestiegen (gesunken). 과일 값이 올랐다(내렸다).
Der Reis steigt (fällt) im *Preise*. 쌀 값이 오른다(내린다).
- zu billigem (hohem) *Preise* : 싼(비싼) 값으로
Ich kaufte es *zu billigem Preise*. 나는 그것을 싼 값으로 샀다.

- zum *Preise* von ... : …의 값으로
 Ich kaufte es *zum Preise von* 100 Mark. 나는 그것을 100 마르크의 값으로 샀다.
- um jeden *Preis* : 어떠한 희생을 치르더라도
 Ich will es *um jeden Preis* kaufen. 나는 그것을 값이 얼마든 간에 사겠다.
- einen *Preis* gewinnen : 상(賞)을 타다
 Er hat *den* ersten *Preis gewonnen*. 그는 1등 상을 탔다.
 Er hat im Sport *einen Preis gewonnen*. 그는 스포츠에서 입상했다.

Heinrich Böll erhielt (bekam) 1972 den Nobel*preis* für Literatur. 하인리히 뵐은 1972년에 노벨 문학상을 받았다.
Ohne Fleiß kein *Preis*. 《Sprw》 노력 없이 댓가 없다.

preisen [práɪzən], pries, gepriesen 他 칭찬하다, 찬양하다
Alle haben ihn höchlich *gepriesen*. 모두가 그를 격찬했다.
- jn. glücklich *preisen* : (누구)를 행복하다고 말하다
 Man *pries* ihn *glücklich*. 사람들은 그를 행복한 사람이라고 말했다.

der **Prinz** [prɪnts] -en/-en 왕자
Der *Prinz* hat sich⁴ kürzlich verheiratet. 왕자는 최근에 결혼했다.

die **Prinzessin** [prɪntsésɪn] -/-nen 공주
Es war einmal eine schöne *Prinzessin*. 옛날에 한 아름다운 공주가 있었다.

das **Prinzip** [prɪntsí:p] -s/-ien [..tsí:piən] 원리, 원칙 (der Grundsatz)
Er ist ein Mann von (mit) *Prinzipien*. 그는 원리 원칙적인 사람이다.
- nach *Prinzipien* handeln : 원칙대로 행동하다
 Er *handelt* nur *nach* seinen *Prinzipien*. 그는 원칙대로만 행동한다.
- im *Prinzip* : 원칙적으로
 Im Prinzip bin ich damit einverstanden. 원칙적으로 나는 그것에 동의한다.

privat [privá:t] 形 개인의, 사적인 (↔öffentlich)
Das ist meine *private* Meinung. 그것은 나 개인의 의견이다.
In Deutschland gibt es keine *privaten* Universitäten. 독일에는 사립 대학이 없다.
privates Eigentum 사유 재산(私有財産)

das **Problem** [problé:m] -s/-e 문제
- ein *Problem* lösen : 문제를 해결하다

Das *Problem* ist schwer (nicht leicht) zu *lösen*. 그 문제는 해결하기가 어렵다(쉽지 않다).

Das ist gar kein *Problem*. 그것은 전혀 문제가 되지 않는다.

ein soziales *Problem* 사회 문제

der **Professor** [profésɔr] -s/-en [..só:rən] 교수(敎授)

Herr *Professor*! 교수님!

Er ist *Professor* an der Universität Seoul. 그는 서울대학교의 교수이다.

Er wurde als *Professor* für Deutsch an der Universität Seoul berufen. 그는 서울대학교의 독일어 교수로 초빙되었다.

Er wurde zum *Professor* ernannt. 그는 교수에 임명되었다.

pros[i]t [pró:zɪt, pro:st] 感 (축배의 용어) 건배(乾杯)!

Prosit! 건배!

Prosit Neujahr! 새해 복 많이 받으세요!

protestieren [protɛstí:rən] protestierte, protestiert 自 항의하다
- gegen et. *protestieren* : (무엇)에 대하여 항의하다

Die Studenten *protestierten gegen* die neue Bestimmung der Universität. 학생들은 대학의 새로운 규정에 대하여 항의했다.

das **Prozent** [protsɛ́nt] -[e]s/-e (수사의 뒤에서는/-) 《기호 : %》 퍼센트

Bier enthält 3 bis 4 *Prozent* Alkohol. 맥주는 3내지 4퍼센트의 알코올을 함유하고 있다.

Wir haben den Plan mit (zu) 90 *Prozent* erfüllt. 우리는 그 계획을 90% 달성했다.

prüfen [prý:fən] 他 ① 검사하다 ② 시험하다

Er *prüfte* es streng. 그는 그것을 엄격히 검사했다.

Vor dem Verkauf werden die Waren *geprüft*. 판매 전에 그 상품들은 검사를 받는다.

Wir wurden in Englisch³ (Mathematik) *geprüft*. 우리는 영어(수학) 시험을 쳤다.

Herr Professor *prüfte* die Studenten mündlich. 교수님은 학생들을 구두로 시험했다.

die **Prüfung** [prý:fuŋ] -/-en ① 시험(das Examen) ② 검사
- eine *Prüfung*⁴ bestehen : 시험에 합격하다

Er hat *eine* schriftliche (mündliche) *Prüfung bestanden*.

그는 필기(구두) 시험에 합격했다.
- bei (in) einer *Prüfung* durchfallen : 시험에 낙제하다
  Sie ist *bei der Prüfung durchgefallen*.
  (=Sie hat die *Prüfung* nicht bestanden.) 그녀는 시험에 낙제했다.

Sie muß sich⁴ auf (für) die *Prüfung* vorbereiten. 그녀는 시험 준비를 해야 한다.

Der Plan erfordert eine sorgfältige *Prüfung*. 그 계획은 신중히 검토할 필요가 있다.

das **Publikum** [púːblikum] -s/ 민중, 대중 ; 청중, 관객

Das breite *Publikum* interessiert sich⁴ nicht für die Politik. 일반 대중은 정치에는 관심을 가지고 있지 않다.

Im Saal war sehr viel *Publikum*. 홀에는 매우 많은 청중(관객)이 있었다.

Er saß mitten im *Publikum*. 그는 청중의 한가운데에 앉아 있었다.

Das *Publikum* klatschte stürmisch Beifall. 청중은 우뢰와 같은 박수 갈채를 보냈다.

der **Puls** [puls] -es/ 맥[박]
- jm. den *Puls* fühlen : (누구)의 맥을 짚다
  Der Arzt *fühlte* mir *den Puls*. 의사는 나의 맥을 짚었다.

Mein *Puls* schlägt sehr schnell. 나의 맥박은 매우 빠르게 뛰고 있다.

das **Pulver** [púlfər, púlvər] -s/- ① 가루 ; 가루약 ② 화약

In der Kaffeebüchse ist nur noch wenig *Pulver*. 커피 병에는 커피 가루가 조금밖에 없다.

Sie nahm ein *Pulver* gegen Kopfschmerzen [ein]. 그녀는 가루로 된 두통약을 복용했다.

Dieses *Pulver* wirkt gut. 이 가루약은 잘 듯는다.

Das *Pulver* explodierte. 화약이 폭발했다.

der **Punkt** [punkt] -[e]s/-e ① 점(點) ; 구두점(句讀點) ② (정확한) 시점(時點)

Sie trägt ein schwarzes Kleid mit weißen *Punkten*. 그녀는 흰 점이 있는 검은 옷을 입고 있다.

In diesem *Punkt* (In allen *Punkten*) sind wir einer Meinung². 이 점에서는(모든 점에서) 우리는 같은 의견이다.

Am Ende des Satzes steht ein *Punkt*. 문장 끝에는 종지부를 찍는다.

Er kam *Punkt* 10 Uhr.
(=Er kam pünktlich um 10 Uhr.) 그는 정각 10시에 왔다.

Es ist *Punkt* 12 Uhr. 정각 12시다.
- *Punkt* für *Punkt* : 한 점 한 점, 하나 하나

  Wir diskutierten 4 Stunden lang über dieses Problem *Punkt für Punkt*. 우리는 4시간 동안 이 문제에 대해서 하나 하나 토론했다.

pünktlich [pýŋktlıç] 形 시간을 엄수하는, (시간에) 정확한

Er kam *pünktlich*. 그는 시간을 어기지 않고(정각에) 왔다.

Der Zug fuhr *pünktlich* um 8 Uhr ab. 기차는 정각 8시에 출발했다.

die **Puppe** [púpə] -/-n 인형

Das Kind spielt gern mit *Puppen*. 그 아이는 인형을 가지고 놀기를 좋아한다.

Als kleines Mädchen spielte sie immer mit *Puppen*. 어린 소녀 시절 그녀는 항상 인형을 가지고 놀았다.

putzen [pútsən] 他 깨끗이 하다, 닦다
- sich³ die Zähne (die Nase, die Schuhe) *putzen* : 이 (코, 구두)를 닦다

  Hast du *dir die Zähne geputzt*? 너는 이를 닦았니?

  Er *putzte sich die Nase*. 그는 코를 풀었다.

  Ich *putzte mir die Schuhe*.

  (=Ich *putzte* meine Schuhe.) 나는 내 구두를 닦았다.

Q

die **Qual** [kva:l] -/-en 고통, 고뇌 (der Schmerz, die Pein)
Er mußte große körperliche *Qualen* ertragen. 그는 심한 육체적 고통을 견뎌야만 했다.
Diese Arbeit ist mir eine *Qual*. 이 일은 내게는 고통이다.
Er litt *Qualen* des Hungers. 그는 배고픔의 고통을 당했다.
Der Durst wurde mir zur *Qual*. 갈증은 나에게 고통이 되었다.
Er empfand die *Qualen* des Gewissens. 그는 양심의 가책을 느꼈다.

quälen [kvɛ́:lən] 1. 他 괴롭히다 (plagen) 2. 再 《sich⁴》 괴로와하다, 고민하다
Die Hitze *quälte* (plagte) uns. 더위가 우리를 괴롭혔다.
Mein Gewissen *quälte* mich. 나의 양심이 나를 괴롭혔다.
Er *quälte* mich mit allerlei Fragen. 그는 여러 가지 질문으로 나를 귀찮게 했다.
Er *quälte* mich, mit ihm zu gehen. 그는 자기와 같이 가자고 나를 귀찮게 했다.
Der Kranke *quält sich* sehr. 환자가 몹시 괴로와하고 있다.
• sich⁴ mit et. *quälen* : (무엇)으로 괴로와하다, 고민하다
Er *quält sich mit* unnützen Sorgen. 그는 쓸데없는 걱정으로 고민하고 있다.

die **Qualität** [kvalitɛ́:t] -/-en 질(質), 품질
Reis von guter (schlechter) *Qualität* 질이 좋은(나쁜) 쌀
Es kommt nicht auf die Quantität an, sondern auf die *Qualität*. 양(量)이 문제가 아니고 질(質)이 문제다.
• von guter (schlechter) *Qualität* sein : 품질이 좋다(나쁘다)
Die Erzeugnisse dieses Betriebes *sind von guter Qualität*. 이 공장의 제품은 품질이 좋다.
• für *Qualität* bürgen : 품질을 보증하다
Das Zeichen dieser Firma *bürgt für Qualität*. 이 회사의 상표는 품질을 보증한다.

die **Quantität** [kvantitɛ́:t] -/-en 양(量)
Qualität geht vor *Quantität*. 질(質)은 양(量)보다 앞선다.
Sie bestellte diese Waren in großer *Quantität*. 그녀는 이 상품을 대량으로 주문했다.

die **Quelle** [kvélə] -/-n 샘, 원천(源泉)
  In Deutschland gibt es fast keine heißen (warmen) *Quellen*. 독일에는 거의 온천이 없다.
  Diese Stadt ist wegen ihrer heißen *Quellen* sehr berühmt. 이 도시는 온천때문에 대단히 유명하다.
  Der Fluß hat seine *Quelle* im hohen Gebirge. 그 강은 높은 산맥에 수원(水源)이 있다.
  ● aus guter (sicherer) *Quelle* : 확실한 소식통으로부터
  Ich habe es *aus guter Quelle* erfahren. 나는 그것을 확실한 소식통으로부터 들었다.

quer [kve:r] 形 가로의, 가로지른
  Sie ging *quer* über die Straße. 그녀는 길을 가로질러 건너갔다.
  ● kreuz und *quer* : 가로 세로로, 사방 팔방으로
  Er reiste *kreuz und quer* durch ganz Deutschland. 그는 독일 전역을 두루 여행했다.

die **Quittung** [kvítuŋ] -/-en 영수증
  Die *Quittung* schicke ich Ihnen nachher mit der Post. 영수증은 나중에 우편으로 보내드리겠읍니다.
  Ich erhielt eine *Quittung*. 나는 영수증을 받았다.
  ● eine *Quittung* ausstellen (geben) : 영수증을 교부하다
  Ich ließ mir *eine Quittung* über 50 Mark *ausstellen*. 나는 50마르크의 영수증을 교부받았다.

R

die **Rache** [ráxə] -/ 복수(復讐)
- an jm. *Rache* nehmen : (누구)에게 복수하다
  Ich will *an* ihm *Rache nehmen*.
  (=Ich will mich an ihm rächen.) 나는 그에게 복수하겠다.
  Er schwor *Rache*. 그는 복수할 것을 맹세했다.
  Ich fürchte die *Rache* nicht. 나는 보복을 두려워하지 않는다.

rächen [réçən] 1. 他 〈an jm.에게 et.⁴의〉 복수를 하다 2. 再 〈sich⁴ an jm.에게〉 복수하다
  Ich werde diese Beleidigung *an* ihm *rächen*. 나는 그에게 이 모욕의 앙갚음을 할 것이다.
  Ich *rächte mich an* ihm. 나는 그에게 복수했다.

das **Rad** [ra:t] -[e]s/⁼er ① (차)바퀴 ② 자전거 (das Fahrrad)
  das *Rad* des Wagens 자동차(마차)의 바퀴
  Das *Rad* dreht sich⁴. 바퀴가 돈다.
  Er setzte sich⁴ aufs *Rad* (Fahrrad).
  (=Er stieg aufs *Rad*.) 그는 자전거에 올라탔다.
  Er sprang vom *Rad*. 그는 자전거에서 뛰어내렸다.
- mit dem *Rad* (Fahrrad) fahren : 자전거를 타고가다
  Er *fährt mit dem Rad* in die (zur) Schule. 그는 자전거를 타고 학교에 간다.

das **Radio** [rá:dio] -s/-s 라디오 (der Rundfunk)
- das *Radio* anstellen (abstellen) : 라디오를 켜다(끄다)
  Sie *stellte das Radio an* (*ab*).
  (=Sie schaltete das Radio ein (aus).) 그녀는 라디오를 켰다(껐다).
  Er hört jetzt *Radio*. 그는 지금 라디오를 듣고 있다.
  Er ließ das *Radio* den ganzen Tag laufen. 그는 라디오를 하루 종일 틀어놓았다.
  Ich habe die Nachricht im *Radio* gehört. 나는 라디오에서 그 소식을 들었다.
  Das Fußballspiel wurde im *Radio* und Fernsehen übertragen. 그 축구 경기는 라디오와 텔레비젼으로 중계되었다.

der **Rand** [rant] -[e]s/⁼er 가장자리, 가
  Er stand am *Rand* des Weges.
  (=Er stand am Wege.) 그는 길가에 서 있었다.

Sie setzte sich⁴ an den *Rand* des kühlen Brunnens. 그녀는 서늘한 우물가에 앉았다.
* bis zum (bis an den) *Rand* füllen: 넘치게 가득 채우다
 Er *füllte* das Glas *bis zum Rand*. 그는 잔이 넘치게 가득 부었다.

der Rang [raŋ] -[e]s/-e ① 계급, 지위 ② 등급
 Er hat einen hohen *Rang*. 그는 계급(지위)이 높다.
 Er steht im *Range* über mir. 그는 나보다 지위가 높다.
 Er ist ein Mann von hohem *Range*. 그는 지위가 높은 사람이다.
 Er ist ein Sänger ersten *Ranges*.
 (=Er ist ein Sänger von *Rang*.) 그는 일류(一流) 가수다.
 Er ist ein Schriftsteller dritten *Ranges*. 그는 삼류(三流) 작가다.

rasch [raʃ] 形 빠른, 신속한 (schnell) (↔langsam)
 Sie kam mit *raschen* Schritten auf mich zu. 그녀는 빠른 걸음으로 내게로 왔다.
 Er ist ein *rascher* Kopf. 그는 이해가 빠른 사람이다.
 Er ist etwas *rasch*. 그는 좀 성질이 급하다.
 Sie hat meine Absicht *rasch* gemerkt. 그녀는 나의 의도를 재빨리 알아차렸다.
 Er handelte *rasch*. 그는 민첩하게 행동했다.

rasen [rá:zən] 自 ① 《h》 미친듯이 날뛰다 ② 《s》 질주(疾走)하다
 Er *raste* vor Wut³ (Zorn). 그는 분노하여 미친듯이 날뛰었다.
 Der Sturm hat den ganzen Tag *gerast*. 폭풍은 온종일 맹위를 떨쳤다.
 Das Auto *raste* mit voller Geschwindigkeit. 그 자동차는 전속력으로 질주했다.
 Er ist aus der Tür *gerast*. 그는 문 밖으로 쏜살같이 뛰어 나갔다.

der Rasen [rá:zən] -s/- 잔디〔밭〕
 Der *Rasen* ist gut gepflegt. 잔디가 잘 손질되어져 있다.
 Die Kinder spielen auf dem *Rasen*. 아이들이 잔디밭에서 놀고 있다.
 Wir setzten uns⁴ auf den *Rasen*. 우리는 잔디밭에 앉았다.
 Den *Rasen* bitte nicht betreten! 잔디밭에 들어가지 마시오!

rasieren [razí:rən] rasierte, rasiert 1. 他 〈jn.의〉 수염을 깎다 2. 再 《sich⁴》 (자기의) 수염을 깎다
 Rasieren, bitte! 면도해 주세요!

Der Friseur hat mich *rasiert*. 이발사가 나의 수염을 깎았다.
Jeden Morgen *rasiere* ich *mich*. 아침마다 나는 면도한다.
Heute morgen hatte ich keine Zeit, *mich zu rasieren*. 오늘 아침에는 나는 면도할 시간이 없었다.
Er *rasiert sich* mit einem elektrischen Rasierapparat. 그는 전기 면도기로 면도를 한다.
● sich⁴ *rasieren* lassen : 자기 수염을 깎게 하다
Ich *ließ mich* beim Friseur *rasieren*. 나는 이발소에서 면도를 했다.

die **Rast** [rast] -/-en 휴식
● *Rast* machen (halten) : 휴식을 취하다
Wir *machten* (*hielten*) zehn Minuten⁴ *Rast*. 우리는 10분간 휴식을 취했다.
Wollen wir nicht *eine kurze Rast machen*? 잠시 쉬지 않겠읍니까?
● ohne *Rast* und Ruh (=ohne Ruh und *Rast*) : 쉬지 않고
Wir arbeiteten *ohne Rast und Ruh*. 우리는 쉬지 않고 일했다.

der **Rat** [ra:t] -[e]s/-schläge 충고, 조언
● jm. einen *Rat* geben : (누구)에게 충고를 하다
Er *gab* mir *einen* guten *Rat*. 그는 나에게 좋은 충고를 해주었다.
● jn. um *Rat* fragen : (누구)에게 조언을 구하다
Er hat niemand[en], den er *um Rat fragen* kann. 그에게는 조언을 구할만한 사람이 아무도 없다.
● auf js. *Rat*⁴ hören : (누구)의 충고에 따르다
Er *hörte auf* meinen *Rat*. 그는 나의 충고를 들었다.
● auf js. *Rat*⁴ : (누구)의 충고·조언에 따라
Auf meinen *Rat* hat er es getan. 나의 충고(권고)에 따라 그는 그것을 했다.

raten [ráːtən] riet, geraten; du rätst, er rät 圓他 ① ⟨jm.에게 et.⁴ (zu et.)을⟩ **충고·조언하다** ② **알아맞히다**
Was (Wozu) *rätst* du mir? 너는 내가 어떻게 하면 좋다고 생각하니?
Der Arzt *riet* mir, nicht zu rauchen. 의사는 나에게 담배를 피우지 말라고 충고했다.
Rat[e] mal, wie alt ich bin! 내가 몇 살인지 한번 알아맞춰 보아라!
Rat, was ich dir schenke! 내가 너에게 무엇을 선물할 것인지 알아맞춰 보아라!

- ein Rätsel raten (lösen): 수수께끼를 풀다
  Ich kann *das Rätsel* nicht *raten.* 나는 그 수수께끼를 풀지 못하겠다.
  Er hat *das Rätsel geraten.* 그는 그 수수께끼를 풀었다.

das Rathaus [rá:thaus] -es/..häuser 시청, 읍사무소
  Er arbeitet im (auf dem) *Rathaus.* 그는 시청에서 일하고 있다.
  Er ging zum *Rathaus.* 그는 시청에 갔다.

das Rätsel [rέ:tsəl] -s/- 수수께끼
- jm. ein *Rätsel* aufgeben : (누구)에게 수수께끼를 내다
  Er hat mir *ein Rätsel aufgegeben.* 그는 나에게 수수께끼를 내었다.
- ein *Rätsel* raten (lösen): 수수께끼를 풀다
  Er hat *das Rätsel* geraten (*gelöst*). 그는 그 수수께끼를 풀었다.
  Ich kann *das Rätsel* nicht *raten.* 나는 그 수수께끼를 풀지 못하겠다.
  Endlich löste sich[4] das *Rätsel*.
  (=Endlich wurde das *Rätsel* gelöst.) 마침내 그 수수께끼는 풀렸다.
  Das ist mir ein *Rätsel*. 그것은 나에게는 수수께끼다.

rauben [ráubən] 他 ⟨jm.에게서 et.⁴을⟩ 빼앗다, 강탈하다
  Er *raubte* mir das Geld. 그는 나에게서 그 돈을 빼앗았다.
  Man hat ihm sein Geld *geraubt.* 그는 돈을 강탈 당했다.
  Der Krieg hat ihm jede Hoffnung *geraubt.* 전쟁은 그에게서 모든 희망을 빼앗아갔다.

der Räuber [rɔ́ybər] -s/- 강도, 도둑
  Er wurde vor der Bank von *Räubern* angegriffen (überfallen). 그는 은행 앞에서 강도들에게 습격을 당했다.
  Der Schutzmann hat einen *Räuber* gefangen. 순경이 도둑을 잡았다.

der Rauch [raux] -[e]s/ 연기
  Das Zimmer ist voller *Rauch*².
  (=Das Zimmer ist voll von *Rauch.*) 방은 연기로 가득 차 있다.
  Aus dem Schornstein kommt *Rauch.* 굴뚝에서 연기가 난다.
  Es riecht nach *Rauch.* 연기 냄새가 난다.
  Der *Rauch* beißt mir in die Augen. 연기가 나의 눈에 들어가 따갑다.
  Kein *Rauch* ohne Flamme. 《Sprw》 아니 땐 굴뚝에 연기나랴.

rauchen [ráuxən] 1. 自 연기를 내다, 연기가 나다 2. 自他 담배를 피우다
Der Schornstein *raucht*.
(=Aus dem Schornstein kommt Rauch.) 굴뚝에서 연기가 난다.
Es *raucht* in der Küche. 부엌에서 연기가 난다.
Ich *rauche* nicht. 나는 담배를 피우지 않는다.
Er *raucht* viel. 그는 담배를 많이 피운다.
Von heute ab *rauche* ich nicht mehr. 오늘부터는 나는 더 이상 담배를 피우지 않는다.
Hier darf man nicht *rauchen*. 여기서는 담배를 피워서는 안 된다.
Rauchen verboten! 금연!
● eine Zigarette *rauchen* : 담배를 피우다
Er *raucht eine Zigarette* nach der anderen. 그는 줄담배를 피운다.

rauh [rau] 形 ① 거칠은 (↔glatt) ② 사나운, 난폭한 (↔mild)
Meine Hände sind von der Arbeit *rauh* geworden. 내 손은 일을 해서 거칠어졌다.
Sei nicht so *rauh* zu dem Kind! 그 아이에게 그렇게 거칠게 대하지 마라!
Draußen herrscht *rauhe* Kälte. 밖은 혹독한 추위가 감돌고 있다.
Er faßte den Jungen *rauh* an. 그는 소년을 난폭하게 붙잡았다.

der **Raum** [raum] -[e]s/⸚e ① 《복수 없음》 공간 ② 방 (das Zimmer, die Stube)
Zeit und *Raum* 시간과 공간
Dieser Schrank nimmt zuviel *Raum* ein. 이 장농은 공간을 너무 많이 차지한다.
Es ist kein *Raum* für den Tisch da. 책상을 놓을 공간이 없다.
Unsere Wohnung hat nur zwei *Räume*. 우리 집에는 방이 둘 뿐이다.
Das Haus hat viele *Räume*. 그 집에는 방이 많다.

rauschen [ráuʃən] 自 《h,s》 (바람·물·나무 따위가) 쏴쏴·찰찰·살랑살랑 소리를 내다
Der Wind *rauscht*. 바람이 쏴쏴 소리를 낸다.
Ich hörte den Bach *rauschen*. 나는 시냇물이 졸졸 흐르는 소리를 들었다.

Die Blätter *rauschen* im Wind. 나뭇잎이 바람에 살랑살랑 소리를 낸다.

rechnen [réçnən] 自他 셈하다, 계산하다
Er *rechnet* gut (schlecht). 그는 셈을 잘 한다(잘못 한다).
Du mußt gut *rechnen* können. 너는 셈을 잘 할 수 있어야 한다.
Hast du richtig *gerechnet*? 너는 맞게 계산했니?
- im Kopf *rechnen* : 암산하다
  Er *rechnet* im Kopf. 그는 암산을 한다.
  Rechnen Sie folgende Aufgabe *im Kopf*! 다음 문제를 암산하시오!
- auf et.⁴ *rechnen* : (무엇)을 믿다, 기대하다
  Du kannst *auf* mich *rechnen*.
  (=Du kannst dich auf mich verlassen.) 너는 나를 믿어도 좋다.
  Ich *rechne auf* Ihre Mithilfe. 나는 당신의 협력을 기대합니다.
- mit et. *rechnen* : (무엇)을 고려에 넣다
  Wir müssen *mit* dem schlechten Wetter *rechnen*. 우리는 날씨가 나쁜 경우를 고려해야 한다.
  Ich habe *mit* deinem Besuch heute nicht *gerechnet*. 나는 네가 오늘 방문하리라고는 예기(豫期)치 못했다.

die **Rechnung** [néçnuŋ] -/-en 계산(서)
Die *Rechnung* stimmt. 그 계산은 맞다.
Die *Rechnung* macht (beträgt) 80 Mark. 계산은 80 마르크에 달한다.
Er bat um die *Rechnung*. 그는 계산서를 요구했다.
Herr Ober, die *Rechnung* bitte! 웨이터, 계산서 가져오시오!
- die *Rechnung* bezahlen : 계산서의 금액을 지불하다
  Er *bezahlt die Rechnung*. 그는 계산서의 금액을 지불한다.
- auf js. *Rechnung*⁴ : (누구)의 비용·부담으로
  Das geht *auf* meine *Rechnung*. 그 계산은 내가 한다.

recht [rεçt] 1. 形 ① 옳은 (richtig) (↔falsch); 적당한 ② 오른쪽의 (↔link) ③ 정말의 (wahr) 2. 副 정말, 아주
Das ist die *rechte* (richtige) Antwort. 이것이 정답이다.
Er zeigte uns³ den *rechten* Weg. 그는 우리에게 바른 길을 가리켜 주었다.
Sie sind nicht auf dem *rechten* Wege. 당신은 길을 잘못 들었읍니다.
Du hast *recht* gehandelt. 너의 행동은 옳았다.

- *recht* haben : (말・행동 따위가) 옳다
  Darin *hast* du *recht*. 그 점에 있어서는 네가 옳다.
- zur *rechten* Zeit : 꼭 알맞은 때에, 적시(適時)에
  Du kamst *zur rechten Zeit*. 너는 꼭 알맞게 왔다.

Sie hat sich³ den *rechten* (linken) Arm gebrochen. 그녀는 오른(왼)팔이 부러졌다.

Auf der *rechten* Seite der Straße befindet sich⁴ eine Tankstelle. 이 도로의 우측에 주유소가 있다.

Er ist mein *rechter* Bruder. 그는 나의 친형(친동생)이다.

Es tut mir *recht* leid. 정말 안되었읍니다.

Es ist heute *recht* warm. 오늘은 아주 따뜻하다.

das **Recht** [rɛçt] -[e]s/-e ① 정당(正當) (↔das Unrecht) ② 권리 (↔die Pflicht) ③ 법[률] (das Gesetz)
- im *Rechte* sein : 옳다, 정당하다
  Du *bist* im *Rechte*.
  (=Du hast recht.) 네가 옳다.
- mit *Recht* : 정당하게, 당연히
  Er sagt es *mit Recht*. 그가 그렇게 말하는 것은 당연하다.
- ein *Recht* auf et.⁴ haben : (무엇)에 대하여 권리가 있다
  Du *hast* kein *Recht* darauf. 너는 그것에 대하여 아무런 권리도 없다.

Sie haben kein *Recht*, mir das zu befehlen. 당신은 나에게 그것을 명령할 권리는 없읍니다.

Das ist mein gutes *Recht*. 그것은 나의 당연한 권리다.

Er studiert das *Recht*. 그는 법률을 공부한다.

bürgerliches *Recht* 민법(民法)

rechts [rɛçts] 副 오른쪽에 (↔links)
- *rechts* von et. : (무엇)의 오른쪽에
  Die Stadt liegt *rechts vom* Rhein. 그 도시는 라인 강의 오른쪽에 있다.

Er saß *rechts von* mir. 그는 나의 오른쪽에 앉아 있었다.

Das Auto bog *rechts* (links) ab. 자동차가 우(좌)회전 했다.

Er ging nach *rechts*. 그는 오른쪽으로 갔다.

Er kam von *rechts*. 그는 오른쪽에서 왔다.

von *rechts* nach links 오른쪽에서 왼쪽으로

die **Rede** [rē:də] -/-n ① 말 (das Wort) ② 연설

Er hörte nicht auf meine *Rede*.
(=Er hörte nicht auf mich.) 그는 나의 말에 귀를 기울이지 않았다.

Das ist nicht der *Rede*² wert. 그것은 말할 가치가 없는 것「이다.

- jm. in die *Rede* fallen : (누구)의 말을 가로막다
  Er *fiel* mir *in die Rede* (ins Wort).
  (=Er unterbrach mich.) 그는 나의 말을 가로막았다.
- von et. die *Rede* sein : (무엇)이 화제(話題)가 되어 있다
  Es *war von* dir *die Rede*. 네가 화제가 되었다.
  Davon kann keine *Rede sein*. 그것은 문제 밖의 일이다.
- eine *Rede* halten : 연설을 하다
  Er hat *eine* lange *Rede gehalten*. 그는 긴 연설을 했다.
  Der Minister *hielt eine Rede* im Rundfunk und Fernsehen. 장관은 라디오와 텔레비젼으로 연설을 했다.

reden [réːdən] 自他 말하다, 이야기하다
- mit jm. über et.⁴ (von et.) *reden* : (누구)와 (무엇)에 대하여 이야기하다
  Dar*über* (Da*von*) *redete* ich lange *mit* ihm. 그것에 대하여 나는 그와 오랫동안 이야기했다.
  Ich *redete* einige Worte *mit* ihm. 나는 그와 몇 마디 이야기를 나누었다.
  Reden wir nicht da*von*! 그 이야기는 그만 둡시다!
- mit sich selbst *reden* : 혼자 중얼거리다
  Sie *redete mit sich selbst*. 그녀는 혼자 중얼거렸다.

Er hat nur *geredet* und nichts getan. 그는 말만 했지 아무 것도 하지 않았다.
Er *redete* dauernd Unsinn. 그는 계속 시시한(실없는) 소리를 했다.
Reden ist Silber, Schweigen ist Gold. 《Sprw》 웅변은 은이요, 침묵은 금이다.

die **Regel** [réːgəl] -/-n 규칙
- nach der *Regel* (=der *Regel* nach) : 규칙에 따라, 규칙적으로
  Sie lebt *nach der Regel*.
  (=Sie führt ein regelmäßiges Leben.) 그녀는 규칙적인 생활을 한다.
- in der *Regel* (=gewöhnlich) : 보통, 일반적으로
  In der Regel stehe ich um 6 Uhr auf. 보통 나는 6시에 일어난다.

Keine *Regel* ohne Ausnahme. 《Sprw》 예외 없는 규칙은 없다.

regelmäßig [réːgəlmɛːsɪç] 形 규칙적인
Sie führt ein *regelmäßiges* Leben. 그녀는 규칙적인 생활을 한다.

Ich bade [mich] *regelmäßig* einmal in der Woche. 나는 정기적으로 일주일에 한 번 목욕한다.

Dein Puls geht *regelmäßig*. 너의 맥박은 정상이다.

der Regen [ré:gən] -s/- 비(雨)

Es kommt bald *Regen*. 곧 비가 올 것 같다.

Der *Regen* hörte auf.

(=Es hörte auf zu regnen.) 비가 그쳤다.

In diesem Jahr hatten wir viel *Regen*. 금년에는 비가 많이 왔다.

Auf (Nach) *Regen* folgt Sonnenschein. 《Sprw》 비 온 뒤에 햇빛이 난다(고생 끝에 낙이 온다).

der Regenschirm [ré:gənʃırm] -[e]s/-e 우산 (der Schirm)

● den *Regenschirm* aufmachen (zumachen) : 우산을 펴다 (접다)

Er *machte den Regenschirm auf (zu)*.

(=Er spannte den *Regenschirm* auf.) 그는 우산을 폈다 (접었다).

Nehmen Sie den *Regenschirm* mit! 우산을 가지고 가세요!

Sie gingen beide unter einem *Regenschirm*. 그들 두 사람은 한 우산을 쓰고 갔다.

Ich habe den *Regenschirm* im Autobus vergessen.

(=Ich habe den *Regenschirm* im Autobus stehen lassen.) 나는 잊고 우산을 버스에 놓아두고 왔다.

die Regierung [regí:ruŋ] -/-en 정부, 내각

Die *Regierung* trat zurück. 정부(내각)는 물러났다.

Die neue *Regierung* wurde gebildet. 새 내각이 구성되었다.

regnen [ré:gnən] 圓 〈비인칭〉 비가 오다

Es *regnet* stark (heftig). 비가 몹시 온다.

Es *regnet* in Strömen. 비가 억수로 퍼붓는다.

Es fängt an zu *regnen*. 비가 오기 시작한다.

Es hörte auf zu *regnen*. 비가 그쳤다.

Die ganze Nacht[4] hindurch *regnete* es. 밤새도록 비가 왔다.

Heute nacht hat es viel *geregnet*. 간밤에 비가 많이 왔다.

reiben [ráibən] rieb, gerieben 他 문지르다, 비비다

● sich[3] die Augen (die Hände) *reiben* : 눈(손)을 비비다

Er *reibt sich die Augen*. 그는 눈을 비빈다.

Er *rieb sich* zufrieden *die Hände*. 그는 만족하여 손을 비볐다.

● sich[3] den Schlaf aus den Augen *reiben* : 눈을 비벼서 잠을 깨다

Er *rieb sich den Schlaf aus den Augen.* 그는 눈을 비벼서 잠을 깼다.

reich [raɪç] 形 ① 부유한 (↔arm) ② 풍부한
Er ist sehr *reich.* 그는 매우 부유하다.
Sie hat einen *reichen* Mann geheiratet. 그녀는 돈 많은 남자와 결혼했다.
Er hat auf diesem Gebiet *reiche* Erfahrungen gesammelt. 그는 이 분야에서 풍부한 경험을 쌓았다.
● an et.³ *reich* (arm) sein : (무엇)이 풍부(부족)하다
Der See ist *reich an* Fischen. 그 호수에는 고기가 많다.
Das Land ist *reich an* natürlichen Schätzen. 그 나라는 천연 자원이 풍부하다.

das **Reich** [raɪç] -[e]s/-e ① 제국(帝國) ② 영역, 계(界)
das Römische *Reich* 로마 제국
das Deutsche *Reich* 독일 제국 (1871~1918)
das *Reich* der Wissenschaft (der Phantasie) 학문(공상)의 세계
die drei *Reiche* der Natur 자연의 3계(식물계, 동물계, 광물계)

reichen [ráɪçən] 1. 自 ① 다다르다, 닿다 ② 넉넉하다, **충분하다** 2. 他 〈jm.에게 et.⁴을〉 건네다, 내밀다
Er *reicht* mit dem Kopfe bis an die Decke. 그는 머리가 천정에까지 닿는다.
Das Wasser *reichte* mir bis ans Knie (zur Brust). 물이 나의 무릎(가슴)에까지 닿았다.
Das Geld *reicht* nicht. 돈이 충분치 못하다.
Jetzt *reicht* es mir. 이제는 충분하다.
Er *reichte* dem Kranken ein Glas Wasser. 그는 환자에게 한 잔의 물을 건네 주었다.
Können Sie mir bitte das Salz *reichen*? 소금 좀 건네 주시겠읍니까?
● jm. die Hand *reichen* (bieten) : (누구)에게 악수를 청하다
Er *reichte* mir *die Hand.* 그는 나에게 악수를 청했다.

der **Reichtum** [ráɪçtuːm] -[e]s/⁼er ① 부(富) (↔die Armut), 재산 (das Vermögen) ② 《복수 없음》 풍부
Gesundheit geht über *Reichtum.*
(=Gesundheit ist besser als *Reichtum.*) 건강은 부(富)보다 낫다.
Er hat einen großen *Reichtum.*
(=Er hat ein großes Vermögen.) 그는 재산이 많다.

Er sammelte *Reichtümer*. 그는 재산을 모았다.

Sie besitzt keine *Reichtümer*. 그녀는 아무 재산도 가지고 있지 않다.

Der *Reichtum* an Bodenschätzen³ kennzeichnet diese Gegend. 지하 자원이 풍부한 것이 이 지방의 특징이다.

Sein *Reichtum* an Gedanken³ ist erstaunlich. 그의 사상의 풍부함은 놀랄 만하다.

reif [raɪf] 形 익은, 성숙한

reifes Obst 익은 과일

Das Obst wird *reif*.

(=Das Obst reift.) 과일이 익는다.

Die Äpfel sind schon *reif*. 사과가 벌써 익었다.

Sie ist sehr *reif* für ihr Alter. 그녀는 나이에 비하여 매우 성숙하다.

Er ist ein *reifer* Mann. 그는 성년(중년) 남자다.

die **Reihe** [ráɪə] -/-n ① 열(列), 줄 ② 차례, 순서

Sie standen in einer *Reihe*. 그들은 일렬로 서 있었다.

Sie saß im Theater in der ersten *Reihe*. 그녀는 극장에서 맨 첫줄에 앉아 있었다.

Ich bin an der *Reihe*.

(=Die *Reihe* ist an mir.) 나의 차례다.

Jetzt bist du an der *Reihe*.

(=Jetzt ist die *Reihe* an dir.) 이제 너의 차례다.

● an die *Reihe* kommen : 차례가 오다

Wann *komme* ich *an die Reihe*?

(=Wann kommt die *Reihe* an mich?) 나의 차례는 언제 돌아오는가?

● nach der *Reihe* (=der *Reihe* nach) : 차례로, 순서대로

Die Patienten wurden *nach der Reihe* aufgerufen.

(=Die Patienten wurden einer nach dem anderen aufgerufen.) 환자들은 차례로 호명되었다.

rein [raɪn] 形 ① 순수한 ② 깨끗한 (sauber) (↔schmutzig)

Das ist *reines* Gold (*reine* Wolle). 그것은 순금(순모)이다.

Er sagte die *reine* (volle) Wahrheit. 그는 숨김없는 진실을 말했다.

Er zog ein *reines* (sauberes) Hemd an. 그는 깨끗한 내의를 입었다.

Hast du *reine* Hände? 너는 손이 깨끗하니?

Ich habe ein *reines* (gutes) Gewissen. 나는 양심에 가책되는 일이 조금도 없다.

● et.⁴ ins *reine* schreiben : (무엇)을 깨끗이 쓰다
　Du mußt den Brief *ins reine schreiben*. 너는 편지를 깨끗이 써야 한다.

reinigen [ráınıgən] 他 깨끗하게 하다
　Sie *reinigt* das Zimmer. 그녀는 방을 소제한다.
　Das Kleid muß *gereinigt* werden. 그 옷은 세탁해야겠다.

die **Reise** [ráızə] -/-n 여행
● eine *Reise* machen : 여행하다
　Wir *machen eine Reise* nach Europa (ins Ausland). 우리는 유럽(외국)으로 여행한다.
● eine *Reise* antreten : 여행을 떠나다
　Er hat *die Reise angetreten*. 그는 여행을 떠났다.
● auf der *Reise* sein : 여행중이다
　Er *ist auf der Reise*. 그는 여행중이다.
　Er war viel auf *Reisen*.
　(=Er hat viel gereist.) 그는 여행을 많이 했다.
　Er kam von der *Reise* zurück. 그는 여행에서 돌아왔다.
　Wir unternehmen eine *Reise* [rund] um die Welt. 우리는 세계 일주 여행을 계획하고 있다.
　Wohin geht die *Reise*? 어디로 여행가세요?
　Gute (Glückliche) *Reise*! 안녕히 다녀오세요!

reisen [ráızən] 自 《s, h》 여행하다
　Sie *reist* nach Deutschland (in die Schweiz). 그녀는 독일(스위스)로 여행한다.
　Wir *reisten* von Seoul nach Paris. 우리는 서울에서 파리로 여행했다.
　Wir *reisten* über Tokio nach Rom. 우리는 동경을 경유하여 로마로 여행했다.
　Er ist mit der Eisenbahn (dem Zug) nach Pusan *gereist*. 그는 기차를 타고 부산으로 여행했다.
　Er hat viel *gereist*.
　(=Er war viel auf Reisen.) 그는 여행을 많이 했다.

der (*die*) **Reisende** [ráızəndə] 《形 변화》 여행자
　Ein *Reisender* fragte mich nach dem Weg. 어떤 여행자가 나에게 길을 물었다.

reißen [ráısən] riß, gerissen 1. 他 ① 찢다 ② 잡아채다 2. 自 《s》 찢어지다, 끊어지다
● et.⁴ in Stücke *reißen* : (무엇)을 갈기갈기 찢다
　Sie *riß* den Brief *in Stücke*. 그녀는 편지를 갈기갈기 찢었다.

Er *riß* ein Blatt aus dem Hefte. 그는 공책에서 (종이) 한 장을 찢었다.

Er *riß* mir das Geld aus der Hand. 그는 나의 손에서 돈을 빼았았다.

Der Wind *riß* mir den Hut vom Kopf. 바람이 내 머리에서 모자를 날려버렸다.

Das Papier *reißt* leicht. 그 종이는 잘 찢어진다.

Das Seil (Die Kette) ist *gerissen*. 밧줄(사슬)이 끊어졌다.

reiten [ráɪtən] ritt, geritten 1. 自 《s, h》(말 따위를) 타고 가다 2. 他 (말 따위를) 타다

Er *ritt* auf einem Pferd (einem Esel) durch den Wald. 그는 말(나귀)을 타고 숲을 지나갔다.

Er *reitet* ein Pferd. 그는 말을 탄다(승마를 한다).

Sie lernt *reiten*. 그녀는 승마를 배운다.

der **Reiz** [raɪts] -es/-e ① 자극 ② 매력

Ich habe einen *Reiz* zum Husten. 나는 기침이 나올 것 같다.

Das hat für mich keinen *Reiz*. 그것은 나에게는 아무 매력도 없다.

die weiblichen *Reize* 여성적인 매력

reizen [ráɪtsən] 他 ① 자극하다; 화나게 하다 ② 매혹(魅惑)하다

Das Geräusch des Motors *reizt* meine Nerven zu sehr. 모터의 소음이 나의 신경을 너무나도 자극한다.

Die Suppe *reizt* den Appetit. 수프가 식욕을 돋군다.

Er ist heute sehr *gereizt*. 그는 오늘 매우 흥분해 있다.

Er *reizte* mich [zum Zorn]. 그는 나를 화나게 했다.

Er ist sehr *gereizt* auf mich. 그는 나에게 매우 화를 내고 있다.

Das Leben auf dem Lande *reizt* mich sehr. 시골 생활에 나는 매우 매력을 느끼고 있다.

Das *reizt* mich nicht. 나는 그것에 관심이 없다.

reizend [ráɪtsənt] 形 매력적인 (bezaubernd, entzückend)

Sie ist eine *reizende* Frau. 그녀는 매력적인 여성이다.

Die Dame ist sehr *reizend*. 그 부인은 대단히 매력이 있다.

die **Religion** [religióːn] -/-en 종교

Er hat keine *Religion*. 그는 종교가 없다.

rennen [rénən] rannte, gerannt 自 《s, h》 달리다

Er *rennt* zum Arzt. 그는 의사에게 달려간다.

Er *rennt* am schnellsten von uns. 그는 우리들 중에서 가장 빨리 달린다.

Er *rannte* die Straße entlang. 그는 거리를 따라 달렸다.

● um die Wette *rennen* (laufen) : 경주(競走)하다
 Wir *rannten um die Wette*. 우리는 경주를 했다.
 Ich *rannte* mit ihm *um die Wette*. 나는 그와 경주했다.

die **Republik** [republíːk] -/-en 공화국
 Korea ist eine *Republik*. 한국은 공화국이다.
 An der Spitze der *Republik* steht der Präsident. 공화국의 수반은 대통령이다.
 die *Republik* Korea 대한 민국
 die Deutsche Demokratische *Republik* (略字: DDR) 독일 민주 공화국(동독)
 die Bundes*republik* Deutschland (略字: BRD) 독일 연방공화국(서독)

der **Rest** [rɛst] -es/-e 나머지
 Ich möchte den *Rest* meines Lebens in der Heimat verbringen. 나는 여생(餘生)을 고향에서 보내고 싶다.
 Für den *Rest* des Geldes kaufte ich mir ein Buch. 남은 돈으로 나는 책 한 권을 샀다.
 Es ist noch ein *Rest* Wein da. 아직도 술이 남아 있다.

das **Restaurant** [rɛstorɑ́ː] -s/-s 음식점, 레스토랑
 Wo ist hier in der Nähe ein gutes *Restaurant*? 이곳 근처 어디에 좋은 음식점이 있읍니까?
 In einem *Restaurant* aßen wir zu Mittag. 한 레스토랑에서 우리는 점심을 먹었다.

retten [rɛ́tən] 1. 他 구조하다 2. 再 《sich⁴》 살아나다, 모면하다
 ● jm. das Leben *retten* : (누구)의 목숨을 구하다
 Er hat mir *das Leben retten*. 그는 나의 목숨을 구했다.
 ● jn. aus der Gefahr *retten* : (누구)를 위험에서 구해내다
 Er hat sie *aus der Gefahr gerettet*. 그는 그녀를 위험에서 구해내었다.
 Ich *rettete mich* aus dem Feuer. 나는 불길 속에서 빠져 나왔다.
 Er *rettete sich* aus der Gefahr. 그는 위험을 모면했다.

die **Revolution** [revolutsióːn] -/-en 혁명
 die Französische *Revolution* 프랑스 혁명
 Die *Revolution* siegte (nicht). 혁명은 성공했다(실패했다).
 Die Entdeckung der X-Strahlen führte zu einer *Revolution* in der Medizin. X광선의 발견은 의학에 혁명을 가져왔다.

der **Rhein** [rain] -s/ 라인 강
 Der *Rhein* ist ein großer Strom in Deutschland. 라인 강은 독일에 있는 큰 강이다.

richten [ríçtən] 1. 他 ① 향하게 하다 (lenken, wenden) ② 똑바로 하다; 정돈하다; 준비하다 2. 再 《sich⁴》 향하다
- den Blick (die Augen) auf jn. *richten* : (누구)에게 시선을 돌리다
  Wir *richteten den Blick auf* ihn. 우리는 시선을 그에게 돌렸다.
- das Wort an jn. *richten* : (누구)에게 말을 돌리다
  Sie *richtete das Wort an* ihn. 그녀는 말을 그에게 돌렸다.
- die Uhr *richten* (stellen) : 시계를 맞추다
  Er *richtet* seine *Uhr* nach der Rathausuhr. 그는 자기 시계를 시청 시계에 맞춘다.
- das Bett *richten* : 침대를 정돈하다, 잠자리 준비를 하다
  Sie *richtet das Bett* für einen Gast. 그녀는 손님을 위해 잠자리 준비를 한다.
- das Essen *richten* : 식사 준비를 하다
  Sie ging in die Küche, um *das Essen* zu *richten*. 그녀는 식사 준비를 하기 위하여 부엌으로 갔다.
- sich⁴ nach et. *richten:* (무엇)에 따르다
  Ich *richte mich* ganz *nach* Ihnen. 나는 전적으로 당신을 따르겠읍니다.
  Aller² Augen *richteten sich* auf ihn. 모든 사람의 시선이 그에게 쏠렸다.

der **Richter** [ríçtər] -s/- 판사, 재판관
  Er wurde ein *Richter*. 그는 판사가 되었다.
  Er erschien vor dem *Richter*. 그는 재판관 앞에 출두했다.
  Der *Richter* soll sich⁴ stets neutral verhalten. 재판관은 항상 공정한 입장을 취해야 한다.

richtig [ríçtıç] 形 옳은 (recht) (↔falsch)
  Das ist *richtig*. 그것은 옳다.
  Das ist eine *richtige* (rechte) Antwort. 이것이 정답이다.
  Er zeigte uns den *richtigen* Weg. 그는 우리에게 옳은 길을 가리켜 주었다.
  Sie hat *richtig* (falsch) gerechnet. 그녀는 바르게 (잘못) 계산했다.
  Meine Uhr geht *richtig*. 나의 시계는 맞게 간다.

die **Richtung** [ríçtuŋ] -/-en 방향
  Aus welcher *Richtung* bläst der Wind? 바람이 어느 방향에서 불어오는가?
  In welcher *Richtung* liegt die Schule? 학교는 어느 방향에 있니?

Die Universität liegt in der entgegengesetzten *Richtung*. 대학은 반대 방향에 있다.

Er ging in östlicher (westlicher) *Richtung*. 그는 동(서)쪽으로 갔다.

Wir müssen in dieser *Richtung* gehen. 우리는 이쪽으로 가야한다.

nach allen *Richtungen* [hin] 사방 팔방으로

riechen [ríːçən] roch, gerochen 1. 圓 ① 냄새・향기가 나다 ② 〈an et.³의〉 냄새를 맡다 2. 他 〈et.⁴의〉 냄새를 맡다

Es *riecht* gut (übel). 좋은(고약한) 냄새가 난다.

Die Rose *riecht* gut. 장미는 향기가 좋다.

Diese Blume *riecht* gar nicht. 이 꽃은 전혀 향기가 없다.

Riechen Sie mal *an* der Blume! 이 꽃의 향기를 한번 맡아 보세요!

Ich *rieche* gern Kaffee. 나는 커피 냄새가 좋다.

- es *riecht* nach et. : (무슨) 냄새가 나다
 Es *riecht nach* Kaffee. 커피 냄새가 난다.
- mit der Nase *riechen* : 코로 냄새맡다
 Man *riecht mit der Nase*. 사람은 코로 냄새를 맡는다.

der **Riese** [ríːzə] -n/-n 거인(巨人)

Er ist ein *Riese* gegen mich. 그는 나에 비하면 거인이다.

riesig [ríːzɪç] 形 거대한, 굉장한

ein *riesiges* Gebäude 거대한 건물

Ich habe *riesigen* Hunger. 나는 몹시 배가 고프다.

Ich freue mich *riesig*. 나는 무척 기쁘다.

Das ist *riesig* interessant. 그것은 무척 재미있다.

der **Ring** [rɪŋ] -[e]s/-e 반지

- einen *Ring* tragen : 반지를 끼고 있다
 Sie *trägt einen Ring* am Finger. 그녀는 손가락에 반지를 끼고 있다.

Sie zog den *Ring* vom Finger. 그녀는 반지를 손가락에서 뺐다.

Das Brautpaar wechselt die *Ringe*. 신랑 신부가 반지를 교환한다.

der **Rock** [rɔk] -[e]s/ꞋＧe ① (남성용) 상의 ② (여성용) 스커트

Er zieht den *Rock* an (aus). 그는 상의를 입는다(벗는다).

Er kam ohne *Rock*. 그는 상의를 입지 않고 왔다.

Der *Rock* steht (paßt) ihr gut. 그 스커트는 그녀에게 잘 어울린다.

Sie trägt *Rock* und Bluse. 그녀는 스커트와 블라우스를 입고 있다.

roh [ro:] 形 ① 날것의 ② 거칠은, 난폭한 (grob)
Ich mag kein *rohes* Ei. 나는 날달걀은 좋아하지 않는다.
Das Fleisch ist noch *roh*. 고기는 아직 익지 않았다.
Er ist ein *roher* (grober) Mensch. 그는 무례한 인간이다.
mit *roher* Gewalt 폭력으로

die **Rolle** [rɔ́lə] -/-n ① (연극의) 역 ② 역할 ③ (종이 따위의) 두루마리
● eine *Rolle* spielen : 어떤 역을 맡아하다 ; 역할을 하다
Der Schauspieler *spielte die Rolle* des „Faust" sehr gut. 그 배우는 '파우스트'의 역을 아주 잘 해냈다.
Bei ihm *spielt* Geld keine *Rolle*. 그에게 있어서는 돈은 대수로운 문제가 아니다.
eine *Rolle* Papier 한 두루마리의 종이

rollen [rɔ́lən] 1. 他 ① 굴리다 (wälzen) ② 말다, 감다 2. 自 《s》 구르다
Er *rollte* den Stein vom Berge. 그는 돌을 산에서 굴렸다.
Er *rollte* den Teppich (das Papier). 그는 양탄자(종이)를 돌돌 말았다.
Der Stein ist vom Berge herunter *gerollt*. 돌이 산에서 굴러 떨어졌다.
Der Ball ist ins Tor *gerollt*. 공이 고울 안으로 굴러 들어갔다.
Die Tränen *rollten* ihr über die Wangen (das Gesicht). 눈물이 그녀의 뺨(얼굴)에 굴러 내렸다.

der **Roman** [romáːn] -s/-e 〔장편〕 소설
Er liest einen (in einem) *Roman*. 그는 장편 소설을 읽고 있다.
Ich habe den neuesten *Roman* von Günter Grass gelesen. 나는 귄터 그라스의 최신작 소설을 읽었다.
ein historischer *Roman* 역사 소설

romantisch [romántiʃ] 形 낭만주의의, 낭만적인
die *romantische* Schule 낭만파
Sie ist sehr *romantisch*. 그녀는 매우 낭만적이다.
Heidelberg ist eine *romantische* alte Stadt. 하이델베르크는 낭만적인 옛 도시이다.

die **Rose** [róːzə] -/-n 장미
Die *Rose* riecht gut. 장미는 향기가 좋다.
Er schenkte ihr zum Geburtstag rote *Rosen*. 그는 그녀의 생일에 붉은 장미를 선물했다.

Sie hat die *Rosen* in die Vase gestellt. 그녀는 장미를 꽃병에 꽂았다.

Keine *Rose* ohne Dornen. 《Sprw》 가시 없는 장미는 없다.

Zeit bringt *Rosen*. 《Sprw》 기다리면 때가 온다.

rot [ro:t] 形 붉은

Ich habe *rote* Rosen am liebsten. 나는 붉은 장미를 제일 좋아한다.

Sie wurde *rot* vor Scham³ im Gesicht. 그녀는 부끄러워서 얼굴이 빨개졌다.

Sie wurde *rot* bis über die Ohren. 그녀는 귀까지 빨개졌다.

Heute *rot*, morgen tot. 《Sprw》 오늘은 홍안(紅顏), 내일은 백골.

das *Rote* Kreuz 적십자

rücken [rýkən] 1. 他 (밀어서) 움직이다 2. 自 《s》 움직이다

Er hat den Tisch in die Ecke *gerückt*. 그는 책상을 구석으로 밀어놓았다.

Rücke bitte ein wenig zur Seite! 조금만 옆으로 비켜다오!

der **Rücken** [rýkən] -s/- 등

Er trug den Rucksack auf dem *Rücken*. 그는 등에 배낭을 메었다.

Rücken an *Rücken* 등을 맞대고

● jm. den *Rücken* kehren (wenden) : (누구)에게 등을 돌리다

Er *kehrte* (*wandte*) mir *den Rücken*. 그는 나에게 등을 돌렸다.

Er *kehrte* seinem Vaterland für immer *den Rücken*. 그는 그의 조국을 영원히 등졌다.

● auf den *Rücken* fallen : 뒤로 자빠지다

Er *fiel auf den Rücken*. 그는 뒤로 자빠졌다.

● auf dem *Rücken* liegen : 드러누워 있다

Er *liegt auf dem Rücken*. 그는 드러누워 있다.

● sich⁴ auf den *Rücken* legen : 드러눕다

Er *legte sich auf den Rücken*. 그는 드러누웠다.

● hinter js. *Rücken*³ : (누구)에게 숨기고

Das hat er *hinter* unserem *Rücken* getan. 그는 우리에게 숨기고 그것을 했다.

Sie verlobten sich⁴ *hinter dem Rücken* ihrer Familien. 그들은 그들의 가족에게 숨기고 약혼했다.

die **Rücksicht** [rýkzıçt] -/-en 고려(考慮)

● auf et.⁴ *Rücksicht* nehmen : (무엇)을 고려하다

Du mußt *auf* deine Gesundheit *Rücksicht nehmen*. 너는

너의 건강을 고려해야 한다.

Sie *nimmt* gar keine *Rücksicht auf* andere. 그녀는 남을 전혀 고려(생각)하지 않는다.

rückwärts [rýkvɛrts] 副 뒤로 (↔vorwärts)

Er wandte sich⁴ *rückwärts*. 그는 뒤로 돌아섰다.

Das Auto fährt *rückwärts*. 자동차가 후진한다.

Das bedeutet einen Schritt *rückwärts*. 그것은 일보 후퇴다.

rudern [rú:dərn] 他自 《s, h》 (노를) 젓다
- ein Boot *rudern* : 보트를 젓다

Sie *rudert das Boot* sehr gewandt. 그녀는 보트를 매우 노련하게 젓는다.

Er hat *das Boot* ans andere Ufer *gerudert*. 그는 보트를 강 저편으로 저었다.

Ich bin in (mit) einem Boot zur Insel *gerudert*. 나는 보트를 타고 섬으로 저었다.

Sie *rudert* im Boot mit Riemen. 그녀는 보트를 타고 노를 젓는다.

der **Ruf** [ru:f] -[e]s/-e ① 외치는 소리; 부르는 소리 ②《복수 없음》평판, 명성 (der Ruhm) ③ 초빙

Hörtest du den *Ruf*? 너는 외치는 소리를 들었니?

Auf seinen *Ruf* erschien der Kellner. 그의 부름에 따라 사환이 나타났다.

Sie hat einen guten (schlechten) *Ruf*. 그녀는 평판이 좋다 (나쁘다).

Er ist ein Künstler von *Ruf*. 그는 명성이 높은 예술가다.

Ich habe einen *Ruf* als Professor an die Universität Seoul erhalten. 나는 서울대학교 교수로 초빙을 받았다.

rufen [rú:fən] rief, gerufen 1. 自 〈nach jm.를〉 부르다; 외치다 2. 他 〈jn.를〉 부르다

Er *rief* laut *nach* seiner Mutter.
(=Er *rief* laut seine Mutter.) 그는 큰 소리로 자기 어머니를 불렀다.

Jemand hat *nach* dir *gerufen*. 누가 너를 불렀다.

Sie *rief* : „Komm zum Essen!" 그녀는 "식사하러 오너라" 하고 소리쳤다.
- um Hilfe *rufen* : 사람 살리라고 소리치다

Der Verletzte *rief um Hilfe*. 그 부상자는 사람 살리라고 소리쳤다.

Wir müssen sofort den Arzt *rufen*. 우리는 곧 의사를 불러야 한다.

Ruhe

Jemand *rief* mit lauter Stimme seinen Namen. 누군가가 큰 소리로 그의 이름을 불렀다.
- den Arzt *rufen* (holen) lassen : 의사를 불러오게 하다
  Er *ließ den Arzt rufen.* 그는 의사를 불러오게 했다.

die **Ruhe** [rú:ə] -/ ① 휴식, 안정 (↔die Unruhe) ② 정지(靜止) ③ 정숙 ④ 평온

Du brauchst unbedingt *Ruhe.*
(=Du bedarfst unbedingt der *Ruhe*².) 너는 절대적으로 휴식(안정)이 필요하다.

Angenehme *Ruhe*!
(=Schlafen Sie gut!) 안녕히 주무세요!

- ohne *Ruhe* und Rast (=ohne Rast und *Ruh*) : 쉬지 않고
  Wir arbeiteten *ohne Ruhe und Rast.* 우리는 쉬지 않고 일했다.
- zur *Ruhe* kommen : 조용해지다 ; 정지하다
  Ich bin den ganzen Tag nicht *zur Ruhe gekommen.* 나는 하루 종일 쉴 틈이 없었다.
  Das Rad *kommt* langsam *zur Ruhe.* 차(車)바퀴가 천천히 정지한다.

Ruhe! 조용히 해!
Die nächtliche *Ruhe* wurde durch seine Schreie gestört. 밤의 정적이 그의 고함소리로 깨어졌다.

- in [aller] *Ruhe* : [아주] 조용히
  Wir wollen *in aller Ruhe* darüber nachdenken. 그것에 대해서는 잘 좀 생각해 봅시다.

Es ist *Ruhe* im Lande. 국내는 평온하다.
Die Kinder ließen der Mutter keine *Ruhe.* 아이들은 어머니를 잠시도 그냥 두지 않았다.
Laß mir *Ruhe*! 나를 귀찮게 굴지 마라!

- jn. in *Ruhe*³ lassen : (누구)를 가만히 내버려 두다
  Laß mich *in Ruhe*! 나를 가만히 내버려 두어라!

ruhen [rú:ən] 圓 ① 쉬다, 휴식하다 ② 중단·중지되다

Er *ruhte* nach der Arbeit. 그는 일한 후에 쉬었다.
Heute (Am Sonntag) *ruht* die Arbeit. 오늘(일요일)은 일을 쉰다.
Die fleißigen Hände der Mutter *ruhten* nie. 어머니의 부지런한 손은 쉴 줄 몰랐다.

- von seiner Arbeit *ruhen* : 일을 쉬다
  Wir *ruhen* heute *von* unserer *Arbeit.* 우리는 오늘 일을 쉰다.

Unser Briefwechsel *ruht*. 우리들의 서신 왕래는 끊어져 있다.

Die Arbeit *ruht*. 일이 중지되어 있다.

Laß den Streit *ruhen*! 싸움을 그만 두어라!

● auf et.³ *ruhen* : (무엇)을 토대·근거로 하고 있다

Die ganze Verantwortung *ruht auf* unseren Schultern. 모든 책임이 우리의 양 어깨에 걸려 있다.

Es *ruht auf* mir. 그것은 나의 책임이다.

ruhig [rú:ɪç] 形 ① 조용한 (↔unruhig) ② 평온한

eine *ruhige* Straße 조용한 거리

ein *ruhiges* Leben 조용한 생활

Ich möchte gern in einer *ruhigen* Gegend wie hier wohnen. 나는 이곳과 같은 조용한 지방에서 살고 싶다.

Bleiben Sie bitte *ruhig*! 좀 조용히 하십시오!

Die See (Das Meer) wird *ruhig*. 바다가 잔잔해진다.

Ich habe *ruhig* geschlafen. 나는 편안히 잠갔다.

der **Ruhm** [ru:m] -[e]s/ ① 명성(名聲) ② 평판 (der Ruf)

Er erreichte den Gipfel seines *Ruhmes*.

(=Er stand auf dem Gipfel seines *Ruhmes*.) 그는 명성(인기)이 절정에 달했다.

Sein *Ruhm* verbreitete sich⁴ in der ganzen Welt. 그의 명성은 전 세계에 퍼졌다.

Sein *Ruhm* ist nicht fein.

(=Er hat einen schlechten Ruf.) 그의 평판은 좋지 않다.

rühren [rý:rən] 1. 他 ① (몸의 일부를) 움직이다 ② 감동시키다 2. 自 〈an et.⁴에〉 손을 대다 3. 再 《sich⁴》 움직이다 (sich⁴ bewegen)

Er *rührte* den ganzen Tag keinen Finger. 그는 하루 종일 손가락 하나 움직이지 않았다(아무것도 하지 않았다).

Der Roman *rührte* mich zu Tränen. 그 소설은 나를 눈물이 나도록 감동케 했다.

Rühre nicht *an* diese Wunde! 이 상처에 손을 대지 마라!

Rühren (Bewegen) Sie *sich* nicht! 움직이지 마십시오!

rührend [rý:rənt] 形 감동적인

Es war eine *rührende* Szene. 그것은 감동적인 장면이었다.

rund [runt] 1. 形 둥근 2. 副 대략 (ungefähr)

Die Erde ist *rund*. 지구는 둥글다.

Wir saßen an einem *runden* Tisch. 우리는 원탁(圓卓)에 앉아 있었다.

Es dauert *rund* fünf Monate⁴. 그것은 대략 5개월 걸린다.

Das Kleid kostet *rund* 50 DM. 그 옷은 약 50마르크이다.
- *rund* um et. [herum] : (무엇)의 둘레를 돌아서
 Wir sind *rund* um den See [*herum*] gegangen. 우리는 호수를 한 바퀴 돌았다.
 Wir machten im vorigen Jahr eine Reise *rund um* die Welt. 우리는 지난 해에 세계 일주 여행을 했다.

der **Rundfunk** [rúntfuŋk] -s/ 라디오 (das Radio)
 Das Konzert wird im (durch) *Rundfunk* und Fernsehen übertragen. 그 음악회는 라디오와 텔레비젼으로 중계된다.
 Ich hörte ihn im *Rundfunk* (Radio). 나는 라디오에서 그의 소리를 들었다.

der **Russe** [rúsə] -n/-n 러시아인
 die **Russin** [rúsın] -/-nen 러시아 여자
 russisch [rúsıʃ] 形 러시아[人·語]의
 (*das*) **Russisch** [rúsıʃ] -[s]/ 러시아어
 (*das*) **Rußland** [rúslant] -s/ 러시아

S

der Saal [zaːl] -[e]s/Säle [zɛ́ːlə] 홀 (die Halle)
　Im *Saal* (In der Halle) waren eine Menge Menschen. 홀에는 많은 사람들이 있었다.
　Die Versammlung fand im großen *Saal* statt. 집회는 큰 홀에서 열렸다.
　Der *Saal* war mit Zuschauern (Zuhörern) überfüllt.
　(=Der *Saal* war ganz voll von Zuschauern.) 홀은 관객(청중)으로 초만원이었다.
　Sie treten in den *Saal* ein.
　(=Sie betreten den *Saal*.) 그들은 홀에 들어간다.
die Saat [zaːt] -/-en 씨, 종자 (der Samen)
　Es ist Zeit zur *Saat*. 씨 뿌리는 시기(파종기)이다.
　Die *Saat* geht auf. 씨가 싹튼다.
　Wie die *Saat*, so die Ernte. 《Sprw》 콩 심은 데 콩 나고 팥 심은 데 팥난다. (인과 응보)
die Sache [záxə] -/-n ① 일, 사건 ② 《보통 복수로》물건, 사물
　Das ist meine *Sache*. 그것은 나의 일(문제)이다.
　Das ist eine gute (wichtige) *Sache*. 그것은 좋은(중요한) 일이다.
　Die *Sache* steht gut. 그 일은 잘 되어가고 있다.
　Das ist eine andere *Sache*. 그것은 별 문제다.
　Das ist *Sache* des Gewissens. 그것은 양심의 문제이다.
　Die *Sache* ist erledigt.
　(=Die *Sache* hat sich⁴ erledigt.) 그 사건은 해결되었다.
　Das gehört nicht zur *Sache*. 그것은 긴요한 것이 아니다.
　Wem gehören diese *Sachen*? 이 물건은 누구의 것이니?
　Das sind meine *Sachen*. 그것은 나의 물건이다.
　Paß auf deine *Sachen* auf! 너의 물건을 조심해라!
der Sack [zak] -[e]s/ ¨e (용량의 단위를 나타낼 때는 -/-) 자루, 포대
　ein leerer *Sack* 빈 자루
　Der *Sack* ist voll. 자루는 가득 차 있다.
　Er steckte Kartoffeln in einen *Sack*. 그는 감자를 자루에 넣었다.
　Sie kaufte einen (zwei) *Sack* Mehl. 그녀는 밀가루 한(두) 포대를 샀다.

die **Saft** [zaft] -[e]s/⸗e 과즙(果汁)
  Ich trank ein Glas *Saft*. 나는 과즙을 한 잔 마셨다.
  Kann ich ein Glas *Saft* der Beeren (der Trauben) haben?
  딸기(포도) 쥬스를 한 잔 주시겠읍니까?
die **Sage** [zá:gə] -/-n 전설
  Das ist nur eine *Sage*. 그것은 단지 전설에 불과하다.
  die *Sage* von den Nibelungen 니이벨룽겐의 전설
sagen [zá:gən] 他自 말하다
  Er *sagte* mir die Wahrheit (seine Meinung). 그는 나에게 진실(자기의 의견)을 말했다.
  Er *sagte* mir guten Morgen. 그는 나에게 아침 인사를 했다.
  Er *sagte* mir Dank. 그는 나에게 고맙다고 인사를 했다.
  Er *sagte* kein einziges Wort. 그는 단 한 마디의 말도 하지 않았다.
  Davon hat er nichts *gesagt*. 그것에 관해서 그는 아무 말도 하지 않았다.
  Sagen Sie das bitte nicht! 그런 말을 하지 마십시오!
  Das habe ich nur im Scherz *gesagt*. 그것을 나는 단지 농담으로 말했을 뿐이다.
  Können Sie mir *sagen*, wieviel Uhr es ist? 지금 몇 시인지 말해 주실 수 있겠읍니까?
  Man *sagt*, daß er gestorben sei. 그는 죽었다는 소문이다.
  Wie *sagt* man das auf deutsch?
  (=Wie heißt das auf deutsch?) 그것은 독일어로 어떻게 말합니까?
das **Salz** [zalts] -es/-e 소금
  • *Salz* tun : 소금을 치다
  Sie *tut Salz* an die Speisen. 그녀는 음식에 소금을 친다.
  Hast du *Salz* in die Suppe *getan*? 너는 국에 소금을 넣었니?
  Können Sie mir bitte das *Salz* reichen? 소금 좀 건네 주시겠읍니까?
sammeln [záməln] 1. 他 모으다 2. 再 《sich⁴》 ① 모이다 ② (마음·정신을) 가라앉히다, 집중하다
  Sie *sammelt* Briefmarken (Schmetterlinge). 그녀는 우표를 수집한다(나비를 채집한다).
  Sie *sammelten sich* auf dem Platz. 그들은 광장에 모였다.
  Nun *sammle dich*! 침착해라! 정신 차려라!
  Sein Geist (Mut) *sammelte sich*. 그의 마음은 가라앉았다 (진정되었다).

Goethes *gesammelte* Werke (=Goethes sämtliche Werke) 괴테 전집

der Samstag [zámsta:k] -[e]s/-e (南獨에서) 토요일 (北獨에서는 der Sonnabend)

Heute ist *Samstag*. 오늘은 토요일이다.

Gestern war *Samstag*, der 5. (fünfte) Mai. 어제는 5월 5일, 토요일이었다.

Samstag morgens (abends) 토요일 아침(저녁)에

am nächsten (vergangenen) *Samstag* 다음(지난) 토요일에

der Sand [zant] -[e]s/-e 모래

Die Kinder spielen im *Sand*. 아이들이 모래사장에서 놀고 있다.

Wir lagen im *Sand* und sonnten uns⁴.
(=Wir lagen im *Sand* und nahmen Sonnenbad.) 우리는 모래사장에 누워서 일광욕을 했다.

Am Strand liegt weißer, feiner *Sand*. 해변에는 희고 고운 모래가 있다.

• wie *Sand* am Meer : 바닷가의 모래알처럼 많은

Sie hat Schulden *wie Sand am Meer*. 그녀는 거액의 빚을 지고 있다.

sanft [zanft] 形 부드러운 (weich) (↔hart); 온화한 (mild)

Er hat eine *sanfte* Stimme. 그는 부드러운 목소리를 가지고 있다.

Die Lehrerin streichelte mir mit *sanfter* Hand den Kopf. 여선생님은 부드러운 손으로 나의 머리를 쓰다듬으셨다.

Ein *sanfter* Wind kommt von Osten. 산들바람이 동쪽에서 불어온다.

Aus dem Radio kommt *sanfte* (leise) Musik. 라디오에서 조용한 음악이 흘러나온다.

der Sänger [zέŋər] -s/- 가수(歌手)

Er ist ein guter (begabter) *Sänger*. 그는 훌륭한(재능이 있는) 가수다.

Sie ist eine weltberühmte Opern*sängerin*. 그녀는 세계적으로 유명한 오페라 가수다.

satt [zat] 形 ① 배부른 (↔hungrig) ② ⟨et.² 에⟩ 싫증나는

• sich⁴ *satt* essen : 배불리 먹다

Ich habe *mich satt gegessen*. 나는 실컷 먹었다.

Bist du schon *satt*? 너는 벌써 배부르니?

Ich bin des Lebens *satt* (müde). 나는 삶에 싫증이 난다.

Ich bin seiner² *satt*. 나는 그에게 싫증이 난다.

der **Satz** [zats] -es/ⁿe ① 문장 ② (음악의) 악장(樂章)
- einen *Satz* bilden : 문장을 만들다
Bilden Sie *einen Satz* aus diesen Wörtern! 이 단어를 사용하여 문장을 만드시오!
Antworten Sie in einem ganzen *Satz*! 하나의 완전한 문장으로 답하시오!
Am Ende des *Satzes* macht man einen Punkt. 문장 끝에는 종지부를 찍는다.
Die Sinfonie besteht aus vier *Sätzen*.
(=Die Sinfonie hat vier *Sätze*.) 그 교향곡은 4악장으로 되어 있다.
Jetzt hören wir den ersten (zweiten) *Satz*. 지금 우리는 제1(2)악장을 듣고 있다.

sauber [záubər] 形 깨끗한 (rein) (↔schmutzig)
Er zog ein *sauberes* (reines) Hemd an. 그는 깨끗한 내의(內衣)를 입었다.
Hast du *saubere* (reine) Hände? 너는 손이 깨끗하니?
- das Zimmer *sauber* machen : 방을 소제하다
Sie *machte* das Zimmer *sauber*.
(=Sie reinigte das Zimmer.) 그녀는 방을 소제했다.

sauer [záuər] 形 ① (맛이) 신 (↔süß) ② 쓰라린, 힘드는
Unreifes Obst ist *sauer*. 익지 않은 과일은 시다.
Der Wein schmeckt ziemlich *sauer*. 이 포도주는 상당히 신 맛이 난다.
Er machte ein *saures* Gesicht. 그는 찡그린(찌푸린) 얼굴을 했다.
Diese Arbeit wird mir *sauer*. 이 일은 나에게는 고역이다.
Er hat sein Geld *sauer* verdient. 그는 돈을 힘들여 벌었다.

saugen [záugən] saugte, gesaugt ; sog, gesogen 他自 빨다
Die Bienen *saugen* Honig aus den Blumen (den Blüten). 꿀벌은 꽃에서 꿀을 빤다.
- an der Brust *saugen* : 젖을 빨다
Das Kind *saugt an der Brust* der Mutter.
(=Das Kind *saugt an der* Mutter*brust*.) 어린애가 엄마의 젖을 빤다.

schade [ʃá:də] 形 《술어적으로만 쓰임》 유감스러운, 섭섭한
Es ist *schade*.
(=Es tut mir leid.) 그것은 유감이다.
[Es ist] *schade*, daß er nicht kommt. 그가 오지 않는 것은 유감스럽다.

Wie *schade*! 원통해라! 얼마나 섭섭한 일인가!
Es ist *schade* um ihn. 그는 불쌍하다(그를 잃은 것이 섭섭하다).
schaden [ʃá:dən] 自 〈et.³을〉 해치다 (↔nutzen, nützen)
Rauchen (Alkohol) *schadet* der Gesundheit³. 흡연(알코올)은 건강을 해친다.
Das *schadet* dir.
(=Das ist schädlich für dich.) 그것은 너에게 해롭다.
Das *schadet* gar nichts³. 그것은 전혀 상관(지장) 없다.
Es *schadet* nichts³, daß du das gesagt hast. 네가 그렇게 말한 것은 아무 상관 없다(염려할 것 없다).
der **Schaden** [ʃá:dən] -s/⸚ 손해 (↔der Nutzen)
Durch das Feuer ist [ein] großer *Schaden* entstanden. 그 화재로 인하여 큰 손실이 생겼다.
Die Firma erlitt durch das Unglück großen *Schaden*. 그 회사는 사고로 인하여 큰 손해를 입었다.
Sie mußte den *Schaden* wiedergutmachen. 그녀는 손해를 배상해야만 했다.
Das ist dein eigener *Schaden*. 그것은 너 자신의 손해다.
Er hatte weder Nutzen noch *Schaden* davon. 그는 그것에서 이익도 손해도 보지 않았다.
Durch *Schaden* wird man klug. 《Sprw》 손해를 통하여 사람은 현명해진다.
schädlich [ʃɛ́:tlɪç] 形 해로운 (↔nützlich, unschädlich)
Rauchen ist der Gesundheit³ *schädlich*.
(=Rauchen schadet der Gesundheit³.) 흡연은 건강에 해롭다.
Das viele Trinken ist der Gesundheit³ *schädlich*. 과음은 건강에 해롭다.
Das ist *schädlich* für dich.
(=Das schadet dir.) 그것은 너에게 해롭다.
das **Schaf** [ʃa:f] -[e]s/-e 양(羊)
Die *Schafe* liefern uns die Wolle. 양은 우리들에게 양털을 공급해 준다.
Das Kind ist sanft wie ein *Schaf*. 그 아이는 양처럼 온순하다.
schaffen¹ [ʃáfən] schuf, geschaffen 他 창조하다
Gott *schuf* Himmel und Erde. 하느님이 천지를 창조하셨다.
Gott *schuf* die Welt in sechs Tagen. 하느님이 이 세상을 6일 동안에 창조하셨다.

Der Künstler hat herrliche Werke *geschaffen*. 그 예술가는 훌륭한 작품들을 만들어 내었다.

schaffen² [ʃáfən] 他自 ① 일하다 (arbeiten); 행하다 (tun) ② 공급하다 ③ 나르다 (bringen)

Sie *schaffte* (arbeitete) den ganzen Tag. 그녀는 하루 종일 일했다.

Ich habe heute viel *geschafft*. 나는 오늘 일을 많이 했다.

Was *schaffst* (tust) du hier? 너는 여기서 무엇을 하고 있니?

Das kann man allein nicht *schaffen*. 그것은 혼자서는 할 수 없다.

Schaffen Sie mir Geld! 나에게 돈을 마련해 주십시오!

Schaffe ihm etwas zu essen! 그에게 먹을 것을 주어라!

Sie *schaffte* (brachte) das Paket zur Post. 그녀는 소포를 우체국으로 가지고 갔다.

Wir haben die Möbel ins Haus *geschafft*. 우리는 가구를 집 안으로 날랐다.

der **Schaffner** [ʃáfnər] -s/- 차장(車掌)

Der *Schaffner* kontrolliert die Fahrkarten. 차장이 차표를 검사한다.

schallen [ʃálən] schallte, geschallt; scholl, geschollen 自 소리나다, (소리가) 울리다

Seine Worte *schallen* mir noch in den Ohren. 그의 말은 아직도 나의 귀에 쟁쟁하다.

Es *schallt* sehr in diesem Saal. 이 홀은 소리가 잘 울린다.

die **Schallplatte** [ʃálplatə] -/-n 음반, 레코드 (die Platte)

Er hat sich³ ein paar neue *Schallplatten* gekauft. 그는 몇 장의 새 음반(音盤)을 샀다.

Er legte die *Schallplatte* auf und hörte klassische Musik. 그는 음반을 걸어놓고 고전 음악을 들었다.

Wir hören eine *Schallplatte* mit deutschen Volksliedern. 우리는 독일 민요의 레코드를 듣고 있다.

der **Schalter** [ʃáltər] -s/- ① 창구, 매표구 ② 스위치

Der *Schalter* ist geöffnet (geschlossen). 창구는 열려(닫혀) 있다.

Am *Schalter* warteten viele Menschen. 창구에는 많은 사람들이 기다리고 있었다.

Das Mädchen am *Schalter* war sehr freundlich. 창구의 아가씨는 매우 친절하였다.

Sie löste eine Fahrkarte am *Schalter*. 그녀는 매표구에서

차표를 끊었다.

Bitte drehen Sie den *Schalter* nach links! 스위치를 왼쪽으로 돌려주십시오!

Er drehte den Licht*schalter* nach rechts, um Licht zu machen. 그는 불을 켜기 위하여 전등 스위치를 오른쪽으로 돌렸다.

die **Scham** [ʃaːm] -/ 부끄러움, 수치〔심〕
- vor *Scham*³ rot werden : 부끄러워 얼굴을 붉히다
  Sie *wurde* rot vor *Scham* [im Gesicht].
  (=Sie errötete vor *Scham*.) 그녀는 부끄러워 얼굴을 붉혔다.

Sie sagte uns ohne jede *Scham* ihre Meinung. 그녀는 조금도 부끄럼없이 우리에게 자기의 의견을 말했다.

schämen [ʃέːmən] 再 〈sich⁴ et.² (wegen et.²)을〉 부끄러워하다
Er *schämt sich* seiner Eltern². 그는 자기 부모와 함께 있는 것을 창피하게 생각한다.

Er *schämte sich wegen* seiner Dummheit. 그는 자기의 어리석음을 부끄러워했다.

Des*wegen* brauchst du *dich* nicht zu *schämen*. 그것을 너는 부끄러워할 필요는 없다.

Sie *schämt sich*, es zu gestehen. 그녀는 그것을 고백하기를 부끄러워한다.

Schäme dich! 부끄러운 줄을 알아라!

scharf [ʃarf] schärfer, schärfst 形 날카로운, 예리한(↔stumpf)
Das Messer ist *scharf*. 이 칼은 예리하다.

Sie schnitt es mit einem *scharfen* Messer. 그녀는 그것을 예리한 칼로 잘랐다.

Er hat ein *scharfes* Auge. 그는 날카로운 눈을 가지고 있다.
- et.⁴ *scharf* machen : (무엇을) 날카롭게 하다, 갈다
  Er *macht* das Messer *scharf*. 그는 칼을 간다.

der **Schatten** [ʃátən] -s/ 그림자, 그늘
Die Bäume warfen lange *Schatten*. 나무들은 긴 그림자를 던지고 있었다.

Er folgt mir wie ein *Schatten*. 그는 나를 그림자처럼 따라다닌다.

Er sitzt im *Schatten* eines Baumes. 그는 나무 그늘에 앉아 있다.

Du machst mir *Schatten*! 야, 어둡다(비켜서라)!

der **Schatz** [ʃats] -es/¨e 보물, 재물
Die Menschen graben *Schätze* aus. 사람들이 보물을 파낸다.

Das Land ist reich an den natürlichen *Schätzen*. 그 나라는 천연 자원이 풍부하다.

Er hat viele *Schätze* gesammelt. 그는 많은 재물을 모았다.

schätzen [ʃɛ́tsən] 他 ① 평가하다 ② 존중하다

Ich *schätze* ihn hoch. 나는 그를 높이 평가한다.

Die Polizei *schätzt* den Schaden auf 10,000 Mark. 경찰은 손해를 10,000 마르크로 추산한다.

Ich *schätze* mich glücklich. 나는 내 자신을 행복하다고 생각한다.

Wie alt *schätzen* Sie mich? 당신은 나를 몇 살쯤으로 보십니까?

Er *schätzte* die Freiheit höher als das Leben. 그는 목숨보다 자유를 더 존중했다.

Ich *schätze* (verehre) ihn sehr. 나는 그를 매우 존경한다.

schauen [ʃáuən] 自 (특정의 방향을) 보다, 바라보다

Er *schaute* nach oben (zur Seite). 그는 위(옆)를 보았다.

Er *schaute* in die Ferne. 그는 멀리 바라보았다.

Er *schaute* (sah) aus dem Fenster.
(=Er sah zum Fenster hinaus.) 그는 창밖을 바라보았다.

Er *schaute* um sich. 그는 주위를 둘러보았다.

Er *schaute* auf die Uhr. 그는 시계를 보았다.

Er *schaute* rückwärts (vorwärts). 그는 뒤쪽(앞쪽)을 바라보았다.

Er *schaute* hin und her. 그는 이쪽저쪽을 바라보았다.

● jm. ins Auge (Gesicht) *schauen* : (누구)를 똑바로 바라보다

Er *schaute* mir *ins Auge*. 그는 나를 똑바로 바라보았다.

das **Schaufenster** [ʃáufɛnstər] -s/- 진열창, 쇼우윈도우

Im *Schaufenster* sind allerlei Waren ausgestellt. 진열창에는 여러 가지 상품들이 진열되어 있다.

das **Schauspiel** [ʃáuʃpiːl] -[e]s/-e ① 연극, 희곡(das Drama) ② 구경거리, 광경

● ins *Schauspiel* gehen : 연극을 보러 가다

Wir *gehen* heute abend *ins Schauspiel*. 우리는 오늘 저녁 연극을 보러 간다.

Ich sah mir das *Schauspiel* an. 나는 그 연극을 보았다.

Im Theater spielt man ein *Schauspiel* von Shakespeare. 극장에서는 세익스피어의 희곡이 공연되고 있다.

Das ist ein trauriges *Schauspiel*. 그것은 비극(슬픈 일)이다.

ein historisches *Schauspiel* 사극(史劇)

Das war ein herrliches *Schauspiel*. 그것은 훌륭한 구경거리(광경)였다.

der **Schauspieler** [ʃáuʃpiːlər] -s/- 배우
Er ist ein *Schauspieler* geworden. 그는 배우가 되었다.
Sie ist eine gute *Schauspielerin*. 그녀는 명(名)배우다.

scheiden [ʃáɪdən] schied, geschieden 1. 他 나누다, 가르다 (trennen) 2. 自 《(s)》 헤어지다 (sich⁴ trennen)
Zwei Zimmer sind durch eine dünne Wand *geschieden*. 두 개의 방은 얇은 벽으로 구분되어 있다.
Der Richter *schied* die Eheleute. 재판관은 그 부부(夫婦)를 이혼시켰다.
Er ist *geschieden*. 그는 이혼했다.
- von jm. *scheiden* : (누구)와 헤어지다
  Er *schied von* seiner Frau.
  (=Er trennte sich von seiner Frau.) 그는 그의 부인과 헤어졌다.
  Wir *schieden von*einander.
  (=Wir trennten uns.) 우리는 서로 헤어졌다.
- aus dem Leben (der Welt) *scheiden* : 세상을 떠나다
  Er ist plötzlich *aus dem Leben geschieden*.
  (=Er ist plötzlich gestorben.) 그는 갑자기 세상을 떠났다.

der **Schein** [ʃaɪn] -[e]s/-e ① 《복수없음》 빛 (das Licht) ② 《복수 없음》 외관 (der Anschein) ③ 지폐 (der Geldschein)
Beim *Schein* der Lampe schrieb sie einen Brief. 등불빛 옆에서 그녀는 편지를 썼다.
Draußen war heller Mond*schein*. 밖에는 밝은 달빛이 비쳤다.
- dem *Scheine* nach : 겉으로 보아서
  Du darfst nicht nur *dem Scheine nach* urteilen. 너는 겉만 보고 판단을 내려서는 안 된다.
- zum *Schein* : 겉으로는, 외관상
  Ich habe das nur *zum Schein* gesagt. 나는 겉으로만은 그렇게 말했다.

Können Sie mir diesen *Schein* wechseln? 이 지폐를 바꾸어 주실 수 있겠읍니까?
Ich habe 100 Mark in kleine *Scheine* gewechselt. 나는 100 마르크를 소액 지폐로 바꾸었다.
Er gab mir zwei Zehnmark*scheine*. 그는 나에게 10 마르크 지폐 2장을 주었다.

scheinen [ʃáɪnən] schien, geschienen 自 ① 빛나다, 비치다 (leuchten, strahlen) ② 〈보통 zu부정법과〉 …인 것같이 보이다
Die Sonne *scheint*. 태양이 빛난다.
Die Lampe *scheint* durchs Fenster. 등불이 창을 통해 비친다.
Er *scheint* krank [*zu* sein].
(=Es *scheint*, daß er krank ist.) 그는 아픈 것같이 보인다.
Das *scheint* mir der beste Weg [*zu* sein]. 그것이 내게는 최선의 방법인 것같이 생각된다.
Es *schien*, daß sie nicht glücklich war. 그녀는 행복하지 못한 것같이 보였다.
Es *scheint*, als ob sie reich wäre. 그녀는 마치 부자처럼 보인다.

schelten [ʃέltən] schalt, gescholten; du schiltst, er schilt 他 ① 꾸짖다 ② 〈jn. 를 et.⁴ 라고〉 욕하다 (schimpfen)
Der Vater hat mich *gescholten*. 아버지는 나를 꾸짖으셨다.
Er ist von seiner Mutter *gescholten* worden. 그는 그의 어머니로부터 꾸중을 들었다.
Sie *schalt* (schimpfte) mich einen Dummkopf. 그녀는 나를 바보라고 욕했다.

schenken [ʃέŋkən] 他 ① 〈jm. 에게 et.⁴ 을〉 선사하다 ② (술·커피 따위를) 따르다
Er hat mir zum Geburtstag einen Füller *geschenkt*. 그는 나의 생일에 만년필을 선물했다.
Was hast du deinen Eltern zu Weihnachten *geschenkt*? 너는 크리스마스에 너의 부모님께 무엇을 선물했니?
Er *schenkte* Bier ins Glas (in die Gläser). 그는 컵에 맥주를 따랐다.
Sie *schenkte* den Gästen Kaffee in die Tassen.
(=Sie goß Kaffee in die Tassen der Gäste.) 그녀는 손님들의 잔에 커피를 따랐다.

die **Schere** [ʃéːrə] -/-n 가위
Diese *Schere* schneidet gut (schlecht). 이 가위는 잘 든다 (잘 들지 않는다).
Sie schnitt es mit der *Schere*. 그녀는 그것을 가위로 잘랐다.

der **Scherz** [ʃɛrts] -es/-e 농담 (der Spaß) (↔der Ernst)
Das ist nur *Scherz*. 그것은 단지 농담이다.
Ich habe das für einen *Scherz* gehalten. 나는 그것을 농담으로 생각했다.

Aus *Scherz* wird leicht Ernst. 《Sprw》 농담이 때때로 진담이 된다.
- *Scherz* (Spaß) machen : 농담하다
  Mache keinen *Scherz*! 농담하지 마라!
- aus (im, zum) *Scherz* : 농담으로
  Das habe ich nur *aus Scherz* (Spaß) gesagt. 그것을 나는 농담으로 말했을 뿐이다.

scheu [ʃɔy] 形 겁이 많은, 수줍어하는 (schüchtern)
Sie blickte *scheu* um sich. 그녀는 겁을 먹고 주위를 둘러보았다.
Sie ist sehr *scheu*. 그녀는 매우 수줍어한다.

der **Schi** [ʃi:] -s/-er 스키이 (der Ski)
- *Schi* laufen (fahren) : 스키이를 타다
  Er *läuft* (*fährt*) *Schi* sehr gut. 그는 스키이를 매우 잘 탄다.
  In den Bergen *läuft* man *Schi*. 산에서 사람들이 스키이를 탄다.
  Wir fahren zum *Schi*laufen. 우리는 스키이 타러 간다.

schicken [ʃíkən] 他 (물건·사람을) 보내다 (senden)
- jm. (an jn.) et.⁴ *schicken* : (누구)에게 (무엇)을 보내다
  Ich *schickte* ihm (*an* ihn) einen Brief. 나는 그에게 편지를 보냈다.
  Ich *schickte* ihn zum Arzt (nach dem Arzt). 나는 그를 의사에게(의사를 부르러) 보냈다.
  Ich *schickte* ihn nach Hause (zur Post). 나는 그를 집으로(우체국으로) 보냈다.
  Sie *schickte* ihre Tochter einkaufen. 그녀는 자기 딸을 물건을 사러 보냈다.

das **Schicksal** [ʃíkza:l] -[e]s/-e **운명**
Unser *Schicksal* ist in Gottes Händen.
(=Unser *Schicksal* ist in den Händen Gottes.) 우리의 운명은 신(神)의 손 안에 있다.
Er hat ein hartes (schweres) *Schicksal*. 그는 가혹한 운명에 처해 있다.
Er hat sein *Schicksal* gut gemeistert. 그는 그의 운명을 잘 극복했다.
- js. *Schicksal*⁴ teilen : (누구)와 운명을 같이하다
  Er hat mein *Schicksal geteilt*. 그는 나와 운명을 같이했다.

schieben [ʃí:bən] schob, geschoben 他 **밀다**
Sie *schiebt* einen Kinderwagen. 그녀는 유모차를 민다.

Er *schob* den Tisch an die Wand (in die Ecke). 그는 책상을 벽쪽(구석)으로 밀었다.

Sie *schob* den Stuhl nach links (zur Seite). 그녀는 의자를 왼쪽(옆)으로 밀었다.

Er hat sich³ das Brot in den Mund *geschoben*. 그는 빵을 자기의 입 속에 밀어 넣었다.

- die Schuld auf jn. *schieben* : (누구)에게 죄·책임을 돌리다
  Er *schob die Schuld auf* mich. 그는 나에게 죄(책임)를 뒤집어 씌웠다.

schießen [ʃíːsən] schoß, geschossen 1. 他自 **쏘다, 발사하다** 2. 自 《s》 **질주·돌진하다**

Er *schoß* ihr eine Kugel in die Brust (in den Kopf). 그는 그녀의 가슴(머리)에 총탄을 쐈다.

Er hat eine Taube *geschossen*. 그는 비둘기를 쐈다.

Er hat den Feind tot *geschossen*. 그는 적을 쏴 죽였다.

Die Rakete wurde in die Luft *geschossen*. 로켓이 공중으로 발사되었다.

Er *schoß* den Ball ins Tor. 그는 공을 골 안으로 차넣었다.

- mit dem Gewehr *schießen* : 총을 쏘다
  Der Soldat *schoß mit dem Gewehr*. 그 군인이 총을 쐈다.
  Er *schoß mit einem Gewehr* auf den Mann. 그는 총으로 그 남자를 쐈다.

- auf et.⁴ *schießen* : (무엇)을 겨누어 쏘다
  Er *schoß auf* einen Vogel (einen Hasen). 그는 새(토끼)를 겨누어 쐈다.

Das Motorboot *schießt* durchs Wasser. 모터 보트가 물을 가르며 질주한다.

Die Vögel *schießen* schnell durch die Luft. 새들이 공중을 쏜살같이 날아간다.

Ein Gedanke ist mir durch den Kopf *geschossen*. 어떤 생각이 번뜩 나의 머리를 스쳐지나갔다.

das **Schiff** [ʃɪf] -[e]s/-e **배(船)**

- mit dem *Schiff* fahren : 배를 타고 가다
  Ich *fahre mit dem Schiff* nach Japan. 나는 배를 타고 일본으로 간다.

Viele *Schiffe* liegen im Hafen. 많은 배들이 항구에 정박해 있다.

Die Passagiere gehen auf das *Schiff*. 승객들이 배에 탄다.

Das *Schiff* lief in den Hafen ein. 그 배는 입항했다.

Das *Schiff* lief aus dem Hafen aus. 그 배는 출항했다.

schildern [ʃíldərn] 他 묘사(描寫)하다 (beschreiben)
Er *schilderte* uns seine Erlebnisse (Erfahrungen) lebhaft. 그는 우리에게 자기의 체험(경험)을 생생하게 묘사했다.
Das ist nicht zu *schildern* (beschreiben). 그것은 말로써 다 표현할 수 없다(형용하기 어렵다).

schimpfen [ʃímpfən] 1. 他 〈jn.를 et.⁴ 라고〉 욕하다 (schelten) 2. 自 〈auf (über) jn.를〉 꾸짖다
Er hat mich einen Narren *geschimpft* (gescholten). 그는 나를 바보라고 욕했다.
Man *schimpfte* ihn einen Feigling.
(=Er wurde ein Feigling *geschimpft*.) 그는 겁장이(비겁자)라고 욕을 먹었다.
Sie *schimpfte auf (über)* ihn mächtig. 그녀는 그를 호되게 꾸짖었다.
Sie *schimpfte über* die Faulheit ihres Sohnes. 그녀는 아들의 게으름을 꾸짖었다.

der **Schirm** [ʃirm] -[e]s/-e 우산 (der Regenschirm), 양산 (der Sonnenschirm)
● den *Schirm* mitnehmen : 우산(양산)을 가지고 가다
  Nimm einen Schirm mit! 우산을 가지고 가거라!
● den *Schirm* aufmachen (zumachen) : 우산을 펴다(접다)
  Er *machte* den *Schirm auf* (*zu*).
  (=Er spannte den *Schirm* auf.) 그는 우산을 폈다(접었다).
Ich habe den *Schirm* irgendwo liegen (stehen) lassen. 나는 우산(양산)을 어디엔가 놓아두고 왔다.
Sie gingen beide unter einem *Schirm*. 그들 둘은 우산을 같이 쓰고 갔다.

die **Schlacht** [ʃlaxt] -/-en 전투
● eine *Schlacht* gewinnen (verlieren) : 전투에 이기다(지다)
  Wir haben *die Schlacht gewonnen (verloren)*. 우리는 그 전투에서 승리(패배)했다.
● in die *Schlacht* gehen (ziehen) : 전장(戰場)에 나가다
  Die Soldaten *gehen in die Schlacht*. 군인들이 출전한다.

der **Schlaf** [ʃla:f] -[e]s/ 잠
Er liegt in tiefem *Schlaf*. 그는 깊은 잠에 빠져 있다.
Er hat einen guten *Schlaf*.
(=Er schläft gut.) 그는 잘 잔다.
Das ist mir nicht im *Schlafe* (Traum) eingefallen. 나는 그것은 꿈에도 생각지 못했다.

- aus dem *Schlaf* erwachen : 잠에서 깨다
  Er *erwachte aus einem* tiefen *Schlaf*. 그는 깊은 잠에서 깨었다.
- in *Schlaf*⁴ fallen (sinken) : 잠들다
  Sie *fiel (sank) in einen* tiefen *Schlaf*. 그녀는 깊은 잠이 들었다.

schlafen [ʃlá:fən] schlief, geschlafen 倒 잠자다 (↔wachen)
Ich habe fest (tief) *geschlafen*. 나는 깊은 잠을 잤다(숙면했다).
Ich habe gut (schlecht) *geschlafen*. 나는 잘(잘못) 잤다.
Haben Sie gut *geschlafen*? 안녕히 주무셨읍니까?
Schlafen Sie wohl (gut)!
(=Gute Nacht!) 안녕히 주무세요!
Er liegt im Bett und *schläft*. 그는 침대에 누워서 잔다.
Zwei Nächte⁴ hat er im Hotel *geschlafen*. 이틀 밤을 그는 호텔에서 잤다.
- *schlafen* gehen (=ins (zu) Bett gehen) : 취침하다
  Er ist schon *schlafen gegangen*.
  (=Er ist schon *ins Bett gegangen*.) 그는 이미 취침했다.
- bei offenem Fenster *schlafen* : 창문을 열어 놓은 채 자다
  Er *schläft bei offenem Fenster*. 그는 창문을 열어 놓은 채 잔다.

das **Schlafzimmer** [ʃlá:ftsɪmər] -s/- 침실
Er ging ins *Schlafzimmer*. 그는 침실로 갔다.
In seinem *Schlafzimmer* stehen zwei Betten. 그의 침실에는 두 개의 침대가 있다.
Dies ist das *Schlafzimmer* meiner Eltern. 이 방은 나의 부모님의 침실이다.

schlagen [ʃlá:gən] schlug, geschlagen 他倒 때리다, 치다
- jn. auf den Kopf (ins Gesicht) *schlagen* : (누구)의 머리 (얼굴)를 때리다
  Er *schlug* mich (mir) *auf den Kopf*. 그는 나의 머리를 때렸다.
  Sie *schlug* ihn (ihm) *ins Gesicht*. 그녀는 그의 얼굴을 때렸다.
Er *schlug* mich mit dem Stock. 그는 막대기로 나를 때렸다.
Sie *schlägt* (haut) einen Nagel in die Wand. 그녀는 벽에 못을 박는다.
Er *schlägt* mit dem Hammer auf den Nagel. 그는 망치로 못을 박는다.

Er *schlug* mit der Faust (der Hand) auf den Tisch. 그는 주먹(손)으로 책상을 쳤다.

Der Regen *schlägt* ans (an die) Fenster. 비가 창(窓)을 때린다.

Die Uhr *schlägt* zehn.
(=Es *schlägt* zehn [Uhr].) 시계가 10시를 친다.

Mein Herz *schlägt* (klopft) heftig. 나의 심장이 몹시 뛴다.

die Schlange [ʃláŋə] -/-n 뱀

giftige *Schlange* 독사(毒蛇)

Eine *Schlange* schleicht durchs Gras. 한 마리의 뱀이 풀숲으로 기어간다.

Ich bin von einer *Schlange* gebissen worden. 나는 뱀에게 물렸다.

● *Schlange* stehen : 장사진을 이루어 늘어서다

Vor dem Schalter *stehen* die Leute *Schlange*. 창구 앞에는 사람들이 장사진을 이루어 늘어서 있다.

schlank [ʃlaŋk] 形 날씬한 (↔dick)

Sie ist ein *schlankes* Mädchen. 그녀는 날씬한 처녀이다.

Sie hat eine *schlanke* Figur (Gestalt). 그녀는 날씬한 몸매를 가지고 있다.

schlau [ʃlau] 形 교활한, 꾀가 많은 (listig)

Er ist sehr *schlau*. 그는 매우 교활하다.

Er hat mich *schlau* betrogen. 그는 나를 교묘하게 속였다.

schlecht [ʃlɛçt] 形 나쁜 (schlimm) (↔gut)

Er ist ein *schlechter* Mensch. 그는 나쁜 인간이다.

Er hat einen *schlechten* (guten) Ruf. 그는 평판이 나쁘다 (좋다).

Das ist eine ganz *schlechte* Angewohnheit. 그것은 아주 나쁜 습관이다.

Es ist *schlechtes* (schönes) Wetter.
(=Das Wetter ist *schlecht*.) 날씨가 나쁘다(좋다).

Heute ist *schlechtes* (schönes) Wetter.
(=Heute haben wir *schlechtes* Wetter.) 오늘은 날씨가 나쁘다(좋다).

Ist Ihnen *schlecht*? 당신은 기분이 나쁘십니까?

Mir ist *schlecht*. 나는 기분이 나쁘다.

Ich habe *schlecht* (gut) geschlafen. 나는 잘못(잘) 잤다.

Er redete *schlecht* über sie. 그는 그녀에 대하여 좋지않게 이야기했다.

Er hört *schlecht* (schwer). 그는 귀가 어둡다.

schleichen [ʃláıçən] schlich, geschlichen 1. 自 《s》 살금살금 걷다 2. 再 〈sich⁴ in et.⁴의 안으로〉 몰래 들어가다
Er *schlich* um die Ecke (ums Haus). 그는 살금살금 모퉁이(집 주위)를 돌아갔다.
Er ist ins Haus *geschlichen*.
(=Er hat *sich ins* Haus *geschlichen*.) 그는 집 안으로 몰래 들어갔다.
Ich habe *mich in* sein Zimmer *geschlichen*. 나는 그의 방에 몰래 들어갔다.

der **Schleier** [ʃláıər] -s/- 면사포, 베일
Sie trug an ihrem Hochzeitstag einen weißen *Schleier*. 그녀는 결혼식날 흰 면사포를 썼다.
Ihr Gesicht war hinter einem *Schleier* verborgen. 그녀의 얼굴은 면사포에 가리어져 있었다.

schlicht [ʃlıçt] 形 간소한, 단순한, 소박한 (einfach)
Sie trägt ein *schlichtes* (einfaches) Kleid. 그녀는 간소한 옷을 입고 있다.
Die Sache ist nicht so *schlicht* (einfach). 그 문제는 그렇게 간단하지 않다.
Er ist ein *schlichter* Mensch. 그는 소박한 사람이다.

schließen [ʃlíːsən] schloß, geschlossen 1. 他 ① 닫다 (zumachen) (↔öffnen) ② 끝마치다 (beenden) ③ (계약 따위를) 맺다 2. 自 ① 닫히다 ② 끝나다
Schließen Sie bitte die Tür!
(=Bitte, machen Sie die Tür zu!) 문 좀 닫아 주십시오!
Sie *schloß* den Mund (die Augen). 그녀는 입을 다물었다 (눈을 감았다).
Das Geschäft ist *geschlossen*. 상점이 닫혀 있다.
Das Geschäft wird um 6 Uhr *geschlossen*. 그 상점은 6시에 닫힌다.
Er *schloß* seinen Brief mit einem Gruß. 그는 편지를 인사말로 끝맺었다.
Die Sitzung wurde *geschlossen*. 회의가 끝났다.
● die Ehe *schließen* : 결혼하다
Sie *schlossen die Ehe*. 그들은 결혼했다.
● einen Vertrag *schließen* : 계약을 맺다
Er *schloß einen Vertrag* mit mir. 그는 나와 계약을 맺었다.
Die beiden Firmen *schlossen einen* neuen *Vertrag*. 두 회사는 새로운 계약을 체결했다.

- mit jm. Freundschaft schließen : (누구)와 우정을 맺다
  Ich schloß Freundschaft mit ihm. 나는 그와 우정을 맺었다.
- et.⁴ aus et. schließen : (무엇)을 (무엇)에서 추론하다
  Ich kann es aus seinen Worten schließen. 나는 그것을 그의 말에서 추정(推定)할 수 있다.
  Woraus (Woher) schließen Sie das? 당신은 무엇을 근거로 그렇게 추단(推斷)하십니까?
  Die Tür schließt von selbst. 문이 저절로 닫힌다.
  Das Schloß schließt nicht. 자물쇠가 잠기지 않는다.
  Die Erzählung schließt hier. 이야기는 여기서 끝난다.
  Damit schließt dieser Film. 그것으로 이 영화는 끝난다.

schließlich [ʃliːslɪç] 副 마침내, 드디어, **결국** (endlich)
  Schließlich erreichten wir das Ziel⁴. 마침내 우리는 목적지에 도달했다(목적을 달성했다).
  Schließlich kam die Stunde des Abschieds. 드디어 작별의 시간이 왔다.
  Schließlich hat er doch recht. 결국 그의 말이 옳다.
  Schließlich sind wir zusammen ausgegangen. 결국 우리는 함께 외출했다.

schlimm [ʃlɪm] 形 나쁜 (schlecht) (↔gut)
  Das war eine schlimme Nachricht. 그것은 나쁜 소식이었다.
  Das ist nicht so schlimm. 그것은 그렇게 나쁘지 않다.
  Er ist in einer schlimmen Lage.
  (=Er befindet sich⁴ in einer schlimmen Lage.) 그는 곤경에 처해 있다.
  Es steht schlimm mit ihm (um ihn). 그는 곤란한 상태에 있다(병세가 좋지 않다).
  Es wird von Tag zu Tag schlimmer mit seiner Krankheit. 그의 병세는 나날이 악화되고 있다.
  Mir ist schlimm (schlecht). 나는 기분이 나쁘다.
  im schlimmsten Falle 최악의 경우에는

der **Schlips** [ʃlɪps] -es/-e 넥타이 (die Krawatte)
  Er bindet sich³ den Schlips. 그는 넥타이를 맨다.
  Er band den Schlips um den Hals. 그는 넥타이를 목에 매었다.
  Er trägt einen roten Schlips (eine rote Krawatte). 그는 빨간 넥타이를 매고 있다.

der **Schlittschuh** [ʃlɪt-ʃuː] -[e]s/-e 스케이트〔구두〕
- Schlittschuh laufen (fahren) : 스케이트를 타다

Ich bin *Schlittschuh gelaufen* (*gefahren*). 나는 스케이트를 탔다.

Ich gehe *Schlittschuh laufen*. 나는 스케이트를 타러 간다.

das Schloß [ʃlɔs] ‥sses/Schlösser ① 자물쇠 ② 성(城)

Die Tür hat ein *Schloß*. 그 문에는 자물쇠가 있다.

Die Tür fiel ins *Schloß*. 문이 자물쇠로 잠겨 있다.

Der Schlüssel steckt im *Schloß*. 열쇠가 자물쇠에 꽂혀 있다.

Er steckte den Schlüssel ins *Schloß*. 그는 열쇠를 자물쇠에 꽂았다.

Der König wohnt auf dem (im) *Schloß*. 왕(王)은 성(城)에서 산다.

Wir besichtigen heute das alte *Schloß*. 우리는 오늘 옛 성(城)을 견학한다.

Wir sind auf das berühmte Heidelberger *Schloß* gegangen. 우리는 그 유명한 하이델베르크 성으로 갔다.

der Schluß [ʃlus] ‥sses/Schlüsse ① 끝, 종결 (das Ende) (↔der Anfang) ② 결론

Ich las das Buch bis zum *Schluß* (bis zu Ende). 나는 그 책을 끝까지 읽었다.

Ich blieb bis zum *Schluß* der Tagung (der Sitzung). 나는 회의가 끝날 때까지 남아 있었다.

Jetzt ist *Schluß*! 이제 끝이다!

Schluß damit! 그것은 이제 그만두자!

● *Schluß* machen : 결말을 짓다

Mache jetzt mit der Arbeit *Schluß*! 이제 그 일을 마쳐라(그만 두어라)!

● aus et. einen *Schluß* ziehen : (무엇)에서 어떤 결론을 내리다

Aus dieser Tatsache allein lassen sich keine *Schlüsse ziehen*. 이 사실만으로는 어떤 결론도 내릴 수 없다.

● zu einem *Schluß* gelangen (kommen) : 어떤 결론에 도달하다

Wir *gelangten* (*kamen*) *zu* keinem *Schluß*. 우리는 아무 결론에도 도달하지 못했다.

der Schlüssel [ʃlýsəl] -s/- 열쇠

Er steckt den *Schlüssel* ins Schloß. 그는 열쇠를 자물쇠에 꽂는다.

Der *Schlüssel* steckt im Schloß. 열쇠가 자물쇠에 꽂혀 있다.

Er schloß die Haustür mit dem *Schlüssel* auf (zu). 그는 현관문을 열쇠로 열었다(잠궜다).

Der *Schlüssel* paßt (nicht). 열쇠가 맞는다(맞지 않는다).

schmal [ʃmaːl] schmaler, schmalst; schmäler, schmälst 形 (폭이) 좁은 (↔breit) ; 가느다란

Der Weg zum Markt ist zu *schmal*. 시장(市場)으로 가는 길은 너무 좁다.

Hier wird der Weg noch *schmaler*. 여기서 길은 더욱 좁아진다.

Das ist so *schmal* wie mein Finger. 그것은 내 손가락처럼 가늘다.

Du bist recht *schmal* geworden! 너는 아주 말랐구나!

schmecken [ʃmékən] 1. 自 ① 맛있다(좋다) ② (…한) 맛이 나다 2. 他自 맛보다

Es *schmeckt* (gut). 그것은 맛이 있다.

Es *schmeckt* gar nicht. 그것은 전혀 맛이 없다.

Wie *schmeckt* es? 그것은 맛이 어떠니?

Es *schmeckt* gut (schlecht). 그것은 맛이 좋다(좋지 않다).

Wie *schmeckt* es Ihnen? 그것은 맛이 어떻습니까?

Es *schmeckt* mir nicht. 그것은 나에게는 맛이 없다.

Das Essen *schmeckt* salzig. 그 음식은 짜다(짠맛이 난다).

Die Medizin *schmeckt* bitter. 그 약은 맛이 쓰다.

• nach et. *schmecken* : (무엇)의 맛이 나다

Diese Suppe *schmeckt nach* Butter. 이 수프는 버터 맛이 난다.

Schmecken Sie diesen Wein! 이 포도주 맛을 보십시오!

Wir *schmecken* mit der Zunge. 우리는 혀로 맛본다.

schmelzen [ʃméltsən] schmolz, geschmolzen 1. 自 《s》 녹다 2. 他 《약·강변화》 녹이다

Der Schnee *schmilzt* in der Sonne. 눈이 햇볕에 녹는다.

Die Sonne *schmelzt* (*schmilzt*) das Eis. 햇볕이 얼음을 녹인다.

der Schmerz [ʃmɛrts] -es/-en 《보통 복수로》 아픔, 고통

Haben Sie *Schmerzen*? 아프십니까?

Ich habe heftige (starke) *Schmerzen* am Fuße. 나는 발이 몹시 아프다.

Ich habe Kopf*schmerzen*.

(=Mir tut der Kopf weh.) 나는 머리가 아프다.

Er schrie vor *Schmerzen*[3]. 그는 아파서 소리쳤다.

ein seelischer *Schmerz* 정신적 고통

schmerzhaft [ʃmɛ́rtshaft] 形 고통을 주는, 아픈

eine *schmerzhafte* Wunde 아픈 상처

Die Operation war sehr *schmerzhaft*. 수술은 매우 고통스러웠다.

Der Tod des Vaters war für uns sehr *schmerzhaft*. 아버지의 죽음은 우리들에게 대단한 고통이었다.

der **Schmetterling** [ʃmétərlɪŋ] -s/-e 나비
Er sammelt *Schmetterlinge*. 그는 나비를 채집한다.
Schmetterlinge fliegen von Blüte zu Blüte. 나비들이 꽃에서 꽃으로 날아간다.

der **Schmied** [ʃmiːt] -[e]s/-e 대장장이
Er ist ein *Schmied*. 그는 대장장이다.
Jeder ist seines Glückes *Schmied*. 《Sprw》 누구나 자기 행복의 개척자이다.

schmücken [ʃmýkən] 他 꾸미다, 장식하다
Sie *schmückte* den Tisch (die Tafel) mit Blumen. 그녀는 식탁을 꽃으로 꾸몄다.
Sie *schmückte* sich⁴ mit ihren schönen Perlen. 그녀는 아름다운 진주로 몸치장을 했다.

schmutzig [ʃmútsɪç] 形 더러운 (↔sauber)
Du hast *schmutzige* Hände. 너는 손이 더럽다.
Er hat sich³ das Kleid *schmutzig* gemacht. 그는 옷을 더럽혔다.
Sie hat die *schmutzige* Wäsche gewaschen. 그녀는 더러운 빨래를 빨았다.
Durch den Regen ist das Auto sehr *schmutzig* geworden. 비로 인하여 자동차가 매우 더러워졌다.
Er erzählte uns einen *schmutzigen* Witz. 그는 우리들에게 추잡한 농담을 했다.

der **Schnee** [ʃneː] -s/ 눈(雪)
Es fällt *Schnee*.
(=Es schneit.) 눈이 온다.
Draußen liegt hoher *Schnee*. 밖에는 눈이 많이 쌓여 있다.
Die Gipfel der Berge sind mit (von) *Schnee* bedeckt. 산봉우리는 눈으로 덮여 있다.
Der *Schnee* schmilzt in der Sonne. 눈이 햇볕에 녹는다.
Die Wäsche ist weiß wie *Schnee*. 세탁물이 눈처럼 희다.

schneiden [ʃnáɪdən] schnitt, geschnitten 他 자르다
● et.⁴ in Stücke⁴ *schneiden* : (무엇)을 여러 조각으로 자르다
Sie *schneidet* Brot *in Stücke*. 그녀는 빵을 여러 조각으로 자른다.
● sich³ die Nägel *schneiden* : 손(발)톱을 깎다

Ich *schnitt mir die Nägel.* 나는 손톱을 깎았다.
- sich³ die Haare *schneiden* lassen : 이발을 하다
  Ich habe *mir die Haare schneiden lassen.* 나는 이발을 했다.
  Er ging zum Friseur, um *sich die Haare schneiden* zu *lassen.* 그는 이발을 하기 위해 이발소에 갔다.
- sich³·⁴ in den Finger *schneiden* : 손가락을 베다
  Ich habe *mir (mich) in den Finger geschnitten.* 나는 손가락을 베었다.

Sie *schnitt* den Stoff mit der Schere. 그녀는 천을 가위로 잘랐다.
Das Messer *schneidet* gut. 이 칼은 잘 든다.

der **Schneider** [ʃnáɪdər] -s/- 재단사
Ich habe mir einen Anzug beim *Schneider* machen lassen. 나는 양복점에서 양복을 맞추었다.
Sie ist eine *Schneiderin.* 그녀는 재단사이다.

schneien [ʃnáɪən] 圁 〈비인칭〉 눈이 오다
Es *schneit.*
(=Es fällt Schnee.) 눈이 온다.
Heute nacht hat es *geschneit.* 간밤에 눈이 왔다.

schnell [ʃnɛl] 圏 빠른 (rasch, geschwind) (↔langsam)
Er ging mit *schnellen* Schritten in die Schule. 그는 빠른 걸음으로 학교에 갔다.
Das Auto fährt sehr *schnell.* 그 자동차는 매우 빨리 달린다.
Wir kamen *schneller* nach Hause, als wir vermuteten. 우리는 우리가 예상했던 것보다 빨리 집에 왔다.
Komm so *schnell* (bald) wie möglich !
(=Komm möglichst *schnell* !) 가능한 빨리 오너라 !
Ich lief, so *schnell* ich konnte. 나는 할 수 있는대로 빨리 달렸다.
Machen Sie bitte *schnell* !
(=Beeilen Sie sich⁴ bitte !) 서두르십시오 !
Nicht so *schnell* ! 그렇게 서두르지 마라 !

der **Schnellzug** [ʃnɛ́ltsu:k] -[e]s/⁼e 급행 열차
Ich nahm den *Schnellzug* um 20,30 Uhr. 나는 20시 30분발 급행 열차를 탔다.
Er fuhr mit dem *Schnellzug* nach Köln. 그는 급행 열차를 타고 쾰른으로 갔다.

die **Schokolade** [ʃokolá:də] -/-n 초콜렛
Kinder essen gern *Schokolade.* 아이들은 초콜렛을 좋아한다.

Er kaufte mir eine Tafel *Schokolade*. 그는 나에게 초콜렛 한 개를 사 주었다.

schon [ʃoːn] 副 ① 이미, 벌써 (bereits) ② 틀림없이, 꼭 (sicherlich)

Er ist *schon* angekommen (fortgegangen). 그는 이미 도착했다(떠났다).

Hast du *schon* gegessen? 너는 벌써 식사했니?

Sind Sie *schon* in Deutschland gewesen? 당신은 지금까지 독일에 가본 적이 있읍니까?

Es ist *schon* 12 Uhr. 벌써 12시다.

Es ist *schon* lange her, daß ich ihn sah. 내가 그를 만난 것은 이미 오래 전의 일이다.

Ich werde es dir *schon* sagen, wenn er kommt. 그가 오면 틀림없이 너에게 알려 주겠다.

Er wird *schon* kommen. 그는 꼭 올 것이다.

schön [ʃøːn] 1. 形 ① 아름다운 (↔häßlich) ② 훌륭한 2. 副 매우 (sehr)

Sie ist ein sehr *schönes* Mädchen. 그녀는 매우 아름다운 소녀이다.

Sie hat eine *schöne* Stimme. 그녀는 목소리가 아름답다.

Sie hat ein *schönes* Gesicht.
(=Sie ist *schön* von Gesicht.) 그녀는 얼굴이 아름답다.

Sie ist *schön* von Gestalt. 그녀는 모습이 아름답다.

Es ist heute *schönes* (schlechtes) Wetter.
(=Heute ist *schönes* Wetter.) 오늘은 날씨가 좋다(나쁘다).

Das ist ja ein *schöner* Gedanke. 그것은 정말 훌륭한 생각이다.

Danke *schön* (sehr)!
(=Vielen Dank!) 대단히 감사합니다!

die **Schönheit** [ʃǿːnhaɪt] -/-en ① 아름다움 ② 미인(美人)

Wir bewunderten die *Schönheiten* der Landschaft. 우리는 경치의 아름다움에 경탄했다.

Sie ist stolz auf ihre *Schönheit*. 그녀는 자기의 미모를 자랑한다.

Die Gegend ist von großer *Schönheit*.
(=Die Gegend ist sehr schön.) 그 지방은 매우 아름답다.

Sie ist eine bekannte *Schönheit* in dieser Gegend. 그녀는 이 지방에서 알려진 미인이다.

Sie ist eine vollendete *Schönheit*. 그녀는 절세(絕世)의 미인이다.

der **Schornstein** [ʃɔrnʃtaɪn] -[e]s/-e 굴뚝 (der Kamin)
  Auf dem Dach ist der *Schornstein*. 지붕 위에 굴뚝이 있다.
  Aus dem *Schornstein* kommt schwarzer Rauch. 굴뚝에서 검은 연기가 나온다.
der **Schrank** [ʃraŋk] -[e]s/⸗e 옷장 (der Kleiderschrank), 책장 (der Bücherschrank)
  Die Kleider hängen im *Schrank*. 옷이 옷장에 걸려 있다.
  Sie holte ein Kleid aus dem *Schrank* heraus. 그녀는 옷장에서 옷을 하나 꺼냈다.
  Im *Schrank* stehen viele Bücher. 책장에 많은 책이 있다.
schrecklich [ʃrɛklɪç] 形 ① 무서운 (furchtbar) ② 굉장한
  Der Krebs ist eine *schreckliche* (furchtbare) Krankheit. 암(癌)은 무서운 병이다.
  Es ist ein *schreckliches* Unglück geschehen. 무서운 사고가 일어났다.
  Es ist *schrecklich* heiß (kalt). 지독하게 덥다(춥다).
  Ich habe *schrecklich* viel zu tun. 나는 굉장히 할 일이 많다.
der **Schrei** [ʃraɪ] -[e]s/-e 고함〔소리〕, 부르짖음
  Mit einem *Schrei* fiel sie zu Boden. 고함을 지르며 그녀는 땅에 쓰러졌다.
  Sie stieß einen lauten *Schrei* aus. 그녀는 큰 고함소리를 질렀다.
schreiben [ʃraɪbən] schrieb, geschrieben 他自 ① 쓰다 ② 〈jm. (an jn.)에게〉 편지를 쓰다
  Er *schreibt* einen Satz ins Heft (an die Tafel). 그는 문장을 노트(칠판)에 쓴다.
  Er *schreibt* den Brief mit dem Füller. 그는 편지를 만년필로 쓴다.
  Er *schreibt* den Brief auf (mit) der Maschine. 그는 편지를 타이프로 친다.
  Er *schrieb* Deutsch richtig (falsch). 그는 독일어를 바르게(틀리게) 썼다.
  Er *schreibt* einen Roman. 그는 소설을 쓰고 있다.
  Ich habe ihm [einen Brief] *geschrieben.*
  (=Ich habe [einen Brief] *an* ihn *geschrieben.*) 나는 그에게 편지를 썼다.
  Sie hat mir aus Deutschland *geschrieben*. 그녀는 독일에서 나에게 편지를 했다.
die **Schreibmaschine** [ʃraɪpmaʃiːnə] -/-n 타이프라이터
  Schreiben Sie *Schreibmaschine*? 당신은 타이프 치십니까?

Er schrieb den Brief auf (mit) der *Schreibmaschine*. 그는 편지를 타이프로 쳤다.

schreien [ʃráiən] schrie, geschrie[e]n 自他 소리지르다, 외치다
Er *schrie* vor Schmerz[en]³. 그는 아파서 소리 질렀다.
Er *schrie* um Hilfe. 그는 사람 살리라고 소리쳤다.
Das Kind *schrie* die ganze Nacht⁴. 그 아이는 밤새도록 큰 소리로 울었다.
Schrei nicht so laut! 그렇게 큰 소리 지르지 마라!

schreiten [ʃráitən] schritt, geschritten 自 (s) 걷다
Sie *schritt* hastig (langsam) durch den Korridor. 그녀는 급히(천천히) 복도를 지나갔다.
Er *schreitet* im Zimmer auf und ab. 그는 방 안에서 이리 저리 걷는다.

die **Schrift** [ʃrɪft] -/-en ① 문자 (der Buchstabe) ② 《복수 없음》 필적 ③ 문서
die lateinische *Schrift* 라틴 문자
Kannst du die japanische *Schrift* lesen? 너는 일본 글자를 읽을 수 있니?
Er hat eine schöne (schlechte) *Schrift*. 그는 필적이 아름답다(좋지 않다).
Man kann seine *Schrift* nicht gut lesen. 그의 필적은 잘 읽을 수가 없다.
die Heilige *Schrift* (=die Bibel) 성서(聖書)
Goethes sämtliche *Schriften*
(=Goethes sämtliche (gesammelte) Werke) 괴테 전집

der **Schriftsteller** [ʃríft-ʃtɛlər] -s/- 문필가, 작가(der Autor)
Er ist von Beruf *Schriftsteller*. 그의 직업은 문필가이다.
Er ist ein bekannter deutscher *Schriftsteller*. 그는 유명한 독일 작가이다.

der **Schritt** [ʃrɪt] -[e]s/-e 걸음, 보조(步調)
Er folgte mir mit schnellen (langsamen) *Schritten*. 그는 빠른(느린) 걸음으로 나를 따라왔다.
Er wohnt wenige *Schritte* von uns [entfernt]. 그는 우리 집에서 몇 걸음 안되는 거리(距離)에 살고 있다.
Zum Postamt sind es nur wenige *Schritte*. 우체국까지는 몇 걸음 거리밖에 되지 않는다.
Das Kind machte die ersten *Schritte*. 아이가 첫걸음을 내디디었다.
● *Schritt* für *Schritt* : 한 걸음 한 걸음
Er kam *Schritt* für *Schritt* näher. 그는 한 걸음 한 걸음

가까이 왔다.
- mit jm. *Schritt* halten : (누구)와 보조를 맞추다

  Er *hielt mit* uns *Schritt*. 그는 우리와 보조를 맞추었다.

  Er ging so schnell, daß ich *mit* ihm nicht *Schritt halten* konnte. 그는 걸음이 빨라서 나는 그와 보조를 맞출 수 없었다.

schüchtern [ʃýçtərn] 形 수줍은, 겁 많은 (scheu)

Das Mädchen ist sehr *schüchtern*. 그 소녀는 매우 부끄럼을 탄다.

Sie bot ihm *schüchtern* die Hand. 그녀는 수줍어하면서 그에게 손을 내밀었다. (악수하기 위하여)

Das Kind wurde *schüchtern*. 그 아이는 겁을 먹었다.

Er blickte *schüchtern* um sich. 그는 겁을 먹고 주위를 둘러보았다.

der **Schuh** [ʃu:] -[e]s/-e 구두

Er zieht die *Schuhe* an (aus). 그는 구두를 신는다(벗는다).

Sie kaufte sich[3] ein Paar *Schuhe*. 그녀는 구두 한 켤레를 샀다.

Ich putze mir die *Schuhe*.

(=Ich putze meine *Schuhe*.) 나는 내 구두를 닦았다.

Sie trägt *Schuhe* mit hohen Absätzen. 그녀는 굽이 높은 구두를 신고 있다.

Sie brachte ihre *Schuhe* zum Schuhmacher. 그녀는 자기의 구두를 구두방에 가져갔다.

die **Schuld** [ʃult] -/-en ① 《복수로》 빚, 부채 ② 《복수 없음》 죄(罪), 책임

Ich habe *Schulden* bei ihm. 나는 그에게 빚이 있다.

Er hat seine *Schulden* bezahlt. 그는 빚을 갚았다.

Er hat viele *Schulden*. 그는 빚이 많다.

Er machte viele *Schulden*. 그는 많은 빚을 얻었다.

Er versuchte, die *Schuld* auf mich zu schieben. 그는 책임 (죄)을 나에게 전가하려고 애썼다.

Es ist meine *Schuld*.

(=Die *Schuld* liegt an mir.) 그것은 내 책임이다.

- an et.[3] *schuld* sein (haben) : (무엇)에 책임이 있다

  Du bist (hast) *an* allem *schuld*. 너는 모든 것에 책임이 있다(모든 것이 너의 책임이다).

  Ich bin nicht *schuld* daran.

  (=Es ist nicht meine *Schuld*.) 그것은 내 책임이 아니다.

  Wer ist *schuld* daran? 그것에 대한 책임은 누가 지는가?

schuldig [ʃúldıç] 形 ① 빚이 있는 ② 책임이 있는(↔unschuldig)
Er ist *schuldig*. 그는 빚이 있다.
Ich bin ihm viel (100 Mark) *schuldig*.
(=Ich habe viele Schulden bei ihm.) 나는 그에게 많은(100 마르크) 빚이 있다.
Er ist mir noch Geld *schuldig*. 그는 나에게 아직 갚을 돈이 있다.
Was bin ich *schuldig*? 내가 무슨 책임이 있니?
Ich fühle mich [nicht] *schuldig*. 나는 책임을 느끼고 있다 (느끼지 않는다).
● an et.³ *schuld[ig]* sein : (무엇)에 책임이 있다
Er ist *an* allem *schuldig*. 그는 모든 것에 책임이 있다(모든 것이 그의 책임이다).

die **Schule** [ʃú:lə] -/-n ① 학교 ② 수업 (der Unterricht)
● in die (zur) *Schule* gehen : 학교에 가다
Er *geht* früh am Morgen *in die Schule*. 그는 아침 일찍 학교에 간다.
Sie ist gestern nicht *zur Schule gegangen*. 그녀는 어제 학교에 가지 않았다.
● eine *Schule* besuchen : 학교에 다니다
Sie *besucht eine* höhere *Schule*.
(=Sie geht auf die höhere *Schule*.) 그녀는 고등학교에 다닌다.
Er ist jetzt auf der *Schule*. 그는 지금 재학중이다.
Wir lernen Deutsch in der *Schule*. 우리는 학교에서 독일어를 배운다.
Wir wohnen in der Nähe der *Schule*. 우리는 학교 근처에 살고 있다.
Er ist Lehrer an dieser *Schule*. 그는 이 학교의 선생이다.
Wir haben heute keine *Schule*.
(=Heute ist keine *Schule*.) 오늘은 수업이 없다.
Die *Schule* fängt um 9 Uhr an.
(=Der Unterricht beginnt um 9 Uhr.) 수업은 9시에 시작된다.
Die *Schule* (Der Unterricht) ist aus. 수업은 끝났다.
Nach der *Schule* spielten wir Fußball. 수업이 끝난 후에 우리는 축구를 했다.

der **Schüler** [ʃý:lər] -s/- (고등학교 이하의) 학생
Er ist ein tüchtiger *Schüler*. 그는 유능한 학생이다.
Sie ist eine gute *Schülerin*. 그녀는 훌륭한 여학생이다.

Schüler und Schülerinnen lernen in der Schule Deutsch. 남녀 학생들은 학교에서 독일어를 배운다.

die Schulter [ʃúltər] -/-n 어깨

Er hat breite (schmale) *Schultern*. 그는 어깨가 넓다(좁다).

Er klopfte (schlug) mir auf die *Schulter*. 그는 나의 어깨를 두드렸다(쳤다).

Mir (Mich) schmerzt die linke *Schulter*. 나는 왼쪽 어깨가 아프다.

Er sagte nichts dazu, zuckte nur die *Schultern* (die Achseln). 그는 그것에 대해서는 아무 말도 하지 않고 어깨만 으쓱했다.

- et.⁴ auf seine *Schulter* nehmen : (무엇)을 어깨에 메다
  Er *nahm* den Sack *auf seine Schulter*.
  (=Er lud sich³ den Sack auf die *Schulter*.) 그는 자루를 어깨에 메었다.

- *Schulter* an *Schulter* : 어깨를 나란히 ; 단결하여
  Wir standen *Schulter an Schulter*. 우리는 어깨를 나란히 하여 서 있었다.
  Wir arbeiten *Schulter an Schulter*. 우리는 서로 협력하여 일한다.

die Schüssel [ʃýsəl] -/-n (요리用의) 큰 접시, 사발

Auf dem Tisch steht eine *Schüssel* Kartoffeln. 식탁 위에 감자 한 접시가 놓여 있다.

Sie legte (tat) das Gemüse in eine *Schüssel*. 그녀는 야채를 사발에 담았다.

schütteln [ʃýtəln] 他 흔들다

Man muß die Medizin vor Gebrauch *schütteln*. 이 약은 사용 전에 흔들어야 한다.

Es *schüttelt* mich. 몸이 떨린다.

- den Kopf *schütteln* : (거부·부정 따위로) 머리를 가로젓다
  Er *schüttelte* den Kopf. 그는 머리를 가로 저었다.

- jm. die Hand *schütteln* : (누구)와 악수하다
  Er *schüttelte* mir *die Hand*. 그는 나와 악수했다.

schützen [ʃýtsən] 他 지키다, 보호하다

- jn. vor et.³ *schützen* : (누구)를 (무엇)으로부터 지키다
  Sie *schützte* mich *vor* Gefahr. 그녀는 나를 위험으로부터 지켜주었다.
  Wir müssen das Vaterland *vor* einem feindlichen Angriff *schützen*. 우리는 조국을 적의 침략으로부터 지켜야 한다.
  Die Polizei soll das Eigentum und das Leben der Bürger

schützen. 경찰은 시민의 재산과 생명을 보호해야 한다.
Diese Medizin *schützt* vor Erkältung³. 이 약은 감기를 예방한다.

der Schutzmann [ʃútsman] -[e]s/..leute 경찰관, 순경 (der Polizist)
Er ist ein *Schutzmann*. 그는 경찰관이다.
Auf der Straße steht ein *Schutzmann* und regelt den Verkehr. 거리에는 순경이 서서 교통 정리를 하고 있다.

schwach [ʃvax] schwächer, schwächst 形 약한 (↔stark)
Das Kind ist *schwach*. 그 아이는 몸이 약하다.
Sie hat ein *schwaches* Herz. 그녀는 심장이 약하다.
Er hat einen *schwachen* Willen. 그는 의지가 약하다.
Er ist *schwach* im Glauben. 그는 신앙심이 적다.
Ich bin *schwach* im Rechnen. 나는 계산이 서툴다.
Der Kaffee ist zu *schwach* (dünn). 이 커피는 너무 연하다.

die Schwalbe [ʃválbə] -/-n 제비
Eine *Schwalbe* fliegt in die Luft. 제비 한 마리가 공중으로 날아간다.
Im Herbst fliegen die *Schwalben* nach südlichen Ländern. 가을에 제비들은 남쪽 나라로 날아간다.

schwarz [ʃvarts] schwärzer, schwärzest 形 검은 (↔weiß)
Sie hat *schwarzes* Haar (*schwarze* Haare). 그녀는 머리칼이 검다.
Sie ist *schwarz* gekleidet. 그녀는 검은 옷을 입고 있다.
Du bist ganz *schwarz* im Gesicht. 너는 얼굴이 새까맣다.
Er hat ein *schwarzes* Herz. 그는 흑심을 품고 있다.

schweben [ʃvé:bən] 自 《h, s》 (둥둥) 뜨다, 떠 있다
Der Ballon *schwebt* in großer Höhe. 풍선이 공중 높이에서 둥실둥실 떠돈다.
Am Himmel *schwebt* die Wolken. 하늘에는 구름이 떠돌고 있다.
Auf seinen Lippen *schwebte* ein Lächeln. 그의 입술에 미소가 떠올랐다.
Das Wort *schwebt* mir auf der Zunge. 말이 나의 혀끝에서 뱅뱅돌고 나오지 않는다.
Sein Bild *schwebt* mir vor Augen. 그의 모습이 내 눈 앞에 아른거린다.

schweigen [ʃváıgən] schwieg, geschwiegen 自 침묵하다
Er *schwieg* lange. 그는 오랫동안 침묵했다.
Die Musik *schwieg*. 음악이 그쳤다.

Gegen mich *schwieg* er davon. 나에게 그는 그 일을 말하지 않았다(비밀로 했다).
Schweige!
(=Sei still!) 조용히 해라!
Reden ist Silber, *Schweigen* ist Gold. 《Sprw》 웅변은 은이요, 침묵은 금이다.

das **Schwein** [ʃvaɪn] -[e]s/-e 돼지
- *Schweine* halten: 돼지를 사육(飼育)하다

Er *hält Schweine* auf dem Bauernhof. 그는 농가에서 돼지를 사육하고 있다.
Dieses *Schwein* wird bald geschlachtet. 이 돼지는 곧 도살된다.

der **Schweiß** [ʃvaɪs] -es/-e 땀
Der *Schweiß* steht ihr auf der Stirn. 땀이 그녀의 이마에 맺혀 있다.
Der *Schweiß* läuft ihm auf die Stirn (über das Gesicht). 땀이 그의 이마(얼굴)에 흐른다.
Er wischte sich³ den *Schweiß* ab. 그는 땀을 닦았다.
Diese Arbeit kostet viel *Schweiß*. 이 일은 몹시 힘이 든다.

die **Schweiz** [ʃvaɪts] -/ 스위스
Wir reisen in die *Schweiz*. 우리는 스위스로 여행한다.
In der *Schweiz* spricht man Deutsch. 스위스에서는 독일말을 쓴다.

der **Schweizer** [ʃváɪtsər] -s/- 스위스인
die **Schweizerin** [ʃváɪtsərɪn] -/-nen 스위스 여자
schweizerisch [ʃváɪtsərɪʃ] 形 스위스[人]의

schwer [ʃveːr] 形 ① 무거운 (↔leicht) ② 어려운 (schwierig) (↔leicht)
Die Tasche ist sehr *schwer*. 그 가방은 매우 무겁다.
Er trug einen *schweren* Koffer. 그는 무거운 트렁크를 운반했다.
Er beging ein *schweres* Verbrechen. 그는 무거운 죄를 범했다.
Er ist *schwer* krank geworden. 그는 중병에 걸렸다.
Er leidet an einer *schweren* Krankheit. 그는 중병을 앓고 있다.
Aller Anfang ist *schwer*. 《Sprw》 모든 시작은 어렵다(시작이 반이다).
Die Aufgabe ist ziemlich *schwer* (schwierig). 그 숙제는 상당히 어렵다.

Das ist eine *schwere* Frage. 그것은 어려운 문제다.
Das Problem ist *schwer* zu lösen. 그 문제는 풀기 어렵다.
Das ist *schwer* zu sagen (glauben). 그것은 말하기(믿기) 어렵다.

die **Schwester** [ʃvéstər] -/-n ① 자매(姉妹) (↔der Bruder) ② 간호원 (die Krankenschwester)
Ich habe zwei *Schwestern*. 나에게는 두 자매가 있다.
Sie ist meine ältere (jüngere) *Schwester*. 그녀는 나의 언니(동생)이다.
Sie ist meine jüngste *Schwester*. 그녀는 나의 막내 동생이다.
Sie ist *Schwester* in einem großen Krankenhaus. 그녀는 어느 큰 병원의 간호원이다.
Die Kranken werden im Krankenhaus von *Schwestern* gepflegt. 환자들은 병원에서 간호원들에 의해 간호를 받는다.

schwierig [ʃvíːrɪç] 形 어려운 (schwer) (↔leicht, einfach)
Das ist eine *schwierige* (schwere) Frage. 그것은 어려운 문제다.
Er hat die *schwierige* Aufgabe gelöst. 그는 어려운 문제를 풀었다(해결했다).
Er ist ein *schwieriger* Mensch. 그는 까다로운 사람이다.
Er ist ziemlich *schwierig*. 그는 상당히 까다롭다.

die **Schwierigkeit** [ʃvíːrɪçkaɪt] -/-en 어려움, 곤란
Wir müssen noch viele *Schwierigkeiten* überwinden. 우리는 아직도 많은 어려움을 극복해야 한다.
Die Arbeit wurde ohne *Schwierigkeiten* pünktlich fertig. 그 일은 어려움 없이 정시에 끝났다.
Darin liegt (ist) die *Schwierigkeit*. 그 점에 어려움이 있다.
Er ist in *Schwierigkeiten*⁴ geraten. 그는 난관에 봉착했다.

schwimmen [ʃvímən] schwamm, geschwommen 自 《s, h》 헤엄치다, 수영하다
Können Sie *schwimmen*? 당신은 헤엄칠 줄 아십니까?
Sie *schwimmt* gegen den Strom (mit dem Strom). 그녀는 흐름을 거슬러(흐름을 따라) 헤엄친다.
Er ist über den See *geschwommen*. 그는 호수를 헤엄쳐서 건넜다.
Sie hat zwei Stunden⁴ *geschwommen*. 그녀는 2시간 동안 수영했다.

● *schwimmen* gehen : 수영하러 가다
Wir *gehen schwimmen*. 우리는 수영하러 간다.

sechs [zɛks] 數 **6**
Er kommt um (gegen) *sechs* Uhr. 그는 6시(경)에 온다.
Es ist *sechs* vor zehn [Uhr]. 10시 6분 전이다.
Es ist *6* Uhr 15 (*6*,15 Uhr). 6시 15분이다.
Der Zug fährt um *6* Uhr 30 ab. 기차는 6시 30분에 출발한다.
sechzehn [zéçtse:n] 數 **16**
sechzig [zéçtsıç] 數 **60**
der **See** [ze:] -s/-n [zé:ən] 호수
● an den (zum) *See* gehen : 호수로 가다
Nach dem Essen *gingen* wir *an den See*. 식후에 우리는 호수로 갔다.
Er wohnt direkt am *See*. 그는 바로 호숫가에 살고 있다.
Sie hat das Boot auf dem *See* gerudert. 그녀는 호수에서 보트를 저었다.
Ich habe oft im *See* gebadet. 나는 종종 호수에서 멱감았다.
die **See** [ze:] -/-n [zé:ən] 바다 (das Meer) (↔das Land)
● an die *See* (ans Meer) gehen : 바다로 가다
In den Sommerferien *fahren* wir *an die See*. 여름 휴가에 우리는 바다로 간다.
● zur *See* gehen : 선원이 되다
Als er 20 Jahre alt war, *ging* er *zur See*. 그는 20세가 되었을 때 선원이 되었다.
Ich verbrachte die Ferien (den Urlaub) an der *See*. 나는 휴가를 바닷가에서 보냈다.
Wir badeten in der *See*. 우리는 바다에서 멱감았다.
die **Seele** [zé:lə] -/-n 영혼 (↔der Leib)
Ich glaube, daß unsere *Seele* unsterblich ist. 나는 우리의 영혼은 불멸하다고 믿고 있다.
Sie liebt ihn aus tiefster *Seele*. 그녀는 그를 마음속 깊이 사랑하고 있다.
● an Leib und *Seele*[3] gesund sein : 심신이 모두 건강하다
Er *ist gesund an Leib und Seele*. 그는 몸과 마음이 모두 건강하다.
● mit Leib und *Seele* : 몸과 마음을 다하여
Er ist *mit Leib und Seele* bei der Sache. 그는 그 일에 몸과 마음(정성)을 다하고 있다.
● von ganzer *Seele* (=von ganzem Herzen) : 충심으로
Ich danke Ihnen *von ganzer Seele*. 나는 당신에게 충심으로 감사드립니다.

das **Segel** [zé:gəl] -s/- 돛
- mit vollen *Segeln* : 돛에 바람을 가득 안고
  Das Schiff fuhr *mit vollen Segeln*. 그 배는 돛에 바람을 가득 안고 달렸다.
  Das war Wind in seine *Segel*. 그것은 순풍에 돛을 단 것 같았다.

sehen [zé:ən] sah, gesehen 1. 他 ① 보다 ② 〈jn.를〉 만나다 (treffen) 2. 自 ① 보다 ② (…으로) 보이다
Ich *sah* ihn kommen. 나는 그가 오는 것을 보았다.
Ich habe ihn im Garten arbeiten *sehen*. 나는 그가 정원에서 일하는 것을 보았다.
Ich habe den Film im Fernsehen *gesehen*. 나는 그 영화를 텔레비젼에서 보았다.
Das habe ich mit eigenen Augen *gesehen*. 그것을 나는 내 눈으로 직접 보았다.
Es gibt dort nichts[4] zu *sehen*.
(=Es gibt dort keine Sehenswürdigkeiten[4].) 그곳에는 볼 만한 것이 아무것도 없다.
Ich freue mich sehr, Sie zu *sehen*.
(=Es freut mich sehr, Sie zu *sehen*.) 당신을 만나게 되어 매우 기쁩니다.
Ich mag ihn nicht mehr *sehen*. 나는 그를 더 이상 만나고 싶지 않다.
Wir haben uns[4] lange nicht *gesehen*. 우리는 서로 오랫동안 만나지 못했읍니다(오래간만입니다).
Wo *sehen* (treffen) wir uns[4] morgen? 우리 내일 어디에서 만날까요?
Er *sah* auf die Uhr (nach der Uhr). 그는 시계를 보았다.
Sie *sah* in den Spiegel. 그녀는 거울 속을 들여다보았다.
Er *sieht* gut (schlecht). 그는 시력이 좋다(나쁘다).
Wie du *siehst*, ist alles gut gegangen. 네가 보는 바와 같이 모든 일이 잘 되었다.
Sie *sieht* noch jung [aus]. 그녀는 아직도 젊어 보인다.
- jm. ähnlich *sehen* (sein) : (누구)를 닮다
  Er *sieht* (*ist*) seinem Vater sehr *ähnlich*. 그는 아버지를 매우 닮았다.

die **Sehenswürdigkeit** [zé:ənsvyrdıçkaıt] -/-en 볼만한 가치 있는 것; 명소(名所)
Es gibt in der Stadt keine *Sehenswürdigkeiten*[4]. 그 도시에는 볼만한 것(명승 고적)이 없다.

Seoul hat mitten in der Stadt viele *Sehenswürdigkeiten*. 서울은 도시 중심부에 많은 명소가 있다.

sehnen [zé:nən] 再 〈sich⁴ nach et. 을〉 그리워하다, 동경하다

Sie *sehnt sich nach* der Heimat (dem Vaterland). 그녀는 고향(조국)을 그리워한다.

Wir *sehnen uns nach* Ruhe. 우리는 휴식을 바라고 있다.

die **Sehnsucht** [zé:nzuxt] -/¨e 그리움, 동경

Er fühlte *Sehnsucht* nach der Heimat. 그는 향수(鄕愁)를 느꼈다.

Jeder hat *Sehnsucht* nach dem Glück. 사람은 누구나 행복에 대한 동경심이 있다.

sehr [ze:r] 副 매우, 대단히

Sie ist *sehr* schön. 그녀는 매우 아름답다.

Heute ist es *sehr* heiß (kalt). 오늘은 매우 덥다(춥다).

Ich weiß es *sehr* gut. 나는 그것을 대단히 잘 알고 있다.

Ich habe *sehr* viel gegessen. 나는 대단히 많이 먹었다.

Danke *sehr* (schön)! 대단히 감사합니다!

Bitte *sehr* (schön)! 천만에요!

die **Seide** [záɪdə] -/-n 명주, 비단

Die Krawatte ist aus *Seide*. 이 넥타이는 명주로 되어 있다.

Sie trägt ein Kostüm aus *Seide*. 그녀는 비단으로 된 의상 (衣裳)을 입고 있다.

die **Seife** [záɪfə] -/-n 비누

Ich kaufte ein Stück *Seife*. 나는 비누 한 개를 샀다.

Er wäscht sich³ das Gesicht mit *Seife*. 그는 비누로 얼굴을 씻는다.

Wasch dir die Hände mit *Seife*! 손을 비누로 씻어라!

das **Seil** [zaɪl] -[e]s/-e 밧줄 (der Strick)

Er band die Last auf dem Wagen mit einem *Seil* fest. 그는 차 위의 짐을 밧줄로 단단히 잡아매었다.

Das *Seil* ist gerissen. 밧줄이 끊어졌다.

Er tanzt auf dem *Seil*. 그는 줄타기를 한다.

Als Kind sind wir oft über das *Seil* gesprungen. 어릴 때 우리는 종종 줄넘기를 했다.

sein [zaɪn] war, gewesen; ich bin, du bist, er ist, wir sind, ihr seid, sie sind 1. 自 (s) ① …이다 ② (…이) 있다 ③ 〈zu 부정법과〉 …될 수 있다(수동의 가능), …되어야 하다(수동의 필연) 2. 助 ① 〈완료시칭의 조동사로서〉: 장소의 이동·상태의 변화를 나타내는 자동사의 과거분사와 결합 ② 〈상태수동의 조동사로서〉: 타동사의 과거분사와 결합

Er *ist* [ein] Koreaner. 그는 한국인이다.
Ich *war* damals Student. 나는 그 당시에 대학생이었다.
Er *ist* jetzt zu Hause. 그는 지금 집에 있다.
Er *war* damals in Amerika. 그는 그 당시에 미국에 있었다.
Es *war* einmal ein weiser König. 옛날에 한 현명한 임금님이 계셨다.
Die Frage *ist* leicht *zu* lösen.
(=Die Frage kann leicht gelöst werden.) 그 문제는 쉽게 풀 수 있다.
Der Schüler *ist zu* loben.
(=Der Schüler muß gelobt werden.) 그 학생은 칭찬받아 마땅하다.
Er *ist* schon abgefahren. 그는 이미 떠났다.
Er *ist* gestern gestorben. 그는 어제 죽었다.
Die Tür *ist* geöffnet (geschlossen).
(=Die Tür *ist* auf (zu).) 문이 열려(닫혀) 있다.

sein, seine, sein [zaın, záınə, zaın] 代 《소유》〈단수는 부정관사형, 복수는 정관사형의 어미 변화〉그의; 그것의
Sein Vater ist jünger als *seine* Mutter. 그의 아버지는 그의 어머니보다 연하(年下)이다.
Er gab mir *sein* Buch. 그는 나에게 자기의 책을 주었다.
Das Kind liebt *seine* Eltern. 그 아이는 자기의 부모를 사랑한다.

seit [zaıt] 1. 前 《3격》 ~이래, ~전부터 2. 接 《종속》 …이래 (seitdem)
Er wohnt *seit* einem Jahr in Seoul. 그는 1년 전부터 서울에 살고 있다.
Er wartete *seit* langer Zeit (*seit* langem) auf dich. 그는 오래 전부터 너를 기다렸다.
Seit damals haben wir uns⁴ nicht mehr gesehen. 그때부터 우리는 서로 만나지 못했다.
Seit wann bist du hier? 너는 언제부터 여기에 와 있니?
seit alters (=von alters her) 옛부터
seit gestern 어제부터
seit kurzem 요즈음, 근래
seit langem 오래 전부터
seit morgens 아침부터
seit ein paar Tagen 며칠 전부터
seit einer Woche (einem Monat) 1주일(1개월) 전부터
Seit (Seitdem) ich erkrankt bin, rauche ich nicht mehr.

나는 병이 난 이래 담배를 끊었다.
Seit ich verheiratet bin, wohne ich in dieser Stadt. 나는 결혼한 이래로 이 도시에 살고 있다.

seitdem [zaɪtdéːm] 1. 圖그때부터, 그 후 2. 圈《종속》…이래 (seit)

Was haben Sie *seitdem* gemacht? 당신은 그때부터 무엇을 하셨읍니까?

Ich habe ihn *seitdem* nicht mehr gesehen. 나는 그 후 더 이상 그를 만나지 못했다.

Es sind *seitdem* 10 Jahre vergangen. 그 후 10년이 지나갔다.

Seitdem ich hier bin, haben wir uns[4] nicht mehr gesehen. 내가 여기 온 이래 우리는 서로 만나지 못했다.

Seitdem er seine Heimat verlassen hat, wohnt er in Seoul. 그는 고향을 떠나온 이래로 서울에 살고 있다.

die **Seite** [záɪtə] -/-n ① 옆, 쪽, 편, 면(面) ② 페이지

Treten Sie bitte zur *Seite*! 옆으로 좀 비켜 주십시오!

Sie ging an seiner *Seite*. 그녀는 그의 옆에서 걸었다.

Auf beiden *Seiten* der Straße stehen Bäume. 길 양쪽에 나무들이 서 있다.

Der Wagen parkte auf der rechten (linken) *Seite*. 차는 우(좌)측에 주차했다.

• nach allen *Seiten* : 사방 팔방으로
  Er sah sich[4] *nach allen Seiten* um. 그는 사방 팔방으로 둘러 보았다.

• von allen *Seiten* : 사방 팔방에서
  Die Leute versammelten sich *von allen Seiten*. 사람들이 사방 팔방에서 모였다.

• *Seite* an *Seite* : 나란히
  Sie gingen *Seite an Seite*. 그들은 나란히 걸었다.

• auf js. *Seite*[3] stehen (sein) : (누구)의 편이다
  Er steht (ist) *auf unserer Seite*. 그는 우리 편이다.

Jeder Mensch hat seine guten und seine schlechten *Seiten*. 인간은 누구에게나 좋은 면과 나쁜 면이 있다.

Das ist seine schwache *Seite*. 그것이 그의 약(단)점이다.

Das ist meine starke *Seite*. 그것은 나의 장점이다.

Das Buch hat 250 *Seiten*. 그 책은 250 페이지다.

Das Gedicht steht auf *Seite* 35. 그 시(詩)는 35페이지에 실려 있다.

Schlagen Sie *Seite* 60 (die 60. *Seite*) auf! 60페이지를 펴십시오!

Ich habe das Buch nur bis *Seite* 80 gelesen. 나는 그 책을 80페이지까지만 읽었다.

der Sekretär [zekretέːr] -s/-e 비서

Herr Schmidt ist der *Sekretär* meines Vaters. 슈미트 씨는 나의 아버지의 비서이다.

Fräulein Kim arbeitet als *Sekretärin* in einer bekannten Firma. 김 양은 한 유명한 회사에서 비서로 일하고 있다.

die Sekunde [zekúndə] -/-n 초(秒)

Eine Minute hat 60 *Sekunden*. 1 분은 60 초이다.

Es ist jetzt genau 17 Uhr 55 Minuten [und] 30 *Sekunden*. 지금 시각은 정확히 17시 55분 30초이다.

Er läuft die 100 Meter in 10,5 (zehn Komma fünf) *Sekunden*. 그는 100미터를 10초 5에 달린다.

In einer *Sekunde* bin ich wieder da. 나는 곧 다시 온다.

selber [zέlbər] 副 자신(이), 스스로 (selbst)

Das mußt du *selber* tun. 그것은 네 자신이 해야 한다.
Ich will es *selber* tun. 나는 그것을 직접 하겠다.

selbst [zεlpst] 副 ① 자신(이), 스스로 (selber) ② …조차, …마저 (sogar)

Er *selbst* (selber) hat es getan.
(=Er hat es *selbst* getan.) 그 자신이 그것을 했다.

Das mußt du *selbst* entscheiden. 그것은 네 자신이 결정해야 한다.

Er denkt nur an sich⁴ *selbst*. 그는 자기 자신만을 생각한다.
Erkenne dich *selbst*! 《Sokrates》 네 자신을 알라!

Selbst das kann er nicht. 그것조차 그는 하지 못한다.

Selbst (Sogar) seine Frau glaubte ihm nicht. 그의 부인마저 그의 말을 믿지 않았다.

● von *selbst* : 자연히, 저절로
  Die Tür öffnete sich *von selbst*. 문이 저절로 열렸다.
  Das versteht sich *von selbst*. 그것은 자명한 일이다.

● mit sich *selbst* reden : 혼자 중얼거리다
  Er *redete mit sich selbst*. 그는 혼자 중얼거렸다.

selbstverständlich [zέlpstfεrʃtεntlıç] 1. 形 자명한 2. 副 물론 (natürlich, freilich)

Es ist *selbstverständlich*, daß ich dir helfe. 내가 너를 돕는 것은 당연한 일이다.

Kommen Sie morgen? — *Selbstverständlich*! 내일 오시겠읍니까? — 물론이지요!

selten [zέltən] 形 드문 (↔häufig, oft); 진귀한

Das ist ein ganz *seltener* Fall. 그것은 아주 드문 일이다.
Das passiert nicht *selten*. 그런 일은 종종 일어난다.
Er ist *selten* zu Hause. 그는 집에 잘 있지 않는다.
Sie kommt nur *selten* zu uns. 그녀는 우리에게 오는 일이 드물다.
Sie ist eine *selten* schöne Frau. 그녀는 보기드문 미인이다.
Das ist eine *seltene* Blume. 그것은 진귀한 꽃이다.

seltsam [zéltza:m] 形 기묘한, 진기한 (sonderbar)
Das ist eine *seltsame* Idee. 그것은 기묘한 생각이다.
Er ist ein *seltsamer* Mensch. 그는 특이한 인간이다.
Das kommt mir *seltsam* vor. 그것은 내게는 이상하게 여겨진다.

das **Semester** [zeméstər] -s/- (대학의) 학기
Ein *Semester* dauert ungefähr 4 Monate. 한 학기는 약 4개월 동안 계속된다.
Ich habe zwei *Semester* in Tübingen studiert. 나는 2학기 동안 튀빙겐 대학에서 공부했다.

senden [zéndən] sandte, gesandt; sendete, gesendet 他 ① 보내다 (schicken) (↔empfangen) ② 《약변화》 방송하다
● jm. et.⁴ *senden* : (누구)에게 (무엇)을 보내다
  Sie *sandte* (*sendete*) mir ein Telegramm. 그녀는 나에게 전보를 보냈다.
  Ich habe ihm ein Buch *gesandt* (*gesendet*). 나는 그에게 한 권의 책을 보냈다.
Er *sandte* das Paket mit der Post. 그는 소포를 우편으로 보냈다(우송했다).
Er *sandte* seinen Sohn ins Ausland. 그는 그의 아들을 외국으로 보냈다.
Der Rundfunk (Das Radio) *sendet* jetzt Nachrichten. 라디오는 지금 뉴스를 방송한다.
Das Konzert wurde im Radio (Fernsehen) *gesendet*. 그 음악회는 라디오(텔레비젼)로 방송되었다.

senken [zéŋkən] 1. 他 가라앉히다, 낮추다 (↔heben) 2. 再 《sich⁴》 가라앉다, 내려앉다
Wir *senkten* die Leiche in das Grab. 우리는 그 시체를 매장했다.
Er *senkte* verlegen den Blick (die Augen). 그는 당황하여 눈을 내리깔았다.
Sie *senkte* ihr Haupt (ihren Kopf) vor Scham³. 그녀는 부끄러워서 고개를 숙였다.

Sie *senkte* die Stimme. 그녀는 목소리를 낮추었다.
Die Kaufleute *senkten* die Preise für Reis. 상인들은 쌀값을 내렸다.
Das Schiff hat *sich gesenkt*.
(=Das Schiff ist gesunken.) 그 배는 가라앉았다.
Der Boden (Die Erde) hat *sich gesenkt*. 지반(地盤)이 내려앉았다.

der **September** [zɛptɛ́mbər] -[s]/ **9월**
Anfang *September* beginnt die Schule wieder. 9월 초에 학교는 다시 시작된다.
Mitte *September* kommt er zurück. 9월 중순에 그는 돌아온다.
Ende *September* werde ich abreisen. 9월 말에 나는 여행을 떠날 것이다.

der **Sessel** [zɛ́səl] -s/- 안락 의자
Er sitzt im *Sessel* und liest die Zeitung. 그는 안락 의자에 앉아서 신문을 읽고 있다.
Er setzte sich⁴ in den *Sessel*. 그는 안락 의자에 앉았다.
Sie stand vom *Sessel* auf. 그녀는 안락 의자에서 일어섰다.

setzen [zɛ́tsən] 1. 他 앉히다; 놓다 2. 再 《sich⁴》 앉다
Sie *setzte* das Kind auf den Stuhl. 그녀는 아이를 의자에 앉혔다.
Sie *setzte* (stellte) Speisen auf den Tisch. 그녀는 음식을 식탁 위에 놓았다.
Er *setzte* den Stuhl ans Fenster (in die Ecke). 그는 의자를 창가(구석)에 놓았다.
● Hoffnung auf jn. *setzen* : (누구)에게 희망을 걸다
Ich *setze* meine *Hoffnung auf* dich. 나는 너에게 희망을 걸고 있다.
Sie *setzte sich* auf den Stuhl (in den Sessel). 그녀는 의자(안락 의자)에 앉았다.
Sie *setzte sich* neben mich. 그녀는 내 옆에 앉았다.
Setzen Sie *sich*!
(=Nehmen Sie Platz!) 앉으십시오!

sich [zıç] 代 ① 《재귀》〈3인칭 단수 및 복수의 4·3격〉자신(을·에게) ② 《상호》〈3인칭 복수의 4·3격〉서로 (einander)
Er rasiert *sich*⁴ jeden Morgen. 그는 매일 아침 면도한다.
Sie wäscht *sich*⁴ morgens und abends. 그녀는 조석(朝夕)으로 몸을 씻는다.
Sie haben *sich*⁴ alle erkältet. 그들은 모두 감기에 걸렸다.

Wie befinden Sie *sich*⁴? 안녕하십니까?
Er denkt nur an *sich*⁴ selbst. 그는 자기 자신만을 생각한다.
Das versteht *sich*⁴ von selbst. 그것은 자명한 일이다.
Er wäscht *sich*³ die Hände (das Gesicht). 그는 손(얼굴)을 씻는다.
Sie kaufte *sich*³ eine Handtasche. 그녀는 핸드백을 샀다.
Er hat viel Geld bei *sich*³. 그는 많은 돈을 가지고 있다.
Sie lieben *sich*⁴ (einander). 그들은 서로 사랑하고 있다.
Sie begegneten *sich*³ in einer schmalen Gasse. 그들은 좁은 골목에서 서로 만났다.

sicher [zíçər] 形 ① 확실한 (bestimmt, gewiß) (↔unsicher) ② 확신이 있는 (überzeugt) ③ 안전한
Diese Nachricht ist ganz *sicher*. 이 소식은 아주 확실하다.
Es ist *sicher*, daß er kommt. 그가 오는 것은 확실하다.
Er kommt ganz *sicher*. 그는 틀림없이(꼭) 온다.
Kommst du morgen? — *Sicher* (Bestimmt)! 너는 내일 오겠니? — 그럼 (오고 말고)!
Ich bin nicht *sicher*, ob er kommt. 나는 그가 올지 어떨지 확실히 모르겠다.
Ich bin *sicher*, daß ich recht habe. 나는 내가 옳다고 확신한다.
Sind Sie *sicher*, daß er es getan hat? 당신은 그가 그것을 했다고 정말 믿으십니까?
Auf der Bank ist das Geld am *sichersten*. 돈은 은행에 맡겨두는 것이 가장 안전하다.
● vor et.³ *sicher* sein : (무엇)으로부터 안전하다
Hier sind wir *vor* dem Regen *sicher*. 여기에서 비를 맞을 염려가 없다.

sichtbar [zíçtba:r] 形 눈에 보이는; 명백한
● jm. *sichtbar* werden : (누구)의 눈에 보이다
Die Insel *wurde* mir *sichtbar*. 섬이 내 눈에 보였다.
Sie freute sich⁴ über die Nachricht *sichtbar*.
(=Sie war über die Nachricht *sichtbar* erfreut.) 그녀는 그 소식을 눈에 띄게 기뻐했다.
Sichtbare Erfolge sind nicht zu erwarten. 뚜렷한 성과는 기대할 수 없다.

sie [zi:] ihrer, ihr, sie; ihrer, ihnen, sie 代《인칭》〈3인칭의 여성 단수 및 복수의 1·4격〉 그녀는(를); 그들은(을)
Sie ist meine Schwester. 그녀는 나의 누이다.
Ich mag *sie* lieber als ihn. 나는 그보다 그녀를 더 좋아한다.

Sie lieben einander (sich⁴). 그들은 서로 사랑하고 있다.

Meine Eltern lieben mich. Auch ich liebe *sie*. 나의 부모님은 나를 사랑하신다. 나도 그들을 사랑한다.

Sie [ziː] Ihrer, Ihnen, Sie 代《인칭》〈존칭의 단수 및 복수의 1·4격〉당신은(을), 당신들은(을)

Haben *Sie* Zeit für eine Tasse Kaffee? 당신(들)은 커피를 한 잔 마실 시간이 있겠읍니까?

Darf ich *Sie* zum Abendessen einladen? 당신(들)을 저녁 식사에 초대해도 괜찮겠읍니까?

sieben [zíːbən] 数 7

Die Woche hat *sieben* Tage. 1주일은 7일이다.

Es ist halb *sieben*. 6시 반이다.

siebzehn [zíːptseːn] 数 17

siebzig [zíːptsɪç] 数 70

der **Sieg** [ziːk] -[e]s/-e 승리 (↔die Niederlage)

● den *Sieg* über jn. gewinnen (erringen) : (누구)에 대해서 승리를 거두다

Er *gewann (errang) den Sieg über* den Japaner. 그는 일본인을 누르고 승리를 거두었다.

Unsere Mannschaft hat den *Sieg* errungen (erkämpft). (=Unsere Mannschaft hat gesiegt.) 우리 팀이 승리를 거두었다.

Wir feiern den *Sieg*. 우리는 승리를 축하한다.

Sich selbst besiegen ist der schönste *Sieg*. 《Logau》 자기 자신을 이기는 것이 가장 훌륭한 승리다.

siegen [zíːgən] 自 이기다, 승리를 거두다

● über jn. *siegen* : (누구)에게 이기다

Du mußt *über* dich selbst *siegen*. 너는 네 자신을 이겨내어야 한다.

Unsere Mannschaft hat noch nie in dem Wettkampf *gesiegt*. 우리 팀은 아직 한번도 그 시합에 이긴 적이 없다.

Unsere Fußballmannschaft hat *gesiegt*. 우리 축구팀이 승리를 거두었다.

Ich kam, sah und *siegte*. 《Cäsar》 나는 왔노라, 보았노라, 이겼노라.

das **Silber** [zílbər] -s/ 은(銀)

Der Löffel ist aus echtem (reinem) *Silber*. 이 숟가락은 순은제(銀製)이다.

Reden ist *Silber*, Schweigen ist Gold. 《Sprw》 웅변은 은이요, 침묵은 금이다.

silbern [zílbərn] 形 은[제]의
ein *silberner* Löffel 은수저
Sie trägt ein *silbernes* Armband am Handgelenk. 그녀는 손목에 은팔찌를 하고 있다.
Unsere Eltern feiern morgen *silberne* Hochzeit. 우리 부모님은 내일 은혼식을 올린다.

singen [zíŋən] sang, gesungen 他 自 노래하다
● ein Lied *singen* : 노래를 부르다
　Sie *singt ein Lied* zum Klavier. 그녀는 피아노 반주로 노래를 부른다.
　Er *singt* immer dasselbe *Lied*. 그는 항상 똑같은 노래를 부른다.
Sie *sang* zum Klavier. 그녀는 피아노에 맞춰 노래불렀다.
Die Sängerin *singt* mit einem Notenbuch in der Hand. 그 여가수는 손에 악보를 들고 노래한다.
Sie *singt* gut (schön). 그녀는 노래를 잘 부른다.
Er *singt* falsch. 그는 노래를 틀리게 부른다.

sinken [zíŋkən] sank, gesunken 自 《s》 가라앉다
Das Schiff ist *gesunken* (untergegangen). 배가 침몰했다.
Die Sonne *sinkt*.
(=Die Sonne geht unter.) 해가 진다.
Die Temperatur ist unter Null (auf null Grad) *gesunken*. 기온이 영하(영도)로 내려갔다.
Die Preise *sinken* (fallen). 가격이 내린다.
● auf die (zur) Erde *sinken* : 땅에 쓰러지다
　Er *sank* (fiel) *auf die Erde*.
　(=Er *sank* auf den (zu) Boden.) 그는 땅에 쓰러졌다.

der **Sinn** [zɪn] -[e]s/-e ① 감각 ② 《복수 없음》 마음, 생각 ③ 《복수 없음》 의미 (die Bedeutung)
Der Mensch hat fünf *Sinne*. 인간에게는 5감(感)이 있다.
Er hat keinen *Sinn* für das Schöne. 그는 미적 감각이 없다.
Was hast du im *Sinne*? 너는 마음 속에 무슨 생각을 하고 있니?
Es kam mir eben (gerade) in den *Sinn*. 그것이 마침 나의 머리에 떠올랐다.
Das geht mir nicht aus dem *Sinn*. 그것이 나의 마음에서 떠나지 않는다.
Das ist nach meinem *Sinn*. 그것은 내 생각대로다.
Das hat [keinen] *Sinn*. 그것은 의미가 있다(없다).
Es hat alles keinen *Sinn*. 모든 것은 무의미하다.

In welchem *Sinne* meinen Sie das? 당신은 어떤 의미에서 그렇게 말씀하십니까?

in diesem *Sinne* 이런 의미에서

die **Sitte** [zítə] -/-n 풍습, 풍속

Jedes Volk hat seine *Sitten*. 어느 민족이나 그 민족의 풍습이 있다.

Das ist bei uns nicht *Sitte*. 그것은 우리의 풍습이 아니다.

Andere Länder, andere *Sitten*. 《Sprw》 나라가 다르면 풍습도 다르다.

Ich möchte die *Sitten* und Gebräuche des Landes kennenlernen. 나는 그 나라의 풍속 습관을 알고 싶다.

sitzen [zítsən] saß, gesessen 自 앉아 있다

Er *sitzt* auf dem Sofa (im Sessel). 그는 소파(안락 의자)에 앉아 있다.

Ein Vogel *sitzt* auf dem Zweige. 새 한 마리가 나뭇가지에 앉아 있다.

Wer *sitzt* dort auf der Bank? 저기 벤치에 앉아 있는 분은 누구니?

Die Familie *saß* um den Tisch. 가족은 식탁 둘레에 앉아 있었다.

Er hat lange vor dem Fernsehapparat *gesessen*. 그는 오랫동안 텔레비젼 앞에 앉아 있었다.

● bei Tisch *sitzen* : 식사중이다

Er *sitzt* noch *bei Tisch*.

(=Er ist noch beim Essen.) 그는 아직 식사중이다.

Als er kam, *saßen* wir gerade *bei Tisch*. 그가 왔을 때 우리는 마침 식사중이었다.

sitzen|bleiben [zítsənblaɪbən] blieb sitzen, sitzengeblieben 自 《s》 ① 앉은 채로 있다 ② 낙제하다

Bitte *bleiben* Sie *sitzen*! 그냥 앉아 계십시오!

Einstein soll in der Schule zweimal *sitzengeblieben* sein. 아인슈타인은 학교에서 두 번이나 낙제했다고 한다.

die **Sitzung** [zítsuŋ] -/-en 회의(die Konferenz, die Tagung)

Wo findet die heutige *Sitzung* statt? 오늘 회의는 어디에서 열립니까?

Die *Sitzung* findet am Montag, dem 1. 5., um 9 Uhr statt. 회의는 5월 1일, 월요일 9시에 열린다.

Er nahm an der *Sitzung* nicht teil. 그는 회의에 참석하지 않았다.

Die *Sitzung* ist bald zu Ende. 회의는 곧 끝난다.

der **Ski** [ʃiː, skiː] -s/-er 스키이 (der Schi)
- *Ski* laufen (fahren) : 스키이를 타다
  Wir gehen *Ski* (Schi) *laufen*. 우리는 스키이를 타러 간다.

so [zoː, zo] 副 ① 그렇게 ② 매우 (sehr) ③ (명사 또는 대명사 앞에서) 그러한 (solch) ④ 그러면 (dann); 그래서
Er hat es *so* gemacht. 그는 그것을 그렇게 했다.
Sie ist nicht *so* schön. 그녀는 그렇게 미인은 아니다.
Ich bin *so* (sehr) glücklich. 나는 매우 행복하다.
Ich habe *so* großen Hunger. 나는 매우 시장하다.
So (Solch) einen Mann wie ihn will ich nie heiraten. 그와 같은 그런 남자와는 나는 절대로 결혼하지 않겠다.
So etwas will ich nicht sehen. 그런 것은 나는 보지 않겠다.
Wenn du kommst, *so* (dann) bleibe ich zu Hause. 네가 온다면, (그러면) 나는 집에 있겠다.
Er ist krank, *so* ist er heute abwesend. 그는 아프다. 그래서 그는 오늘 결석했다.
- *so* ..., daß ... : …하므로 …하다
  Es ist *so* dunkel, *daß* man nicht lesen kann. 어두워서 글을 읽을 수가 없다.
  Ich bin *so* müde, *daß* ich keinen Schritt mehr gehen kann. 나는 피곤해서 한 걸음도 더 걸을 수가 없다.
- *so* ..., wie (als) ... : …와 똑같이
  Er ist *so* alt *wie* ich. 그는 나와 나이가 같다.
  Komm *so* bald (schnell) *wie* möglich! 될 수 있는 대로 빨리 오너라!

sobald [zobált] 接 《종속》 …하자마자
Sobald er erschien, schwieg alles. 그가 나타나자마자 모두 입을 다물었다.
Sobald ich angekommen war, rief ich ihn an. 나는 도착하자마자 그에게 전화를 걸었다.

soeben [zo-éːbən] 副 방금 (eben, gerade)
Er ist *soeben* angekommen (fortgegangen). 그는 방금 도착했다(떠났다).
Ich habe deinen Brief *soeben* erhalten. 나는 너의 편지를 방금 받았다.

das **Sofa** [zóːfaː] -s/-s 소파
Seine Familie sitzt zusammen auf dem *Sofa*. 그의 가족은 함께 소파에 앉아 있다.
Er lag auf dem *Sofa* und schlief. 그는 소파에 누워서 잠을 잤다.

sofort [zofɔ́rt] 副 곧, 즉시 (sogleich, gleich)
Ich komme *sofort* (sogleich)! 곧 갈께!
Du sollst *sofort* zurückkommen. 너는 곧 돌아와야 한다.
Ich will *sofort* bei dir sein. 나는 곧 너한테 가겠다.

sogar [zogá:r] 副 더우기, …조차 (selbst)
Er hat mich eingeladen und hat mich *sogar* mit dem Auto abgeholt. 그는 나를 초대하고 더우기 차로 데리러 오기까지 하였다.
Sogar (Selbst) das kann er nicht. 그것조차 그는 하지 못한다.

sogleich [zoglái̯ç] 副 곧, 즉시 (sofort, gleich)
Ich komme *sogleich* (sofort)! 곧 갈께!
Komm *sogleich* her! 곧 이리로 오너라!
Sogleich nach dem Essen ging er aus. 식후 곧 그는 외출했다.

der **Sohn** [zo:n] -[e]s/ᴇ 아들 (↔die Tochter)
Er hat zwei *Söhne* und eine Tochter. 그에게는 아들 둘과 딸 하나가 있다.
Er hat keinen *Sohn*. 그에게는 아들이 없다.
Sie haben einen *Sohn* (einen Jungen) bekommen. 그들은 아들을 낳았다.
Sein ältester *Sohn* ist Arzt. 그의 장남은 의사이다.

solange [zoláŋə] 接 《종속》 …하는 동안은, …하는 한
Solange du Fieber hast, mußt du im Bett bleiben. 너는 열이 있는 동안은 누워 있어야 한다.
Solange ich lebe, werde ich dir dankbar sein. 나는 살아 있는 한 너에게 감사할 것이다.

solcher, solche, solches [zɔ́lçər, zɔ́lçə, zɔ́lçəs] 代 《지시》 〈정관사형의 어미 변화. ein 뒤에서는 형용사의 혼합변화, ein 앞에서는 무변화〉 그러한
Solchen (Einen *solchen*; *Solch* einen) Menschen habe ich noch nie gesehen. 그러한 인간을 나는 아직 본 적이 없다.
Solch schöne (Eine *solch*[e] schöne; *Solch* eine schöne) Blume habe ich zum ersten Mal gesehen. 그런 아름다운 꽃을 나는 처음 보았다.
Er wohnt in *solch* großem (einem *solch*[en] großen; *solch* einem großen) Hause. 그는 그러한 큰 집에서 살고 있다.
solcher Mensch 《정관사형의 어미 변화》 그러한 인간
ein *solcher* Mensch 《형용사의 혼합변화》 그러한 인간
solch ein Mensch 《무변화》 그러한 인간

solch (*solche*) schöne Blume 그러한 아름다운 꽃
ein *solch* (*solches*) großes Haus 그러한 큰 집

der Soldat [zɔldáːt] -en/-en **군인**
Er ist [ein] *Soldat*. 그는 군인이다.
Er war ein tapferer *Soldat*. 그는 용감한 군인이었다.
Er ist *Soldat* geworden. 그는 군인이 되었다.
Im Krieg sind viele *Soldaten* gefallen. 전쟁에서 많은 군인들이 전사했다.

sollen [zɔ́lən] ich soll, du sollst, er soll 助 《화법》 ① (의무·명령·요구)(마땅히) …해야 하다 ② (주어에 대한 話者의 의지) …하도록 하겠다 ③ (소문) …라고들 하다
Du *sollst* deine Eltern ehren. 너는 너의 부모님을 공경해야 한다.
Du *sollst* nicht stehlen. 너는 도둑질해서는 안 된다.
Du hättest meinem Rat folgen *sollen*. 너는 내 충고에 따랐어야 했다.
Ich weiß nicht, was ich tun *soll*. 나는 무엇을 해야 할지 모르겠다.
Sage ihm, daß er gleich kommen *soll*! 그에게 곧 오도록 말해다오!
Er *soll* gleich kommen.
(=Ich will ihn gleich kommen lassen.) 그를 곧 오도록 하겠다.
Du *sollst* es sehen.
(=Ich will es dir zeigen.) 그것을 너에게 보여 주겠다.
Er *soll* tot sein. 그는 죽었다고 한다.
Er *soll* nach Europa abgereist sein. 그는 유럽으로 여행을 떠났다고 한다.
Sie *soll* geheiratet haben. 그녀는 결혼했다고 한다.

der Sommer [zɔ́mər] -s/- **여름**
Der *Sommer* naht. 여름이 가까와진다.
Es wird *Sommer*. 여름이 된다.
Im *Sommer* fahren wir an die See. 여름에 우리는 바다로 간다.
Diesen *Sommer* fahren wir nach Chejudo. 이번 여름에 우리는 제주도로 간다.
Er verbringt den *Sommer* an der See (im Gebirge). 그는 여름을 해변(산중)에서 보낸다.

sonderbar [zɔ́ndərbaːr] 形 **이상한, 기묘한** (seltsam)
Er ist ein *sonderbarer* Mensch. 그는 이상한 사람이다.

Sie kam in *sonderbarer* Kleidung. 그녀는 이상한 복장으로 왔다.

Mir ist *sonderbar* zu Mute. 나는 기분이 이상하다.

Sie hat es auf *sonderbare* Weise gemacht. 그녀는 기묘한 방법으로 그것을 했다.

sondern [zɔ́ndərn] 邇 《병렬》〈否定詞와〉(…이 아니고) 도리어

Er ist *nicht* reich, *sondern* arm. 그는 부자가 아니고 가난하다.

Sie kommt *nicht* heute, *sondern* morgen. 그녀는 오늘 오지 않고 내일 온다.

Ich habe es *nicht* gesehen, *sondern* gehört. 나는 그것을 본 것이 아니라 들었다.

Nicht er, *sondern* sie hat es getan. 그가 아니라 그녀가 그것을 했다.

● nicht nur …, sondern [auch] … : …뿐만 아니라 …도

Die Ware ist *nicht nur* gut, *sondern auch* billig. 그 상품은 질이 좋을 뿐만 아니라 값도 싸다.

Er hat es *nicht nur* gehört, *sondern auch* gesehen. 그는 그것을 들었을 뿐만 아니라 보기도 했다.

der **Sonnabend** [zɔ́n-a:bənt] -s/-e (北獨에서) 토요일 (南獨에서는 der Samstag)

Heute ist *Sonnabend*. 오늘은 토요일이다.

Gestern war *Sonnabend*, der 10. (zehnte) Mai. 어제는 5월 10일, 토요일이었다.

am nächsten (vergangenen) *Sonnabend* 다음(지난) 토요일에

[am] *Sonnabend* morgen (abend) 토요일 아침(저녁)에

die **Sonne** [zɔ́nə] -/-n 태양

Die *Sonne* geht auf (unter). 해가 뜬다(진다).

Die *Sonne* geht im Osten auf und im Westen unter. 해는 동쪽에서 뜨고 서쪽에서 진다.

Die *Sonne* scheint. 태양이 빛난다.

Die *Sonne* steht hoch am Himmel. 해가 하늘 높이 떠 있다.

Die *Sonne* versteckt sich⁴ in (hinter) den Wolken. 해가 구름 속(뒤)에 숨는다.

Dieses Zimmer hat viel (keine) *Sonne*. 이 방은 햇볕이 잘 든다(들지 않는다).

● in der *Sonne* liegen : 햇볕을 쬐다, 일광욕을 하다

Ich *lag* am Strand *in der Sonne*. 나는 해변에서 일광욕을 했다.

● in der *Sonne* schmelzen : 햇볕에 녹다

Der Schnee *schmilzt in der Sonne.* 눈이 햇볕에 녹는다.

der **Sonntag** [zɔ́nta:k] -[e]s/-e 일요일

Der *Sonntag* ist ein Ruhetag (Feiertag). 일요일은 휴일이다.

Am *Sonntag* gehen wir in die (zur) Kirche. 일요일에 우리는 교회에 간다.

sonst [zɔnst] 㗊 ① 그렇지 않으면 ② 그밖에 ③ 평소에는

Beeile dich, *sonst* kommst du zu spät in die Schule! 서둘러라. 그렇지 않으면 너는 학교에 지각한다.

Ich hatte keine Zeit, *sonst* wäre ich gekommen. 나는 시간이 없었다. 그렇지 않았으면 나는 왔을 텐데.

Haben Sie *sonst* noch einen Wunsch?

(=Wünschen Sie *sonst* noch etwas?) 그밖에 또 원하는 것이 있읍니까?

Sonst weiß ich wirklich nichts. 그밖에는 나는 정말 아무 것도 모른다.

Der *sonst* so freundliche Mann war heute mürrisch. 평소에는 그렇게도 상냥하던 사람이 오늘은 무뚝뚝했다.

● wie *sonst* : 평소와 같이, 여느 때와 같이

Es war alles *wie sonst.*

(=Alles war *wie sonst.*) 모든 것이 여느 때와 같았다.

die **Sorge** [zɔ́rgə] -/-n ① 근심, 걱정 ② 배려, 돌보아 줌

● sich³ [um jn.] *Sorgen* machen : 〔누구를〕 걱정하다

Ich *mache mir um* meine Kinder *Sorgen.*

(=Ich sorge mich um meine Kinder.) 나는 내 자식들이 걱정된다.

Bitte *machen* Sie *sich* keine *Sorgen*! 아무 걱정 마십시오!

● jm. *Sorgen* machen : (누구)에게 걱정을 끼치다

Dein Zustand *macht* mir *Sorgen.* 너의 상태를 나는 걱정하고 있다.

● *Sorge* für jn. tragen : (누구)를 돌보다

Sie *trägt Sorge für* mich.

(=Sie sorgt für mich.) 그녀는 나를 돌봐준다.

Laß das [nur] meine *Sorge* sein! 그것은 내게 맡겨다오!

Das soll meine *Sorge* sein! 그것은 내가 맡겠다!

sorgen [zɔ́rgən] 1. 再 〈sich⁴ um jn.를〉 걱정(염려)하다 2. 自 〈für jn.를〉 돌보다

Ich *sorge mich um* ihn (sein Leben). 나는 그가(그의 생명이) 걱정된다.

Du brauchst *dich um* mich nicht zu *sorgen.* 너는 나를 염려할 필요는 없다.

Sie *sorgt* gut *für* ihre Familie. 그녀는 자기 가족을 잘 보살핀다.

Ich will da*für sorgen*, daß du Hilfe bekommst. 나는 네가 도움을 받도록 돌봐주겠다.

sorgfältig [zɔ́rkfɛltıç] 形 주의 깊은, 세심한

Er beobachtet die Natur *sorgfältig*. 그는 자연을 주의 깊게 관찰한다.

Die Kinder sind *sorgfältig* erzogen. 그 아이들은 빈틈없는 교육을 받고 있다.

Sie arbeitet *sorgfältig*. 그녀는 꼼꼼하게 일한다.

sowohl [zovóːl] 接 《병렬》〈sowohl ... als [auch] ... 형으로〉 …도 …도

Er spricht *sowohl* Englisch *als auch* Deutsch. 그는 영어도 독일어도 말한다.

Sowohl er *als auch* seine Frau waren nicht zu Hause. 그도 그의 아내도 집에 없었다.

● nicht *sowohl* ... als ... : … 라기 보다는 오히려
Sie ist *nicht sowohl* schön *als* liebenswürdig.
(=Sie ist mehr liebenswürdig als schön.) 그녀는 예쁘다기보다는 오히려 귀엽다.

spalten [ʃpáltən] spaltete, gespaltet (gespalten) 1. 他 쪼개다 2. 自 《s》 再 《sich⁴》 쪼개지다

Er *spaltete* das Holz in zwei Stücke. 그는 나무(장작)를 두 쪽으로 쪼개었다.

Dieses Holz ist ganz leicht *gespalten*. 이 나무는 아주 쉽게 쪼개졌다.

Die Partei hat *sich* schließlich in zwei Gruppen *gespalten* 그 당(黨)은 마침내 두 파로 분열되었다.

(das) **Spanien** [ʃpáːniən] -s/ 스페인

der **Spanier** [ʃpáːniər] -s/- 스페인인

die **Spanierin** [ʃpáːniərın] -/-nen 스페인 여자

spanisch [ʃpáːnıʃ] 形 스페인〔人・語〕의

(das) **Spanisch** [ʃpáːnıʃ] -[s]/ 스페인어

spannen [ʃpánən] 他 ① 팽팽하게 하다 ② 긴장시키다

Sie *spannte* die Wäscheleine im Garten. 그녀는 정원에 빨랫줄을 쳤다.

Er *spannte* das Pferd an (vor) den Wagen. 그는 말을 마차에 매었다.

Sie steht in einem *gespannten* Verhältnis mit ihm. 그녀는 그와 긴장된(험악한) 관계에 있다.

Das ist ein *spannender* (interessanter) Roman. 그것은 재미있는 소설이다.
- auf et.⁴ *gespannt* sein : (무엇)에 호기심·흥미를 가지고 주시하고 있다
  Ich bin *auf* das Ergebnis *gespannt*. 나는 결과를 호기심을 가지고 주시하고 있다.
  Ich bin *gespannt* [dar*auf*], wie es weitergeht. 나는 그것이 어떻게 계속될지 흥미를 가지고 주시하고 있다.

sparen [ʃpáːrən] 他自 ① 절약하다(↔verschwenden) ② 저축하다
  Wir haben keine Mühe (Kosten) *gespart*. 우리는 조금도 수고(비용)를 아끼지 않았다.
  Dieses Verfahren *spart* dir viel Mühe. 이 방법으로 하면 너에게 많은 노력이 절약된다.
  Spare dein Wort! 쓸데 없는 말 하지 마라!
  Er *spart* [Geld] für ein neues Auto (für eine Reise nach Kanada). 그는 새 자동차를 사기 위하여 (카나다 여행을 위하여) 저축한다.
  Er hat viel Geld *gespart*. 그는 많은 돈을 저축했다.
  Ich habe in diesem Jahr 1000 Mark *gespart*. 나는 금년에 1000 마르크를 저축했다.

sparsam [ʃpáːrzaːm] 形 절약하는, 검소한
  Er ist ein sehr *sparsamer* Mann. 그는 대단한 절약가이다.
  Sie lebt sehr *sparsam*. 그녀는 매우 검소하게 산다.
- mit et. *sparsam* sein : (무엇을) 아끼다
  Wir müssen *mit* Wasser *sparsam* sein. 우리는 물을 아껴야 한다.

der **Spaß** [ʃpaːs] -es/⁼e ① 농담 (der Scherz) (↔der Ernst) ② 《복수 없음》 재미있는 일
- aus (im, zum) *Spaß* : 농담으로
  Ich habe es nur *aus Spaß* (Scherz) gesagt. 나는 그것을 농담으로 말했을 뿐이다.
- *Spaß* (Scherz) machen : 농담을 하다
  Er *macht* gern *Spaß*. 그는 농담을 잘 한다.
  Mache keinen *Spaß*! 농담하지 마라!
  Das ist nur *Spaß*. 그것은 단지 농담이다.
  Das ist kein *Spaß*. 그것은 농담이 아니다.
  Er versteht keinen *Spaß*. 그는 농담을 모른다.
  Das geht über den *Spaß*. 그것은 농담으로는 지나치다.
  Das macht mir *Spaß*. 그것은 나에게는 참 재미있다.

Das hat mir keinen *Spaß* gemacht. 그것은 나에게는 아무 재미도 없었다.
Viel *Spaß* (Vergnügen)! 즐거운 시간을 보내세요!

spät [ʃpɛːt] 形 늦은 (↔früh)
Er besuchte mich am *späten* Abend (*spät* am Abend). 그는 저녁 늦게 나를 방문했다.
Er kam *spät* in der Nacht (*spät* nachts) nach Hause. 그는 밤 늦게 집으로 왔다.
Es ist heute sehr *spät* geworden. 오늘은 매우 늦었다.
Er kam *später* als ich. 그는 나보다 늦게 왔다.
Er stand *später* auf als sonst. 그는 평소보다 늦게 일어났다.
Du wirst es *später* bereuen. 너는 그것을 나중에 후회할 것이다.
Darüber (Davon) reden wir *später*. 그것에 관해서는 나중에 이야기합시다.
Wie *spät* ist es jetzt?
(=Wieviel Uhr ist es jetzt?) 지금 몇 시(時)니?

● zu *spät* kommen : 지각하다
　Er *kam* zehn Minuten⁴ *zu spät* in die Schule. 그는 학교에 10분 지각했다.

● früher oder *später* : 조만간
　Früher oder später müssen wir es tun. 조만간 우리들은 그것을 해야만 한다.

spätestens [ʃpɛːtəstəns] 副 늦어도 (↔frühestens)
Ich muß *spätestens* um 12 Uhr zu Hause sein. 나는 늦어도 12시에는 집에 있어야 한다.
Du mußt es *spätestens* bis nächsten Mittwoch vollenden. 너는 그것을 늦어도 다음 수요일까지 완성해야 한다.

spazieren|gehen [ʃpatsíːrəngeːən] ging spazieren, spazierengegangen 自 《s》 산보하다
Nach dem Essen *ging* ich in der Stadt *spazieren*. 식후에 나는 시내를 산보했다.
Ich *ging* (fuhr) gestern mit ihr *spazieren*. 나는 어제 그녀와 산보(드라이브)했다.

der **Spaziergang** [ʃpatsíːrgaŋ] -[e]s/..gänge 산보
● einen *Spaziergang* machen : 산보하다
　Ich *machte* mit ihr *einen Spaziergang* im Park. 나는 그녀와 공원에서 산보했다.
　Wollen wir *einen* kleinen *Spaziergang machen*? 잠시 산책 할까요?

die **Speise** [ʃpáɪzə] -/-n 음식 (das Essen), 요리 (das Gericht)
Sie stellte die *Speisen* auf den Tisch. 그녀는 음식을 식탁 위에 놓았다.
Welche *Speisen* stehen auf der Karte (der Speisekarte)? 차림표에는 어떤 요리가 적혀 있니?

die **Speisekarte** [ʃpáɪzəkartə] -/-n 차림표, 메뉴
Herr Ober, die *Speisekarte* bitte! 웨이터, 메뉴 좀 주시오!
Die *Speisekarte* liegt auf dem Tisch. 차림표는 식탁 위에 놓여 있다.

der **Spiegel** [ʃpíːɡəl] -s/- 거울
• in den *Spiegel* sehen : 거울을 보다
Er *sah in den Spiegel*. 그는 거울을 들여다보았다.
Sie betrachtete sich⁴ (ihr Bild) im *Spiegel*. 그녀는 거울에 비친 자신의 모습을 열심히 들여다보았다.
Das Auge ist ein *Spiegel* des Herzens. 눈은 마음의 거울이다.

das **Spiel** [ʃpiːl] -[e]s/-e ① 놀이 ② 경기 ③ 연주, 연기(演技)
verbotene *Spiele* 금지된 놀이
Das ist ein *Spiel* für Kinder. 그것은 아이들의 놀이다.
die Olympischen *Spiele* 올림픽 경기
Das *Spiel* steht 2 : 0 (zwei zu null) für uns. 경기는 2 대 0으로 우리가 이겼다.
• das *Spiel* gewinnen (verlieren) : 경기에서 이기다(지다)
Wir haben *das Spiel gewonnen (verloren)*. 우리는 경기에서 이겼다(졌다).
das *Spiel* des Klaviers (der Geige) 피아노(바이얼린) 연주
Man bewunderte das *Spiel* des Musikers. 사람들은 그 음악가의 연주에 감탄했다.
Das *Spiel* des Schauspielers wurde von allen bewundert. 그 배우의 연기는 모든 사람들에게서 찬사를 받았다.

spielen [ʃpíːlən] 自他 ① 놀다 ; (승부) 놀이를 하다 ② 연주하다 ③ **상연(上演)하다** (aufführen)
Die Kinder *spielen* auf der Straße 아이들이 거리에서 놀고 있다.
Das Kind *spielt* mit den Puppen. 그 아이는 인형을 가지고 논다.
Er *spielte* nur mit mir. 그는 나하고만 놀았다.
Wir *spielten* [mit dem] Ball. 우리는 공놀이를 했다.
Wir *spielten* den ganzen Abend Karten. 우리는 저녁 내내 트럼프놀이를 했다.

Spielen Sie Tennis? 당신은 테니스를 하십니까?
Die Deutschen *spielen* gern Fußball. 독일인들은 축구를 좋아한다.
Sie *spielt* Klavier recht gut. 그녀는 피아노를 아주 잘 친다.
Er *spielte* [Werke von] Beethoven. 그는 베에토벤의 곡(曲)을 연주했다.
Im Theater wird heute ein Stück von Shakespeare *gespielt*. 극장에서는 오늘 세익스피어의 작품이 공연된다.

das **Spielzeug** [ʃpíːltsɔyk] -[e]s/-e 장난감
Ich kaufte meinem Sohn zum Geburtstag ein *Spielzeug*. 나는 내 아들의 생일에 장난감을 사 주었다.
Das Kind spielt mit den *Spielzeugen*. 그 아이는 장난감을 가지고 논다.

die **Spitze** [ʃpítsə] -/-n ① 뾰족한 끝, 꼭대기 ② 선두
Die *Spitze* des Messers ist abgebrochen. 칼 끝이 부러졌다.
Er bis auf die *Spitze* des Berges geklettert. 그는 산 꼭대기까지 기어 올라갔다.
●an der *Spitze* stehen : 선두에 서다 ; 우두머리이다
Er *steht an der Spitze* des Zuges. 그는 행렬의 선두에 서 있다.
Er *steht an der Spitze* des Staates. 그는 국가 원수이다.

der **Sport** [ʃpɔrt] -[e]s/-e 운동, 스포츠
●*Sport* treiben : 스포츠를 하다
Er *treibt* allerlei *Sporte*. 그는 여러 가지 스포츠를 한다.
Ich habe heute keine Zeit, *Sport* zu *treiben*. 나는 오늘은 운동할 시간이 없다.

der **Sportplatz** [ʃpɔ́rtplats] -es/..plätze 운동장, 경기장
Wir gehen zum *Sportplatz*. 우리는 운동장(경기장)에 간다.
Die Fußballspieler verließen den *Spielplatz*. 축구선수들은 경기장을 떠났다.

spotten [ʃpɔ́tən] 自 〈über jn. 를〉 비웃다
Sie *spottete über* ihn (seine Dummheit). 그녀는 그를(그의 어리석음을) 비웃었다.
Er *spottet über* sich[4] selbst. 그는 자기 자신을 비웃는다.

die **Sprache** [ʃpráːxə] -/-n 언어, 말
die deutsche *Sprache* 독일어
Er spricht mehrere fremde *Sprachen*. 그는 몇 개의 외국어를 말한다.
Vor Schreck[3] (Staunen) verlor sie die *Sprache*. 놀란 나머지 그녀는 말문이 막혀버렸다.

Ich kenne ihn an der *Sprache*. 나는 말씨로 그를 안다.

sprechen [ʃpréçən] sprach, gesprochen 自他 말하다

Sie *spricht* leise (mit leiser Stimme). 그녀는 작은 소리로 말한다.

Sprich lauter! 좀 더 큰 소리로 말해라!

Können Sie Deutsch *sprechen*? 당신은 독일말을 할 줄 아십니까?

Er *spricht* gut (fließend) Deutsch. 그는 독일말을 잘(유창하게) 한다.

Sie hat kein Wort *gesprochen*. 그녀는 한 마디의 말도 하지 않았다.

- mit jm. *sprechen*: (누구)와 이야기 하다

  Ich habe *mit* ihm lange *gesprochen*. 나는 그와 오랫동안 이야기를 나누었다.

  Ich möchte *mit* dir darüber *sprechen*. 나는 너와 그것에 대해서 이야기하고 싶다.

- von et. (über et.⁴) *sprechen*: (무엇)에 관하여 이야기하다

  Davon (Darüber) hat er nicht *gesprochen*. 그것에 관해서는 그는 이야기하지 않았다.

  Niemand *spricht* gut (schlecht) *über* sie. 아무도 그녀에 관해서 좋게(나쁘게) 이야기하지 않는다.

- jn. *sprechen*: (누구)와 면담하다

  Kann ich bitte Herrn Müller *sprechen*? 뮐러 씨를 좀 뵐 수 있을까요?

  Ich möchte gern Herrn Müller *sprechen*. 나는 뮐러 씨를 뵙고 싶습니다.

das **Sprichwort** [ʃpríçvɔrt] -[e]s/⁼er 속담, 격언

Ein deutsches *Sprichwort* lautet: Aller Anfang ist schwer. 독일 속담에 「모든 시작은 어렵다」는 말이 있다.

Kennst du das *Sprichwort*: „Übung macht den Meister"? "연습은 대가(大家)를 만든다"는 속담을 너는 알고 있니?

springen [ʃpríŋən] sprang, gesprungen 自 《s, h》 ① (껑충) 뛰다 ② 솟아나오다, 내뿜다

Er *sprang* auf das Pferd. 그는 말에 뛰어올랐다.

Er ist vom Pferde *gesprungen*. 그는 말에서 뛰어내렸다.

Er *sprang* aus dem Bett. 그는 침대에서 벌떡 일어났다.

Er *sprang* aus dem Fenster. 그는 창문에서 뛰어내렸다.

Er *sprang* ins Wasser. 그는 물 속으로 뛰어들었다.

Er ist 6 m weit (2 m hoch) *gesprungen*. 그는 6 m의 넓이 (2 m의 높이)를 뛰었다.

Wasser *springt* aus der Erde. 물이 땅에서 솟아나온다.
Blut *sprang* aus der Wunde. 피가 상처에서 솟아나왔다.

die **Spur** [ʃpuːr] -/-en 〔발〕자국, 흔적
Wir fanden die *Spuren* des Menschen im Schnee. 우리는 눈(雪)에서 사람의 발자국을 발견했다.
Die *Spur* von Rädern führt ins Dorf. 바퀴 자국이 마을로 나 있다.
Die Polizei fand keine *Spur* von dem Dieb. 경찰은 도둑에 대하여 아무 단서도 찾지 못했다.
Die Polizei kam dem Täter auf die *Spur*. 경찰은 범인의 단서를 잡았다.
Von dem Täter fehlt jede *Spur*. 그 범인에 대해서는 아무 단서가 있다.

spüren [ʃpýːrən] 他 느끼다 (empfinden, fühlen)
Er *spürte* Durst (Kälte). 그는 갈증(추위)을 느꼈다.
Sie *spürte* (fühlte) heftige Schmerzen in allen Gliedern. 그녀는 온 몸에 심한 고통을 느꼈다.
Sie *spürte* seine Hand auf ihrer Schulter. 그녀는 어깨에 그의 손이 닿는 것을 느꼈다.

der **Staat** [ʃtaːt] -[e]s/-en 국가
Korea ist ein demokratischer *Staat*. 한국은 민주국가이다.
Die Schweiz ist ein neutraler *Staat*. 스위스는 중립국이다.
die Vereinigten *Staaten* von Amerika 미 합중국

der **Staatsmann** [ʃtáːtsman] -[e]s/..männer 정치가
Bismarck war ein berühmter deutscher *Staatsmann*. 비스마르크는 유명한 독일의 정치가였다.

die **Stadt** [ʃtat] -/⸚e [ʃtɛ́ːtə] 도시 (↔das Land)
Seoul ist eine große *Stadt* (eine Großstadt). 서울은 대도시이다.
Wir wohnen in der *Stadt*. 우리는 도시에 살고 있다.
Sie wohnt vor der *Stadt* (in der Vorstadt). 그녀는 교외에 살고 있다.
Ich fahre heute in die (zur) *Stadt*. 나는 오늘 도시로 간다.

der **Stahl** [ʃtaːl] -[e]s/-e, ⸚e 강철
Das Messer ist aus rostfreiem *Stahl*. 그 칼은 녹슬지 않는 강철로 되어 있다.
Er hat ein Herz von *Stahl*. 그는 강철 심장을 가졌다.

der **Stall** [ʃtal] -[e]s/⸚e (가축의) 우리
Der Bauer treibt die Kühe in den *Stall*. 그 농부는 소들을 외양간으로 몰아넣는다.

Das Pferd ist jetzt im *Stall*. 말은 지금 마구간에 있다.
Der Hirt trieb das Vieh aus dem *Stall*. 목동은 가축을 우리에서 몰아내었다.
Das ist ein *Stall* für Hühner. 그것은 닭장이다.

der **Stamm** [ʃtam] -[e]s/⁼e ① 줄기 ② 종족
Der Baum hat einen dicken (schlanken) *Stamm*. 그 나무는 줄기가 굵다(가늘다).
Dieses Volk besteht aus mehreren *Stämmen*. 이 민족은 여러 종족으로 이루어져 있다.

stammen [ʃtámən] 自 〈aus et.에서〉 유래하다, …**출신(태생)**이다
Das Wort *stammt aus* dem Griechischen (Lateinischen). 그 말의 어원(語源)은 희랍어(라틴어)이다.
Sie *stammt aus* einer reichen Familie. 그녀는 부유한 가정 출신이다.
Er *stammt aus* Seoul. 그는 서울 태생이다.
Woher *stammen* Sie? 당신은 고향이 어디십니까?
● von jm. *stammen*: (누구)에게서 유래하다
Diese Uhr *stammt von* meinem Großvater. 이 시계는 나의 조부(祖父)에게서 물려받은 것이다.
Ich *stamme von* ihm. 나는 그의 자손이다.

stark [ʃtark] stärker, stärkst 形 강한 (↔schwach)
Es weht ein *starker* Wind. 강한 바람이 분다.
Er ist *stärker* als ich. 그는 나보다 힘이 세다.
Das ist meine *starke* (schwache) Seite. 그것이 나의 장(단)점이다.
Der Kaffee ist mir zu *stark* (schwach). 이 커피는 내게는 너무 진하다(싱겁다).
Es regnet *stark*. 비가 몹시 온다.
Ich habe mich *stark* (leicht) erkältet. 나는 심한(가벼운) 감기에 걸렸다.
Er trinkt *stark*.
(=Er ist *stark* im Trinken.) 그는 술이 세다.

die **Station** [ʃtatsióːn] -/-en 역(驛) (der Bahnhof)
An der nächsten *Station* steige ich aus. 다음 역에서 나는 내린다.
Dieser Zug hält auf jeder *Station*. 이 기차는 역마다 정차한다.

statt [ʃtat] 1. 前 《2격》 ~대신에 (anstatt) 2. 接 〈zu 부정법・daß 와〉 …하는 대신에

Statt meiner wird meine Frau gehen. 나 대신에 나의 아내가 갈 것이다.

Statt des Vaters ist die Mutter gekommen. 아버지 대신에 어머니가 오셨다.

Er rief mich an, *statt* mir *zu* schreiben.

(=Er rief mich an, *statt daß* er mir schrieb.) 그는 내게 편지를 쓰는 대신에 전화를 걸었다.

Er ging ins Kino, *statt zu* arbeiten.

(=Er ging ins Kino, *statt daß* er arbeitete.) 그는 일은 하지 않고 영화를 보러 갔다.

statt|finden [ʃtátfɪndən] fand statt, stattgefunden 自 거행되다, 개최되다

Bei Regen *findet* die Versammlung im Saal *statt*. 비가 오면 집회는 홀에서 열린다.

Das Konzert *fand* gestern abend *statt*. 음악회는 어제 저녁에 열렸다.

der **Staub** [ʃtaup] -[e]s/ 먼지

Der Tisch ist mit *Staub* bedeckt. 책상이 먼지로 덮여 있다.

Ich putzte (wischte) den *Staub* von dem Tisch. 나는 책상의 먼지를 닦았다.

Mir ist *Staub* in die Augen geflogen. 내 눈에 먼지가 날아 들어갔다.

staubig [ʃtáubɪç] 形 먼지 투성이의

Die Schuhe sind *staubig*. 구두는 먼지 투성이다.

Ich putzte mir die *staubigen* Schuhe ab. 나는 먼지 덮인 구두를 닦았다.

staunen [ʃtáunən] 自 〈über et.⁴에〉 놀라다

Ich *staunte über* seinen Mut. 나는 그의 용기에 놀랐다.

Sie *staunte über* ihn. 그녀는 그를 보고서 놀랐다.

Er war stumm vor *Staunen*³. 그는 놀라서 말문이 막혔다.

stechen [ʃtéçən] stach, gestochen 他自 찌르다

Er hat sich⁴ mit der Nadel in den Finger *gestochen*. 그는 바늘로 손가락을 찔렀다.

Die Biene hat mich in die Hand (ins Ohr) *gestochen*. 벌이 나의 손(귀)을 쏘았다.

Mich hat eine Mücke *gestochen*. 나는 모기에 물렸다.

stecken [ʃtékən] steckte (stak), gesteckt 1. 自 꽂혀 있다 2. 他 《약변화》 꽂다

Der Schlüssel *steckt* im Schloß (Schlüsselloch). 열쇠가 자물쇠(열쇠 구멍)에 꽂혀 있다.

Der Stock *steckt* in der Erde. 막대기가 땅에 꽂혀 있다.

Er *steckte* die Hände in die Taschen. 그는 양 손을 호주머니에 집어넣었다.

Stecken Sie diesen Brief in den Kasten (Briefkasten)! 이 편지를 우체통에 넣어 주십시오!

Er *steckte* ihr den Ring an den Finger. 그는 그녀의 손가락에 반지를 끼워주었다.

stehen [ʃtéːən] stand, gestanden 自 ① 서 있다 ② (…한 장소·상태에) 있다

Sie *steht* am Fenster (vor der Tür). 그녀는 창가(문 앞)에 서 있다.

Er *steht*, während sie sitzt. 그녀는 앉아 있는데, 그는 서 있다.

Die Uhr *steht*. 시계가 멈춰 있다.

Die Schule *steht* dem Postamt gegenüber. 학교는 우체국 맞은 편에 있다.

In der Ecke des Zimmers *steht* ein Tisch. 방 구석에 책상이 있다.

In der heutigen Zeitung *steht* nichts Besonderes. 오늘 신문에는 아무런 특별한 것도 실려 있지 않다.

Das Fenster *steht* (ist) offen. 창문이 열려 있다.

Wie *steht* es mit deiner Gesundheit? 너의 건강은 어떠니?

Es *steht* gut (schlecht) mit dem Kranken. 환자의 상태는 좋다(나쁘다).

Der Hut *steht* dir gut (schlecht). 그 모자는 너에게 잘 어울린다(어울리지 않는다).

stehen|bleiben [ʃtéːənblaɪbən] blieb stehen, stehengeblieben 自 (s) 선 채로 있다

Nicht *stehenbleiben*, bitte weitergehen! 서 있지 말고 계속 가라!

Sie *blieb stehen* und sah sich⁴ um. 그녀는 멈춰 서서 돌아다 보았다.

Meine Uhr ist *stehengeblieben*. 나의 시계는 멈췄다.

stehlen [ʃtéːlən] stahl, gestohlen 他 ⟨jm.에게서 et.⁴을⟩ 훔치다

Er hat mir Geld *gestohlen*. 그는 나에게서 돈을(나의 돈을) 훔쳤다.

Mir wurde die Uhr *gestohlen*. 나는 시계를 도둑 맞았다.

Er hat *gestohlen*. 그는 도둑질을 했다.

Du sollst nicht *stehlen*. 너는 도둑질해서는 안 된다.

steigen [ʃtáɪgən] stieg, gestiegen 自 (s) ① 올라가다, 오르다 ② 승차·하차하다
Er *steigt* auf den Berg (den Baum). 그는 산(나무)에 올라간다.
Sie *steigt* die Treppe hinauf (hinab). 그녀는 계단을 올라(내려)간다.
Die Preise für Milch sind *gestiegen* (gesunken). 우유 값이 올랐다(내렸다).
Das Fieber *steigt* (sinkt). 열이 오른다(내린다).
Die Gehälter *steigen*.
(=Die Gehälter werden erhöht.) 봉급이 인상된다.
Steigen Sie in den Wagen (ins Auto)! 자동차에 타십시오!
Er *stieg* in den Bus (den Zug). 그는 버스(기차)에 탔다.
Er *stieg* aufs Rad (Pferd). 그는 자전거(말)에 올라탔다.
Sie *stieg* aus dem Auto (dem Bus). 그녀는 자동차(버스)에서 내렸다.
Er *stieg* vom Rad (Pferd). 그는 자전거(말)에서 내렸다.
Er *steigt* vom Baum. 그는 나무에서 내려온다.

steil [ʃtaɪl] 形 가파른
Wir kletterten den *steilen* Berg hinauf. 우리는 가파른 산을 기어 올라갔다.
Die Treppe ist zu *steil*. 계단이 너무 가파르다(급경사다).

der **Stein** [ʃtaɪn] -[e]s/-e 돌
Er warf mir einen *Stein* auf den Kopf. 그는 나의 머리에 돌을 던졌다.
Er warf einen *Stein* ins Wasser. 그는 물 속에 돌을 던졌다.
Das ist hart wie *Stein*. 그것은 돌처럼 딱딱하다.
Das Haus ist aus *Stein*. 그 집은 석재(石材)로 되어 있다.
Mir fällt ein *Stein* vom Herzen. 이제 나는 마음이 놓인다.

die **Stelle** [ʃtɛ́lə] -/-n ① 장소 (der Platz, der Ort) ② 입장 ③ 직장, 일자리 (die Stellung)
An dieser *Stelle* wurde der Mann umgebracht. 이 장소에서 그 남자는 살해되었다.
Hier ist die *Stelle*, wo ich ihn gesehen habe. 이곳이 내가 그를 만났던 장소이다.
Wenn ich an deiner *Stelle* wäre, täte ich das nicht. 만일 내가 네 입장이라면 그렇게는 하지 않을 텐데.
Er sucht [sich³] eine andere (bessere) *Stelle*. 그는 다른 (더 좋은) 일자리를 구하고 있다.
Er bekam (erhielt) eine *Stelle*. 그는 일자리를 얻었다.

- auf der *Stelle* : 그 자리에서, 즉석에서
  Er war *auf der Stelle* tot. 그는 즉사(即死)했다.
- an Ort und *Stelle* : 현장에서
  Der Verbrecher wurde *an Ort und Stelle* verhaftet. 범인은 현장에서 체포되었다.

stellen [ʃtélən] 1. 他 (세워서) 놓다, 세우다 2. 再 《sich⁴》 (…한 장소에) 서다

Stellen Sie die Vase auf den Tisch! 그 꽃병을 테이블 위에 놓으십시오!

Er *stellte* den Stuhl in die Ecke. 그는 의자를 구석에 놓았다.

Er *stellte* die Bücher in das Regal. 그는 책을 책장에 꽂았다.

Sie *stellte* die Blumen in die Vase. 그녀는 꽃을 꽃병에 꽂았다.

Sie *stellte* die Milch in den Kühlschrank. 그녀는 우유를 냉장고에 넣었다.

Ich *stellte* den Wagen in die Garage. 나는 차(車)를 차고에 넣었다.

Er *stellte sich* ans Fenster. 그는 창가로 가서 섰다.

Stelle dich hinter (vor) mich! 내 뒤(앞)에 서라!

- et.⁴ an seinen Ort *stellen* : (무엇)을 제자리에 놓다
  Stelle es wieder *an seinen Ort*! 그것을 다시 제자리에 갖다 놓아라!
- jm. (an jn.) eine Frage *stellen* : (누구)에게 질문을 하다
  Der Lehrer *stellte* mir *eine Frage*. 선생님은 나에게 질문을 하셨다.
  Sie *stellte eine Frage an* den Lehrer. 그녀는 선생님에게 질문을 했다.
- die Uhr *stellen* : 시계를 맞추다
  Er *stellte* seine *Uhr*. 그는 자기의 시계를 맞추었다.
  Stelle bitte den *Wecker* auf 6 Uhr! 자명종을 6시에 맞춰다오!

die **Stellung** [ʃtéluŋ] -/-en ① 상태 (die Lage) ② 입장 (die Stelle) ③ 지위, 일자리 (der Posten, die Stelle)

In dieser *Stellung* kann ich nichts tun. 이런 상태에서는 나는 아무것도 할 수 없다.

Das ist meine *Stellung* als Vater. 이것은 아버지로서의 나의 입장이다.

Er hat eine gute *Stellung*. 그는 좋은 자리에 있다.

Ich möchte mich nach einer neuen *Stellung* umsehen. 나는 새로운 일자리를 찾아보고 싶다.

sterben [ʃtέrbən] starb, gestorben 自 《s》 죽다
- an einer Krankheit *sterben* : 어떤 병으로 죽다
  Er ist *an einer Krankheit gestorben*. 그는 병으로 죽었다.
  Sie ist mit 40 Jahren *an* Krebs *gestorben*.
  (=Sie ist im Alter von 40 Jahren *an* Krebs *gestorben*.)
  그녀는 40세에 암으로 죽었다.
  Er ist jung *gestorben*. 그는 젊어서 죽었다.
  Er ist durch Unfall *gestorben*. 그는 사고로 죽었다.
  Der Mensch kann nicht voraussehen, wann er *stirbt*. 인간은 언제 죽을지를 예견(예측)할 수 없다.

der **Stern** [ʃtɛrn] -[e]s/-e 별
  Die *Sterne* stehen am Himmel. 별들이 하늘에 떠 있다.
  Die *Sterne* leuchten. 별들이 반짝인다.

stets [ʃte:ts] 副 항상 (immer)
  Er ist *stets* guter Laune².
  (=Er ist *stets* guten Mutes.) 그는 항상 기분이 좋다.
  Er half mir *stets*. 그는 항상 나를 도와주었다.
  Sie war zu mir *stets* freundlich. 그녀는 나에게 항상 친절했다.

still [ʃtɪl] 形 조용한
  Sei (Seid) *still*! 조용히 해라!
  Im Zimmer ist es *still*. 방 안은 조용하다.
  Im Wald war es ganz *still*. 숲 속은 아주 조용했다.
  Stille Nacht, heilige Nacht. 《J. Mohr》 고요한 밤, 거룩한 밤.
  Stille Wasser sind tief. 《Sprw》 잔잔한 물이 깊다.
  der *Stille* Ozean 태평양
- im *stillen* (=in aller Stille) : 남몰래, 비밀히
  Sie hat *im stillen* viel Gutes getan. 그녀는 남몰래 좋은 일을 많이 했다.

die **Stille** [ʃtílə] -/-n 고요함
  die *Stille* der Nacht 밤의 적막
  Es herrschte tiefe *Stille* im Wald.
  (=Im Wald herrschte tiefe *Stille*.) 숲 속은 깊은 정적에 쌓여 있었다.
- in aller *Stille* (=im stillen) : 남몰래, 비밀히
  Sie heirateten *in aller Stille*. 그들은 아무도 모르게 결혼했다.

die **Stimme** [ʃtímə] -/-n 목소리
  Sie hat eine helle (klare) *Stimme.* 그녀는 낭랑한(맑은) 목소리를 가지고 있다.
  Er sprach mit lauter (leiser) *Stimme.* 그는 큰(작은) 소리로 말했다.
  Sie erhob (senkte) ihre *Stimme.* 그녀는 목소리를 높였다 (낮추었다).
  Ich erkannte ihn an der *Stimme.* 나는 목소리로 그라는 것을 알았다.
die **Stirn** [ʃtɪrn] -/-en 이마
  Der Schweiß steht ihr auf der *Stirn.* 땀이 그녀의 이마에 맺혀 있다.
  Er wischte sich³ den Schweiß von der *Stirn.* 그는 이마의 땀을 닦았다.
  Die Haare fielen ihm in die *Stirn.* 머리카락이 그의 이마로 내려왔다.
  Er stützte die *Stirn* in die Hand. 그는 이마를 손으로 받쳤다.
der **Stock** [ʃtɔk] ① -[e]s/⁼e 막대기, 지팡이 ② 《복수 없음》 (2층 이상의) 층 (das Stockwerk)
  Ein Alter geht am *Stock.* 한 노인이 지팡이를 짚고 간다.
  Der Großvater stützte sich⁴ auf den *Stock.* 할아버지는 지팡이에 몸을 의지했다.
  Er hält einen *Stock* in der Hand. 그는 손에 지팡이를 들고 있다.
  In wievieltem (welchem) *Stock* wohnen Sie? 당신은 몇 층에 사십니까?
  Wir wohnen im ersten (zweiten) *Stock.* 우리는 2(3)층에 살고 있다.
  Das Haus ist drei *Stock*⁴ hoch.
  (=Das Haus hat drei Stockwerke.) 그 집은 4층 건물이다.
der **Stoff** [ʃtɔf] -[e]s/-e ① 원료 ② 물질 ③ 옷감 ④ 소재(素材)
  Das Getränk besteht zum größten Teil aus chemischen *Stoffen.* 그 음료는 대부분 화학 원료로 되어 있다.
  Das ist ein fester (flüssiger, gasförmiger) *Stoff.* 그것은 고(액, 기)체이다.
  Aus welchem *Stoff* ist das Kleid? 그 옷은 무슨 천으로 되어 있니?
  Der *Stoff* für den Roman stammt aus der koreanischen Geschichte. 그 소설의 소재(素材)는 한국 역사에서 유래한 것이다.

stolz [ʃtɔlts] 形 자랑하는, 자부심이 강한, 거만한
- auf et.⁴ *stolz* sein : (무엇)을 자랑하다
  Er ist *stolz auf* seinen Erfolg (seinen Sohn). 그는 그의 성공(아들)을 자랑한다.
Sie ist ein *stolzes* Mädchen. 그녀는 자부심이 강한 처녀다.
Er ist durch seinen Reichtum *stolz* geworden. 그는 부자가 됨으로써 오만해졌다.

stören [ʃtǿːrən] 他 방해하다, 성가시게 하다
Störe mich nicht! 나를 방해하지 마라!
Bitte nicht *stören*! 방해하지 마십시오!
Ich möchte dich nicht *stören*. 나는 너를 방해하고싶지 않다.
Ich hoffe, ich *störe* Sie nicht. 방해가 되지 않겠는지요.
Darf ich Sie einen Augenblick *stören*? 잠시 폐를 끼쳐도 되겠읍니까?
Störe ich (Sie)? 폐가 되지 않겠읍니까?
Lassen Sie sich⁴ nicht *stören*! 폐될 것 없읍니다!
- jn. in (bei) der Arbeit *stören* : (누구)의 일을 방해하다
  Er *störte* mich *in der Arbeit*. 그는 나의 일을 방해했다.

stoßen [ʃtóːsən] stieß, gestoßen; du stößt, er stößt 1. 他 찌르다, 밀치다 2. 自 《s》 부딪치다 3. 再 ⟨sich⁴ an et.³·⁴에⟩ 부딪치다
Er *stieß* ihr das Messer in die Brust (ins Herz). 그는 그녀의 가슴을 칼로 찔렀다.
Sie *stieß* ihn lachend in die Rippen. 그녀는 웃으면서 그의 옆구리를 찔렀다.
Sie hat mich mit der Hand *gestoßen*. 그녀는 나를 손으로 밀었다.
Sie *stieß* gegen den Tisch.
(=Sie *stieß sich am* Tisch.) 그녀는 책상에 부딪쳤다.
- mit dem Kopf an (gegen) die Wand *stoßen* : 머리를 벽에 부딪치다
  Er *stieß mit dem Kopf an die Wand*. 그는 머리를 벽에 부딪쳤다.
- mit dem Fuß an einen Stein *stoßen* : 돌부리에 채이다
  Er ist *mit dem Fuß an einen Stein gestoßen*.
  (=Er hat *sich an* einem (einen) Stein *gestoßen*.) 그는 돌부리에 채였다.
- auf Schwierigkeiten *stoßen* : 난관에 봉착하다
  Bei der Arbeit bin ich *auf* viele *Schwierigkeiten gestoßen*. 그 일을 할 때 나는 많은 난관에 봉착했다.

Ich habe *mich am* Kopf *gestoßen*. 나는 머리에 부딪쳤다.
Geh vorsichtig, damit du *dich* nicht *stößt*! 부딪치지 않도록 조심해서 가거라!

die Strafe [ʃtráːfə] -/-n 벌(罰); 벌금 (die Geldstrafe)
Er hat eine leichte (schwere) *Strafe* bekommen. 그는 가벼운(무거운) 벌을 받았다.
Er verdient eine *Strafe*. 그는 벌 받아 마땅하다.
Zur *Strafe* mußt du zu Hause bleiben. 벌로써 너는 집에 있어야 한다.
Das ist die *Strafe* für deine Faulheit. 그것은 너의 게으름에 대한 벌이다.
● *Strafe* bezahlen : 벌금을 물다
Ich mußte 100 Mark *Strafe bezahlen*. 나는 100마르크의 벌금을 물어야만 했다.

strafen [ʃtráːfən] 他 벌하다
Er wurde für ein Verbrechen *gestraft*. 그는 어떤 범죄 때문에 처벌을 받았다.
Man hat mich für mein leichtsinniges Benehmen *gestraft*. 나는 경솔한 행동 때문에 벌을 받았다.

der **Strahl** [ʃtraːl] -[e]s/-en 광선
Die *Strahlen* der Sonne (Die Sonnenstrahlen) brechen durch die Wolken. 태양 광선(햇빛)이 구름 사이로 새어나온다.
Der *Strahl* schien durch das Fenster ins Zimmer. 빛이 창을 통하여 방 안에 비쳤다.

strahlen [ʃtráːlən] 自 광선을 발하다, 빛나다
Die Sonne *strahlt* vom Himmel. 태양이 하늘에서 빛나고 있다.
Ihr Gesicht *strahlt* vor Freude[3]. 그녀의 얼굴은 기쁨으로 빛난다.

der **Strand** [ʃtrant] -[e]s/-e 해변, 해안
Er liegt am *Strand* in der Sonne.
(=Er nimmt am *Strand* Sonnenbad.) 그는 해변에서 일광욕을 한다.
Wir gehen an den *Strand*, um zu baden. 우리는 멱감으러 해안으로 간다.

die **Straße** [ʃtráːsə] -/-n ① 도로, 거리 ② 시가(市街)
Du darfst (sollst) nicht auf der *Straße* spielen. 너는 거리(노상)에서 놀아서는 안 된다.
Es ist gefährlich, daß die Kinder auf der *Straße* spielen. 아이들이 거리에서 노는 것은 위험하다.

Das Kind stand mitten auf der *Straße*. 그 아이는 길 한 가운데에 서 있었다.

An der *Straße* stehen moderne Läden. 길가에 현대식 상점들이 있다.
- über die *Straße* (den Weg) gehen : 길을 건너가다
Er *ging* [quer] *über die Straße*. 그는 길을 건너갔다.

In welcher *Straße* wohnst du? 너는 어느 동네에 사니?

Er wohnt in der Schiller-*Straße* 20. 그는 쉴러 가(街) 20 번지에 살고 있다.

die **Straßenbahn** [ʃtráːsənbaːn] -/-en (시가 (市街)) 전차

Ich fahre mit der *Straßenbahn* in die Stadt. 나는 전차를 타고 시내에 간다.

Die *Straßenbahn* ist überfüllt. 전차는 초만원이다.

Die *Straßenbahn* hält an jeder Haltestelle. 전차는 정류장마다 선다.

Wo ist die nächste Haltestelle der *Straßenbahn*? 전차의 다음 정류장은 어디입니까?

streben [ʃtréːbən] 自 〈nach et.을 얻으려고〉 애쓰다, 노력하다

Er *strebt* immer *nach* Geld. 그는 언제나 돈을 벌려고 애쓴다.

Er *strebt nach* Ruhm und Ehre. 그는 명예를 얻으려고 애쓴다.

Er *strebt nach* seinem Ziele. 그는 자기의 목표를 달성하려고 노력한다.

Er *strebte danach*, seine Ideale zu verwirklichen. 그는 자기의 이상(理想)을 실현시키려고 노력했다.

strecken [ʃtrékən] 1. 他 (곧게) 펴다, 뻗치다 2. 再 《sich⁴》 몸(사지)을 펴다 : 뻗쳐 있다

Er *streckte* die Hände (die Arme) in die Höhe. 그는 양손(양팔)을 높이 폈다.

Er *streckte* die Hand nach dem Teller mit Brötchen. 그는 빵이 담긴 접시를 향해 손을 뻗쳤다.

Sie *streckte sich* auf den Boden (ins Gras). 그녀는 땅바닥(풀밭)에 누웠다.

Der Weg *streckt sich* lang. 길이 길게 뻗어 있다.

streichen [ʃtráiçən] strich, gestrichen 他自 ① 쓰다듬다 ② 바르다, 칠하다 ③ 삭제하다

Er *streicht* sich³ den Bart. 그는 수염을 쓰다듬는다.

Er *strich* sich³ das Haar aus der Stirn (dem Gesicht). 그는 이마(얼굴)에 내려오는 머리카락을 치켜올렸다.

Sie *strich* mit der Hand über mein Gesicht.
(=Sie *strich* mir mit der Hand über das Gesicht.) 그녀는 손으로 나의 얼굴을 어루만졌다.
Sie *streicht* Butter aufs Brot.
(=Sie *streicht* ein Brot mit Butter.) 그녀는 빵에 버터를 바른다.
Er *strich* die Tür mit Farbe. 그는 문에 페인트 칠을 했다.
Frisch *gestrichen*! 칠 주의!
Sein Name wurde von (in) der Liste *gestrichen*. 그의 이름은 리스트(명단)에서 삭제되었다.
Sie hat ein paar Zeilen aus dem Text *gestrichen*. 그녀는 본문에서 두세 줄을 삭제했다.

das **Streichholz** [ʃtráıçhɔlts] -es/⸚er 성냥
- ein *Streichholz* anzünden : 성냥을 켜다
  Er *zündete* ein *Streichholz* an. 그는 성냥을 켰다.

der **Streik** [ʃtraık] -[e]s/-s 동맹 파업, 스트라이크
In der Fabrik brach ein *Streik* aus. 공장에서 동맹 파업이 일어났다.
- in [den] *Streik* treten : 동맹 파업에 돌입하다
  Die Arbeiter *traten in Streik*. 노동자들은 동맹 파업에 돌입했다.

der **Streit** [ʃtraıt] -[e]s/-e 다툼, 싸움
Ich hatte einen *Streit* mit ihm.
(=Ich stritt mich mit ihm.) 나는 그와 다투었다.
Wir haben nie einen *Streit* miteinander gehabt. 우리는 한 번도 서로 다툰 적이 없다.
Es hat einen *Streit* der Meinungen zwischen uns gegeben. 우리들 사이에는 의견 충돌이 있었다.
- mit jm. in *Streit* geraten : (누구)와 사이가 나빠지다
  Ich *geriet mit* ihm *in Streit*. 나는 그와 사이가 나빠졌다.

streiten [ʃtráıtən] stritt, gestritten 自 再 《sich⁴》 다투다, 싸우다
- [sich⁴] mit jm. *streiten* : (누구)와 다투다, 싸우다
  Ich habe *mit* ihm um diese Frage *gestritten*. 나는 그와 이 문제로 다투었다.
  Ich *stritt* mich mit ihm. 나는 그와 다투었다.
- mit Worten *streiten* : 말다툼하다
  Wir *stritten mit Worten*. 우리는 말다툼했다.
Wir haben lange über die Frage *gestritten*. 우리는 오랫동안 그 문제에 관해서 논쟁했다.

Wir *stritten* (zankten) *uns*⁴. 우리는 서로 다투었다.
Die Kinder *streiten sich*⁴ auf der Straße. 아이들이 길거리에서 서로 싸우고 있다.

streng [ʃtrɛŋ] 形 엄한, 엄격한 (↔mild)
● gegen jn. *streng* sein : (누구)에 대하여 엄격하다
Er ist *streng gegen* seine Kinder. 그는 자식들에 대하여 엄격하다.
Unser Lehrer ist sehr *streng*. 우리 선생님은 매우 엄격하다.
Es ist *streng* verboten. 그것은 엄격히 금지되어 있다.
Rauchen [ist] *streng* verboten! 흡연은 엄금!
In diesem Jahr hatten wir einen *strengen* Winter. 금년 겨울은 엄동(嚴冬)이었다.

das **Stroh** [ʃtro:] -[e]s/ 짚
Das Dach ist mit *Stroh* gedeckt. 지붕이 짚으로 덮여 있다.
Der Ertrinkende greift nach einem *Stroh*halm. 물에 빠진 사람은 지푸라기라도 잡는다.

der **Strom** [ʃtro:m] -[e]s/⁻e ① 강 ; 흐름 ② 전류 (der elektrische Strom)
Der Rhein ist der größte *Strom* in Deutschland. 라인 강은 독일에서 가장 큰 강이다.
Der Mississipi ist der längste *Strom* der Welt. 미시시피 강은 세계에서 가장 긴 강이다.
Sie schwimmt gegen den *Strom* (mit dem *Strom*). 그녀는 흐름을 거슬러(흐름을 따라) 헤엄친다.
Es regnet (gießt) in *Strömen*. 비가 억수같이 쏟아진다.
Plötzlich fiel der *Strom* aus. 갑자기 정전이 되었다.
Er schaltete den *Strom* aus (ein). 그는 전류를 차단(연결)했다.
ein *Strom* von 220 Volt 220볼트의 전류

strömen [ʃtrǿ:mən] 自 《s, h》 (대량으로) 흐르다, 쏟아지다
Das Wasser *strömt* aus dem Rohr. 물이 관(管)에서 콸콸 쏟아져 나온다.
Der Regen *strömt* vom Himmel. 비가 하늘에서 쏟아진다.
Die Menschen *strömten* aus dem Saal. 사람들이 홀에서 쏟아져 나왔다.
Die Menge *strömte* in den Saal. 군중이 홀에 물밀듯 밀려 들었다.

die **Stube** [ʃtú:bə] -/-n (거실·객실 따위의) 방 (das Zimmer)
In der *Stube* stehen die Möbel geordnet. 방 안에는 가구가 정리되어 있다.

Er sitzt den ganzen Tag in der *Stube* (im Zimmer) und liest. 그는 온종일 방 안에 앉아서 독서를 하고 있다.

das Stück [ʃtyk] -[e]s/-e ① 조각 ②《수량의 단위로서는 복수 없음》…개(個) ③ 희곡, 악곡
- in *Stücke⁴* gehen (zerbrechen) : 산산이 부서지다
  Das Glas ist *in Stücke gegangen* (*zerbrochen*). 유리잔은 산산조각이 났다.
- et.⁴ in *Stücke⁴* schneiden (reißen) : (무엇)을 여러 조각으로 자르다(갈기갈기 찢다)
  Sie *schnitt* Brot *in Stücke*. 그녀는 빵을 여러 조각으로 잘랐다.
  Sie *riß* den Brief *in Stücke*. 그녀는 편지를 갈기갈기 찢었다.

Möchten (Wollen) Sie noch ein *Stück* Brot? 빵 한 조각 더 드시겠읍니까?
Ein Dutzend hat 12 *Stück*. 한 다스는 12개이다.
Ich aß zwei *Stück* Eier. 나는 달걀 2개를 먹었다.
Im Theater gibt es jetzt ein *Stück* von Shakespeare. 극장에서는 지금 셰익스피어의 희곡이 공연되고 있다.
Sie spielte ein *Stück* von Mozart. 그녀는 모짜르트의 곡을 연주했다.

der Student [ʃtudént] -en/-en 대학생
Er ist *Student* an (auf) der Universität Heidelberg. 그는 하이델베르크 대학의 학생이다.
Sie ist *Studentin* der Medizin an der Universität Köln. 그녀는 쾰른 대학의 의과 대학생이다.
Die *Studenten* und *Studentinnen* hören an der Universität Vorlesungen. 남녀 대학생들이 대학에서 강의를 듣는다.

studieren [ʃtudíːrən] studierte, studiert 他冝 (대학에서) 공부하다, 연구하다
Ich will Medizin (das Recht) *studieren*. 나는 의학(법률)을 공부하려고 한다.
Er *studiert* Geschichte an der Universität Berlin. (=Er *studiert* Geschichte in Berlin.) 그는 베를린 대학에서 역사를 공부하고 있다.
Sie *studiert* an einer Technischen Hochschule. 그녀는 어느 공과 대학에서 공부하고 있다.
Wo hat er *studiert*? 그는 어느 대학을 다녔니?

das **Studium** [ʃtúːdium] -s/..dien [ʃtúːdiən] (대학에서의) 공부, (일반적인) 연구

Ich habe mein *Studium* an der Universität beendet (abgeschlossen). 나는 대학에서의 공부를 마쳤다.

Er beschäftigt sich⁴ mit dem *Studium* der Pflanze. 그는 식물 연구에 몰두하고 있다.

die **Stufe** [ʃtúːfə] -/-n ① (계단의) 단(段) ② 단계
- von *Stufe* zu *Stufe* : 한 계단 한 계단씩
  Sie steigt langsam *von Stufe zu Stufe*. 그녀는 천천히 한 계단 한 계단씩 올라간다.

Diese Treppe hat 10 *Stufen*.
(=Diese Treppe besteht aus 10 *Stufen*.) 이 층계는 10 계단이다.

Achtung (Vorsicht), *Stufe*! 계단 주의!

Die Zivilisation des Landes steht noch auf einer niedrigen *Stufe*. 그 나라의 문명은 아직 낮은 단계에 있다.

Er steht auf der niedersten *Stufe* der Bildung. 그는 교양의 정도가 극히 낮다.

der **Stuhl** [ʃtuːl] -[e]s/⁼e 의자
Er saß auf dem *Stuhl*. 그는 의자에 앉아 있었다.
Er setzte sich⁴ auf den *Stuhl*. 그는 의자에 앉았다.
Um den Tisch [herum] stehen vier *Stühle*. 테이블 둘레에 4개의 의자가 있다.

stumm [ʃtum] 形 말 없는; 벙어리의
Er war die ganze Zeit⁴ *stumm*. 그는 내내 말이 없었다.
Während wir uns⁴ unterhielten, saß sie *stumm* da. 우리가 이야기하는 동안 그녀는 말 없이 거기에 앉아 있었다.
Sie war *stumm* vor Staunen³. 그녀는 놀란나머지 말문이 막혔다.
Er ist *stumm* geboren. 그는 태어날 때부터 벙어리다.
Wer taub ist, ist meist auch *stumm*. 귀가 먼 사람은 대개 벙어리이기도 하다.

die **Stunde** [ʃtúndə] -/-n ① (하루의 24분의 1) 시간 ② 수업 (der Unterricht)

Eine *Stunde* hat 60 Minuten. 1시간은 60분이다.
Auf dem Bahnhof mußten wir eine *Stunde*⁴ warten. 역(驛)에서 우리는 1시간 동안 기다려야만 했다.
Wir warteten die ganze *Stunde*⁴ auf dich. 우리는 1시간 내내 너를 기다렸다.
Wir haben noch eine halbe *Stunde*⁴ Zeit. 우리는 아직 반 시간(30분) 시간이 있다.
Er ist vor zwei *Stunden* gegangen. 그는 2시간 전에 갔다.

- zu jeder *Stunde* (Zeit): 어느 때나, 언제든지
  Sie können mich *zu jeder Stunde* anrufen. 당신은 어느 때나 나에게 전화해도 좋습니다.
- zur rechten *Stunde* (Zeit): 적절한 때에
  Er kam gerade *zur rechten Stunde*. 그는 꼭 알맞게 왔다.
- *Stunden* geben (nehmen): 수업을 하다(받다)
  Sie *gibt* (*nimmt*) deutsche *Stunde*. 그녀는 독일어 수업을 한다(받는다).
  Er *gibt* zwölf *Stunden* Deutsch in der Woche. 그는 일주일에 12시간 독일어를 가르치고 있다.

Wir haben zwei *Stunden* Deutsch in der Woche. 우리는 일주일에 2시간 독일어 수업이 있다.

Wir haben heute keine *Stunde* (keinen Unterricht). 우리는 오늘 수업이 없다.

Die *Stunde* (Der Unterricht) ist um 1 Uhr zu Ende. 수업은 1시에 끝난다.

der Sturm [ʃturm] -[e]s/¨e ① 폭풍〔우〕 ② 돌격

Der *Sturm* erhob sich⁴.
(=Der *Sturm* brach los.) 폭풍이 일어났다.

Der *Sturm* wütet. 폭풍이 사납게 몰아친다.

Der *Sturm* legte sich⁴ allmählich. 폭풍이 점차 누그러졌다.

Er gab den Befehl zum *Sturm*. 그는 돌격 명령을 내렸다.

Die Soldaten erhielten den Befehl zum *Sturm*. 군인들은 돌격 명령을 받았다.

stürzen [ʃtýrtsən] 1. 自 《s》 ① 추락하다 ② 돌진하다 2. 他 밀어 떨어뜨리다, 밀어 넘어뜨리다 3. 再 《sich⁴》 몸을 던지다

Das Flugzeug ist ins Meer *gestürzt*. 비행기가 바다에 추락했다.

Er *stürzte* aus dem Fenster (von der Treppe). 그는 창문(계단)에서 떨어졌다.

Er ist über einen Stein *gestürzt*. 그는 돌에 걸려 넘어졌다.

Er *stürzte* aus dem Zimmer. 그는 방에서 뛰어 나왔다.

Die Tränen *stürzten* ihr aus den Augen. 눈물이 그녀의 눈에서 쏟아졌다.

Sie *stürzte* mich ins Wasser. 그녀는 나를 물 속으로 밀어 넣었다.

Die Regierung wurde *gestürzt*. 정부가 전복되었다.

Er *stürzte sich* ins Wasser. 그는 물 속에 몸을 던졌다.

Sie *stürzte sich* in seine Arme. 그녀는 그의 팔에 덥석 안겼다.

stützen [ʃtýtsən] 1. 他 ① 받치다 ② 지지하다 2. 再 〈sich⁴ auf et.⁴에〉 몸을 의지하다 : 근거를 두다
　Er *stützte* den Kopf in die Hände. 그는 머리를 양손으로 받쳤다.
　Er *stützte* einen Ellenbogen auf den Tisch. 그는 팔꿈치를 테이블 위에 괴었다.
　Er *stützte* den Kranken. 그는 환자를 부축했다.
　Alle *stützten* ihn (seine Aussage). 모두가 그(그의 발언)를 지지했다.
　Der Alte *stützte sich auf* den Stock (meinen Arm). 그 노인은 지팡이(나의 팔)에 몸을 의지했다.
　Die Aussage *stützt sich auf* wissenschaftliche Untersuchungen. 그 발언은 학문적 연구에 근거를 두고 있다.
　Wor*auf stützen* Sie *sich* dabei? 당신은 무엇을 근거로 그렇게 말씀(행동)하십니까?

suchen [zú:xən] 他自 ① 찾다, 구하다 ② 〈zu 부정법과〉 (…하려고) 시도하다 (versuchen) ③ 〈nach et.을〉 찾다
　Wen (Was) *suchen* Sie? 당신은 누구(무엇)를 찾습니까?
　Er *suchte* den Schlüssel (*nach* dem Schlüssel) nicht. 그는 열쇠를 찾지 못했다.
　Er *sucht* eine Stellung (ein Zimmer). 그는 일자리(방)를 구하고 있다.
　Ich *suchte* bei ihm Hilfe (Rat). 나는 그에게 도움(조언)을 구했다.
　Er *suchte* mich *zu* überreden. 그는 나를 설득하려고 했다.
　Er *suchte* sich⁴ *zu* entschuldigen. 그는 변명을 해보았다.
　Ich habe überall *nach* dir *gesucht*. 나는 도처에서 너를 찾았다.
　Sie *suchte nach* Worten. 그녀는 표현할 말을 찾았다(말에 궁했다).

der **Süden** [zý:dən] -s/ 남(南) (↔der Norden)
　Er ging nach [dem] *Süden*. 그는 남쪽으로 갔다.
　Das Zimmer liegt (geht) nach *Süden*. 그 방은 남향(南向)이다.
　Pusan liegt im *Süden* von Korea. 부산은 한국의 남쪽에 있다.
　Bayern liegt im *Süden* der BRD. 바이에른 주(州)는 독일 연방 공화국의 남부에 있다.

südlich [zý:tlıç] 形 남쪽의 (↔nördlich)
　München liegt im *südlichen* Teil von Deutschland. 뮌헨은

독일의 남부에 있다.
Er wohnt *südlich* von Seoul (*südlich* Seouls). 그는 서울의 남쪽에 살고 있다.

die **Sünde** [zýndə] -/-n 죄[악]
● eine *Sünde* begehen : 죄를 범하다
Sie hat schwere *Sünden* begangen. 그녀는 무거운 죄를 범했다.
Sie bekannte (bereute) ihre *Sünden*. 그녀는 자기의 죄를 고백했다(후회했다).

die **Suppe** [zúpə] -/-n 수프, 국
Man ißt die *Suppe* mit dem Löffel. 수프는 스푼으로 먹는다.
Ißt du gern *Suppe*? 너는 수프를 잘 먹니?
Die *Suppe* schmeckt gut. 이 수프는 맛이 좋다.
Sie kocht die *Suppe* im Kochtopf. 그녀는 남비에 국을 끓인다.

süß [zy:s] 形 ① (맛이) 단 (↔bitter) ② 사랑스러운 (lieblich), 매력 있는 (reizend)
Der Honig ist (schmeckt) *süß*. 꿀은 달다.
Die Marmelade ist zu *süß*. 그 잼은 너무 달다.
Es schmeckt *süß*. 그것은 단맛이 난다.
Es ist *süß* wie Honig. 그것은 꿀처럼 달다.
Ich habe diese Nacht⁴ einen *süßen* Traum gehabt. 나는 간밤에 달콤한 꿈을 꾸었다.
Sie ist ein *süßes* (reizendes) Mädchen. 그녀는 매력적인 아가씨다.

das **Symbol** [zymbó:l] -s/-e 상징
Die Taube ist ein *Symbol* des Friedens. 비둘기는 평화의 상징이다.
Fünf Ringe sind das *Symbol* der Olympischen Spiele. 5개의 고리는 올림픽 경기의 상징이다.

das **System** [zysté:m] -s/-e ① 체제(體制), 조직 ② (학문의) 체계(體系)
Wir leben unter einem demokratischen *System*. 우리는 민주주의 체제하에서 살고 있다.
Jede Lehre hat ihr *System*. 모든 학설에는 체계가 있다.

T

der **Tabak** [tá:bak, tabák] -s/ (파이프用) 담배
  Er raucht *Tabak*. 그는 담배를 피운다.
  Er stopft *Tabak* in seine Pfeife. 그는 담배를 파이프에 채운다.
  Er kaufte ein Päckchen *Tabak*. 그는 담배 한 봉지를 샀다.
die **Tablette** [tablétə] -/-n 알약, 정제(錠劑)
  Er kaufte in der Apotheke *Tabletten* gegen Kopfschmerzen. 그는 약국에서 두통약을 샀다.
  Du mußt dreimal täglich drei bis sechs *Tabletten* einnehmen. 너는 하루에 3번, 3알 내지 6알을 복용해야 한다.
der **Tadel** [tá:dəl] -s/- 비난 (der Vorwurf) (↔das Lob)
  ● einen *Tadel* bekommen : 비난을 받다
    Er hat für sein Benehmen *einen Tadel bekommen*. 그는 그의 행동에 대해서 비난을 받았다.
  Du verdienst einen *Tadel*. 너는 비난을 받아 마땅하다.
tadeln [tá:dəln] 他 꾸짖다, 비난하다 (↔loben)
  ● jn. wegen et. *tadeln* : (누구)의 (무엇)을 꾸짖다
    Ich *tadelte* ihn *wegen* seines Verhaltens. 나는 그의 행동(태도)을 꾸짖었다.
  Er *tadelte* mich mild (streng). 그는 나를 부드럽게(엄하게) 꾸짖었다.
die **Tafel** [tá:fəl] -/-n ① 판(板) ② 칠판 ③ 식탁 (der Tisch)
  Er kaufte sich[3] eine *Tafel* Schokolade. 그는 초콜렛 한 개를 샀다.
  Das Fenster ist aus einer *Tafel* Glas. 창(窓)은 한 장의 판유리로 되어 있다.
  Im Klassenzimmer (Schulzimmer) hängt eine schwarze *Tafel*. 교실에는 흑판이 걸려 있다.
  Mache die *Tafel* sauber! 칠판을 지워라!
  ● an die *Tafel* schreiben : 칠판에 쓰다
    Der Lehrer schrieb den Satz *an die Tafel*. 선생님은 그 문장을 칠판에 쓰셨다.
  ● et.[4] von der *Tafel* abschreiben : (무엇)을 칠판에서 베끼다
    Die Schüler *schreiben* den Satz *von der Tafel ab*. 학생들은 그 문장을 칠판에서 베낀다.

- die *Tafel* (den Tisch) decken : 식사 준비를 하다
  Decken Sie *die Tafel* bitte für 10 Personen! 10인분의 식사 준비를 해 주십시오!

der **Tag** [ta:k] -[e]s/-e ① 날(日) ② 낮 (↔die Nacht)

Es wird *Tag*.
(=Der *Tag* bricht an.) 날이 샌다.
Der *Tag* hat 24 Stunden. 1일은 24시간이다.
Die Woche hat 7 *Tage*. 1주일은 7일이다.
Sechs *Tage*⁴ in der Woche arbeiten wir. 일주일에 6일간 우리는 일한다.
Eines *Tages* besuchte er mich. 어느 날 그는 나를 방문했다.
Ich war den ganzen *Tag* zu Hause. 나는 하루 종일 집에 있었다.
Jeden *Tag* geht er schon um 7 Uhr ins Büro. 매일 그는 7시에는 이미 출근한다.
Welcher *Tag* (Wochentag) ist heute?
(=Welchen *Tag* haben wir heute?) 오늘은 무슨 요일이니?
Der wievielte ist heute?
(=Den wievielten haben wir heute?) 오늘은 며칠이니?
Guten *Tag*! 안녕하십니까! (낮 인사)
Der 22. Juni ist der längste *Tag* des Jahres. 6월 22일은 1년 중 낮이 가장 길다.
Die *Tage* werden immer kürzer (länger). 낮이 점점 짧아(길어)진다.

- *Tag* und Nacht⁴ arbeiten : 밤낮 없이 일하다
  Er *arbeitet Tag und Nacht*. 그는 밤낮 없이 일한다.

eines *Tages* (=an einem *Tage*) 어느 날
den ganzen *Tag* [über] 하루 종일
jeden *Tag* (=alle *Tage*) 매일
jeden dritten *Tag* (=alle drei *Tage*) 3일마다
am gleichen (selben) *Tag* 같은 날
am folgenden (nächsten) *Tage* 다음 날
am *Tag* darauf (zuvor) 그 다음(그 전)날
am (bei) *Tage* 낮에
am hellen *Tage* 대낮에
seit vier *Tagen* 4일 전부터
von *Tag* zu *Tag* (=*Tag* für *Tag*) 날마다
heute in acht *Tagen* (=heute über acht *Tage*) 다음 주의 오늘
heute vor acht *Tagen* 지난 주의 오늘

das **Tagebuch** [táːgəbuːx] -[e]s/..bücher 일기[장]
  Er notierte alles in sein *Tagebuch*. 그는 모든 것을 일기장에 적어두었다.

täglich [tέːklıç] 形 매일의
  der *tägliche* Bedarf 생활 필수품
  das *tägliche* Brot 나날의 양식
  Er geht *täglich* (jeden Tag) in die Schule. 그는 매일 학교에 간다.
  Nehmen Sie diese Medizin *täglich* dreimal ein! 이 약을 하루에 3번 복용하십시오!

das **Tal** [taːl] -[e]s/ⁿer 골짜기, 계곡
  Das Dorf liegt in einem tiefen *Tal*. 그 마을은 깊은 골짜기에 있다.
  Er wohnt im *Tal*. 그는 산골짜기에 살고 있다.
  Das *Tal* war ganz im Nebel gehüllt. 계곡은 완전히 안개에 싸여 있었다.
  ● über Berg und *Tal* wandern : 산야를 헤매다
  Ich *wanderte* den ganzen Tag *über Berg und Tal*. 나는 하루 종일 산야를 헤매었다.

das **Talent** [talέnt] -[e]s/-e 재능
  Er hat *Talent* zum Zeichnen (für Musik). 그는 그림(음악)에 재능이 있다.
  Sie hat viel (wenig) *Talent*. 그녀는 재주가 많다(없다).

die **Tanne** [tánə] -/-n 전나무 (der Tannenbaum)
  Die *Tanne* wird zum Weihnachtsbaum benutzt. 전나무는 크리스마스 트리에 이용된다.
  Sie ist schlank wie eine *Tanne*. 그녀는 전나무처럼 후리후리하다.

die **Tante** [tántə] -/-n 아주머니 (숙모·백모) (↔der Onkel)
  Sie ist meine *Tante*. 그녀는 나의 아주머니다.
  Tante Luise ist die jüngere (ältere) Schwester meiner Mutter. 루이제 아주머니는 나의 어머니의 동생(언니)이다.

der **Tanz** [tants] -es/ⁿe 춤, 댄스
  Er forderte sie zum *Tanz* auf.
  (=Er bat sie um einen *Tanz*.) 그는 그녀에게 춤을 청했다.
  Im Klub ist heute *Tanz*. 클럽에서 오늘 무도회가 있다.
  gesellschaftliche *Tänze* 사교 댄스

tanzen [tántsən] 自 《h, s》 他 춤추다
  Sie *tanzt* gut (schlecht). 그녀는 춤을 잘(못) 춘다.
  Ich kann nicht *tanzen*. 나는 춤출 줄 모른다.

- *tanzen* lernen : 춤을 배우다
 Er lernt *tanzen*. 그는 춤을 배운다.
- *tanzen* gehen : 춤추러 가다
 Wir *gehen* heute abend *tanzen* 우리는 오늘 저녁 춤추러 간다.
- nach Musik *tanzen* : 음악에 맞추어 춤추다
 Sie *tanzt* mit ihm *nach Musik*. 그녀는 그와 음악에 맞추어 춤을 춘다.
- einen Walzer *tanzen* : 월츠를 추다
 Sie *tanzt* sehr gut *Walzer*. 그녀는 월츠를 매우 잘 춘다.

tapfer [tápfər] 形 용감한 (kühn, mutig) (↔feig[e])
 Er war ein *tapferer* Soldat. 그는 용감한 군인이었다.
 Sie kämpften *tapfer*. 그들은 용감하게 싸웠다.

die **Tasche** [táʃə] -/-n ① 호주머니 ② 가방
- et.⁴ in die *Tasche* stecken : (무엇)을 호주머니에 넣다
 Er *steckte* die Hände *in die Tasche*. 그는 양 손을 호주머니에 집어넣었다.
- et.⁴ aus der *Tasche* nehmen (ziehen) : (무엇)을 호주머니에서 꺼내다
 Er *nahm* (*zog*) seine Börse *aus der Tasche*. 그는 지갑을 호주머니에서 꺼냈다.

 Ich habe meine *Tasche* irgendwo liegen[ge]lassen. 나는 내 가방을 어디엔가 놔두고 왔다.
 Sie hat eine Hand*tasche* aus Leder. 그녀는 가죽으로 된 핸드백을 가지고 있다.

das **Taschentuch** [táʃəntu:x] -[e]s/..tücher 손수건
 Er putzte sich³ mit dem *Taschentuch* die Nase. 그는 손수건으로 코를 닦았다.
 Er steckte das weiße *Taschentuch* in seine Tasche. 그는 흰 손수건을 호주머니에 집어넣었다.

die **Tasse** [tásə] -/-n 찻잔
 Wir trinken Kaffee oder Tee aus der *Tasse*. 우리는 커피나 차(茶)를 찻잔으로 마신다.
 Sie stellte *Tassen* auf den Tisch. 그녀는 찻잔을 식탁 위에 놓았다.
 Sie gießt Kaffee in die *Tassen* der Gäste. 그녀는 손님들의 잔에 커피를 따른다.
 Er trank aus der *Tasse*. 그는 마셔서 잔을 비웠다.
 Darf ich Ihnen eine *Tasse* Kaffee anbieten? 커피 한 잔 드시겠읍니까?

Geben Sie mir noch eine *Tasse* Kaffee! 나에게 커피 한 잔 더 주십시오!

Ich bestellte zwei *Tassen* Kaffee. 나는 커피 두 잔을 주문했다.

Ich möchte eine *Tasse* Tee trinken. 나는 차 한 잔 마시고 싶다.

die Tat [ta:t] -/-en 행위, 행동

eine gute (böse) *Tat* 선(악)행

Er ist ein Mann der *Tat*. 그는 실행가(實行家)이다.

Er bewies es durch die *Tat*. 그는 그것을 행동으로 증명했다.

● in der *Tat* (=wirklich) : 실제로

Er ist *in der Tat* fortgegangen. 그는 실제로 가버렸다.

Bist du *in der Tat* da gewesen? 너는 실제로 거기에 있었니?

● einen Plan in die *Tat* umsetzen : 계획을 실천에 옮기다

Sie hat ihre *Pläne in die Tat umgesetzt*. 그녀는 자기의 계획을 실천에 옮겼다.

tätig [té:tıç] 形 ① 〈술어적〉일(활동)하고 있는 ② 〈부가어적〉 활동적인, 근면한

Er ist in einem Geschäft *tätig*. 그는 어느 상점에서 일하고 있다.

Er ist in der Landwirtschaft *tätig*. 그는 농업에 종사하고 있다.

Sie ist als Lehrerin *tätig*. 그녀는 교사(教師)로 근무하고 있다.

Er ist ein *tätiger* Mensch. 그는 활동적인(근면한) 사람이다.

die Tatsache [tá:tzaxə] -/-n 사실(事實)

Das ist eine *Tatsache*. 그것은 사실이다.

Es ist eine *Tatsache*, daß sie Geld gestohlen hat. 그녀가 돈을 훔친 것은 사실이다.

Die Behauptung entspricht nicht der *Tatsache*[3]. 그 주장은 사실과 일치하지 않는다.

tatsächlich [tá:tzɛçlıç, ta:tzéçlıç] 形 실제의 (wirklich)

Was war der *tatsächliche* Grund des Streites? 그 싸움의 실제의 이유는 무엇이었느냐?

Das hat er *tatsächlich* nötig. 그것이 그는 실제로 필요하다.

taub [taup] 形 귀 먹은

Schrei nicht so, ich bin nicht *taub*! 그렇게 소리지르지 마라. 나는 귀가 먹지 않았다.

Das Kind ist *taub* geboren. 그 아이는 귀머거리로 태어났다.
- auf einem Ohr *taub* sein : 한쪽 귀가 먹다
  Sie *ist auf dem* linken (rechten) *Ohr taub*. 그녀는 왼쪽 (오른쪽) 귀가 먹었다.

die Taube [táubə] -/-n 비둘기
Er füttert die *Tauben*. 그는 비둘기에게 모이를 준다.
Die weiße *Taube* ist das Sinnbild des Friedens. 흰 비둘기는 평화의 상징이다.

tauchen [táuxən] 1. 自 《h, s》 再 《sich⁴》 (물 속에) 잠기다 2. 他 (물 속에) 담그다
Die Sonne *taucht* ins Meer. 해가 바다 속으로 잠긴다.
Er *taucht* [*sich*] bis auf den Grund des Sees. 그는 호수의 밑바닥까지 잠수한다.
Ich kann eine Minute⁴ *tauchen*. 나는 1분간 잠수할 수 있다.
Er *tauchte* die Hände (den Kopf) ins Wasser. 그는 양손 (머리)을 물 속에 담갔다.

tauschen [táuʃən] 他 自 바꾸다, 교환하다 (wechseln)
- mit jm. et.⁴ *tauschen* : (누구)와 (무엇)을 교환하다
  Ich *tauschte mit* ihm Briefmarken. 나는 그와 우표를 교환했다.
  Er *tauschte* den Platz *mit* ihr. 그는 그녀와 좌석을 바꾸었다.
- et.⁴ gegen et. *tauschen* : (무엇)을 (무엇)과 교환하다
  Ich möchte dieses Ding *gegen* ein anderes *tauschen*. 나는 이 물건을 다른 것과 교환하고 싶다.
Sie *tauschten* ihre Meinungen. 그들은 의견을 교환했다.
Ich möchte nicht mit ihm *tauschen*. 나는 그의 처지와 바꾸고 싶지 않다.

täuschen [tɔ́yʃən] 1. 他 속이다 (betrügen) 2. 再 《sich⁴》 속다; 잘못 생각하다 (sich⁴ irren)
Er hat mich *getäuscht*. 그는 나를 속였다.
Er läßt sich leicht *täuschen*.
(=Er ist leicht zu *täuschen*.) 그는 잘 속는다.
Ich lasse mich nicht *täuschen*. 나는 속지 않는다.
Du *täuschst dich*. 너는 잘못 생각하고 있다.
Ich habe *mich getäuscht* (geirrt). 나는 잘못 생각했다.
- sich⁴ über et.⁴ *täuschen* : (무엇)에 속다, (무엇)을 잘못 생각하다
  Ich habe *mich über* seinen Charakter *getäuscht*. 나는 그의 성격을 잘못 알았다.

- sich⁴ in jm. *täuschen* : (누구)에게 환멸을 느끼다
  Ich habe *mich in* ihm *getäuscht*. 나는 그에게 환멸을 느꼈다.

tausend [táuzənt] 数 **1000**
  Er lebte vor *tausend* Jahren. 그는 1000년 전에 살았던 사람이다.
  Er hat einige *tausend* Bücher. 그는 수천 권의 책을 가지고 있다.

das **Taxi** [táksi] -s/-s 택시
- ein *Taxi* nehmen : 택시를 타다
  Nehmen wir *ein Taxi*! 택시를 탑시다!
  Wir fuhren mit einem *Taxi* zum Bahnhof. 우리는 택시를 타고 역으로 갔다.
  Er stieg in das *Taxi* ein. 그는 택시에 탔다.
  Er stieg aus dem *Taxi* aus. 그는 택시에서 내렸다.
  Jenes *Taxi* ist frei (besetzt). 저 택시는 비어 있다(손님이 있다).
  Das *Taxi* hat 5 Mark gekostet. 택시 요금은 5마르크였다.

die **Technik** [téçnık] -/-en 기술
  das Zeitalter der *Technik* 기술의 시대
  Die *Technik* hat sich⁴ schnell entwickelt. 기술은 급속도로 발전했다.
  Neue *Techniken* werden immer wieder entwickelt. 새로운 기술은 끊임없이 개발된다.
  Die moderne *Technik* macht unser Leben bequemer. 현대 기술은 우리의 생활을 보다 편리하게 해준다.

technisch [téçnıʃ] 形 기술의, 기술적인
  der *technische* Fortschritt 기술의 진보
  aus *technischen* Gründen 기술적인 이유로
  Beim Bau der Brücke gab es *technische* Schwierigkeiten⁴. 그 교량 공사(工事)에는 기술적인 어려움이 있었다.
  Er ist *technisch* begabt. 그는 기술적인 재능이 있다.
  Das ist *technisch* möglich (unmöglich). 그것은 기술적으로 가능(불가능)하다.
  Sie besucht die *Technische* Hochschule. 그녀는 공과 대학에 다닌다.

der **Tee** [te:] -s/-s 차(茶)
- eine Tasse *Tee* trinken : 한 잔의 차를 마시다
  Ich möchte *eine Tasse Tee trinken*. 나는 차 한 잔 마시고 싶다.

- jn. zum *Tee* einladen : (누구)를 다과(茶菓)에 초대하다
  Wenn Sie nichts vorhaben, möchte ich Sie *zum Tee einladen*. 별일 없으시면 차 한 잔 하시지요.

der Teich [taiç] -[e]s/-e 연못
  In diesem *Teich* gibt es viele Fische⁴. 이 연못에는 고기가 많다.
  Dieser *Teich* ist in der Mitte am tiefsten. 이 연못은 가운데가 가장 깊다.

der (das) Teil [tail] -[e]s/-e 부분
- et.⁴ in zwei *Teile*⁴ teilen : (무엇)을 둘로 나누다
  Ich *teilte* es *in zwei Teile*. 나는 그것을 둘로 나누었다.
- zum *Teil* : 어느 부분은, 어느 정도
  Es ist *zum Teil* meine Schuld. 그것은 일부는(어느 정도) 나의 책임이다.
- zum größten *Teil* : 대부분
  Es ist *zum größten Teil* deine Schuld. 그것은 대부분 너의 책임이다.
  Sie hat das Buch *zum größten Teil* gelesen. 그녀는 그 책을 대부분 읽었다.

teilen [táilən] 他 ① 나누다 ② 함께 하다
- et.⁴ in drei Teile *teilen* : (무엇)을 셋으로 나누다
  Ich *teilte* den Kuchen *in drei* gleich große *Teile*. 나는 케이크를 크기가 똑같게 셋으로 나누었다.
- et.⁴ in Stücke *teilen* : (무엇)을 여러 조각으로 나누다
  Sie *teilte* das Brot *in vier Stücke*. 그녀는 빵을 네 조각으로 나누었다.
- et.⁴ mit jm. *teilen* : (누구)와 (무엇)을 함께 하다
  Er *teilte* Freud und Leid *mit* mir. 그는 나와 고락(苦樂)을 함께 했다.
  Ich *teile* das Zimmer *mit* ihm. 나는 그와 방을 같이 쓰고 있다.
  Wir *teilen* die Ansicht. 우리는 의견을 같이 한다.

teil|nehmen [táilne:mən] nahm teil, teilgenommen 自 ⟨an et.³에⟩ 참가하다, 관여하다
  Darf ich auch *an* der Reise *teilnehmen*? 나도 여행에 참가해도 괜찮겠읍니까?
  Er *nahm an* der heutigen Konferenz (Sitzung) nicht *teil*. 그는 오늘 회의에 참석하지 않았다.
  Er *nimmt an* dieser Sache nicht *teil*. 그는 이 일에 관여(관계)하고 있지 않다.

teils [taɪls] 副 〈teils ..., teils ...형으로〉 일부는 …, 일부는 …
Das ist *teils* richtig, *teils* falsch. 그것은 일부는 옳고, 일부는 옳지 않다.
Sie waren *teils* für, *teils* gegen den Vorschlag. 그들은 그 제안에 일부는 찬성하고, 일부는 반대했다.

das **Telefon** [telefó:n] -s/-e 전화〔기〕 (der Fernsprecher)
Das *Telefon* klingelt (läutet). 전화 벨이 울린다.
Wer ist am *Telefon* (Apparat)? 누구세요? (전화에서)
Bleiben Sie bitte am *Telefon*! 끊지말고 기다리세요! (전화에서)
Haben Sie *Telefon*? 당신은 전화가 있읍니까?
Ich habe kein *Telefon*. 나는 전화가 없다.
Gibt es hier in der Nähe ein *Telefon*⁴? 이 근처에 전화가 있읍니까?

telefonieren [telefoní:rən] telefonierte, telefoniert 自 〈jm. 에게〉 전화를 걸다 (anrufen); 〈mit jm.와〉 전화로 말하다
Ich *telefoniere* dir morgen.
(=Ich rufe dich morgen an.) 너에게 내일 전화를 걸겠다.
Bitte *telefonieren* Sie mir heute abend zu Hause!
(=Bitte rufen Sie mich heute abend zu Hause an!) 오늘 저녁 저의 집으로 전화를 걸어 주십시오!
Er wollte ihr *telefonieren* und nahm den Hörer ab. 그는 그녀에게 전화를 걸려고 수화기를 들었다.
Sie hat lange *mit* ihm *telefoniert*. 그녀는 그와 오랫동안 전화했다.

die **Telefonnummer** [telefó:nnumər] -/-n 전화 번호
Rufen Sie mich bitte unter dieser *Telefonnummer* an! 이 전화 번호로 저에게 전화해 주십시오!
Hast du meine *Telefonnummer*? 너는 내 전화 번호를 알고 있니?
Welche Nummer haben Sie gewählt? 몇 번을 돌리셨읍니까? (전화에서)

das **Telegramm** [telegrám] -s/-e 전보
● ein *Telegramm* aufgeben : 전보를 치다
Ich möchte *ein Telegramm aufgeben*. 나는 전보를 치고 싶습니다.
Er erhielt ein *Telegramm*, sein Vater sei krank. 그는 그의 아버지가 편찮으시다는 전보를 받았다.
Ich schickte ihm ein *Telegramm*. 나는 그에게 전보를 보냈다.

der **Teller** [télər] -s/- 접시
 Sie stellte die *Teller* auf den Tisch. 그녀는 접시를 식탁에 놓았다.
 Nach dem Essen wäscht sie die *Teller* ab. 식사 후 그녀는 접시를 씻는다.
 Ich aß einen *Teller* Suppe. 나는 한 접시의 수프를 먹었다.
 Möchten Sie noch einen *Teller* Suppe? 수프를 한 접시 더 드시겠읍니까?

der **Tempel** [témpəl] -s/- 사원(寺院)
 Dieses alte Gebäude ist ein berühmter *Tempel*. 이 오래된 건물은 유명한 사원이다.

die **Temperatur** [tɛmperatú:r] -/-en ① 온도, 기온 ② 열(熱) (das Fieber)
 ● die *Temperatur* messen : 온도를 재다
  Er hat *die Temperatur* im Zimmer *gemessen*. 그는 실내 온도를 재었다.
 Die *Temperatur* ist über Null (über 30 Grad) gestiegen. 기온이 영상(30도 이상)으로 올라갔다.
 Die *Temperatur* ist unter Null (auf null Grad) gesunken. 기온이 영하(영도)로 내려갔다.
 Er hat *Temperatur* (Fieber). 그는 열(熱)이 있다.
 Sie hat die *Temperatur* mit dem Thermometer gemessen. 그녀는 체온계로 열을 재었다.

das **Tennis** [ténɪs] -/ 정구, 테니스
 ● *Tennis* spielen : 테니스를 하다
  Spielen Sie *Tennis*? 당신은 테니스를 하십니까?
 Er *spielt Tennis* recht gut. 그는 테니스를 아주 잘한다.

der **Teppich** [tépɪç] -s/-e 양탄자
 Auf dem Fußboden liegt ein *Teppich*. 마루에는 양탄자가 깔려 있다.
 Der ganze Fußboden ist mit *Teppichen* bedeckt. 마루 전체가 양탄자로 덮여 있다.
 Sie klopfte den Staub aus dem *Teppich*. 그녀는 양탄자를 두들겨서 먼지를 털었다.
 Er reinigt den *Teppich* mit dem Staubsauger. 그는 양탄자를 진공소제기로 소제한다.

teuer [tóyər] 形 ① 비싼 (↔billig) ② 친애하는 (lieb); 귀중한 (wertvoll)
 Das ist zu *teuer*.
 (=Das kostet zu viel.) 그것은 너무 비싸다.

Wie *teuer* ist das?
(=Was (Wieviel) kostet das?) 이것은 값이 얼마입니까?
Mein *teurer* (lieber) Freund! 친애하는 벗이여! (편지에서)
Er ist mir lieb und *teuer*. 그는 나에게는 아주 소중한 사람이다.

der **Teufel** [tɔ́yfəl] -s/- 악마
Der *Teufel* verführt die Menschen zum Bösen. 악마는 인간을 악(惡)으로 유인한다.
Er ist häßlich wie der *Teufel*. 그는 악마처럼 추악하다.
Zum *Teufel*! 제기랄!

das **Theater** [teá:tər] -s/- 극장; 연극
● ins *Theater* gehen : 극장에 가다
Gehen Sie manchmal *ins Theater*? 당신은 때때로 극장에 가십니까?
Ich war gestern im *Theater*. 나는 어제 극장에 갔었다.
Wir treffen uns⁴ vor dem *Theater*!
(=Wir wollen uns⁴ vor dem *Theater* treffen!) 극장 앞에서 만납시다!
Was wird heute im *Theater* gegeben? 오늘 극장에서는 무엇이 공연되니?
ein staatliches *Theater* 국립 극장
Heute ist kein *Theater*. 오늘은 연극이 공연되지 않는다.
Das *Theater* beginnt um 18,30 Uhr. 연극은 18시 30분에 시작된다.
Nach dem *Theater* gingen wir in den Café. 연극이 끝난 후 우리는 카페로 갔다.

das **Thema** [té:ma] -s/-ta(..men) 주제(主題), 테에마
Was ist das *Thema* seines Vortrags? 그의 강연의 주제는 무엇이냐?
Er behandelte das *Thema* „Liebe". 그는 '사랑'이란 주제를 논했다.
Das gehört nicht zum *Thema*. 그것은 주제에 속하지 않는다.
Er schrieb über ein interessantes *Thema*. 그는 흥미있는 제목(논제)에 관해서 썼다.

die **Theorie** [teorí:] -/-n [..rí:ən] 이론(理論) (↔die Praxis)
Das ist nur eine *Theorie*. 그것은 단지 이론에 불과하다.
In der *Theorie* hast du recht. 이론에 있어서는 네가 옳다.
Die Praxis ist ganz anders als die *Theorie*. 실제는 이론과는 아주 다르다.

das Thermometer [tɛrmomé:tər] -s/- 온도계; 체온계
Das *Thermometer* steigt. 온도계가 올라간다.
Das *Thermometer* ist gesunken (gefallen). 온도계가 내려갔다.
Das *Thermometer* zeigt 20 Grad.
(=Das *Thermometer* steht auf 20 Grad.) 온도계는 20도를 가리키고 있다.
Das *Thermometer* zeigt 10 Grad über (unter) Null. 온도계는 영상(하) 10도를 가리키고 있다.
Er hat die Temperatur (das Fieber) mit dem *Thermometer* gemessen. 그는 체온계로 열(熱)을 재었다.

tief [ti:f] 形 ① 깊은 (↔flach, seicht) ② 낮은 (niedrig)
Dieser Fluß ist sehr *tief*. 이 강은 매우 깊다.
Das Dorf liegt *tief* im Tal. 그 마을은 깊은 골짜기에 있다.
Wie *tief* ist das Wasser? 그 물의 깊이는 얼마나 되니?
Der Brunnen ist 5 Meter *tief*. 그 우물은 깊이가 5 m이다.
Er liegt in *tiefem* Schlaf. 그는 깊이 잠들어 있다.
Sie erwachte aus einem *tiefen* Schlaf. 그녀는 깊은 잠에서 깨었다.
Es ist *tief* in der Nacht. 깊은 밤이다(밤이 깊었다).
● bis *tief* in die Nacht hinein : 밤 늦게까지
Ich arbeitete gestern *bis tief in die Nacht hinein*. 나는 어제 밤 늦게까지 일했다.
Er sang mit *tiefer* Stimme. 그는 낮은 음성으로 노래했다.
Das Flugzeug flog *tief* (niedrig). 비행기는 낮게 날았다.

die Tiefe [tí:fə] -/-n 깊이 (↔die Höhe); 깊은 곳
Die *Tiefe* des Wassers beträgt 10 Meter. 물의 깊이(수심)는 10 m에 달한다.
Niemand versteht die *Tiefe* seines Kummers. 그 누구도 그의 슬픔의 깊이를 알지 못한다.
Er fiel (stürzte) mit einem Schrei in die *Tiefe*. 그는 비명을 지르며 깊은 곳으로 떨어졌다.
aus der *Tiefe* meines Herzens 내 마음 속으로부터

das Tier [ti:r] -[e]s/-e 동물 (↔die Pflanze)
Der Tiger ist ein wildes *Tier*. 호랑이는 야생 동물이다.
Den Löwen nennt man den König der *Tiere*.
(=Der Löwe wird der König der *Tiere* genannt.) 사자를 사람들은 동물의 왕이라고 부른다.
Worin besteht der Unterschied zwischen *Tier* und Pflanze? 동물과 식물의 차이는 어디에 있는가?

der **Tiergarten** [tíːrgartən] -s/= 동물원 (der Tierpark, der Zoo)

Am letzten Sonntag ging ich mit meinen Kindern in den *Tiergarten*. 지난 일요일에 나는 아이들과 동물원에 갔다.

die **Tinte** [tíntə] -/-n 잉크
- mit *Tinte* schreiben : 잉크로 쓰다
  Er *schrieb* es *mit* roter (schwarzer) *Tinte*. 그는 그것을 붉은(검은) 잉크로 썼다.

Die *Tinte* ist noch feucht. 잉크가 아직 마르지 않았다.

In diesem Füller ist keine *Tinte* mehr. 이 만년필에는 잉크가 떨어지고 없다.

der **Tisch** [tɪʃ] -es/-e ① 책상, 식탁 ② 식사 (das Essen)
- am *Tisch* sitzen : 책상 앞에 앉아 있다
  Er *sitzt am Tisch* und arbeitet. 그는 책상 앞에 앉아서 공부하고 있다.
- sich⁴ an den *Tisch* setzen : 책상 앞에 앉다
  Er *setzte sich an den Tisch*. 그는 책상 앞에 앉았다.
- den *Tisch* decken : 식탁을 준비하다
  Decken Sie *den Tisch* bitte für 10 Personen! 10인분의 식탁을 준비해 주세요!

Der *Tisch* ist schon *gedeckt*. 식탁은 이미 준비되어 있다.

Sie legte (stellte) das Essen auf den *Tisch*. 그녀는 음식을 식탁 위에 놓았다.

Die ganze Familie sitzt um den *Tisch* und ißt zu Abend. 온 가족이 식탁 둘레에 앉아서 저녁 식사를 한다.

- jn. zu *Tisch* (zum Essen) einladen : (누구)를 식사에 초대하다
  Er hat mich *zu Tisch eingeladen*. 그는 나를 식사에 초대했다.
- bei *Tisch* sein (sitzen) : 식사중이다
  Er *ist* noch *bei Tisch*. 그는 아직 식사중이다.
  Als er kam, *saß* ich *bei Tisch*. 그가 왔을 때 나는 식사중이었다.
- nach (vor) *Tisch* : 식사 후(전)에
  Nach Tisch (dem Essen) ruhten wir uns⁴ aus. 식사 후에 우리는 휴식을 취했다.
  Vor Tisch (dem Essen) machte ich einen Spaziergang. 식사 전에 나는 산책을 했다.

der **Titel** [tíːtəl] -s/- ① 표제(表題) ② 칭호
Der *Titel* des Buches fällt mir nicht ein. 그 책의 이름이

생각나지 않는다.
Der Roman erschien zuerst unter einem anderen *Titel*. 그 소설은 처음에는 다른 서명(書名)으로 출판되었다.
Ich habe den *Titel* eines Doktors der Medizin. 나는 의학박사의 칭호를 가지고 있다.
Er hat einen akademischen *Titel*. 그는 학위(學位)를 가지고 있다.

die **Tochter** [tɔ́xtər] -/⸚ 딸 (↔der Sohn)
Er hat eine kleine *Tochter*. 그에게는 어린 딸이 있다.
Er hat drei Kinder, nämlich einen Sohn und zwei *Töchter*. 그는 아이가 셋이다. 즉 아들이 하나이고 딸이 둘이다.
Das Kind ist meine jüngste (älteste) *Tochter*. 그 아이는 나의 막내 딸(장녀)이다.
Sie haben eine *Tochter* bekommen. 그들은 딸을 낳았다.

der **Tod** [to:t] -[e]s/-e 죽음 (↔das Leben)
Er fürchtet den *Tod* nicht. 그는 죽음을 두려워하지 않는다.
Er hatte einen ruhigen *Tod*. 그는 조용히 숨을 거두었다.
Er war dem *Tode* nahe. 그에게 죽음이 임박했다.
Wir langweilen uns⁴ zu *Tode*. 우리는 지루해서 죽을 지경이다.
Im *Tod* sind alle gleich. 《Sprw》 죽음에는 만인이 평등하다.
● bis zum *Tode* : 죽을 때까지
　Sie war ihm *bis zum Tode* treu. 그녀는 죽을 때까지 그에게 충실했다.
● auf Leben und *Tod* : 생사(生死)를 걸고
　Es war ein Kampf *auf Leben und Tod*. 그것은 생사를 건 싸움이었다.
● jn. zum *Tode* verurteilen : (누구)에게 사형을 선고하다
　Der Verbrecher wurde *zum Tode verurteilt*. 그 범인은 사형 선고를 받았다.

tödlich [tǿ:tlıç] 形 치명적인
eine *tödliche* Wunde (Verletzung) 치명상(致命傷)
Es war ein *tödliches* Unglück. 그것은 치명적인 사고였다.
Die Krankheit war *tödlich*. 그 병은 치명적이었다.
Er wurde *tödlich* verwundet. 그는 치명상을 입었다.
Die Kugel hat ihn *tödlich* getroffen. 그는 총알에 맞아서 치명상을 입었다.

die **Toilette** [toalέtə] -/-n ① 화장실 ② 화장
● auf die *Toilette* gehen : 화장실에 가다
　Er *ging auf die Toilette*. 그는 화장실에 갔다.

Wo ist hier die *Toilette*? 여기 화장실은 어디에 있읍니까?
Meine Frau ist mit ihrer *Toilette* noch nicht fertig. 나의 아내는 화장이 아직 끝나지 않았다.
Sie erschien in großer *Toilette*. 그녀는 성장(盛裝)을 하고 나타났다.

der **Ton** [to:n] -[e]s/¨e ① 음〔색〕 ② 《복수 없음》 어조(語調) ③ 《복수 없음》 강음, 액센트 (der Akzent, die Betonung)
ein hoher (tiefer) *Ton* 고(저)음
Das Instrument hat einen schönen *Ton*. 그 악기는 음색이 아름답다.
Das Radio hat einen guten *Ton*. 그 라디오는 음질이 좋다.
Er sprach in ernstem (ruhigem) *Ton*. 그는 진지한(조용한) 어조로 말했다.
Der *Ton* liegt auf der ersten (zweiten) Silbe. 액선트는 첫번째(두번째) 음절에 있다.

das **Tonband** [tó:nbant] -[e]s/..bänder (테이프레코오드用의) 녹음 테이프
Das Lied wurde auf *Tonband* aufgenommen. 그 노래는 테이프에 녹음되었다.
Wir hörten das *Tonband* ab. 우리는 녹음 테이프를 들었다.

das **Tonbandgerät** [tó:nbantgərɛ:t] -[e]s/-e 녹음기
Sie schaltete das *Tonbandgerät* ein (ab). 그녀는 녹음기를 켰다(껐다).

tönen [tǿ:nən] 自 소리 나다, 울리다 (klingen)
Aus dem Saal *tönte* Musik. 홀에서·음악 소리가 났다.
Die Glocke *tönte* (läutete). 종이 울렸다.

der **Topf** [tɔpf] -[e]s/¨e 남비, 항아리 (der Krug)
ein leerer *Topf* 빈 남비(항아리)
ein *Topf* voll Wasser 물이 가득 찬 남비
Sie setzte (stellte) den *Topf* aufs Feuer. 그녀는 남비를 불 위에 올려 놓았다.
Sie hat einen *Topf* Kartoffeln aufgesetzt. 그녀는 감자 남비를 불에 얹었다.
Der *Topf* hat ein Loch. 그 남비는 구멍이 나 있다.
Ein kleiner (großer) *Topf* ist zerbrochen worden. 작은(큰) 단지가 깨뜨려졌다.

das **Tor** [to:r] -[e]s/-e ① 문(門) ② (球技의) 고울
Das *Tor* steht offen (geschlossen). 문이 열려(닫혀) 있다.
Er öffnete (schloß) das *Tor* der Garage. 그는 차고의 문을 열었다(닫았다).

Er schoß den Ball ins *Tor*. 그는 공을 고울 안으로 차 넣었다.

Der Spieler hat ein *Tor* geschossen. 그 선수는 슛을 했다.

der Tor [to:r] -en/-en 바보 (der Narr, der Dummkopf)

Du *Tor*! 이 바보야!

Er ist ein *Tor*! 그는 바보다!

Du bist ein richtiger *Tor*! 너는 정말 바보로구나!

tot [to:t] 形 죽은 (↔lebendig)

Er ist schon seit einem Jahr *tot*. 그는 죽은지 이미 1년이 된다.

Das Kind wurde *tot* geboren. 그 아이는 죽은 채로 태어났다.

Bei dem Unglück gab es viele *Tote*⁴. 그 사고로 많은 사망자가 생겼다.

töten [tǿ:tən] 他 죽이다

Er *tötete* einen Menschen. 그는 사람을 죽였다.

Sie wurde bei dem Unglück *getötet*. 그녀는 사고로 죽음을 당했다.

der Tourist [turíst] -en/-en 관광객

Im Sommer kommen viele *Touristen* nach Chejudo. 여름에는 많은 관광객이 제주도에 온다.

Diese Gegend wird von vielen *Touristen* besucht. 이 지방에는 많은 관광객이 찾아온다.

die Tradition [traditsió:n] -/-en 전통

Die Universität hat eine große *Tradition*. 그 대학은 오랜 전통을 가지고 있다.

tragen [trá:gən] trug, getragen 他 ① 나르다, 운반하다 ② (짐·책임 따위를) 지다 ③ 몸에 착용하고 있다 (anhaben) ④ 참다, 견디다 (ertragen)

Ich muß diesen Koffer bis zum Bahnhof *tragen*. 나는 이 트렁크를 역까지 운반해야 한다.

Sie *trägt* das Essen aus der Küche in das Zimmer. 그녀는 음식을 부엌에서 방으로 나른다.

Er *trug* den Rucksack auf dem Rücken. 그는 등에 배낭을 메었다.

Wer *trägt* die Verantwortung, wenn etwas passiert? 만일 무슨 일이 생기면 누가 그 책임을 지는가?

Sie *trägt* ein neues Kleid, einen weißen Hut und rote Schuhe. 그녀는 새 옷을 입고, 흰 모자를 쓰고, 빨간 구두를 신고 있다.

Er *trägt* eine Brille (einen neuen Anzug). 그는 안경을 끼고 있다(새 양복을 입고 있다).

Sie *trägt* eine Handtasche in der Hand. 그녀는 손에 핸드백을 들고 있다.

Er *trägt* ein Kind auf dem Arm. 그는 아이를 안고 있다.

Er *trägt* viel Geld bei sich. 그는 많은 돈을 휴대하고 있다.

Sie *trägt* ihr Schicksal (ihr Unglück) mit Geduld. 그녀는 자신의 운명(불행)을 인내로 견디어 낸다.

- Früchte *tragen* : 열매를 맺다

  Der Baum *trägt* [keine] *Früchte*. 그 나무는 열매가 열린다(열리지 않는다).

die **Träne** [trɛ́ːnə] -/-n 눈물

Sie hatte *Tränen* in den Augen. 그녀는 눈에 눈물을 글썽거렸다.

Sie sah mich mit *Tränen* in den Augen an. 그녀는 눈에 눈물을 머금고 나를 바라보았다.

Er wischte sich³ die *Tränen* aus den Augen. 그는 눈에서 눈물을 닦았다.

Ihre Augen waren voll[er] *Tränen*.

(=Ihre Augen waren voll von *Tränen*.) 그녀의 눈은 눈물로 가득찼다.

Die *Tränen* standen ihr in den Augen. 그녀의 눈에 눈물이 고였다.

Die *Tränen* liefen ihr aus den Augen. 그녀의 눈에서 눈물이 흘러내렸다.

Die *Tränen* liefen ihr über das Gesicht (die Wangen). 그녀의 얼굴(뺨)에 눈물이 흘러내렸다.

Ich war den *Tränen* nahe. 나는 눈물을 흘릴 뻔했다.

- in *Tränen* ausbrechen : 울음보를 터뜨리다

  Sie *brach* in *Tränen aus*. 그녀는 울음보를 터뜨렸다.

- unter *Tränen* : 눈물을 흘리면서

  Unter Tränen gestand er seine Schuld. 눈물을 흘리면서 그는 자기의 죄를 고백했다.

die **Traube** [tráubə] -/-n 포도〔송이〕

Ich kaufte vier Kilo (Kilogramm) *Trauben*. 나는 포도를 4킬로그램 샀다.

Die *Trauben* sind sauer. 이 포도는 시다.

trauen [tráuən] 自 〈jm.를〉 신용하다

Ich *traue* ihm nicht.

(=Ich glaube ihm nicht.) 나는 그를 믿지 않는다.

Seinem Worte (Seinen Worten) *traue* ich unbedingt. 그의 말을 나는 무조건 믿는다.

die **Trauer** [tráuər] -/-n ① 슬픔 (das Leid) ② 상(喪)

Ihre Augen sind voll[er] *Trauer*.
(=Ihre Augen sind voll von *Trauern*.) 그녀의 눈은 슬픔으로 가득 차 있다.

- um jn. *Trauer* tragen : (누구)의 상(喪)을 당하다
  Er *trägt Trauer um* seinen Vater. 그는 부친 상을 입고 있다.

trauern [tráuərn] 自 슬퍼하다

- über js. Tod⁴ *trauern* : (누구)의 죽음을 슬퍼하다
  Er *trauerte über den Tod* seiner Frau. 그는 아내의 죽음을 슬퍼했다.
- um jn. *trauern* : (누구)의 죽음을 애도하다
  Wir alle *trauern um* unseren Präsidenten. 우리 모두는 우리 대통령의 죽음을 애도하고 있다.

der **Traum** [traum] -[e]s/ˉe 꿈

Er erwachte aus dem *Traum*. 그는 꿈에서 깨었다.
Im *Traum* sah ich einen Engel. 꿈에 나는 천사를 보았다.
Ich hatte (träumte) diese Nacht⁴ einen schönen *Traum*. 나는 간밤에 아름다운 꿈을 꾸었다.
Es ist mein *Traum*, einmal nach Deutschland zu fahren. 독일에 한번 가는 것이 나의 꿈이다.
Mein *Traum* hat sich⁴ erfüllt. 나의 꿈은 이루어졌다.
Mein *Traum* ist aus (ausgeträumt). 나의 꿈은 사라졌다.
Alles war ein *Traum*. 모든 것은 꿈이었다.
Das ist mir nicht im *Traum* eingefallen.
(=Das hätte ich mir nie träumen lassen.) 나는 그것을 꿈에도 생각지 못했다.

träumen [trɔ́ymən] 自他 꿈을 꾸다

- von et. *träumen* : (무엇)의 꿈을 꾸다
  Ich *träumte von* meiner Heimat.
  (=Es *träumte* mir *von* meiner Heimat.) 나는 고향 꿈을 꾸었다.
  Ich habe *von* dir *geträumt*. 나는 너의 꿈을 꾸었다.
  Ich habe heute nacht (diese Nacht⁴) schlecht *geträumt*. 나는 간밤에 나쁜 꿈을 꾸었다.
  Was hast du *geträumt*? 너는 무슨 꿈을 꾸었니?
  Ich *träumte* etwas Schreckliches. 나는 어떤 무서운 꿈을 꾸었다.

- einen Traum *träumen* (haben) : 꿈을 꾸다
  Sie *träumte* (*hatte*) *einen* süßen *Traum*. 그녀는 달콤한 꿈을 꾸었다.

traurig [tráuriç] 形 슬픈 (↔freudig, froh)
  eine *traurige* Nachricht 슬픈 소식
  Mache nicht so ein *trauriges* Gesicht! 그렇게 슬픈 얼굴을 하지 마라!
  Als er fortging, war ich sehr *traurig*. 그가 떠날 때 나는 매우 슬펐다.
  Das ist *traurig*, aber wahr. 그것은 슬픈 일이지만 사실이다.
  Er sieht *traurig* aus. 그는 슬퍼 보인다.
  Das hat mich *traurig* gemacht. 그것은 나를 슬프게 했다.

treffen [tréfən] traf, getroffen 他 ① 만나다 (begegnen) ② 맞히다
  Ich *traf* ihn auf der Straße (zu Hause).
  (=Ich begegnete ihm auf der Straße.) 나는 그를 거리(집)에서 만났다.
  Ich habe ihn zufällig im Kino *getroffen*. 나는 그를 우연히 영화관에서 만났다.
  Wo *treffen* wir uns⁴ morgen? 내일 어디에서 만날까요?
  Wir wollen uns⁴ hier (vor dem Kino) *treffen*! 여기에서 (영화관 앞에서) 만납시다!
  Er *traf* den Vogel mit der Kugel. 그는 총알로 새를 맞혔다.
  Die Kugel hat ihn ins Herz *getroffen*. 총알이 그의 심장에 명중했다.
  Der Blitz hat das Haus *getroffen*.
  (=Das Haus ist vom Blitz *getroffen* worden.) 벼락이 그 집에 떨어졌다.
  Ihr Blick *traf* den mein[ig]en. 그녀의 시선이 나의 시선과 마주쳤다.
  Unsere Blicke *trafen* sich⁴. 우리의 시선이 서로 마주쳤다.

treiben [tráibən] trieb, getrieben 他 ① 몰다 ② 움직이다 (bewegen) ③ 행하다 (tun)
  Er *treibt* Kühe in den Stall. 그는 소들을 외양간으로 몰아넣는다.
  Der Hirt *trieb* das Vieh auf die Wiese. 목자(牧者)는 가축을 초원(목장)으로 몰았다.
  Er wurde aus dem Hause *getrieben*. 그는 집에서 쫓겨났다.
  Der Motor *treibt* die Maschine. 모터가 기계를 움직인다.

Das Wasser *treibt* das Mühlrad. 물이 물레바퀴를 돌린다.
Was *treibst* du denn? 너는 도대체 무엇을 하고 있니(어떻게 지내니)?
Was hast du den ganzen Tag *getrieben*? 너는 하루 종일 무엇을 했니?
- Sport (Handel) *treiben* : 스포츠(장사)를 하다
  Er *treibt* allerlei *Sporte*. 그는 여러 가지 스포츠를 한다.
  Er *treibt Handel* mit Obst (Radioapparaten). 그는 과일장사(라디오상)를 한다.

trennen [trÉnən] 1. 他 가르다, 떼어 놓다 (↔verbinden) 2. 再 《sich⁴》 헤어지다 ; 서로 갈라지다
Der Fluß *trennt* zwei Dörfer. 강이 두 마을의 경계를 이루고 있다.
Nichts kann uns *trennen*. 그 무엇도 우리를 갈라 놓을 수 없다.
Ich habe das Brett mit der Säge in zwei Teile *getrennt*. 나는 톱으로 그 송판을 둘로 잘랐다.
Wir *trennten uns* erst am Abend. 우리는 저녁에야 비로소 헤어졌다.
An der Straßenecke *trennten* sie *sich*. 길 모퉁이에서 그들은 헤어졌다.
- sich⁴ von jm. *trennen* : (누구)와 헤어지다
  Er *trennte sich von* seiner Frau. 그는 부인과 헤어졌다.
  Ich *trenne mich* nicht gern *von* ihm. 나는 그와 헤어지기 싫다.

die **Treppe** [trÉpə] -/-n 계단
Er steigt (geht) die *Treppe*⁴ hinauf. 그는 계단을 올라간다.
Er geht die *Treppe*⁴ hinunter (hinab). 그는 계단을 내려간다.
Er eilte die *Treppe*⁴ hinauf. 그는 계단을 급히 올라갔다.
Sie lief rasch die *Treppe*⁴ hinunter. 그녀는 재빨리 계단을 뛰어 내려갔다.
Er kam die *Treppe*⁴ herunter. 그는 계단을 내려왔다.
Er ist die *Treppe*⁴ hinuntergefallen. 그는 계단에서 떨어졌다.
Er fiel auf der *Treppe*. 그는 계단에서 넘어졌다.

treten [tré:tən] trat, getreten; du trittst, er tritt 自 ① 《s》 걷다 ② 《h》 밟다
Er *tritt* ans Fenster (vor den Spiegel). 그는 창가로(거울 앞으로) 간다.

Er *trat* aus dem Haus. 그는 집에서 나왔다.
Er ist ins Zimmer *getreten*. 그는 방으로 들어갔다.
Bitte *treten* Sie näher! 좀 더 가까이 오십시오!
- zur Seite *treten* (gehen): 비키다
 Treten Sie bitte *zur Seite*! 좀 비켜 주십시오!
 Er *trat* (*ging*) *zur Seite*. 그는 옆으로 비켰다.
- jm. (jn) auf den Fuß *treten*: (누구)의 발을 밟다
 Er *trat* mir (mich) *auf den Fuß*. 그는 내 발을 밟았다.

treu [trɔy] 形 **충실한, 성실한** (↔untreu)
- jm. *treu* sein (bleiben): (누구)에게 충실·성실하다
 Er ist seiner Frau *treu*. 그는 자기 부인에게 성실하다.
 Bleib dir selbst *treu*! 네 자신에게 충실해라!
Er ist ein *treuer* Mensch. 그는 성실한 사람이다.
Er hat seine Pflicht *treu* erfüllt. 그는 자기의 의무를 충실히 수행했다.

die **Treue** [trɔ́yə] -/ **충실, 성실, 신의(信義)** (↔der Verrat)
- jm. die *Treue* halten (brechen): (누구)에 대하여 신의를 지키다(깨뜨리다)
 Ich *hielt* (bewahrte) ihm *die Treue*. 나는 그에게 신의를 지켰다.
 Er *brach* mir *die Treue*. 그는 나에 대하여 신의를 저버렸다.

der **Trieb** [tri:p] -[e]s/-e **충동, 욕구**
Er hat keinen *Trieb* zum Studieren. 그는 향학심이 조금도 없다.
aus eigenem *Triebe* 자발적으로

trinken [tríŋkən] trank, getrunken 他自 **마시다**
Was *trinken* Sie? 당신은 무엇을 마시겠읍니까?
Ich möchte [ein Glas] Wasser *trinken*. 나는 물을 [한 잔] 마시고 싶다.
Ich *trinke* Bier gern. 나는 맥주를 즐겨 마신다.
Er *trinkt* zuviel. 그는 술을 너무 많이 마신다.
Er *trank* aus der Flasche. 그는 병 채로 마셨다.
- ein Glas leer *trinken*: 잔을 마셔서 비우다
 Er *trank* sein *Glas* (eine Flasche Wein) *leer*. 그는 잔을 (포도주 1병을) 마셔서 비웠다.
- auf js. Gesundheit⁴ *trinken*: (누구)의 건강을 위해 축배를 들다
 Trinken wir *auf* unsere *Gesundheit* (unser Wohl)! 우리의 건강을 위해 축배를 듭시다!

der **Tritt** [trɪt] -[e]s/-e 걸음, 보조 (der Schritt)
Sie hat einen leichten (schweren) *Tritt*. 그녀는 발걸음이 가볍다(무겁다).
Draußen hörte man *Tritte* (Schritte). 밖에서 발걸음 소리가 들렸다.
- mit schwerem (leichtem) *Tritt* : 무거운(가벼운) 걸음으로
  Sie ging *mit schwerem Tritt* nach Haus. 그녀는 무거운 걸음으로 집으로 갔다.
- *Tritt* für *Tritt* (=Schritt für Schritt) : 한 걸음 한 걸음
  Sie kam *Tritt für Tritt* näher. 그녀는 한 걸음 한 걸음 다가왔다.
- in gleichem (im gleichen) *Tritt* : 보조를 맞추어
  Die Soldaten marschierten *in gleichem Tritt*. 군인들은 보조를 맞추어 행진했다.
- mit jm. *Tritt* halten : (누구)와 보조를 맞추다
  Sie hielt mit uns *Tritt* (Schritt). 그녀는 우리와 보조를 맞추었다.

trocken [trɔ́kən] 形 ① 건조한 (↔feucht, naß) ② 무미건조한
trockene Luft 건조한 공기
Die Wäsche ist noch nicht *trocken*.
(=Die Wäsche ist noch nicht getrocknet.) 빨래는 아직 마르지 않았다.
Die nassen Kleider sind ganz *trocken*. 젖은 옷들이 완전히 말랐다.
Sein Vortrag war sehr *trocken* (langweilig). 그의 강연은 매우 지루했다.

trocknen [trɔ́knən] 1. 他 말리다 2. 自 《s》 마르다
Sie *trocknet* die Wäsche in der Sonne. 그녀는 빨래를 햇볕에 말린다.
Bei gutem Wetter *trocknet* die Wäsche rasch. 날씨가 좋으면 빨래는 빨리 마른다.
Die Wäsche ist ganz *getrocknet*.
(=Die Wäsche ist ganz trocken.) 빨래는 완전히 말랐다.
Die nasse Kleidung ist noch nicht *getrocknet*. 젖은 의복이 아직 마르지 않았다.

der **Tropfen** [trɔ́pfən] -s/- 물방울
ein *Tropfen* Wasser (Blut, Öl) 물(피, 기름) 한 방울
Seit Wochen ist kein *Tropfen* Regen gefallen. 몇 주째 비 한 방울 내리지 않았다.
Es regnet in großen *Tropfen*. 큰 빗방울이 떨어진다.

Er leerte die Flasche bis auf den letzten *Tropfen*. 그는 병을 마지막 한 방울까지 비웠다.

Steter *Tropfen* höhlt den Stein. 《Sprw》 끊임없이 떨어지는 물방울은 돌에 구멍을 낸다.

der Trost [tro:st] -es/ 위로, 위안
- jm. *Trost* geben : (누구)를 위로하다
Seine Worte *gaben* mir *Trost*.
(=Seine Worte trösteten mich.) 그의 말은 나에게 위로가 되었다.

Das ist mir ein *Trost*. 그것은 나에게 위안이 된다.

Ihre Kinder waren ihr einziger *Trost*. 자녀들이 그녀의 유일한 위안이었다.

trösten [trǿ:stən] 他 위로하다
- jn. über et.⁴ *trösten* : (누구)의 (무엇)을 위로하다
Wir *trösteten* ihn *über* das Unglück. 우리는 그의 불행을 위로했다.

Seine Worte *trösteten* mich. 그의 말은 나에게 위로가 되었다.

Die Mutter *tröstet* das weinende Kind. 어머니는 우는 아이를 달랜다.

trotz [trɔts] 前 《2격·3격》 ~에도 불구하고
Trotz des Regens (des schlechten Wetters) ging er aus. 비가 오는데도(날씨가 나쁜데도) 불구하고 그는 외출했다.

Sie ist *trotz* allem Fleiß bei der Prüfung durchgefallen. 그녀는 매우 근면했는데도 불구하고 시험에 낙제했다.

trotzdem [trɔ́tsde:m] 副 그럼에도 불구하고 (dennoch)
Er war faul, *trotzdem* hat er die Prüfung bestanden. 그는 게을렀다. 그럼에도 불구하고 그는 시험에 합격했다.

Es regnete stark (heftig), *trotzdem* gingen wir aus. 비가 몹시 왔다. 그럼에도 불구하고 우리는 외출했다.

trüb[e] [try:p, trý:be] 形 ① 흐린 (↔klar); 탁한 ② 침울한
Es ist heute *trübes* Wetter.
(=Heute ist *trübes* Wetter.) 오늘은 날씨가 흐리다.

Seit einigen Tagen herrscht *trübes* Wetter. 며칠 전부터 흐린 날씨가 계속되고 있다.

Der Spiegel ist ganz *trüb*. 거울이 아주 흐리다.

Die Lampe brennt *trüb*. 등불이 희미하게 타고 있다.

In *trübem* Wasser leben keine Fische. 탁한 물에는 고기가 살지 않는다.

Er war in *trüber* Stimmung. 그는 기분이 침울했다.

die Truppe [trúpə] -/-n 부대(部隊), 《복수로》 군대
Die *Truppe* zog ins Feld. 그 부대는 전쟁터로 나갔다.
Alles wurde durch die *Truppen* zerstört. 모든 것은 군대에 의하여 파괴되었다.

das Tuch [tu:x] -[e]s/ⁿer [týːçər] 〈종류를 나타낼 경우: -e〉 천 (der Stoff); 수건
Das Kleid ist aus feinem *Tuch* (Stoff). 그 옷은 좋은 천으로 되어 있다.
Er trägt einen Anzug aus englischem *Tuch*. 그는 영국제 옷감으로 된 양복을 입고 있다.
Er band sich³ ein *Tuch* um den Kopf. 그는 머리에 수건을 동여 매었다.
Mit dem Taschen*tuch* putzt er sich³ die Nase. 손수건으로 그는 코를 닦는다.

tüchtig [týçtɪç] 1. 形 유능한, 숙련된 (geschickt) 2. 副 충분히, 심히
Er ist ein sehr *tüchtiger* Fachmann. 그는 매우 유능한 전문가다.
Er ist ein *tüchtiger* Arbeiter (ein Facharbeiter). 그는 숙련공이다.
• in et.³ *tüchtig* sein : (무엇)에 능숙하다
Er ist *tüchtig* in seinem Fach. 그는 자기의 전문분야에 정통하다.
• zu et. *tüchtig* sein : (무엇)에 쓸모가 있다
Er ist *zu* nichts *tüchtig*. 그는 아무데도 쓸모가 없다.
Iß *tüchtig*! 실컷 먹어라!
Er hat sich⁴ *tüchtig* geärgert. 그는 몹시 화가 났다.

die Tugend [túːɡənt] -/-en 미덕(美德), 덕행(德行)
Die Treue ist eine *Tugend*. 성실은 하나의 미덕이다.
Alle lobten die *Tugend* des Mädchens. 모두가 그 소녀의 덕행을 칭찬했다.

die Tulpe [túlpə] -/-n 튜울립
In Holland werden viele *Tulpen* gezogen. 네델란드에서는 많은 튜울립이 재배되고 있다.
Holland ist durch die Zucht der *Tulpen* berühmt. 네델란드는 튜울립의 재배로 유명하다.

tun [tuːn] tat, getan 他 自 하다, 행하다
Ich habe alles selbst *getan*. 내 자신이 모든 것을 했다.
Ich habe mein Bestes *getan*. 나는 최선을 다했다.
Er hat viel Gutes *getan*. 그는 좋은 일을 많이 했다.

Du sollst deine Pflicht *tun*. 너는 너의 의무를 다 해야 한다.
Ich habe viel (nichts) zu *tun*. 나는 할 일이 많다(없다).
Ich *tue*, was ich kann. 나는 내가 할 수 있는 것을 한다.
Was soll ich *tun*? 나는 어떻게 해야 하나?
Was hast du denn *getan*? 너는 도대체 무엇을 했니?
Er *tut*, als ob er viel Geld hätte. 그는 마치 돈이 많은 것 처럼 행동한다.
Er *tat*, als ob er schliefe. 그는 자는 척 했다.
Es *tut* mir leid. 그것은 유감스러운 일이다.
Es *tut* mir leid, daß Sie auf mich warten mußten. 저를 기다리게 해서 죄송합니다.
- Salz (Zucker) *tun* : 소금(설탕)을 넣다
  Sie *tut* Salz in die Suppe (an die Speisen). 그녀는 수프 (음식)에 소금을 넣는다.
  In der Tasse *tut* er *Zucker*. 그는 잔에 설탕을 넣는다.

die **Tür** [ty:r] -/-en 문
Bitte öffnen (schließen) Sie die *Tür*!
(=Bitte machen Sie die *Tür* auf (zu)!) 문을 열어 주세요 (닫아 주세요)!
Die *Tür* ist (steht) offen.
(=Die *Tür* ist auf.) 문이 열려 있다.
Die *Tür* steht weit auf (offen). 문이 활짝 열려 있다.
Die *Tür* ist geschlossen.
(=Die *Tür* ist zu.) 문이 닫혀 있다.
Weihnachten steht vor der *Tür*. 크리스마스가 박두했다.
- an die *Tür* klopfen : 문을 두드리다
  Jemand *klopft an die Tür*. 누가 문을 두드린다.
  Es *klopft an der (die) Tür*. 문 두드리는 소리가 난다.

der **Turm** [turm] -[e]s/⸚e 탑
Die Kirche hat einen hohen *Turm*. 그 교회에는 높은 탑이 있다.
Er stieg auf den *Turm*.
(=Er bestieg den *Turm*.) 그는 탑에 올라갔다.

der **Typ** [ty:p] -s/-en 형(型)
Er fährt ein Auto vom neuesten *Typ*. 그는 최신형의 자동 차를 운전하고 있다.
Sie ist nicht mein *Typ*. 그녀는 내가 좋아하는 형이 아니다.

U

übel [ýːbəl] 形 나쁜 (schlimm, schlecht) (↔wohl, gut)
ein *übler* Bursche 불량 청년
ein *übler* Geruch 악취
eine *üble* (schlechte) Gewohnheit 나쁜 버릇
Das ist nicht so *übel* (schlimm). 그것은 그렇게 나쁘지 않다.
Mir ist *übel*.
(=Ich fühle mich *übel*.) 나는 기분이 나쁘다.
Er hat einen *üblen* Ruf.
(=Er steht in einem *üblen* Ruf.) 그는 평판이 나쁘다.
Sie ist in einer *üblen* Lage.
(=Sie befindet sich⁴ in einer *üblen* Lage.) 그녀는 곤란한 상태에 있다(곤궁에 빠져 있다).
Er hat *übel* von dir gesprochen. 그는 너를 나쁘게 말했다.
Sie hat es *übel* aufgenommen. 그녀는 그것을 나쁜 뜻으로 받아 들였다.
 ● wohl oder *übel* : 좋든 나쁘든
  Wohl oder übel muß ich es tun. 좋든 나쁘든 나는 그것을 해야만 한다.

üben [ýːbən] 1. 他 ① 연습하다 ② 행사하다 2. 再 《sich⁴》 自 연습하다
Er *übt* ein Lied. 그는 노래 연습을 한다.
Sie *übt* täglich zwei Stunden⁴ [auf dem] Klavier. 그녀는 매일 2시간 피아노 연습을 한다.
Er *übte* Gewalt. 그는 폭력을 행사했다.
Er hat eine Tugend *geübt*. 그는 덕(德)을 베풀었다.
Sie *übt* [sich⁴] im Schwimmen. 그녀는 수영 연습을 한다.
Sie *übt* [sich⁴] fleißig auf dem Klavier. 그녀는 열심히 피아노 연습을 한다.
Du mußt viel *üben*. 너는 연습을 많이 해야 한다.

über [ýːbər] 前 《3·4격》〈정지의 위치 또는 운동의 장소를 나타내는 경우는 3격 지배, 운동의 방향을 나타내는 경우는 4격 지배〉① ~위에(3격), ~위로(4격) ② ~넘어(3격), ~넘어로(4격) ③ 〈地名과〉 ~을 경유하여(4격) ④ ~에 관하여(4격)
Das Bild hängt *über* der Tür. 그림이 문 위에 걸려 있다.
Die Wolke schwebt *über* dem Berge. 구름이 산 위에 떠 있다.

überall 440

Er wohnt *über* mir. 그는 나의 위층에 살고 있다.
Er steht hoch *über* mir. 그는 나보다 훨씬 훌륭하다.
Ich bin *über* dem Buch (dem Lesen) eingeschlafen. 나는 책을 읽다가 잠들어버렸다.
Er wohnt *über* der Straße. 그는 길 건너편에 살고 있다.
Unser Haus liegt *über* dem Fluß. 우리 집은 강 건너편에 있다.
Amerika liegt *über* dem Meer. 미국은 바다 저편에 있다.
Er hängt das Bild *über* die Tür. 그는 그림을 문 위에 건다.
Ein Vogel flog *über* das Dach. 새 한 마리가 지붕 위로 날아갔다.
Er geht *über* die Straße. 그는 길을 건너간다.
Er sprang *über* den Bach. 그는 개천을 뛰어 넘었다.
Dieses Buch kostet *über* 30 Mark⁴. 이 책 값은 30마르크가 넘는다.
Ich bin schon *über* 60 Jahre⁴ alt. 나는 이미 60세를 넘어섰다.
Es war schon *über* Mitternacht⁴. 벌써 자정이 지났다.
Der Zug fährt *über* Stuttgart nach Frankfurt. 기차는 슈툴가르트를 경유하여 프랑크푸르트로 간다.
Sie liest ein Buch *über* Deutschland⁴. 그녀는 독일에 관한 책을 읽고 있다.
Wie denkst du dar*über*? 너는 그것에 대하여 어떻게 생각하니?

überall [y:bər-ál] 🔳 도처에, 어디에서나
Das bekommt man *überall*. 그것은 어디에서나 얻을 수 있다.
Das findet man *überall*. 그것은 어디에나 있다.
● von *überall* her : 도처에서부터
Sie kamen *von überall her*. 그들은 도처(사방 팔방)에서 왔다.

überhaupt [y:bərháupt] 🔳 ① 대개, 일반적으로 ② ⟨否定詞와⟩ 결코(전혀) …않다
Am Sonntag ist er *überhaupt* zu Hause. 일요일에는 그는 대개 집에 있다.
Ich liebe *überhaupt* die Tiere nicht. 나는 대체로 동물들을 좋아하지 않는다.
Ich glaube ihm *überhaupt nicht* mehr. 나는 이제는 결코 그를 믿지 않는다.
Ich habe *überhaupt keinen* Hunger. 나는 전혀 배가 고프지 않다.

überlassen [y:bərlásən] überließ, überlassen 他 〈jm.에게 et.⁴을〉 맡기다
Die Entscheidung *überlasse* ich Ihnen. 결정은 당신에게 맡기겠읍니다.
Ich *überlasse* es deinem Ermessen. 나는 그것을 너의 판단에 맡긴다.
Ich *überließ* es ihm, den Brief zu schreiben. 나는 편지 쓰는 것을 그에게 맡겼다.

überlegen¹ [y:bərlé:gən] 他 숙고(熟考)하다 (nachdenken)
- [sich³] et.⁴ *überlegen* : (무엇)을 숙고하다
Ich will *mir* die Sache (die Frage) *überlegen*. 나는 그 일(그 문제)을 곰곰히 생각해 보겠다.
Sie hat es *sich*³ wohl *überlegt*. 그녀는 그것을 잘 생각해 보았다.

überlegen² [y:bərlé:gən] 形 〈jm.보다 an (in) et.³에 있어서〉 뛰어난, 능가하는
Er ist mir *an* Kraft³ weit *überlegen*.
(=Er übertrifft mich an Kraft³ bei weitem.) 그는 나보다 훨씬 힘이 세다.
Er ist mir *in* jeder Beziehung *überlegen*. 그는 모든 점에서 나보다 낫다.

übermorgen [ý:bərmɔrgən] 副 모레
Ich komme *übermorgen* wieder. 나는 모레 다시 오겠다.
Er kommt *übermorgen* abend. 그는 모레 저녁에 온다.
Welcher Tag ist *übermorgen*? 모레는 무슨 요일이니?
Übermorgen ist Mittwoch. 모레는 수요일이다.
Der wievielte ist *übermorgen*? 모레는 며칠이니?
Übermorgen ist der 5. März. 모레는 3월 5일이다.

übernachen [y:bərnáxtən] 自 밤을 지내다, 묵다
Wo haben Sie gestern *übernachtet*? 당신은 어제 어디에서 묵었읍니까?
Wir *übernachteten* mehrere Tage⁴ in einem Hotel. 우리는 며칠간 호텔에서 묵었다.
Ich habe bei meinem Freund *übernachtet*. 나는 나의 친구 집에서 밤을 지냈다.

überqueren [y:bərkvé:rən] 他 횡단하다
Man muß vorsichtig sein, wenn man eine Straße *überquert*. 길을 건널 때는 조심해야 한다.
Er hat mit einem Boot den Fluß *überquert*. 그는 보트를 타고 강을 건넜다.

überraschen [y:bərráʃən] 他 놀라게 하다, 불시에 덮치다
Er *überraschte* mich durch seinen Besuch.
(=Sein Besuch hat mich *überrascht*.) 그는 돌연한 방문으로 나를 놀라게 했다.
Wir wurden vom Regen *überrascht*.
(=Der Regen *überraschte* uns.) 우리는 뜻밖에 비를 맞았다.
Ich erhielt heute eine *überraschende* Nachricht. 나는 오늘 놀랄 만한(뜻밖의) 소식을 받았다.

die **Überraschung** [y:bərráʃuŋ] -/-en 놀람 ; 뜻밖의 일
Zu meiner *Überraschung* hat sie es getan. 놀랍게도 그녀가 그것을 했다.
Sein Besuch war für uns alle eine *Überraschung*. 그의 방문은 우리 모두에게 뜻밖의 일이었다.

übersetzen[1] [y:bərzétsən] 他 번역하다 (übertragen)
Übersetzen Sie den Satz ins Deutsche! 이 문장을 독일어로 번역하시오!
Er *übersetzte* das Buch aus dem Deutschen ins Koreanische. 그는 그 책을 독일어에서 한국어로 번역했다.
Wer hat diesen Roman *übersetzt*? 이 소설의 역자(譯者)는 누구인가?

über|setzen[2] [ý:bərzɛtsən] 他 건네 주다
Der Fährmann hat uns ans andere Ufer *übergesetzt*. 뱃사공이 우리를 강 저편으로 건네 주었다.

die **Übersetzung** [y:bərzétsuŋ] -/-en 번역〔서〕
Ich habe eine koreanische *Übersetzung* des Romans gelesen. 나는 그 소설을 한국어로 번역한 것을 읽었다.
Ich habe den Roman in der *Übersetzung* gelesen. 나는 그 소설을 번역서로 읽었다.

übertragen [y:bərtrá:gən] übertrug, übertragen 他 ① 번역하다 (übersetzen) ② (라디오·텔레비젼으로) 중계하다
Ich habe das Gedicht ins Deutsche *übertragen* (übersetzt). 나는 그 시(詩)를 독일어로 번역했다.
Das Fußballspiel wurde im Rundfunk (Radio) und Fernsehen *übertragen*. 그 축구 경기는 라디오와 텔레비젼으로 중계되었다.

übertreffen [y:bərtréfən] übertraf, übertroffen 他 ⟨jn.보다 an (in) et.³에 있어서⟩ 뛰어나다, 능가하다
Sie *übertreffen* uns⁴ *an* Zahl bei weitem.
(=Sie sind uns³ an Zahl weit überlegen.) 그들은 수(數)에 있어서 우리들을 훨씬 능가한다.

Sie *übertrifft* mich *in* der Mathematik. 그녀는 수학에서는 나보다 낫다.

überwinden [y:bərvíndən] überwand, überwunden 他 극복하다

Wir haben alle Hindernisse (Schwierigkeiten) *überwunden*. 우리는 모든 장해(곤란)을 극복했다.

Er versuchte, seine Schwäche zu *überwinden*. 그는 자기의 약점을 극복하려고 노력했다.

überzeugen [y:bərtsɔ́ygən] 1. 他 〈jn.에게 von et.을〉 납득·확신시키다 2. 再 〈sich⁴ von et.을〉 확신하다

Ich *überzeugte* ihn *von* seinem Irrtum. 나는 그에게 그의 잘못을 납득시켰다.

Ich *überzeuge* mich *von* seiner Unschuld.
(=Ich bin fest *von* seiner Unschuld *überzeugt*.) 나는 그의 무죄(결백)를 확신한다.

● von et. *überzeugt* sein : (무엇)을 확신하고 있다

Ich bin fest davon *überzeugt*, daß Sie recht haben. 나는 당신이 옳다는 것을 확신하고 있읍니다.

übrig [ýːbrɪç] 形 남은, 나머지의

Ich kaufte ein Buch mit dem *übrigen* Geld. 나는 남은 돈으로 책 한 권을 샀다.

Von den 50 Mark ist nichts mehr *übrig*.
(=Von den 50 Mark habe ich nichts mehr *übrig*.) 그 50마르크는 이제 한푼도 남지 않았다.

Die *übrigen* Schüler können nach Hause gehen. 나머지 학생들은 집에 가도 좋다.

Die *übrigen* Gäste fuhren am nächsten Tag ab. 나머지 손님들은 다음 날 떠났다.

Er verbrachte *übrige* Tage seines Lebens auf dem Lande. 그는 여생(余生)을 시골에서 보냈다.

● im *übrigen* (=übrigens) : 그 밖의 점에서는

Im übrigen hast du recht. 그 밖의 점에서는 네가 옳다.

übrig|bleiben [ýːbrɪçblaɪbən] blieb übrig, übriggeblieben 自 《s》 남아 있다

Es *blieb* am Strand nichts anderes *übrig* als eine kleine Hütte des Fischers. 해변에는 어부의 한 조그마한 오두막 외에는 다른 아무 것도 남아 있지 않았다.

Es *bleibt* uns³ nichts anderes *übrig*, als hier zu warten.
(=Uns³ *bleibt* nichts anderes *übrig*, als hier zu warten.) 우리는 여기서 기다리는 것 외에는 다른 방법이 없다.

übrigens [ýːbrɪɡəns] 副 그 밖의 점에서는; 그 밖에도; 그런데
 Übrigens (Im übrigen) hast du recht. 그 밖의 점에서는 네가 옳다.
 Übrigens ist sie älter, als wir glauben. 그 밖에도 그녀는 우리가 생각하기보다 나이가 많다.
 Übrigens, hast du dir den Film schon angesehen? 그런데, 너는 그 영화를 벌써 보았니?

die **Übung** [ýːbuŋ] -/-en 연습
 Diese grammatische *Übung* ist schwer. 이 문법 연습은 어렵다.
 Es fehlt ihm an *Übung*[3]. 그는 연습이 부족하다.
 Übung macht den Meister. 《Sprw》 연습이 대가(大家)를 만든다.

das **Ufer** [úːfər] -s/- 물가, 강가, 바닷가
 Die Kinder spielen am *Ufer*. 아이들이 물가에서 놀고 있다.
 Die Stadt liegt am *Ufer* der Donau. 그 도시는 도나우 강변에 있다.
 An beiden *Ufern* des Rheins sind schöne Weinberge. 라인 강의 양쪽 강변에는 아름다운 포도원이 있다.
 Wir lagen am *Ufer* (Meeresufer) und sonnten uns[4]. 우리는 바닷가에 누워서 일광욕을 했다.

die **Uhr** [uːr] -/-en ① 시계 ②《복수 없음》…시(時)
 eine goldene *Uhr* 금시계
 Die *Uhr* geht richtig (falsch). 그 시계는 맞다(틀린다).
 Die *Uhr* geht ein wenig nach (vor). 그 시계는 약간 늦다(빠르다).
 Meine *Uhr* geht nicht.
 (=Meine *Uhr* steht.) 나의 시계는 가지 않는다.
 Die *Uhr* schlägt zehn.
 (=Es schlägt zehn *Uhr*.) 시계가 10시를 친다.
 Er sah auf die *Uhr* (nach der *Uhr*). 그는 시계를 보았다.
 Er stellte seine *Uhr*. 그는 자기의 시계를 맞추었다.
 Der Zeiger der *Uhr* steht auf zehn Minuten nach zehn. 시계 바늘은 10시 10분을 가리키고 있다.
 Nach meiner *Uhr* ist es bereits zwölf. 내 시계로는 벌써 12시다.
 Wieviel *Uhr* ist es?
 (=Wie spät ist es?) 몇 시(時)니?
 Es ist ein *Uhr* (eins). 1시다.
 Es ist 2 *Uhr* 30 (2,30 *Uhr*). 2시 30분이다.

Um wieviel *Uhr* kommt er? 그는 몇 시에 오니?
Er kommt um (gegen) 3 *Uhr*. 그는 3시(경)에 온다.
Er kam Punkt 4 *Uhr*.
(=Er kam pünktlich um 4 *Uhr*.) 그는 정각 4시에 왔다.
Der Zug fährt um 12 *Uhr* 30 ab. 기차는 12시 30분에 출발한다.
Das Geschäft ist von 10 bis 20 *Uhr* geöffnet. 그 상점은 10시부터 20시까지 문을 연다.
um 12 *Uhr* mittags (nachts) 낮(밤) 12시에
um [um] 1. 前 《4격》 ① ~주위(둘레)에 ② 《정확한 시각》 ~시(時)에 ; 《대략의 시각》 ~무렵에 ③ 《정도》 ~만큼 2. 接 〈zu 부정법과〉 …하기 위하여
Die ganze Familie sitzt *um* den Tisch. 온 가족이 식탁 둘레에 앉아 있다.
Die Erde dreht sich⁴ *um* die Sonne. 지구는 태양의 주위를 돈다.
Er geht *um* die Ecke. 그는 모퉁이를 돌아간다.
Wir sind *um* ganz Seoul herumgefahren. 우리는 서울 전역을 차로 일주(一周)했다.
Der Unterricht beginnt *um* 9 Uhr. 수업은 9시에 시작된다.
Ich kam *um* 12 Uhr nachts nach Hause. 나는 밤 12시에 집으로 왔다.
um 10 Uhr vormittags (=vormittags *um* 10 Uhr) 오전 10시에
um 1 Uhr nachmittags (=nachmittags *um* 1 Uhr) 오후 1시에
um 6 Uhr abends (=abends *um* 6 Uhr) 저녁 6시에
um Mitternacht 한밤중에, 자정에
Um Weihnachten kommt er zurück. 크리스마스때쯤 그는 돌아온다.
Voriges Jahr⁴ *um* diese Zeit war ich in Deutschland. 작년 이맘때쯤 나는 독일에 있었다.
Sie kam *um* zehn Minuten zu spät. 그녀는 10분 정도 지각했다.
Er ist *um* einen Kopf größer als sie. 그는 그녀보다 머리 하나 정도 키가 크다.
Man ißt, *um zu* leben.
(=Man ißt, damit man lebt.) 사람은 살기 위해 먹는다.
Wir gingen in die Stadt, *um* ein*zu*kaufen. 우리는 쇼핑을 하기 위해 시내로 갔다.

der **Umgang** [úmgaŋ] -[e]s/..gänge 교제
- mit jm. *Umgang* haben : (누구)와 교제하고 있다
 Ich *habe mit* ihr *Umgang*. 나는 그녀와 교제하고 있다.
 Ich habe den *Umgang* mit ihr abgebrochen. 나는 그녀와의 교제를 끊었다.
 Ich habe keine Erfahrung im *Umgang* mit Frauen. 나는 여성과 교제한 경험이 없다.

umgeben [umgé:bən] umgab, umgeben 他 둘러싸다
 Der Zaun *umgibt* den ganzen Hof. 울타리가 뜰 전체를 둘러싸고 있다.
 Das Dorf ist von grünen Wäldern *umgeben*. 그 마을은 푸른 숲으로 둘러싸여 있다.
 Er war von seinen Freunden *umgeben*. 그는 그의 친구들에게 둘러싸여 있었다.

die **Umgebung** [umgé:buŋ] -/-en ① 주위 ② 환경
 Die *Umgebung* der Stadt ist sehr schön.
 (=Die Stadt hat eine sehr schöne *Umgebung*.) 그 도시의 주변은 매우 아름답다.
 Unser Haus liegt in der *Umgebung* von Seoul. 우리 집은 서울의 근교에 있다.
 Er hat sich⁴ an die neue *Umgebung* gewöhnt. 그는 새로운 환경에 익숙해졌다.

umsonst [umzɔ́nst] 副 ① 무료로 (kostenlos) ② 헛되이 (vergebens, vergeblich)
 Ich bekam es *umsonst*. 나는 그것을 공짜로 받았다.
 Er hat es halb *umsonst* gekauft. 그는 그것을 공짜나 다름없는 값으로 샀다.
 Er tut nichts *umsonst*. 그는 무슨 일이든 무보수로는 하지 않는다.
 Ich habe mich *umsonst* bemüht. 나는 노력을 했지만 헛된 일이었다.
 Ich habe dich mehrere Male⁴ *umsonst* angerufen. 나는 너에게 여러 번 전화를 걸었지만 소용이 없었다.
 Es war alles *umsonst*.
 (=Alles war *umsonst*.) 모든 것은 허사였다.

der **Umstand** [úmʃtant] -[e]s/..stände ① 사정 ② 《복수로》 경우
 Wenn es die *Umstände* erlauben, komme ich morgen. 사정이 허락하면 나는 내일 가겠다.
 Er ist in schlechten *Umständen*. 그는 역경에 처해 있다.

- unter *Umständen* : 사정(형편)에 따라서는
  Unter Umständen mag ich morgen kommen. 사정에 따라서는 나는 내일 갈지도 모른다.
- unter allen *Umständen* : 어떤 일(사정)이 있더라도
  Unter allen Umständen muß ich mit dieser Arbeit fertig sein. 어떤 일이 있더라도 나는 이 일을 끝마쳐야 한다.
- unter keinen *Umständen* : 어떤 일이 있더라도 …않다
  Ich werde ihn *unter keinen Umständen* treffen. 나는 어떤 일이 있더라도 그를 만나지 않을 것이다.

um|steigen [úmʃtaɪgən] stieg um, umgestiegen 自 《s》 갈아타다
Wo muß ich *umsteigen*? 나는 어디서 갈아타야 합니까?
Sie müssen auf dem nächsten Bahnhof *umsteigen*. 당신은 다음 역에서 갈아타야 합니다.
Wir müssen in Köln *umsteigen*. 우리는 쾰른에서 갈아타야 한다.
Wenn Sie mit diesem Bus fahren, brauchen Sie nicht *um zusteigen*. 이 버스로 가시면 갈아타실 필요가 없읍니다.
Nach Köln *umsteigen*! 쾰른으로 가실 분은 갈아타십시오!

um|tauschen [úmtauʃən] 他 교환하다
Ich habe die Ware im Geschäft *umgetauscht*. 나는 그 물건을 상점에서 교환했다.
Ich möchte Dollar[s] in Deutsche Mark *umtauschen*. 나는 달러를 마르크로 바꾸고 싶습니다.

um|ziehen [úmtsi:ən] zog um, umgezogen 1. 自 《s》 이사하다 2. 再 《sich⁴》 갈아입다
Wir sind in eine andere Wohnung *umgezogen*. 우리는 다른 집으로 이사했다.
Nächsten Monat *ziehen* wir in eine größere Wohnung *um*. 다음 달에 우리는 좀 더 큰 집으로 이사한다.
Vor dem Essen *zog* er *sich um*. 식사 전에 그는 옷을 갈아입었다.
Sie hat *sich umgezogen*. 그녀는 옷을 갈아입었다.

unangenehm [ún-angəne:m] 形 불쾌한, 싫은 (↔angenehm)
Der Zigarettenrauch ist mir *unangenehm*. 나는 담배 연기가 싫다.
Das ist eine *unangenehme* Sache. 그것은 기분 나쁜 일이다.

unbedingt [únbədɪŋt, unbədɪŋt] 形 무조건의, 절대적인
Sie genießt unser *unbedingtes* Vertrauen. 그녀는 우리의 절대적인 신뢰를 얻고 있다.

Du mußt *unbedingt* kommen. 너는 무조건 와야 한다.
Du mußt dich *unbedingt* bei ihm entschuldigen. 너는 무조건 그에게 사과해야 한다.

unbekannt [únbəkant] 形 알려지지 않은 (↔bekannt)
ein *unbekannter* Künstler 무명(無名)의 예술가
Er ist mir *unbekannt*. 나는 그를 모른다.
Die Tatsache ist mir *unbekannt*. 나는 그 사실을 모른다.
Ich bin mit ihm *unbekannt*. 나는 그와 모르는 사이다.
Ich bin hier *unbekannt*. 나는 이곳이 낯설다.

und [unt] 接 《병렬》 … 과 …, 그리고 ; (명령문 뒤에서) 그러면
Krieg *und* Frieden 전쟁과 평화
Er *und* ich sind Freunde. 그와 나는 친구 사이다.
Zwei *und* zwei ist vier. 2+2=4
Er fragte, *und* sie antwortete. 그는 질문하고, 그녀는 대답했다.
Er geht in die Schule, *und* sie bleibt zu Hause. 그는 학교에 가고, 그녀는 집에 있다.
Hilf mir, *und* ich helfe dir auch. 나를 도와 다오. 그러면 나도 너를 도와 주겠다.

unendlich [un-éntlıç] 形 끝 없는, 무한한 (↔endlich)
Er hat *unendlich* viel Geld verdient. 그는 굉장히 많은 돈을 벌었다.
Das geht ins *Unendliche*. 그것은 끝이 없다.
● bis ins *Unendliche* : 끝없이, 한없이
Der Weg (Die Ebene) dehnt sich⁴ *bis ins Unendliche*. 길(평야)이 끝없이 뻗어 있다.

der **Unfall** [únfal] -[e]s/..fälle 사고 (das Unglück)
der *Unfall* auf der Straße (=der Verkehrsunfall) 교통 사고
ein *Unfall* mit dem Auto (der Eisenbahn) 자동차(철도) 사고
Er ist durch *Unfall* gestorben. 그는 사고로 죽었다.
An der Kreuzung geschah ein schwerer (leichter) *Unfall*. 교차로에서 큰(가벼운) 사고가 일어났다.
Bei dem *Unfall* hat es einen Toten gegeben. 그 사고로 한 명의 사망자가 생겼다.
Bei dem *Unfall* wurde keiner verletzt. 그 사고시에는 한 사람도 다치지 않았다.
Er wurde bei dem Auto*unfall* schwer verletzt. 그는 자동차 사고로 중상을 입었다.

ungeduldig [úngəduldıç] 形 참지 못하는, 성급한 (↔geduldig)
- über et.⁴ *ungeduldig* werden : (무엇)에 조바심이 나다
  Er *wurde* endlich *ungeduldig über* die langweilige Rede. 그는 마침내 지루한 연설에 조바심이 났다.

  Sie wartete *ungeduldig* auf die Ankunft des Zuges. 그녀는 초조하게 기차의 도착을 기다리고 있었다.

ungefähr [úngəfɛːr, ungəfɛ́ːr] 副 대략, 약(約) (etwa)
  Sie mag *ungefähr* (etwa) 20 Jahre⁴ alt sein. 그녀는 대략 20세 쯤 될 것이다.

  Jetzt ist es *ungefähr* halb zwölf. 지금은 대략 11시 반쯤 된다.

  Ich wohne seit *ungefähr* zehn Jahren in Seoul³. 나는 약 10년 전부터 서울에 살고 있다.

  Von Seoul nach Pusan sind es *ungefähr* 428 km(Kilometer). 서울에서 부산까지는 약 428 km 이다.

  Es sind noch *ungefähr* 500 Meter bis zum Ziel. 목적지까지는 아직도 약 500 m 가 남아 있다.

ungeheuer [úngəhɔyər, ungəhɔ́yər] 形 거대한, 엄청난
  Er ist *ungeheuer* reich. 그는 굉장히 부자다.

  Deine Verantwortung ist *ungeheuer* groß. 너의 책임은 대단히 크다.

das **Unglück** [únglyk] -[e]s/ ① 불행 (↔das Glück) ② 사고 (der Unfall)
- *Unglück* haben : 불행하다
  Er *hatte* in seinem Leben viel *Unglück*. 그의 생애는 매우 불행했다.
- zum *Unglück* (zum Glück) : 불행하게도(다행히도)
  Zum Unglück habe ich den letzten Zug verpaßt. 불행하게도 나는 마지막 기차를 놓쳐버렸다.

  Du mußt das *Unglück* ertragen. 너는 불행을 견디어내야만 한다.

  Er hat noch Glück im *Unglück* gehabt. 그는 불행 중 다행이었다.

  An dieser Stelle ist gestern ein schweres *Unglück* geschehen (passiert). 이 장소에서 어제 큰 사고가 일어났다.

  Bei dem *Unglück* hat es einen Toten (zwei Verletzte) gegeben. 그 사고로 한 명의 사망자(두 명의 부상자)가 생겼다.

unglücklich [únglyklıç] 形 불행한 (↔glücklich)
  Sie ist sehr *unglücklich*. 그녀는 매우 불행하다.

Sie führt eine *unglückliche* Ehe. 그녀는 불행한 결혼생활을 하고 있다.

Er hatte (verbrachte) eine *unglückliche* Jugend. 그는 불행한 젊은 시절을 보냈다.

Er ist in *unglücklichen* Verhältnissen aufgewachsen. 그는 불행한 환경에서 자랐다.

unheilbar [únhaılba:r, unháılba:r] 形 불치(不治)의

Sie leidet an einer *unheilbaren* Krankheit. 그녀는 불치의 병에 걸려 있다.

Seine Krankheit ist *unheilbar*. 그의 병은 고칠 수 없다.

die **Uniform** [unifɔ́rm] -/-en 제복, 유니폼

Die Soldaten tragen eine grüne *Uniform*.
(=Die Soldaten haben eine grüne *Uniform* an.) 군인들은 푸른 제복을 입고 있다.

Er zog die *Uniform* an (aus). 그는 제복을 입었다(벗었다).

die **Universität** [univɛrzitɛ́:t] -/-en [종합]대학

Er besucht die *Universität*. 그는 대학에 다닌다.

Er ist auf der *Universität*. 그는 대학에 재학중이다.

Er ist Student an der *Universität* Seoul. 그는 서울대학교 학생이다.

Er studiert Philosophie an der *Universität* [in] Heidelberg. 그는 하이델베르크 대학에서 철학을 공부한다.

An welcher *Universität* studieren Sie? 당신은 어느 대학에 다니십니까?

Er ist Professor für Physik an der *Universität* München. 그는 뮌헨 대학의 물리학 교수이다.

Sie hält an der *Universität* Vorlesungen. 그녀는 대학에서 강의를 한다.

Es gibt viele *Universitäten* in Korea. 한국에는 많은 종합 대학이 있다.

unmittelbar [únmıtəlba:r] 形 직접의 (direkt)

unmittelbare Ursache 직접적인 원인

Er wohnt in *unmittelbarer* Nähe von mir. 그는 나의 바로 옆집에 살고 있다.

Dieser Weg führt *unmittelbar* (direkt) auf die Hauptstraße. 이 길은 바로 큰 길로 통한다.

Unmittelbar vor (nach) der Abfahrt kam er. 출발 직전(후)에 그가 왔다.

unmöglich [únmø:klıç] 形 불가능한 (↔möglich)

Das ist ganz *unmöglich*. 그것은 전혀 불가능하다.

Es ist mir *unmöglich*, zu dir zu kommen. 내가 너에게 가는 것은 불가능하다.

Er ist ein *unmöglicher* Mensch. 그는 도저히 상대할 수 없는 인간이다.

unser, unsere, unser [únzər, únzərə, únzər] 代 《소유》〈단수는 부정관사형, 복수는 정관사형의 어미 변화〉 **우리들의**

Kennen Sie *unseren* Vater? 당신은 우리 아버지를 아십니까?

Unsere Familie ist groß. 우리 가족은 대가족이다.

Unser Kind ist erst jetzt fünf Jahre⁴ alt. 우리 아이는 이제 겨우 5세이다.

Gestern waren wir bei *unseren* Freunden zu Besuch. 어제 우리는 우리 친구들의 집을 방문했다.

unten [úntən] 副 아래에 (↔oben)

Wir wohnen *unten* [im Haus]. 우리는 아래층(1층)에 살고 있다.

Das Dorf liegt *unten* am Berge. 그 마을은 산 밑(기슭)에 있다.

Er ging nach *unten*. 그는 아래쪽으로 갔다.

Der Schrei kam von *unten*. 고함소리가 아래쪽에서 들려왔다.

● von oben bis *unten* : 위에서 아래까지

Sie sah mich *von oben bis unten* prüfend an. 그녀는 나를 위에서 아래까지 훑어보았다.

unter [úntər] 前 《3·4격》〈정지의 위치 또는 운동의 장소를 나타내는 경우는 3격 지배, 운동의 방향을 나타내는 경우는 4격 지배〉 ① **~아래에(3격), ~아래로(4격)** ② **~사이에(3격)** ③ **~중에(3격)**

Der Hund liegt *unter* der Bank. 개가 벤치 밑에 누워 있다.

Ich wohne mit ihm *unter* einem Dach. 나는 그와 한 지붕 밑에 살고 있다.

Unter diesen Umständen kann ich dir nicht helfen. 이런 사정 아래서는 나는 너를 도울 수 없다.

Die Katze kroch *unter* den Tisch. 고양이가 책상 밑으로 기어갔다.

Die Temperatur sank *unter* Null⁴. 기온이 영하로 내려갔다.

Unter ihnen brach Streit aus. 그들 사이에 싸움이 일어났다.

Er saß *unter* den Zuschauern. 그는 관객들 틈에 앉아 있었다.

Unter den Gästen befand sich⁴ ein Ausländer. 손님들 중에는 한 명의 외국인이 있었다.

Unter allen meinen Freunden ist mir Karl der liebste. 나의 모든 친구들 중에서 나는 카알이 가장 좋다.

- *unter uns gesagt* : 우리끼리 얘기지만

Unter uns gesagt, ist er (er ist) ein Lügner. 우리끼리 얘기지만, 그는 거짓말장이다.

unter vier Augen 단 둘이서
unter Tränen 눈물을 흘리면서
unter anderem (=vor allem) 그 중에서도, 무엇보다도(물건 일 때)
unter anderen (=vor allen) 그 중에서도, 누구보다도(사람 일 때)

unterbrechen [untərbréçən] unterbrach, unterbrochen 他 중단하다 (abbrechen)

Wir *unterbrachen* unsere Arbeit und machten eine kurze Pause. 우리는 일을 중단하고 잠시 휴식을 취했다.

Durch hohen Schnee ist der Verkehr *unterbrochen* worden. 많은 눈으로 인하여 교통이 두절되었다.

- *jn. unterbrechen:* (누구)의 말을 가로막다

Unterbrechen Sie mich bitte nicht! 나의 말을 가로막지 마십시오!

unter|gehen [úntərge:ən] ging unter, untergegangen 自 《s》 ① 가라앉다 (sinken) ② (달·해가) 지다 (↔aufgehen) ③ 몰락(멸망)하다

Das Schiff ist *untergegangen* (gesunken). 배가 침몰했다.

Die Sonne *geht unter*.

(=Die Sonne sinkt.) 해가 진다.

Das römische Reich ist *untergegangen*. 로마 제국은 멸망했다.

unterhalb [úntərhalp] 前 《2격》 ~아래쪽에 (↔oberhalb)

Das Dorf liegt *unterhalb* des Berges.

(=Das Dorf liegt unten am Berge.) 그 마을은 산 밑에 있다.

Ich habe heftige (starke) Schmerzen *unterhalb* der Brust. 나는 가슴 아래쪽이 몹시 아프다.

unterhalten [untərháltən] unterhielt, unterhalten; du unterhältst, er unterhält 1. 他 ① 부양하다 ② 즐겁게 하다 2. 再 《sich⁴》 담소(환담)하다

Ich muß meine Familie *unterhalten*.

(=Ich habe meine Familie zu *unterhalten*.) 나는 내 가족을 부양해야 한다.

Die Musik *unterhält* uns gut. 음악은 우리를 즐겁게 한다.
- sich⁴ mit jm. über et.⁴ (von et.³) *unterhalten* : (누구)와 (무엇)에 대하여 담소하다

  Ich habe *mich mit* ihm lange *über* unsere Zukunft *unterhalten*. 나는 그와 오랫동안 우리들의 장래에 대하여 이야기를 나누었다.

unternehmen [untərné:mən] unternahm, unternommen; du unternimmst, er unternimmt 他 계획하다, 착수하다

Er *unternimmt* nichts ohne ihren Rat. 그는 그녀의 조언(助言) 없이는 어떤 일도 시작하지 않는다.

Was willst du am Sonntag *unternehmen*? 너는 일요일에는 무엇을 할 계획이니?

der **Unterricht** [úntərrıçt] -[e]s/-e 수업

Der *Unterricht* beginnt um 9 Uhr. 수업은 9시에 시작된다.

Der *Unterricht* ist aus (zu Ende). 수업은 끝났다.

Heute haben wir keinen *Unterricht*. 오늘 우리는 수업이 없다.

Der heutige Deutsch*unterricht* fällt aus. 오늘 독일어 수업은 휴강이다.

- *Unterricht* geben (erteilen) : 수업을 하다

  Der Professor *gibt* seinen *Unterricht*, auch wenn nur zwei oder drei Studenten kommen. 그 교수는 단 두세명의 학생만 와도 수업을 한다.

  Er *erteilt Unterricht* in Mathematik³. 그는 수학 강의를 한다.

- *Unterricht* nehmen : 수업을 받다

  Er *nimmt* bei mir deutschen *Unterricht* (*Unterricht* in Deutsch). 그는 나한테서 독일어 수업을 받는다.

unterrichten [untərríçtən] 他 〈jn.에게 in et.³ 을〉 가르치다 (lehren)

Sie *unterrichtet* die Kinder *im* Singen (Rechnen). 그녀는 아이들에게 노래(산수)를 가르친다.

Wer *unterrichtet* euch⁴ *in* Deutsch?
(=Wer lehrt euch⁴ Deutsch?) 누가 너희들에게 독일어를 가르치니?

unterscheiden [untərʃáıdən] unterschied, unterschieden 1. 他 〈et.⁴을 von et.과〉 구별하다 2. 再 〈sich⁴ von et.과〉 구별되다

Wir müssen das Wahre *vom* Falschen *unterscheiden*. 우리는 진위(眞僞)를 구별해야 한다.

Diese Zwillinge kann man gar nicht voneinander *unterscheiden*. 이 쌍둥이는 전혀 서로 구별이 되지 않는다.

Er *unterscheidet sich* in vielem *von* seinen Brüdern. 그는 여러 가지 점에서 그의 형제들과는 다르다.

Er *unterscheidet sich von* seinem Bruder durch sein Temperament. 그는 그의 동생과 기질(氣質)이 다르다.

der **Unterschied** [úntərʃi:t] -[e]s/-e 구별, 차이

Sie machte zwischen den Kindern keinen *Unterschied*. 그녀는 어린이들 사이에 아무 차별도 두지 않았다.

Es ist ein großer (geringer) *Unterschied* zwischen beiden. 두 사람 사이에는 큰(근소한) 차이가 있다.

Der *Unterschied* im Preis (in der Qualität) ist sehr groß. 가격(품질)의 차(差)가 매우 크다.

Es macht keinen großen *Unterschied*. 그것은 큰 차이가 없다.

Das macht wenig *Unterschied*. 그것은 별로 차이가 없다.

ohne *Unterschied* des Geschlechts 남녀의 구별 없이

● zum *Unterschied* von et. : (무엇)과는 달리

Das war sehr schwierig *zum Unterschied von* meinen Gedanken. 그것은 내 생각과는 달리 매우 어려웠다.

Zum Unterschied von mir hat er viel Talent. 나와는 달리 그는 재주가 많다.

unterschreiben [untərʃráibən] unterschrieb, unterschrieben 他 〈et.⁴에〉 서명하다

Darf ich Sie bitten, diese Urkunde zu *unterschreiben*? 이 문서(文書)에 서명을 좀 해 주시겠읍니까?

Er *unterschrieb* den Vertrag (das Zeugnis) [mit seinem Namen]. 그는 계약서(증명서)에 서명했다.

untersuchen [untərzú:xən] 他 조사·검사하다 ; 진찰하다

Diese Angelegenheit muß gründlich *untersucht* werden. 이 사건은 철저하게 조사되어야 한다.

Ich habe die Ware genau *untersucht*. 나는 그 상품을 세밀하게 검사했다.

Der Arzt *untersuchte* einen Patienten nach dem anderen. 의사는 환자를 한 사람씩 차례로 진찰했다.

die **Untersuchung** [untərzú:xuŋ] -/-en 조사, 검사 ; 진찰

eine gründliche *Untersuchung* des Verbrechens 범죄의 철저한 조사

eine wissenschaftliche *Untersuchung* 학문적인 연구

körperliche *Untersuchung* 신체 검사

eine ärztliche *Untersuchung* 의사의 진찰

unterwegs [untərvéːks] 團 (길의) 도중에(서)

Wir haben *unterwegs* ein Glas Bier getrunken. 우리는 도중에서 맥주를 한 잔 마셨다.

Unterwegs traf ich meinen Freund Hans. 도중에 나는 나의 친구 한스를 만났다.

- *unterwegs* sein : 도중에 있다 ; 여행중이다

  Er *ist unterwegs*. 그는 오는 중이다(여행중이다).

der **Urlaub** [úːrlaup] -[e]s/-e 휴가 (die Ferien)

- *Urlaub* nehmen (bekommen) : 휴가를 받다

  Ich *nahm (bekam)* eine Woche¹ *Urlaub*. 나는 일주일간의 휴가를 받았다.

- auf (in) *Urlaub* sein : 휴가중이다

  Er *ist auf Urlaub*. 그는 휴가중이다.

Er verbrachte seinen *Urlaub* auf dem Lande (an der See, im Gebirge). 그는 휴가를 시골(해변, 산중)에서 보냈다.

Wie lange haben Sie *Urlaub*? 당신은 얼마동안 휴가를 받았읍니까?

die **Ursache** [úːrzaxə] -/-n 원인 ; 이유 (der Grund)

Alles hat seine *Ursache*. 무슨 일에나 원인이 있다.

Kleine *Ursachen* haben oft große Wirkungen. 작은 원인이 가끔 큰 결과를 가져온다.

Keine Wirkung ohne *Ursache*. 《Sprw》 원인 없는 결과는 없다(아니 땐 굴뚝에서 연기나랴).

Die *Ursache* seines Todes bleibt noch unbekannt. 그의 사인(死因)은 아직 밝혀지지 않고 있다.

Du hast keine *Ursache* (keinen Grund) zu klagen. 너는 불평할 이유가 없다.

Ich habe keine *Ursache* dazu. 나는 그렇게 할 이유가 없다.

Das ist die *Ursache*, daß ich ihm nicht helfe. 그것이 내가 그를 돕지 않는 이유이다.

Aus welcher *Ursache* (welchem Grund) bist du mir böse? 무슨 이유로 너는 나에게 화를 내니 ?

Keine *Ursache*!

(=Bitte schön!) 천만의 말씀!

ursprünglich [uːrʃprýŋlɪç, úːrʃpryŋlɪç] 形 원래(본래)의

Unser *ursprünglicher* Plan war ganz anders. 우리의 원래 계획은 전혀 달랐다.

An diesem Platz lag *ursprünglich* die Kirche. 이 장소에는 원래 교회가 있었다.

das **Urteil** [úrtaɪl] -[e]s/-e ① 판단 ② 판결
- sich³ über et.⁴ ein *Urteil* bilden : (무엇)에 대하여 판단을 내리다

Ich kann *mir* darüber noch kein *Urteil bilden.* 나는 그것에 대하여 아직 판단이 서지 않는다.

Meinem *Urteil* nach hat er unrecht. 나의 판단으로는 그가 옳지 않다.

Der Richter hat ein mildes (strenges) *Urteil* gesprochen. 재판관은 관대한(엄한) 판결을 내렸다.

urteilen [úrtaɪlən] 圓 ① 판단하다 ② 판결하다
- über et.⁴ *urteilen* : (무엇)에 대하여 판단하다

Sie *urteilte* klar darüber. 그녀는 그것에 대하여 명확하게 판단했다.

Urteilen Sie selbst! 당신 스스로 판단하시오!

Der Richter *urteilte* mild (streng). 재판관은 관대하게(엄하게) 판결했다.

usw., u.s.w. [unt zo: váɪtər] (und so weiter 의 略字) 등등

Im Garten blühen viele Blumen; Rosen, Lilien, Tulpen *usw.* 정원에는 장미, 백합, 튜울립 등등, 많은 꽃들이 피어 있다.

Auf dem Bild sieht man Häuser, Bäume, Autos *usw.* 그 그림에는 집, 나무, 자동차 등등이 보인다.

V

die **Vase** [vá:zə] -/-n 꽃병
  Auf dem Tisch steht eine *Vase*. 책상 위에 꽃병이 있다.
  Sie stellte die Blumen in die *Vase*. 그녀는 꽃을 꽃병에 꽂았다.

der **Vater** [fá:tər] -s/⸚ 아버지 (↔die Mutter)
  Mein *Vater* ist noch gesund (krank). 나의 아버지는 아직 건강하시다(편찮으시다).
  Sein *Vater* ist Arzt. 그의 아버지는 의사다.
  Er ist (sieht) seinem *Vater* ähnlich. 그는 아버지를 닮았다.
  Er hat einen guten *Vater*. 그에게는 좋은 아버지가 계신다.
  Er hat keinen *Vater* mehr. 그에게는 이제 아버지가 계시지 않는다.

das **Vaterland** [fá:tərlant] -[e]s/‥länder 조국
  Wir kämpften für das *Vaterland*. 우리는 조국을 위해 싸웠다.
  Sie fühlte Sehnsucht nach dem *Vaterland*. 그녀는 조국에 대한 그리움을 느꼈다.

das **Veilchen** [fáılçən] -s/- 제비꽃, 오랑캐꽃
  Das *Veilchen* blüht weiß, gelb und violett. 제비꽃은 흰색, 노란색, 보라색 꽃이 핀다.

verabreden [fɛr-ápre:dən] 再 ⟨sich⁴ mit jm.와⟩ 약속하다
  Ich habe *mich mit* ihm um 12 Uhr *verabredet*. 나는 그와 12시에 만나기로 약속했다.
  Er hat *sich mit* ihr vor dem Kino *verabredet*. 그는 그녀와 영화관 앞에서 만나기로 약속했다.

die **Verabredung** [fɛr-ápre:duŋ] -/-en 약속
  Ich habe leider schon eine *Verabredung*.
  (=Ich bin leider schon verabredet.) 나는 유감스럽게도 이미 약속이 있다.
  Heute abend habe ich eine *Verabredung* mit ihr. 오늘 저녁 나는 그녀와 약속이 있다.

verabschieden [fɛr-ápʃi:dən] 再 ⟨sich⁴ von jm.에게⟩ 작별을 고하다
  Er ging weg, ohne *sich von* mir zu *verabschieden*.
  (=Er ging weg, ohne von mir Abschied zu nehmen.)
  그는 나에게 작별 인사도 없이 가버렸다.

Ich habe *mich* eben erst *von* ihm *verabschiedet*.
(=Ich habe eben erst von ihm Abschied genommen.) 나는 지금 막 그와 헤어졌다.

verachten [fɛr-áxtən] 他 경멸·멸시하다 (↔achten)
Ich *verachte* ihn wegen seiner Feigheit. 나는 그의 비겁함 때문에 그를 경멸한다.
Verachte mich nicht, weil ich so arm bin! 내가 이렇게 가난하다고 해서 나를 업신여기지 마라!

verändern [fɛr-éndərn] 1. 他 바꾸다, 변경하다 (ändern) 2. 再 《sich⁴》 변하다
Das Unglück hat ihn vollkommen *verändert*. 불행이 그를 완전히 다른 인간으로 바꾸어 놓았다.
Er ist ganz *verändert*. 그는 완전히 사람이 달라졌다.
Er hat *sich* sehr *verändert*. 그는 많이 변했다(아주 딴 사람이 되었다).
Seine Gestalt hat *sich* gar nicht *verändert*. 그의 모습은 전혀 변하지 않았다.
Die Lage hat *sich verändert*. 상황이 달라졌다.

verbergen [fɛrbérgən] verbarg, verborgen 1. 他 숨기다 (verstecken) 2. 再 《sich⁴》 숨다 (sich⁴ verstecken)
Hat jemand meine Brille *verborgen* (versteckt)? 누가 나의 안경을 숨겼니?
Er hat das Geschenk im Schrank *verborgen*. 그는 선물을 장롱 속에 숨겼다.
● [vor] jm. et.⁴ *verbergen* : (누구)에게 (무엇)을 숨기다
Du *verbirgst* mir etwas.
(=Du *verbirgst* etwas *vor* mir.) 너는 나에게 뭔가를 숨기고 있다.
Warum hast du mir die Tatsache *verborgen*? 너는 왜 나에게 그 사실을 숨겼니?
● im *verborgenen* : 숨어서, 남몰래
Er blieb *im verborgenen*. 그는 숨어서 나타나지 않았다.
Er handelte *im verborgenen*. 그는 은밀히 행동했다.
Er *verbarg sich* hinter der Tür.
(=Er versteckte sich hinter der Tür.) 그는 문 뒤에 숨었다.
Warum *verbirgst* du *dich*? 너는 왜 숨니?

verbessern [fɛrbésərn] 他 개선(改善)하다 ; 수정(修正)하다
Wir müssen die finanzielle Lage der Firma *verbessern*. 우리는 회사의 재정 상태를 개선해야만 한다.

Der Lehrer *verbessert* die Fehler in dem Aufsatz. 선생님이 작문의 틀린 것을 수정하신다.

Verbessern Sie bitte meine Aussprache! 저의 발음을 교정해 주십시오!

verbesserte Auflage (서적의) 개정판

verbeugen [fɛrbɔ́ygən] 再 ⟨sich⁴ vor jm.에게⟩ 몸을 굽히다, 절을 하다

Er *verbeugte sich* tief (höflich) *vor* den Gästen. 그는 손님들에게 정중하게 인사했다.

verbieten [fɛrbíːtən] verbot, verboten 他 ⟨jm.에게 et.⁴을⟩ 금(禁)하다 (↔erlauben)

Der Arzt *verbot* mir das Rauchen (den Genuß von Alkohol).

(=Der Arzt *verbot* mir zu rauchen.) 의사는 나에게 담배피는 것(술마시는 것)을 금했다.

Ich *verbiete* dir den Umgang mit ihm. 나는 너에게 그와의 교제를 금한다.

Der Vater *verbot* mir, ins Kino zu gehen. 아버지는 나에게 영화관에 가는 것을 금하셨다.

Es ist *verboten*, hier zu parken.

(=Hier ist das Parken *verboten*.) 여기에 주차하는 것은 금지되어 있다.

Rauchen *verboten*! 금연!

Eintritt *verboten*! 출입 금지!

Parken *verboten*! 주차 금지!

verbinden [fɛrbíndən] verband, verbunden 他 ① ⟨et.⁴을 mit et.과⟩ **결합·연결하다** (↔trennen) ② ⟨et.⁴에⟩ **붕대를 감다**

Der Kanal *verbindet* die Elbe *mit* dem Rhein. 운하(運河)가 엘배 강을 라인 강과 연결한다.

Verbinden Sie mich bitte *mit* Herrn Meier! 마이어 씨를 좀 바꿔 주십시오! (전화에서)

Eine Brücke *verbindet* die beiden Dörfer. 다리가 두 마을을 연결하고 있다.

Sie *verband* ihm den Kopf (die Wunde). 그녀는 그의 머리(상처)에 붕대를 감았다.

Die Krankenschwester hat ihn *verbunden*. 간호원이 그에게 붕대를 감아주었다.

die **Verbindung** [fɛrbíndʊŋ] -/-en ① **결합, 연결** ② **연락**

Die Heirat ist die *Verbindung* der Seele mit dem Körper. 결혼은 정신과 육체의 결합이다.

Die telefonische *Verbindung* wurde unterbrochen. 전화의 연결(접속)이 끊어졌다.

Das Dorf hat eine gute *Verbindung* zur Stadt. 그 마을은 도시로의 교통편이 좋다.

● mit jm. in *Verbindung* stehen (bleiben) : (누구)와 관계·연락·접촉하고 있다

Die Firma *steht mit* uns *in Verbindung*. 그 회사는 우리와 거래 관계가 있다.

Wir *bleiben mit*einander *in Verbindung*. 우리는 서로 교제하고 있다.

das **Verbrechen** [fɛrbréçən] -s/- 범죄

● ein *Verbrechen* begehen : 죄를 범하다

Ich *beging ein* furchtbares (schweres) *Verbrechen*. 나는 무서운(무거운) 죄를 범했다.

Er wurde für ein *Verbrechen* bestraft, das er nicht *begangen* hat. 그는 범하지도 않은 죄로 벌을 받았다.

der **Verbrecher** [fɛrbréçər] -s/- 범인(犯人)

Der *Verbrecher* wurde bald von der Polizei verhaftet. 범인은 곧 경찰에 의해 체포되었다.

verbreiten [fɛrbráıtən] 1. 他 퍼뜨리다 2. 再 《sich⁴》 퍼지다

Jemand hat das Gerücht *verbreitet*. 누군가가 그 소문을 퍼뜨렸다.

Die Nachricht wurde über das ganze Land *verbreitet*. 그 소식은 전국에 퍼졌다.

Das Gerücht über das Unglück *verbreitete sich* sehr schnell. 그 사고에 관한 소문은 매우 빨리 퍼졌다.

Eine ansteckende Krankheit hat *sich* im ganzen Dorf *verbreitet*. 전염병이 온 마을에 퍼졌다.

verbringen [fɛrbríŋən] verbrachte, verbracht 他 (때를) 보내다

Ich *verbrachte* das Wochenende (meine Ferien) auf dem Lande. 나는 주말(휴가)을 시골에서 보냈다.

Wie wollen Sie diese Ferien *verbringen*? 당신은 이번 휴가를 어떻게 보내겠읍니까?

Die zwei Jahre von 1984 bis 1985 *verbrachte* ich in Pusan. 1984년부터 1985년까지의 2년간을 나는 부산에서 보냈다.

Er *verbringt* seine Freizeit mit Sport (Reisen). 그는 여가(餘暇)를 운동(여행)으로 보낸다.

der **Verdacht** [fɛrdáxt] -[e]s/-e 혐의, 의혹

● im *Verdacht* stehen : 혐의를 받고 있다

Er *steht im Verdacht*, gestohlen zu haben. 그는 도둑질 했다는 혐의를 받고 있다.

Das Verhalten des Mannes erregte unseren *Verdacht*. 그 남자의 거동이 우리들의 의혹을 불러일으켰다.

verdanken [fɛrdáŋkən] 他 〈jm. et.⁴ (무엇)이 (누구)의〉 덕택이다

Ich *verdanke* dir alles.

(=Ich habe dir alles zu *verdanken*.) 모든 것이 너의 덕택이다.

Ich *verdanke* ihm mein Leben.

(=Ich habe ihm mein Leben zu *verdanken*.) 나는 그의 덕택으로 생명을 건졌다.

Ich *verdanke* es meinem Vater, daß ich ein so guter Mensch geworden bin. 내가 이렇게 훌륭한 인간이 된 것은 나의 아버지의 덕택이다.

verderben [fɛrdérbən] verdarb, verdorben 1. 自 《s》 상하다, 못 쓰게 되다 2. 他 〈jm.의 et.⁴을〉 못 쓰게 만들다

Das Fleisch ist *verdorben*. 고기가 상했다.

Er ist völlig *verdorben*. 그는 완전히 타락해버렸다.

Ich habe mir den Magen *verdorben*. 나는 위(胃)를 버렸다.

Du hast uns³ die Freude (die Lust) *verdorben*. 너는 우리들의 즐거움을 망쳐놓았다.

verdienen [fɛrdí:nən] 他 ① 벌다 ② (…받을) 가치가 있다

Er hat viel Geld *verdient*. 그는 많은 돈을 벌었다.

Er *verdient* 800 Mark im Monat. 그는 한 달에 800마르크를 번다.

Was (Wieviel) *verdienst* du im Monat? 너는 한 달에 얼마나 버니?

Er *verdient* Lob (Strafe). 그는 칭찬(벌) 받을만 하다.

das **Verdienst** [fɛrdí:nst] -es/-e 공로, 공적

Sein *Verdienst* um die Wissenschaft ist sehr groß. 학문에 대한 그의 공적은 매우 크다.

Er erwarb sich³ große *Verdienste* um den Weltfrieden. 그는 세계 평화에 큰 공(功)을 세웠다.

der **Verdienst** [fɛrdí:nst] -es/-e 수입(收入) (das Einkommen)

Er hat guten (schönen) *Verdienst*.

(=Sein *Verdienst* ist gut.) 그는 수입이 좋다.

Ihr monatlicher *Verdienst* ist sehr gering. 그녀의 매월 수입은 매우 적다.

Er spart jeden Monat einen Teil seines *Verdienstes*. 그는 매월 수입의 일부를 저금한다.

Sein *Verdienst* (Einkommen) beträgt im Monat 1000 Mark. 그의 수입은 한 달에 1000 마르크에 달한다.

der wahre *Verdienst* 순 이익

verehren [fɛr-é:rən] 他 존경하다

Ich *verehre* unseren Lehrer. 나는 우리 선생님을 존경한다.

Du sollst deine Eltern *verehren*. 너는 너의 부모님을 존경해야 한다.

Sehr *verehrter* Herr Professor! 존경하는 교수님! (편지에서)

der **Verfasser** [fɛrfásər] -s/- 저자(著者) (der Autor)

Er ist der *Verfasser* des Buches. 그는 그 책의 저자이다.

Der *Verfasser* des Buches ist ein Deutscher. 그 책의 저자는 독일인이다.

verfolgen [fɛrfɔ́lgən] 他 ① 추적하다 ② 박해하다 ③ (목표 따위를) 추구하다

Die Polizei *verfolgt* den Verbrecher. 경찰이 범인을 추적하고 있다.

Der Verbrecher wurde von der Polizei *verfolgt*. 범인은 경찰의 추격을 받았다.

Das Unglück *verfolgte* ihn. 그에게 불행이 잇달았다.

Er wurde aus politischen Gründen *verfolgt*. 그는 정치적인 이유로 박해를 받았다.

In der Nazizeit wurden viele Juden *verfolgt*. 나치 시대에 많은 유대인들이 박해를 받았다.

Ich *verfolge* ein hohes Ziel des Lebens. 나는 인생의 높은 목표를 추구한다.

die **Vergangenheit** [fɛrgáŋənhait] -/-en 과거

Er hat eine dunkle *Vergangenheit*. 그에게는 어두운 과거가 있다.

Sie ist eine Frau mit dunkler *Vergangenheit*. 그녀는 어두운 과거를 가진 여인이다.

Vergangenheit, Gegenwart und Zukunft 과거, 현재, 미래

vergebens [fɛrgé:bəns] 副 헛되이 (vergeblich, umsonst)

Alles war *vergebens* (vergeblich).

(=Es war alles *vergebens*.) 모든 것은 허사였다.

Er bemühte sich⁴ *vergebens*. 그는 헛 수고를 했다.

Ich habe ihn mehrere Male⁴ *vergebens* angerufen. 나는 그에게 여러 번 전화를 걸었지만 헛된 일이었다.

Ich habe *vergebens* versucht, ihn zu überzeugen. 나는 그를 설득하려고(납득시키려고) 했지만 소용이 없었다.

vergehen [fɛrgéːən] verging, vergangen 〔自〕《s》 ① (때가) 지나가다 ② 사라지다

Die Zeit *vergeht* sehr schnell. 시간이 매우 빨리 지나간다.

Die Zeit *vergeht* wie im Fluge. 시간이 나는듯이 지나간다.

Wie schnell (rasch) die Zeit *vergeht*! 시간은 정말 빨리 지나가는구나!

Zehn Jahre sind schon *vergangen*, seitdem er gestorben ist. 그가 죽은지 벌써 10년이 흘러갔다.

Im *vergangenen* (letzten) Jahr war ich in Amerika. 지난 해에 나는 미국에 갔었다.

Die Lust zur Arbeit ist mir *vergangen*. 일하고 싶은 의욕이 나에게서 사라졌다.

Mir ist der Appetit *vergangen*. 나는 식욕이 없어졌다.

vergessen [fɛrgésən] vergaß, vergessen 〔他〕 잊다

Ich habe seinen Namen *vergessen*. 나는 그의 이름을 잊어버렸다.

Ich werde dich nie *vergessen*. 나는 너를 결코 잊지 않을 것이다.

Er hat den Regenschirm im Taxi *vergessen*. (=Er hat den Regenschirm im Taxi liegen lassen.) 그는 잊고 우산을 택시에 놓아두고 왔다.

Vergessen Sie nicht, ihn anzurufen! 그에게 전화하는 것을 잊지 마세요!

Vergessen Sie nicht zu kommen! 잊지 말고 꼭 오세요!

Vergiß mich nicht! 나를 잊지 마라!

vergleichen [fɛrgláiçən] verglich, verglichen 〔他〕 ⟨et.⁴을 mit et.과⟩ 비교하다

Vergleichen wir das Deutsche *mit* dem Englischen! 독일어를 영어와 비교해 봅시다!

Ich habe die beiden Bilder *mit*einander *verglichen*. 나는 두 그림을 서로 비교해 보았다.

Die Schüler *verglichen* ihre Zeugnisse. 학생들은 그들의 성적표를 비교해 보았다.

das **Vergnügen** [fɛrgnýːgən] -s/- 만족 ; 즐거움 (der Spaß)

Das ist mir ein großes *Vergnügen*. 그것은 나에게 대만족이다.

Viel *Vergnügen* (Spaß)! 즐거운 시간을 보내세요!

Mit *Vergnügen*! 기꺼이!

verhalten

● jm. *Vergnügen* machen : (누구)를 즐겁게 하다
Das *macht* mir viel *Vergnügen*. 나는 그것이 매우 즐겁다.

verhalten [fɛrháltən] verhielt, verhalten; du verhältst, er verhält 再 《sich⁴》 ① (…한) 태도를 취하다, 행동하다 (sich⁴ benehmen) ② (…한) 상태·사정에 있다

Er *verhält sich* immer passiv. 그는 언제나 수동적인(소극적인) 태도를 취한다.

Er hat *sich* ruhig (tapfer) *verhalten*. 그는 침착하게(용감하게) 행동했다.

Wie muß man *sich* in diesem Fall *verhalten*? 이런 경우에는 어떻게 행동해야 하는가?

Wie *verhält sich* die Sache? 그 일은 어떤 상태니?

Die Sache *verhält sich* ganz anders. 그 일은 사정이 전혀 다르다.

Die Sache *verhält sich* so, wie du sagst. 사태는 네가 말하는 그대로다.

Wenn es *sich* so *verhält*, brauchst du nicht zu kommen. 사정이 그렇다면 너는 올 필요가 없다.

das Verhältnis [fɛrhéltnɪs] ..nisses/..nisse ① 관계 (die Beziehung) ② 《복수로》 상태 (der Zustand), 사정(der Umstand)

In welchem *Verhältnis* stehst du zu ihm? 너는 그와 어떤 관계니?

Ich stehe in freundschaftlichem *Verhältnis* zu ihm. (=Ich habe ein freundschaftliches *Verhältnis* zu ihm.) 나는 그와 우호 관계에 있다(친구 사이다).

Ich habe ein gutes *Verhältnis* zu ihm. 나는 그와 사이좋게 지내고 있다.

Er lebt in guten *Verhältnissen*. 그는 잘 살고 있다.

Bei ihm liegen die *Verhältnisse* anders. 그의 경우는 사정이 다르다.

Die wirtschaftlichen *Verhältnisse* sind schlechter geworden. 경제 사정이 악화되었다.

die gesellschaftlichen *Verhältnisse* 사회 정세

unter diesen *Verhältnissen* (Umständen) 이런 사정으로는

verheiraten [fɛrháɪraːtən] 再 〈sich⁴ mit jm.와〉 결혼하다 (heiraten)

Sie hat *sich mit* einem Ausländer *verheiratet*. (=Sie hat einen Ausländer geheiratet.) 그녀는 어느 외국인과 결혼했다.

Willst du *dich mit* ihm *verheiraten*? 너는 그와 결혼하려고 하니?

Ich habe *mich* letzten Monat *verheiratet*. 나는 지난 달에 결혼했다.

Sie ist schon *verheiratet* und hat zwei Kinder. 그녀는 이미 결혼해서 아이가 둘이다.

Er ist noch nicht *verheiratet*.
(=Er ist noch ledig.) 그는 아직 미혼이다.

verkaufen [fɛrkáufən] 他 팔다 (↔kaufen)

Er hat sein Haus billig (teuer) *verkauft*. 그는 그의 집을 싸게(비싸게) 팔았다.

Ich habe das alte Auto für 500 Mark *verkauft*. 나는 중고 자동차를 500 마르크에 팔았다.

Ich will es nicht *verkaufen*. 나는 그것을 팔지 않겠다.

Die Ware ist leider schon *verkauft*. 그 물건은 유감스럽게도 이미 팔렸다.

- jm. (an jn.) et.⁴ *verkaufen* : (누구)에게 (무엇)을 팔다
  Er hat mir das Fahrrad *verkauft*.
  (=Er hat das Fahrrad *an* mich *verkauft*.) 그는 나에게 그 자전거를 팔았다.

der **Verkäufer** [fɛrkɔ́yfər] -s/- 판매원

Der *Verkäufer* fragte mich nach meinen Wünschen. 판매원은 나에게 무엇을 원하는지를 물었다.

Sie arbeitet als *Verkäuferin* in einem Geschäft. 그녀는 어느 상점에서 점원으로 일하고 있다.

der **Verkehr** [fɛrké:r] -[e]s/ ① 교통 ② 교제

An der Kreuzung regelt ein Polizist den *Verkehr*. 교차로에서 순경이 교통 정리를 하고 있다.

Auf dieser Straße herrscht starker (lebhafter) *Verkehr*.
(=Diese Straße hat viel *Verkehr*.) 이 거리는 교통이 빈번하다.

Der *Verkehr* auf der Autobahn wächst ständig. 고속도로의 교통량이 꾸준히 증가하고 있다.

Er hat viel *Verkehr*. 그는 교제가 넓다.

- *Verkehr* mit jm. haben (=im *Verkehr* mit jm. stehen): (누구)와 교제하고 있다
  Er *hat Verkehr mit* ihr.
  (=Er *steht im Verkehr mit* ihr.) 그는 그녀와 교제하고 있다.

- den *Verkehr* mit jm. abbrechen : (누구)와 절교하다

Ich habe *den Verkehr mit* ihr *abgebrochen.* 나는 그녀와 절교했다.

der **Verkehrsunfall** [fɛrkéːrs-unfal] -[e]s/..fälle 교통사고

An der Kreuzung ist ein schwerer *Verkehrsunfall* geschehen. 교차로에서 큰 교통 사고가 일어났다.

Er wurde bei dem *Verkehrsunfall* verletzt. 그는 교통 사고로 다쳤다.

Täglich werden viele Menschen bei *Verkehrsunfällen* getötet. 매일 많은 사람들이 교통 사고로 생명을 잃는다.

verlangen [fɛrláŋən] 1. 他 〈et.⁴을 von jm. 에게〉 요구하다 (fordern) 2. 自 〈nach et.을〉 갈망(열망)하다

Er *verlangte* Geld (100 Mark) *von* mir. 그는 나에게 돈을 (100마르크를) 요구했다.

Das kann niemand *von* dir *verlangen.* 그것은 누구도 너에게 요구하지 못한다.

Was *verlangen* Sie *von* mir? 나에게 무슨 용무가 있읍니까?

Er *verlangte* dafür 50 Mark. 그는 그것의 댓가로 50 마르크를 요구했다.

Diese Arbeit *verlangt* viel Geduld. 이 일에는 많은 인내가 필요하다.

Das ist zuviel *verlangt.* 그것은 지나친 요구다.

Er *verlangt nach* Wasser. 그는 물을 먹고 싶어한다.

Der Kranke *verlangte nach* dem Arzt. 그 환자는 의사를 불러오기를 원하고 있다.

verlassen [fɛrlásən] verließ, verlassen 1. 他 〈et.⁴을〉 떠나다 2. 再 〈sich⁴ auf jn.를〉 믿다, 신뢰하다 (vertrauen)

Um acht Uhr habe ich das Haus (die Wohnung) *verlassen.* 8시에 나는 집을 떠났다.

Er hat gestern Seoul *verlassen.* 그는 어제 서울을 떠났다.

Der Gedanke hat mich nie *verlassen.* 그 생각은 나의 뇌리에서 떠난 적이 없다.

Du kannst *dich auf* mich *verlassen.* 너는 나를 믿어도 좋다.

Auf seine Worte kann ich *mich* nicht *verlassen.* 그의 말은 믿을 수가 없다.

Verlassen Sie *sich* darauf! 그것을 믿어 보십시오!

verletzen [fɛrlétsən] 他 (신체·감정 따위를) 상하게 하다

Er wurde bei dem Autounfall schwer *verletzt.* 그는 자동차 사고로 중상을 입었다.

Bei dem Unfall wurde niemand *verletzt.* 그 사고시에는 아무도 다치지 않았다.

Ich habe mir die Hand *verletzt*.
(=Ich habe mich an der Hand *verletzt*.) 나는 손을 다쳤다.
Deine Worte können ihn (sein Gefühl) *verletzt* haben. 너의 말이 그의 감정을 상하게 했을지도 모른다.
Es gab bei dem Unglück viele *Verletzte*[4]. 그 사고로 많은 부상자가 생겼다.

verlieben [fɛrlíːbən] 再 〈sich⁴ in jn.에게〉 반하다
Hast du *dich* nicht *in* sie *verliebt*? 너는 그녀에게 반해버린 것이 아니니?
Er hat *sich in* Anna *verliebt*.
(=Er ist in Anna *verliebt*.) 그는 안나에게 반했다.
Wir sind ineinander *verliebt*. 우리는 서로 반했다.

verlieren [fɛrlíːrən] verlor, verloren 他 ① 잃다 (↔finden) ② (승부 따위에) 지다 (↔gewinnen)
Er hat seine Börse *verloren*. 그는 지갑을 잃어버렸다.
Er hat die Hoffnung (den Mut) *verloren*. 그는 희망(용기)을 잃었다.
Unsere Fußballmannschaft hat das Spiel *verloren* (gewonnen). 우리 축구팀은 경기에서 졌다(이겼다).
Deutschland hat den zweiten Weltkrieg *verloren*. 독일은 제2차 세계 대전에서 패배했다.

verloben [fɛrlóːbən] 再 〈sich⁴ mit jm.와〉 약혼하다
Ich habe *mich mit* ihr *verlobt*. 나는 그녀와 약혼했다.
Er hat *sich mit* seiner Freundin *verlobt*. 그는 그의 여자 친구와 약혼했다.
Wir sind miteinander *verlobt*. 우리는 약혼한 사이다.

der Verlust [fɛrlúst] -es/-e 분실, 손실 (↔der Gewinn)
Er klagt über den *Verlust* seines ganzen Vermögens. 그는 자기의 전 재산을 잃어버린 것을 슬퍼하고 있다.
Sein Tod ist ein großer *Verlust*. 그의 죽음은 큰 손실이다.
• einen *Verlust* (einen Schaden) erleiden : 손해를 입다
Er *erlitt einen* großen (schweren) *Verlust*. 그는 큰 손해를 입었다.
• jm. den *Verlust* (den Schaden) ersetzen : (누구)에게 손해를 배상하다
Er versprach, mir *den Verlust* zu *ersetzen*. 그는 나에게 손해를 배상해 줄 것을 약속했다.

vermeiden [fɛrmáɪdən] vermied, vermieden 他 피하다
Er *vermied*, mir zu begegnen. 그는 나를 만나는 것을 피했다.

Das läßt sich nicht *vermeiden*.
(=Das kann man nicht *vermeiden*.) 그것은 피할 수 없다.
Ich habe die Gefahr *vermieden*. 나는 위험을 면했다.

vermieten [fɛrmíːtən] 他 세 놓다 (↔mieten)
● ein Zimmer an jn. *vermieten* : (누구)에게 방을 세 놓다
Ich habe *das Zimmer an* einen Studenten *vermietet*. 나는 그 방을 어느 대학생에게 세 놓았다.
Ist das Zimmer (die Wohnung) schon *vermietet*? 그 방(그 집)은 이미 세 들었읍니까?
Zimmer (Haus) zu *vermieten*! 방(집)을 세 놓음! 《광고》

vermögen [fɛrmǿːgən] vermochte, vermocht; ich vermag, du vermagst, er vermag 他〈zu 부정법과〉…할 능력이 있다, …할 수 있다 (können)
Ich *vermag* nicht, ihn *zu* überzeugen. 나는 그를 설득(납득)시킬 수가 없다.
Ich *vermochte* nicht, es ihm ab*zu*schlagen. 나는 그에게 그것을 거절할 수가 없었다.
Ich *vermochte* es nicht *zu* vermeiden.
(=Ich konnte es nicht vermeiden.) 나는 그것을 피할 수 없었다.

das **Vermögen** [fɛrmǿːgən] -s/- ① 《복수 없음》 능력 (die Fähigkeit) ② 재산 (der Reichtum)
nach *Vermögen* 능력에 따라서
nach bestem *Vermögen* (=mit aller Kraft) 전력을 다하여
Das geht über mein *Vermögen* (meine Kraft).
(=Das steht nicht in meinem *Vermögen*.) 그것은 내 능력(힘)에 겹다.
Er hat ein großes *Vermögen*. 그는 많은 재산을 갖고 있다.
Ich habe mein ganzes *Vermögen* verloren. 나는 전 재산을 잃어버렸다.

vermuten [fɛrmúːtən] 他 추측하다, 예상하다
Ich *vermute*, daß er es weiß.
(=Ich *vermute*, er weiß es.) 내가 추측하기에는 그는 그것을 알고 있을 것이다.
Ich *vermute*, er kommt heute noch. 나는 그가 오늘 중으로 올 것이라고 예상하고 있다.
Ich habe es schon lange *vermutet*. 나는 그것을 이미 오래 전부터 예측했었다.
Das konnte niemand *vermuten*. 그것은 아무도 예상하지 못했다.

die Vernunft [fɛrnúnft] -/ 이성(理性), 분별(分別)
- jn. zur *Vernunft* bringen : (누구)를 이성으로 돌아가게 하다
Ich *brachte* ihn *zur Vernunft*. 나는 그로 하여금 이성을 되찾게 했다.
Das ist gegen alle *Vernunft*. 그것은 도리에 어긋나는 일이다.
Er hat ohne *Vernunft* gehandelt. 그는 분별없이 행동했다.

verraten [fɛrráːtən] verriet, verraten; du verrätst, er verrät 他 ① 배반·배신하다 ② (비밀 따위를) 누설하다
Er hat sein Vaterland *verraten*. 그는 조국을 배반했다.
Ich weiß, wer uns *verraten* hat. 누가 우리를 배신했는지 나는 알고 있다.
Er hat unser Geheimnis *verraten*. 그는 우리의 비밀을 누설했다.
Ich will dir vorher *verraten*, wohin wir gehen. 우리가 어디로 가는지 내가 너에게 미리 알려 주겠다.

verrückt [fɛrrýkt] 形 미친 (wahnsinnig)
Er ist *verrückt*. 그는 미쳤다.
Er ist ganz *verrückt* auf sie. 그는 그녀에게 완전히 미쳤다 (홀딱 반했다).
Sie ist ganz *verrückt* geworden. 그녀는 완전히 미쳐버렸다.
Du bist wohl *verrückt*? 너 미쳤니?
Das ist eine *verrückte* Idee. 그것은 얼빠진 생각이다.
- wie *verrückt* : 미친듯이
Er schrie *wie verrückt*.
(=Er rief wahnsinnig aus.) 그는 미친듯이 소리쳤다.

versammeln [fɛrzámǝln] 1. 他 (사람을) 모으다 2. 再 《sich⁴》 모이다
Er *versammelte* uns alle um sich. 그는 우리 모두를 자기 주위에 불러 모았다.
Sie waren schon *versammelt*. 그들은 이미 모여 있었다.
Wir *versammeln uns* auf dem Platz. 우리는 광장에 모인다.
Alle Studenten *versammelten sich* in der Aula. 모든 학생들이 대강당에 모였다.

die Versammlung [fɛrzámluŋ] -/-en 집회, 회합
- zur *Versammlung* gehen : 집회에 가다
Er *ging zur Versammlung*. 그는 모임에 갔다.
Bei Regen findet die *Versammlung* im Saal statt. 비가 오면 집회는 홀에서 열린다.

Die heutige *Versammlung* war gut besucht. 오늘 집회는 성황을 이루었다.

verschieden [fɛrʃíːdən] 形 ① 다른 (ander) ② 〈복수 명사와〉 여러 가지의

Wir sind *verschiedener* (anderer) Meinung². 우리는 의견이 다르다.

Die beiden Brüder sind ganz *verschieden*. 두 형제는 조금도 닮은 데가 없다.

Er stellte mir *verschiedene* Fragen. 그는 나에게 여러 가지 질문을 했다.

aus *verschiedenen* Gründen 여러 가지 이유에서

verschwinden [fɛrʃvíndən] verschwand, verschwunden 自 《s》 사라지다, 없어지다

Er ist spurlos *verschwunden*. 그는 흔적도 없이 사라졌다.

Die Sonne ist hinter den Wolken *verschwunden*. 해가 구름 뒤로 모습을 감추었다.

Meine Uhr ist *verschwunden*. 나의 시계가 없어졌다.

versichern [fɛrzíçərn] 他 〈jm.에게 et.⁴을〉 확언·단언하다, 보증하다

Er *versicherte* mir, daß er uns³ helfen werde. 그는 우리를 돕겠다고 나에게 확언했다.

Das kann ich dir *versichern*. 그것을 나는 너에게 단언(보증) 할 수 있다.

verspäten [fɛrʃpέːtən] 再 《sich⁴》 지각하다

Ich habe *mich* leider um 10 Minuten *verspätet*. 나는 유감스럽게도 10분 정도 지각했다.

Ich eilte, damit ich *mich* nicht *verspätete*. 나는 늦지 않기 위하여 서둘렀다.

Der Zug kam 30 Minuten *verspätet* an.
(=Der Zug kam mit 30 Minuten Verspätung an.) 기차는 30분 연착했다.

versprechen [fɛrʃprέçən] versprach, versprochen 他 〈jm. 에게 et.⁴을〉 약속하다

Er hat mir Hilfe *versprochen*. 그는 나에게 도움을 약속했다.

Vergiß nicht, was du mir *versprochen* hast! 나에게 약속한 것을 잊지 마라!

Er hat mir *versprochen*, seine Schulden zu bezahlen. 그는 나에게 빚을 갚겠다고 약속했다.

Er *versprach*, uns zu besuchen. 그는 우리를 방문하겠다고 약속했다.

Er hat es fest (bestimmt) *versprochen*. 그는 그것을 확약했다.

Was man *versprochen* hat, muß man halten. 약속한 것은 지켜야 한다.

das Versprechen [fɛrʃpréçən] -s/- 약속
- sein *Versprechen* halten (brechen) : 약속을 지키다(어기다)

Er hat *sein Versprechen gehalten (gebrochen)*.
(=Er hat sein Wort gehalten.) 그는 약속을 지켰다(어겼다).

Man muß *sein Versprechen* (sein Wort) *halten*. 약속은 지켜야 한다.

der **Verstand** [fɛrʃtánt] -[e]s/ 이해[력], 지능, 분별

Das geht über meinen *Verstand*. 그것은 나에게는 이해가 되지 않는다.

Sie hat einen klaren (scharfen) *Verstand*. 그녀는 명석한 (예리한) 두뇌를 가지고 있다.
- den *Verstand* verlieren : 분별(이성)을 잃다

Er hat *den Verstand verloren*. 그는 이성(理性)을 잃었다.

verstehen [fɛrʃté:ən] verstand, verstanden 他 이해하다
- jn. *verstehen* : (누구)의 말을 알아듣다

Haben Sie mich *verstanden*? 제 말을 알아들으셨읍니까?
Er hat mich falsch *verstanden*. 그는 나를 오해했다.

Das Buch ist schwer zu *verstehen*. 그 책은 이해하기가 어렵다.

Verstehst du kein Deutsch? 너는 독일어를 모르니?

Sie *versteht* kein Wort Französisch. 그녀는 프랑스어를 한 마디도 알지 못 한다.

Du *verstehst* nichts davon. 너는 그것을 전혀 이해하지 못 한다.

Wir *verstehen* uns⁴ gut. 우리는 서로 잘 이해하고 있다.

Das *versteht* sich von selbst. 그것은 자명한 일이다.

der **Versuch** [fɛrzú:x] -[e]s/-e 시도(試圖); 실험 (das Experiment)
- einen *Versuch* machen : 시도하다

Ich will einmal *einen Versuch machen*. 나는 한번 시도해 보겠다.

Das war ein kühner *Versuch*. 그것은 대담한 시도였다.

Der *Versuch* ist gelungen (mißlungen). 그 시도는 성공(실패)했다.

Der *Versuch*, ihn mit ihr zu versöhnen, ist mißlungen. 그를 그녀와 화해시키려는 시도는 실패했다.

Das ist jetzt auf der Stufe des *Versuchs*. 그것은 지금 실험 단계에 있다.

ein chemischer *Versuch* 화학 실험

versuchen [fɛrzúːxən] 他 ① 시도(試圖)하다 ② 맛보다 (probieren)

Wir müssen alle möglichen Mittel *versuchen*. 우리는 모든 가능한 수단을 시도해 보아야 한다.

Ich will es einmal *versuchen*. 나는 그것을 한번 시도해 보겠다.

Ich habe alles *versucht*, was in meiner Macht stand. 나는 내 힘에 미치는 모든 것을 시도해 보았다.

Ich habe vergebens *versucht*, Sie anzurufen. 나는 당신에게 전화를 걸려고 시도해 보았지만 헛된 일이었다.

Versuche nicht, mich zu überzeugen! 나를 설득하려 하지 마라!

Bitte, *versuchen* (probieren) Sie diesen Wein! 이 포도주 맛을 좀 보세요!

Ich möchte das Gebäck gern einmal *versuchen*. 나는 그 과자를 한번 맛보고 싶다.

verteidigen [fɛrtáidigən] 他 ① 방어하다 (↔angreifen) ② 변호하다

● jn. gegen et. *verteidigen* : (누구)를 (무엇)으로부터 방어·변호하다

Wir müssen unser Vaterland *gegen* Feinde *verteidigen*. 우리는 우리의 조국을 적으로부터 지켜야 한다.

Sie hat mich *gegen* seinen Vorwurf *verteidigt*. 그녀는 나를 그의 비난으로부터 변호해 주었다.

Wer *verteidigt* dieses Land? 누가 이 나라를 지키는가?

Der Rechtsanwalt *verteidigt* den Angeklagten vor Gericht. 변호사가 피고인을 법정에서 변호한다.

der **Vertrag** [fɛrtráːk] -[e]s/¨e 계약, 조약

● einen *Vertrag* schließen : 계약·조약을 맺다

Ich *schloß einen Vertrag* mit ihm. 나는 그와 계약을 맺었다.

Die beiden Staaten *schlossen einen* neuen *Vertrag*. 두 나라는 새로운 조약을 체결했다.

Er brach den *Vertrag*.

(=Er hielt den *Vertrag* nicht.) 그는 계약을 어겼다.

Ich bin an den *Vertrag* gebunden. 나는 계약에 묶여 있다.

vertrauen [fɛrtráuən] 自 〈jm. (auf jn.)를〉 믿다, 신뢰하다 (sich⁴ verlassen)

Ich *vertraue* dir.

(=Ich verlasse mich auf dich.) 나는 너를 믿는다.

Du kannst ihm (*auf* ihn) *vertrauen*.

(=Du kannst dich auf ihn verlassen.) 너는 그를 믿어도 된다.

vertreten [fɛrtré:tən] vertrat, vertreten; du vertrittst, er vertritt 他 〈jn.를〉 대표·대리하다

Er *vertrat* die Regierung. 그는 정부를 대표했다.

Als ich krank war, hat er mich *vertreten*. 내가 아팠을 때 그는 나를 대신했다.

der **Vertreter** [fɛrtré:tər] -s/- 대표자, 대리인

Er ist *Vertreter* der Firma. 그는 그 회사의 대표자다.

An der Konferenz nahmen die *Vertreter* von verschiedenen Staaten teil. 그 회의에는 여러 나라의 대표자가 참석했다.

Während meines Urlaubs ist er mein *Vertreter*. 나의 휴가 중에는 그가 나의 대리인이다.

verwandeln [fɛrvándəln] 1. 他 〈et.⁴ 을 in et.⁴ 으로〉 변화시키다 2. 再 〈sich⁴ in et.⁴ 으로〉 변하다

Die Bombe *verwandelte* das Dorf *in* eine Hölle. 폭탄이 그 마을을 지옥으로 바꾸어 놓았다.

Die Szene wird *verwandelt*. 장면이 바뀐다.

Er ist wie *verwandelt*. 그는 사람이 변한 것 같다.

Das Eis *verwandelte sich in* Wasser. 얼음이 물로 변했다.

Seine Liebe hat *sich in* Haß *verwandelt*. 그의 사랑은 증오로 변했다.

verwandt [fɛrvánt] 形 친척인 (↔fremd)

• mit jm. *verwandt* sein : (누구)와 친척이다

Ich bin entfernt (nahe) *mit* ihm *verwandt*. 나는 그와 먼 (가까운) 친척이다.

Wie bist du *mit* ihr *verwandt*? 너는 그녀와 어떤 친척 관계니?

Wir sind *mit*einander *verwandt*. 우리는 서로 친척이다.

Deutsch und Englisch sind *verwandte* Sprachen. 독일어와 영어는 같은 계통의 언어이다.

Er ist mein *Verwandter*.

(=Er ist ein *Verwandter* von mir.) 그는 나의 친척이다.

Ich habe viele *Verwandte*. 나에게는 친척이 많다.

verwenden [fɛrvéndən] verwendete, verwendet; verwandte, verwandt 他 쓰다, 사용하다 (gebrauchen)
Er *verwendete* (*verwandte*) viel Geld auf die Erziehung seiner Kinder. 그는 자녀들의 교육에 많은 돈을 썼다.
Ich habe viel Mühe und Zeit auf diese Arbeit *verwendet* (*verwandt*). 나는 이 일에 많은 노력과 시간을 소비했다.
Er *verwendet* dieses Buch im Unterricht. 그는 이책을 수업에 사용하고 있다.
Das läßt sich nicht mehr *verwenden*. 그것은 더 이상 쓸모가 없다.

verzeihen [fɛrtsáiən] verzieh, verziehen 他 〈jm.의 et.⁴을〉 용서하다 (entschuldigen)
Ich *verzieh* ihm alles. 나는 그의 모든 것을 용서했다.
Verzeihen Sie [mir], daß ich das Unrecht begangen habe! 제가 잘못을 저지른 것을 용서하십시오!
Verzeihen (*Entschuldigen*) Sie bitte! 용서하십시오! 실례합니다!

die **Verzeihung** [fɛrtsáiuŋ] -/ 용서 (die Entschuldigung)
● jn. um *Verzeihung* bitten : (누구)에게 용서를 빌다
Er *bat* mich *um Verzeihung*. 그는 나에게 용서를 빌었다.
Verzeihung (*Entschuldigung*)!
(=Verzeihen Sie!) 실례합니다! 죄송합니다!

verzichten [fɛrtsíçtən] 自 〈auf et.⁴을〉 포기・단념하다 (aufgeben)
Ich habe *auf* den Plan *verzichtet*. 나는 그 계획을 포기했다.
Du mußt dar*auf verzichten*. 너는 그것을 포기(단념)해야만 한다.

verzweifeln [fɛrtsváifəln] 自 ((s, h)) 〈an et.³에〉 절망하다
Er *verzweifelt am* Leben (*an* allem). 그는 인생(모든 것)에 절망하고 있다.
Er war ganz *verzweifelt*. 그는 완전히 절망(자포 자기)했다.
Ich bin *verzweifelt*. 나는 이제 자포 자기다.
Ich *verzweifle* nie. 나는 결코 절망(자포 자기)하지 않는다.
Es war ein *verzweifelter* Kampf. 그것은 필사적인 싸움이었다.
Es ist zum *Verzweifeln*. 그것은 절망적이다.

die **Verzweiflung** [fɛrtsváifluŋ] -/ 절망
● aus (vor) *Verzweiflung* : 절망한 나머지
Er hat es *aus Verzweiflung* getan. 그는 절망한 나머지 그런 일을 했다.

Er hat sich³ *vor Verzweiflung* das Leben genommen. 그는 절망한 나머지 자살했다.

der **Vetter** [fétər] -s/-n (남자의) 사촌 (↔die Kusine)
Er ist mein *Vetter*. 그는 나의 사촌이다.
Mein *Vetter* kommt heute zu uns. 나의 사촌이 오늘 우리에게 온다.

das **Vieh** [fi:] -[e]s/ 가축
- *Vieh* halten : 가축을 사육하다
 Jeder Bauer in dieser Gegend *hält* fünf bis zehn Stück *Vieh*. 이 지방 농민은 모두가 5마리 내지 10마리의 가축을 사육하고 있다.
- das *Vieh* füttern : 가축에게 사료를 주다
 Er *füttert das Vieh*. 그는 가축에게 먹이를 준다.
 zehn Stück *Vieh* 가축 10마리

viel [fi:l] mehr, meist 1. 形 《무관사의 단수명사 앞에서는 보통 무변화》 많은 (↔wenig) 2. 副 ① 많이 ②〈비교급과〉 훨씬
Er hat *viel* Geld bei sich. 그는 수중에 많은 돈을 갖고 있다.
Ich habe heute nicht *viel* Zeit. 나는 오늘은 그다지 시간이 없다.
Viel Glück zum neuen Jahr! 새해 복 많이 받으세요!
Viel Vergnügen (Spaß)! 즐거운 시간을 보내세요!
Vielen Dank!
(=Danke schön!) 대단히 감사합니다!
Er hat *viele* Freunde. 그는 친구가 많다.
Er liest sehr *viele* Bücher. 그는 매우 많은 책을 읽는다.
Er weiß *viel*. 그는 많이 안다.
Ich habe in meiner Jugend *viel* gereist. 나는 젊었을 적에 여행을 많이 했다.
Er ist *viel* reicher als ich. 그는 나보다 훨씬 부자다.
Er ist *viel* älter, als wir denken. 그는 우리가 생각하기보다 훨씬 나이가 많다.
- in *vielem* : 여러 가지 점에서
 Er hat *in vielem* recht. 그는 여러 가지 점에서 옳다.

vielleicht [filáıçt] 副 아마 (wahrscheinlich)
Vielleicht kommt er nicht. 아마 그는 오지 않을 것이다.
Ich habe mich *vielleicht* geirrt. 내가 아마도 잘못 생각했나 보다.
Können Sie mir *vielleicht* etwas Geld leihen? 나에게 돈 좀 빌려줄 수 있겠읍니까?

vielmals [fíːlmaːls] 圖 여러번
  Ich bat *vielmals* um Entschuldigung. 나는 여러번 용서를 빌었다.
  Er dankt dir *vielmals*. 그는 너에게 몇 번이고 감사하다는 말을 하고 있다.
  Ich danke Ihnen *vielmals*.
  (=Danke *vielmals*!) 정말 감사합니다!

vielmehr [fiːlméːr] 圖 오히려
  Du sollst ihn nicht tadeln, *vielmehr* sollst du ihm helfen. 너는 그를 비난하지 말고, 오히려 도와주어야 한다.
  Er ist nicht dumm, weiß *vielmehr* alles. 그는 우둔하기는 커녕 모르는 것이 없다.

vier [fiːr] 圖 4
  Es ist [ein] Viertel *vier*.
  (=Es ist Viertel nach drei.) 3시 15분이다.
  Die *vier* Jahreszeiten sind Frühling, Sommer, Herbst und Winter. 4계절은 봄, 여름, 가을, 겨울이다.
  ● unter *vier* Augen : 단 둘이서, 비밀히
  Wir waren *unter vier Augen*. 우리는 단 둘이 있었다.
  Sie sagte es mir *unter vier Augen*. 그녀는 나에게 그것을 비밀히 이야기했다.

vierzehn [fírtseːn] 圖 14

vierzig [fírtsıç] 圖 40

das **Viertel** [fírtəl] -s/- **4분의 1 ; 15분**
  ein *Viertel* des Vermögens 재산의 4분의 1
  drei *Viertel* der Bevölkerung 주민의 4분의 3
  Er hat ein *Viertel* des Preises bezahlt. 그는 가격의 4분의 1을 지불했다.
  Es ist [ein] *Viertel* zehn.
  (=Es ist *Viertel* nach neun.) 9시 15분이다.
  Es ist drei *Viertel* zehn.
  (=Es ist *Viertel* vor zehn.) 9시 45분이다.

der **Vogel** [fóːgəl] -s/⁼ **새**
  Die *Vögel* zwitschern (singen). 새들이 지저귄다(노래한다).
  Ein seltener *Vogel* sitzt auf dem Zweig. 진귀한 새 한 마리가 나뭇가지에 앉아 있다.

das **Volk** [fɔlk] -[e]s/⁼er ① **국민, 민족** ② 《복수 없음》 **민중**
  das deutsche *Volk* 독일 국민(민족)
  Das ganze *Volk* wünscht den Frieden. 온 국민이 평화를 바라고 있다.

Des *Volkes* Stimme ist Gottes Stimme. 백성의 소리는 신(神)의 소리다(민심은 천심이다).

voll [fɔl] 形 ① 가득찬 (↔leer) ② 〈voll[er] et.² (voll von et.)으로〉 가득찬

ein *voller* Eimer (Koffer) 가득찬 물통(트렁크)

ein *volles* Glas 가득찬 잔

ein Eimer *voll*[*er*] Wasser 물이 가득찬 물통

ein Glas *voll*[*er*] Wein 술이 가득찬 잔

Er stellte ein *volles* Glas Bier (eine *volle* Flasche Wein) auf den Tisch. 그는 가득찬 맥주잔 (가득찬 술병)을 식탁 위에 놓았다.

Ich arbeite mit *voller* (aller) Kraft. 나는 온 힘을 다하여 일한다.

Es war sehr *voll* im Theater (Bus). 극장(버스) 안은 만원이었다.

Ihre Augen waren *voll*[*er*] Tränen.

(=Ihre Augen waren *voll von* Tränen.) 그녀의 눈은 눈물로 가득차 있었다.

Der Saal ist *voll*[*er*] Menschen.

(=Der Saal ist *voll von* Menschen (Leuten).) 홀은 사람들로 꽉 차 있다.

vollenden [fɔl-éndən] 他 완성하다 (vollbringen)

Ich habe das Werk in der letzten Woche *vollendet*. 나는 그 작품을 지난 주에 완성했다.

Das ist *vollendete* Tatsache. 그것은 기정 사실이다.

vollkommen [fɔlkómən] 形 완전한 (völlig)

Kein Mensch ist *vollkommen*. 완전한 인간은 없다.

Sie ist eine *vollkommene* Schönheit. 그녀는 절세(絕世)의 미인이다.

Ich hatte die Verabredung *vollkommen* vergessen. 나는 그 약속을 완전히 잊어버렸었다.

Das kann ich *vollkommen* verstehen (begreifen). 그것을 나는 완전히 이해할 수 있다.

von [fɔn] 前 《3격》 ① 《출발점》 ~으로부터 ② 《2격의 대용》 ~의 ③ ~중의 ④ ~에 관하여 ⑤ 《수동문에서》 ~에 의하여 ⑥ 《재료》 ~으로 된

Der Zug kommt *von* Pusan. 그 기차는 부산에서 온다.

Die Blätter fallen *vom* Baum. 잎이 나무에서 떨어진다.

Das habe ich *von* ihm gehört. 그것을 나는 그에게서 들었다.

Wir haben *von* 9 bis 1 Uhr Unterricht. 우리는 9시부터 1시까지 수업이 있다.
Er ist ein Freund *von* mir.
(=Er ist mein Freund.) 그는 나의 친구다.
Sie liest einen Roman *von* Hermann Hesse. 그녀는 헤르만 헷세의 소설을 읽고 있다.
Er ist einer *von* meinen Freunden.
(=Er ist einer meiner Freunde.) 그는 내 친구들 중의 한 사람이다.
Sie ist die schönste *von* drei Schwestern. 그녀는 세 자매 중에서 가장 예쁘다.
Er hat mir *von* ihr erzählt. 그는 나에게 그녀에 관해서 이야기해 주었다.
Da*von* weiß ich nichts. 그것에 관해서는 나는 아무것도 모른다.
Er wurde *von* dem Lehrer gelobt. 그는 선생님에게 칭찬을 받았다.
Er wurde *von* allen geliebt. 그는 모든이에게 사랑을 받았다.
Der Ring ist *von* (aus) Gold. 그 반지는 금으로 되어 있다.
Der Tisch ist *von* Holz. 그 책상은 나무 제품이다.
von morgens bis abends (=*vom* Morgen bis zum Abend) 아침부터 저녁까지
von Anfang bis [zu] Ende 처음부터 끝까지
von Anfang an 처음부터
von nun (heute, morgen) an 지금(오늘, 내일)부터
von alters her (=seit alters) 옛부터
von Jugend (jung) auf 젊어서부터
von Kindheit (klein) auf 어려서부터
von Haus zu Haus 집집마다, 이 집에서 저 집으로
von Tag zu Tag (=Tag für Tag) 날마다, 매일
von Zeit zu Zeit (=ab und zu) 때때로
von ganzen Herzen 진심으로

vor [fo:r] 前《3·4격》〈정지의 위치 또는 운동의 장소를 나타내는 경우는 3격 지배, 운동의 방향을 나타내는 경우는 4격 지배〉 ①《장소》 ~앞에(3격), ~앞으로(4격) ②《시간》 ~전에(3격) ③《원인》 ~한 나머지(3격) ④《감정의 대상》 ~에 대하여(3격)

Er steht *vor* dem Haus. 그는 집 앞에 서 있다.
Er wartet *vor* der Schule auf dich. 그는 학교 앞에서 너를 기다리고 있다.

Sie trat *vor* den Spiegel. 그녀는 거울 앞으로 걸어갔다.
Ich stellte das Auto *vor* das Haus. 나는 자동차를 집 앞에 세웠다.
Ich traf ihn *vor* einer Woche. 나는 그를 일주일 전에 만났다.
Vor 5 Jahren war ich in Deutschland. 5년 전에 나는 독일에 있었다.
Es ist zehn *vor* neun. 9시 10분 전이다.
Ich konnte *vor* Schmerzen[3] (Kälte) nicht schlafen. 나는 아파서(추워서) 잠을 이룰 수가 없었다.
Sie wurde blaß *vor* Angst[3] (Zorn). 그녀는 겁이 나서(화가 나서) 얼굴이 창백해졌다.
Sie ist *vor* Freude[3] außer sich. 그녀는 기뻐서 어쩔 줄을 모른다.
Ich habe Angst *vor* dem Examen. 나는 시험이 걱정된다.
Er hat Furcht *vor* dem Hund.
(=Er fürchtet sich[4] *vor* dem Hund.) 그는 개를 무서워한다.
vor allem 무엇보다도
vor allen 누구보다도
vor kurzem 조금 전에
nach wie *vor* 여전히, 변함없이

voraus [foráus] 副 앞서, 먼저
Sie ging uns[3] zwei Stunden *voraus*. 그녀는 우리보다 2시간 앞서 갔다.
Geh bitte *voraus*! 먼저 가라!
● im *voraus* : 미리
Ich habe die Zimmermiete *im voraus* bezahlt. 나는 방세를 미리 지불했다.

vorbei [fɔrbái, fo:rbái] 副 ①《장소》〈an et.[3] 의 옆을〉지나서 (vorüber) ②《시간》지나간 ; 끝난
Er ging *an* mir *vorbei* (vorüber). 그는 내 옆을 지나갔다.
Ich ging *an* seinem Haus *vorbei*. 나는 그의 집 옆을 지나갔다.
Es ist schon zwölf Uhr *vorbei*. 벌써 12시가 지났다.
Als er kam, war alles schon *vorbei*. 그가 왔을 때는 이미 모든 것이 끝났다.

vor|bereiten[fóːrbəraɪtən] 1. 他 〈et.[4] 의〉준비를 하다 2. 再 〈sich[4] auf (für) et.[4] 의〉준비를 하다
Sie *bereitet* eine Reise (ein Fest) *vor*.
(=Sie trifft Vorbereitungen zu einer Reise.) 그녀는 여행(축제) 준비를 한다.

Vorbereitung

Ich habe alles allein *vorbereitet*. 나는 모든 것을 혼자 준비했다.

Ich bin auf (für) die Prüfung *vorbereitet*. 나는 시험 준비가 되어 있다.

Sie *bereitet sich* jetzt *auf (für)* die Prüfung *vor*. 그녀는 지금 시험 준비를 하고 있다.

Ich muß *mich auf* die Prüfung *vorbereiten*. 나는 시험 준비를 해야 한다.

die **Vorbereitung** [fóːrbərəɪtuŋ] -/-en 준비
- *Vorbereitungen* zu et. treffen (machen) : (무엇)의 준비를 하다

Er *trifft (macht) Vorbereitungen zu* einer Reise. (=Er bereitet eine Reise vor.) 그는 여행 준비를 한다.

Die *Vorbereitungen* für das Fest haben bereits begonnen. 축제 준비는 이미 시작되었다.

vorgestern [fóːrgɛstərn] 副 그저께

Ich bin *vorgestern* angekommen. 나는 그저께 도착했다.

Vorgestern abend habe ich ihn auf der Straße getroffen. 그저께 저녁에 나는 길에서 그를 만났다.

vor|haben [fóːrhaːbən] hatte vor, vorgehabt 他 피하다, 계획하다 (beabsichtigen)

Haben Sie [für] heute abend etwas *vor*? 당신은 오늘 저녁 무슨 계획이 있읍니까?

Ich *habe* heute nichts *vor*. 나는 오늘은 아무 계획이 없다.

Was *hast* du für Sonntag *vor*? 너는 일요일에 무슨 계획이 있니?

der **Vorhang** [fóːrhaŋ] -[e]s/..hänge 커튼, (무대의) 막

Er zog den *Vorhang* zu, damit die Sonne nicht ins Zimmer scheinen konnte. 그는 해가 방 안에 비치지 않도록 커튼을 쳤다.

Der *Vorhang* wurde aufgezogen (zugezogen). 커튼이 열려(닫혀)졌다.

Der *Vorhang* auf der Bühne ging hoch (nieder). 무대 위의 막이 올라(내려)갔다.

der eiserne *Vorhang* 철의 장막

vorher [fo:rhéːr, fóːrheːr] 副 전에 (zuvor)(↔nachher); 미리 (im voraus)

Vorher sah er anders aus. 전에는 그가 다르게 보였다.

Warum hast du mir das nicht *vorher* gesagt? 너는 왜 나에게 그것을 미리 말하지 않았니?

kurz (lange) *vorher* 조금(오래) 전에
einige Tage (einige Monate) *vorher* 며칠(몇 달) 전에
am Tage *vorher* (zuvor) 전날에
am Abend *vorher* 전날 밤에

vorig [fó:rıç] 形 이전의
Vorige (Letzte) Woche⁴ besuchte ich ihn. 지난 주에 나는 그를 방문했다.
Voriges Jahr⁴ (Im vorigen Jahr) war ich in Deutschland. 지난 해에 나는 독일에 있었다.

vor|kommen [fó:rkɔmən] kam vor, vorgekommen 自 《s》
① 일어나다, 생기다 (geschehen, passieren) ② 〈jm.에게는〉 …으로 생각되다
Das *kommt* oft (selten) *vor*. 그런 일은 자주(드물게) 일어난다.
Das darf nicht wieder *vorkommen*! 그런 일은 다시는 일어나서는 안 된다!
So etwas ist noch nie *vorgekommen*. 그와 같은 일은 아직 한번도 일어난 적이 없다.
Das *kommt* mir seltsam *vor*. 그것은 내게는 이상하게 생각된다.
Es *kommt* mir *vor*, als ob ich ihn irgendwo gesehen hätte. 나는 그를 어디선가 본 것 같은 생각이 든다.

vor|lesen [fó:rle:zən] las vor, vorgelesen 他 낭독하다
Er *liest* ein Gedicht *vor*. 그는 시(詩)를 낭독한다.
Er *las* mir seinen Brief *vor*. 그는 나에게 그의 편지를 읽어 주었다.

der **Vormittag** [fó:rmıta:k] -[e]s/-e 오전 (↔der Nachmittag)
Am *Vormittag* bin ich zu Hause. 오전에 나는 집에 있다.
Heute *vormittag* ist er abgereist. 오늘 오전에 그는 여행을 떠났다.
Eines *Vormittags* hat er mich unerwartet besucht. 어느 날 오전에 그가 뜻밖에 나를 방문했다.
Den ganzen *Vormittag* war sie im Büro. 오전 내내 그녀는 사무실에 있었다.

vormittags [fó:rmıta:ks] 副 오전에 (↔nachmittags)
Vormittags (Am Vormittag) bin ich meistens zu Hause. 오전에 나는 대개 집에 있다.
Er kam *vormittags* um 10 Uhr (um 10 Uhr *vormittags*). 그는 오전 10시에 왔다.

vorn [fɔrn] 副 앞에 (↔hinten)
Vorn hier ist ein guter Platz. 여기 앞에 좋은 자리가 있다.
Sie saß *vorn* in der ersten Reihe. 그녀는 앞의 첫째 줄에 앉아 있었다.
- nach *vorn* : 앞쪽으로
  Er ging *nach vorn*. 그는 앞쪽으로 갔다.
- von *vorn* : 앞에서부터 ; 처음부터 (von Anfang an)
  Er kam *von vorn*. 그는 앞쪽에서 왔다.
  Er fing mit der Arbeit wieder *von vorn* an. 그는 그 일을 처음부터 다시 시작했다.

vornehm [fóːrneːm] 形 고귀한, 고상한 (edel)
Eine *vornehme* Dame betrat den Laden. 한 귀부인이 가게에 들어왔다.
Sie ist immer *vornehm* gekleidet. 그녀는 언제나 고상한 옷차림을 하고 있다.

der **Vorort** [fóːr-ɔrt] -[e]s/-e 교외 (die Vorstadt)
Er wohnt in einem *Vorort* von Seoul. 그는 서울의 교외에 살고 있다.

der **Vorschlag** [fóːrʃlaːk] -[e]s/..schläge 제안, 제의
- jm. einen *Vorschlag* machen : (누구)에게 제안·제의하다
  Er *machte* mir *den Vorschlag*, gemeinsam ein Auto zu kaufen. 그는 내게 공동으로 자동차를 사자고 제안했다.
- einen *Vorschlag* ablehnen (annehmen) : 어떤 제안을 거부하다(받아들이다)
  Er *lehnte* unseren *Vorschlag ab*. 그는 우리의 제안을 거부했다.
  Ich habe seinen *Vorschlag angenommen*.
  (=Ich war mit seinem *Vorschlag* einverstanden.) 나는 그의 제안을 받아들였다(그의 제안에 동의했다).
- auf js. *Vorschlag*⁴ [hin] : (누구)의 제안으로
  Auf meinen *Vorschlag* trafen wir uns⁴ bei mir. 나의 제안으로 우리는 나의 집에서 만났다.

die **Vorsicht** [fóːrzɪçt] -/-en 조심, 주의 ; 신중
Vorsicht vor dem Hunde! 개 조심!
Vorsicht, bissiger Hund! 맹견(猛犬), 주의!
- mit *Vorsicht* : 주의하여, 신중히
  Er tat es *mit Vorsicht*. 그는 그것을 신중히 했다.
  Ich behandelte die Angelegenheit *mit* aller (äußerster) *Vorsicht*. 나는 그 일을 매우 신중히 다루었다.

vorsichtig [fóːrzɪçtɪç] 形 조심스러운 ; 신중한

Sei *vorsichtig*! 조심해라!

Er ging im Dunkeln *vorsichtig* weiter. 그는 어두움 속에서 조심스럽게 계속 걸어나갔다.

Er ist ein *vorsichtiger* Mensch. 그는 신중한 사람이다.

Er hat das Problem *vorsichtig* behandelt. 그는 그 문제를 신중히 다루었다.

vor|stellen [fóːrʃtɛlən] 1. 他 〈jm.에게 jn.를〉소개하다 2. 再 〈sich³ et.⁴을〉 상상하다

Er *stellte* mir seine Frau (mich seiner Frau) *vor*. 그는 나에게 자기 부인을(나를 자기 부인에게) 소개했다.

Darf ich Ihnen meinen Freund *vorstellen*? 당신에게 나의 친구를 소개할까요?

Ich kann *mir* die Szene lebhaft *vorstellen*. 나는 그 장면을 생생하게 상상할 수 있다.

Das kann man *sich*³ nicht *vorstellen*. 그것은 상상도 못할 일이다.

Stellen Sie *sich*³ meine Lage *vor*! 제 입장을 상상해 보십시오!

die **Vorstellung** [fóːrʃtɛluŋ] -/-en ① 소개 ② 상연, 상영 (die Aufführung) ③ 관념

Ich habe seinen Namen bei der *Vorstellung* nicht verstanden. 나는 소개받을 때 그의 이름을 잘 알아듣지 못했다.

Heute ist keine *Vorstellung*. 오늘은 공연이 없다.

Die Film*vorstellung* beginnt um 10 Uhr. 영화 상영은 10시에 시작된다.

Das ist eine falsche (richtige) *Vorstellung*. 그것은 틀린 (옳은) 생각이다.

- sich³ eine *Vorstellung* von et. machen : (무엇)을 상상하다
  Ich kann *mir* keine *Vorstellung* davon *machen*.
  (=Ich habe keine *Vorstellung* davon.) 나는 그것을 전혀 상상해 볼 수도 없다.

der **Vorteil** [fóːrtaɪl, fórtaɪl] -[e]s/-e 이익 (↔der Nachteil) ; 장점 (der Vorzug)

Er denkt immer nur an seinen *Vorteil*. 그는 언제나 자기의 이익만을 생각한다.

Das ist für dich von großem *Vorteil*. 그것은 너에게 매우 이익이 된다.

- aus et. einen *Vorteil* ziehen : (무엇)에서 이익을 얻다
  Er hat *aus* diesem Vertrag viele *Vorteile gezogen*. 그는 이 계약에서 많은 이익을 얻었다.

- im *Vorteil* vor jm. sein : (누구)보다 유리한 입장에 있다
  Er *ist im Vorteil vor* uns³. 그는 우리보다 유리한 입장에 있다.

der **Vortrag** [fóːrtraːk] -[e]s/..träge 강연
- einen *Vortrag* halten : 강연을 하다
  Er *hielt einen Vortrag* über das Schulwesen. 그는 학제(學制)에 관하여 강연을 했다.
- zu einem *Vortrag* gehen : 강연회에 가다
  Er *ging zu einem Vortrag*. 그는 강연회에 갔다.

Der *Vortrag* fand großen Beifall. 그 강연(연설)은 큰 갈채를 받았다.

vortrefflich [foːrtrɛ́flɪç] 形 우수한, 뛰어난 (vorzüglich, ausgezeichnet)
Er ist ein *vortrefflicher* Lehrer. 그는 우수한 교사(敎師)다.
Meine Frau kocht *vortrefflich*. 내 아내는 요리 솜씨가 뛰어나다.

vorüber [forýːbər] 副 ① 《장소》〈an et.³의 옆을〉 지나서 (vorbei) ② 《시간》 지나간 ; 끝난
Er ging *an* mir *vorüber* (vorbei). 그는 내 옆을 지나갔다.
Er ging *vorüber*, ohne mich zu grüßen. 그는 나에게 인사도 없이 지나갔다.
Der Winter ist *vorüber*, der Frühling ist da. 겨울은 지나가고 봄이 왔다.
Der Regen ist *vorüber*. 비가 그쳤다.

vorwärts [fóːrvɛrts, fɔ́rvɛrts] 副 앞으로 (↔rückwärts)
- einen Schritt *vorwärts* machen (tun) : 일보 전진하다
  Er *machte* (*tat*) einige *Schritte vorwärts*. 그는 몇 걸음 앞으로 나아갔다.

Vorwärts! 앞으로 (가)!
Richten Sie den Blick nach *vorwärts* (vorn)! 시선을 앞쪽으로 향하십시오!
Das ist ein großer Schritt *vorwärts*. 그것은 큰 진보다.

der **Vorwurf** [fóːrvurf] -[e]s/..würfe 비난 (der Tadel)
- jm. einen *Vorwurf* machen : (누구)를 비난하다
  Ich möchte dir keinen *Vorwurf machen*. 나는 너를 비난하고 싶지 않다.
  Sie *machte* ihm heftige *Vorwürfe*. 그녀는 그를 격렬하게 비난했다.

vor|ziehen [fóːrtsiːən] zog vor, vorgezogen 他 〈et.³보다 et.⁴을〉 더 **좋아하다**

Ich *ziehe* Wein dem Bier *vor.* 나는 맥주보다 포도주를 더 좋아한다.

Sie *zog* ihn allen andern *vor.* 그녀는 다른 누구보다 그를 좋아했다.

Ziehen Sie Kaffee oder Milch *vor*? 커피 혹은 우유 중 어느 것을 드시겠읍니까?

vorzüglich [foːrtsýːklıç, fóːrtsyːklıç] 形 우수한, 뛰어난 (vortrefflich, ausgezeichnet)

Er ist ein *vorzüglicher* Musiker. 그는 우수한(탁월한) 음악가다.

Dieser Fisch hat einen *vorzüglichen* Geschmack. (=Dieser Fisch schmeckt *vorzüglich*.) 이 생선은 아주 맛이 좋다.

W

***die* Waage** [váːgə] -/-n 저울
- et.⁴ auf die *Waage* legen (stellen) : (무엇)을 저울에 달다
  Der Verkäufer *legte* (*stellte*) das Fleisch *auf die Waage*.
  점원이 고기를 저울에 달았다.
  Ich *stellte* mich *auf die Waage*. 나는 체중계(體重計)에 올라섰다.
  Die *Waage* geht genau.
  (=Die *Waage* ist zuverlässig.) 이 저울은 정확하다.
  Die *Waage* geht nicht genau.
  (=Die *Waage* ist unzuverlässig.) 이 저울은 정확하지 않다.

wach [vax] 形 깨어 있는
- *wach* sein (bleiben) : 깨어 있다
  Ich *war* (*blieb*) bis tief in die Nacht hinein *wach*. 나는 밤 늦게까지 깨어 있었다.
- *wach* werden : 깨다
  Ich *wurde* heute morgen sehr früh *wach*.
  (=Ich bin heute morgen sehr früh erwacht.) 나는 오늘 아침 매우 일찍 깨었다.
  Ich lag die ganze Nacht⁴ *wach*.
  (=Ich wachte die ganze Nacht.) 나는 밤새도록 한잠 자지 못했다.

wachen [váxən] 自 ① 깨어 있다 (↔schlafen) ② 〈über (auf) jn.를〉 감시·감독하다
  Sie *wachte* die ganze Nacht⁴ bei dem Kranken.
  (=Sie war die ganze Nacht bei dem Kranken wach.) 그녀는 밤새도록 환자 곁에 깨어 있었다.
  Sie *wachte*, bis ihr Mann nach Hause kam. 그녀는 남편이 귀가할 때까지 자지 않고 있었다.
  Ich muß *über* die Schüler *wachen*. 나는 학생들을 감독해야 한다.
  Der Staat *wacht* dar*über*, daß seine Bürger die Gesetze einhalten. 국가가 국민이 법률을 지키는가를 감시한다.

wachsen [váksən] wuchs, gewachsen 自 《s》 자라다, 성장하다; 증대하다
  Das Kind *wächst* schnell (langsam). 그 아이는 성장(발육)이 빠르다(늦다).

Der Baum ist gerade (krumm) *gewachsen*. 그 나무는 곧게 (구부러진 채) 자랐다.

Die Zahl der Bevölkerung ist in den letzten Jahren stark *gewachsen*. 인구는 최근 수년간에 급격히 증가했다.

- sich³ den Bart *wachsen* lassen : 수염을 기르다
  Er *ließ sich den Bart wachsen*. 그는 수염을 길렀다.

die Waffe [váfə] -/-n 무기

Der Täter hat eine gefährliche *Waffe* bei sich. 그 범인은 위험한 무기를 휴대하고 있다.

- zu den *Waffen* greifen : 무기를 들다
  Die Soldaten *griffen zu den Waffen*. 군인들은 무기를 들었다.

- unter [den] *Waffen* stehen : 무장하고 있다
  Viele Menschen *standen unter den Waffen*. 많은 사람들이 무장하고 있었다.

- die *Waffen* niederlegen : 항복하다
  Sie *legten die Waffen nieder*. 그들은 항복했다.

der **Wagen** [vá:gən] -s/- 자동차 (das Auto); 마차 (der Pferdewagen); (철도의) 차량 (der Eisenbahnwagen)

Er fuhr mit dem *Wagen* (dem Auto) in die Stadt. 그는 자동차를 타고 시내에 갔다.

Wo haben Sie Ihren *Wagen* geparkt? 당신은 차를 어디에 세워두었읍니까?

Das Pferd wurde vor den *Wagen* gespannt. 말이 마차 앞에 매어졌다.

Das Pferd zieht den *Wagen*. 말이 마차를 끈다.

Die Lokomotive zieht 25 *Wagen*. 기관차가 25량의 차량을 끈다.

Dieser *Wagen* ist voll besetzt. 이 열차칸은 만원이다.

die Wahl [va:l] -/-en ① 《복수 없음》 선택 ② 선거

- eine *Wahl* treffen : 선택하다
  Du hast *eine* gute (schlechte) *Wahl getroffen*. 너는 잘 (잘못) 선택했다.

Mir bleibt keine andere *Wahl*. 나에게는 달리 선택의 여지 (다른 방도)가 없다.

Die *Wahl* des Präsidenten findet am 1. Mai statt. 대통령 선거는 5월 1일에 시행된다.

Das Ergebnis der *Wahlen* wurde gegen Abend mitgeteilt. 선거 결과는 저녁 무렵에 알려졌다.

Die *Wahl* ist auf ihn gefallen. 그가 당선되었다.

direkte (indirekte) *Wahl* 직접(간접) 선거
● zur *Wahl* gehen : 투표하러 가다
Wir *gehen zur Wahl.* 우리는 투표하러 간다.

wählen [vέ:lən] 他 ① 고르다, 선택하다 ② (전화의 다이얼을) 돌리다
Er hat ein Buch im Bücherregal *gewählt.* 그는 책장에서 책 한 권을 골랐다.
Er wurde zum Präsidenten (Vorsitzenden) *gewählt.* 그는 대통령(의장)에 선출되었다.
Er *wählte* die Telefonnummer seines Freundes. 그는 자기 친구의 전화 번호를 돌렸다.
Welche Nummer haben Sie *gewählt*? 몇 번을 돌렸읍니까? (전화에서)

wahr [va:r] 形 진실한 (↔falsch)
Er ist mein *wahrer* Freund. 그는 나의 진실한 친구다.
Ich habe keinen *wahren* Freund, dem ich wirklich vertrauen kann. 나에게는 정말 믿을 수 있는 참된 친구가 없다.
Das ist eine *wahre* Geschichte. 그것은 실제의 이야기다.
Das ist *wahr.* 그것은 사실이다.
Ist das *wahr,* was du sagst? 네가 말하는 것이 사실이니?
● nicht *wahr*? : 그렇지 않은가? 그렇지?
Hier ist es sehr schön, *nicht wahr*? 여기는 매우 아름답지, 그렇지 않니?
Sie sind doch Herr Schmidt, *nicht wahr*? 당신은 슈미트씨지요, 그렇지요?

während [vέ:rənt] 1. 前 《2격》~동안에 2. 接 《종속》…하는 동안에 ; …하는 한편
Während der Ferien war ich auf dem Lande. 휴가 동안에 나는 시골에 있었다.
Während des Krieges kam er ums Leben. 전쟁중에 그는 생명을 잃었다.
Während ich in der Zeitung las, stand sie am Fenster. 내가 신문을 읽고 있는 동안에 그녀는 창가에 서 있었다.
Er spielt draußen, *während* wir eifrig arbeiten. 우리는 열심히 일하고 있는데 그는 밖에서 놀고 있다.

die **Wahrheit** [vá:rhaɪt] -/-en 진실, 진리 (↔die Lüge)
Du sollst mir die *Wahrheit* sagen. 너는 나에게 진실을 말해야 한다(사실대로 말해야 한다).
Was ich gesagt habe, [das] ist die reine (volle) *Wahrheit.* 내가 말한 것은 사실 그대로다.

- in *Wahrheit* (Wirklichkeit) : 실제로
  In Wahrheit ist es ganz anders gewesen. 실제로 그것은 아주 달랐다.
- [um] die *Wahrheit* zu sagen : 사실을 말하면
  Um die Wahrheit zu sagen, ich mag sie sehr gern. 사실을 말하면, 나는 그녀를 매우 좋아한다.
- nach der *Wahrheit* forschen : 진리를 탐구하다
  Wir *forschen nach der Wahrheit*. 우리는 진리를 탐구한다.

wahrscheinlich [vaːrʃáınlıç] 副 아마 (vielleicht)
  Sie wird *wahrscheinlich* nicht kommen. 그녀는 아마 오지 않을 것이다.
  Morgen wird es *wahrscheinlich* regnen. 내일은 아마 비가 올 것이다.

der **Wald** [valt] -es/⸚er 숲
  Er hat sich⁴ im *Wald* verlaufen (verirrt). 그는 숲 속에서 길을 잃었다.
  Er ging in den *Wald*. 그는 숲 속으로 갔다.
  Wir gingen durch den *Wald*. 우리는 숲을 지나갔다.
  Er sieht den *Wald* vor Bäumen nicht. 《Sprw》 그는 나무는 보고 숲은 보지 못한다(작은 일에 구애되어 큰 일을 그르친다).

die **Wand** [vant] -/⸚e 벽
  Das Bild hängt an der *Wand*. 그림이 벽에 걸려 있다.
  Er hängt das Bild an die *Wand*. 그는 그림을 벽에 건다.
  Er lehnte an der *Wand*. 그는 벽에 기대어 있었다.
  Er lehnte sich⁴ an die *Wand*. 그는 벽에 기대었다.
  Sie schlug (haute) einen Nagel in die *Wand*. 그녀는 벽에 못을 박았다.
  Die *Wände* haben Ohren. 《Sprw》 벽에 귀가 있다(낮말은 새가 듣고 밤말은 쥐가 듣는다).

der **Wanderer** [vándərər] -s/- 나그네
  Ein *Wanderer* fragte mich nach dem Weg. 한 나그네가 나에게 길을 물었다.
  Es kamen zwei *Wanderer*. 두 나그네가 왔다.

wandern [vándərn] 自 《s》 도보(徒步) 여행하다, 떠돌다
  Wir sind durch das ganze Land *gewandert*. 우리는 도보로 전국을 두루 여행했다.
  Wir *wanderten* durch Felder und Wälder. 우리는 들과 숲을 떠돌아다녔다.

die **Wanderung** [vándəruŋ] -/-en 도보 여행
- eine *Wanderung* machen : 도보 여행을 하다
 Wir haben *eine Wanderung* in die Berge *gemacht*.
 (=Wir sind in die Berge gewandert.) 우리는 산으로 도보 여행을 했다.
 Wo habt ihr auf der *Wanderung* übernachtet? 너희들은 도보 여행중 어디에서 묵었니?

die **Wange** [váŋə] -/-n 뺨
- jn. auf die *Wange[n]* küssen : (누구)의 뺨에 키스하다
 Er *küßte* sie *auf die Wange*.
 (=Er küßte ihr die *Wange*.) 그는 그녀의 뺨에 키스했다.
 Er legte die Hand an die *Wange*. 그는 손을 뺨에 대었다.
 Sie wurde rot in den *Wangen*.
 (=Das Blut stieg ihr in die *Wangen*.) 그는 뺨을 붉혔다.

wann [van] 副 《의문》 언제
 Wann kommst du? 너는 언제 오니?
 Wann bist du angekommen? 너는 언제 도착했니?
 Seit *wann* lernst du Deutsch? 너는 언제부터 독일어를 배우고 있니?
 Bis *wann* dauern die Ferien? 휴가는 언제까지 계속되니?
 Weißt du, *wann* sie abreist? 너는 그녀가 언제 출발하는지 알고 있니?
- dann und *wann* (=ab und zu) : 때때로, 이따금
 Ich treffe ihn *dann und wann* in der Universität. 나는 그를 이따금 대학에서 만난다.

die **Ware** [vá:rə] -/-n 물품, 상품
 Das ist eine teure *Ware*. 그것은 비싼 물건이다.
 Im Warenhaus kann man fast alle *Waren* kaufen. 백화점에서는 거의 모든 물건을 살 수 있다.
 Diese *Ware* verkauft sich[4] leicht (schwer). 이 물건은 잘 팔린다(잘 팔리지 않는다).
 Die *Ware* ist ausverkauft. 그 상품은 매진되었다.
 Die *Ware* führen wir nicht. 그 상품을 우리는 취급하지 않는다.

das **Warenhaus** [vá:rənhaus] -es/..häuser 백화점 (das Kaufhaus)
 Im *Warenhaus* waren viele Kunden. 백화점에는 많은 고객들이 있었다.
 Dieses Kleid habe ich im *Warenhaus* gekauft. 이 옷을 나는 백화점에서 샀다.

In welchem *Warenhaus* (Kaufhaus) hast du es gekauft? 너는 어느 백화점에서 그것을 샀니?

warm [varm] wärmer, wärmst 形 따뜻한, 더운 (↔kalt)
  Es ist heute sehr *warm*. 오늘은 매우 따뜻하다.
  Im Zimmer ist es *warm*. 방 안이 따뜻하다.
  Sie hat ein *warmes* Herz. 그녀는 따뜻한 마음씨를 가지고 있다.
  Ich trank ein Glas *warmes* (kaltes) Wasser. 나는 한 잔의 더운(찬) 물을 마셨다.
  Es ist heute weder *warm* noch kalt. 오늘은 덥지도 춥지도 않다.
  Mir ist *warm*. 나는 덥다.

die **Wärme** [vérmə] -/-n 따뜻함, 더위 (↔die Kälte); 온도; 열(熱)
  Im Raum herrschte eine angenehme *Wärme*. 실내는 쾌적한 따스함이 감돌았다.
  Wir haben unter der *Wärme* (der Kälte) gelitten. 우리는 더위(추위)로 고생했다.
  Wir haben heute 30 Grad *Wärme*.
  (=Heute sind 30 Grad *Wärme*.) 오늘은 기온이 30도이다.
  Der Ofen strahlt *Wärme* aus. 난로가 열(熱)을 발산한다.

warnen [várnən] 他 〈jn.에게 vor et.³에 대하여〉 경고하다
  Ich *warnte* ihn *vor* der Gefahr. 나는 그에게 위험에 조심하도록 경고했다.
  Sie *warnte* mich *vor* ihm. 그녀는 나에게 그를 조심하도록 일러주었다.
  Vor Diebstahl (Taschendieben) wird *gewarnt*! 도난(소매치기)에 주의! 《게시(揭示)의 문구》
  Ich *warne* dich zum letzten Mal! 나는 너에게 마지막으로 경고한다!
  ● jn. *warnen*, et.⁴ zu tun: (누구)에게 (무엇)을 하지 않도록 주의시키다
  Ich *warnte* ihn, das *zu tun*. 나는 그에게 그것을 하지 않도록 주의시켰다.

warten [vártən] 自 〈auf jn.를〉 기다리다 (erwarten)
  Ich habe lange *auf* dich *gewartet*.
  (=Ich habe dich lange erwartet.) 나는 오랫동안 너를 기다렸다.
  Viele Leute *warten auf* den Bus. 많은 사람들이 버스를 기다리고 있다.

Hast du lange *gewartet*? 너는 오래 기다렸니?
Wir haben eine Stunde lang *gewartet*. 우리는 1시간 동안 기다렸다.
Er ließ uns lange *warten*. 그는 우리를 오랫동안 기다리게 했다.
Warten Sie bitte einen Augenblick! 잠깐만 기다려 주십시오!

warum [varúm] 副 《의문》 왜 (weshalb, weswegen)
Warum weinst du? 너는 왜 우니?
Warum bist du nicht gekommen? 너는 왜 오지 않았니?
Warum hast du das nicht gleich gesagt? 너는 왜 그것을 바로 말하지 않았니?
Ich weiß nicht, *warum* sie nicht kommt. 나는 그녀가 왜 오지 않는지 모르겠다.

was [vas] 代 ① 《의문》 무엇이(을) ② 《관계》 …하는 것(일)
Was ist das? 그것은 무엇이니?
Was ist er?
(=*Was* ist er von Beruf?) 그의 직업은 무엇이냐?
Was ist denn los (passiert)? 도대체 무슨 일이 일어났니?
Was hast du in der Hand? 너는 손에 무엇을 가지고 있니?
Was möchtest du trinken? 너는 무엇을 마시고 싶니?
Ich weiß nicht, *was* er vorhat. 나는 그가 무슨 일을 계획하고 있는지 모른다.
Das ist alles, *was* ich weiß. 그것이 내가 알고 있는 모든 것이다.
Das, *was* er dir erzählt hat, ist nicht wahr. 그가 너에게 이야기한 것은 사실이 아니다.
Was man versprochen hat, [das] muß man halten. 약속한 것은 지켜야 한다.
Was du heute tun kannst, verschiebe nicht auf morgen! 오늘 할 수 있는 일을 내일로 미루지 마라!
● *was* für [ein] … : 어떤 〔종류의〕
Was für ein Buch ist das?
(=*Was* ist das *für ein* Buch?) 그것은 무슨 책이니?
Was für Bücher hast du gekauft?
(=*Was* hast du *für* Bücher gekauft?) 너는 어떤 책들을 샀니?

die **Wäsche** [vέʃə] -/-n 세탁〔물〕; 속옷 (die Unterkleidung)
● *Wäsche* haben (halten) : 빨래하다
Sie *hat* (*hält*) jetzt *Wäsche*. 그녀는 지금 빨래한다.

- [die] *Wäsche* waschen : 빨래를 빨다
  Sie hat *die* schmutzige *Wäsche gewaschen*. 그녀는 더러운 빨래를 빨았다.
- Sie hängt die *Wäsche* im Garten auf. 그녀는 뜰에서 빨래를 넌다.
- Bei gutem Wetter trocknet die *Wäsche* rasch. 날씨가 좋으면 빨래는 빨리 마른다.
- Sie bügelt die *Wäsche*. 그녀는 빨래를 다린다.
- Er brachte seine *Wäsche* in die Wäscherei. 그는 세탁물을 세탁소에 가지고 갔다.
- Er wäscht seine *Wäsche* selbst. 그는 자기의 속옷을 직접 빤다.
- Er wechselte seine *Wäsche*. 그는 내의(內衣)를 갈아 입었다.
- Er hat frische (saubere) *Wäsche* angezogen. 그는 깨끗한 내의를 입었다.

waschen [váʃən] wusch, gewaschen 他自 씻다 ; 세탁하다
- sich³ die Hände (das Gesicht) *waschen* : 손(얼굴)을 씻다
  Er *wäscht sich die Hände*. 그는 손을 씻는다.
  Wasch dir das Gesicht mit Seife! 얼굴을 비누로 씻어라!
  Ich habe *mir die Haare gewaschen*. 나는 머리를 감았다.
- jm. die Hände (das Gesicht) *waschen* : (누구)의 손(얼굴)을 씻어주다
  Sie *wäscht* dem Kinde *die Hände* und *das Gesicht*. 그녀는 어린아이의 손과 얼굴을 씻긴다.
  Der Barbier *wäscht* ihm *das Haar (den Kopf)*. 이발사가 그의 머리를 감아준다.
- sich⁴ *waschen* : 자기의 몸을 씻다
  Sie *wäscht sich* mit warmem (kaltem) Wasser. 그녀는 더운(찬) 물로 몸을 씻는다.
  Ich *wasche mich* jeden Morgen kalt. 나는 매일 아침 냉수욕을 한다.
- Sie *wäscht* die schmutzige Wäsche mit (in) der Waschmaschine. 그녀는 더러운 빨래를 세탁기로 세탁한다.
- Ich *wasche* einmal in der Woche.
  (=Ich habe einmal in der Woche Wäsche.) 나는 일주일에 한 번 빨래한다.

das **Wasser** [vásər] -s/ 물
- Ich möchte [ein Glas] *Wasser* trinken. 나는 물을 [한 잔] 마시고 싶다.

Er trank ein Glas kaltes *Wasser*⁴ (kalten *Wassers*²). 그는 찬 물 한 잔을 마셨다.
Er wäscht sich⁴ mit kaltem (warmem) *Wasser*. 그는 찬(더운) 물로 몸을 씻는다.
Die Fische leben im *Wasser*. 물고기는 물에서 산다.
Er warf einen Stein ins *Wasser*. 그는 돌을 물 속에 던졌다.
Das *Wasser* kocht. 물이 끓는다.
Wasser kocht bei 100 Grad. 물은 100도에서 끓는다.
● ins *Wasser* fallen : 수포로 돌아가다
　Mein Plan, nach Paris zu reisen, ist *ins Wasser gefallen*. 파리로 여행하려던 나의 계획은 수포로 돌아갔다.

wechseln [vɛ́ksəln] 他 바꾸다, 교환하다
Sie *wechselten* ihre Plätze. 그들은 좌석을 바꿨다.
Er *wechselte* seine Strümpfe (Schuhe). 그는 양말(구두)을 바꾸어 신었다.
Sie *wechselt* ihre Kleider. 그녀는 옷을 갈아 입는다.
Sie *wechselt* ihre Wohnung ziemlich oft. 그녀는 집을 꽤 자주 옮긴다.
Können Sie mir einen Hundertmarkschein *wechseln*? 저에게 100 마르크 지폐를 바꿔 줄 수 있겠읍니까?
● mit jm. et.⁴ *wechseln* : (누구)와 (무엇)을 교환하다
　Ich habe *mit* ihr Briefe *gewechselt*. 나는 그녀와 편지를 주고 받았다.
　Sie hat *mit* ihm einige Worte *gewechselt*. 그녀는 그와 몇 마디 말을 주고 받았다.

wecken [vɛ́kən] 他 깨우다
Wecke mich bitte um 6 Uhr! 나를 6시에 깨워 다오!
Ich *weckte* ihn aus dem Schlaf. 나는 그를 잠에서 깨웠다.
Ich muß ihn *wecken*. 나는 그를 깨워야 한다.
Jeden Morgen *weckt* mich der Wecker (die Weckuhr). 매일 아침 자명종이 나를 깨운다.

weder [véːdər] 接 《부사》〈weder... noch ...형으로〉…도 …도 아니다 (양자 부정)
Ich habe *weder* Zeit *noch* Geld. 나는 시간도 돈도 없다.
Sie ist *weder* reich *noch* schön. 그녀는 부자도 미인도 아니다.
Weder er *noch* sie ist gekommen. 그도 그녀도 오지 않았다.
Er kann *weder* lesen *noch* schreiben. 그는 읽지도 쓰지도 못한다.

Weder habe ich ihn gesehen, *noch* will ich ihn sehen. 나는 그를 보지도 않았고 보려고도 않는다.

der **Weg** [ve:k] -[e]s/-e 길

Er fragte einen Polizisten nach dem *Weg*. 그는 한 경찰관에게 길을 물었다.

Der Polizist zeigte uns den richtigen *Weg*. 경찰관이 우리에게 옳은 길을 가리켜 주었다.

Er ist mir über den *Weg* gelaufen. 그는 길을 건너 내게로 달려왔다.

Hier ist kein *Weg*. 여기는 길이 없다.

Wohin führt dieser *Weg*? 이 길은 어디로 통합니까?

Der *Weg* führt ins Dorf. 그 길은 마을로 통한다.

Das ist der nächste *Weg* zum Bahnhof. 그것이 역으로 가는 가장 가까운 길이다.

Alle *Wege* führen nach Rom. 《Sprw》 모든 길은 로마로 통한다.

Wo ein Wille ist, da ist auch ein *Weg*. 《Sprw》 뜻이 있는 곳에 길이 있다.

- auf dem *Weg*[e] : 도중에
  Ich traf ihn *auf dem Weg* zur Schule. 나는 학교로 가는 도중에 그를 만났다.
- auf halbem *Weg*[e] : 도중(중도)에서
  Er kehrte *auf halbem Weg* um. 그는 도중에서 돌아왔다.
- sich⁴ auf den *Weg* machen : 출발하다
  Sie *machte sich* eben erst *auf den Weg*. 그녀는 지금 막 출발했다.

weg [vɛk] 閊 ① 떠난, 가버린 (fort) ② 떨어져서 (entfernt)

Der Zug ist schon *weg* (fort). 기차는 이미 떠났다.

Er ist schon *weg*. 그는 이미 가버렸다.

Ich muß bald *weg*.

(=Ich muß bald gehen.) 나는 곧 가야 한다.

Wir wollen *weg*!

(=Wir wollen gehen!) 갑시다!

Meine Uhr ist *weg*. 나의 시계가 없어졌다.

Der Markt liegt weit *weg* (entfernt) von hier. 시장은 여기에서 멀리 떨어져 있다.

Europa ist weit *weg*. 유럽은 멀리 떨어져 있다.

wegen [vé:gən] 閊 《2격》 〈명사 뒤에도 놓임〉 ~때문에

Wegen der Krankheit ist sie nicht gekommen. 병 때문에 그녀는 오지 않았다.

Wegen des schlechten Wetters bin ich zu Hause geblieben. 날씨가 나쁘기 때문에 나는 집에 있었다.

Sie hat das nur des Geldes *wegen* getan. 그녀는 단지 돈 때문에 그것을 했다.

Er hat es deinet*wegen* getan. 그는 너 때문에 그것을 했다.

weh [ve:] 形 아픈 ; 슬픈
- jm. *weh* tun : (누구)에게 고통을 주다
  Der Kopf (Der Zahn) *tut* mir *weh*. 나는 머리(이)가 아프다.
  Mir *tut* das Herz *weh*.
  (=Es ist mir *weh* ums Herz.) 나는 마음이 아프다.
  Wo *tut* es Ihnen *weh*? 당신은 어디가 아프십니까?
  Wo *tut* es denn *weh*? 도대체 어디가 아프니?
  Mir ist *weh*. 나는 슬프다.

wehen [véːən] 自 (바람이) 불다 ; (바람에) 휘날리다
Der Wind *weht*.
(=Es *weht*.) 바람이 분다.
Es *weht* ein starker Wind. 강한 바람이 분다.
Woher *weht* der Wind? 바람이 어디에서 불어오는가?
Der Wind *weht* von Osten. 바람이 동쪽에서 불어온다.
Die Fahnen (Die Haare) *wehen* im Wind. 깃발(머리카락)이 바람에 나부낀다.

weiblich [váɪplɪç] 形 여성의, 여성적인 (↔männlich)
Wir hörten eine *weibliche* Stimme in der Finsternis. 우리는 어둠 속에서 여자의 목소리를 들었다.
Das ist ein *weibliches* Tier. 그 동물은 암컷이다.
Das ist echt *weiblich*. 그것은 정말 여성적이다.

weich [vaɪç] 形 부드러운 (↔hart)
Die Butter ist ganz *weich* geworden. 버터가 아주 부드러워 졌다.
Sie ist allmählich *weich* geworden. 그녀[의 태도]는 점점 부드러워 졌다.
Sie hat ein *weiches* Herz. 그녀는 부드러운(고운) 마음씨를 가지고 있다.
Ich esse morgens gern ein *weiches* (hartes) Ei. 나는 아침에 반숙(완숙) 달걀을 즐겨 먹는다.

das (die) **Weihnachten** [váɪnaxtən] 《보통 무관사》 크리스마스
Weihnachten steht vor der Tür. 크리스마스가 박두하고 있다.
Weihnachten ist da. 크리스마스가 왔다.

Fröhliche (Frohe) *Weihnachten*! 즐거운 크리스마스!
Wir feiern *Weihnachten* still zu Hause. 우리는 크리스마스를 조용히 집에서 축하한다.
- zu *Weihnachten*: 크리스마스에
  Ich schenke ihm *zu Weihnachten* ein Buch. 나는 그에게 크리스마스에 책을 선물한다.

weil [vaɪl] 接 《종속》…하기 때문에 (da)
Er kam nicht, *weil* (da) er krank war. 그는 아프기 때문에 오지 않았다.
Weil er in Deutschland studieren will, lernt er Deutsch. 그는 독일에서 공부하려고 하기 때문에 독일어를 배운다.

die **Weile** [váɪlə] -/ (일정한) 짧은 시간; 틈, 여가
Nach einer *Weile* kam er. 잠시 후에 그가 왔다.
Bitte, warten Sie eine [kleine] *Weile*⁴! 잠시 동안만 기다려 주십시오!
Es dauerte eine ganze (gute) *Weile*⁴, bis er erschien. 그가 나타날 때까지 상당히 오랜 시간이 걸렸다.
Eile mit *Weile*! 《Sprw》 급할수록 천천히 하라!

der **Wein** [vaɪn] -[e]s/-e ① 포도주, 술 ② 《복수 없음》 포도
Er trank ein Glas (eine Flasche) *Wein*. 그는 포도주 한 잔 (한 병)을 마셨다.
Sie schenkte mir ein Glas *Wein* ein. 그녀는 나에게 포도주 한 잔을 부어 주었다.
Das ist französischer *Wein*. 이것은 불란서 포도주다.
- beim *Wein* sitzen: 포도주·술을 마시고 있다
  Wir *saßen bei* einem Glas *Wein*. 우리는 포도주(술) 한 잔을 마시고 있었다.
- zum *Wein* gehen: 술 마시러 가다
  Gehen wir *zum Wein*!
  (=Wollen wir *zum Wein* gehen!) 술 마시러 갑시다!
Der *Wein* wird reif.
(=Der *Wein* reift.) 포도가 익는다.
Man erntet den *Wein* im Herbst. 포도는 가을에 수확한다.
Er kaufte ein Pfund *Wein*. 그는 포도 1파운드를 샀다.

weinen [váɪnən] 自 울다 (↔lachen)
Sie *weinte* vor Schmerz³ (Freude). 그녀는 아파서(기뻐서) 울었다.
Sie *weinte* still vor sich⁴ hin. 그녀는 조용히 혼자 울었다.
Sie fing an zu *weinen*. 그녀는 울기 시작했다.
Weshalb *weinst* du? 너는 무엇 때문에 우니?

- über et.⁴ *weinen* : (무엇)을 슬퍼하여 울다
  Sie *weinte über* ihr Unglück. 그녀는 자신의 불행을 슬퍼하여 울었다.
- um jn. *weinen* : (누구)를 애도하여 울다
  Sie *weinte um* den Toten. 그녀는 죽은 사람을 애도하여 울었다.

weise [váɪzə] 形 현명한 (↔dumm)
Er ist ein *weiser* Mensch. 그는 현명한 사람이다.
Er hat sehr *weise* gehandelt. 그는 매우 현명하게 행동했다.

die **Weise** [váɪzə] -/-n 방법
- auf diese *Weise* (=in dieser *Weise*) : 이 방법으로
  Auf diese Weise geht es nicht. 이 방법으로는 안 된다.
  Auf welche Weise hast du es gemacht? 너는 어떤 방법으로 그것을 했니?
  Man kann es *auf verschiedene Weise* machen. 그것은 여러 가지 방법으로 할 수 있다.
  Er versuchte es *auf jede Weise* (*in jeder Weise*). 그는 온갖 방법으로 그것을 시도했다.
  Er hat uns³ *auf keine Weise* (*in keiner Weise*) geholfen. 그는 어떤 방법으로도 우리를 돕지 않았다.

weisen [váɪzən] wies, gewiesen ① 他 〈jm.에게 et.⁴을〉 가리키다 (zeigen) ② 自 〈auf et.⁴을〉 가리키다
Ich *wies* (zeigte) ihm den Weg. 나는 그에게 길을 가리켜 주었다.
Er *wies* mit dem Finger *auf* das Haus. 그는 손가락으로 그 집을 가리켰다.
Die Uhr (Der Zeiger) *weist auf* zwölf. 시계(시계 바늘)가 12시를 가리키고 있다.

die **Weisheit** [váɪshaɪt] -/-en ① 현명함, 지혜 ② 교훈
die *Weisheit* Salomonis 솔로몬의 지혜
Die *Weisheit* kommt mit dem Alter. 지혜는 연령과 함께 갖추어진다.
Ich bin mit meiner *Weisheit* am (zu) Ende. 나는 어쩔 바를 모르겠다.
Sprichwörter enthalten viele *Weisheiten*. 속담에는 많은 교훈이 담겨져 있다.

weiß [vaɪs] 形 흰 (↔schwarz)
Er hat schon *weißes* Haar. 그는 벌써 머리가 회다.
Sie trägt ein *weißes* Kleid.
(=Sie ist *weiß* gekleidet.) 그녀는 흰 옷을 입고 있다.

Ihre Haut ist *weiß* wie Schnee. 그녀의 피부는 눈처럼 희다.
In dem Augenblick wurde sie *weiß* (blaß) im Gesicht. 그 순간 그녀는 얼굴이 창백해졌다.

das *Weiße* Haus 백악관 (미국 대통령의 관저)

weit [vaɪt] 1. 形 ① 넓은 (↔eng) ② 먼 (↔nah[e]) 2. 副 〈비교급과〉 훨씬 (viel)

Vor uns dehnte sich⁴ eine *weite* Ebene. 우리 앞에는 넓은 평야가 뻗어 있었다.
Diese Hose ist mir zu *weit*. 이 바지는 나에게는 폭이 너무 넓다.
Die Tür steht *weit* offen. 문이 활짝 열려 있다.
Wir machten eine *weite* Reise. 우리는 먼 여행을 했다.
Sie wohnt nicht *weit* von hier. 그녀는 여기에서 멀지 않은 곳에 살고 있다.
Wie *weit* ist es von hier bis zum Bahnhof? 여기에서 역까지는 얼마나 멉니까?
Wie *weit* ist es bis Köln? 쾰른까지는 얼마나 멉니까?
Ist es noch *weit*? 아직 멀었읍니까?
Die Schule ist *weit* entfernt von unserem Haus. 학교는 우리 집에서 멀리 떨어져 있다.
Dies ist *weit* (viel) besser als jenes. 이것이 저것보다 훨씬 좋다.
Die Landschaft ist *weit* schöner, als ich dachte. 경치는 내가 생각했던 것보다 훨씬 아름답다.

● von *weitem* : 멀리서부터
   Er hat mich schon *von weitem* erkannt. 그는 멀리서 이미 나를 알아보았다.

weiter [váɪtər] 1. 形 (weit 의 비교급의 뜻 외에) 그 이상의 2. 副 계속하여

Jedes *weitere* Wort ist überflüssig. 그 이상의 모든 말은 지나치다.
Ich habe *weiter* nichts zu sagen. 나는 그 이상 말할 것이 없다.
Immer *weiter*! 그대로 계속해라!
Lies *weiter*! 계속해서 읽어라!
Wollen wir *weiter* gehen! 계속 갑시다!

● und so *weiter* (略字: usw., u.s.w.) : 등등
   Wir besichtigten den Palast, das Museum, das Rathaus *und so weiter* (usw.). 우리는 궁전, 박물관, 시청 등등을 견학했다.

welcher, welche, welches [vέlçər, vέlçə, vέlçəs] 代 ① 《의문》〈정관사형의 어미 변화〉 어느 [人・物]；(감탄문에서) 얼마나 ② 《관계》 …하는 [人・物] (der)

Welchen Mann (*Welche* Frau, *Welches* Kind) meinst du? 너는 어느 남자(여자, 아이)를 두고 하는 말이니?

In *welchem* Haus wohnt er? 그는 어느 집에 살고 있니?

Aus *welchem* Grunde bist du mir böse? 너는 무슨 이유로 나에게 화를 내니?

Welcher von den beiden ist Herr Müller? 두 분 중 어느 분이 뮐러 씨(氏) 입니까?

Welches ziehst du vor, Fisch oder Fleisch? 너는 생선과 육류 중 어느 것을 더 좋아하니?

Welch [ein] schönes Wetter ist heute! 오늘은 얼마나 좋은 날씨인가!

Welch ein Glück! 얼마나 행복스런 일인가!

Der Mann, *welcher* (der) dort steht, ist mein Vater. 저기 서 있는 분은 나의 아버지다.

Die Frau, *welche* (die) dort sitzt, ist meine Mutter. 저기 앉아 있는 부인은 나의 어머니다.

die **Welle** [vέlə] -/-n 파도, 물결

Die *Wellen* schlagen ans Ufer (an den Strand). 파도가 해안을 때린다.

Die *Wellen* brechen sich⁴. 파도가 부서진다.

Die *Wellen* gehen hoch. 파도가 높아진다.

Sie ist in den *Wellen* umgekommen. 그녀는 파도에 휩쓸려 목숨을 잃었다.

die **Welt** [vεlt] -/-en 세계, 세상 [사람들]

China ist das größte Land [in] der *Welt*. 중국은 세계에서 가장 큰 나라이다.

Dieses Warenzeichen ist in der ganzen *Welt* bekannt. 이 상표는 전 세계에 알려져 있다.

Er machte eine Reise um die *Welt*. 그는 세계 일주 여행을 했다.

Wie viele Menschen leben auf der *Welt*? 지구상에는 얼마나 많은 인간들이 살고 있는가?

So geht es in der *Welt*.
(=So ist die *Welt*.) 세상이란 그런 것이다.

Das weiß die ganze *Welt* (alle *Welt*). 그것은 온 세상[사람들]이 다 알고 있다.

die *Welt* der Pflanzen (der Tiere) 식물(동물)계

- ein Kind zur *Welt* bringen : 아이를 낳다
  Sie hat zwei *Kinder zur Welt gebracht.*
  (=Sie hat zwei Kinder geboren.) 그녀는 두 아이를 낳았다.
- auf die (zur) *Welt* kommen : 태어나다
  Ich bin in Seoul *auf die Welt gekommen.*
  (=Ich bin in Seoul geboren.) 나는 서울에서 태어났다.

wenden [vɛ́ndən] wendete, gewendet; wandte, gewandt 1. 他 〈et.⁴의〉 방향을 바꾸다, 돌리다 2. 再 《sich⁴》 방향이 바뀌다, (어느 방향으로) 향하다

Sie *wendete (wandte)* mir den Rücken. 그녀는 나에게 등을 돌렸다.

Er *wendete* den Wagen und fuhr zurück. 그는 차를 돌려서 되돌아 갔다.

Er *wendete* kein Auge (keinen Blick) von ihr. 그는 그녀에게서 눈(시선)을 떼지 않았다.

Der Wind (Das Gespräch) hat *sich gewendet.* 풍향(화제)이 바뀌었다.

Er *wendete sich* nach rechts. 그는 오른쪽으로 향했다.

Er *wendete sich* nicht. 그는 돌아서지 않았다.

wenig [véːnɪç] weniger, wenigst; minder, mindest 形 《무관사의 단수 명사 앞에서는 보통 무변화》 적은 (↔viel)

Ich habe *wenig* Geld (Zeit). 나는 돈(시간)이 거의 없다.

Er trinkt *wenig* Wein. 그는 술을 거의 마시지 않는다.

Es ist *wenig* Hoffnung. 거의 희망(가망)이 없다.

Er erklärte es mit *wenigen* Worten. 그는 그것을 몇 마디 말로 설명했다.

Nach *wenigen* Minuten kam sie zurück. 불과 몇 분 후에 그녀는 돌아왔다.

Sie ist *weniger* schön als du. 그녀는 너보다는 덜 예쁘다.

Sie ist *weniger* weise als klug.
(=Sie ist mehr klug als weise.) 그녀는 지혜롭다기보다는 영리하다.

Vier *weniger* drei ist eins. 4−3=1

Nur *wenige* [Leute] sind gekommen.
(=Es sind nur *wenige* gekommen.) 겨우 몇 사람만 왔다.

Das *wenige*, was er hatte, gab er mir. 그가 가지고 있던 얼마 안되는 것을 나에게 주었다.

Wer mit *wenigem* zufrieden ist, [der] ist glücklich. 적은 것으로 만족하는 사람은 행복하다.

- ein *wenig* (=ein bißchen): 조금, 약간
  Ich habe *ein wenig* Geld. 나는 돈이 조금 있다.
  Er lief *ein wenig* schnell. 그는 약간 빨리 달렸다.
- mehr oder *weniger*: 많든 적든, 다소간에
  Je nachdem ich Zeit habe, lese ich *mehr oder weniger*. 시간 여하에 따라서 나의 독서는 증감된다.
  Mehr oder weniger hat er recht. 다소간에 그는 옳다.
- nichts *weniger* als …: 전혀·결코 …않다
  Sie war damals *nichts weniger als* glücklich. 그녀는 그 당시 전혀 행복하지 않았다.
  Sie ist *nichts weniger als* weise. 그녀는 결코 현명하지 않다.

wenigstens [véːniçstəns] 副 적어도, 최소한 (mindestens)
Das Kleid kostet *wenigstens* (mindestens) 100 Mark. 그 옷은 적어도 100마르크는 나간다.
Ich habe dich *wenigstens* viermal zu Hause angerufen. 나는 적어도 네 번은 너의 집에 전화를 걸었다.

wenn [vɛn] 接 《종속》① 《현재의 일회적 또는 반복적 행위와 과거의 반복적 행위》 …할 때에, …할 때마다 ② 《조건·가정》 만약 …하면 ③ 《인용》〈wenn auch (auch wenn) …〉비록 …일지라도, 설사 …하더라도
Wenn der Herbst kommt, werden die Blätter gelb und rot. 가을이 오면 잎은 단풍이 든다.
Wenn ich ihn sehe, denke ich an seine Eltern. 나는 그를 볼 때마다 그의 부모가 생각난다.
Wenn ich ihn besuchte, war er immer nicht zu Hause. 내가 그를 방문할 때마다 항상 그는 집에 없었다.
Immer *wenn* wir einen Ausflug machen wollten, regnete es. 우리가 소풍을 가려고 할 때마다 비가 왔다.
Wenn es regnet, gehe ich nicht aus. 비가 오면 나는 외출하지 않는다.
Wenn du früher gekommen wärest, hättest du ihn noch getroffen. 네가 좀 더 일찍 왔었더라면 그를 만났을텐데.
Wenn er doch käme!
(=Käme er doch!) 그가 오면 좋으련만!
Ach, *wenn* ich doch das gewußt hätte!
(=Ach, hätte ich doch das gewußt!) 아, 내가 그것을 알았더라면!
Wenn ich *auch* alt bin, kann ich doch arbeiten. 나는 비록 늙었지만 일할 수 있다.

Ich komme, *auch wenn* es regnet. 설사 비가 오더라도 나는 온다.
- als *wenn* (als ob) ... : 마치 ···처럼
  Er sieht aus, *als wenn* er krank wäre.
  (=Er sieht aus, als wäre er krank.) 그는 마치 아픈 것처럼 보인다.
  Sie tat, *als wenn* nichts gewesen wäre.
  (=Sie tat, als wäre nichts gewesen.) 그녀는 아무 일도 없었던 것처럼 행동했다.

wer [ve:r] wessen, wem, wen 代 ① 《의문》 **누구** ② 《관계》 〈wer ..., [der] ...〉 ···하는 사람
Wer ist da? 거기 누구니?
Wer ist das? 그 사람은 누구니?
Wer sind sie? 그들은 누구니?
Wessen Buch ist das? 그것은 누구의 책이니?
Wem gehört dieser Hut? 이 모자는 누구의 것이니?
Wen meinen Sie? 당신은 누구를 두고 하시는 말씀입니까?
Mit *wem* bist du gekommen? 너는 누구와 함께 왔니?
Auf *wen* wartest du? 너는 누구를 기다리고 있니?
Ich weiß nicht, *wer* er ist. 나는 그가 누구인지 모른다.
Wissen Sie, *wem* dieses Auto gehört? 당신은 이 자동차가 누구의 것인지 아십니까?
Wer reich ist, [der] ist nicht immer glücklich. 돈 많은 사람이 반드시 행복한 것은 아니다.
Wer nicht arbeiten will, [der] soll nicht essen. 일하려고 하지 않는 사람은 먹지도 마라.

werden [vé:rdən] wurde, geworden; du wirst, er wird 1. 自 《s》 (···이) **되다** 2. 助 《s》 ① 《미래·추측》 ···**일 것이다** ② 《수동》 ···**되어지다**
Was willst du später *werden*? 너는 나중에 무엇이 되고 싶니?
Ich will Arzt *werden*. 나는 의사가 되려고 한다.
Er ist [ein] Professor *geworden*. 그는 교수가 되었다.
Das Wetter ist wieder schön *geworden*. 날씨가 다시 좋아졌다.
Es *wird* kalt (warm). 추워(따뜻해)진다.
Es *wird* immer dunkler (heller). 점점 어두워(밝아)진다.
Es *wird* Tag (Nacht). 날이 샌다(밤이 된다).
Er *wird* bald gehen. 그는 곧 갈 것이다.
Er *wird* wohl krank sein. 그는 아마 앓고 있을 것이다.

Er *wurde* vom Lehrer gelobt. 그는 선생님으로부터 칭찬을 받았다.

Das Haus ist verkauft *worden*. 그 집은 팔렸다.

werfen [vέrfən] warf, geworfen 他 던지다

Er *warf* einen Stein ins Wasser (in die Luft). 그는 돌을 물 속(공중)으로 던졌다.

Er *warf* mir einen Stein an den Kopf. 그는 나의 머리에 돌을 던졌다.

Er *warf* den Ball aus dem Fenster (über den Zaun). 그는 공을 창 밖으로(울타리 넘어로) 던졌다.

Er *warf* einen bösen Blick auf sie.

(=Er warf ihr einen bösen Blick zu.) 그는 그녀에게 화난 시선을 던졌다.

das **Werk** [vεrk] -[e]s/-e ① 일, 작업 (die Arbeit) ② 작품 ③ 공장 (die Fabrik)

● ans *Werk* (zu *Werke*) gehen : 일에 착수하다

Wir sind *ans Werk gegangen*.

(=Wir machten uns⁴ ans *Werk*.) 우리는 일에 착수했다.

● am *Werk* sein : 작업중에 있다

Wir *sind am Werk*.

(=Wir sind an (bei) der Arbeit.) 우리는 작업중이다.

Das ist ein sehr mühsames (schwieriges) *Werk*. 그것은 매우 힘드는(어려운) 일이다.

Er hat viele gute *Werke* getan.

(=Er hat viel Gutes getan.) 그는 좋은 일을 많이 했다.

„Faust" gehört zu den größten *Werken* Goethes. '파우스트'는 괴테의 가장 위대한 작품들 중의 하나이다.

Goethes sämtliche (gesammelte) *Werke* 괴테 전집

Er arbeitet in einem großen *Werk*. 그는 어느 큰 공장에서 일하고 있다.

In diesem *Werk* arbeiten über 100 Menschen. 이 공장에는 100명 이상의 사람들이 일하고 있다.

der Direktor des *Werkes* 공장장(工場長)

wert [ve:rt] 形 ① ⟨et.²; et.⁴의⟩ 가치가 있는 ② 귀중한

Das ist nicht der Mühe² (der Rede²) *wert*. 그것은 수고할 (말할) 가치가 없다.

Die Uhr ist 100 Mark⁴ *wert*. 그 시계는 100마르크의 가치가 있다.

Das Buch ist es⁴ *wert*, daß man es liest. 그 책은 읽을만한 가치가 있다.

Sie ist es⁴ nicht *wert*, daß wir ihr helfen. 그녀는 우리가 도와줄 가치가 없다.

Wie ist Ihr *werter* Name? 당신의 존함은 무엇입니까?

Er ist mir lieb und *wert*. 나는 그를 경애하고 있다.

Mein *werter* Freund! 나의 친애하는 벗이여! (편지에서)

der **Wert** [ve:rt] -[e]s/-e ① 가치 ② 값, 가격 (der Preis)

- *Wert* auf et.⁴ legen : (무엇)에 가치를 두다, (무엇)을 존중하다

  Dar*auf lege* ich keinen *Wert*. 그것은 내게는 아무 값어치도 없다.

  Wir *legen* großen *Wert auf* deine Meinung. 우리는 너의 의견을 매우 존중하고 있다.

Das Buch hat einen literarischen *Wert*. 그 책은 문학적인 가치를 가지고 있다.

Das ist von gar keinem *Wert*. 그것은 전혀 가치가 없다.

Das ist für mich von großem *Wert*. 그것은 나에게는 매우 귀중하다.

Die Ware ist in letzter Zeit sehr im *Wert* gestiegen. 그 물건은 최근에 값이 매우 올랐다.

Ich kenne den *Wert* der Uhr nicht. 나는 그 시계의 가격을 모른다.

Dieses Haus hat einen *Wert* von 50000 Mark. 이 집은 5만 마르크의 값어치가 있다.

Ich kaufte es im *Werte* von 1000 Mark. 나는 그것을 1000 마르크의 가격으로 샀다.

Das Haus ist unter dem *Wert* verkauft. 그 집은 시가(時價) 이하로 팔렸다.

das **Wesen** [véːzən] -s/- ① 《복수 없음》 본질 ② 성질, 성격 ③ 존재[하는 것]

Wir forschen nach dem *Wesen* der Dinge. (=Wir erforschen das *Wesen* der Sache.) 우리는 사물의 본질을 탐구한다.

Das gehört zum *Wesen* der Wissenschaft. 그것은 학문의 본질에 속한다.

Sie hat ein angenehmes *Wesen*. 그녀는 호감이 가는 성격을 가지고 있다.

Sein *Wesen* gefiel mir. 그의 인품이 내 마음에 들었다.

ein lebendes *Wesen* (=das Lebewesen) 생물

ein menschliches *Wesen* (=der Mensch) 인간

alle lebenden *Wesen* 살아 있는 모든 것

wesentlich [véːzəntlıç] 形 본질적인, 근본적인
 Zwischen den beiden Meinungen gibt es einen *wesentlichen* Unterschied. 두 의견 사이에는 본질적인 차이가 있다.
 Er hat uns³ *wesentlich* geholfen. 그는 우리들을 근본적으로 도와 주었다.
 ● im *wesentlichen* : 본질적으로, 근본적으로
 Das ist *im wesentlichen* dasselbe. 그것은 본질적으로 같은 것이다.

weshalb [vɛshálp, véshalp] 副 《의문》무엇 때문에, 왜 (weswegen, warum)
 Weshalb (Warum) bist du nicht gekommen? 너는 왜 오지 않았니?
 Ich weiß nicht, *weshalb* sie es getan hat. 나는 그녀가 왜 그것을 했는지 모르겠다.

der **Westen** [véstən] -s/ 서쪽 (↔der Osten)
 Die Sonne geht im Osten auf und im *Westen* unter. 해는 동쪽에서 뜨고 서쪽에서 진다.
 Köln liegt im *Westen* Deutschlands
 (=Köln liegt westlich von Deutschland.) 쾰른은 독일의 서부에 있다.
 Die Vögel fliegen nach *Westen*. 새들이 서쪽으로 날아간다.
 Das Haus liegt (geht) nach *Westen*. 그 집은 서향이다.
 (das) *West*deutschland 서독

westlich [véstlıç] 形 서쪽의 (↔östlich)
 Er wohnt *westlich* Seouls (von Seoul).
 (=Er wohnt im Westen Seouls.) 그는 서울의 서쪽에 살고 있다.
 die *westlichen* Länder 서방 제국(西方諸國)

das **Wetter** [vétər] -s/- 날씨
 Es ist heute schönes (schlechtes) *Wetter*.
 (=Heute ist schönes *Wetter*.) 오늘은 날씨가 좋다(나쁘다).
 Wie ist das *Wetter* heute? 오늘 날씨는 어떠니?
 Wie wird das *Wetter* morgen? 내일 날씨는 어떻겠니?
 Unsere Pläne hängen vom *Wetter* ab.
 (=Unsere Pläne sind vom *Wetter* abhängig.) 우리 계획은 날씨에 달려 있다.
 Bei schönem (klarem) *Wetter* kann man von hier weit sehen. 좋은(청명한) 날씨에는 여기에서 멀리 볼 수 있다.

die **Wettervorhersage** [vétərfoːrhéːrzaːgə] -/-n 일기 예보 (die Wettervoraussage)

Die *Wettervorhersage* stimmt selten. 일기 예보가 잘 맞지 않는다.

Die *Wettervorhersage* meldet, das Wetter wird gut sein. 일기 예보는 날씨가 좋을 것이라고 예보하고 있다.

wichtig [víçtıç] 形 중요한 (bedeutend)

Das ist mir (für mich) sehr *wichtig*.
(=Das ist mir von großer Wichtigkeit.) 그것은 나에게는 매우 중요하다.

Das ist eine sehr *wichtige* Sache. 그것은 매우 중요한 일이다.

die **Wichtigkeit** [víçtıçkaıt] -/-en 중요성

Die *Wichtigkeit* dieser Forschung braucht nicht betont zu werden. 이 연구의 중요성은 강조될 필요가 없다.

● von *Wichtigkeit* (Bedeutung) sein : 중요하다
Die Sache *ist von* großer *Wichtigkeit* (Bedeutung).
(=Die Sache ist sehr wichtig.) 그 일은 매우 중요하다.
Das *ist* nicht *von Wichtigkeit* (Bedeutung).
(=Das ist nicht wichtig.) 그것은 중요하지 않다.

wider [ví:dər] 前 《4격》 ~에 반대하여, ~에 거슬러 (gegen)

Er hat das *wider* seinen Willen getan. 그는 자기 의사에 반하여(마지 못해) 그것을 했다.

Das geht *wider* unsere Erwartung. 그것은 우리의 기대에 어긋난다.

Er handelte *wider* (gegen) das Gesetz. 그는 법률에 위배되는 행동을 했다.

Er schwimmt *wider* (gegen) den Strom. 그는 강을 거슬러 헤엄친다.

wie [vi:] 1. 副 《의문》 ① 어떻게 ② 얼마나 2. 接 《종속》 …처럼, …과 같이

Wie denkst du darüber? 너는 그것에 대하여 어떻게 생각하니?

Wie geht es Ihnen? 어떻게 지내십니까?

Wie heißen Sie?
(=*Wie* ist Ihr Name?) 당신의 이름은 무엇입니까?

Wie bitte? 뭐라고 말씀하셨읍니까?

Wie alt bist du? 너는 몇살이니?

Wie lange bleibst du hier? 너는 얼마동안 여기에 있겠니?

Wie spät ist es jetzt?
(=Wieviel Uhr ist es jetzt?) 지금 몇시니?

Wie schön ist sie (sie ist)! 그녀는 정말 아름답구나!

Wie schade! 유감이군요!
Sie ist schön *wie* eine Blume. 그녀는 꽃처럼 아름답다.
Er ist so alt *wie* sie. 그는 그녀와 나이가 같다.
Er gab es mir, *wie* er mir versprochen hatte. 그는 약속한 대로 나에게 그것을 주었다.
Wie du weißt (siehst), ist er krank. 네가 알다(보다)시피 그는 아프다.
- so ... *wie* (als) möglich : 가능한 …하게
  Kommen Sie *so* schnell (bald) *wie möglich*! 될 수 있는 대로 빨리 오십시오!

wieder [víːdər] 副 다시
Ich komme bald (gleich) *wieder*.
(=ich bin bald *wieder* da.) 나는 곧 다시 온다.
Ich tue es nie *wieder*. 나는 그것을 다시는 하지 않는다.
Ich werde nie *wieder* hierher kommen. 나는 다시는 이곳으로 오지 않을 것이다.
- immer *wieder* : 몇 번이고 되풀이하여
  Er hat *immer wieder* bei dir angerufen. 그는 몇 번이나 너의 집에 전화를 걸었다.
- hin und *wieder* (=ab und zu) : 때때로, 이따금
  Ich treffe ihn *hin und wieder* in der Universität. 나는 그를 때때로 대학에서 만난다.

wiederholen [viːdərhóːlən] 他 되풀이하다, 반복하다
Er *wiederholte* seine Worte. 그는 그의 말을 되풀이했다.
Bitte *wiederholen* Sie den Satz! 그 문장을 반복해서 읽어 보십시오!
Auf Wunsch der Zuhörer wird die Sendung am Sonntag *wiederholt*. 청취자의 요망에 따라 그 방송은 일요일에 재방송된다.

wieder|sehen [víːdərzeːən] sah wieder, wiedergesehen 他 다시 만나다, 재회하다
Ich freue mich sehr, Sie *wiederzusehen*.
(=Es freut mich sehr, Sie *wiederzusehen*.) 당신을 다시 만나게 되어 매우 기쁩니다.
Wann *sehen* wir uns⁴ *wieder*? 우리 언제 다시 만날까요?
Sehen wir uns⁴ bald *wieder*! 곧 다시 만납시다!
Wir hatten uns⁴ lange nicht *wiedergesehen*. 우리는 오랫동안 서로 만나지 못했읍니다(오래간만입니다).
Auf *Wiedersehen*!
(=Leben Sie wohl!) 안녕히 계십시오(가십시오)!

wiegen [víːgən] wog, gewogen 1. 他 〈et.⁴의〉 무게를 달다 2. 自 (얼마의) 무게가 있다
  Die Verkäuferin *wiegt* die Ware. 여점원이 상품의 무게를 단다.
  Die Mutter *wog* das Baby. 어머니가 아기의 무게를 달았다.
  Das Fleisch *wiegt* 5 Pfund. 이 고기는 무게가 5파운드이다.
  Der Koffer *wiegt* 10 Kilogramm. 그 트렁크는 10kg 나간다.
  Wieviel *wiegst* du? 너는 체중이 얼마나 되니?
  Ich *wiege* 60 kg (Kilogramm). 나의 체중은 60kg 이다.

die **Wiese** [víːzə] -/-n 초원, 목장
  Die Kinder spielen auf der grünen *Wiese*. 아이들이 푸른 초원에서 놀고 있다.
  Der Hirt treibt das Vieh auf die *Wiese*. 목동이 가축을 목장으로 몰고간다.

wieviel [viːfíːl] 形 《무변화》 얼마만큼의, 얼마나 많은
  Wieviel Geld hast du? 너는 돈이 얼마나 있니?
  Wieviel Uhr ist es jetzt?
  (=Wie spät ist es jetzt?) 지금 몇 시니?
  Wieviel (Was) kostet das Buch? 이 책 값은 얼마입니까?
  Wieviel bin ich dir schuldig? 내가 너에게 빌린 돈이 얼마나 되니?
  Wieviel (*Wie viele*) Einwohner hat Seoul? 서울의 인구는 얼마나 되니?
  Wissen Sie, *wieviel* (*wie viele*) Kinder er hat? 당신은 그에게 자녀가 몇인지 아십니까?
  Der *wievielte* ist heute?
  (=Den *wievielten* haben wir heute?) 오늘은 며칠이니?

wild [vɪlt] 形 ① 야생의 (↔zahm) ② 사나운, 난폭한
  Der Löwe ist ein *wildes* Tier. 사자는 야생 동물이다.
  Diese Pflanzen wachsen *wild*. 이 식물들은 야생하고 있다.
  Das Meer war ganz *wild*. 바다는 아주 사나웠다.
  Der Junge ist sehr *wild*. 그 소년은 매우 난폭하다.

der **Wille** [vílə] -ns/-n 의지(意志), 의사(意思)
  Er hat einen starken (schwachen) *Willen*. 그는 의지가 강하다(약하다).
  Es war sein fester *Wille*. 그것은 그의 굳은 의지였다.
  Er hat es gegen (wider) meinen *Willen* getan. 그는 나의 의사에 반(反)하여 그것을 했다.
  Wo ein *Wille* ist, da ist auch ein Weg. 《Sprw》 뜻이 있는 곳에 길이 있다.

- mit *Willen* (=mit Absicht) : 고의로, 일부러
  Ich tat es *mit Willen*. 나는 고의로 그렇게 했다.

willkommen [vılkɔ́mən] 形 환영받는
Herzlich *willkommen*! 진심으로 환영합니다!
Seien Sie mir *willkommen*! 잘 오셨읍니다!
Seien Sie herzlich *willkommen* in Korea! 한국에 오신 것을 진심으로 환영합니다!
Willkommen in Seoul! 서울에 오신 것을 환영합니다!
Sie sind bei uns immer (stets) *willkommen*. 당신이 오시는 것은 언제라도 환영합니다.
Er ist ein *willkommener* Gast. 그는 반가운 손님이다.
- jn. *willkommen* heißen : (누구)를 환영하다
  Ich *heiße* Sie herzlich *willkommen*. 나는 당신을 진심으로 환영합니다.

der **Wind** [vınt] -[e]s/-e 바람
Der *Wind* weht (bläst). 바람이 분다.
Der *Wind* weht heftig (kräftig). 바람이 세게 분다.
Es weht ein starker *Wind*. 강한 바람이 분다.
Der *Wind* kommt von Osten. 바람이 동쪽에서 불어온다.
Der *Wind* hat sich⁴ gelegt. 바람이 멎었다.
Ein kalter *Wind* blies mir gerade ins Gesicht. 찬 바람이 바로 나의 얼굴로 불어왔다.
Die Haare wehen im *Wind*. 머리카락이 바람에 날린다.

der **Winkel** [víŋkəl] -s/- ① 각(角) ② 구석
ein rechter *Winkel* (=ein *Winkel* von 90 Grad) 직각
Sie saß in einem *Winkel* des Zimmers. 그녀는 방의 한쪽 구석에 앉아 있었다.
Aus allen *Winkeln* des Hauses brachen Mäuse hervor. 그 집의 온 구석에서 쥐들이 튀어 나왔다.

winken [víŋkən] 自 신호하다
Er *winkte* mir mit der Hand (den Augen). 그는 나에게 손 (눈)으로 신호했다.
Sie *winkte* mir, ihr zu folgen. 그녀는 나에게 자기를 따라 오라고 신호했다.

der **Winter** [víntər] -s/- 겨울
Es ist *Winter*. 겨울이다.
Es wird bald *Winter*. 곧 겨울이 된다.
Im *Winter* schneit es. 겨울에는 눈이 온다.
Ich bleibe den ganzen *Winter* hier. 나는 겨울 내내 이곳에 있다.

Die vier Jahreszeiten sind Frühling, Sommer, Herbst und *Winter*. 4계절은 봄, 여름, 가을, 겨울이다.

wir [vi:r] unser, uns, uns 代 《인칭》 우리들은

Heute abend gehen *wir* ins Kino. 오늘 저녁 우리는 영화관에 간다.

Wir gehen alle aufs Land.

(=*Wir* alle gehen aufs Land.) 우리는 모두 시골에 간다.

Wir Menschen sind ja alle Brüder. 《Sprw》 우리 인간은 모두 형제들이다.

wirken [vírkən] 1. 自 ① 활동하다 ② 작용하다 2. 他 행하다

Er *wirkt* als Arzt. 그는 의사로서 활동하고 있다.

Ich habe lange als Arzt *gewirkt*. 나는 오랫동안 의사로서 일했다.

Er *wirkt* als Lehrer an einer Schule. 그는 어느 학교에서 교사로 근무하고 있다.

Er hat 20 Jahre⁴ an unserer Schule *gewirkt*. 그는 20년간 우리 학교에서 일했다.

Diese Medizin (Arznei) *wirkt* gut. 이 약은 효험이 있다.

● auf jn. *wirken* : (누구)에게 영향을 미치다

Das *wirkte auf* mich (meine Gesundheit) günstig.

(=Das übte eine günstige Wirkung auf mich aus.) 그것은 나에게(나의 건강에) 좋은 영향을 미쳤다.

● Gutes *wirken* (tun) : 선(善)을 행하다

Er hat viel *Gutes gewirkt* (*getan*). 그는 좋은 일을 많이 했다.

● Wunder *wirken* (tun): 기적을 행하다

Die Arznei hat *Wunder gewirkt* (*getan*). 그 약은 기적을 나타냈다.

wirklich [vírklıç] 1. 形 현실의, 실제의 (tatsächlich) 2. 副 실제로, 정말로

das *wirkliche* Leben 실(實) 생활

Die *wirklichen* Verhältnisse sind anders. 실제의 사정은 다르다.

Ich war *wirklich* da gewesen. 나는 실제로 거기에 있었다.

Das weiß ich *wirklich* nicht. 그것을 나는 정말 모른다.

Kommt er *wirklich*? 그는 정말 오니?

***die* Wirklichkeit** [vírklıçkaıt] -/-en 현실, 실제

Ideal und *Wirklichkeit* 이상과 현실

Die *Wirklichkeit* ist anders, als du denkst. 현실은 네가 생각하는 것과는 다르다.

Das entspricht nicht der *Wirklichkeit*³. 그것은 실제와 일치하지 않는다.
- in *Wirklichkeit* : 실제는, 사실은
 In Wirklichkeit mag ich ihn sehr gern. 사실은 나는 그를 매우 좋아한다.

die **Wirkung** [vírkuŋ] -/-en 작용, 영향 ; 효과 ; 결과
- auf jn. eine *Wirkung* (einen Einfluß) ausüben : (누구)에게 영향을 끼치다
 Sie *übte eine* gute (schlechte) *Wirkung auf* mich *aus*. 그녀는 나에게 좋은(나쁜) 영향을 끼쳤다.
 Die Werke Goethes *übten eine* große (starke) *Wirkung auf* spätere Dichter *aus*. 괴테의 작품은 후세의 시인들에게 큰 영향을 끼쳤다.
- eine *Wirkung* haben : 효과·효력이 있다
 Die Medizin *hatte eine* schnelle *Wirkung*. 그 약은 효력이 빨랐다.
 Seine Worte *hatte keine Wirkung*.
 (=Seine Worte blieben ohne *Wirkung*.) 그의 말은 아무 효과가 없었다.
 Kleine Ursachen, große *Wirkungen*. 《Sprw》 작은 원인이 큰 결과를 가져온다.
 Keine *Wirkung* ohne Ursache. 《Sprw》 원인 없는 결과는 없다(아니 땐 굴뚝에서 연기나랴).

der **Wirt** [vɪrt] -[e]s/-e (음식점·여관 따위의) 주인
 Der *Wirt* des Gasthauses begrüßte die Gäste höflich. 그 식당(여관) 주인은 손님들에게 공손히 인사했다.
 Der *Wirt* bediente seine Gäste selbst. 주인이 직접 손님들의 시중을 들었다.
 Herr *Wirt*, zahlen! 여보 주인, 계산해 줘요(얼마지요)!

die **Wirtschaft** [vírt-ʃaft] -/-en ① 《복수 없음》 **경제** ② 음식점 (das Gasthaus)
 die *Wirtschafts*wissenschaft 경제학
 die *Wirtschafts*politik 경제 정책
 die Volks*wirtschaft* 국민 경제
 die Land*wirtschaft* 농업
 Die *Wirtschaft* unseres Landes ist gegenwärtig in einer schweren Lage. 우리 나라의 경제는 현재 어려운 상황에 있다.
 Wir aßen in einer kleinen *Wirtschaft* zu Mittag. 우리는 어느 조그마한 음식점에서 점심을 먹었다.

wirtschaftlich [vírt-ʃaftlıç] 形 경제[상]의 (ökonomisch); 경제적인, 절약하는 (sparsam)

die *wirtschaftliche* Entwicklung 경제 발전

Er hat aus *wirtschaftlichen* Gründen sein Auto verkauft. 그는 경제적인 이유로 자동차를 팔았다.

Sie führt den Haushalt sehr *wirtschaftlich*. 그녀는 가계(家計)를 매우 경제적으로 꾸려나가고 있다.

Sie ist sehr *wirtschaftlich* (sparsam). 그녀는 매우 절약한다(알뜰하다).

wissen [vísən] wußte, gewußt; ich weiß, du weißt, er weiß 他 ① 알고 있다 ② 〈zu 부정법과〉 …할 줄 알다, …할 수 있다 (können)

Ich *weiß* es nicht. 나는 그것을 모른다.

Das *weiß* ich schon. 그것을 나는 이미 알고 있다.

Das *weiß* die ganze Welt (alle Welt). 그것은 온 세상이 다 아는 사실이다.

Ich *weiß* den Weg dorthin. 나는 그곳으로 가는 길을 알고 있다.

Weißt du den Weg zum Bahnhof? 너는 역(驛)으로 가는 길을 알고 있니?

Ich *wußte* nicht, daß du krank warst. 나는 네가 아팠다는 것을 몰랐다.

Ich möchte nichts mehr von ihm *wissen*. 나는 그에 관해서는 더 이상 아무것도 알고싶지 않다.

Ich hatte es schon lange *gewußt*. 나는 이미 오래 전부터 그것을 알고 있었다.

Woher *wissen* Sie das? 그것은 어디서 들으셨읍니까?

Wie du *weißt*, liegt er krank im Bett. 네가 알다시피 그는 앓아 누워 있다.

Soviel ich *weiß*, ist er abgereist. 내가 알기로는 그는 여행을 떠났다.

Ich *wußte* mir nicht *zu* helfen.
(=Ich konnte mir nicht helfen.) 나는 어쩔 수 없었다(다른 도리가 없었다).

Er *weiß zu* reden. 그는 구변이 좋다.

die **Wissenschaft** [vísənʃaft] -/-en 학문 ; 과학

Er hat sein Leben der *Wissenschaft*[3] gewidmet. 그는 생애를 학문에 바쳤다.

Chemie, Physik und Biologie gehören zu den Natur*wissenschaften*. 화학, 물리학, 생물학은 자연 과학에 속한다.

wissenschaftlich [vísənʃaftlıç] 形 학문적인 ; 과학적인
  Seine *wissenschaftlichen* Forschungen machten ihn weltberühmt. 그의 학문 연구는 그를 세계적으로 유명하게 만들었다.
  Der Aufsatz ist von großer *wissenschaftlicher* Bedeutung. 그 논문은 학문적 가치가 매우 크다.
  Dieses Institut wurde zum Zweck der *wissenschaftlichen* Forschung errichtet. 이 연구소는 학술 연구의 목적으로 설립되었다.
  Das ist eine *wissenschaftliche* Methode. 그것은 과학적인 방법이다.

wo [vo:] 副 ① 《의문》 어디에 ② 《관계》〈공간적〉…하는 곳 ; 〈시간적〉…하는 때
  Wo wohnst du? 너는 어디에 사니?
  Wo warst du gestern? 너는 어제 어디에 있었니?
  Ich weiß nicht, *wo* sie jetzt ist. 나는 그녀가 지금 어디에 있는지 모른다.
  Hier ist das Haus, *wo* (in dem) ich wohne. 여기가 내가 살고 있는 집이다.
  Die Stadt, *wo* (in der) ich geboren bin, liegt an der See. 내가 태어난 도시는 바닷가에 있다.
  Er blieb dort, *wo* er studiert hatte. 그는 대학에 다녔던 곳에 머물러 있었다.
  Die Vögel ziehen dorthin, *wo* es warm ist. 새들은 따뜻한 곳으로 이동한다.
  Meine Mutter starb in der Zeit, *wo* ich Student war. 나의 어머니는 내가 대학생이었던 시절에 돌아가셨다.
  Es war in jenem Jahre, *wo* ich die Schule besuchte. 내가 학교에 다니던 그 해의 일이었다.

die **Woche** [vɔ́xə] -/-n 주(週)
  Die (Eine) *Woche* hat sieben Tage. 1주일은 7일이다
  Sechs Tage⁴ in der *Woche* arbeiten wir. 일주일에 6일간 우리는 일한다.
  Sie besucht mich einmal (zweimal) in der *Woche*. 그녀는 나를 일주일에 한 번(두 번) 방문한다.
  Er kommt noch in dieser *Woche*. 그는 이번 주에 꼭 온다.
  Er kam letzte *Woche*⁴ (in der letzten *Woche*) in Seoul an. 그는 지난 주에 서울에 도착했다.
  Wir fahren nächste *Woche*⁴ (in der nächsten *Woche*) nach Deutschland. 우리는 다음 주에 독일로 간다.

Er war vor einer *Woche* verreist. 그는 일주일 전에 여행을 떠났다.
Nach einer *Woche* kam er wieder. 일주일 후에 그는 다시 왔다.
Heute vor einer *Woche* (Heute vor acht Tagen) kam sie zurück. 지난 주의 오늘 그녀는 돌아왔다.
Heute in einer *Woche* (Heute in acht Tagen) kommt sie zurück. 다음 주의 오늘 그녀는 돌아온다.
Ich bekam eine *Woche*⁴ Urlaub. 나는 1주일간의 휴가를 얻었다.
Er kommt jede *Woche*⁴ einmal nach Hause. 그는 매주 한 번 집으로 온다.
Sie kommt alle zwei *Wochen*⁴ (jede zweite *Woche*) nach Hause. 그녀는 2주마다 집으로 온다.

das **Wochenende** [vɔ́xən-ɛndə] -s/-n 주말(週末)
Am (Zum) *Wochenende* fahren wir aufs Land (ans Meer). 주말에 우리는 시골(바다)로 간다.
Schönes *Wochenende*! 즐거운 주말을 보내세요!

woher [vo:hé:r] 副 《의문》 어디로부터 (↔wohin)
Woher kommst du?
(=Wo kommst du her?) 너는 어디에서 오니?
Woher weißt du das? 너는 그것을 어디에서 들었니?
Keiner weiß, *woher* er kommt. 그가 어디에서 오는지 아무도 모른다.

wohin [vo:hín] 副 《의문》 어디로 (↔woher)
Wohin gehen Sie?
(=Wo gehen Sie hin?) 당신은 어디로 가십니까?
Wohin fahren Sie in den Ferien? 당신은 휴가중에 어디로 가십니까?
Wissen Sie, *wohin* er geht? 당신은 그가 어디로 가는지 아십니까?

wohl [vo:l] besser, best 1. 形《술어적으로만 쓰임》(건강·기분 따위가) **좋은** (↔übel) 2. 副 ① 잘 ② **아마** (vielleicht, wahrscheinlich)
Ich bin ganz *wohl* (gesund). 나는 아주 건강하다.
Mir ist *wohl*.
(=Ich fühle mich *wohl*.) 나는 기분이 좋다.
Mir ist heute ganz *wohl*. 나는 오늘 기분이 아주 좋다.
Mir ist nicht *wohl*.
(=Ich fühle mich nicht *wohl*.) 나는 기분이 좋지 않다.

Mir ist heute nicht recht *wohl*. 나는 오늘 기분이 그다지 좋지 않다.

Leben Sie *wohl*!
(=Auf Wiedersehen!) 안녕히 계십시오(가십시오)!

Schlafen Sie *wohl* (gut)! 안녕히 주무세요!

Das ist *wohl* möglich. 그것은 아마 가능할 것이다.

Bis morgen wird er *wohl* zurückkommen. 내일까지는 그는 아마 돌아올 것이다.

- *wohl* oder übel : 좋든 싫든
  Wohl oder übel muß ich es tun. 좋든 싫든 나는 그것을 해야만 한다.

wohnen [vó:nən] 自 살다, 거주하다

Wo *wohnen* Sie? 당신은 어디에 사십니까?

In welcher Straße *wohnen* Sie? 당신은 어느 동네에 살고 있읍니까?

Ich *wohne* in der Goethestraße. 나는 괴테 가(街)에 살고 있다,

Er *wohnt* in der Stadt (auf dem Land). 그는 도시(시골)에 살고 있다.

Wir *wohnen* im ersten (zweiten) Stock. 우리는 2(3)층에 살고 있다.

Er *wohnt* im Gasthaus. 그는 여관에 묵고 있다.

In welchem Hotel *wohnen* Sie? 당신은 어느 호텔에 묵고 있읍니까?

Hier *wohnt* es sich angenehm. 이곳은 살기가 좋다.

- bei jm. *wohnen* : (누구)의 집에 살고 있다
  Er *wohnt bei* seinem Onkel. 그는 그의 아저씨 집에 살고 있다.

- zur (in) Miete *wohnen* : 셋집(셋방)에 살고 있다
  Wir *wohnen zur Miete*. 우리는 셋집에 살고 있다.
  Sie *wohnt* bei mir *zur Miete*. 그녀는 우리 집에 세들어 살고 있다.

die **Wohnung** [vó:nuŋ] -/-en 주택, 주거(住居)

Unsere *Wohnung* ist in der Schillerstraße. 우리 집은 쉴러 가(街)에 있다.

Wir mieteten eine *Wohnung* (ein Haus). 우리는 집을 세얻었다.

Er hat eine moderne *Wohnung* mit vier Zimmern, Küche und Bad. 그는 4개의 방, 부엌, 욕실을 갖춘 현대식 주택을 가지고 있다.

Es werden jährlich viele neue *Wohnungen* gebaut. 매년 수많은 새 주택들이 세워진다.

das **Wohnzimmer** [vóːntsımər] -s/- 안방, 거실

Das *Wohnzimmer* war gemütlich geschmückt. 안방은 아늑하게 꾸며져 있었다.

Die ganze Familie sitzt im *Wohnzimmer* vor dem Fernsehen. 온 가족이 안방에서 텔레비젼 앞에 앉아 있다.

der **Wolf** [vɔlf] -[e]s/ⁿe 늑대, 이리

Die *Wölfe* heulten die ganze Nacht⁴. 늑대들이 밤새도록 울부짖었다.

Wenn man vom *Wolf* spricht, so ist er nicht weit. 《Sprw》 호랑이도 제 말 하면 온다.

die **Wolke** [vɔ́lkə] -/-n 구름

Am Himmel schweben weiße (schwarze) *Wolken*. 하늘에는 흰(검은) 구름이 떠 있다.

Der Himmel ist mit *Wolken* bedeckt. 하늘은 구름으로 덮여 있다.

Der Gipfel des Berges ist in *Wolken* gehüllt. 산 꼭대기는 구름에 싸여 있다.

Die Sonne bricht aus den (durch die) *Wolken*. 해가 구름 사이로 나온다.

Die Sonne versteckte sich⁴ hinter den *Wolken*. 해가 구름 뒤에 숨었다.

wollen [vɔ́lən] ich will, du willst, er will 助《화법》 ① 《본동사로서》 원하다 (wünschen) ② 《조동사로서》 …하려고 하다 ③ 〈완료 부정법과〉 (…하였다고) **주장하다** (behaupten)

Wollen Sie eine Tasse Tee? 차 한 잔 드시겠읍니까?

Wollen Sie Kaffee oder Milch? 커피를 드시겠읍니까, 우유를 드시겠읍니까?

Wie du *willst*, werde ich tun. 나는 네가 원하는대로 하겠다.

Ich *will* es. 나는 그렇게 하고자 한다.

Ich weiß nicht, was er *will*. 나는 그가 하고자 하는 것을 모른다.

Er *wollte* nach Hause [gehen]. 그는 집으로 가려고 했다.

Wollen Sie mir bitte das Buch zeigen? 나에게 그 책을 좀 보여 주시겠읍니까?

Es *will* regnen. 비가 올 것 같다.

Ich *wollte* eben ausgehen, als er kam. 그가 왔을 때 나는 막 외출하려고 했다.

Wir *wollen* gehen!
(=*Wollen* wir gehen!) 갑시다!
Er *will* es selbst gesehen haben. 그는 그것을 직접 보았다고 주장한다.
Er *will* dann zu Hause gewesen sein. 그는 그때 집에 있었다고 주장한다.

das **Wort** [vɔrt] ① -[e]s/⁼er 단어 ② -[e]s/-e 말
Dieses Wörterbuch enthält 5000 *Wörter*. 이 사전은 5000 단어를 수록하고 있다.
Sie hat viele deutsche *Wörter* auswendig gelernt. 그녀는 많은 독일어 단어를 암기했다.
Das *Wort* hat mehrere Bedeutungen. 그 단어는 여러 개의 뜻이 있다.
Das ist ein wahres *Wort*. 그것은 명언(名言)이다.
An seine *Worte* kann ich mich nicht mehr genau erinnern. 그의 말을 나는 더 이상 정확하게 기억할 수 없다.
Sie wechselten nur ein paar *Worte*. 그들은 단지 몇 마디 말만을 주고 받았다.
Ich finde keine *Worte* dafür. 나는 그것에 대해 형용할만한 말을 모르겠다.
Er ging, ohne ein *Wort* zu sagen. 그는 한 마디 말도 없이 가버렸다.

● sein *Wort* halten (brechen): 약속을 지키다(어기다)
Man muß *sein Wort* (sein Versprechen) *halten*.
(=Was man versprochen hat, muß man halten.) 약속은 지켜야 한다.
Er hat *sein Wort* nicht *gehalten*.
(=Er hat *sein Wort gebrochen*.) 그는 약속을 어겼다.

● *Wort* für *Wort*: 한 마디 한 마디
Ich übersetzte den Satz *Wort für Wort*. 나는 그 문장을 한 마디 한 마디 번역했다.

die **Wunde** [vúndə] -/-n 상처
● eine *Wunde* bekommen: 상처를 입다
Ich habe *eine Wunde* an der Hand *bekommen*. 나는 손에 상처를 입었다.
Der Arzt hat die *Wunde* verbunden. 의사는 상처에 붕대를 감았다.
Die *Wunde* blutet. 상처에서 피가 난다.
Sie blutete aus mehreren *Wunden*. 그녀는 여러 상처에서 피를 흘렸다.

Mit der Zeit heilt die *Wunde* langsam. 시간이 지남에 따라 상처는 서서히 낫는다.

Die *Wunde* ist gut geheilt. 상처는 완쾌되었다.

das **Wunder** [vúndər] -s/- 기적, 놀라운·진기한 일
- *Wunder* wirken (tun): 기적을 행하다
  Die Arznei hat *Wunder* gewirkt (*getan*). 그 약은 기적(놀라운 효험)을 나타냈다.

Ich glaube an *Wunder*. 나는 기적을 믿는다.

Es war wie ein *Wunder*. 그것은 기적같은 일이었다.

Das ist kein *Wunder*. 그것은 놀랄만한 일이 아니다.

Es ist ein *Wunder* geschehen. 기적(진기한 일)이 일어났다.

wunderbar [vúndərba:r] 形 놀라운; **훌륭한** (herrlich)

Die Medizin hatte eine *wunderbare* Wirkung. 그 약은 놀라운 효력을 가졌다.

Die Reise war ganz *wunderbar*. 여행은 아주 훌륭했다.

Welch ein *wunderbares* Wetter! 얼마나 좋은 날씨인가!

Es ist *wunderbares* (herrliches) Wetter. 날씨가 굉장히 좋다.

Die Suppe schmeckt *wunderbar*. 이 수프는 굉장히 맛있다.

wundern [vúndərn] 1. 他 놀라게 하다 2. 再 ⟨sich⁴ über et.⁴ 에⟩ 놀라다, 이상하게 여기다

Das *wundert* mich gar nicht. 나는 그것에 전혀 놀라지 않는다.

Es *wundert* mich, daß er kommt. 나는 그가 온다는 것에 놀랐다.

Ich *wunderte mich über* seinen Mut.
(=Ich erstaunte über seinen Mut.) 나는 그의 용기에 놀랐다.

Ich *wundere mich*, daß sie nicht kommt.
(=Es *wundert* mich, daß sie nicht kommt.) 그녀가 오지 않는 것이 이상하다.

Er wird *sich* sehr *wundern*, wenn er das hört. 그가 그것을 들으면 몹시 놀랄 것이다.

der **Wunsch** [vunʃ] -es/⸚e 소원

Er erfüllte mir jeden *Wunsch* (alle *Wünsche*). 그는 나의 모든 소원을 들어주었다.

Mein *Wunsch* ging in Erfüllung. 나의 소원은 이루어졌다.

Haben Sie sonst noch einen *Wunsch*?
(=Wünschen Sie sonst noch etwas?) 그 밖에 또 원하는 것이 있읍니까? (상인이 고객에게)

Die besten *Wünsche* (Viel Glück) zum neuen Jahr! 새해
복 많이 받으세요!
- auf js. *Wunsch*⁴ : (누구)의 소원에 따라
  Er hat sich⁴ *auf den Wunsch* seiner Eltern mit Fräulein
  Kim verheiratet. 그는 그의 부모님의 소원에 따라 김
  양(孃)과 결혼했다.
- nach js. *Wunsch* : (누구)의 소원대로
  Alles geht *nach* meinem *Wunsch*.
  (=Mir geht alles *nach Wunsch*.) 모든 것이 내 소원대로
  되어간다.

wünschen [výnʃən] 他 원하다, 바라다
Was *wünschst* du? 무슨 일이니?
Was *wünschst* du dir zu Weihnachten (zum Geburtstag)?
너는 크리스마스(생일)에 무엇이 갖고 싶으니?
Wünschen (Wollen) Sie eine Tasse Kaffee? 커피 한 잔 드
시겠읍니까?
Wünschen Sie noch etwas? 또 원하는 물건이 있읍니까?
(상인이 고객에게)
Ich *wünsche*, daß du zu mir kommst. 나는 네가 나에게 오
기를 바란다.
Ich *wünsche* Ihnen ein glückliches Neujahr!
(=Viel Glück zum neuen Jahr!) 새해 복 많이 받으세요!
Zum neuen Jahr *wünsche* ich Ihnen alles Gute! 새해에는
당신의 모든 일이 잘 되시기를 기원합니다!

die **Wurzel** [vúrtsəl] -/-n 뿌리
- *Wurzel* schlagen (treiben) : 뿌리를 박다
  Der Baum *schlug* (*trieb*) *Wurzeln* in der Erde. 그 나무
  는 땅 속에 뿌리를 박았다.
Unkraut soll man mit der *Wurzel* ausziehen. 잡초는 뿌리
채 뽑아내어야 한다.
Die *Wurzel* des Übels muß ausgerottet werden. 악의 근원
은 근절되어야 한다.

die **Wut** [vu:t] -/ 분노, 격분
- in *Wut* geraten : 격노하다
  Er *geriet in Wut*. 그는 몹시 화가 났다.
Er schlug vor *Wut*³ mit der Faust auf den Tisch. 그는
분격한 나머지 주먹으로 책상을 쳤다.
Er war in *Wut* über seinen Gegner. 그는 자기의 반대자에
대하여 격분하고 있었다.

Z

die **Zahl** [tsa:l] -/-en 수(數), 숫자
  Die *Zahl* der Bevölkerung vermehrt sich⁴ ständig. 주민의 수(數)가 꾸준히 증가하고 있다.
  Auf dem Platz versammelte sich⁴ eine riesige *Zahl* Menschen. 광장에는 엄청난 수의 사람들이 모였다.
  Sie rechnete (zählte) die *Zahlen* zusammen. 그녀는 수를 합산했다.
  4 gilt als eine unglückliche *Zahl*. 4 는 불길한 숫자로 간주되고 있다.
  die *Zahlen* von 1 bis 100 1 부터 100 까지의 수
  arabische (römische) *Zahlen* 아라비아(로마) 숫자
  ohne *Zahl* 수 없이, 무수히
  ● in großer *Zahl* : 많이, 다수
    Die Mitglieder sind *in großer* (voller) *Zahl* erschienen. 회원들이 많이(전원) 출석했다.
  ● mit *Zahlen* rechnen : 수를 계산하다
    Sie hat *mit Zahlen* falsch *gerechnet*. 그녀는 수를 잘못 계산했다.
zahlen [tsá:lən] 他 自 치르다, 지불하다 (bezahlen)
  ● et.⁴ *zahlen* (bezahlen) : (무엇)의 값을 치르다
    Ich *zahlte* das Auto in bar (in mehreren Teilen). 나는 자동차 값을 현금으로(여러 번으로 나누어) 치뤘다.
    Er hat die Rechnung für die Zimmermiete *gezahlt*.
    (=Er hat die Zimmermiete bezahlt.) 그는 방값(방세)을 지불했다.
    Er hat 100 Mark für das Kleid *gezahlt* (bezahlt). 그는 그 옷값으로 100 마르크를 지불했다.
    Du mußt mir 200 Mark *zahlen*. 너는 나에게 200 마르크를 갚아야 한다.
    Er *zahlte* seine Schulden. 그는 빚을 갚았다.
    Ich will für das Essen *zahlen*. 내가 식사 대금을 치르겠다.
    Herr Ober, *zahlen* bitte !
    (=Herr Ober, die Rechnung bitte !) 웨이터, 계산하시오 (계산서 가져오시오) !
zählen [tsέ:lən] 自 他 (수를) 세다
  Er *zählte* von 1 (eins) bis 100 (hundert). 그는 1 부터 100

까지 세었다.
Wie weit kannst du *zählen*? 너는 얼마까지 셀 수 있니?
Er *zählt* sein Geld. 그는 돈을 센다.
Er *zählte* die Tage bis zum Examen (Urlaub). 그는 시험(휴가)까지의 날들을 세었다.
Sie *zählt* 30 Jahre. 그녀는 나이 서른이다.
Seoul *zählt* 10 Millionen Einwohner. 서울의 인구는 1000만에 달한다.
Korea *zählt* mehr als 45 Millionen Einwohner. 한국의 인구는 4500 만 이상을 헤아린다.

der **Zahn** [tsa:n] -[e]s/ˉe 이(齒)
Der *Zahn* (Der Kopf) tut mir weh.
(=Ich habe Zahnschmerzen.) 나는 이(머리)가 아프다.
Ich putze mir morgens und abends die *Zähne*. 나는 아침 저녁으로 이를 닦는다.
Ich muß mir einen *Zahn* ziehen lassen. 나는 이를 하나 뽑아야 한다.
Sie ließ sich³ einen *Zahn* beim Zahnarzt ziehen. 그녀는 치과 의사한테서 이를 하나 뽑았다.
Er biß die *Zähne* zusammen. 그는 이를 악물었다.
Das Kind bekommt schon *Zähne*. 아이가 벌써 이가 난다.
Auge um Auge, *Zahn* um *Zahn*. 《Bibel》 눈에는 눈으로, 이에는 이로.

der **Zahnarzt** [tsá:na:rtst] -es/..ärzte 치과 의사
Sein Vater ist [ein] *Zahnarzt*. 그의 아버지는 치과 의사다.
Sie ist [eine] *Zahnärztin*. 그녀는 치과 의사다.
Du mußt zum *Zahnarzt* gehen. 너는 치과 의사에게 가야 한다.
Ich habe mir einen Zahn beim *Zahnarzt* ziehen lassen. 나는 치과 의사한테서 이를 하나 뽑았다.

zart [tsa:rt] 形 부드러운, 연한 (weich); 연약한 (schwach)
Sie hat eine *zarte* (weiche) Haut. 그녀는 부드러운 피부를 가지고 있다.
Sie hat *zarte* Hände. 그녀는 손이 부드럽다.
Das Fleisch ist *zart*. 이 고기는 연하다.
Sie behandelte das Baby *zart* (vorsichtig). 그녀는 아기를 조심스럽게 다루었다.
Sie hat eine *zarte* (schwache) Gesundheit.
(=Sie ist von *zarter* Gesundheit.) 그녀는 연약한 체질이다.

der Zauber [tsáubər] -s/- ① 마법, 마술, 마력 ② 매력 (der Reiz)
- *Zauber* treiben : 마법(마술)을 행하다

Er *trieb einen* geheimnisvollen *Zauber*. 그는 불가사의한 마술을 행했다.

Er hat den *Zauber* gelöst. 그는 마법을 풀었다.

Das ist ihr besonderer *Zauber* (Reiz). 그것은 그녀의 독특한 매력이다.

Das hat keinen *Zauber* für mich. 그것은 내게는 아무 매력이 없다.

Der *Zauber* ihrer Schönheit umstrickte mich. 그녀의 매혹적인 아름다움이 나를 현혹했다.

der Zaun [tsaun] -[e]s/⸚e 울타리

Der *Zaun* zwischen den beiden Häusern ist sehr niedrig. 두 집 사이의 울타리는 매우 낮다.

Um den Garten herum steht ein *Zaun*. 정원을 빙둘러 울타리가 쳐져 있다.

Der *Zaun* um den Garten ist aus Holz. 정원 둘레의 울타리는 목재로 되어 있다.

Das Kind ist über den *Zaun* geklettert. 그 아이는 울타리를 기어 넘어갔다.

z. B. [tsum báıʃpi:l] (zum Beispiel 의 略字) 예를 들면

Obst⁴, wie *z.B.* Äpfel und Birnen, gibt es hier kaum. 예를 들면 사과나 배와 같은 과일은 이곳에는 거의 나지 않는다.

Einige Sporte mag ich nicht, *z.B.* Boxkampf und Ringkampf. 몇 가지 스포츠를 나는 싫어한다. 예를 들면 권투나 레슬링이다.

zehn [tse:n] 數 10

Es ist halb *zehn*. 9시 반이다.

Er ist vor *zehn* Jahren gestorben. 그는 10년 전에 죽었다.

Zehnmal *zehn* ist hundert. 10×10=100

Das habe ich dir schon zum *zehnten* Mal gesagt. 그것을 나는 너에게 이미 열 번이나 말했다.

das Zeichen [tsáıçən] -s/- 표(標), 표시 ; 기호, 부호 ; 신호 (das Signal)

An den Straßen gibt es viele Verkehrs*zeichen*⁴. 거리에는 교통 표지이 많다.

Er machte sich³ ein *Zeichen* im Buch. 그는 책 속에 표시를 했다.

Er schenkte mir ein Buch als (zum) *Zeichen* der Freundschaft. 그는 나에게 우정의 표시로 책 한 권을 선물했다.
Das ist kein gutes *Zeichen*. 그것은 좋은 징조가 아니다.
Das gilt mir für ein gutes *Zeichen*. 그것은 나에게는 좋은 징조로 보인다.
chemische (mathematische) *Zeichen* 화학(수학) 기호
das *Zeichen* zur Abfahrt 출발(발차) 신호
● jm ein *Zeichen* geben (machen): (누구)에게 신호하다
Er *gab* (*machte*) ihr *ein Zeichen* zu kommen. 그는 그녀에게 오라고 신호했다.
Er *gab* mir mit der Hand (dem Kopf) *ein Zeichen*, ins Zimmer einzutreten. 그는 나에게 방으로 들어오라고 손(머리)으로 신호했다.

zeichnen [tsáiçnən] 他 自 ① 〈et.⁴에〉 표를 하다 ② (연필 따위로) 그리다, 스케치하다
Die Ware ist mit ABC *gezeichnet*. 그 상품에는 ABC라는 표시가 붙어 있다.
Die Schmetterlingsflügel sind schön *gezeichnet*. 나비의 날개에는 아름다운 무늬가 찍혀 있다.
Er *zeichnet* die Landschaft. 그는 풍경화를 그린다.
Sie hat das Bild nach einem Foto *gezeichnet*. 그녀는 그 그림을 사진을 보고 그렸다.
Er hat die Pläne des Gebäudes selbst *gezeichnet*. 그는 그 건물의 설계도를 직접 그렸다.
Wir *zeichnen* mit Bleistift (Kreide). 우리는 연필(분필)로 그린다.
Er *zeichnet* gern. 그는 그림 그리기를 좋아한다.

zeigen [tsáigən] 1. 他 〈jm.에게 et.⁴을〉 가리키다, 보여 주다 2. 再 《sich⁴》 모습을 나타내다 3. 自 가리키다
Der Polizist *zeigte* mir den Weg. 순경이 나에게 길을 가리켜 주었다.
Ich *zeigte* ihm den Brief. 나는 그에게 편지를 보여 주었다.
Er hat uns³ die ganze Stadt *gezeigt*. 그는 우리에게 도시 전체를 구경시켜 주었다.
Er hat seine Freude (Ungeduld) *gezeigt*. 그는 기쁨(초조함)을 나타냈다.
Die Zuschauer *zeigten* großes Interesse an der Aufführung. 관객들은 그 공연에 비상한 흥미(관심)를 나타냈다.
Er *zeigte* sich am Fenster (auf dem Balkon). 그는 창가(발코니)에 모습을 나타냈다.

Sie *zeigte* in dieser Richtung (nach Westen). 그녀는 이 방향(서쪽)을 가리켰다.
- auf et.⁴ zeigen : (무엇)을 가리키다
 Sie *zeigte* mit dem Finger (der Hand) *auf* ihn. 그녀는 손가락(손)으로 그를 가리켰다.
 Die Uhr (Der Zeiger der Uhr) *zeigt auf* 1 (eins). (=Die Uhr *zeigt* 1.) 시계(시계 바늘)가 1시를 가리키고 있다.

die **Zeit** [tsaɪt] -/-en ⑴ 《복수 없음》 시간 ; 여가 ② 시대
 Zeit ist Geld. 《Sprw》 시간은 돈이다.
 Die *Zeit* vergeht sehr schnell. 시간은 매우 빨리 지나간다.
 Es ist *Zeit* zu arbeiten.
 (=Es ist *Zeit* zur Arbeit.) 일할 시간이다.
 Ich habe wenig *Zeit* zum Lesen. 나는 독서할 시간이 거의 없다.
 Ich habe heute viel (keine) *Zeit*. 나는 오늘은 시간이 많다(없다).
 Ich habe keine *Zeit*, mit dir ins Kino zu gehen. 나는 너와 영화관에 갈 시간이 없다.
 Ich habe keine *Zeit* dazu. 나는 그렇게 할 시간이 없다.
 Das kostet *Zeit*. 그것을 하는 데는 시간이 걸린다.
 Zeit und Ort der Versammlung ist noch nicht bestimmt. 회의의 시간과 장소는 아직 정해지지 않았다.
 Es sind jetzt gute *Zeiten*. 지금은 좋은 시대다.
 Wir hoffen auf bessere *Zeiten*. 우리는 보다 좋은 시대를 바라고 있다.
 auf längere *Zeit* 장기간 예정으로
 für längere *Zeit* 비교적 긴 시간 동안
 in kurzer *Zeit* 바로, 곧
 in letzter *Zeit* (=in der letzten *Zeit*) 최근에
 in unserer *Zeit* 현대에는
 mit der *Zeit* (=nach und nach) 시간이 지남에 따라, 점차로
 nach kurzer (einiger) *Zeit* 조금 후에
 seit kurzer (einiger) *Zeit* 조금 전부터
 seit langer *Zeit* 오래 전부터˙
 um diese *Zeit* 이 시간(무렵)에
 um welche *Zeit* 몇 시에
 von *Zeit* zu *Zeit* (=dann und wann) 때때로, 가끔
 vor kurzer (langer) *Zeit* 조금(오래) 전에

zu jeder *Zeit* 언제든지
zu jener *Zeit* 그 당시
zur *Zeit* 지금은, 현재
zur gleichen *Zeit* (=zugleich) 동시에
zur rechten *Zeit* (=rechtzeitig) 알맞은 시간에
eine *Zeit*⁴ lang 얼마 동안
eine kurze *Zeit*⁴ lang (=einige *Zeit*⁴ lang) 잠시 동안
die ganze *Zeit*⁴ [hin]durch 그 시간 내내

die **Zeitschrift** [tsáɪt-ʃrɪft] -/-en 잡지
Ich habe mir eine *Zeitschrift* gekauft. 나는 잡지 한 권을 샀다.
Sie liest eine medizinische *Zeitschrift*. 그녀는 의학 잡지를 읽고 있다.
Diese *Zeitschrift* erscheint jeden Monat (alle zwei Monate⁴). 이 잡지는 매월(2개월마다) 발행된다.
Dies ist die neueste *Zeitschrift*. 이것은 최근호의 잡지다.

die **Zeitung** [tsáɪtuŋ] -/-en 신문
Sie hat sich³ eine *Zeitung* gekauft. 그녀는 신문 한 장을 샀다.
Sie liest jetzt die (in der) *Zeitung*. 그녀는 지금 신문을 읽고 있다.
Das hat er in der *Zeitung* gelesen. 그것을 그는 신문에서 읽었다.
Ich habe in der *Zeitung* gelesen, daß er gestorben ist. 나는 그가 죽었다는 것을 신문에서 읽었다.
Was steht in der *Zeitung*? 신문에 어떤 기사가 실려 있니?
In der heutigen *Zeitung* steht nichts Neues. 오늘 신문에는 새로운 것이 아무것도 없다.
Der Artikel steht auf der ersten Seite in der *Zeitung*. 그 기사는 신문의 제1면에 실려 있다.
Die *Zeitung* brachte die Meldung auf der ersten Seite. 신문은 그 보도를 제1면에 실었다.
Diese *Zeitung* erscheint täglich (wöchentlich). 이 신문은 일(주)간지다.
Die *Zeitung* erscheint in Seoul. 그 신문은 서울에서 발행된다.
Er arbeitet bei der *Zeitung*. 그는 신문사에 근무하고 있다.
● eine *Zeitung* halten : 신문을 구독하다
Wir *halten* zwei *Zeitungen*. 우리는 두 가지 신문을 구독하고 있다.

das **Zelt** [tsɛlt] -[e]s/-e 천막, 텐트
- ein *Zelt* aufbauen (abbrechen): 천막을 치다(걷다)
Bauen (Schlagen) wir hier unser *Zelt auf*! 여기에 우리의 텐트를 칩시다!
Er hat *das Zelt abgebrochen*. 그는 텐트를 걷었다.
Wir haben in einem *Zelt* übernachtet. 우리는 텐트 속에서 밤을 지냈다.

das **Zentrum** [tsɛ́ntrum] -s/..tren 중심, 중앙
Er wohnt im *Zentrum* der Stadt.
(=Er wohnt in der Mitte der Stadt.) 그는 도시 한복판에 살고 있다.
Sie steht neuerdings im *Zentrum* des Interesses. 그녀는 요즈음 관심의 초점이 되고 있다.

zerbrechen [tsɛrbréçən] zerbrach, zerbrochen 1. 他 부수다, 깨뜨리다 2. 自 《s》 부서지다, 깨지다
Sie hat wieder eine Schüssel *zerbrochen*. 그녀는 또 쟁반 한 개를 깨뜨렸다.
Das Glas ist *zerbrochen* worden. 컵이 깨졌다.
Eine Tasse fiel und *zerbrach*. 찻잔이 떨어져서 깨졌다.
Der Teller ist in tausend Stücke⁴ *zerbrochen*. 접시가 산산 조각이 났다.
Er repariert das *zerbrochene* Spielzeug. 그는 부서진 장난감을 고친다.
- sich³ über et.⁴ den Kopf *zerbrechen*: (무슨 일)로 머리를 썩히다
Dar*über* habe ich *mir* schon oft *den Kopf zerbrochen*.
그 일로 나는 벌써 몇 번이나 머리를 썩혔다.

zerreißen [tsɛrráɪsən] zerriß, zerrissen 1. 他 찢다 2. 自 《s》 찢어지다
Sie hat den Brief in Stücke *zerrissen*. 그녀는 편지를 갈기 갈기 찢어버렸다.
Ich habe mir die Hose *zerrissen*. 나는 바지가 찢어졌다.
Es *zerreißt* mir das Herz. 나는 가슴이 찢어지는듯 하다.
Der Jammer um ihn *zerriß* mir das Herz. 그에 대한 애석한 생각이 내 가슴을 찢는 것만 같았다.
Das Papier *zerreißt* leicht. 그 종이는 잘 찢어진다.
Der Vorhang ist *zerrissen*. 커텐이 찢어졌다.

zerstören [tsɛrʃtǿ:rən] 他 파괴하다
Die Stadt ist im Krieg durch Bomben *zerstört* worden.
그 도시는 전쟁중 폭탄에 의해 파괴되었다.

Das Feuer hat viele Häuser *zerstört*. 불이 많은 집들을 재 떠미로 만들었다.

der **Zeuge** [tsɔ́ygə] -n/-n 증인, 목격자
- jn. zum *Zeugen* anrufen (nehmen): (누구)를 증인으로 세우다

Er *rief* mich *zum Zeugen an*. 그는 나를 증인으로 세웠다.
Der *Zeuge* hat das Recht, das Zeugnis zu verweigern. 증인은 증언을 거부할 권리가 있다.
Er war *Zeuge* bei einem Verkehrsunfall. 그는 교통 사고의 목격자였다.
Es waren keine *Zeugen* da. 목격자는 아무도 없었다.

das **Zeugnis** [tsɔ́yknɪs] -ses/-se ① (성적·능력 따위에 관한) 증명서 ② 증언

Wir bekommen zweimal im Jahr *Zeugnisse*. 우리는 1년에 두 번 성적표를 받는다.
Er hat ein gutes (schlechtes) *Zeugnis* bekommen. (=Er hat eine gute Zensur bekommen.) 그는 좋은(나쁜) 성적을 받았다.
ein ärztliches *Zeugnis* 의사의 증명서
Der Zeuge hat das *Zeugnis* verweigert. 그 증인은 증언을 거부했다.
- jm. ein gutes *Zeugnis* geben: (누구)에게 유리한 증언을 하다

Er hat mir *ein gutes Zeugnis gegeben*. 그는 나에게 유리한 증언을 했다.

ziehen [tsí:ən] zog, gezogen 1. 他 ① 끌다, 잡아당기다 ② (줄·선을) 긋다, 그리다 2. 自 《s》 (어떤 방향으로) 움직이다, 이동하다

Das Pferd *zieht* den Wagen. 말이 마차를 끈다.
Er *zog* den Handwagen. 그는 손수레를 끌었다.
Die Lokomotive *zog* 25 Wagen. 기관차는 25량의 차량을 끌었다.
Sie *zog* das Kind an die Brust. 그녀는 아이를 가슴에 끌어안았다.
Sie *zog* den Ring vom Finger. 그녀는 반지를 손가락에서 뺏다.
Ich *zog* Nägel aus der Wand (dem Holz). 나는 벽(나무)에서 못을 뽑았다.
Ich muß mir einen Zahn *ziehen* lassen. 나는 이를 하나 뽑아야 한다.

Der Zahnarzt hat mir einen Zahn *gezogen.* 치과 의사가 나의 이를 하나 뽑았다.

Ich *zog* mit dem Lineal eine Linie. 나는 자로 선을 그었다.

Er *zog* einen Kreis. 그는 원을 그렸다.

Die Wolken *ziehen* nach Norden. 구름이 북쪽으로 움직인다.

Im Herbst *ziehen* die Schwalben nach Süden. 가을에 제비들은 남쪽으로 이동한다.

Sie ist in eine andere Wohnung (Stadt) *gezogen.* 그녀는 다른 집(도시)으로 이사했다.

das Ziel [tsi:l] -[e]s/-e **목표, 목적** (der Zweck); **목적지**
- das *Ziel* erreichen: 목표를 달성하다; 목적지에 도달하다
  Er hat sein *Ziel* erreicht.
  (=Er ist an sein *Ziel* gelangt.) 그는 목표를 달성했다 (목적지에 도달했다).
  Um sein *Ziel* zu *erreichen,* ist ihm jedes Mittel recht. 그는 목적을 달성하기 위해서는 온갖 수단을 가리지 않는다.
- sich³ ein *Ziel* setzen: 목표를 세우다
  Er hat *sich das Ziel gesetzt,* viel Geld zu verdienen. 그는 많은 돈을 벌려는 목표를 세웠다.

Das *Ziel* seines Lebens war, viel Geld zu verdienen. 그의 인생의 목표는 많은 돈을 버는 것이었다.

Er ist ans *Ziel* seiner Wünsche gelangt. 그는 자기가 소원하는 목표에 도달했다.

Endlich bin ich am *Ziel* meiner Wünsche. 마침내 나는 내 소원을 이루었다.

Wir haben endlich das *Ziel* einer Reise erreicht. 우리는 마침내 여행 목적지에 도달했다.

Jetzt sind wir am *Ziel* [angekommen]. 이제 우리는 목적지에 도착했다.

Er ging als erster durchs *Ziel.* 그는 1 등으로 골인했다.

Sie kamen zu gleicher Zeit durchs *Ziel.* 그들은 동시에 골인했다.

zielen [tsí:lən] 自 ⟨auf et.⁴을⟩ **겨누다, 목표로 삼다**
Der Jäger *zielte auf* einen Vogel. 사냥군이 새를 겨누었다.
Die Bemerkung *zielt auf* mich. 그 말은 나를 두고 하는 소리다.
Wor*auf* zielt deine Frage? 너의 질문의 의도는 무엇이냐?

ziemlich [tsíːmlɪç] 形 상당한
 Er hat ein *ziemliches* Vermögen. 그는 상당한 재산을 가지고 있다.
 Er hat *ziemlich* viel Geld verdient. 그는 상당히 많은 돈을 벌었다.
 Er ist *ziemlich* reich. 그는 상당히 부자다.
 Er ist schon *ziemlich* alt. 그는 이미 상당히 늙었다.
 Er ist so *ziemlich* in meinem Alter. 그는 거의 나와 동년배다.

die **Zigarette** [tsigarέtə] -/-n 담배, 궐련(卷煙)
 Er kaufte eine Schachtel *Zigaretten*. 그는 담배 한 갑을 샀다.
 Er nimmt eine *Zigarette* heraus. 그는 담배 한 개를 집어 낸다.
 Er zündete [sich³] eine *Zigarette* an. 그는 담배에 불을 붙였다.
 Er raucht eine *Zigarette*. 그는 담배를 피운다.
 Er bot mir eine *Zigarette* an. 그는 나에게 담배를 권했다.
 Er bat mich um Feuer für seine *Zigarette*. 그는 나에게 담뱃불을 청했다.

die **Zigarre** [tsigárə] -/-n 여송연, 엽궐련
 ● sich³ eine *Zigarre* anbrennen : 여송연에 불을 붙이다
 Er *brannte sich eine Zigarre an*. 그는 여송연에 불을 붙였다.
 Er raucht gern eine *Zigarre*. 그는 여송연을 즐겨 피운다.
 Er führt eine *Zigarre* im Munde. 그는 여송연을 입에 물고 있다.
 Er bot mir eine *Zigarre* an. 그는 나에게 여송연을 권했다.

das **Zimmer** [tsímər] -s/- 방
 Er ist jetzt im *Zimmer*. 그는 지금 방 안에 있다.
 Er geht im *Zimmer* auf und ab (hin und her). 그는 방 안에서 왔다갔다 한다.
 Er blieb den ganzen Tag in (auf) seinem *Zimmer*. 그는 하루 종일 자기 방에 있었다.
 Er ging in (auf) sein *Zimmer*. 그는 자기 방으로 갔다.
 Geh auf dein *Zimmer*! 네 방으로 가거라!
 Sie kommt aus dem *Zimmer* (dem Haus) heraus. 그녀는 방(집)에서 나온다.
 Er geht ins *Zimmer* (Haus) hinein. 그는 방(집) 안으로 들어간다.

Sie bringt das *Zimmer* in Ordnung. 그녀는 방을 정리한다.
Sie reinigt das *Zimmer*. 그녀는 방을 소제한다.
Er kaufte ein Haus mit fünf *Zimmern*. 그는 방이 다섯 있는 집을 샀다.
Die Wohnung besteht aus vier *Zimmern*, Küche und Bad. 그 집은 4개의 방, 부엌, 욕실로 되어 있다.
Ich mietete eine Wohnung mit zwei *Zimmern*. 나는 방이 둘 있는 집을 세얻었다.
Sie mietete ein *Zimmer* mit fließendem Wasser. 그녀는 세면대가 딸린 방을 세얻었다.
Ich habe das *Zimmer* für (auf) ein Jahr gemietet. 나는 그 방을 1년간 세얻었다.
Das *Zimmer* liegt (geht) nach Norden. 그 방은 북향이다.
Zimmer zu vermieten! 셋방 있음! 《광고》
Haben Sie noch ein *Zimmer* frei? 빈 방 하나 있읍니까? (여관·호텔에서)
In dem Hotel ist kein *Zimmer* mehr frei. 그 호텔에는 이제 빈 방이 없다.

zittern [tsítərn] 自 떨다
Ich *zitterte* vor Kälte[3]. 나는 추위에 떨었다.
Sie *zitterte* vor Furcht[3] am ganzen Leib (an allen Gliedern). 그녀는 무서워서 온 몸을 떨었다.
Mir *zittern* die Knie.
(=Meine Knie *zittern*.) 나는 무릎이 떨린다.
Ihm *zitterten* die Beine.
(=Seine Beine *zitterten*.) 그는 다리가 떨렸다.

zögern [tsǿ:gərn] 自 주저하다, 망설이다
● mit et. zögern: (무엇)을 주저하다
Er *zögerte* mit der Antwort. 그는 대답을 망설였다.
Sie *zögerte* mit der Zahlung von Tag zu Tag. 그녀는 지불을 하루하루 미뤘다.
Warum *zögerst* du zu kommen? 왜 너는 오는 것을 망설이니?
Sie hat zu lange *gezögert*, sich[4] zu entscheiden. 그녀는 결정하는데 너무 오래 지체했다.
Du darfst nicht so lange *zögern*. 너는 그렇게 오래 지체해서는 안 된다.

die **Zone** [tsó:nə] -/-n 지대(地帶), 지역(地域)
die gemäßigte (kalte, heiße) *Zone* 온(한, 열)대
Nach dem zweiten Weltkrieg wurde Deutschland in vier

Zonen eingeteilt. 제 2 차 세계 대전 후 독일은 4개의 지역으로 분할되었다.

***der* Zoo** [tso:] -s/-s 동물원 (der Tiergarten, der Tierpark)
Am Sonntag gehen wir in den *Zoo* (den Tiergarten). 일요일에 우리는 동물원에 간다.

***der* Zorn** [tsɔrn] -[e]s/ 분노
- vor (aus) *Zorn*³: 화가 나서
  Er wurde blaß *vor Zorn*. 그는 화가 나서 얼굴이 창백해졌다.
- in *Zorn*⁴ geraten: 화내다
  Er *gerät* leicht *in Zorn*.
  (=Er wird leicht zornig.) 그는 화를 잘 낸다.
- jn. zum *Zorn* reizen: (누구)를 화나게 하다
  Er *reizte* mich *zum Zorn*.
  (=Er brachte mich in *Zorn*.) 그는 나를 화나게 했다.
- *Zorn* auf jn. haben: (누구)에게 화를 내고 있다
  Er *hat Zorn auf* mich. 그는 나에게 화를 내고 있다.

Der *Zorn* packte mich.
(=Es ärgerte mich.) 나는 화가 났다.

zornig [tsɔ́rnıç] 形 화난, 성난
Er war sehr *zornig*. 그는 매우 화가 났다.
Er war *zornig* auf mich. 그는 나에게 화를 냈다.
Er wird leicht *zornig*.
(=Er gerät leicht in Zorn.) 그는 화를 잘 낸다.
Seine Stimme klang *zornig*. 그의 목소리는 화가 나 있었다.

zu [tsu:] 1. 前 《3격》 ①《방향》〈장소〉~으로;〈사람〉~에게 ②《대상》~에 대하여 ③《소재·시간》~에 ④《목적》~을 위하여 ⑤《첨가》~에 덧붙여서 ⑥《不定法 앞에서》 2. 副 ① 닫힌 (↔auf) ② (형용사·부사 앞에서) 너무
Ich gehe jetzt *zur* Post (*zum* Bahnhof). 나는 지금 우체국(역)에 간다.
Sie ging *zur* Schule (*zum* Markt). 그녀는 학교(시장)에 갔다.
Auf dem Weg *zur* Kirche begegnete ich ihm zufällig. 교회로 가는 도중에 나는 우연히 그를 만났다.
Er ging spät *zu* (ins) Bett. 그는 늦게 취침했다.
Er ging *zu* seinem Freund. 그는 자기 친구에게 갔다.
Er kam *zu* mir. 그는 나에게 왔다.
Geh *zum* Vater (*zur* Großmutter)! 아버지(할머니)에게 가거라!

zu

Was hast du *zu* meinem Freund gesagt? 너는 나의 친구에게 무슨 말을 했니?

Sei nett *zu* ihm! 그에게 친절하게 대해라!

Er ist *zu* allem fähig. 그는 모든 것에 유능하다(무엇이나 할 수 있다).

Sie ist (bleibt) am Sonntag meistens *zu* Hause. 그녀는 일요일에는 대개 집에 있다.

Der Dom *zu* Köln ist weltberühmt. 쾰른에 있는 대성당은 세계적으로 유명하다.

Er ist Student auf der Universität [*zu*] Tübingen. 그는 튀빙겐 대학 학생이다.

Ich erhielt *zu* Weihnachten zahlreiche (viele) Geschenke. 나는 크리스마스에 많은 선물을 받았다.

Hast du schon *zu* Mittag (Abend) gegessen? 너는 벌써 점심(저녁)을 먹었니?

Heute habe ich ihn *zum* ersten Mal gesehen. 오늘 나는 그를 처음 보았다.

Er kam *zur* rechten Zeit. 그는 꼭 알맞게 왔다.

Wir gehen *zum* Essen (Schwimmen). 우리는 식사(수영) 하러 간다.

Wir fahren *zur* Erholung an die See (ans Meer). 우리는 휴양하러 바다로 간다.

Zum Wohl! 건강을 위하여! (축배를 들 때의 말)

Er aß Brot *zum* Fleisch. 그는 고기에 빵을 곁들여 먹었다.

Nehmen Sie Milch (Zucker) *zum* Kaffee? 당신은 커피에 우유(설탕)를 넣습니까?

Es ist nicht leicht, eine fremde Sprache *zu* lernen. 외국어를 배우는 것은 쉽지 않다.

Viel Kaffee *zu* trinken ist der Gesundheit[3] schädlich. 많은 커피를 마시는 것은 건강에 해롭다.

Hast du die Zeit, mit mir eine Tasse Tee *zu* trinken? 너는 나와 차 한 잔 마실 시간이 있겠니?

Die Tat ist *zu* tadeln.
(=Die Tat muß getadelt werden.) 그 행위는 비난받아 마땅하다. (수동의 필연)

Die Aufgabe ist leicht *zu* lösen.
(=Die Aufgabe kann leicht gelöst werden.) 그 문제는 쉽게 풀 수 있다. (수동의 가능)

Ich rief ihn an, anstatt ihm *zu* schreiben. 나는 그에게 편지를 쓰는 대신에 전화를 걸었다.

Er ging vorbei, ohne mich *zu* grüßen. 그는 나에게 인사도 하지 않고 지나갔다.
Er ging in die Stadt, um ein*zu*kaufen. 그는 물건을 사러 시내에 갔다.
Die Tür ist *zu* (auf).
(=Die Tür ist geschlossen.) 문이 닫혀(열려) 있다.
Die Aufgabe ist mir (für mich) *zu* schwer. 그 문제는 내게는 너무 어렵다.
Er kommt immer *zu* spät. 그는 항상 지각한다.
zu Fuß 걸어서
zu Hause 집에(서)
zu Ostern 부활절에
zu Weihnachten 크리스마스에
zu Wasser und *zu* Land 해로와 육로로
zu jeder Zeit 언제든지
zu jener Zeit 그 당시
zum Beispiel (略字 : z. B.) 예를 들면
zum Glück (=glücklicherweise) 다행히도
zum neuen Jahr (=*zu* Neujahr) 새해에
zum ersten Mal (=*zum* erstenmal) 처음으로
zum Scherz (Spaß) 농담으로
zum größten Teil 대부분
zum wenigsten (=wenigstens) 적어도, 최소한
zum Fenster hinaus 창 밖으로
zur Tür hinaus 문 밖으로
zur Zeit 지금은, 현재
zur gleichen Zeit (=zugleich) 동시에
zur rechten Zeit (=rechtzeitig) 알맞은 시간에
von Haus *zu* Haus 집집마다, 이 집에서 저 집으로
von Jahr *zu* Jahr 해마다, 매년
von Stufe *zu* Stufe 한 단계 한 단계
von Stunde *zu* Stunde 시시각각으로
von Tag *zu* Tag 날마다, 매일
von Zeit *zu* Zeit (=ab und *zu*) 때때로, 가끔

der Zucker [tsúkər] -s/ **설탕**
Zucker ist süß. 설탕은 달다.
Er trinkt den Kaffee mit *Zucker*. 그는 커피에 설탕을 넣어서 마신다.
Sie trinkt den Kaffee ohne *Zucker*. 그녀는 커피에 설탕을 넣지 않고 마신다.

Nehmen Sie *Zucker* in den (zum) Kaffee? 당신은 커피에 설탕을 넣습니까?

zuerst [tsu-é:rst] 圖 맨 먼저 (zunächst) (↔zuletzt); **우선**
Wer war *zuerst* (als erster) da? 누가 맨 먼저 왔니?
Zuerst kommst du an die Reihe. 네 차례가 맨 먼저다.
Er trank *zuerst* eine Tasse Kaffee, dann ein Glas Wasser. 그는 처음에는 한 잔의 커피를, 다음에는 한 잔의 물을 마셨다.
Zuerst fand ich das Buch langweilig, aber später las ich es mit großem Interesse. 나는 그 책이 처음에는 지루했지만 나중에는 매우 흥미있게 읽었다.
Zuerst trank ich ein Glas Wasser. 우선 나는 물 한 잔을 마셨다.

der **Zufall** [tsú:fal] -[e]s/..fä:le **우연(한 일)**
Das ist doch ein reiner *Zufall*. 그것은 순전히 우연이다.
Es war ein *Zufall*, daß wir uns⁴ in Seoul trafen. 우리가 서울에서 서로 만난 것은 우연이었다.
Das ist kein *Zufall*. 그것은 우연한 일이 아니다.
Das war wirklich ein glücklicher (günstiger) *Zufall*. 그것은 정말 행운(요행)이었다.

zufällig [tsú:fɛlɪç] 1. 形 우연한 2. 圖 우연히, 혹시
Das war nur eine *zufällige* Begegnung. 그것은 단지 우연한 만남이었다.
Ich traf ihn *zufällig*. 나는 우연히 그를 만났다.
Weißt du *zufällig* seine Telefonnummer? 너는 혹시 그의 전화 번호를 알고 있니?
Haben Sie *zufällig* das Streichholz bei sich? 당신은 혹시 성냥을 가지고 계시지요?

zufrieden [tsufrí:dən] 形 **만족한** (↔unzufrieden)
● mit et. *zufrieden* sein: (무엇)에 만족하고 있다
Ich bin da*mit* (*mit* ihm) *zufrieden*. 나는 그것에(그에게) 만족하고 있다.
Sie ist *mit* ihrem Gehalt nicht *zufrieden*. 그녀는 자기 봉급에 만족하지 않는다.
Bist du *zufrieden*? 너는 만족하니?
Er sah *zufrieden* aus. 그는 만족하는 것같이 보였다.

der **Zug** [tsu:k] -[e]s/ˑ̈e ① **기차** ② **행렬**: (새 따위의) **이동** ③ 《복수로》 용모 (die Gesichtszüge); **특징** ④ **잡아당김** ⑤ **들이마심**
Der *Zug* fährt ab. 기차가 출발한다.

Der *Zug* ist schon abgefahren. 기차는 이미 출발했다.
Wann fährt der nächste *Zug* ab? 다음 기차는 언제 출발합니까?
Der *Zug* kommt an. 기차가 도착한다.
Der *Zug* ist pünktlich angekommen. 기차는 정각에 도착했다.
Der *Zug* kam verspätet an.
(=Der *Zug* hatte Verspätung.) 기차는 연착했다.
Der *Zug* kam mit 30 Minuten Verspätung an.
(=Der *Zug* hatte 30 Minuten Verspätung.) 기차는 30분 연착했다.
Wir fahren mit dem *Zug* nach Pusan. 우리는 기차를 타고 부산에 간다.
Wir hätten beinahe (fast) den *Zug* verpaßt. 우리는 하마터면 기차를 놓칠 뻔했다.
Der *Zug* war voll besetzt.
(=Es war sehr voll im *Zug*.) 기차는 만원이었다.
Er stieg in den *Zug*. 그는 기차에 올라탔다.
Er stieg aus dem *Zug*. 그는 기차에서 내렸다.
Er steht an der Spitze des *Zuges*. 그는 행렬의 선두에 서 있다.
Die Demonstranten zog in langem *Zug* durch die Straßen. 데모대는 긴 행렬을 지어서 거리를 행진했다.
Sie sah dem *Zug* der Vögel nach Osten zu. 그녀는 동쪽으로 가는 새들의 이동을 바라보았다.
Sie hat angenehme *Züge*. 그녀는 귀여운 얼굴을 가졌다.
Das ist kein schöner (hübscher) *Zug* von ihm. 그것이 그의 좋지 않은 점이다.
mit einem gewaltigen (kräftigen) *Zug* 세게 잡아당겨서
● einen *Zug* tun: (담배를) 한 모금 피우다
Er *tat einen Zug* (einige *Züge*) aus der Pfeife. 그는 파이프로 담배를 한 모금(두서너 모금) 피웠다.
● in (mit) einem *Zuge* (=auf einen *Zug*): 단숨에
Er trank das Glas *in einem Zuge* aus. 그는 잔을 단숨에 마셔버렸다.

zu|geben [tsúːgeːbən] gab zu, zugegeben 他 ① 부가(첨가)하다 ② 승인하다, 시인하다
Der Kaufmann *gibt* immer etwas *zu*. 그 상인은 항상 뭔가를 덤으로 준다.
Der Sänger *gab* drei Lieder *zu*. 그 가수는 재창(再唱)으로

세 곡을 더 불렀다.
Ich *gebe* meinen Fehler *zu*. 나는 내 실수를 인정한다.
Ich *gebe* das nicht *zu*. 나는 그것을 인정하지 않는다.
Gibst du *zu*, daß du unrecht hast? 네가 옳지 않다는 것을 인정하니?
Das kann ich keinesfalls *zugeben*. 그것을 나는 절대로 인정할 수 없다.

zu|gehen [tsúːgeːən] ging zu, zugegangen 自 《s》 ① 〈auf et.⁴ 을〉 향하여 가다, 접근하다 ② 닫히다
Er *ging* mit raschen Schritten *auf* die Post *zu*. 그는 빠른 걸음으로 우체국쪽으로 걸어갔다.
Er *ging auf* sie *zu*. 그는 그녀에게 다가갔다.
Es *geht auf* Weihnachten (den Winter) *zu*. 크리스마스(겨울)가 다가온다.
Die Tür *geht* nicht *zu*. 문이 닫히지 않는다.

zugleich [tsugláiç] 副 동시에 (zur gleichen Zeit)
Wir kamen *zugleich* (gleichzeitig) am Bahnhof an. 우리는 동시에 역에 도착했다.
Sie standen alle *zugleich* auf. 그들은 모두 동시에 일어섰다.
Sie ist schön und *zugleich* höchst gebildet. 그녀는 미인인 동시에 매우 교양이 있다.

zu|hören [tsúːhøːrən] 自 〈jm. 의 말에〉 귀를 기울이다
Hören Sie mir genau *zu*!
(=*Hören* Sie genau *zu*, was ich sage!) 내 말을 잘 들으세요!
Sie *hörten* mir aufmerksam *zu*. 그들은 주의 깊게 내 말에 귀를 기울였다.
Wir *hörten* seiner Erzählung³ *zu*. 우리는 그의 이야기에 귀를 기울였다.

der **Zuhörer** [tsúːhøːrər] -s/- 청중, 청취자
Alle *Zuhörer* riefen: „Bravo!" 모든 청중이 '만세'라고 외쳤다.
Dieses Radioprogramm hat viele *Zuhörer*. 이 라디오 프로그램에는 청취자가 많다.

die **Zukunft** [tsúːkunft] -/ 미래, 장래
Vergangenheit, Gegenwart und *Zukunft* 과거, 현재, 미래
Die *Zukunft* ist unsicher (ungewiß). 미래는 확실치 않다.
Ich sorge mich um die *Zukunft* des Landes. 나는 국가의 장래가 걱정된다.

Du mußt an deine *Zukunft* denken. 너는 너의 장래를 생각해야 한다.
Er hat eine große *Zukunft*. 그의 장래는 대단히 유망하다.
Er hat keine *Zukunft*. 그는 장래성이 없다.
● in *Zukunft* : 장차, 장래에는
In Zukunft soll alles anders werden. 앞으로는 모든 것이 달라져야 한다.

zuletzt [tsulétst] 副 맨 나중에, 최후에 (↔zuerst)
Er kam, wie immer, *zuletzt*. 그는 여느 때와 같이 맨 나중에 왔다.
Wann hast du ihn *zuletzt* (zum letzten Mal) gesehen? 너는 그를 마지막으로 본 것이 언제니?
Wer *zuletzt* lacht, lacht am besten. 《Sprw》 최후에 웃는 사람이 가장 잘 웃는 것이다.

zu|machen [tsú:maxən] 他 닫다 (schließen) (↔aufmachen)
Er *macht* das Fenster *zu* (auf).
(=Er schließt das Fenster.) 그는 창문을 닫는다(연다).
Bitte, *machen* Sie die Tür *zu*! 문 좀 닫아 주십시오!
Machen Sie die Augen *zu*! 눈을 감으시오!
Mache den Mund *zu*! 입 다물어라!
Heute nacht habe ich kein Auge *zugemacht*. 간밤에 나는 눈을 붙이지 못했다(한잠 못잤다).

zunächst [tsunέ:çst] 副 맨 먼저 (zuerst)
Sie denkt *zunächst* (zuerst) an sich⁴ selbst. 그녀는 자기 자신을 맨 먼저 생각한다.
Zunächst mußt du deine Arbeit fertig machen. 먼저 너는 너의 일(공부)을 마쳐야 한다.
Ich ging *zunächst* spazieren, dann nahm ich das Frühstück ein. 나는 먼저 산책을 한 후에 아침 식사를 했다.

zu|nehmen [tsú:ne:mən] nahm zu, zugenommen 自 증가·증대하다 (↔abnehmen)
Er hat an Gewicht³ *zugenommen*. 그는 체중이 불었다.
Sie hat an Kenntnis³ *zugenommen*. 그녀는 지식이 풍부해졌다.
Er hat an Kräften³ *zugenommen*. 그는 힘이 세어졌다.
Ich habe 2 Kilo *zugenommen* (abgenommen). 나는 2킬로 체중이 불었다(줄었다).
Die Einwohnerzahl der Stadt *nahm zu*. 그 도시의 인구는 증가했다.
Die Temperatur *nimmt zu*. 온도가 올라간다.

Der Mond *nimmt zu*. 달이 찬다.

die Zunge [tsúŋə] -/-n 혀
- sich³ auf die *Zunge* beißen: 혀를 깨물다
  Ich habe *mir auf die Zunge gebissen*. 나는 혀를 깨물었다.

Ich habe mir die *Zunge* verbrannt. 나는 혀를 데었다.
Sein Name liegt (schwebt) mir auf der *Zunge*. 그의 이름이 혀 끝에서 맴돌고 있다.
Sie steckte die *Zunge* aus dem Mund. 그녀는 혀를 입 밖으로 내밀었다.
Er hat eine lose (schwere) *Zunge*. 그는 입이 가볍다(무겁다).
Er hat eine böse *Zunge*. 그는 말 버릇이 나쁘다.

zurück [tsurýk] 📖 ① 뒤로 ② 되돌아
Zurück! 뒤로! 물러나라!
Er wandte sich⁴ *zurück*. 그는 뒤로 돌아섰다.
Er ist (kommt) bald *zurück*. 그는 곧 돌아온다.
Er ist noch nicht *zurück*. 그는 아직 돌아오지 않았다.
Er ist vom (aus dem) Urlaub *zurück*. 그는 휴가에서 돌아왔다.
Er ist noch nicht vom Urlaub *zurück*. 그는 아직 휴가에서 돌아오지 않았다.
Du darfst nicht *zurück*. 너는 돌아가서는 안 된다.
Ich muß jetzt *zurück*. 나는 지금 돌아가야 한다.
Zurück zur Natur! 《Rousseau》 자연으로 돌아가라!
Das Kind ist in seiner Entwicklung etwas *zurück*. 그 아이는 발육이 약간 늦다.
Sie ist im Deutschen weit *zurück*. 그녀는 독일어 실력이 매우 뒤떨어져 있다.
- hin und *zurück*: 왕복
  Bitte einmal Hamburg *hin und zurück*! 함부르크 왕복 차표 1매 주세요!

zurück|fahren [tsurýkfa:rən] fuhr zurück, zurückgefahren 自 《s》 (차·배로) 돌아오다(가다)
Er *fuhr* mit dem Zug *zurück*. 그는 기차로 돌아왔다(갔다).
Er kam mit dem Flugzeug und *fuhr* mit dem Bus *zurück*. 그는 비행기로 왔다가 버스로 돌아갔다.
Womit *fährst* du *zurück*? 너는 무엇을 타고 돌아가니?

zurück|geben [tsurýkge:bən] gab zurück, zurückgegeben 他 〈jm. 에게 et.⁴ 을〉 돌려주다

Sie hat mir das Geld *zurückgegeben*. 그녀는 나에게 돈을 돌려주었다.

Wann *gibst* du mir das Buch *zurück*? 너는 언제 나에게 그 책을 돌려주겠니?

Bis wann muß ich dir dieses Buch *zurückgeben*? 언제까지 너에게 이 책을 돌려주어야 하니?

zurück|kehren [tsurýkke:rən] 自 《s》 돌아가다(오다)

Er *kehrte* nach Hause *zurück*. 그는 집으로 돌아갔다.

Er *kehrte* bald wieder nach Pusan *zurück*. 그는 곧 다시 부산으로 돌아갔다.

Er *kehrte* gestern nach Japan *zurück*. 그는 어제 일본으로 돌아갔다.

Wann *kehren* Sie nach Deutschland *zurück*? 당신은 언제 독일로 돌아가십니까?

Sie *kehrte* in die Heimat (ins Vaterland) *zurück*. 그녀는 귀향(귀국)했다.

Ich bin gerade heute aus dem Ausland (von der Reise) *zurückgekehrt*. 나는 바로 오늘 외국(여행)에서 돌아왔다.

zurück|kommen [tsurýkkɔmən] kam zurück, zurückgekommen 自 《s》 돌아오다

Wann *kommen* Sie *zurück*? 당신은 언제 돌아오십니까?

Sie *kommt* heute von der Reise *zurück*. 그녀는 오늘 여행에서 돌아온다.

Ich bin gestern aus dem Ausland *zurückgekommen*. 나는 어제 외국에서 돌아왔다.

Der Brief ist *zurückgekommen*. 편지가 되돌아왔다.

zusammen [tsuzámən] 副 함께

Wir sind immer *zusammen*. 우리는 항상 함께 있다.

Sie sind *zusammen* verreist. 그들은 함께 여행을 떠났다.

Wir haben *zusammen* zu Mittag gegessen. 우리는 함께 점심을 먹었다.

Wir haben in diesem Betrieb zwei Jahre[4] *zusammen* gearbeitet. 우리는 이 공장에서 2년간 함께 일했다.

Das kostet (macht) *zusammen* 4 Mark 30. 그것은 모두 합쳐 4 마르크 30 페니히다.

der **Zusammenhang** [tsuzámənhaŋ] -[e]s/..hänge 관련, 관계 (die Beziehung, das Verhältnis)

Es besteht ein enger (direkter) *Zusammenhang* zwischen beiden Ereignissen. 두 사건간에는 밀접한(직접적인) 관련이 있다.

- mit et. im *Zusammenhang* stehen: (무엇)과 관련·관계가 있다
  Sein Tod *steht in* keinem *Zusammenhang mit* dem Vorfall. 그의 죽음은 그 사건과 아무 관련이 없다.

zusammen|hängen [tsuzámənhɛŋən] 自 〈mit et. 과〉 관련·관계가 있다
  Sein Tod *hängt mit* diesem Ereignis *zusammen*. (=Sein Tod steht im Zusammenhang mit diesem Ereignis.) 그의 죽음은 이 사건과 관련이 있다.

der **Zuschauer** [tsú:ʃauər] -s/- 관객, 시청자
  Die *Zuschauer* im Theater klatschten stürmisch Beifall. 극장의 관객들은 우뢰와 같은 박수 갈채를 보냈다.
  Die *Zuschauer* waren von dem Fußballspiel begeistert (enttäuscht). 관중은 그 축구 경기에 열광(실망)했다.

zu|schließen [tsú:ʃli:sən] schloß zu, zugeschlossen 他 자물쇠로 잠그다 (↔aufschließen)
  Sie hat das Zimmer (den Koffer) *zugeschlossen*. 그녀는 방(트렁크)을 자물쇠로 잠갔다.
  Er *schloß* die Tür seines Zimmers *zu*. 그는 그의 방 문에 자물쇠를 채웠다.

der **Zustand** [tsú:ʃtant] -[e]s/..stände 상태; 병세(病勢)
  Er befindet sich⁴ in einem gefährlichen (verzweifelten) *Zustand*. 그는 위험한(절망적인) 상태에 있다.
  Das Haus befindet sich⁴ in gutem *Zustand*. 그 집은 상태가 좋다.
  Der *Zustand* des Kranken hat sich⁴ sehr verbessert (verschlechtert). 그 환자의 병세가 매우 좋아(나빠)졌다.
  Der *Zustand* des Kranken hat sich⁴ nicht geändert. 그 환자의 병세는 변함이 없다.
  Sein *Zustand* ist hoffnungslos. 그의 병세(건강 상태)는 절망적이다.
  Sein *Zustand* ist sehr ernst. 그의 병세는 매우 위독하다.

zuviel [tsufí:l] 形 《무변화》 너무 많은 (↔zuwenig)
  Es ist *zuviel* Zucker im Kaffee. 커피에 설탕이 너무 많이 들어갔다.
  Es ist mir alles *zuviel*. 모든 것이 나에게는 과다하다.
  Er hat *zuviel* getrunken. 그는 너무 많이 마셨다(과음했다).

zuvor [tsufó:r] 副 이전에; 미리 (im voraus)
  Ich habe ihn nie *zuvor* gesehen. 나는 그를 이전에는 한번도 본 적이 없다.

Ich muß *zuvor* noch anrufen. 나는 미리 전화해야 한다.
am Tage *zuvor* 그 전날
am Abend *zuvor* 그 전날 밤에
kurz *zuvor* (=vor kurzem) 조금 전에

zuweilen [tsuváılən] 副 때때로, 이따금 (manchmal)
Wir treffen uns⁴ *zuweilen* (manchmal) in der Schule. 우리는 이따금 학교에서 서로 만난다.
Zuweilen kommt er zu mir. 가끔 그는 나에게 온다.

der **Zwang** [tsvaŋ] -[e]s/¨e 강제, 압박
● aus (unter) *Zwang* : 강요 당하여, 억지로
Das hat er *aus Zwang* getan. 그것을 그는 억지로(마지 못하여) 했다.
Bitte, tun Sie sich³ keinen *Zwang* an! 아무쪼록 편히 하십시오!
mit *Zwang* 강제적으로
ohne *Zwang* 강요 당하지 않고, 자발적으로

zwanzig [tsvántsıç] 数 20
Ich bin *zwanzig* Jahre⁴ alt. 나는 스무 살이다.
Sie lebt schon seit 20 (*zwanzig*) Jahren in Hawai. 그녀는 이미 20년이나 하와이에서 살고 있다.
Er ist am 20. (*zwanzigsten*) dieses Monats 20 Jahre⁴ alt geworden. 그는 이 달 20일에 스무 살이 되었다.
Sie heiratete mit (im) Alter von 20 Jahren. 그녀는 스무 살에 결혼했다.
vor (nach) *zwanzig* Jahren 20년 전(후)에
zwanzig Jahre⁴ lang 20년 동안
zweiund*zwanzig* 22

zwar [tsva:r] 副 ① 〈*zwar* ..., *aber* (*doch*)의 형으로〉 사실 …이기는 하지만 ② 〈*und* 와〉 더욱이
Er ist *zwar* alt, *aber* noch ganz rüstig. 그는 늙었지만 아직도 아주 정정하다.
Sie ist *zwar* nicht hübsch, *aber* sehr beliebt bei den Männern. 그녀는 미인은 아니지만 남자들 한테 매우 인기가 있다.
Zwar ist er klein, *doch* hat er große Kräfte. 그는 몸은 작지만 힘이 세다.
Er kam *zwar*, *doch* war es zu spät. 그는 오기는 왔으나 너무 늦었다.
Es regnete, *und zwar* in Strömen. 비가 내렸다. 더욱이나 억수로 내렸다.

Sie spricht Deutsch, *und zwar* sehr gut. 그녀는 독일말을 한다. 그것도 매우 잘 한다.

der **Zweck** [tsvɛk] -[e]s/-e 목적 (das Ziel)

Er hat seinen *Zweck* (sein Ziel) erreicht. 그는 그의 목적을 달성했다.

Um seinen *Zweck* zu erreichen, ist ihm jedes Mittel recht. 그는 목적을 달성하기 위해서는 온갖 수단을 가리지 않는다.

Was ist der *Zweck* Ihrer Reise? 당신의 여행 목적은 무엇입니까?

Zu welchem *Zweck* hast du das getan? 너는 어떠한 목적으로 그것을 했니?

Das hat keinen *Zweck*. 그것은 아무 의미가 없다(무의미하다).

Es hat keinen *Zweck*, ihnen Vorwürfe zu machen. 그들을 비난하는 것은 무의미하다.

Zweck und Ziel des Lebens 인생의 목적과 목표

zwei [tsvaɪ] 《數》 2

Es ist [ein] Viertel *zwei*.

(=Es ist Viertel nach eins.) 1시 15분이다.

Es ist drei Viertel *zwei*.

(=Es ist Viertel vor *zwei*.) 1시 45분이다.

Es ist halb *zwei*. 1시 반이다.

Zweimal *zwei* ist vier. 2×2=4

Die Gewohnheit ist eine *zweite* Natur. 《Sprw》 습관은 제2의 천성이다.

der **Zweifel** [tsváɪfəl] -s/- 의심

● et.⁴ in *Zweifel* stellen (ziehen): (무엇)을 의심하다

Ich *stelle* deine Worte nicht *in Zweifel*.

(=Ich zweifle nicht an deinen Worten.) 나는 너의 말을 의심하지 않는다.

● über et.⁴ im *Zweifel* sein: (무엇)을 의심하고 있다

Er *ist im Zweifel* dar*über*, ob er richtig gehandelt hat. 그는 자기가 바르게 행동했는지에 대해 의심하고 있다.

● *Zweifel* hegen: 의심을 품다

Ich *hege* keinen *Zweifel* darüber. 나는 그것에 대해 조금도 의심하지 않는다.

● ohne *Zweifel*: 의심 없이, 확실히

Du hast *ohne Zweifel* recht. 너의 말이 분명히 옳다.

Ohne Zweifel (Kein *Zweifel*)! 틀림없읍니다!

Darüber besteht kein *Zweifel*. 그것에 대해서는 아무 의심이 없다.

Das ist (steht) außer *Zweifel*. 그것은 의심의 여지가 없다.

Das ist außer allem *Zweifel*. 그것은 전혀 의심의 여지가 없다.

zweifeln [tsváɪfəln] 自 〈an et.³ 을〉의심하다

Er *zweifelt an* meinen Worten. 그는 내 말을 의심한다.

Ich *zweifle* nicht *an* deinem guten Willen. 나는 너의 선의(善意)를 의심하지 않는다.

Ich *zweifle* nicht daran, daß du das Examen bestehst. 나는 네가 시험에 합격하리라는 것을 의심치 않는다.

Man *zweifelt* daran, ob er wieder gesund werde. 사람들은 그가 다시 건강해 질는 지를 의심한다.

der **Zweig** [tsvaɪk] -[e]s/-e (나무의) 작은 가지

Der Baum hat Äste und *Zweige*. 나무에는 큰 가지와 작은 가지가 있다.

Die Äste sind dicker als die *Zweige*. 큰 가지는 작은 가지보다 굵다.

Ein Vogel sitzt auf dem *Zweig*. 새 한 마리가 나뭇가지에 앉아 있다.

Die *Zweige* werden grün. 나뭇가지가 푸르러진다.

zwingen [tsvíŋən] zwang, gezwungen 他 〈jn. 에게 zu et. 을〉 강요하다, 강제로 시키다

Man kann niemanden *zur* Liebe *zwingen*. 누구에게도 사랑을 강요할 수는 없다.

Man hat mich *zum* Geständnis *gezwungen*. 나는 자백을 강요당했다.

Er *zwang* mich dazu. 그는 나에게 강제로 그것을 시켰다.

Er *zwang* uns zu arbeiten. 그는 우리들을 강제로 일하게 했다.

zwischen [tsvíʃən] 前 《3·4격》〈정지의 위치 또는 운동의 장소를 나타내는 경우는 3격 지배, 운동의 방향을 나타내는 경우는 4격 지배〉 ① 《장소》 ～사이에(3격), ～사이로(4격) ② 《시간》 ～사이에(3격)

Ich saß *zwischen* ihm und ihr. 나는 그와 그녀 사이에 앉아 있었다.

Er stand *zwischen* seinen Eltern. 그는 그의 부모님 사이에 서 있었다.

Das Namdaemun-Tor liegt *zwischen* dem Bahnhof und dem Rathaus. 남대문은 역과 시청 사이에 있다.

Das Unglück ist auf der Autobahn *zwischen* Taegu und Pusan passiert. 그 사고는 대구와 부산간의 고속도로상에서 일어났다.

Es entstand ein Streit *zwischen* Mann und Frau. 부부간에 싸움이 일어났다.

Er setzte sich⁴ *zwischen* Anna und Elisabeth. 그는 안나와 엘리자벧 사이에 앉았다.

Setze dich *zwischen* uns⁴! 우리들 사이에 앉아라!

Er kommt *zwischen* zwei und drei Uhr nach Hause. 그는 2시와 3시 사이에 집에 온다.

zwölf [tsvœlf] 數 12

Ein Jahr hat *zwölf* Monate. 1년은 12개월이다.

Er kommt um *zwölf* Uhr. 그는 12시에 온다.

重要慣用句・熟語 1000選

[I]

* ab und zu (=dann und wann) 때때로
* am Anfang 처음에
* am Ende 끝에, 결국
* [am] Ende Januar 1월 말에
* [am] Ende des Monates (des Jahres) 월(년)말에
* [am] Ende der Woche (=am Wochenende) 주말에
* am 1.(ersten) März 3월 1일에
* am meisten 가장 많이, 대개
* am Sonntag (=des Sonntags) 일요일에
* am Morgen (=des Morgens) 아침에
* am Abend (=des Abends) 저녁에
* am nächsten Morgen (Abend) 다음 날 아침(저녁)에
* an der nächsten Haltestelle 다음 정류장에서
* an Ort und Stelle 현장에서
* an und für sich (=eigentlich) 본래
* Rücken an Rücken 등을 맞대고
* Schulter an Schulter 어깨를 나란히, 단결하여
* Seite an Seite 나란히
* auf und ab (=hin und her) 이리저리
* auf dem nächsten Bahnhof 다음 역에서
* auf seinen Befehl 그의 명령에 따라서
* auf seine Bitte 그의 요청에 따라서
* auf den ersten Blick (=beim ersten Blick) 첫눈에
* auf die Dauer 오래 가서는, 결국에는
* auf deutsch (sprechen) 독일어로 (말하다)
* auf [meine] Ehre (나의) 명예를 걸고
* auf einmal (=plötzlich) 갑자기
* auf Erden (=auf der Erde) 지상에서, 이 세상에서

중요 관용구·숙어

* auf ewig (=auf (für) immer) 영원히
* auf jeden Fall (=auf alle Fälle) 어떠한 경우에도
* auf eigene Faust (=aus eigener Kraft) 자기 힘으로
* auf diesem Gebiet 이 분야에서
* auf allen Gebieten 모든 분야에서
* auf eigene Kosten 자비로
* auf meine Kosten 비용은 내가 부담하여
* auf Probe 시험적으로
* auf der Reise 여행중에
* auf dem Rückweg 귀로에
* auf der einen Seite 한쪽(편)에서
* auf beiden Seiten 양쪽(편)에서
* auf der Stelle 그 자리에서, 즉석에서
* mitten auf der Straße 길 한복판에
* auf Urlaub 휴가를 얻어서
* auf meinen Vorschlag 나의 제안으로
* aut dem Wege 도중에
* auf halbem Wege 도중(중도)에서
* auf diese Weise (=in dieser Weise) 이런 방법으로
* auf friedliche Weise 평화적인 방법으로
* auf Wiedersehen! (=Lebe wohl!) 안녕!
* auf eine Woche (einen Monat) 1주일(1개월) 예정으로
* auf Ihr Wohl! (=zum Wohl!) 건배!
* auf meinen Wunsch 나의 소원에 따라서
* aufs äußerste 극히, 심히
* aufs neue (=von neuem) 새로이
* aus Erfahrung 경험으로
* aus der Ferne (=von weitem) 멀리서부터
* aus Gewohnheit 습관적으로
* aus (von) Gold 금으로 만들어진
* aus welchem Grunde (=aus welcher Ursache)

어떠한 이유로
* aus diesem Grunde 이러한 이유로
* aus verschiedenen Gründen 여러 가지 이유로
* aus gesundheitlichen Gründen 건강상의 이유로
* aus technischen Gründen 기술적인 이유로
* aus ökonomischen Gründen 경제적인 이유로
* aus zweiter Hand 간접적으로; 중고품으로
* aus Höflichkeit 예의상, 의례적으로
* aus eigener Kraft (=auf eigene Faust) 자기 힘으로, 혼자 힘으로
* aus allen Kräften (=mit aller Kraft) 전력을 다해
* aus Liebe 사랑으로
* aus Mitleid 동정하여
* aus Neugier (=aus Neugierde) 호기심에서
* aus Politik 정책상
* aus (im. zum) Scherz (=aus Spaß) 농담으로
* aus sich selbst 자기 스스로, 자발적으로
* aus Seoul 서울 태생의
* aus Versehen 잘못하여, 실수로
* aus (im, vor) Zorn 화가 나서
* aus (unter) Zwang 억지로
* außer Atem 숨을 헐떡이며
* bei meiner Abfahrt (Ankunft) 나의 출발(도착)시에
* bei dieser Gelegenheit 이 기회에
* bei dem Onkel 아저씨 집에
* bei Tag und Nacht 밤낮[으로]
* bei (hinter) verschlossenen Türen 비밀리에, 문을 닫고
* bei der letzten Wahl 지난번 선거에
* bei weitem 훨씬, 월등하게
* bei diesem Wetter 이러한 날씨에는

* bei dem Zusammenstoß der Züge 열차의 충돌 사고로
* beim Abschied 헤어질 때
* beim ersten Anblick (Blick) 첫눈에
* beim Essen (=bei Tische) 식사중에
* bis zum Abend 저녁까지
* bis zum letzten Augenblick 최후의 순간까지
* bis zum Bahnhof 역까지
* bis dahin 그곳까지 ; 그때까지
* bis dorthin (hierher) 그곳(이곳)까지
* bis zum Examen 시험 때까지
* bis zu einem gewissen Grade 어느 정도까지
* bis an den Hals (Kopf) 목(머리)까지
* bis vor einigen Jahren 수년 전까지
* bis zu den Knien 무릎까지
* bis in die Nacht 밤까지
* bis tief in die Nacht [hindurch] 한밤중(밤 늦게)까지
* bis in die nächste Nacht 다음 날 밤까지
* bis auf den heutigen Tag 오늘날에 이르기까지
* bis an die Tür 문까지
* bis zum Tode (=bis ins Grab) 죽을 때까지
* durch und durch (=ganz und gar) 철두철미, 완전히
* durch das ganze Leben [hindurch] 일생을 통하여
* die ganze Nacht durch (hindurch) 밤새도록
* den Winter durch (=den ganzen Winter über) 겨울 내내
* für das Alter 나이에 비하여
* für immer (=auf ewig) 영원히
* für je zwei Personen 두 사람당
* ich für meine Person 나 일 개인은(개인으로서는)
* was für (ein) ... 어떤 종류·성질의

* Jahr für Jahr (=von Jahr zu Jahr) 해마다, 매년
* Mann für Mann 한 사람 한 사람, 각자
* Punkt für Punkt 한 점 한 점, 하나 하나
* Schritt für Schritt 한 걸음 한 걸음
* Stich für Stich 한 바늘 한 바늘 (뜨면서)
* Tag für Tag 날마다
* Wort für Wort 한 마디 한 마디
* im allgemeinen (=in der Regel) 일반적으로
* im Alter von 20 Jahren 20세에
* im hohen Alter 고령으로
* im Augenblick 즉시, 곧
* im letzten Augenblick (=in zwölfter Stunde) 최후의 순간에
* im besonderen (=besonders) 특히
* im Drange der Umstände 사정이 절박하여
* im Durchschnitt 평균하여
* im Ernst 진지하게
* im Freien 밖에서, 야외에서
* im Frieden 평화스럽게
* im Frühling (Herbst) 봄(가을)에
* im Gegenteil 반대로
* im geheimen (=im stillen) 남 몰래, 비밀리에
* im großen 대규모로
* im [großen und] ganzen 대체로
* im Grunde 결국
* im Gruppen (=im Haufen) 때를 지어, 집단으로
* im Jahr 2000 2000년에
* im nächsten Jahr (=nächstes Jahr[4]) 내년에
* im vorigen (vergangenen) Jahr (=voriges Jahr[4]) 지난 해에
* im [Monat] Januar 1월에

* im kleinen 세부적으로
* im nächsten Monat (=nächsten Monat) 다음 달에
* im vorigen Monat (=vorigen Monat) 지난 달에
* im Nu (=in einem Nu) 별안간, 순식간에
* im Prinzip 원칙적으로
* im Schatten eines Baumes 나무 그늘에서
* mitten im See 호수 한가운데에
* im Urlaub 휴가중에
* im Verlauf der Zeit 시간이 지나는 동안에
* im voraus 미리
* im wesentlichen 본질적으로
* mitten im Winter 한겨울에
* im Zeitalter der Technik 기술의 시대에
* im Zentrum (in der Mitte) der Stadt 도시의 한가운데에
* in allem 모든 점에서
* Arm in Arm 팔짱을 끼고
* in einem Atem (=mit einem Zuge) 단숨에
* in diesem Augenblick 이 순간에
* in dieser (jeder) Beziehung 이런(모든) 점에서
* in aller Eile (=in großer Hast) 매우 급히
* in [großer] Einsamkeit 〔매우〕 고독하게
* in voller Fahrt 전속력으로
* in diesem Fall 이 경우에
* in den meisten Fällen 대개의 경우에
* in aller Form 형식을 갖추어서, 정식으로
* in einem fort 끊임없이, 계속하여
* in Freud und Leid 기쁠 때나 슬플 때나
* in Gedanken versunken 생각에 잠겨
* in meiner Gegenwart 나의 면전에서
* in der Geschwindigkeit 신속하게

* in gewissem Grade 어느 정도
* in hohem Grade 고도로, 매우
* im höchsten Grade 극도로, 매우
* in Güte 호의적으로
* Hand in Hand 손을 맞잡고
* in Hülle und Fülle 풍부히
* in diesem Jahr (=dieses Jahr⁴) 금년에
* in jungen Jahren 어렸을 적에, 젊었을 적에
* in den besten Jahren (=in der Blüte der Jahre)
  한창 나이에
* in meiner Jugend 내가 젊었을 적에
* in erster Linie 우선, 첫째로
* in [großer] Menge 대량으로
* in der Mitte 한가운데에
* in diesem Monat (=diesen Monat) 이번 달에
* in der (bei) Nacht (=des Nachts) 밤에
* in der Nähe (Ferne) 가까운 곳(먼 곳)에
* in aller Ruhe 아주 조용히, 침착하게
* in Strömen 억수로
* heute in acht Tagen (=heute über acht Tage)
  다음 주의 오늘
* heute vor acht Tagen (=heute vor einer Woche)
  지난 주의 오늘
* in der Tat 실제로, 사실상
* in vielem 여러 가지 점에서
* in dieser Weise (Art) (=auf diese Weise (Art))
  이러한 방법으로
* in Wirklichkeit (=in Wahrheit) 실은, 사실은
* in dieser Woche (=diese Woche⁴) 이번 주에
* in der nächsten Woche (=nächste Woche⁴)
  다음 주에

* in der vorigen Woche (=vorige Woche⁴) 지난 주에
* einmal in der Woche 일주일에 한 번
* in großer Zahl 많이
* in freier Zeit 한가한 시간에, 여가에
* in letzter Zeit (=in der letzten Zeit) 최근에
* in Zukunft 장래에, 장차
* in diesem Zustand 이런 상태에(서)
* in einem gefährlichen Zustand 위험한 상태에
* ins Deutsche (übersetzen) 독일어로 (번역하다)
* ins Freie 밖으로, 야외로
* mit Absicht (=mit vollem Bewußtsein) 고의로
* mit bloßem Auge 육안으로
* mit vollen Backen 뺨을 불룩히 하고
* mit Dank 감사히, 고맙게
* mit (in) allen Einzelheiten 상세히
* mit Fleiß (=mit Eifer) 열심히
* mit Freuden 기쁨으로, 기꺼이
* mit bloßen Füßen (Händen) 맨발(손)로
* mit Geduld 인내로, 끈기있게
* mit Gefahr des Lebens 생명을 걸고
* mit voller Geschwindigkeit (=mit vollem Tempo) 전속력으로
* mit Gewalt (=mit Zwang) 강제로, 억지로
* mit roher Gewalt 완력(폭력)으로
* mit gutem Gewissen 양심에 거리낌 없이
* mit beiden Händen 두 손으로
* mit leeren Händen 빈 손으로
* mit gesenktem Haupt 고개를 숙이고
* mit Haut und Haar 온통
* mit bloßem Kopf 모자를 쓰지 않고
* mit voller (aller) Kraft 전력을 다하여

* mit Leib und Seele 몸과 마음을 다하여
* mit (per) Luftpost 항공 우편으로
* mit [aller] Macht 힘껏, 세차게
* mit Mann und Maus 사람 짐승 할 것 없이
* mit Mühe 노력하여
* mit großer (vieler) Mühe 매우 애써서
* mit Mühe und Not 간신히
* mit Recht 정당하게, 당연히
* mit einem Schlag (=plötzlich) 갑자기
* mit schnellen (langsamen) Schritten 빠른(느린) 걸음으로
* mit einem tiefen Seufzer 깊은 한숨을 쉬면서
* mit Sicherheit 확신을 가지고
* mit leiser (lauter) Stimme 낮은(큰) 소리로
* mit Ungeduld (=ungeduldig) 초조하게
* mit Vergnügen 기꺼이
* mit Vorsicht 주의하여, 신중히
* mit äußerster Vorsicht 아주 조심스럽게
* mit Willen (=mit Absicht) 고의로
* mit der Zeit (=nach und nach) 점차로
* mit (in) einem Zuge (=auf einen Zug) 단숨에, 단번에
* unmittelbar nach (vor) der Abreise 출발 직후(전)에
* einer nach dem ander[e]n 차례차례로
* nach außen [hin] 밖으로
* nach (vor) dem Essen (=nach (vor) Tisch) 식사 후(전)에
* nach dem Gesetz 법률에 따라서
* nach innen [hin] 안으로
* nach (vor) Jahren 수년 후(전)에
* nach Kräften 힘 닿는대로(한)

- * nach Macht 분수에 맞게
- * nach der Mode 유행에 따라서
- * nach Möglichkeit (=wie mögliich) 가능한 한, 될 수 있는 대로
- * nach und nach (=allmählich) 점차로
- * nach der Regel 규칙대로
- * nach der Reihe 차례대로
- * nach allen Seiten 사방 팔방으로
- * nach Verlauf eines Jahres 1년이 경과한 후에
- * nach wie vor 여전히, 변함없이
- * nach vorwärts (rückwärts) 앞(뒤)으로
- * nach einer Weile 잠시 후에
- * nach der Wettervorhersage 일기예보에 의하면
- * nach Wunsch 소원대로
- * nach kurzer (einiger) Zeit 잠시 후에
- * nach langer Zeit 오랜 후에
- * einem Gerücht nach 소문에 의하면
- * dem Grade nach 정도에 따라서
- * meiner Meinung (Absicht) nach 나의 의견(견해)으로는
- * der Ordnung nach 질서 있게, 순서대로
- * dem Scheine (Anschein) nach 외견상으로, 겉으로 보기에는
- * meinem Urteil nach 나의 판단으로는
- * der Zeitung nach 신문에 의하면
- * ohne Absicht (=absichtslos) 무의식적으로
- * ohne jeden (allen) Grund 아무런 이유 없이
- * nicht ohne Grund 까닭이 있어서
- * ohne Not 필요없이
- * ohne Rast und Ruhe (=ohne Ruhe und Rast) 쉬지 않고, 꾸준히

* ohne jede Scham 조금도 부끄러워하지 않고
* ohne Scheu 겁없이
* ohne Teilnahme 무관심한 태도로
* ohne Unterschied des Geschlechtes 남녀의 구별없이
* ohne Zahl 수없이, 무수히
* ohne Zwang 강요 당하지 않고, 자발적으로
* ohne Zweifel 의심없이
* seit alters (=von alters her) 옛부터
* seit gestern (morgens) 어제(아침)부터
* seit einem Jahr 1년 전부터
* seit vielen Jahren 여러 해 전부터
* seit kurzem (=seit kurzer Zeit) 얼마 전부터, 근래
* seit langem (=seit langer Zeit) 오래 전부터
* seit wann 언제부터
* über dem Buch (=über dem Lesen) 책을 읽다가
* über die Grenze (das Alter) hinaus 국경(연령)을 초월하여
* über kurz oder lang (=früher oder später) 조만간에
* über Nacht (=die Nacht über) 밤새
* heute über acht Tage (=heute in acht Tagen) 다음 주의 오늘
* die ganze Zeit über ([hin]durch) 그 시간 내내
* um das Feuer herum 불 둘레에
* um ein Haar (=beinahe, fast) 하마터면
* um Mitternacht 자정에
* um jeden Preis 어떤 희생을 치르더라도
* rings um die Stadt 도시 주위에
* um wieviel Uhr (=um welche Zeit) 몇 시에
* [um] die Wahrheit zu sagen 사실대로 말하면
* um Weihnachten herum 크리스마스 무렵에

* eine Reise [rund] um die Welt 세계 일주 여행
* um die Wette 경쟁하여, 지지 않으려고
* um diese Zeit 이 시간에, 이 무렵에
* um es kurz zu sagen 간단히 말하면
* der Kampf ums Dasein 생존 경쟁
* unter vier Augen 단둘이서, 비밀히
* unter jeder Bedingung 어떤 조건이더라도
* unter dem Klang der Musik 음악을 연주하는 가운데
* unter dem Schein der Freundschaft 우정을 가장하여
* unter dieser Telefonnummer 이 전화번호로
* unter Tränen 눈물을 흘리면서
* unter Umständen 사정(형편)에 따라서는
* unter allen Umständen 어떤 일(사정)이 있더라도
* unter diesen Umständen 이런 형편에서는
* unter uns gesagt 우리끼리 얘기지만
* vom Fenster aus 창문에서부터
* vom Morgen bis zum Abend (=von morgens bis abends) 아침부터 저녁까지
* von Anfang an 처음부터
* von Anfang bis [zu] Ende 처음부터 끝까지
* von Angesicht zu Angesicht 얼굴을 맞대고, 마주보고
* von außen [her] 밖에서부터
* von den Bergen [her] 산에서부터
* von da ab (an) 그때부터
* von eins bis hundert 1부터 100까지
* von früh bis spät 아침 일찍부터 저녁 늦게까지
* von Geburt an 날 때부터
* von derselben Größe 키가 같은
* von Grund aus (=aus dem Grunde) 근본적으로
* von Haus zu Haus 집집마다

* von zu Hause 집에서부터
* von [ganzem] Herzen (=herzlich) 진심으로
* von heute ab (an) 오늘부터
* von hier (dort) aus 여기(저기)에서부터
* von hinten und von vorn 앞뒤에서부터
* von innen [her] 안에서부터
* von Jahr zu Jahr (=Jahr für Jahr) 해마다, 매년
* von Jugend (jung) auf 젊어서부터
* von Kindheit auf (an) (=von klein auf) 어려서부터
* von Kopf bis zu Fuß (=vom Kopf bis zu den Füßen) 머리에서 발까지
* von Mund zu Mund 입에서 입으로
* von nah und fern 원근(遠近)에서 부터
* von Natur (=von Haus aus) 원래, 천성적으로
* von neuem (=aufs neue) 새로이
* von Norden nach Süden 북쪽에서 남쪽으로
* von nun an 지금부터
* von oben [her] 위에서부터
* von oben bis unten 위에서 아래까지
* von oben nach unten 위에서 아래로
* von rechts nach links 오른쪽에서 왼쪽으로
* von ganzer Seele 충심으로
* von allen Seiten 사방 팔방으로부터
* von selbst (=von sich selbst) 저절로, 자연히
* von Seoul bis Pusan 서울에서 부산까지
* von Stufe zu Stufe 단계적으로
* von Stunde zu Stunde 시간마다, 매시간
* von Tag zu Tag (=Tag für Tag) 날마다, 매일
* von zehn bis zwölf Uhr 10시부터 12시까지
* von unten [her] 아래에서부터

중요 관용구·숙어

* von weitem (=aus der Ferne) 멀리서부터
* von Zeit zu Zeit (=dann und wann) 때때로
* vor allem (=vor allen Dingen) 무엇보다도
* vor allen 누구보다도
* vor aller² Augen 모든 사람들의 면전에서
* vor Erregung 흥분해서
* vor Freude 기뻐서
* vor Hunger 배가 고파서
* vor Kälte 추워서
* vor Wärme 더워서
* vor kurzem (=vor kurzer Zeit) 조금 전에
* vor Müdigkeit 지쳐서
* vor Scham 부끄러워서
* vor Schmerz[en] 아파서
* vor sich hin 혼자서
* vor Staunen (Schreck) 놀라서
* heute vor acht Tagen 지난 주의 오늘
* vor Wut 분노하여
* wider (gegen) meinen Willen 나의 뜻에 반(反)하여
* zu günstigen Bedingungen 유리한 조건으로
* zu welchen Bedingungen 어떠한 조건으로
* zu Fuß 걸어서
* zu Haus 집에(서)
* zu Ostern 부활절에
* zu Pferde 말을 타고
* zu billigem (hohem) Preise 싼(비싼) 값으로
* zu meiner Überraschung (=zu meinem Erstaunen) 놀랍게도
* zu Wasser und zu Lande 수륙(水陸) 양로로
* zu Weihnachten 크리스마스에
* zu der (jener) Zeit 그 당시에

* zu gleicher Zeit 동시에
* zu jeder Zeit (=zu allen Zeiten) 언제든지, 어느 때나
* zu zweien (=zu zweit) 둘씩, 두 사람씩
* zum Abendessen 저녁 식사에
* zum Fenster hinaus 창문에서 밖으로
* zum Geburtstag 생일에
* zum Glück (=glücklicherweise) 다행히도
* zum neuen Jahr (=zu Neujahr) 새해에
* zum ersten (letzten) Mal 처음(마지막)으로
* zum Schluß 결국
* zum größten Teil 대부분
* zum (als) Zeichen der Liebe 사랑의 표시로
* zur Erholung 휴양을 위하여
* zur Not 간신히
* zur Strafe 벌로써
* zur Zeit 목하(目下), 지금
* zur rechten Zeit 제 시간에, 꼭 맞게
* zur unrechten Zeit 좋지 않은 시간에
* zwischen zwölf und ein Uhr 12시와 1시 사이에

[Ⅱ]

* Schrecken bekommen 놀라다
* Schuß bekommen 총탄을 맞다
* Prüfung (Examen) bestehen 시험에 합격하다
* Rechnung bezahlen 계산서의 금액을 지불하다
* Kreis bilden 원을 이루다
* Satz bilden 문장을 짓다
* Versprechen (Wort) brechen 약속을 어기다

* Auto fahren 자동차를 운전하다
* Schi fahren (laufen) 스키를 타다
* Schlittschuh fahren (laufen) 스케이트를 타다
* Entschluß fassen 결심하다
* Fest feiern 축제를 올리다
* Beifall finden 찬성을 얻다, 갈채를 받다
* Puls fühlen 맥을 짚다
* Leben führen 생활을 영위하다
* Preis gewinnen 상을 타다
* Schlacht gewinnen (verlieren) 전투에 이기다(지다)
* Sieg gewinnen 승리를 얻다
* Wette gewinnen (verlieren) 내기에 이기다(지다)
* Loch graben 구멍을 파다
* Angst haben 무서워하다 ; 걱정하다
* Appetit haben 먹고 싶어하다
* Besuch (Gäste) haben 손님이 〔와〕 있다
* Durst haben 목이 마르다
* Eile haben 급하다, 서두르다
* Erfolg haben 성공하다
* Fieber haben 열이 있다
* Furcht haben 무서워하다
* Geduld haben 참다
* viel Geschäft haben 바쁘다
* Glück haben 운이 좋다
* Hunger haben 배가 고프다
* Kopfschmerzen haben 머리가 아프다
* keine Schule haben 수업이 없다
* Zahnschmerzen haben 이가 아프다
* Hochzeit halten 결혼식을 거행하다
* Mund halten 입을 다물다
* Rede halten 연설하다

- Treue halten 신의를 지키다
- Versprechen (Wort) halten 약속을 지키다
- Vortrag halten 강연하다
- Atem holen 숨을 들이쉬다
- Beifall klatschen 박수갈채를 보내다
- Eier legen 알을 낳다
- Dienst leisten 근무하다
- Ausflug machen 소풍가다
- Ausgang machen 외출하다
- Ausnahme machen 예외로 하다
- Besuch machen 방문하다
- Bewegung machen (신체의) 운동을 하다
- Einkäufe machen 물건을 사다
- Fehler machen 오류를 범하다
- Feuer machen 불을 피우다
- Fortschritte machen 진보하다
- Gebrauch machen 사용하다
- Prüfung (Examen) machen 시험을 치다
- Rast machen 쉬다
- Reise machen 여행하다
- Spaziergang machen 산보하다
- Versuch machen 시도하다
- Bild malen 그림을 그리다
- Abschied nehmen 작별하다
- Arznei (Medizin) nehmen 약을 복용하다
- Bad nehmen 목욕하다
- Platz nehmen 자리를 잡다, 앉다
- Taxi nehmen 택시를 타다
- Unterricht nehmen 수업을 받다
- Urlaub (Ferien) nehmen 휴가를 받다
- Wurzel schlagen 뿌리를 박다

중요 관용구·숙어

* Freundschaft schließen 우정을 맺다
* Handel schließen 거래 계약을 맺다
* Vertrag schließen 계약을 맺다, 조약을 체결하다
* Gedichte schreiben 시(詩)를 쓰다
* Fußball spielen 축구를 하다
* Karten spielen 트럼프 놀이를 하다
* Klavier spielen 피아노를 치다
* Rolle spielen 역할을 하다
* Tennis spielen 정구를 치다
* Violine spielen 바이얼린을 연주하다
* Schlange stehen 장사진을 이루다
* Bedingung stellen 조건을 제시하다
* Frage stellen 질문하다
* Brille tragen 안경을 쓰고 있다
* Früchte tragen 열매를 맺다
* Hut tragen 모자를 쓰고 있다
* Kleid tragen 옷을 입고 있다
* Krawatte tragen 넥타이를 매고 있다
* Ring tragen 반지를 끼고 있다
* Gymnastik treiben 체조를 하다
* Sport treiben 스포츠를 하다
* das Beste tun 최선을 다하다
* Salz tun 소금을 치다
* Tinte tun 잉크를 넣다
* Linie ziehen 선을 긋다
* erster (zweiter) Klasse² fahren 1(2)등 차로 가다
* guter Laune² sein 기분이 좋다
* derselben (anderer) Meinung² sein 같은(다른) 의견이다
* dringend bitten 간청하다
* frei haben (학교·직장에서) 쉬다

* gern (lieb) haben 좋아하다
* nötig haben 필요하다
* recht haben 옳다
* geheim halten 비밀로 하다
* los sein (werden) 면하다, 벗어나다
* vorüber sein 지나가다, 끝나다
* fließend sprechen 유창하게 말하다
* gegeneinander stehen 대립하다
* falsch verstehen 오해하다
* es⁴ weit bringen 성공(출세)하다
* es⁴ eilig haben 급하다
* es⁴ sich³ bequem machen 편한 자세를 취하다

[Ⅲ]

* an den See gehen 호수로 가다
* an die See (ans Meer) gehen 바다로 가다
* ans Fenster gehen 창가로 가다
* an[s] Land gehen 상륙하다
* ans Ufer gehen 물가로 가다
* auf den Acker gehen 밭으로 가다
* auf die Jagd gehen 사냥하러 가다
* auf den (zum) Markt gehen 시장에 가다
* auf die (zur) Post gehen 우체국에 가다
* auf die Schule gehen (=die Schule besuchen) 학교에 다니다
* auf die Wiese gehen 초원으로 가다
* aufs Feld gehen 들로 가다
* aufs Land gehen 시골로 가다
* in [die] Gesellschaft gehen 모임에 가다

* in die Heimat gehen 고향에 가다
* in die (zur) Kirche gehen 교회에 가다
* in die (zur) Schule gehen 학교에 가다
* in die Sommerfrische gehen 피서지에 가다
* in die Stadt gehen 시내에 가다
* in den Zoo gehen 동물원에 가다
* ins Ausland (ins fremde Land) gehen 외국에 가다
* ins (zu) Bett gehen 취침하다
* ins Dorf gehen 마을로 가다
* ins Feld (zu Felde) gehen 전쟁터로 가다
* ins Gebirge (in die Berge) gehen 산에 가다
* ins Kino gehen 영화관에 가다
* ins Konzert gehen 음악회에 가다
* ins Theater gehen 극장에 가다
* ins Warenhaus gehen 백화점에 가다
* ins Zimmer gehen 방으로 들어가다
* nach Haus gehen 집으로 가다
* nach der Stadt gehen 도시로 가다
* über das Meer gehen 해외로 가다
* zu Fuß gehen 걸어서 가다
* zum Arzt gehen 의사에게 가다
* zum Baden gehen 목욕하러 가다
* zum Bahnhof gehen 역에 가다
* zum Bier gehen 맥주를 마시러 가다
* zum Fenster gehen 창문쪽으로 가다
* zum Friseur gehen 이발소에 가다
* zur Apotheke gehen 약국에 가다
* zur Arbeit gehen 일하러 가다
* zur Bank gehen 은행에 가다
* zur Fabrik gehen 공장에 가다
* zur Wahl gehen 투표하러 가다

[IV]

* **am Leben sein** : 살아 있다
  Er ist noch am Leben.
  「그는 아직 살아 있다.」
* **am ganzen Leibe (an allen Gliedern) zittern** : 온 몸이 떨리다
  Ich zittere vor Kälte[3] am ganzen Leibe.
  「나는 추워서 온 몸이 떨린다.」
* **an die Arbeit gehen** : 일을 시작하다
  Gehen wir an die Arbeit!
  「일을 시작 합시다!」
* **an einer Krankheit leiden** : 어떤 병에 걸려 있다
  Er leidet an einer schweren Krankheit.
  「그는 중병에 걸려 있다」
* **an einer Krankheit sterben** : 어떤 병으로 죽다
  Er ist mit 30 Jahren an Krebs gestorben.
  「그는 30세에 암으로 죽었다.」
* **an die Reihe kommen** : 차례가 오다
  Wann komme ich an die Reihe?
  「언제 내 차례가 오는가?」
  Ich bin an der Reihe.
  (=Die Reihe ist an mir.)
  「내 차례다.」
* **auf der Flöte blasen (spielen)** : 피리를 불다
  Er bläst (spielt) auf der Flöte.
  (=Er bläst (spielt) Flöte.)
  「그는 피리를 분다.」
* **auf einen Gedanken kommen** : 어떤 생각을 하게 되다
  Wie bist du auf solch dumme Gedanken gekommen?
  「너는 어떻게 그런 어리석은 생각을 하게 되었니?」
* **auf die Knie fallen** : 무릎을 꿇다
  Er fiel vor dem Altar auf die Knie.

「그는 제단 앞에 무릎을 꿇었다.」
* auf Kredit kaufen : 외상(신용)으로 사다
  Ich habe den Fernsehapparat auf Kredit gekauft.
  「나는 텔레비전을 외상으로 샀다.」
* auf der Reise sein : 여행중이다
  Er ist jetzt auf der Reise.
  「그는 지금 여행중이다.」
* auf Schwierigkeiten stoßen : 난관에 봉착하다
  Bei der Arbeit bin ich auf viele Schwierigkeiten gestoßen.
  「그 일을 할 때 나는 많은 어려움에 봉착했다.」
* auf der Universität sein : 대학에 재학중이다
  Er ist auf der Universität.
  「그는 대학에 재학중이다.」
* aus der Ohnmacht erwachen : 제 정신이 들다
  Er erwachte aus der Ohnmacht.
  (=Er kam wieder zum Bewußtsein.)
  「그는 제 정신이 들었다.」
* aus dem Schlaf erwachen : 잠에서 깨다
  Er erwachte aus einem tiefen Schlaf.
  「그는 깊은 잠에서 깼다.」
* aus dem Zimmer (dem Haus) stürzen : 방(집)에서 뛰어나오다
  Er stürzte aus dem Zimmer.
  「그는 방에서 뛰어나왔다.」
* außer Gefahr sein : 안전하다
  Er ist jetzt außer Gefahr.
  「그는 지금 안전하다.」
* außer sich sein : 어쩔 줄 모르다
  Sie ist vor Freude[3] außer sich.
  「그녀는 기뻐서 어쩔 줄 모른다.」
* außer Zweifel sein : 의심할 여지가 없다
  Das ist außer allem Zweifel.
  「그것은 전혀 의심할 여지가 없다.」
* bei (an) der Arbeit sein : 일하는 중이다

Er ist jetzt bei der Arbeit.
「그는 지금 일하는 중이다」

* **bei guter Gesundheit sein** : 건강 상태가 좋다
Ich bin bei guter Gesundheit.
「나는 건강 상태가 좋다.」

* **bei sich haben** : 휴대하다
Ich habe kein Geld bei mir.
「내 수중에는 돈이 없다.」

* **bei einem Unfall umkommen** : 사고로 죽다
Er ist bei einem Unfall umgekommen.
「그는 사고로 죽었다.」

* **beim Bier sitzen** : (술집에서) 맥주를 마시고 있다
Sie sitzen jetzt beim Bier.
「그들은 지금 맥주를 마시고 있다.」

* **beim Essen (bei Tisch) sein** : 식사중이다
Er ist jetzt beim Essen.
「그는 지금 식사중이다.」

* **im Bau sein** : 건축(공사)중이다
Das Haus ist noch im Bau.
「그 집은 아직 건축중이다.」

* **im Erdgeschoß wohnen** : 1층에서 살다
Wir wohnen im Erdgeschoß.
「우리는 1층에서 살고 있다.」

* **im Gange sein** : 진행중이다
Die Verhandlungen sind im Gange.
「토의가 진행중이다.」

* **im Irrtum sein** : 잘못[생각]하고 있다
Er ist leider im Irrtum.
「그는 유감스럽게도 잘못 생각하고 있다.」

* **im (auf) Urlaub sein** : 휴가중이다
Er ist jetzt im Urlaub.
(=Er hat jetzt Urlaub.)
「그는 지금 휴가중이다.」

중요 관용구·숙어

* im Verdacht stehen : 혐의를 받고 있다
  Er steht im Verdacht, seinen Onkel ermordet zu haben.
  「그는 그의 아저씨를 살해했다는 혐의를 받고 있다.」
* im Verkehr mit jm. stehen : (누구)와 교제하고 있다
  Ich stehe im Verkehr mit ihr.
  「나는 그녀와 교제중이다.」
* im Wert steigen (sinken) : 값이 오르다(내리다)
  Diese Ware ist in letzter Zeit im Wert gestiegen (gesunken).
  「이 상품은 최근에 값이 올랐다(내렸다).」
* im Wettkampf gewinnen (verlieren) : 시합에 이기다 (지다)
  Wir haben im Wettkampf gewonnen (verloren).
  「우리는 시합에 이겼다(졌다).」
* in voller Blüte stehen : 꽃이 만발하다
  Der Baum steht in voller Blüte.
  「나무에는 꽃이 만발하다.」
* in Erfüllung gehen : 이루어지다
  Mein Wunsch ging endlich in Erfüllung.
  「나의 소원이 마침내 이루어졌다.」
* in die Ferne schauen : 멀리 바라보다
  Er schaute vom Fenster aus in die Ferne.
  「그는 창 밖으로 멀리 바라보았다.」
* in Flammen stehen : 불타오르고 있다
  Das ganze Haus stand in Flammen.
  「집 전체가 화염에 휩싸여 있었다.」
* in Frage kommen : 문제가 되다
  Das kommt nicht in Frage.
  (=Das steht außer Frage.)
  「그것은 문제가 되지 않는다.」
* in Gefahr[3] sein : 위험하다
  Sein Leben ist in Gefahr.
  「그의 생명이 위독하다.」

* in Kraft treten : (법률 따위가) 효력을 발생하다
  Das Gesetz tritt am 1. Mai in Kraft.
  「그 법률은 5월 1일에 발효한다.」
* in meinen Kräften (in meiner Macht) stehen : 내 힘에 미치다
  Ich habe alles getan, was in meinen Kräften steht.
  「나는 내 힘에 미치는 모든 것을 다 했다.」
  Es steht nicht in meinen Kräften.
  「그것은 내 힘에 겹다(어쩔 수 없다).」
* in Not sein : 곤경(역경)에 처해 있다
  Die Familie ist in Not.
  「그 가정은 역경에 처해 있다.」
* in Ohnmacht fallen : 실신(기절)하다
  Sie fiel plötzlich in Ohnmacht.
  「그녀는 갑자기 실신했다.」
* in Ordnung sein : 정리(정돈)되어 있다
  Alles ist in Ordnung.
  「모든 것이 정리되어 있다.」
* in der Schule fehlen : 학교에 결석하다
  Er fehlte eine Woche⁴ in der Schule.
  「그는 일주일 동안 학교에 결석했다.」
* in Sorge um jn. sein : (누구)를 걱정하고 있다
  Seine Eltern sind in großer Sorge um ihn.
  「그의 부모는 그를 매우 걱정하고 있다.」
* in Tränen ausbrechen : 울음보를 터뜨리다
  Sie brach in Tränen aus.
  「그녀는 울음보를 터뜨렸다.」
* in einem Verhältnis zu (mit) jm. stehen : (누구)와 어떤 관계에 있다
  In welchem Verhältnis stehst du zu ihm?
  「너는 그와 어떤 관계이냐?」
* in Verlegenheit geraten (kommen) : 당황하다
  Er geriet (kam) in Verlegenheit, als ich ins Zimmer eintrat.

「내가 방으로 들어갔을 때 그는 당황했다.」
* in eine andere Wohnung umziehen : 다른 집으로 이사하다

  Wir sind in eine andere (neue) Wohnung umgezogen.

  「우리는 다른(새) 집으로 이사했다.」
* in Zorn geraten : 노하다, 성이 나다

  Er gerät leicht in Zorn.

  「그는 성을 잘 낸다.」
* ins Wasser fallen : 수포로 돌아가다

  Die Reise ist ins Wasser gefallen.

  「여행[계획]은 수포로 돌아갔다.」
* mit den Achseln (die Achsel) zucken : 어깨를 으쓱하다

  Er zuckte mit den Achseln.

  「그는 어깨를 으쓱했다.」
* mit (gegen) Schwierigkeiten kämpfen : 어려움과 싸우다

  Wir müssen mit Schwierigkeiten kämpfen.

  「우리는 어려움과 싸워야 한다.」
* mit sich bringen : (필연적으로) 수반하다

  Der Krieg bringt immer manches Unglück mit sich.

  「전쟁은 언제나 많은 불행을 수반한다.」
* mit den Zähnen knirschen : 이를 갈다

  Er hat vor Wut[3] mit den Zähnen geknirscht.

  「그는 분해서 이를 갈았다.」
* nach Gewicht verkaufen : 달아서 팔다

  Das Fleisch wird nach Gewicht verkauft.

  「고기는 달아서 판다.」
* nur dem Namen nach kennen : 이름만 알다

  Ich kenne ihn nur dem Namen nach, aber nicht persönlich.

  「나는 그를 이름만 알고 개인적으로는 모른다.」
* um die Ecke biegen : 모퉁이를 돌다

  Er bog links (rechts) um die Ecke.

  「그는 모퉁이를 왼쪽(오른쪽)으로 돌았다.」

* um Hilfe schreien : 살려달라고 소리지르다
  Der Ertrinkende schrie um Hilfe.
  「물에 빠진 사람이 구해달라고 소리를 질렀다.」
* um die Wette laufen : 경주하다
  Ich lief mit ihm um die Wette.
  「나는 그와 경주를 했다.」
  Die beiden Jungen liefen um die Wette.
  「두 소년은 달리기 시합을 했다.」
* ums Leben kommen : 생명을 잃다
  Er kam bei einem Verkehrsunfall ums Leben.
  「그는 교통 사고로 생명을 잃었다.」
* von Bedeutung (Wichtigkeit) sein : 중요하다
  Das ist von großer Bedeutung.
  「그것은 매우 중요하다.」
  Das ist nicht von Bedeutung.
  「그것은 중요하지 않다.」
* von der Reise zurückkommen : 여행에서 돌아오다
  Er kam gestern von der Reise zurück.
  「그는 어제 여행에서 돌아왔다.」
* von den Zinsen leben : 이자로 생활하다
  Sie lebt von den Zinsen.
  「그녀는 이자로 생활을 한다.」
* vor sich gehen : 진행되다
  Wie ist die Entwicklung der Lebewesen vor sich gegangen?
  「생물의 진화는 어떻게 진행되어 왔는가?」
* vor der Tür stehen : 목전에 다가와 있다
  Weihnachten steht vor der Tür.
  「크리스마스가 박두했다.」
* zu Boden fallen (sinken) : 땅에 쓰러지다
  Er fiel (sank) zu Boden.
  「그는 땅에 쓰러졌다.」
* zu Ende sein : 끝나다
  Der Unterricht ist noch nicht zu Ende.
  「수업은 아직 끝나지 않았다.」

Er ist zu Ende.
(=Er ist gestorben.)
「그는 죽었다.」
* **zu Mittag (Abend) essen** : 점심(저녁)을 먹다
 Hast du schon zu Mittag gegessen?
 「너는 벌써 점심을 먹었니?」
 Ich habe noch nicht zu Abend gegessen.
 「나는 아직 저녁 식사를 하지 않았다.」
* **zum Bewußtsein kommen** : 의식을 회복하다
 Er kam bald wieder zum Bewußtsein.
 (=Er kam bald wieder zu sich.)
 「그는 곧 다시 제 정신으로 돌아왔다」
* **zum Klavier singen** : 피아노에 맞추어 노래부르다
 Ich sang zum Klavier.
 「나는 피아노에 맞추어 노래불렀다.」
* **zum Tode verurteilen** : 사형을 선고하다
 Jesus Christus wurde zum Tod am Kreuz verurteilt.
 「예수 그리스도는 십자가상의 사형 선고를 받았다.」
* **zur Erkenntnis gelangen (kommen)** : 인식하다
 Allmählich gelangte (kam) er zur Erkenntnis des Wesens der Kunst.
 「점차로 그는 예술의 본질을 알게 되었다.」
* **zur (in) Miete wohnen** : 세들어 살다
 Er wohnt bei uns zur Miete.
 「그는 우리 집에 세들어 살고 있다.」
* **zur Sprache kommen** : 화제가 되다
 Das kam nicht zur Sprache.
 「그것은 화제거리가 되지 못했다.」
* **zur Welt bringen** : 낳다
 Sie hat vier Kinder zur Welt gebracht.
 「그녀는 네 아이를 낳았다.」
* **zur (auf die) Welt kommen** : 태어나다
 Er ist in Seoul zur Welt gekommen.
 「그는 서울에서 태어났다.」

[V]

* auf et.⁴ Appetit haben : (무엇)을 먹고 싶어하다
  Ich habe Appetit auf Obst.
  「나는 과일이 먹고 싶다.」
* auf jn. einen Eindruck machen : (누구)에게 어떤 인상을 주다
  Er machte auf mich einen guten (schlechten) Eindruck.
  「그는 나에게 좋은(나쁜) 인상을 주었다.」
  Er machte leider keinen guten Eindruck auf mich.
  「그는 유감스럽게도 나에게 좋은 인상을 주지 못했다.」
* auf jn. [einen] Einfluß ausüben : (누구)에게 어떤 영향을 끼치다
  Er übte auf mich einen großen Einfluß aus.
  「그는 나에게 큰 영향을 끼쳤다.」
* auf js. Kosten⁴ gehen : (누구)가 비용을 치르다
  Die Rechnung geht auf meine Kosten.
  「계산은 내가 한다.」
* auf et.⁴ Rücksicht nehmen : (무엇)을 고려하다
  Ich nehme gar keine Rücksicht auf das Problem.
  「나는 그 문제를 전혀 고려하지 않고 있다.」
* auf et.⁴ Wert legen : (무엇)에 가치를 두다, 존중하다
  Ich lege großen (keinen) Wert auf seine Meinung.
  「나는 그의 의견을 매우 존중한다(중요시 하지 않는다).」
  Darauf lege ich keinen Wert.
  「그것은 나에게는 아무런 값어치도 없다.」
* auf js. Seite³ stehen : (누구)의 편이다
  Er steht auf unserer Seite.
  「그는 우리 편이다.」
* bei jm. einen Besuch machen : (누구)의 집을 방문하다
  Der Alte machte einen Besuch bei seiner Tochter.
  「그 노인은 딸의 집을 방문했다.」

* gegen (auf) jn. einen Haß haben : (누구)에게 증오심을 품다
  Er hat einen Haß gegen dich.
  「그는 너에게 증오심을 품고 있다.」
* in js. Alter³ stehen : (누구)와 동갑이다
  Er steht in meinem Alter.
  (=Er ist so alt wie ich)
  「그는 나와 동갑이다.」
* in et.³ Fortschritte machen : (무엇)에 진전을 보이다
  Er hat im Deutschen große Fortschritte gemacht.
  「그는 독일어에 큰 진전을 보였다.」
* in et.³ Kenntnisse besitzen : (무엇)에 지식을 갖고 있다
  Er besitzt in deutscher Literatur gute Kenntnisse.
  「그는 독일 문학에 훌륭한 지식을 가지고 있다.」
* mit jm. Freundschaft schließen : (누구)와 우정·친교를 맺다
  Ich schloß Freundschaft mit hm.
  「나는 그와 우정을 맺었다.」
* mit jm. Geduld haben : (누구)를 용서하다
  Bitte haben Sie Geduld mit mir!
  「저를 용서해 주십시오!」
* mit jm. ein Gespräch führen : (누구)와 대화를 나누다
  Ich führte mit ihm unter vier Augen ein Gespräch.
  「나는 그와 단 둘이서 대화를 나누었다.」
* mit jm. Mitleid haben : (누구)를 동정하다
  Er hatte großes Mitleid mit mir.
  「그는 나를 매우 동정했다.」
* mit jm. eine Verabredung haben : (누구)와 약속이 있다
  Ich habe heute abend eine Verabredung mit ihr.
  「나는 오늘 저녁 그녀와 약속이 있다.」
* mit jm. den Verkehr abbrechen : (누구)와 절교하다
  Ich habe den Verkehr mit ihm abgebrochen.

「나는 그와 절교했다.」
* mit (zu) et. im Widerspruch stehen : (무엇)과 모순되다
 Seine Worte stehen im Widerspruch mit seinen Taten.
 「그의 말은 행동과 일치하지 않는다.」
* über js. Tod⁴ trauern : (누구)의 죽음을 슬퍼하다
 Wir trauerten über den Tod unseres Präsidenten.
 「우리는 우리 대통령의 죽음을 슬퍼했다.」
* von jm. Abschied nehmen : (누구)와 작별하다
 Er nahm Abschied von seiner Familie.
 「그는 그의 가족과 작별을 고했다.」
 Er ging weg, ohne von mir Abschied zu nehmen.
 「그는 나에게 작별 인사도 없이 가버렸다.」
* von et. keine Ahnung haben : (무엇)을 꿈에도 생각하지 못하다
 Davon habe ich keine Ahnung gehabt.
 「그것을 나는 전혀 알지 못했다.」
* von et. die Rede sein : (무엇)이 화제가 되어 있다
 Es war gerade von dir die Rede.
 「바로 네가 화제가 되었었다.」
 Davon kann keine Rede sein.
 「그것은 화제거리가 될 수 없다.」
* vor et.³ Angst (Furcht) haben : (무엇)을 무서워하다
 Er hat (keine) Angst vor dem Hund.
 「그는 개를 무서워한다(무서워하지 않는다).」
* zu et. Lust haben : (무엇)을 하고 싶어하다, (무엇)을 할 생각이 있다
 Ich habe keine Lust dazu.
 「나는 그것을 하고 싶지 않다.」
* jm. (jn.) in den Arm kneifen : (누구)의 팔을 꼬집다
 Sie kniff mir (mich) in den Arm.
 「그는 나의 팔을 꼬집었다.」
* jm. mit den Augen (mit der Hand) winken : (누구)에게 눈(손)짓을 하다

Er winkte ihr mit den Augen.
「그는 그녀에게 눈짓을 했다.」
* jm. (jn.) auf den Fuß treten : (누구)의 발을 밟다
Er trat mir (mich) auf den Fuß.
「그는 나의 발을 밟았다.」
* jm. ins Gesicht sehen : (누구)를 똑바로 쳐다보다
Er sah mir ins Gesicht.
「그는 나를 똑바로 쳐다보았다.」
* jm. um den Hals fallen : (누구)의 목을 끌어안다
Sie fiel ihm um den Hals und küßte ihn.
「그녀는 그의 목을 끌어안고 키스를 했다.」
* jm. auf die Nerven fallen (gehen) : (누구)의 신경에 거슬리다
Ihre laute Stimme fällt (geht) mir auf die Nerven.
「그녀의 큰 음성이 나의 신경에 거슬린다.」
* jm. in die Rede fallen : (누구)의 말을 가로막다
Er fiel mir in die Rede.
「그는 나의 말을 가로막았다.」
* jm. auf die Schulter klopfen (schlagen) : (누구)의 어깨를 두드리다
Er klopfte (schlug) mir auf die Schulter.
「그는 나의 어깨를 두드렸다.」
* jn. vom Bahnhof abholen : (누구)를 역으로 마중나가다
Ich will ihn vom Bahnhof abholen.
「나는 그를 역으로 마중나가려고 한다.」
* jn. (jm.) ins Bein beißen : (누구)의 다리를 물다
Der Hund biß ihn (ihm) ins Bein.
「개가 그의 다리를 물었다.」
* jn. an die Brust drücken : (누구)를 끌어안다
Sie drückte das Kind an ihre Brust.
「그녀는 아이를 가슴에 끌어안았다.」
* jn. in Frieden lassen : (누구)를 성가시게 하지 않다
Laß mich in Frieden!
「나를 가만히 내버려 둬라!」

* jn. ins Gesicht (übers Ohr) hauen : (누구)의 얼굴(따귀)을 때리다
  Er hat mich ins Gesicht gehauen (geschlagen).
  「그는 나의 얼굴을 때렸다.」

* jn. ins Grab legen : (누구)를 매장하다
  Wir legten den Toten ins Grab.
  「우리는 죽은 사람을 매장했다.」

* jn. an der Hand (am Arm) führen : (누구)의 손(팔)을 잡고 인도하다
  Die Mutter führte ihr Kind an der Hand über die Straße.
  「어머니는 아이의 손을 잡고 길 건너로 인도했다.」

* jn. bei der Hand greifen : (누구)의 손을 잡다
  Er griff (faßte) mich bei der Hand.
  「그는 나의 손을 잡았다.」

* jn. zum Mittagessen (Abendessen) einladen : (누구)를 점심(저녁 식사)에 초대하다
  Darf ich Sie morgen zum Mittagessen einladen?
  「당신을 내일 점심에 초대해도 괜찮겠읍니까?」

* jn. in Verlegenheit setzen (bringen) : (누구)를 당황케 하다
  Seine Frage hat mich in Verlegenheit gesetzt (gebracht).
  「그의 질문은 나를 당황케 했다.」

* jn. in Wut bringen : (누구)를 화나게 하다
  Er brachte mich in Wut.
  「그는 나를 화나게 했다.」

* et.³ zum Opfer fallen : (무엇)의 희생이 되다
  Viele Menschen fielen der Katastrophe³ zum Opfer.
  「많은 사람들이 대 참사의 희생이 되었다.」

* et.³ im Wege stehen (sein) : (무엇)의 방해가 되다
  Der Sache³ steht (ist) nichts im Weg.
  「그 일에는 아무런 방해도 되지 않는다.」

* et.⁴ im Gedächtnis behalten : (무엇)을 기억하고 있다
  Ich behalte es noch frisch im Gedächtnis.
  「나는 그것을 아직도 생생하게 기억하고 있다.」

* et.⁴ zur Hälfte teilen : (무엇)을 절반으로 나누다
  Wir haben das Geld je zur Hälfte geteilt.
  「우리는 그 돈을 절반씩 나누었다.」
* et.⁴ mit der Hand erreichen : (무엇)에 손이 닿다
  Ich erreichte den Zweig mit der Hand nicht.
  「나는 그 가지에 손이 닿지 않았다.」
* et.⁴ in Ordnung bringen : (무엇)을 정리·정돈하다
  Ich bringe die Angelegenheit bis morgen in Ordnung.
  「나는 그 일을 내일까지 정리한다.」
  Er brachte seinen Haushalt in Ordnung.
  「그는 가사를 정리했다.」
* et.⁴ ins (aufs) reine schreiben : (무엇)을 정서하다
  Sie schrieb den Brief ins reine.
  「그녀는 편지를 깨끗이 썼다.」
* et.⁴ auf (mit) der Schreibmaschine schreiben : (무엇)을 타이프라이터로 치다
  Die Sekretärin schrieb den Brief auf der Schreibmaschine.
  「여비서는 편지를 타이프라이터로 쳤다.」
* et.⁴ an den Tag bringen : (무엇)을 드러내다, 폭로하다
  Ich habe die Tatsache an den Tag gebracht.
  「나는 그 사실을 밝혀냈다.」
* et.⁴ in zwei Teile teilen (spalten) : (무엇)을 두 조각으로 나누다
  Er teilte eine Tafel Schokolade in zwei Teile.
  「그는 초콜렛 한 개를 두 조각으로 나누었다.」
  Er spaltete das Holz in zwei Teile.
  「그는 장작을 두 쪽으로 쪼개었다.」
* aus Furcht vor et.³ : (무엇)이 무서워서, 두려워서
  Der Junge hat aus Furcht vor Strafe gelogen.
  「그 소년은 벌(罰)이 무서워서 거짓말을 했다.」
* aus Mangel an et.³ : (무엇)이 부족하여
  Er hat es aus Mangel an Geld getan.
  「그는 돈이 없어서(궁해서) 그 일을 했다.」
  Der Angeklagte wurde aus Mangel an Beweisen freige-

sprochen.

「그 피고는 증거 불충분으로 무죄 석방되었다.」

* **aus Mitleid für jn.** : (누구)에 대한 동정에서

　Ich tat es aus Mitleid für ihn.

「나는 그에 대한 동정에서 그것을 했다.」

* **hinter dem Rücken js.** : (누구)의 배후에서, (누구)에게 숨기고

　Das hat er hinter unserem Rücken getan.

「그는 우리에게 숨기고 그것을 했다.」

　Sie verlobten sich hinter dem Rücken ihrer Familien.

「그들은 그들의 가족에게 숨기고 약혼했다.」

* **im Gegensatz zu et.** : (무엇)과는 반대로

　Seine Worte stehen im Gegensatz zu seinen Handlungen.

「그의 말은 그의 행동과 상반된다.」

* **im Verein mit jm.** : (누구)와 협동하여

　Es gelang mir, im Verein mit ihm die Frage zu lösen.

「나는 그와 협동하여 그 문제를 푸는데 성공했다.」

* **im Vergleich zu et.** : (무엇)과 비교하여, (무엇)에 비하여

　Im Vergleich zu ihr ist ihre Schwester viel schöner.

「그녀에 비하여 그녀의 누이가 훨씬 예쁘다.」

　Im Vergleich zu gestern ist heute schönes Wetter.

「어제에 비하여 오늘은 날씨가 좋다.」

* **in Hinsicht (Rücksicht) auf et.[4]** : (무엇)을 고려하여

　Du mußt in Hinsicht auf deine Gesundheit arbeiten.

「너는 너의 건강을 생각해서 일해야 한다.」

* **zum Unterschied von et.** : (무엇)과는 달리

　Das war sehr schwer zum Unterschied von meinen Gedanken.

「그것은 나의 생각과는 달리 매우 어려웠다.」

* **zur Erinnerung an et.[4]** : (무엇)에 대한 기념으로

　Zur Erinnerung an den letzten Krieg wurde ein Denkmal errichtet.

「지난 전쟁에 대한 기념으로 기념비가 건립되었다.」

[Ⅵ]

* **an jn. (et.⁴) denken** : (누구)를 생각하다
  Ich denke an meine Eltern in der Heimat.
  「나는 고향에 계시는 나의 부모님을 생각한다.」
  Ich denke jetzt an meine Kindheit.
  「나는 지금 나의 유년 시절을 생각한다.」
  Sie denkt immer nur an sich selbst.
  「그녀는 항상 자기 자신만을 생각한다.」

* **an et.³ riechen** : (무엇)의 냄새를 맡다
  Riechen Sie mal an der Rose!
  「장미꽃 냄새를 한번 맡아 보세요!」

* **an jn. schreiben** : (누구)에게 편지를 쓰다
  Er hat [einen Brief] an seinen Vater geschrieben.
  (=Er hat seinem Vater [einen Brief] geschrieben.)
  「그는 그의 아버지에게 편지를 썼다.」

* **an et.³ teilnehmen** : (무엇)에 참가하다
  Ich nahm an der Sitzung nicht teil.
  「나는 회의에 참석하지 않았다.」

* **an et.³ (über et.⁴) verzweifeln** : (무엇)에 절망하다
  Er verzweifelt am Leben.
  「그는 인생의 허무함을 느낀다.」

* **an jm. (et.³) vorbeigehen** : (누구)의 옆을 지나가다
  Mit gesenktem Haupt ging er an mir vorbei.
  「그는 고개를 숙이고 내 옆을 지나갔다.」
  Wir gingen an seinem Haus vorbei.
  「우리는 그의 집 옆을 지나갔다.」

* **auf et.⁴ achten** : (무엇)에 주의하다
  Der Lehrer achtet auf eine gute Erziehung der Schüler.
  「선생님은 학생들의 훌륭한 교육에 주의를 기울인다.」

* **auf et.⁴ hoffen** : (무엇)을 기대하다
  Er hofft auf die Zukunft.
  「그는 미래에 기대를 걸고 있다.」

Auch der faulste Schúler hofft auf gute Noten.
「아주 게으른 학생도 좋은 점수를 기대한다.」

* auf et.⁴ verzichten : (무엇)을 포기·단념하다
Du darfst darauf nicht verzichten.
(=Du darfst es nicht aufgeben.)
「너는 그것을 포기해서는 안 된다.」
Du mußt auf die Reise verzichten.
「너는 여행을 단념해야 한다.」

* auf jn. (et.⁴) warten : (누구)를 기다리다
Ich habe lange auf Sie gewartet.
「나는 오랫동안 당신을 기다렸읍니다.」
Viele Leute warten auf den Bus.
「많은 사람들이 버스를 기다리고 있다.」

* auf et.⁴ zählen : (무엇)에 기대를 걸다
Ich zähle auf deine Hilfe.
「나는 너의 도움을 믿고 있다.」

* auf et.⁴ zielen : (무엇)을 목표로 하다
Worauf zielt deine Frage?
「너의 질문의 의도는 무엇이냐?」
Die Bemerkung zielt auf dich.
「그 말은 너를 두고 하는 말이다.」

* auf et.⁴ zugehen : (무엇)을 향하여 가다
Er ging mit schnellen Schritten auf die Post zu.
「그는 빠른 걸음으로 우체국 쪽으로 갔다.」
Es geht auf den Winter (auf Weihnachten) zu.
「겨울(크리스마스)이 다가온다.」

* aus et. bestehen : (무엇)으로 구성되다
Wasser besteht aus Wasserstoff und Sauerstoff.
「물은 수소와 산소로 되어 있다.」

* aus et. stammen : (무엇)의 태생·출신이다
Er stammt aus Seoul.
「그는 서울 태생이다.」

* für jn. sorgen : (누구)를 돌보다
Der Vater sorgt für seine Familie.

「아버지는 자기 가족을 돌본다.」
* für et. zahlen : (무엇)의 대금을 치르다
  Er hat für das Essen gezahlt.
  「그는 식사 대금을 지불했다.」
* in et.⁴ versinken : (무엇)에 몰두하다
  Er ist in Gedanken versunken.
  「그는 생각에 잠겼다.」
* mit et. anfangen (beginnen) : (무엇)을 시작하다
  Er fängt mit der Arbeit an.
  (=Er beginnt mit der Arbeit.)
  「그는 일을 시작한다.」
* mit jm. umgehen : (누구)와 교제하다
  Du darfst mit solchem Mädchen nicht umgehen.
  「너는 그러한 소녀와 교제해서는 안 된다.」
* mit et. zusammenfallen : (무엇)과 일치·부합하다
  Dieses Jahr⁴ fällt mein Geburtstag mit Weihnachten zusammen.
  「금년에 나의 생일은 크리스마스와 같은 날이다.」
* mit et. zusammenhängen : (무엇)과 관계·관련이 있다
  Sein Tod hängt mit diesem Vorfall nicht zusammen.
  (=Sein Tod steht in keinem Zusammenhang mit diesem Vorfall.)
  「그의 죽음은 이 사건과는 관계가 없다.」
* mit et. zusammenstoßen : (무엇)과 충돌하다
  An der Kreuzung ist ein Lastwagen mit einem Personenwagen zusammengestoßen.
  「교차로에서 화물 자동차가 승용차와 충돌했다.」
* nach et. forschen (suchen) : (무엇)을 탐구하다
  Wir forschen nach der Wahrheit.
  「우리는 진리를 탐구한다.」
  Ich habe überall nach dir gesucht.
  「나는 도처에서 너를(너의 거처를) 찾았다.」
* nach et. schmecken : (무엇)의 맛이 나다
  Die Suppe schmeckt nach Butter.

「이 수프는 버터 맛이 난다.」
* **nach et. streben** : (무엇)을 얻으려고 노력하다
 Er strebt nach dem Ziele.
 「그는 목표를 달성하려고 노력한다.」
 Er strebt danach, seine Ideale zu verwirklichen.
 「그는 자기의 이상을 실현시키려고 노력한다.」
* **nach et. tasten** : (무엇)을 손으로 더듬어 찾다
 Er tastete im Dunkeln nach dem Schalter für das Licht.
 「그는 어둠 속에서 손으로 더듬어 전등 스위치를 찾았다.」
* **nach et. verlangen** : (무엇)을 갈망하다
 Der Kranke verlangt nach Wasser.
 (=Der Kranke ist begierig nach Wasser.)
 「그 환자는 물을 먹고 싶어 한다.」
* **über jn. (et.⁴) spotten** : (누구)를 비웃다
 Sie spottete über ihn (seine Dummheit).
 「그녀는 그를(그의 어리석음을) 비웃었다.」
* **über jn. (et.⁴) urteilen** : (누구)에 대하여 판단하다
 Urteilen Sie nicht so böse über ihn (darüber)!
 「그를(그것을) 그렇게 나쁘게 생각하지 마십시오!」
* **um jn. trauern** : (누구)의 죽음을 애도하다
 Wir alle trauerten um ihn.
 「우리 모두는 그의 죽음을 애도했다.」
* **von jm. (et.) abhängen** : (누구)에게 달려 있다, 좌우되다
 Alles hängt von dir ab.
 (=Alles ist von dir abhängig.)
 「모든 것은 너에게 달려 있다.」
 Unser Ausflug hängt vom Wetter ab.
 (=Unser Ausflug ist vom Wetter abhängig.)
 「우리들의 소풍은 날씨에 달려 있다」
* **zu et. (Pl. 3격) gehören** : (무엇) 중의 하나이다
 Die Schweiz gehört zu den schönsten Ländern der Welt.
 「스위스는 세계에서 가장 아름다운 나라들 중의 하나이다.」
 Goethe gehört zu den berühmtesten Dichtern der Welt.
 「괴테는 세계에서 가장 유명한 시인들 중의 한 사람이다.」

* jm. auf et.⁴ antworten : (누구)에게 (무엇)에 대해 대답하다
  Antworten Sie mir auf meine Frage!
  「나의 질문에 대답하십시오!」
* jm. für et. danken : (누구)에게 (무엇)에 대해 감사하다
  Ich danke Ihnen für Ihre freundliche Einladung.
  「당신의 친절하신 초대에 감사드립니다.」
* jm. zu et. gratulieren : (누구)의 (무엇)을 축하하다
  Ich gratuliere Ihnen zum Geburtstag (zur Hochzeit).
  「당신의 생일(결혼)을 축하합니다.」
* jn. um et. bitten : (누구)에게 (무엇)을 청하다
  Er bat mich um Hilfe.
  「그는 나에게 도움을 청했다.」
* jn. nach et. fragen : (누구)에게 (무엇)을 묻다
  Er fragte mich nach meinem Namen.
  「그는 나에게 내 이름을 물었다.」
* jn. für et. halten : (누구)를 (무엇)으로 간주하다
  Hältst du mich für einen Narren?
  「너는 나를 바보로 생각하니?」
* jn. vor et.³ schützen : (누구)를 (무엇)으로부터 보호하다
  Er schützte mich vor [der] Gefahr.
  「그는 나를 위험으로부터 지켜주었다.」
* jn. in (an) et.³ übertreffen : (누구)보다 (무엇)에서 뛰어나다
  Er übertrifft mich in der Mathematik.
  「그는 수학에서는 나보다 낫다.」
* jn. mit jm. versöhnen : (누구)를 (누구)와 화해시키다
  Ich habe ihn mit ihr versöhnt.
  「나는 그를 그녀와 화해시켰다.」
* et.⁴ von jm. leihen : (무엇)을 (누구)에게서 빌리다
  Ich habe von ihm Geld geliehen.
  「나는 그에게서 돈을 빌렸다.」
* et.⁴ aus et. schließen : (무엇)을 (무엇)으로 추론하다
  Aus seinen Worten kann man schließen, daß er alles

verstanden hat.

「그의 말에서 그가 모든 것을 이해했다는 것을 추론할 수 있다.」

* et.⁴ auf et.⁴ (et.⁴ mit et.) streichen : (무엇)에 (무엇)을 바르다

    Sie streicht Butter aufs Brot.

    (=Sie streicht ein Brot mit Butter.)

    「그녀는 빵에 버터를 바른다.」

* et.⁴ gegen (für) et. tauschen : (무엇)을 (무엇)과 교환하다

    Ich möchte diese Uhr gegen jene tauschen.

    「나는 이 시계를 저 시계와 교환하고 싶다.」

* es fehlt (mangelt) jm. an et.³ : (누구)는 (무엇)이 없다, 부족하다

    Es fehlt mir an Mut.

    「나는 용기가 없다.」

    Es mangelt ihr an Bildung.

    「그녀는 교양이 없다.」

* es handelt sich um et. : (무엇)이 문제이다

    Es handelt sich um deine Zukunft.

    「너의 장래가 문제이다.」

    Es handelt sich eben darum.

    「바로 그것이 문제이다.」

* es kommt auf et.⁴ an : (무엇)에 달려 있다

    Es kommt auf einen Versuch an.

    「그것은 노력 여하에 달려 있다.」

    Es kommt nur auf Sie an.

    「그것은 오직 당신 마음에 달려 있읍니다.」

* es riecht nach et. : (무엇)의 냄새가 나다

    Es riecht nach Kaffee (Zigaretten).

    「커피(담배) 냄새가 난다.」

* et.⁴ mit jm. teilen : (무엇)을 (누구)와 함께하다

    Ich teile das Zimmer mit ihm.

    「나는 방을 그와 같이 쓰고 있다.」

    Er teilte Freud und Leid mit uns.

「그는 우리와 고락을 함께 했다.」
* et.⁴ mit et. treffen : (무엇)을 (무엇)으로 맞히다
  Er traf den Vogel mit der Kugel.
  「그는 총알로 새를 맞혔다.」
* et.⁴ mit et. verbinden : (무엇)을 (무엇)과 결합·연결하다
  Der Kanal verbindet die Elbe mit dem Rhein.
  「운하가 엘베강을 라인강과 연결한다.」
  Verbinden Sie mich bitte mit Herrn Dr. Meier!
  「마이어 박사님을 좀 바꿔 주십시오!」 (전화에서)
* et.⁴ mit et. vergleichen : (무엇)을 (무엇)과 비교하다
  Vergleichen wir das Deutsche mit dem Englischen!
  「독일어를 영어와 비교해 봅시다!」
* et.⁴ von jm. verlangen : (무엇)을 (누구)에게 요구하다
  Er verlangte von mir Geld.
  「그는 나에게 돈을 요구했다.」
  Was verlangen Sie von mir?
  「무슨 용무십니까?」
* et.⁴ an jn. verleihen : (무엇)을 (누구)에게 빌려 주다
  Ich habe mein Buch an ihn verliehen.
  (=Ich habe ihm mein Buch geliehen.)
  「나는 나의 책을 그에게 빌려 주었다.」
  Ich verleihe dieses Buch an niemand[en].
  「나는 이 책은 아무에게도 빌려 주지 않는다.」
* et.⁴ mit et. vermischen : (무엇)을 (무엇)과 혼합하다
  Öl läßt sich nicht mit Wasser vermischen.
  (=Öl und Wasser mischen sich nicht.)
  「기름은 물과 섞이지 않는다.」
* et.⁴ in et.⁴ verwandeln : (무엇)을 (무엇)으로 변화시키다
  Eine Atombombe verwandelte die Stadt in eine Hölle.
  「원자 폭탄이 그 도시를 지옥으로 바꾸어 놓았다.」
* et.⁴ mit et. verwechseln : (무엇)을 (무엇)과 혼동하다
  Ich verwechsele oft Karl mit Paul.
  「나는 카알을 파울과 혼동할 때가 종종 있다.」

[Ⅶ]

* **an et.³ reich (arm) sein** : (무엇)이 풍부(부족)하다
 Das Land ist reich an natürlichen Schätzen.
 「그 나라는 천연 자원이 풍부하다.」
 Er ist arm an Mut.
 (=Es fehlt ihm an Mut³.)
 「그는 용기가 없다.」
* **an et.³ schuld[ig] sein** : (무엇)에 책임이 있다
 Ich bin an allem schuldig.
 「모든 것은 내 책임이다.」
 Ich bin an diesem Unfall unschuldig.
 「나는 이번 사고에 책임이 없다.」
* **auf et.⁴ aufmerksam sein** : (무엇)에 주의를 기울이다
 Du mußt auf die Worte des Lehrers aufmerksam sein.
 「너는 선생님의 말씀에 주의를 기울여야 한다.」
* **auf jn. ([mit] jm.) böse sein** : (누구)에게 화내다
 Warum sind Sie auf mich böse?
 「왜 당신은 나에게 화를 내십니까?」
* **auf et.⁴ stolz sein** : (무엇)을 자랑하다
 Sie ist stolz auf ihre Schönheit.
 「그녀는 자기의 아름다움을 자랑한다.」
* **für et. nichts übrig haben** : (무엇)에 관심이 없다
 Für solche Sachen habe ich nichts übrig.
 「그러한 일에는 나는 전혀 관심(흥미)이 없다.」
* **mit jm. allein sein** : (누구)와 단 둘이 있다
 Er ist jetzt mit ihr allein.
 「그는 지금 그녀와 단 둘이 있다.」
* **mit et. beschäftigt sein** : (무엇)에 종사·몰두하다
 Er ist mit der Frage beschäftigt.
 「그는 그 문제에 몰두하고 있다.」
 Ich war den ganzen Tag damit beschäftigt, meine Bücher

zu ordnen.

「나는 하루종일 나의 책을 정리하는데 전념했다.」

* mit et. einverstanden sein : (무엇)에 동의하다

Ich war damit einverstanden.

「나는 그것에 동의했다.」

Mein Vater war mit unserer Heirat nicht einverstanden.

「나의 아버지는 우리들의 결혼에 찬성하지 않았다.」

* mit et. fertig sein : (무엇)을 끝마치다

Er ist mit der Hausarbeit fertig.

「그는 숙제를 끝마쳤다.」

* mit jm. vertraut sein : (누구)와 친하다

Ich bin mit ihm sehr vertraut.

「나는 그와 매우 친한 사이다.」

Wir sind sehr vertraut miteinander.

「우리는 서로가 매우 친한 사이다.」

* mit jm. verwandt sein : (누구)와 친척이다

Er ist nah[e] (entfernt) mit mir verwandt.

「그는 나와 가까운(먼) 친척이다.」

* mit et. zufrieden sein : (무엇)으로 만족하다

Er ist mit nichts zufrieden.

「그는 무엇으로도 만족하지 못한다.」

* nach et. begierig sein : (무엇)을 열망하다

Der Kranke ist begierig nach Wasser.

(=Der Kranke verlangt nach Wasser.)

「그 환자는 물을 먹고 싶어 한다.」

* über (auf) jn. ärgerlich sein : (누구)에게 화를 내다

Er war sehr ärgerlich auf mich.

(=Er ärgerte sich sehr über mich.)

「그는 나에게 매우 화를 냈다.」

* über et.[4] froh sein : (무엇)을 기뻐하다

Er ist froh über die bestandene Prüfung.

(=Er freut sich über die bestandene Prüfung.)

「그는 시험에 합격하여 기뻐한다.」

* um jn. besorgt sein : (누구)를 염려·걱정하다

Er ist sehr um seine Kinder besorgt.
「그는 자녀들을 매우 걱정하고 있다.」

* **von et. abhängig sein** : (무엇)에 달려 있다
Alles ist von dir abhängig.
(=Alles hängt von dir ab.)
「모든 것은 너에게 달려 있다.」

* **von et. überzeugt sein** : (무엇)을 확신하다
Ich bin fest von seiner Unschuld überzeugt.
(=Ich überzeuge mich fest von seiner Unschuld.)
「나는 그의 무죄(결백)를 확신하고 있다.」
Ich bin fest davon überzeugt, daß er recht hat.
「나는 그가 옳다는 것을 굳게 믿고 있다.」

* **voll von et. (voll et.²) sein** : (무엇)으로 가득 차 있다
Der Saal war voll von Menschen.
(=Der Saal war voll[er] Menschen².)
「홀은 사람들로 꽉 차 있었다.」
Ihre Augen sind voll von Tränen.
(=Ihre Augen sind voll[er] Tränen².)
「그녀의 눈은 눈물로 가득하다.」

* **zu et. (et.²) fähig sein** : (무엇)을 할 능력이 있다
Er ist zu allem fähig.
「그는 뭐든지 할 수 있다.」
Er ist keiner Lüge² fähig.
「그는 거짓말을 할 줄 모른다.」

* **zu et. fertig sein** : (무엇)의 준비가 되어 있다
Ich bin zur Abfahrt fertig.
「나는 떠날 준비가 되어 있다.」

* **zu jm. freundlich sein** : (누구)에게 친절하다
Die Verkäuferin ist zu jedermann freundlich.
「그 여점원은 누구에게나 친절하다.」

* **jm. an (in) et.³ überlegen sein** : (무엇)에 있어서 (누구)보다 뛰어나다
Er ist uns³ allen an Kraft überlegen.
「그는 힘에 있어서는 우리들 중 누구보다도 앞선다.」

Er ist mir in jeder Beziehung überlegen.
「그는 모든 점에서 나보다 낫다.」

* jm. für et. dankbar sein : (누구)에게 (무엇)에 대하여 감사하다

  Ich bin Ihnen sehr dankbar für Ihre Hilfe.
  (=Ich danke Ihnen sehr für Ihre Hilfe.)
  「나는 당신의 도움에 대하여 매우 감사드립니다.」

* jn. mit jm. bekannt machen : (누구)를 (누구)에게 소개하다

  Er machte mich mit ihr bekannt.
  「그는 나를 그녀에게 소개했다.」
  Darf ich Sie mit meiner Frau bekannt machen?
  (=Darf ich Ihnen meine Frau vorstellen?)
  「당신을 나의 아내에게 (당신에게 나의 아내를) 소개할까요?」

[VIII]

* sich an et.⁴ (et.²) erinnern : (무엇)을 기억하다

  Erinnern Sie sich noch an mich (od. meiner)?
  「당신은 아직도 저를 기억하십니까?」
  Leider kann ich mich nicht daran erinnern.
  「유감스럽게도 나는 그것을 기억할 수 없다.」

* sich an et.⁴ gewöhnen : (무엇)에 익숙해지다

  Ich habe mich an die Arbeit gewöhnt.
  「나는 그 일에 익숙해졌다.」

* sich an jm. rächen : (누구)에게 복수하다

  Ich will mich an ihm rächen.
  「나는 그에게 복수하겠다.」

* sich auf et.⁴ freuen : (무엇)을 고대하다

  Die Schüler freuen sich auf die Ferien.
  「학생들은 방학을 고대하고 있다.」

* sich auf den Weg machen : 출발하다

  Er machte sich eben erst auf den Weg.

「그는 지금 막 출발했다.」

* sich auf jn. (et.⁴) verlassen : (누구)를 믿다
  Du kannst dich auf ihn (seine Worte) verlassen.
  「너는 그를(그의 말을) 믿어도 된다.」
  Verlassen Sie sich darauf!
  「그것을 믿어보십시오!」

* sich für et. interessieren : (무엇)에 흥미·관심을 가지다
  Er interessiert sich nie für die Mathematik.
  「그는 수학에는 결코 흥미를 갖지 못한다.」

* sich in Bewegung⁴ setzen : 움직이다
  Der Zug setzt sich in Bewegung.
  「기차가 움직이기 시작한다.」

* sich in jn. verlieben : (누구)에게 반하다
  Er hat sich in sie verliebt.
  「그는 그녀에게 반했다.」

* sich in et.⁴ verwandeln : (무엇)으로 변하다
  Das Eis verwandelte sich ins Wasser.
  「얼음이 물로 변했다.」

* sich mit et. beschäftigen : (무엇)에 몰두하다
  Der Ausländer beschäftigt sich mit der koreanischen Literatur.
  「그 외국인은 한국 문학을 연구하고 있다.」

* sich mit et. (od. et.²) rühmen : (무엇)을 자랑하다
  Er rühmte sich [mit] seiner Leistung.
  「그는 자기의 업적을 자랑했다.」

* sich mit jm. [über et.⁴] streiten : (누구)와 〔(무엇)에 대하여〕 다투다
  Ich stritt mich mit ihm.
  「나는 그와 다투었다.」
  Wir haben uns lange über die Frage gestritten.
  「우리는 오랫동안 그 문제에 대하여 논쟁했다.」

* sich mit jm. [über et.⁴] unterhalten : (누구)와 〔(무엇)에 대하여〕 이야기하다
  Ich habe mich mit ihm lange unterhalten.

「나는 그와 오랫동안 이야기를 나누었다.」
Wir unterhielten uns über die neuesten politischen Ereignisse.
「우리는 최근의 정치적인 사건에 대하여 이야기를 나누었다.」
* sich mit jm. verabreden : (누구)와 약속하다
  Ich habe mich mit ihr nächsten Sonntag verabredet.
  「나는 그녀와 다음 일요일에 만나기로 약속했다.」
* sich mit jm. verheiraten : (누구)와 결혼하다
  Sie hat sich mit einem Ausländer verheiratet.
  (=Sie hat einen Ausländer geheiratet.)
  「그녀는 어느 외국인과 결혼했다.」
* sich mit jm. verloben : (누구)와 약혼하다
  Sie hat sich mit dem Sohn ihres Lehrers verlobt.
  「그녀는 그녀의 선생님의 아들과 약혼했다.」
* sich mit jm. versöhnen : (누구)와 화해하다
  Ich will mich mit ihm nicht versöhnen.
  「나는 그와 화해하지 않겠다.」
* sich nach et. sehnen : (무엇)을 그리워하다
  Er sehnt sich nach der Heimat.
  「그는 고향을 그리워한다.」
* sich über jn. (et.⁴) ärgern : (누구)에 대해 화를 내다
  Warum ärgerst du dich über mich?
  「왜 너는 나에게 화를 내니?」
  Er ärgerte sich sehr über ihren Leichtsinn.
  「그는 그녀의 경솔함에 매우 화가 났다.」
* sich über et.⁴ freuen : 〈현재·과거〉의 (무엇)을 기뻐하다
  Unser Sohn freut sich sehr über Ihr Geschenk.
  「우리 아들은 당신의 선물을 받고 매우 기뻐하고 있읍니다.」
* sich über et.⁴ (wegen et.) schämen : (무엇)을 부끄러워하다
  Er schämte sich über seine Dummheit (wegen seiner Dummheit).
  「그는 자기의 어리석음을 부끄러워했다.」

* sich über et.⁴ wundern : (무엇)에 대하여 놀라다
  Sie wundert sich über die hohen Preise.
  「그녀는 비싼 값에 놀란다.」
* sich um et. bemühen : (무엇)을 얻으려고 애쓰다
  Er bemüht sich um ein Stipendium.
  「그는 장학금을 타려고 노력한다.」
* sich um et. kümmern : (무엇)을 걱정하다
  Kümmere dich bitte um deine eigenen Angelegenheiten!
  「제발 네 자신의 일이나 걱정해라!」
* sich um jn. sorgen : (누구)를 걱정하다
  Sie brauchen sich um mich nicht zu sorgen.
  (=Sie brauchen sich um mich keine Sorgen zu machen.)
  「당신은 나를 걱정할 필요가 없읍니다.」
* sich von einer Krankheit erholen : 병에서 회복되다
  Ich habe mich schon von der Erkältung erholt.
  (=Ich bin schon von der Erkältung genesen.)
  「나는 벌써 감기가 나았다.」
* sich von jm. verabschieden : (누구)와 작별하다
  Ich habe mich von ihm verabschiedet.
  (=Ich habe von ihm Abschied genommen.)
  「나는 그와 작별했다.」
* sich vor et.³ fürchten : (무엇)을 두려워하다
  Das Kind fürchtet sich vor dem eigenen Schatten.
  「그 아이는 자신의 그림자를 겁낸다.」
* sich vor et.³ hüten : (무엇)을 조심하다
  Hüten Sie sich vor dem Hund!
  「개를 조심하십시오!」
* sich vor et.³ in acht nehmen : (무엇)을 조심하다
  Nehmen Sie sich vor dem Taschendieb in acht!
  (=Hüten Sie sich vor dem Taschendieb!)
  「소매치기를 조심하십시오!」
* sich vor jm. verbeugen : (누구)에게 절하다
  Sie verbeugte sich höflich vor den Gästen.
  「그녀는 손님들에게 정중하게 인사했다.」

[IX]

* **als ob (als wenn) ...** 접속법 II식 동사 : 마치 …처럼
  Er spricht Deutsch, als ob er ein Deutscher wäre.
  (=Er spricht Deutsch, als wäre er ein Deutscher.)
  「그는 마치 독일사람처럼 독일말을 한다.」
  Sie sieht so aus, als wenn sie krank wäre.
  (=Sie sieht so aus, als wäre sie krank.)
  「그녀는 마치 아픈 것처럼 보인다.」
* **anstatt daß ...** : …하는 대신에
  Er verspottete mich, anstatt daß er mir dankte.
  「그는 나에게 감사는 커녕 나를 비웃었다.」
* **bald ..., bald ...** : 때로는 … 때로는 …
  Er sagt bald ja, bald nein.
  「나는 때로는 긍정하다 때로는 부정한다.」
  Bald regnete es, bald schneite es.
  「때로는 비가 오다 때로는 눈이 왔다.」
* **entweder ..., oder ...** : …이거나 아니면 …이다
  Er ist entweder faul oder dumm.
  「그는 게으르거나 아니면 우둔하다.」
  Er wird entweder morgen oder übermorgen zurückkehren.
  「그는 내일 아니면 모레 돌아올 것이다.」
* **je+비교급 ..., desto (umso)+비교급 ...** : …하면 할수록 더욱 더 …하다
  Je mehr man hat, desto mehr will man haben.
  「사람은 많이 가지면 가질수록 더욱 많이 가지려고 한다.」
  Je schneller du kommst, umso besser ist es.
  「네가 빨리 오면 올수록 좋다.」
* **je nachdem ...** : …함에 따라
  Je nachdem ich Zeit habe, lese ich mehr oder weniger.
  「나는 시간이 있느냐에 따라 독서를 많이 하기도 적게 하기도 한다.」
* **kaum ..., als (so, da) ...** : …하자마자

Kaum hatte es geblitzt, als es donnerte.
「번개가 번쩍이자 천둥이 쳤다.」
Kaum warst du hinausgegangen, so trat er ein.
「네가 밖으로 나가자마자 그가 들어왔다.」

* nicht ..., sondern ... : …아니고 …이다
Er kommt nicht heute, sondern morgen.
「그는 오늘 오지 않고 내일 온다.」
Ich strafe ihn nicht aus Haß, sondern aus Liebe.
「나는 그를 미워서가 아니라 사랑하므로 벌을 준다.」

* nicht nur ..., sondern auch ... : …뿐만 아니라 …도
Nicht nur die Kinder, sondern auch die Eltern haben sich erkältet.
「아이들 뿐만 아니라 부모도 감기에 걸렸다.」
Ich habe es nicht nur gehört, sondern auch gesehen.
「나는 그것을 들었을 뿐만 아니라 보기도 했다.」

* nichts weniger als ... : 전혀(결코) …않다
Er ist nichts weniger als zufrieden.
「그는 전혀 만족하지 않는다.」

* ohne daß ... : …하지 않고
Sie ging vorbei, ohne daß sie mich grüßte.
「그녀는 나에게 인사도 없이 지나갔다.」

* so ..., daß ... : …하므로 …하다
Es ist so dunkel, daß ich nicht mehr lesen kann.
「어두워서 더 이상 글을 읽을 수 없다.」

* so ... wie möglich : 가능한 …하게
Kommen Sie so schnell (bald) wie möglich!
「가능한 빨리 오십시오!」

* sowohl ..., als auch ... : …도 …도
Er spricht sowohl Englisch als auch Deutsch.
「그는 영어도 독어도 할 줄 안다.」
Sowohl der Vater als auch die Mutter lieben die Musik.
「아버지도 어머니도 음악을 좋아 하신다.」

* teils ..., teils ... : 일부는 … 일부는 …
Ich bin teils zu Fuß, teils mit dem Zug gereist.

「나는 일부는 걸어서 일부는 기차로 여행했다.」

* weder ..., noch ... : …도 …도 아니다
Ich habe weder Zeit noch Geld, ins Kino zu gehen.
「나는 영화관에 갈 시간도 돈도 없다.」
Weder er noch sie ist gekommen.
「그도 그녀도 오지 않았다.」

* wenn auch (auch wenn) ... : 비록 …일지라도
Wenn die Aufgabe auch schwer ist, wird er sie lösen.
「비록 그 문제가 어렵다 해도 그는 그 문제를 풀 것이다.」
Auch wenn ich das gewußt hätte, hätte ich nichts tun können.
「설령 내가 그것을 알았다 해도 아무것도 할 수 없었을 것이다.」
Was er auch sage, glaube ich ihm nicht.
(=Was er auch sagen mag, glaube ich ihm nicht.)
「그가 무슨 말을 해도 나는 그를 믿지 않는다.」

* zu ..., als daß ... : 너무나 …하므로 …하지 못하다
Das Wasser ist zu trüb, als daß man es trinken könnte.
「그 물은 너무나 탁해서 마실 수 없다.」

* zwar ..., aber ... : …사실 …이긴하나
Sie ist zwar nicht schön, aber beliebt bei den Männern.
「그녀는 사실 미인은 아니지만 남자들한테 인기가 있다.」

강변화·불규칙 동사의 변화표

  독일어 학습에서 동사의 3기본형이 차지하는 비중은 대단히 크다. 동사의 3기본형이 직접 간접으로 영향을 미치는 부분은 다음과 같다.
  ① 동사의 현재 변화   ② 동사의 과거 변화
  ③ 복합 시칭   ④ 명령형
  ⑤ 형용사 (명사화)   ⑥ 수동형
  ⑦ 복합 동사   ⑧ 분사
  ⑨ 부문장의 단축·확장 ⑩ 접속법
  이상과 같으므로 독일어를 보다 빠르고 정확하게 습득하고자하면 우선 강변화·불규칙 동사의 3기본형을 분명하게 암기하여야 한다.

부정법	직설법		접속법 제2식	과거분사
	현재	과거		
backen 굽다(빵)	du bäckst er bäckt	**buk** (backte)	büke (backte)	**gebacken**
befehlen 명령하다	du befiehlst er befiehlt	**befahl**	beföhle (befähle)	**befohlen**
beginnen 시작하다		**begann**	begönne (begänne)	**begonnen**
beißen 깨물다	du beiß[es]t	**biß**	bisse	**gebissen**
bergen 숨기다	du birgst er birgt	**barg**	bürge (bärge)	**geborgen**
betrügen 속이다		**betrog**	betröge	**betrogen**
biegen 구부리다		**bog**	böge	**gebogen**
bieten 제공하다		**bot**	böte	**geboten**
binden 매다		**band**	bände	**gebunden**
bitten 청하다		**bat**	bäte	**gebeten**
blasen 불다	du bläs[es]t er bläst	**blies**	bliese	**geblasen**
bleiben 머무르다		**blieb**	bliebe	**geblieben**
braten 굽다(고기)	du brätst er brät	**briet**	briete	**gebraten**
brechen 부수다	du brichst er bricht	**brach**	bräche	**gebrochen**
brennen 타다(불)		**brannte**	brennte	**gebrannt**
bringen 가져오다· 가다		**brachte**	brächte	**gebracht**
denken 생각하다		**dachte**	dächte	**gedacht**

부정법	직설법 현재	직설법 과거	접속법 제2식	과거분사
dringen 돌진하다		drang	dränge	**gedrungen**
dürfen …해도 좋다	ich darf du darfst er darf	durfte	dürfte	**gedurft**
empfehlen 추천하다	du empfiehlst er empfiehlt	empfahl	empföhle (empfähle)	**empfohlen**
empfinden 느끼다		empfand	empfände	**empfunden**
erlöschen 꺼지다(불)	du erlisch[e]st er erlischt	erlosch	erlösche	**erloschen**
erschrecken 깜짝 놀라다	du erschrickst er erschrickt	erschrak	erschräke	**erschrocken**
essen 먹다	du ißt (issest) er ißt	**aß**	äße	**gegessen**
fahren (타고)가다	du fährst er fährt	fuhr	führe	**gefahren**
fallen 떨어지다	du fällst er fällt	**fiel**	fiele	**gefallen**
fangen 붙잡다	du fängst er fängt	**fing**	finge	**gefangen**
finden 발견하다		fand	fände	**gefunden**
fliegen 날다		flog	flöge	**geflogen**
fliehen 달아나다		floh	flöhe	**geflohen**
fließen 흐르다	du fließ[es]t	**floß**	flösse	**geflossen**
fressen 먹다(동물)	du frißt (frissest) er frißt	fraß	fräße	**gefressen**
frieren 얼다		fror	fröre	**gefroren**

부정법	직설법 현재	직설법 과거	접속법 제2식	과거분사
gären 발효하다		**gor** (gärte)	göre (gärte)	**gegoren** (gegärt)
gebären 낳다	du gebierst sie gebiert	**gebar**	gebäre	**geboren**
geben 주다	du gibst er gibt	**gab**	gäbe	**gegeben**
gedeihen 번영하다		**gedieh**	gediehe	**gediehen**
gehen 가다		**ging**	ginge	**gegangen**
gelingen 성공하다		**gelang**	gelänge	**gelungen**
gelten 가치가 있다	du giltst er gilt	**galt**	gölte (gälte)	**gegolten**
genesen 낫다(병)	du genes[es]t	**genas**	genäse	**genesen**
genießen 즐기다	du gieß[es]t	**genoß**	genösse	**genossen**
geschehen 생기다	es geschieht	**geschah**	geschähe	**geschehen**
gewinnen 획득하다		**gewann**	gewönne (gewänne)	**gewonnen**
gießen 붓다	du gieß[es]t	**goß**	gösse	**gegossen**
gleichen 같다, 닮다		**glich**	gliche	**geglichen**
gleiten 미끄러지다		**glitt**	glitte	**geglitten**
graben 파다	du gräbst er gräbt	**grub**	grübe	**gegraben**
greifen 잡다		**griff**	griffe	**gegriffen**
haben 가지다	du hast er hat	**hatte**	hätte	**gehabt**

부정법	직 설 법		접속법 제 2 식	과거분사
	현 재	과 거		
halten 지니다, 지키다	du hältst er hält	**hielt**	hielte	**gehalten**
hängen (**hangen**) 걸려 있다		**hing**	hinge	**gehangen**
hauen 때리다, 베다		**hieb**	hiebe	**gehauen**
heben 올리다		**hob**	höbe	**gehoben**
heißen …라고 불리 우다	du heiß[es]t	**hieß**	hieße	**geheißen**
helfen 돕다	du hilfst er hilft	**half**	hülfe (hälfe)	**geholfen**
kennen 알다		**kannte**	kennte	**gekannt**
klingen 울리다		**klang**	klänge	**geklungen**
kneifen 꼬집다		**kniff**	kniffe	**gekniffen**
kommen 오다		**kam**	käme	**gekommen**
können …할 수 있다	ich kann du kannst er kann	**konnte**	könnte	**gekonnt**
kriechen 기다		**kroch**	kröche	**gekrochen**
laden 싣다	du lädst er lädt	**lud**	lüde	**geladen**
lassen …하게 하다	du läßt (lässest) er läßt	**ließ**	ließe	**gelassen**
laufen 달리다	du läufst er läuft	**lief**	liefe	**gelaufen**

부정법	직설법 현재	직설법 과거	접속법 제2식	과거분사
leiden 참다, 앓다		litt	litte	gelitten
leihen 빌려 주다, 빌리다		lieh	liehe	geliehen
lesen 읽다	du lies[es]t er liest	las	läse	gelesen
liegen 놓여(누워) 있다		lag	läge	gelegen
lügen 거짓말하다		log	löge	gelogen
meiden 피하다		mied	miede	gemieden
messen 재다	du mißt (missest) er mißt	maß	mäße	gemessen
mißlingen 실패하다		mißlang	mißlänge	mißlungen
mögen …하고 싶다	ich mag du magst er mag	mochte	möchte	gemocht
müssen …해야만 하다	ich muß du mußt er muß	mußte	müßte	gemußt
nehmen 잡다, 쥐다	du nimmst er nimmt	nahm	nähme	genommen
nennen …라고 부르다		nannte	nennte	genannt
pfeifen 휘파람불다		pfiff	pfiffe	gepfiffen
preisen 칭찬하다	du preis[es]t	pries	priese	gepriesen
raten 충고하다	du rätst er rät	riet	riete	geraten

부정법	직 설 법		접속법 제2식	과거분사
	현 재	과 거		
reiben 비비다		rieb	riebe	**gerieben**
reißen 찢다	du reiß[es]t	**riß**	risse	**gerissen**
reiten 말타고 가다		ritt	ritte	**geritten**
rennen 달리다		rannte	rennte	**gerannt**
riechen 냄새 맡다		roch	röche	**gerochen**
ringen 격투하다		rang	ränge	**gerungen**
rufen 부르다		rief	riefe	**gerufen**
saufen 마시다(동물)	du säufst er säuft	soff	söffe	**gesoffen**
saugen (입으로)빨다		sog (saugte)	söge (saugte)	**gesogen** (gesaugt)
schaffen 창조하다		schuf	schüfe	**geschaffen**
scheiden 가르다		schied	schiede	**geschieden**
scheinen 빛나다		schien	schiene	**geschienen**
schelten 꾸짖다	du schiltst er schilt	schalt	schölte	**gescholten**
schieben 밀다		schob	schöbe	**geschoben**
schießen 쏘다	du schieß[es]t	**schoß**	schösse	**geschossen**
schlafen 자다	du schläfst er schläft	schlief	schliefe	**geschlafen**
schlagen 치다, 때리다	du schlägst er schlägt	schlug	schlüge	**geschlagen**

부정법	직설법 현재	직설법 과거	접속법 제2식	과거분사
schleichen 살금살금걷다		**schlich**	schliche	**geschlichen**
schließen 닫다	du schließt	**schloß**	schlösse	**geschlossen**
schmelzen 녹다	du schmilzt er schmilzt	**schmolz**	schmölze	**geschmolzen**
schneiden 자르다		**schnitt**	schnitte	**geschnitten**
schreiben 쓰다		**schrieb**	schriebe	**geschrieben**
schreien 외치다		**schrie**	schriee	**geschrie[e]n**
schreiten 걷다		**schritt**	schritte	**geschritten**
schweigen 침묵하다		**schwieg**	schwiege	**geschwiegen**
schwellen 부풀다, 붓다	du schwillst er schwillt	**schwoll**	schwölle	**geschwollen**
schwimmen 헤엄치다		**schwamm**	schwömme (schwämme)	**geschwommen**
schwingen 흔들다		**schwang**	schwänge	**geschwungen**
schwören 맹세하다		**schwur** (schwor)	schwüre	**geschworen**
sehen 보다	du siehst er sieht	**sah**	sähe	**gesehen**
sein 있다, …이다	ich bin du bist er ist wir sind ihr seid sie sind	**war**	wäre	**gewesen**
senden 보내다		**sandte** (sendete)	sendete	**gesandt** (gesendet)
sieden 끓다, 끓이다		**sott** (siedete)	sötte (siedete)	**gesotten** (gesiedet)

부정법	직설법 현재	직설법 과거	접속법 제2식	과거분사
singen 노래하다		sang	sänge	**gesungen**
sinken 가라앉다		sank	sänke	**gesunken**
sinnen 깊이 생각 하다		sann	sänne (sönne)	**gesonnen**
sitzen 앉아 있다	du sitz[es]t	**saß**	säße	**gesessen**
sollen …해야 하다	ich soll du sollst er soll	sollte	sollte	**gesollt**
spinnen 짜다(옷감)		spann	spönne (spänne)	**gesponnen**
sprechen 말하다	du sprichst er spricht	sprach	spräche	**gesprochen**
springen 뛰어오르다		sprang	spränge	**gesprungen**
stechen 찌르다	du stichst er sticht	stach	stäche	**gestochen**
stecken 꽂다, 꽂혀 있다		stak (steckte)	stäke (steckte)	**gesteckt**
stehen 서 있다		stand	stünde (stände)	**gestanden**
stehlen 훔치다	du stiehlst er stiehlt	stahl	stöhle (stähle)	**gestohlen**
steigen 오르다		stieg	stiege	**gestiegen**
sterben 죽다	du stirbst er stirbt	starb	stürbe	**gestorben**
stoßen 찌르다	du stöß[es]t er stößt	**stieß**	stieße	**gestoßen**

부정법	직설법 현재	직설법 과거	접속법 제2식	과거분사
streichen 문지르다, 칠하다		**strich**	striche	**gestrichen**
streiten 다투다		**stritt**	stritte	**gestritten**
tragen 나르다	du trägst er trägt	**trug**	trüge	**getragen**
treffen 만나다, 맞히다	du triffst er trifft	**traf**	träfe	**getroffen**
treiben 몰다		**trieb**	triebe	**getrieben**
treten 걷다	du trittst er tritt	**trat**	träte	**getreten**
trinken 마시다		**trank**	tränke	**getrunken**
tun 하다	ich tue du tust er tut	**tat**	täte	**getan**
verbergen 숨기다	du verbirgst er verbirgt	**verbarg**	verbärge	**verborgen**
verderben 상하다	du verdirbst er verdirbt	**verdarb**	verdürbe	**verdorben**
vergessen 잊다	du vergißt (vergissest) er vergißt	**vergaß**	vergäße	**vergessen**
vergleichen 비교하다		**verglich**	vergliche	**verglichen**
verlieren 잃다		**verlor**	verlöre	**verloren**
vermeiden 피하다		**vermied**	vermiede	**vermieden**
verschwind- en 사라지다		**verschwand**	verschwände	**verschwunden**

부정법	직설법		접속법 제2식	과거분사
	현재	과거		
verzeihen 용서하다		**verzieh**	verziehe	**verziehen**
wachsen 자라다	du wächs[es]t er wächst	**wuchs**	wüchse	**gewachsen**
waschen 씻다	du wäsch[e]st er wäscht	**wusch**	wüsche	**gewaschen**
weben 짜다		**webte** (wob)	webte (wöbe)	**gewebt** (gewoben)
weichen 물러나다		**wich**	wiche	**gewichen**
weisen 가리키다	du weis[es]t	**wies**	wiese	**gewiesen**
wenden 돌리다		**wandte** (wendete)	wendete	**gewandt** (gewendet)
werben (…을 얻으려고) 애쓰다	du wirbst er wirbt	**warb**	würbe	**geworben**
werden 되다	du wirst er wird	**wurde**	würde	**geworden** (worden)
werfen 던지다	du wirfst er wirft	**warf**	würfe	**geworfen**
wiegen 흔들다, 무게를 달다		**wog**	wöge	**gewogen**
wissen 알고 있다	ich weiß du weißt er weiß	**wußte**	wüßte	**gewußt**
wollen …하려고 하다	ich will du willst er will	**wollte**	wollte	**gewollt**
ziehen 끌다		**zog**	zöge	**gezogen**
zwingen 강요하다		**zwang**	zwänge	**gezwungen**

독일어 기본어 사전 5000

2판 2쇄 인쇄 2021년 10월 15일
2판 2쇄 발행 2021년 10월 29일

지은이 김희철
펴낸이 서덕일
펴낸곳 도서출판 문예림

출판등록 1962.7.12 (제406-1962-1호)
주소 경기도 파주시 회동길 366 3층 (10881)
전화 (02)499-1281~2 **팩스** (02)499-1283
대표전자우편 info@moonyelim.com **통합홈페이지** www.moonyelim.com
카카오톡 ("도서출판 문예림" 검색 후 추가)

디지털노마드의 시대, 문예림은 Remote work(원격근무)를 시행하고 있습니다.
우리는 세계 곳곳에 있는 집필진과 원하는 장소와 시간에 자유롭게 일합니다.
문의 사항은 카카오톡 또는 이메일로 말씀해주시면 답변드리겠습니다.

ISBN 978-89-7482-871-4(11750)

값 23,000원

잘못된 책이나 파본은 교환해 드립니다.
본 책은 저작권법에 의해 보호를 받는 저작물이므로 무단 전재와 복제를 금합니다.